Die Pflichtenkollision zwischen steuerlichen Abführungspflichten und insolvenzrechtlicher Massesicherungspflicht

Europäische Hochschulschriften Recht

European University Studies in Law

Publications Universitaires Européennes de Droit

Band/ Volume **6294**

Daniel Sommer

Die Pflichtenkollision zwischen steuerlichen Abführungspflichten und insolvenzrechtlicher Massesicherungspflicht

PETER LANG

Bibliografische Information der Deutschen Nationalbibliothek
Die Deutsche Nationalbibliothek verzeichnet diese Publikation in der Deutschen Nationalbibliografie; detaillierte bibliografische Daten sind im Internet über http://dnb.d-nb.de abrufbar.

Zugl.: Münster (Westfalen), Univ., Diss., 2021

D 6
ISSN 0531-7312
ISBN 978-3-631-87602-2 (Print)
E-ISBN 978-3-631-87667-1 (E-PDF)
E-ISBN 978-3-631-87668-8 (EPUB)
DOI 10.3726/b19630

Peter Lang – Berlin · Bern · Bruxelles · New York · Oxford · Warszawa · Wien

Diese Publikation wurde begutachtet.

www.peterlang.com

Meiner Familie

Inhaltsübersicht

Inhaltsverzeichnis

Abkürzungsverzeichnis

Abkürzungen nach Kirchner, Abkürzungsverzeichnis der Rechtssprache, 9. Auflage 2018.

Ergänzend sind folgenden Abkürzungen aufgenommen worden:

ADHGB	Allgemeines Deutsches Handelsgesetzbuch
InsO-Neu	Insolvenzordnung in der Fassung des Sanierungs- und Insolvenzrechtsfortentwicklungsgesetz
KO	Konkursordnung
RAO	Reichsabgabenordnung
RFH	Reichsfinanzhof
SanInsFoG	Sanierungs- und Insolvenzrechtsfortentwicklungsgesetz
StaRUG	Unternehmensstabilisierungs- und -restrukturierungsgesetz
VJSchrStFR	Vierteljahresschrift für Steuer- und Finanzrecht

Hinweise:

Historische Gesetze werden mit dem Jahr ihres Inkrafttretens gekennzeichnet (z.B. Reichsabgabenordnung = RAO 1919).

Bei den Links in den Fußnoten handelt es sich zur einfacheren Nachschlagbarkeit um Kurzlinks, die über den Anbieter *Bitlinks*[1] erstellt wurden und dauerhaft zur Verfügung gehalten werden.

1 www.bitly.com

A. Einleitung

Eine Unternehmenskrise ist für jede betroffene Gesellschaft eine Sondersituation und entwickelt sich nicht selten zu einer existenziellen Gefahr. Solche Krisen entstehen nicht nur durch unternehmerische Fehler, sondern können ganz maßgeblich durch externe Faktoren geprägt werden, wie dies besonders durch die von der COVID-19-Pandemie ausgelöste, tiefgreifende und nahezu alle Branchen erfassende Rezession verdeutlicht wird. Diese stellt auch das noch immer lückenhafte Sanierungssteuerrecht vor eine neue Probe.[2]

Speziell die betroffenen Geschäftsführer sind in einer solchen Situation besonderen Belastungen ausgesetzt. Neben der alltäglichen Auseinandersetzung mit den Wettbewerbern stehen Verhandlungen mit Gläubigern, Banken und weiteren Beteiligten an, die bereits die reine Arbeitsbelastung erheblich steigern. Zugleich wird dabei ihr rechtlicher Handlungsspielraum eingegrenzt, da eine Vielzahl von gesellschafts-, insolvenz- und steuerrechtlichen Pflichten in Zeiten knapper Mittel die Anforderungen an die Sorgfalt und Vorausplanung ganz erheblich steigern. Selbst erfahrene Berater sprechen von „gefahrgeneigter Arbeit“[3].

Lange Zeit bestand für die Verantwortlichen dabei ein besonders ausgeprägter Konflikt zwischen dem Zahlungsverbot des heutigen § 64 S. 1 GmbHG (beziehungsweise § 130a Abs. 2 HGB und § 92 Abs. 2 AktG) und den öffentlich-rechtlichen Zahlungsgeboten aus dem Steuer- und Sozialversicherungsrecht, was zu einer Vielzahl an Haftungsfällen und -verfahren bei den Betroffenen führte. Der Konflikt mit der Abführungsverpflichtung der Arbeitnehmeranteile zur Sozialversicherung stand aufgrund ihrer in § 266a Abs. 1 StGB angeordneten Strafbewehrung häufig im Mittelpunkt der höchstrichterlichen Rechtsprechung.[4]

Nach einer wachsenden Kontroverse zwischen den obersten Bundesgerichten wurde dieses Haftungsrisiko aber im Jahr 2007 entscheidend entschärft. Der II. Zivilsenat des BGH rückte von seiner ursprünglichen Auffassung ab und ermöglichte somit einen einheitlichen Vorzug öffentlich-rechtlicher Forderungen.[5]

---

2 *S. Eilers / T. Walter-Yadegardjam*, FR 2020, 481, 481.

3 *C. Uhländer*, DB 2017, 923, 923.

4 Exemplarisch: BGH, Beschluss v. 30.07.2003 – 5 StR 221/03, BGHSt 48, 307 = NJW 2003, 3787; BGH, Urteil v. 18.04.2005 – II ZR 61/03, BB 2005, 1905 = DStR 2005, 978; ausführlich zur Rechtslage bis 2007 siehe S. 214 ff.

5 BGH, Urteil v. 14.05.2007 – II ZR 48/06, NJW 2007, 2118.

Inhaltlich hat die Entscheidung dennoch viel Kritik ausgelöst, weshalb die Debatte über das Nebeneinander von Haftungsansprüchen und Massesicherungspflicht andauert.[6] Gleichzeitig offenbart sich eine oft nur ergebnisorientierte Herangehensweise, die eine ausführliche Auseinandersetzung mit den sich widerstreitenden Prinzipien oftmals vermissen lässt. Die daher von *Kleindiek*[7] geforderte Vertiefung der konfligierenden Spannungsfelder begründet sich mit der Reform der Insolvenzordnung (InsO) durch das *ESUG*[8] besonders dringlich. Dank umfassender Erleichterungen für das Eigenverwaltungsverfahren und das ergänzend neu eingeführte Schutzschirmverfahren gewinnen die Sanierungsinstrumente der Insolvenzordnung zunehmend an Bedeutung. Sowohl für die neu eingeführte vorläufige Eigenverwaltung als auch für das Schutzschirmverfahren bestehen aber auch gut neun Jahre nach der Reform einige Rechtsunsicherheiten zulasten der handelnden Verantwortlichen.

Gerade in dieser Phase tritt der Konflikt zwischen Steuerentrichtungspflicht und Massesicherung offen zu Tage. Zuvor war dieser Zeitabschnitt aus Sicht des Konflikts nicht relevant, da ein vorläufiger Insolvenzverwalter eingesetzt und der Schuldner regelmäßig entmachtet wurde. Nun aber bleiben die Kontrolle und die Handlungsfähigkeit beim Schuldner, weshalb die Verpflichtung zur Zahlung fälliger Steuern aus vorhandenen Mitteln nun weiter der gesellschaftsrechtlichen Pflicht zur Sicherung der Masse gegenübersteht.[9] Bisher gibt es aber weder für die vorläufige Eigenverwaltung nach § 270a InsO noch für das Schutzschirmverfahren nach § 270b InsO eine annehmbare Lösung.[10] Die entstehenden Unsicherheiten aus der mangelnden Abstimmung der Rechtsgebiete gefährden aber den Erfolg der Insolvenzrechtsreform beziehungsweise des Instituts der Eigenverwaltung insgesamt. Teils wird vom „Schrecken der Geschäftsführerhaftung“[11] gesprochen, *Thole/Brünkmanns*[12] machen in der Problemstellung gar die Achillesferse für die Attraktivität der Eigenverwaltung aus.

Im Gegensatz zur bis 2007 herrschenden Streitfrage der persönlichen Geschäftsführerhaftung für Steuerzahlungen bis zur Insolvenzantragstellung,

6 Exemplarisch *K. Schmidt*, NZG 2015, 129, 133; *H. Altmeppen*, in: Altmeppen-GmbHG, § 43 GmbHG Rn. 73.

7 *D. Kleindiek*, in: FS Schneider, S. 631.

8 BGBl. 2011 I S. 2582, 2800.

9 Exemplarisch: *H. Boecker*, in: H/H/Sp, § 69 AO Rn. 41a, Stand: 232. Lfg. v. 04.2015.

10 Vgl. *C. Thole*, DB 2015, 662, 662; *F. Frind*, GmbHR 2015, 128, 129; *J. Schädlich*, NWB 2016, 1600, 1600.

11 *K. Schmidt*, NZG 2015, 129, 130.

12 *C. Thole / C. Brünkmans*, ZIP 2013, 1097, 1097.

geht es nun neben der persönlichen Inanspruchnahme und der Schmälerung der Insolvenzmasse bereits um die Gefährdung der laufenden Liquidität des zu sanierenden Unternehmens. Allen vorläufigen Verfahren ist die Knappheit der liquiden Mittel gemein. Diese gilt es aber zu erhalten und in vielfacher Weise zu erhöhen, um eine Sanierungschance zu wahren. Tatsächlich kam es bereits in verschiedenen Fällen durch haftungsmotivierte Steuerzahlungen zum Abzug notwendiger Liquidität bei der Betriebsfortführung im Eröffnungsverfahren.[13] Dies schmälert die Erfolgsaussichten der Verfahren und offenbart, dass es seit der ersten Reichsabgabenordnung unverändert an einer Abstimmung zwischen Insolvenz- und Steuerrecht mangelt.[14]

Daher soll diese Arbeit zu dem in der Literatur schon seit langer Zeit versuchten Ziel der besseren Harmonisierung des Steuer- und Insolvenzrechts einen Teil beitragen. Aktuelle Bemühungen zur Harmonisierung wie beispielswiese die „Kommission zur Harmonisierung von Insolvenz- und Steuerrecht“[15] haben sich des Themas bislang nicht angenommen. Gleichwohl ist die Frage in den letzten Jahren vielfach bearbeitet worden, es fehlt aber an einer umfassenden Arbeit, die sowohl die steuerliche als auch gesellschafts- beziehungsweise insolvenzrechtliche Seite des Themas mit einbezieht und über die Lösung von Einzelfragen hinausgeht.

Die Fragestellung ist folglich aus wissenschaftlicher und insbesondere auch praktischer Sicht von Bedeutung.[16]

Mit Einreichung dieser Arbeit im Dezember 2020 wurde zudem nach einem beschleunigtem Gesetzgebungsverfahren durch den Bundestag das Gesetz zur Fortentwicklung des Sanierungs- und Insolvenzrechts[17], kurz SanInsFoG, verabschiedet. Damit treten zum 01.01.2021 einige Rechtsänderungen in Kraft. Leider lässt auch dieses Gesetz, wie noch aufzuzeigen ist, einige der offenen Fragen weiter unbeantwortet.

---

13 *F. Frind*, ZInsO 2015, 22, 22; vgl. auch *G. Kahlert*, in: Kübler-HRI (2015), § 57 Rn. 1.

14 Vgl. *G. Frotscher*, 2013, S. 17.

15 Abschlussbericht in ZIP-Beiheft 2014, S. 117, online abrufbar unter www.kompetenzzentrum-steuerrecht.de/v1/cms/upload/Publikationen/2014/ZIP_Beihefter_2014.pdf [zuletzt abgerufen am: 24.01.2022].

16 Ebenso *A. Nacke*, 2017, S. V; *C. Thole*, DB 2015, 662, 662; *M. Krumm*, in: 100 Jahre FG, S. 113; *L. Maschlanka*, GWR 2019, 32, 32 a.E.; *G. Bernsau*, BB 2019, 2393, 2393.

17 Dazu im einzelnen ab S. 331.

I. Zielsetzung

Im ersten Teil der Arbeit werden die historischen Ursprünge und die Entwicklungen der betroffenen Normen dargestellt. Darauf aufbauend wird die aktuelle Auslegung der Regelungen, soweit möglich ohne die Beeinflussung der jeweils anderen, untersucht. Dies soll eine abstrakte Darstellung der sich daraus ergebenden Spannungsfelder ermöglichen sowie ein Verständnis für den sich anschließenden Teil über die bisherige Behandlung durch Rechtsprechung und Literatur schaffen.

Im Anschluss wird dann geprüft, welche verfassungsrechtlichen Vorgaben zur Auflösung einschlägig sind und wie eine Kollisionslage rechtstheoretisch gelöst werden kann.

Daran anschließend werden die ersten Entscheidungen zur Eigenverwaltung sowie die vorhandenen Literaturstimmen ausgewertet. Dies wird aufzeigen, dass die Situation insbesondere im Bereich der vorläufigen Eigenverwaltung wie auch der vorläufigen Schutzschirmverfahren für die Betroffenen noch immer völlig unzureichend behandelt, geschweige denn gelöst ist.

Daher werden in einem letzten Schritt die gefundenen Ergebnisse auf die Situation in den vorläufigen Verfahren angewendet und ein Gesetzesvorschlag unterbreitet, welcher unter Beachtung fiskalischer Interessen eine für die Betroffenen praktikable Lösung ermöglichen soll.

Die Bearbeitung schließt sodann mit einer ersten Darstellung der gesetzlichen Neuregelungen durch das zum 01.01.2021 geltende SanInsFoG sowie deren Bewertung im Lichte dieser Arbeit (Seiten 331 - 340).

Im Mittelpunkt der Bearbeitung steht dabei der GmbH-Geschäftsführer. Zum einen war[18] und ist die GmbH die mit Abstand beliebteste Kapitalgesellschaftsform,[19] zum anderen ist sie auch am häufigsten von der Insolvenz betroffen.[20] So machten AG, OHG, KG, eG und eingetragenen Vereine im Jahr 2015 zusammen nur 1,8% der Insolvenzverfahren aus, Gesellschaften mbH und deren „kleine Schwester", die UG, hingegen zusammen 38,8% und, wenn man die Kleingewerbebetriebe herausnimmt, rund 80% der Unternehmensinsolvenzen.[21]

---

18 Vgl. für 1992: *H. Schuhmann*, StBp 1992, 7, 7.

19 Statistisches Bundesamt, Umsatzsteuerstatistik (Voranmeldungen) 2017, S. 45, abrufbar unter: http://bit.ly/Umsatzsteuerstatistik_2017 [zuletzt abgerufen am: 24.01.2022].

20 Creditreform Wirtschaftsforschung, abrufbar unter https://bit.ly/Creditreform_2015, 2015, S. 9; *H.-F. Müller*, in: MüKo-GmbHG, § 64 GmbHG Rn. 3.

21 Creditreform Wirtschaftsforschung, abrufbar unter http://bit.ly/Creditreform_2015, 2015, S. 10; siehe zu den aktuellen Insolvenzzahlen zudem S. 360.

II. Ausgeklammerte Probleme

Wie zuvor dargestellt, soll der Schwerpunkt der Untersuchung auf der Analyse der Massesicherungspflicht, der steuerlichen Abführungspflichten und den daraus entstehenden Konflikten liegen. Die parallele Problematik der Abführung von Sozialversicherungsbeiträge und deren strafrechtliche Behandlung durch § 266a StGB soll dabei jedoch nur, soweit zum besseren Verständnis erforderlich, in ihren wesentlichen Grundzügen erwähnt werden.[22] Hinsichtlich der zwischen dem BFH sowie dem 5. Strafsenat und dem II. Zivilsenat des BGH stattgehabten und noch andauernden wechselseitigen Beeinflussungen ist dennoch ein Gesamtüberblick geboten, um nicht den Blickwinkel auf die Lösung eines Einzelproblems zu verkürzen. *Thole/Poelzig*[23] weisen in diesem Zusammenhang treffend darauf hin, dass die Pflichtenkollision bisher von der Rechtsprechung nicht als Querschnittsmaterie erkannt wurde und daher auch keine allgemeine Lehre entwickelt wurde. Genau dieser bedarf es aber,[24] um eine allgemeingültige Lösung zu entwickeln, um zukünftige Haftungsrisiken zu vermeiden.[25]

Fragen der Qualifikation der Lohnsteuer oder der Sozialversicherungsbeiträge werden nicht erörtert. Themen des vorinsolvenzlichen Sanierungsverfahrens nach der EU-Richtlinie über Restrukturierung und Insolvenz vom 20.06.2019[26] welche nun in Form des StaRUG umgesetzt wurde, werden nur in ihren ganz wesentlichen Grundzügen skizziert.[27] Dieses Umsetzungsgesetz setzt bereits vor der materiellen Insolvenz an, sodass ein Konflikt zwischen den in dieser Arbeit untersuchten Pflichten aufgrund der noch vorhandenen Zahlungsfähigkeit der betroffenen Gesellschaften bereits nicht vorliegen kann.

---

22 Ausführlich zum Konflikt zwischen Vorenthaltung von Sozialversicherungsbeiträgen und Massesicherung: *L. Ischebeck*, 2009, passim; aktuell nur *C. Bosse*, NWB 2018, 1618.

23 *C. Thole / D. Poelzig*, ZGR 2010, 836, 836 f.

24 Vgl. *G. Frotscher*, 2013, S. 18.

25 *C. Thole / D. Poelzig*, ZGR 2010, 836, 855.

26 Richtlinie (EU) 2019/1023 des Europäischen Parlaments und des Rates v. 20.06.2019 über präventive Restrukturierungsrahmen, über Entschuldung und über Tätigkeitsverbote sowie über Maßnahmen zur Steigerung der Effizienz von Restrukturierungs-, Insolvenz- und Entschuldungsverfahren und zur Änderung der Richtlinie (EU) 2017/1132.

27 Siehe zum StaRUG ab S. 338.

B. Grundlagen und Entstehung der Kollisionslage

I. Gesetzgeberische Entwicklung

Nach einem tradierten Grundsatz des BVerfG seien für die Auslegung einer Gesetzesvorschrift der in dieser zum Ausdruck kommende objektive Wille des Gesetzgebers maßgeblich.[28] Der Entstehungsgeschichte einer Vorschrift komme demnach für deren Auslegung nur Bedeutung zu, als sie die Richtigkeit einer ermittelten Auslegung bestätigt oder Zweifel behebt, sogenannte objektive Theorie. Ein Vorteil dieses Verfahrens sei die Anpassungsfähigkeit des Gesetzes, da es Bedeutungen annehmen kann, die zuvor nicht bedacht wurden.[29] Gleichwohl scheint dies seitens des BVerfG keineswegs mehr unumstößlich zu sein, da zwischenzeitlich mehrfach Elemente der subjektiven Theorie, also der stärkeren Auslegung am ursprünglichen Wille des Gesetzgebers herangezogen wurden.[30] Unabhängig davon, ob der historische Wille des Gesetzgebers nun der Bestätigung oder direkt der Ermittlung der Auslegung dient, ist seine Ermittlung angesichts der noch vorhandenen Fragen und Zweifel zur Auflösung der Konflikte unerlässlich.

Im ersten Schritt werden deshalb nun die Entstehung und die Entwicklung der maßgeblichen Normen[31] des Steuer-, Insolvenz- und Gesellschaftsrechts untersucht, um zu verstehen, welche Funktion der Gesetzgeber ursprünglich beabsichtigt hatte und inwiefern er diese zwischenzeitlich geändert oder ggf. auch bestätigt hat.

Dabei ist auch die lange Tradition der wechselseitigen Beeinflussung des Steuer- und Gesellschaftsrechts zu berücksichtigen. Fragen gegenseitiger Anerkennung oder der vermeintliche Vorrang des jeweils anderen Rechtsgebiets wurde bereits vor dem Reichsfinanzhof ausgeführt.[32]

---

28 Bereits BVerfG, Beschluss v. 17.05.1960 – 2 BvL 11/59, 11/60, BVerfGE 11, 126.

29 *F. Bydlinski*, 1991, S. 428.

30 Exemplarisch BVerfG, Beschluss v. 25.01.2011 – 1 BvR 918/10, BVerfGE 128, 193.

31 Alle relevanten Vorläufernormen finden sich dabei im Anhang ab S. 347.

32 Vgl. *B. Knobbe-Keuk*, 1986, S. 1.

1. Geschichte und Herkunft der steuerlichen Haftungsnormen

Die für die steuerliche Geschäftsführerhaftung maßgebliche Regelung des § 69 AO geht auf die im Jahre 1919 neu geschaffene Reichsabgabenordnung* zurück, welche erstmals eine allgemeine Haftung des Vertreters einführte.[33]

a) *Erste Steuerhaftung bis hin zur RAO 1919*

aa) *Vorgeschichte*

Noch bis in das Jahr 1919 hinein gab es im deutschen Steuerrecht kein einheitliches Verfahrensrecht und somit auch kein für alle Steuerarten gültiges Haftungsregime.[34] Stattdessen sahen einige Einzelsteuergesetze für ihren sachlichen Anwendungsbereich vereinzelt Haftungstatbestände vor.[35]

Wie oft bei der Neuschaffung steuerlicher Vorschriften war auch die Entstehung der RAO 1919 vordringlich fiskalisch motiviert. Der verlorene erste Weltkrieg hatte auf Reichsebene einen gewaltigen Finanzbedarf ausgelöst und die steuerliche Belastung für die Bürger erheblich gesteigert.[36] Der Gesetzgeber selbst sprach damals davon, dass Steuern „bis aufs äußerste angespannt und erschöpft werden".[37] Als Reaktion hierauf kam es vermehrt zu Steuerflucht und Steuervermeidung.[38] Geprägt von dieser Erkenntnis und dem Willen eine gleichmäßige Besteuerung sicherzustellen, begann man mit den Arbeiten zu einem neuen Mantelgesetz, der Reichsabgabenordnung, welches auch einer einheitlichen und landesweiten Haftung Dritter bedürfe.[39] Dass dem Steuerrecht – welches zuvor noch ein Schattendasein führte – damit auf einen Schlag so große Bedeutung zukommen sollte, war zuvor nicht absehbar gewesen.[40]

---

* Die am 13.12.1919 in Kraft getretene und bis zum 21.05.1931 gültige Reichsabgabenordnung wird nachfolgend als „*RAO 1919*" bezeichnet, die im Anschluss bis zum Inkrafttreten der Abgabenordnung 1977 geltenden Fassung wird als „*RAO 1931*" bezeichnet. Unter AO ist, soweit nicht anders angegeben, die aktuell gültige Fassung der Abgabenordnung gemeint.

33 *T. Steeger*, 1998, S. 5

34 *E. Bax*, 1992, S. 32; *T. Steeger*, 1998, S. 5 f.

35 *T. Steeger*, 1998, S. 5 f.

36 *E. Bax*, 1992, S. 32.

37 Drucks. der Nationalversammlung Nr. 759, S. 278.

38 Vgl. *Becker RAO 1926*, Einleitung S. 2.

39 *E. Bax*, 1992, S. 32; Drucks. der Nationalversammlung Nr. 759, S. 577.

40 *G. Frotscher*, in: DStJG 13 (1990), Umsatzsteuer im Konkurs S. 213.

bb) Schaffung der RAO 1919

Der Startschuss für ein neues steuerliches Mantelgesetz fiel dann im Sommer 1918 durch Beschluss des Reichsschatzamtes.[41] Entgegen der wohl eher üblichen Erarbeitung eines (neuen) Gesetzes durch eine Kommission kam diese Aufgabe Enno Becker zu, der ohne jede Vorlage nur ausgestattet mit Papier und den vorhandenen Steuergesetzen seine Arbeit in Berlin aufnahm.[42] Gleichwohl wurde er von Zoll- und Verbrauchssteuerspezialisten beraten, was sich in den späteren Haftungsnormen widerspiegeln sollte.[43] Noch entscheidender für die Analyse ist aber der Zeitdruck unter dem das Gesetz entstand. Es wurde bereits ein gutes halbes Jahr nach Beginn der Arbeiten beschlossen und auch *Becker*[44] selbst sprach davon, dass es in Eile entstanden sei.[45]

cc) Gesetzessystematik

Eine umfassende Verknüpfung zwischen Steuersubjekt und Vertreter hatte zuvor nicht stattgefunden. Entsprechend fehlte es für das Steuerrecht noch an fast jeder dogmatischen Grundlage. Aus diesem Grund hatte man sich zunächst dafür entschlossen, sicherheitshalber in § 83 Abs. 2 RAO 1919 dic Anwendung der Vertretungsregelungen des BGB für anwendbar zu erklären und so systematische Lücken zu vermeiden.

Im nächsten Schritt wurden in § 84 RAO 1919 die Steuerpflichten des Vertretenen auch dessen Vertretern aufgelegt. Dieses Prinzip entsprach in den Grundzügen der heutigen Regelung des § 34 Abs. 1 AO. Zuvor war es den Vertretern zwar bereits möglich für den Vertretenen zu handeln, Dritte konnten diesen Vertreter aber nicht zur Vornahme von Handlungen im Namen des Vertretenen zwingen. Für das Steuerrecht bestand aber gerade das Interesse dies auszudehnen oder neu zu schaffen, da das vertretene Steuerrechtssubjekt im Falle von juristischen Personen selbst nicht handlungsfähig war.[46] In dieser Zeit war neben der finanziellen Not ein gewisses Maß an allgemeinem Misstrauen gegenüber Vertretern juristischer Personen hinzugekommen, da man noch eine Ausnutzung der Regelungen über die Stellvertretung befürchtete.[47] Somit entstand erstmals

41 *R. Seer*, in: Tipke/Lang, § 1 Rn. 53.
42 *Becker* RAO 1926, Vorwort.
43 *E. Bax*, 1992, S. 32f.; *T. Steeger*, 1998, S. 6.
44 *Becker* RAO 1926, Einleitung.
45 *R. Seer*, in: Tipke/Lang, § 1 Rn. 53.
46 *Becker* RAO 1926, § 84 Anm. 1 Abs. 1.
47 *T. Steeger*, 1998, S. 25.

eine umfassende Übertragung der Pflichten.[48] Gleichzeitig erkannte man direkt die Notwendigkeit einer Einschränkung der Verpflichtung, da man zwar den Risiken der Stellvertretung begegnen wollte, der Verpflichtete aber nicht völlig über Gebühr in Anspruch genommen werden sollte.[49] Somit entstand die Beschränkung der Entrichtungspflicht auf die vom Vertreter verwalteten Mittel.

Über die sich anschließende Haftung wurde aber bereits im Gesetzgebungsausschuss gerungen, da vielen die Haftung als zu weit erschien.[50] Zu weiteren, nennenswerten Einschränkungen kam es jedoch nicht,[51] auch weil man sich darin einig war, dass die Betroffenen für den durch ihr Verschulden ausgelösten Steuerschaden aufkommen sollten.[52] So wurde mit § 90 RAO 1919 eine allgemeine, also für das gesamte Steuerrecht geltende, verschuldensabhängige Vertreterhaftung eingeführt, die in dieser Form – entgegen teils anderen Behauptungen –[53] ein Novum der deutschen Steuerrechtsgeschichte darstellte.[54] Vor dem Leitbild des falsus procurator wurde so ein Schadensersatzanspruch zugunsten des Steuergläubigers normiert.[55] Dessen Geltendmachung sollte zur besseren Überprüfung von Einzelfällen in das Ermessen der Finanzbehörden gestellt werden. Im Rahmen dieses Ermessens sei es dann angezeigt gewesen, nur bei vorsätzlichem oder grob fahrlässigem Verhalten einzuschreiten.[56] Der Verschuldensmaßstab selbst entsprach dabei schon im Wesentlichen dem heutigen und wurde seinerseits über einen Verweis auf den Pflichtenkatalog der §§ 83 bis 89 RAO 1919 konkretisiert.[57] Im Gegensatz zur heutigen Auffassung, war eine direkte Inanspruchnahme des Haftenden grundsätzlich nicht geplant und laut der Gesetzesbegründung nur im Falle nicht auffindbarer Schuldner gedacht.[58]

---

48 *T. Steeger*, 1998, S. 8 f.

49 *Becker RAO 1926*, § 84 Anm. 2 Abs. 1.

50 Drucks. Nr. 1460 der Deutschen Nationalversammlung, S. 17; *A. Beermann*, in: FS Dau, S. 19.

51 *A. Beermann*, in: FS Dau, S. 19; *T. Steeger*, 1998, S. 8 f.

52 Drucks. der Deutschen Nationalversammlung, Aktenstück Nr. 759, S. 585.

53 So fälschlicherweise *K.E. Goutier*, 1978, S. 22.

54 *T. Steeger*, 1998, S. 6; *E. Bax*, 1992, S. 33.

55 *T. Steeger*, 1998, S. 7 f.; Drucks. der Deutschen Nationalversammlung, Aktenstück Nr. 759, S. 585.

56 *Becker RAO 1926*, § 90 Anm. 3 Abs. 1.

57 *Becker RAO 1926*, § 90 Anm. 1 Abs. 2.

58 *T. Steeger*, 1998, S. 9; Drucks. der Deutschen Nationalversammlung, Aktenstück Nr. 1460, 1394.

Auf den Inhalt und die Entwicklung der Absätze 2 und 3 des § 90 RAO 1919 wird aufgrund deren zwischenzeitlicher Streichung nicht weiter eingegangen.[59]

dd) Erste Reaktionen

Zur Einführung der RAO 1919 bestanden noch vielerlei Unklarheiten über die neu geschaffenen Begrifflichkeiten. Der Autor selbst hatte aber mit seiner Kommentierung zur RAO schon kurz darauf umfassend Stellung bezogen. Seine Ausführungen sollten auch Jahre später eine der wichtigsten Erkenntnisquelle bleiben.[60] Der nun grundlegend gewandelte Begriff des Steuerschuldners musste nach der erfolgten Ausweitung der Steuerschuldnerschaft neu verstanden werden. An der Erarbeitung und Ausarbeitung hatte insbesondere *Bürger*[61] großen Anteil. So prägte er maßgeblich eine autonomere, vom Zivilrecht losgelöste Auslegung der neuen Begrifflichkeiten, um somit auch den Besonderheiten des Steuerrechts gerecht werden zu können.[62]

Bürger[63] war es aber auch, der die neuen Haftungsregeln am deutlichsten kritisierte und dabei die oft aufgegriffene Begrifflichkeit der „Hypertrophie der Haftungsbestimmungen" prägte. Entgegen der Auffassung *Beckers*[64], der von der Haftung als „Eigentümlichkeit des Steuerrechts" sprach, ist dies ein treffender Beleg dafür, dass die Fülle der Haftenden keineswegs als selbstverständlich angesehen wurde.[65]

Aus heutiger Sicht entscheidender sind aber wohl gerade jene Gedanken, die man sich in der Entstehungszeit nicht gemacht hat. So weist *Steeger*[66] darauf hin, dass sich weder in den Gesetzesmaterialien noch in den ersten Auseinandersetzungen mit der RAO 1919 oder in der Kommentierung von E. Becker Hinweise auf alternative Haftungsmodelle finden lassen. Statt der gefundenen Lösung wäre unter anderem auch eine Ausfallhaftung ähnlich einem Bürgen denkbar gewesen.[67] Wohl auch, weil es an solchen Überlegungen fehlte, mangelt es wegen

---

59 Ausführlich dazu: *E. Bax*, 1992, S. 36 ff.
60 Vgl. *A. Riewald / C. Koch*, in: Becker-RAO 1963, Vorwort S. 5.
61 *H. Bürger*, VJSchrStuFR 1928, 75.
62 *H. Bürger*, VJSchrStuFR 1928, 75, 77 f.
63 *H. Bürger*, VJSchrStuFR 1928, 75, 96.
64 Zitiert nach: *E. Bax*, 1992, S. 19 f.
65 Zusammenfassend *E. Bax*, 1992, S. 20.
66 *T. Steeger*, 1998, S. 9.
67 *T. Steeger*, 1998, S. 10 f.

des fehlenden dogmatischen Grundgerüstes heute an einer brauchbaren tatbestandlichen Einschränkung der Norm.[68]

b) Wandel zwischen 1919 und 1977

In der Folgezeit kam es 1931 zu einer Neuordnung der RAO, wodurch aus § 90 RAO 1919 dann § 109 RAO 1931 wurde. Eine inhaltliche Änderung erfolgte erst zwei Jahre später. Von nun an war die Zustimmung des Landesfinanzamtes zur Inanspruchnahme des Haftenden nicht mehr erforderlich.[69]

Ab Ende der 20er Jahre formte sich langsam eine verfestigte finanzgerichtliche Rechtsprechung zum neuen Haftungsregime. Entgegen der nach Sinn und Zweck angezeigten Auslegung, den Vertreter persönlich für diejenigen Steuerschulden haften zu lassen, die aus einer Zuwiderhandlung der nun in den §§ 103 ff. RAO 1931 genannten Pflichten herrührten,[70] ging der Reichsfinanzhof einen anderen Weg. Er sah im Rahmen einer positivistischen Auslegung vielmehr in § 109 RAO 1931 nur eine Haftung für „Steueransprüche", welche auch Nebenansprüche enthalten solle, die sich als „Erweiterung des Steueranspruchs" darstellen.[71] Der BFH[72] präzisierte diese Auslegung später und stellte fest, dass Säumniszuschläge keine Steuern seien und somit keine diesbezügliche Haftung eintreten könne. Diesem Verständnis schloss sich später auch der Gesetzgeber im Rahmen des StAndG[73] von 1961 an.[74]

Auch hatte sich inzwischen eine weitere Klärung des Fahrlässigkeitsbegriffes der Haftung ergeben. Entgegen dem Wortlaut, aber im Sinne der Gesetzesbegründung von 1919 hatte sich eine Beschränkung auf grob fahrlässige Pflichtverletzungen durchgesetzt. Jedenfalls ab dem Jahr 1930 entsprach dies auch der ständigen Rechtsprechung des *RFH*[75] und später auch des *BFH*[76]. Dieser Entwicklung entgegen gab es aber Stimmen in der Literatur, die sich aufgrund des

68 Siehe dazu detailliert ab S. 54; vgl. *T. Steeger*, 1998, S. 10 f.

69 *T. Steeger*, 1998, S. 11.

70 *A. Riewald / C. Koch*, in: Becker-RAO 1963, § 109 RAO Anm. 2 Abs. 2.

71 RFH, Urteil v. 04.01.1927 – V A 695/26, RFHE 20, 199; RFH, Urteil v. 08.02.1939 – VI 729/38, RStBl. 1939, 327.

72 BFH, Urteil v. 08.11.1955 – V 90/55 S, BFHE 61, 521; BFH, Urteil v. 09.12.1955 – IV 397/54 U, BFHE 62, 176.

73 Steueränderungsgesetz 1961 v. 13.07.1961, BGBl. 1961, 981.

74 *A. Riewald / C. Koch*, in: Becker-RAO 1963, § 109 RAO Anm. 2 Abs. 2.

75 RFH, Urteil v. 18.07.1930 – V A 1078/29, StuW 1930, 1038.

76 BFH, Urteil v. 11.07.1958 – III 267/57 U, BFHE 67, 245 = BStBl. III 1958, 367; BFH, Urteil v. 16.06.1971 – I R 58/68, BFHE 102, 227.

weiten Wortlautes für eine Ausweitung des Tatbestandes hin zur leichten Fahrlässigkeit einsetzten. Stattdessen hätte im Rahmen des Entschließungsermessens der Finanzbehörden eine Begrenzung der Haftung realisiert werden sollen.[77]

Zeitgleich sprach sich der BFH dafür aus, das Maß des Verschuldens nach den Kenntnissen und Erfahrungen des Haftenden zu beurteilen, also subjektiv.[78] Gleichzeitig objektivierte er diesen Maßstab aber, indem er den Betroffenen die Verpflichtung auferlegte, sich sorgfältig um die steuerlichen Pflichten zu kümmern oder sich geeignete Unterstützung zu sichern. Dabei benannte der BFH auch erstmals sein Verständnis vom Zweck der §§ 103 ff. RAO 1931. Die Ausweitung der Steuerpflichten und die korrespondierende Haftung zielen demnach zunächst auf die Sicherung des Steueraufkommens. Entscheidend sei aber das Erreichen dieses Ziels über die Erziehung des betroffenen Personenkreises und somit eine präventive Wirkung.[79]

Ebenso erfolgte eine allgemeine Rechtfertigung des Haftungssystems über die sich für den Staat ergebende Zwangsgläubigerschaft. Im Gegensatz zu Privatpersonen könne er sich seine Schuldner nicht aussuchen, weshalb eine Besserstellung keinen Verstoß gegen Art. 3 Abs. 1 GG darstellen könne.[80] Schon in diesen ersten gerichtlichen Auseinandersetzungen mit der Rechtfertigung der Haftung greift die Argumentation des BFH aber zu kurz. Sie lässt unberücksichtigt, dass der Staat es selbst in der Hand hat, das Steuerverhältnis entsprechend auszugestalten. Ebenso gibt es auf privater Seite Zwangsgläubiger, die keinen oder keinen so weitreichenden Schutz erhalten. Beispielhaft genannt seien hier Versorgungsbetriebe wie Stadtwerke, die einem *Kontrahierungszwang* unterliegen.[81]

c) Entstehung und Fortentwicklung der AO

Am 27.11.1975[82] wurden die Haftungsbestimmungen der neuen *Abgabenordnung* einstimmig vom Bundestag beschlossen und traten gemeinsam mit dieser

77 *A. Riewald / C. Koch*, in: Becker-RAO 1963, § 109 RAO Anm. 3 Abs. 1 und Anm. 4 Abs. 1.

78 BFH, Urteil v. 11.07.1958 – III 267/57 U, BFHE 67, 245 = BStBl. III 1958, 367.

79 BFH, Urteil v. 11.07.1958 – III 267/57 U, BFHE 67, 245, 368 = BStBl. III 1958, 367.

80 BFH, Urteil v. 21.01.1972 – VI R 187/68, BFHE 104, 294, 367 = BStBl. II 1972, 364; *E. Bax*, 1992, S. 58.

81 Für Strom- und Gasanbieter ergibt sich dieser aus § 17 Abs. 1 EnWG, siehe *M. Buntscheck*, WuW 2006, 30, passim; bspw. unterliegen aber auch Wasserversorger nach der Rspr. einer entsprechenden Verpflichtung, siehe allgemein zum Kontrahierungszwang Staudinger (2015), Vorb. §§ 145-156 Rn. 15 - 29.

82 BT-Protokoll S. 14041.

am 01.01.1977 in Kraft.[83] Der Berichterstatter des Finanzausschusses erinnerte die Abgeordneten dabei an den Ursprung des Gedankenguts bei Enno Becker und der von ihm geschaffenen RAO 1919.[84] Neben einer völlig neuen Systematik standen fiskalische Interessen im Mittelpunkt der Änderungen.[85] Speziell das gesamte Haftungsrecht wurde neu strukturiert und in die dem jeweiligen Verfahrensabschnitt zugehörigen Teile aufgegliedert. Die Haftungsvorschriften selbst sind in den §§ 69-76 AO vorgelagert, es folgen Verfahrensvorschriften zur Festsetzung in §§ 191, 192 AO und zur Erhebung in § 219 AO.[86] Inhaltlich knüpft § 69 AO an § 109 RAO 1931 an und soll laut dem Gesetzgeber Schadensersatzcharakter haben.[87] Im Detail gab es aber drei gewichtige Änderungen beziehungsweise Klarstellungen.

Als erstes wurde der Kreis der Haftenden auf den in den §§ 34 und 35 AO genannten Personenkreis reduziert, was dennoch als eine noch nicht ausreichende Einschränkung kritisiert wurde.[88] § 34 AO wurde dabei zur Klarstellung und Bestätigung der Rechtsprechung des BFH auf die „steuerlichen Pflichten" reduziert. Als zweites wurde – quasi als Ausgleich für die Reduzierung des haftenden Personenkreises – der Haftungsumfang erweitert. Die Haftung erfasste sodann alle Ansprüche aus dem Steuerschuldverhältnis gemäß § 37 AO. Somit hat der Haftende auch für steuerliche Nebenleistungen nach § 3 Abs. 3 AO einzustehen.[89] Zuletzt wurde der bislang immer wieder strittige Fahrlässigkeitsmaßstab geändert. Angelehnt an die bislang schon von der Rechtsprechung gepflegte Einschränkung, war von nun an ein jedenfalls grob fahrlässiges Verhalten notwendig.[90] Nach der Gesetzesbegründung[91] handelt es sich darüber hinaus um eine bewusste Einschränkung des Haftungsumfangs, da der Arbeitskreis zur Reform der Abgabenordnung die bislang geltende Fassung für zu weit hielt.[92]

---

83 BGBl. I 1976, S.613, 697.

84 BT-Protokoll S. 14033.

85 *E. Bax*, 1992, S. 84.

86 Zur detaillierten Analyse siehe *E. Bax*, 1992, S. 35 - 38; *T. Steeger*, 1998, S. 11 - 13.

87 *A. Beermann*, DStR 1994, 805, 806; *A. Meyer*, DStZ 2014, 228, 231; BT-Drs. VI/1982, S.119.

88 *T. Steeger*, 1998, S. 11 u. 15.

89 *T. Steeger*, 1998, S. 12.

90 *A. Beermann*, DStR 1994, 805, 810; *E. Bax*, 1992, S. 86; *H. Boecker*, in: H/H/Sp, § 69 AO Rn. 1, Stand: 232. Lfg. v. 04.2015.

91 BT-Drs. VI/1982, S. 119, linke Spalte unten; Bundesministerium der Finanzen, 1970, S. 20.

92 Vgl. *A. Meyer*, DStZ 2014, 228, Fn. 53.

Dem Gesetzgeber ist es mit der Reform gelungen, die vorher andauernde, insbesondere verfassungsrechtlich begründete Kritik verstummen zu lassen.[93]

Die letzte Änderung des § 69 AO erfolgte 1985 durch eine Ausweitung des Haftungstatbestandes.[94] Die Tatbestandsvarianten des Satz 1 wurden um eine rechtsgrundlose und auf einer Pflichtverletzung beruhenden Steuervergütung oder Steuererstattung ergänzt.

Mit Blick auf das Nebeneinander von Steuer- und Insolvenzrecht lässt sich feststellen, dass der Gesetzgeber im Rahmen der AO bisher nur in § 251 Abs. 2 AO festgestellt hat, dass die Regeln der Insolvenzordnung unberührt bleiben.[95] Dies zielt aber auf die Eintreibung der bereits festgesetzten Steuerforderungen ab und liefert somit keine Erkenntnis über die sonstigen wechselseitigen Beeinflussungen.[96]

2. Geschichte und Herkunft der Massesicherungspflicht

Bei der Massesicherungspflicht handelt es sich um ein insolvenzbezogenes Gläubigerschutzrecht,[97] welches sich für die GmbH beziehungsweise deren Geschäftsführer in § 64 S. 1 und 2 GmbHG in Form eines Zahlungsverbots findet.

a) Ursprung und Entwicklung bis zum MoMiG

Diese Regelung war zuvor bereits über 100 Jahre in Gestalt des Absatz 2 des § 64 GmbHG a.F. enthalten, welcher erst im Jahr 2008 redaktionell aufgeteilt wurde. Aus dem ehemaligen Abs. 1 wurde der heutige rechtsformneutrale §15a Abs. 1 InsO.[98] Die Regelung ist somit bereits seit der ersten Verkündung des GmbHG am 20.04.1892 Teil des Gesetzes.[99] Jedenfalls für diese ursprüngliche Form der Norm besteht Einigkeit, dass diese auch der Durchsetzung der Gläubigergleichbehandlung dient, in dem sie die Masse zur Befriedigung aller Gläubiger erhält.[100]

---

93 *E. Bax*, 1992, S. 58.
94 BGBl. I 1985, S.2436 = BStBl. I 1985, S.735.
95 *G. Frotscher*, 2013, S. 17.
96 *H. König*, in: Buth/Hermanns, § 36 Rn. 2; *G. Frotscher*, 2013, S. 17.
97 *C. Thole*, 2010, S. 9.
98 *K. Schmidt*, in: Scholz-GmbHG [11. Auflage], § 64 GmbHG Rn. 1.
99 RGBl. 1892, S. 477 ff.; *L. Ischebeck*, 2009, S. 79.
100 *H. Altmeppen*, in: Altmeppen-GmbHG, § 64 GmbHG Rn. 1.

Es gab aber bereits zwei Vorläufervorschriften in Form der Art. 240 und Art. 241 ADHGB vom 11.06.1870[101], sowie deren Nachfolgevorschriften in der Fassung vom 18.07.1884[102]. Nach letzterem musste der Vorstand einer Aktiengesellschaft – die GmbH als Rechtsform gab es zu diesem Zeitpunkt noch nicht – der Gesellschaft für solche Schäden aufkommen, die durch die Verletzung der Konkursantragspflicht entstanden waren.[103] Damit ist zugleich auch der Ursprung der heutigen Regelung des § 92 Abs. 2 AktG geklärt. Zwar erfolgten im Aktienrecht verschiedene Reformen und eine Neufassung im Jahre 1965, die wesentlichen Inhalte blieben aber unverändert.[104]

Der heute noch bekannte Inhalt des § 64 GmbHG entstand am 25.03.1930 durch Einfügung des Absatz 2 Satz 2, dem heutigen Satz 2. Bei diesem handelt es sich um einen Exkulpationstatbestand für solche Zahlungen, die mit der Sorgfalt eines ordentlichen Geschäftsmanns vereinbar sind. Notwendig wurde diese Ergänzung durch die 1927 neu eingeführte Vergleichsordnung.[105] Im Gegensatz zur (fortgeltenden) Konkursordnung von 1877 stand nicht mehr nur die Liquidation des Schuldners im Zentrum des Verfahrens, sondern es entstand die Möglichkeit, den Konkurs durch die Mittel der Vergleichsordnung abzuwenden. Dieses neue Sanierungsinstrument machte aber auch weitere Zahlungen zur Fortführung des Unternehmens notwendig, da die Gesellschaft gerade fortgeführt und nicht nur abgewickelt werden sollte. Solche Leistungen zum Erhalt des Unternehmens standen aber im klaren Widerspruch zur bestehenden gesetzlichen Regelung des damaligen § 64 Abs. 2 S. 1 GmbHG a.F. Der neue Satz 2 sollte die Möglichkeit schaffen, einzelne Leistungen zu erbringen ohne dabei ein schrankenloses „Weiter so“ zu riskieren. Beachtlich ist die damalige Neuregelung aus heutiger Sicht, weil der historische Gesetzgeber wie selbstverständlich von einer entsprechenden Anwendung des § 64 Abs. 2 GmbHG a.F. auch im Vergleichsverfahren ausging,[106] dem historischen Vorbild des heutigen Eigenverwaltungsverfahrens.[107] Diese Erinnerung scheint neuerdings verblasst

---

101 *L. Ischebeck*, 2009, S. 79 f.; *H. Altmeppen*, in: Altmeppen-GmbHG, Vorb. § 64 GmbHG Rn. 7.

102 Verhandlungen des Reichstages, VIII. Wahlperiode (1890-1892), Bd. 141, Anlage 660, S. 3756 f.; *L. Ischebeck*, 2009, S. 79 f.

103 *L. Ischebeck*, 2009, S. 80.

104 *D. König*, 2015, S. 196; *L. Ischebeck*, 2009, S. 79 f.

105 *D. König*, 2015, S. 197.

106 *D. König*, 2015, S. 197 aE.

107 RegE InsO, BT-Drs. 12/2443, S. 222 f.; *C. A. Kern*, in: MüKo-InsO, Vorb. §§ 270 bis 285 InsO Rn. 8.

zu sein, da einige Stimmen für eine Unvereinbarkeit der Regelung nach erfolgter Insolvenzantragstellung ausgehen.[108]

Im Jahre 1986 wurde durch das Zweite Gesetz zur Bekämpfung der Wirtschaftskriminalität[109] das Erfordernis der bilanziellen Feststellung der Überschuldung gestrichen und stattdessen auf den objektiven Eintritt der Überschuldung abgestellt.[110] Dies verlagerte die Wirkung des Tatbestandes deutlich nach vorne und führte zu einem Bedeutungswandel der Vorschrift. Führte sie früher ein Schattendasein, nahm ihre Bedeutung nach der Reform sprunghaft zu. Vor allem die Insolvenzverwalter begannen die Vorschrift zur Masseanreicherung zu nutzen.[111] Die Regelung ist dabei so effektiv, dass *K. Schmidt*[112] an dieser Stelle sogar von der „Kahlpfändung der Verantwortlichen" spricht. Die ungebrochen hohe Bedeutung der Haftung für masseschmälernde Zahlungen zeigt sich aber auch an der unverändert hohen Dichte an Entscheidungen, so wurden allein im Zeitraum von 2010 bis 2020 bislang 31 Entscheidungen des BGH im Zusammenhang mit § 64 GmbHG veröffentlicht.[113]

Mit Einführung der Insolvenzordnung 1999 kam es im gesamten Gesellschaftsrecht zu einigen Änderungen sowie zur Vereinheitlichung durch rechtsformneutrale Zusammenfassungen in der Insolvenzordnung, wie die rechtsformübergreifende Regelung der Insolvenzgründe in den §§ 16 ff. InsO.[114] Die Regelung des § 64 Abs. 2 GmbHG a.F. blieb dabei unverändert erhalten.

b) Änderung durch das MoMiG

Eine der größten Änderungen des gesamten GmbH-Rechts, speziell aber auch des § 64 GmbHG erfolgte kurz darauf durch das Gesetz zur Modernisierung des GmbH-Rechts und zur Bekämpfung von Missbräuchen – *MoMiG* – vom 23.10.2008.[115] Ausweislich der Gesetzesbegründung waren neben dem bereits

---

108 Vgl. ausführlich zur zeitlichen Anwendbarkeit des § 64 GmbHG n.F. ab S. 167.

109 Gesetz v. 15.05.1986, BGBl. I S. 721, 728.

110 *J. Nerlich*, in: MHLS-GmbHG, § 64 GmbHG Rn. 3; *U. Haas*, in: Baumbach/Hueck-GmbHG, § 64 GmbHG Rn. 9; *T. Mätzig*, in: BeckOK-GmbHG, § 64 GmbHG Rn. 1.

111 *C. Thole*, 2010, S. 693 f.; *U. Haas*, NZG 2004, 737, 737; *H.-F. Müller*, in: MüKo-GmbHG, § 64 GmbHG Rn. 4.

112 *K. Schmidt*, NZG 2015, 129, 130.

113 Soweit nach Auswertung auf Juris bis zum 08.01.2020.

114 *T. Mätzig*, in: BeckOK-GmbHG, § 64 GmbHG Rn. 1.

115 BGBl. I 2008, S. 2026; *J.M. Schmittmann*, 2015, Rn. 13; *H.-F. Müller*, in: MüKo-GmbHG, § 64 GmbHG Rn. 2.

namensgebenden Kampf gegen Missbrauch besonders sogenannte Firmenbestattungen ein Ziel der Reform. Ebenso sollte aber auch ein Ausgleich für die gleichzeitig eingeführte Unternehmergesellschaft (uG) geschaffen werden.[116] Diese neue Gesellschaftsform muss im Gegensatz zur tradierten GmbH über quasi kein Mindestkapital verfügen und wird auch als kleine Schwester der GmbH gesehen.[117] Mittlerweile hat sich bestätigt, dass sie entsprechend auch besonders insolvenzgefährdet ist, wenngleich die Zahlen nicht so signifikant höher sind, wie es der Verzicht auf Stammkapital im Vergleich zur bereits insolvenzanfälligen GmbH vermuten lassen würde.[118]

Die zuvor in § 64 Abs. 1 GmbHG beheimatete Insolvenzantragspflicht wurde rechtsformneutral in § 15a Abs. 1 InsO übertragen. Das nicht auch die in Absatz 2 beheimatete Ersatzhaftung, also die Massesicherungspflicht, wie nun doch noch geschehen,[119] in eine rechtformneutrale Haftung überführt wurde, wurde dabei gerügt und als Systemverstoß bezeichnet.[120] Stattdessen verbleibt sie bis heute unverändert als Satz 1 und 2 des § 64 GmbHG. Sie wurde aber durch das MoMiG um einen neuen Satz 3 ergänzt. Dieser sieht eine Ersatzpflicht des Geschäftsführers für insolvenzauslösende Zahlungen an Gesellschafter vor. Die Idee entstammt dem anglo-amerikanischen „solvency test" und verankert somit den Gedanken der Insolvenzverursachungshaftung im Gesetz.[121] Die Erweiterung war dabei auch von der Intention des Gesetzgebers geleitet, § 64 GmbHG insgesamt leichter als insolvenzrechtliche Norm nach Artikel 3 Abs. 1, Artikel 4 Abs. 1 und 2 Satz 1 der EuInsVO zu qualifizieren.[122] Dies ermöglicht die Anwendung auch auf Vermögen ausländischer Gesellschaften, deren Tätigkeitsmittelpunkt in Deutschland liegt.[123]

Erwähnt sei, dass auch die zuvor in § 84 GmbHG geregelte Strafbarkeit der Insolvenzverschleppung rechtformneutral in § 15a Abs. 4 und 5 InsO überführt wurde.[124]

---

116 BGBl. I 2008, S. 2026 ff.; *H. Altmeppen*, in: Altmeppen-GmbHG, Vorb. § 64 GmbHG Rn. 2.

117 *H. Büsching*, in: MAH GmbH-Recht, Rn. 3.

118 Vgl. Statistik der Insolvenzzahlen ab S. 360.

119 Siehe zu den Änderungen zum 01.01.2021 durch das SanInsFoG ab S. 332.

120 *T. Mätzig*, in: BeckOK-GmbHG, § 64 GmbHG Rn. 2; U. Haas, in: Baumbach/Hueck, § 64 GmbHG, Rn. 3.

121 *T. Mätzig*, in: BeckOK-GmbHG, § 64 GmbHG Rn. 3.

122 BT-Drs. 16/6140, S. 47; *U. Haas*, in: Baumbach/Hueck-GmbHG [2013], § 64 GmbHG Rn. 3.

123 Ausführlich dazu auch: *P. Mankowski*, NZG 2016, 281.

124 *U. Haas*, in: Baumbach/Hueck-GmbHG [2013], § 64 GmbHG Rn. 3.

3. Entwicklung des korrespondierenden Insolvenzrechts

Die Geschichte des Insolvenzrechts geht zurück bis in das römische Recht,[125] unser heutiges Insolvenzrecht wurde aber vor allem von den Erfahrungen der Konkursordnung geprägt. Erfreulicherweise sind die Zahlen der Insolvenzen insgesamt, aber auch die der Unternehmensinsolvenzen in den vergangenen Jahren recht kontinuierlich rückläufig.[126] Neben der guten wirtschaftlichen Lage dürfte ein Teil des Effekts aber auch auf ein gewandeltes Restrukturierungsverständnis zurückzuführen sein. Inzwischen besteht häufiger die Bereitschaft, bereits vor dem Worst-Case-Szenario der Insolvenz erforderliche Gegenmaßnahmen zu ergreifen und es somit erst gar nicht zum Eintritt des offiziellen Verfahrens kommen zu lassen.

a) Die Entstehung der Konkursordnung

Vor der ersten gesamtdeutschen Kodifikation des Konkursrechts war dieses, wie die meisten Rechtsgebiete in Deutschland noch in viele Teilrechtsordnungen zersplittert.[127] Das erste einheitliche Konkursrecht entstand erst ab der zweiten Hälfte des 19. Jahrhunderts und war verbunden mit einem Umdenken in Bezug auf den Zweck des Konkursverfahrens.[128] Man hatte erkannt, dass es nicht mehr einzig um die Abwicklung eines Unternehmens gehen könne, sondern der Erhalt durch ein Vergleichsverfahren möglich werden sollte. Dennoch konnte sich dieser Gedanke in dem rund acht Jahre dauernden Gesetzgebungsprozess nicht durchsetzen, die erste *Konkursordnung* trat am 01.10.1877 ohne ein Vergleichsverfahren in Kraft.[129] Lediglich im Rahmen der §§ 173 ff. KO wurde ein Zwangsvergleich zugelassen.[130] Ebenso fehlte es auch an einem explizit normierten Verfahrenszweck,[131] dieser sollte erst über 120 Jahre später mit § 1 InsO Einzug erhalten.

---

125 *R. Stürner*, in: MüKo-InsO, Einleitung Rn. 26.

126 Statistisches Bundesamt, Insolvenzen 1950-2020, abrufbar unter: http://bit.ly/Insolvenzzahlen [zuletzt abgerufen am: 24.01.2022].

127 *J.M. Schmittmann*, 2015, Rn. 3.

128 *B. M. Kübler*, in: Kübler-HRI (2015), § 1 Rn. 2.

129 *J.M. Schmittmann*, 2015, Rn. 7.

130 *B. M. Kübler*, in: Kübler-HRI (2015), § 1 Rn. 2.

131 *R. Stürner*, in: MüKo-InsO, Einleitung Rn. 1.

b) *Die Entwicklung der Konkursordnung*

Gleichwohl ließ sich dem § 2 KO 1877 beziehungsweise dem späteren § 3 KO der wesentliche Zweck des Verfahrens entnehmen, es „dient [der] gemeinschaftlichen Befriedigung aller persönlichen Gläubiger, welche einen zur Zeit der Eröffnung des Verfahrens begründeten Vermögensanspruch an den Gemeinschuldner haben".[132] Eine allgemeine Gleichbehandlung gab es zu diesem Zeitpunkt nicht, stattdessen normierte § 54 KO 1877 eine klare Rangordnung der Konkursforderungen. Diese Regelung wurde 1898 zu § 61 KO und erlangte besonders in Gestalt des § 61 Abs. 1 Nr. 1 lit. a KO – dem sogenannten Sozialversicherungsprivileg[133] – und des § 61 Abs. Nr. 2 KO – dem sogenannten *Fiskusprivileg* – Bekanntheit.[134]

Das Fehlen einer flexibleren Konkursalternative wurde mit Einsetzen des ersten Weltkriegs besonders deutlich, was zu ersten kurzfristigen Aufschubregelungen führte.[135] Da diese durch ihre Beschränkung auf kriegsbedingte Konkursfälle unzureichend waren, wurde in den 1920er Jahren die Vergleichsordnung geschaffen, welche schließlich im Jahre 1927 in Kraft trat und erstmals ein gesetzlich normiertes Sanierungsinstrument bot.[136] Das Nebeneinander der beiden Systeme führte aber schon in den 1930er Jahren zu Reformbestrebungen hin zu einem einheitlichen Konkurs- und Vergleichssystem.[137] Die Bemühungen scheiterten letztlich an den äußeren Umständen der Zeit. Dennoch war deutlich geworden, dass ein Nebeneinander der zwei Verfahrensarten nicht den erhofften Erfolg lieferte.[138] Hinderlich war besonders, dass Geschäftsführer im Stadium der materiellen Insolvenz eine Entscheidung zwischen Konkurs- und Vergleichsverfahren treffen mussten. Diesem Dilemma entstammt auch die dreiwöchige Frist des §15a InsO, der damals in Form einer zweiwöchigen Überlegungsfrist neu eingeführt wurde.[139] Wegen der aus der Unumkehrbarkeit der Entscheidung resultierenden großen Tragweite sollten die Verantwortlichen zunächst die Möglichkeit haben, die Lage des Unternehmens und die vorhandenen Potentiale umfassend zu analysieren.

---

132 *G. Frotscher*, in: DStJG 13 (1990), Umsatzsteuer im Konkurs S. 215.
133 *H. Altmeppen*, in: FS Goette, S. 2.
134 *H. Altmeppen*, in: FS Goette, S. 1.
135 *B. M. Kübler*, in: Kübler-HRI (2015), § 1 Rn. 2 f.
136 *D. König*, 2015, S. 197.
137 *B. M. Kübler*, in: Kübler-HRI (2015), § 1 Rn. 6.
138 *B. M. Kübler*, in: Kübler-HRI (2015), § 1 Rn. 6.
139 *L. Ischebeck*, 2009, S. 80; Gesetz v. 06.08.1931, RGBl. I 1931, S.433.

Die Liste der bekannten Probleme des damaligen Konkursrechts wuchs über die Jahre zusehends, ohne dass es zu ernsthaften Reformbemühungen gekommen wäre. So behinderten regelmäßig erhebliche Unterkapitalisierungen, Masseaushöhlungen durch Sicherungsrechte und bevorrechtigte Gläubiger eine wirksame Verfahrensdurchführung.[140] In den Zeiten des Wirtschaftswunders und auch anschließender gut florierender Wirtschaftszahlen wurde einer Reform des Insolvenzrechts aber keinerlei Priorität beigemessen. Verbunden mit der Ölkrise in den 1970er Jahren traten dann aber die Probleme der alten Konkursordnung offen zu Tage. Besonders deutlich zeigt dies die Anzahl der wegen Massearmut nicht eröffneten Verfahren (Mangelkonkurse), welche auf über 80% anstieg.[141] Das Insolvenzrecht hatte damit seine Funktion fast vollständig eingebüßt.[142] Selbst außerhalb der akuten Wirtschaftskrise hatte sich das Niveau der Gläubigerbefriedigung auf nur etwa 3-5% eingependelt.[143]

1978 begannen dann endlich die Vorbereitungen der großen Insolvenzrechtsreform,[144] worauf sich eine über ein Jahrzehnt andauernde Diskussion und ein zähes Gesetzgebungsverfahren anschließen sollte,[145] welches schließlich mit Gesetz vom 05.10.1994 ein Ende fand.[146]

c) *Neue Insolvenzordnung und neuer Leitgedanke*

Mit einer großen Übergangsfrist trat am 01.01.1999 die neue Insolvenzordnung in Kraft.[147] Gerade das zuletzt große Problem der Massearmut sollte durch eine Verbesserung der Gläubigergleichbehandlung bekämpft werden.[148] Dazu wurden die besonders zugunsten der Staatskasse vorhandenen Konkursvorrechte ersatzlos abgeschafft.[149] Dabei war sich der Gesetzgeber ausweislich seiner Entwurfsbegründung darüber im Klaren finanzielle Einbußen durch den Verlust der Fiskusvorrechte zu erleiden, akzeptierte dies aber zugunsten einer höheren

---

140 *J. Bauer*, ZInsO 2010, 1917, 1919; *R. Stürner*, in: MüKo-InsO, Einleitung Rn. 34.

141 *R. Stürner*, in: MüKo-InsO, Einleitung Rn. 33.

142 *R. Stürner*, in: MüKo-InsO, Einleitung Rn. 33.

143 *H. Radtke / S. Petermann*, in: MüKo-StGB, Vorb. zu §§ 283 ff. StGB Rn. 1.

144 *J.M. Schmittmann*, 2015, Rn. 11; *B. M. Kübler*, in: Kübler-HRI (2019), § 1 Rn. 11.

145 *L. Ischebeck*, 2009, S. 161 f.

146 *J.M. Schmittmann*, 2015, Rn. 12; BGBl. I 1994, S. 2866.

147 Art. 110 Abs. 1 EGInsO.

148 BT-Drs. 12/2443, S. 81; *J. Bauer*, ZInsO 2010, 1917, 1919.

149 BT-Drs. 12/2443, S. 84-90; *G. Hölzle*, BB 2012, 1571, 1578; *J. Bauer*, ZInsO 2010, 1917, 1919.

Effektivität des Insolvenzverfahrens.[150] Daraus ergibt sich auch bereits der Leitgedanke und der oberste Verfahrensgrundsatz der InsO, die *par conditio creditorum*, also der *Grundsatz der Gläubigergleichbehandlung*, welcher auch in § 1 InsO zum Ausdruck kommt.[151] Der *BGH*[152] spricht insoweit vom „Hauptzweck des Insolvenzverfahrens".

Trotz dieser Errungenschaft war der Gesetzgeber in den Folgejahren immer wieder versucht, dieses Prinzip zugunsten des Fiskus aufzuweichen,[153] was es aber auch zukünftig in jedem Falle zu verhindern gilt.

Die zweite Säule des neuen Verfahrensrechts wurde der flexiblere Übergang zwischen Abwicklung und Sanierungsverfahren. Ein Mittel zur Erreichung dieses Ziels war die Einführung der *Eigenverwaltung*. Konzeptionell soll es die Elemente des alten Vergleichsverfahrens mit dem US-amerikanischen Vorbild des „*Chapter 11*" Verfahrens kombinieren.[154] Im Gegensatz zur Verwaltung durch den Insolvenzverwalter bleibt die Verwaltungs- und Verfügungsmacht beim Schuldner. Um gleichwohl ein Vertrauen gegenüber den Gläubigern zu erzeugen, wird dem Schuldner ein qualifizierter Sachwalter zur Seite gestellt. Dieser überwacht das Verfahren und informiert das Insolvenzgericht über mögliche Unzulänglichkeiten der Verwaltung, damit dieses gegebenenfalls Sicherungsmaßnahmen anordnen kann. Es besteht aber auch jederzeit die Möglichkeit in ein „normales" Verfahren überzugehen. Ziel war es so das Know-hows der Geschäftsführung für das Verfahren zu nutzen, Einarbeitungszeiten zu sparen und gleichzeitig die Verfahrenskosten erheblich zu senken.[155]

Neben Kritik an den verschiedenen Änderungen und auch dem neu eingeführten Eigenverwaltungsverfahren stieß aber besonders der ausgesparte Bereich des Insolvenzsteuerrechts auf Ablehnung.[156] Lediglich wenige Einzelfragen wurden gesetzlich geklärt, statt die Chance der ohnehin umfassenden

---

150 BT-Drs. 12/2443, S. 81; *L. Ischebeck*, 2009, S. 161 f.

151 *S. Ludwig*, in: Braun-InsO, § 1 InsO Rn. 6; *R. Stürner*, in: MüKo-InsO, Einleitung Rn. 62; *I. Pape*, in: Uhlenbruck-InsO, § 1 InsO Rn. 2; *G. Kahlert*, 2015, Rn. 6; *H. Altmeppen*, in: FS Goette, S. 1; *J. Roth*, 2016, Rn. 1.5; *R. Fritsch*, in: Koenig-AO, § 251 AO Rn. 16.

152 BGH, Urteil v. 13.03.2003 - IX ZR 64/02, BGHZ 154, 190, juris-Rn. 18 = ZIP 2003, 810 = DB 2003, 1436.

153 Exemplarisch: *J. Bauer*, ZInsO 2010, 1917, 1918; *H. Altmeppen*, in: FS Goette, S. 1.

154 BT-Drs. 12/2443, S. 222.

155 BT-Drs. 12/2443, S. 222; *D. König*, 2015, S. 8.

156 Exemplarisch *G. Frotscher*, 2013, S. 17.

Reform zu nutzen und auch die steuerrechtlichen Bezüge durch die Einführung eines einheitlichen Insolvenzsteuerrechts abschließend und eindeutig zu regeln.

d) ESUG

Nach verschiedenen kleineren Modifizierungen und Anpassungen an andere Gesetzesvorhaben,[157] gab es eine 2012 in Kraft getretene Reform durch das Gesetz zur Erleichterung der Sanierung von Unternehmen, kurz *ESUG.*[158]

Defizite hatten sich in der Insolvenzpraxis an verschiedenen Stellen gezeigt. So mangelte es im Rahmen des Insolvenzplanverfahrens beispielsweise an einer Möglichkeit, die Gesellschafterrechte zu kürzen,[159] wie dies über den sodann in § 225a InsO neu eingeführten Debt-Equity-Swap möglich wurde.

Daneben hatte das im Rahmen der Insolvenzordnung neu eingeführten Eigenverwaltungsverfahren nur mäßigen Erfolg gezeigt.[160] Vor der Überarbeitung gab es seitens der betroffenen Unternehmensvertreter scheinbar Angst vor der Entmachtung durch einen jedenfalls übergangsweise eingesetzten Verwalter. Selbst wenn eine spätere Eigenverwaltung antragsgemäß stattgegeben wurde, konnte ein vorläufiger Verwalter zwischenzeitlich gewichtige Entscheidungen treffen und so womöglich das Verfahren gefährden.[161] Somit stellte sich dieser primär psychologische Effekt als eine zu große Hürde für die Nutzung des neuen Sanierungsinstruments heraus.[162] Aus Sicht des Gesetzgebers wurde das Problem dadurch verstärkt, dass vermehrt Schuldner die Möglichkeit nutzten, ihren Geschäftsmittelpunkt und somit ihr *COMI*[163] in das europäische Ausland zu verschieben.[164] Unter Zuhilfenahme der zuvor erlassenen EuInsVO war und ist es damit möglich, ein Insolvenzverfahren eines anderen europäischen Staates zu nutzen, indem beispielsweise die Gläubiger ein stärkeres Mitspracherecht haben.[165] Getrieben von dem daraus resultierenden Wettbewerb der Rechtsordnungen schuf man neben einer Überarbeitung des Planverfahrens

---

157 Vgl. *J.M. Schmittmann*, 2015, Rn. 12.
158 Gesetz v. 07.12.2011, BGBl. 2011, S. 2582, 2800.
159 *B. M. Kübler*, in: Kübler-HRI (2015), § 1 Rn. 12.
160 *J. M. Schmittmann / D. Dannemann*, ZIP 2014, 1405, 1405; *D. König*, 2015, S. 8.
161 *M. Hofmann*, in: Kübler-HRI (2015), § 7 Rn. 3; *R. Riggert*, in: Nerlich/Römermann-InsO, § 270a InsO Rn. 1, Stand: 35. Lfg. v. 04.2018.
162 *R. Stürner*, in: MüKo-InsO, Einleitung Rn. 6a.
163 Centre of main interest nach Art. 3 Abs. 1 EuInsVO.
164 Ausführlich dazu: *M. Brinkmann*, BRJ 2013, 5.
165 *B. M. Kübler*, in: Kübler-HRI (2015), § 1 Rn. 13.

mit der neuen *vorläufigen Eigenverwaltung*[166] gemäß § 270a InsO und dem *Schutzschirmverfahren*[167] gemäß § 270b InsO zwei neue Möglichkeiten auch vor Beginn des Hauptverfahrens die volle Kontrolle beim Schuldner zu belassen. Nach dem Schutzschirmverfahren kann der Schuldner bereits bei drohender Zahlungsunfähigkeit nach § 18 InsO die Verfahrenseröffnung beantragen und hat sodann maximal drei Monate Zeit, einen Insolvenzplan vorzulegen, ohne Vollstreckungsmaßnahmen der Gläubiger fürchten zu müssen. Am Ende ist diese Verfahrensvariante somit nichts anderes als eine speziellere Form des Eigenverwaltungs-Eröffnungsverfahrens.[168] Aus psychologischer Sicht dürfte dabei ebenfalls vorteilhaft wirken, dass die Anträge nun bei Zweifeln des Insolvenzgerichts wieder zurückgezogen werden können – sofern es sich nur um eine drohende Überschuldung handelt – und das Gericht den Antrag auf Eigenverwaltung beziehungsweise Schutzschirmverfahren nur ablehnen kann, wenn es konkrete Umstände benennt, die im Verfahren zu Nachteilen für die Gläubiger führen würden.[169]

Nach Ablauf der dreimonatigen Frist geht das Schutzschirmverfahren entweder in ein Insolvenzplanverfahren unter Eigenverwaltung über oder es wird ein Insolvenzverwalter eingesetzt und somit ein Verfahren nach allgemeinen Regeln eingeleitet.[170]

Den positiven Anpassungen durch das ESUG entspricht auch eine positivere Wahrnehmung des Schutzschirm- und Eigenverwaltungsverfahrens in der Öffentlichkeit. Besonders medienwirksam war dabei zuletzt das Verfahren um Condor.[171] Statt des mit einem negativen Image behafteten Konkurs- oder Insolvenzverfahrens werden die Verfahren trotz ihrer formalen Stellung als Sanierungsinstrument des Insolvenzrechts als Vermeidung einer Insolvenz wahrgenommen.[172] Da dies aber zu einer Stärkung der Sanierungskultur führt, ist es insgesamt positiv zu sehen, wurde doch dieser Kulturwandel zuvor eindringlich seitens Wissenschaft und Politik gefordert.[173]

---

166 Ausführlich ab S. 128.

167 Ausführlich ab S. 150.

168 *J. D. Spliedt*, in: Schmidt/Uhlenbruck, 9. Teil Rn. 9.2.

169 *D. König*, 2015, S. 8 f.; *J. D. Spliedt*, in: Schmidt/Uhlenbruck, 9. Teil Rn. 9.2.

170 *R. Stürner*, in: MüKo-InsO, Einleitung Rn. 6a.

171 Siehe unter anderem Meldung auf Spiegel-Online, Artikel v. 26.09.2019, abrufbar unter: http://bit.ly/Schutzschirm_Condor [zuletzt abgerufen am: 24.01.2022].

172 *J. D. Spliedt*, in: Schmidt/Uhlenbruck, 9. Teil Rn. 9.1.

173 Näher dazu: *B. M. Kübler*, in: Kübler-HRI (2015), § 1 Rn. 14 - 16.

Inzwischen lässt sich die Wahrnehmung auch durch fundierte Analysen bestätigen. Im Zeitraum zwischen März 2012 und Januar 2018 wurden 1513 Verfahren in Eigenverwaltung beantragt.[174] Die stellt zwar nur knapp 3% der Gesamtverfahren dieses Zeitraums dar, gleichzeitig stieg der Anteil aber bei den 50 größten Unternehmensinsolvenzen 2017 auf 64%. Dabei stellen die Eigenverwaltungsverfahren keinesfalls Selbstläufer dar, knapp 40% der insgesamt beantragten Verfahren scheiterten im untersuchten Zeitraum.[175] Hier muss daher auch zukünftig daran gearbeitet werden die gesetzlichen Rahmenbedingungen noch weiter zu verbessern.

Trotz den insgesamt guten Erfahrungen nach mittlerweile gut acht Jahren ESUG,[176] bleibt mit Blick auf das Steuerrecht ein fader Beigeschmack zurück. Entgegen vehementen Forderungen aus Wissenschaft und Praxis sowie einer Forderung des Bundesrats nach dem Aufgreifen auch steuerlicher Regelungen durch das ESUG, hat die Bundesregierung beziehungsweise der Bundestag dies mit einem Verweis auf spätere Prüfung abgewiesen.[177] Etwaige Ergebnisse dieser Prüfung sind aber bis heute nicht bekannt geworden, sodass erneut eine Chance zur Kodifikation des Insolvenzsteuerrechts verstrichen ist. Es bleibt einzig die vage Hoffnung auf eine irgendwann stattfindende Reform. Mangels einer ausreichenden Motivation des Gesetzgebers wird diese aber vermutlich noch einige Zeit auf sich warten lassen.

e) Weitere Entwicklung

Auch nach dem ESUG schreitet die Entwicklung des Insolvenzrechts stetig voran. So wurde 2017 das Anfechtungsrecht in vielen Punkten reformiert.[178] Aus Sicht dieser Arbeit ist aber ein gescheiterter Punkt des Gesetzesentwurfs von größerer Bedeutung. So sollte im Rahmen des § 131 Abs. 1 S. 2 InsO-E eine Neuregelung der Anfechtung wegen inkongruenter Deckung erfolgen.[179] Durch die Neuregelungen wären solche Rechtshandlungen von der Anfechtung ausgeschlossen worden, die durch Zwangsvollstreckung erwirkt worden wären. Dies hätte aber im besonderen Maße die Finanzverwaltung als auch die

174 *R. Moldenhauer / R. Wolf*, in: Sechs Jahre ESUG, S. 5.

175 *R. Moldenhauer / R. Wolf*, in: Sechs Jahre ESUG, S. 9.

176 *H. Vallender*, DB 2015, 231, 231; *C. Thole*, in: Kübler-HRI (2019), § 58; *ESUG-Evaluierung*, passim.

177 *J. M. Schmittmann*, in: IuS 2015, Rn. 163; BR-Drs. 2011, 127/11, S. 19 f.

178 BT-Drs. 18/11199.

179 BT-Drs. 18/7054, S. 14.

Sozialversicherungsträger begünstigt, da diese in der Lage sind sich selbst kurzfristig Vollstreckungstitel zu schaffen. Somit hätte man auf versteckten Wege ein neues Fiskusvorrecht geschaffen. So sprechen die Petitionen der verschiedenen Fraktion zur endgültigen Gesetzesfassung selbst von einem „indirekten Fiskusprivileg" oder „Fiskusprivileg".[180] Genau diese überproportionale Begünstigung ist mithin auch die offizielle Begründung für die Streichung der Neuregelung.[181] Somit hat der Bundestag die Gläubigergleichbehandlung entscheidend bestätigt und gestärkt.

Mit Wirkung zum 21.04.2018 wurden durch das Gesetz zur Erleichterung der Bewältigung von Konzerninsolvenzen verschiedene Erleichterungen für die Sanierung und Liquidation von Unternehmensgruppen eingeführt.[182]

Eine tiefgreifende Reform des gesamten Restrukturierungsrechts einschließlich des Insolvenzrechts ist nun kurz vor Ende des Jahres 2020 im Lichte der anhaltenden COVID-19-Pandemie verabschiedet worden. Zunächst als reine Umsetzung der Restrukturierungsrichtlinie[183] der Europäischen Union geplant, wurde nun bereits über ein halbes Jahr vor Ablauf der Umsetzungsfrist der Richtlinie das SanInsFoG verabschiedet. Damit wird mit dem Restrukturierungsrahmen des StaRUG ein vollkommen neues Gesetz eingeführt und zudem eine Vielzahl an Änderung an den bestehenden Regelungen vorgenommen. Das Gesetzgebungsverfahren war dabei bereits von vielschichtiger Kritik begleitet, sodass man hier mit einigen korrigierenden Folgeänderungen des Gesetzes wird rechnen können.

Eine Darstellung der Neuerungen des SanInsFoG erfolgt ab Seite 331.

II. Daraus folgender Grundkonflikt

Es ist demnach erkennbar, dass die steuerliche Haftung bislang überwiegend fiskalisch motiviert auf alle am Verfahren beteiligten und greifbaren Personen erstreckt wurde, um Steuerausfälle zu minimieren und möglichst auszuschließen. Demgegenüber hat der Gesetzgeber die Haftung für massegefährdende Zahlungen bereits in den 1930er Jahren mit Rücksicht auf das damals neue Vergleichsverfahren angepasst und somit etwas flexibler gestaltet. Gleichzeitig war

180 BT-Drs. 18/11199, S. 10.

181 BT-Drs. 18/11199, S. 11; zustimmend *S. Krüger*, FLF 2017, 131, 135.

182 Gesetz zur Erleichterung der Bewältigung von Konzerninsolvenzen v. 31.04.2017, BGBl. 2017, 865; näher *B. M. Kübler*, in: Kübler-HRI (2019), § 1 Rn. 4 - 6.

183 Richtlinie (EU) 2019/1023 v. 20.06.2019.

es das erklärte Ziel des Gesetzgebers der Insolvenzordnung Gläubiger***un***gleichbehandlungen abzuschaffen. Dieser bewusste Systemwechsel könnte Einfluss auf die Auslegung der steuerlichen Pflichten der Gesellschaft und somit auch auf die Haftung, als auch auf den Handlungsspielraum des Geschäftsführers hinsichtlich masseschmälernder Zahlungen haben. Gleichwohl sind beide Haftungsregime zunächst nicht normativ gegeneinander abgegrenzt oder eingeschränkt worden, die Insolvenzordnung hat insoweit leider keinen Fortschritt gebracht.[184] Auch besteht seit der Einführung der Insolvenzordnung bereits ein prinzipieller Konflikt, da Steuern nach § 3 Abs. 1 AO gegenleistungslos erbracht werden müssen, im Insolvenzrecht solche gengenleistungslosen Zahlungen aber gerade unerwünscht sind und deshalb im Rahmen des Anfechtungsrecht rückabgewickelt werden sollen.[185]

Es besteht somit grundsätzlich die Möglichkeit, dass die Steuerzahlungspflicht und das Zahlungsverbot aufeinandertreffen und den betroffenen Geschäftsführer in Gestalt eines Normkonflikts vor ein erhebliches Problem stellen.[186] Ein Normkonflikt ist dabei nach *Kelsen*[187] dann gegeben, wenn das Gesollte der einen Norm, mit dem, was die andere als gesollt setzt, unvereinbar ist und daher die Befolgung der einen Norm jedenfalls möglicherweise die Verletzung der anderen voraussetzt.[188]

Ob sich dieser Konflikt tatsächlich so darstellt, oder sich wie häufig bereits im Wege der Normauslegung auflöst,[189] ist im kommenden Abschnitt zu prüfen.

Aus der Praxis heraus lässt sich rückblickend beobachten, dass die Finanzverwaltung mit Einführung der Insolvenzordnung dazu übergegangen ist, ihre durch das Einbüßen der Fiskusvorrechte entstehenden Verluste durch eine verstärkte Inanspruchnahme der steuerlichen Haftungsschuldner zu kompensieren. Dies verschärft die Situation für die Betroffenen zusätzlich und gebietet eine Lösung, die allen Parteien gegenüber eine sowohl stringente als auch handhabbare Lösung bietet, ohne berechtigte Einnahmeinteressen des Fiskus aus dem Blick zu verlieren.

---

184 *G. Frotscher*, 2013, S. 17.
185 *G. Hölzle*, BB 2012, 1571, 1571 f.
186 Vgl. *C. Thole / D. Poelzig*, ZGR 2010, 836, 840.
187 *H. Kelsen*, 1979, S. 99.
188 Dezidiert zur rechtstheoretischen Analyse ab S. 273.
189 Vgl. *M. Böckel*, 1993, S. 24.

III. Aktueller Sachstand der Einzelgesetze

Nachfolgend werden die konfligierenden Normen[190] in ihrer aktuellen Gestalt[191] und Auslegung dargestellt. Soweit möglich, soll dabei der gegebenenfalls auftretende Konflikt mit den konkurrierenden Teilrechtsgebieten zunächst hintenangestellt werden, um insbesondere eine zirkelschlüssige Argumentation zu vermeiden. Erst im nächsten Schritt[192] werden dann die sich ergebenen Überschneidungen dargestellt.

1. Steuerrecht

Auf Seiten des Steuerrechts entscheiden die steuerlichen Pflichten der Gesellschaft über eine mögliche Inanspruchnahme der Geschäftsführer. Nach § 34 Abs. 1 AO sind ihre steuerlichen Pflichten durch ihre Vertreter zu erfüllen. Deren Pflichten können folglich nicht über die der Gesellschaft hinausgehen. Gleichzeitig wird diese Pflicht über eine persönliche Haftung des Vertreters in § 69 AO abgesichert und die Pflichtverstöße somit pönalisiert.

a) § 69 AO

Die Vorschrift des § 69 AO begründet eine Steuerhaftung der in den §§ 34, 35 AO beschriebenen Personen für Steuerausfälle des von ihnen vertretenen Rechtssubjekts. Diese persönliche und unbegrenzte Haftung muss auf einer schuldhaften Pflichtverletzung des Vertreters beruhen.

Insgesamt müssen dabei fünf Tatbestandsvoraussetzungen erfüllt sein. Es muss sich um einen in den §§ 34, 35 AO Verpflichteten handeln, welcher eine schuldhafte Pflichtverletzung begangen hat, die zu einem Haftungsschaden geführt haben muss, für den wiederum die Pflichtverletzung ursächlich sein musste.[193]

---

190 Zusammenfassend zum Spannungsverhältnis zwischen dem Steuer- und Insolvenzrrecht *A. Geiwitz*, in: FS Beck, S. 179 f.

191 Berücksichtigt ist der Gesetzesstand bis zur Einreichung dieser Arbeit im Dezember 2020.

192 Vgl. zu den allgemeinen Spannungsfeldern S. 207 ff. bzw. zur bisherigen Auflösung des Konflikts S. 214 ff.

193 *M. Loose*, in: Tipke/Kruse, § 69 AO Rn. 5, Stand: 151. Lfg. v. 02.2018; *R. Rüsken*, in: Klein-AO, § 69 AO Rn. 1 ff.

Die resultierende Haftung ist öffentlich-rechtlicher Natur und kann daher nicht durch privatrechtliche Vereinbarungen abbedungen werden,[194] was bereits seit der Zeit des Reichsfinanzhofs der ständigen Rechtsprechung entspricht.[195]

Aus Sicht des Haftenden ist darüber hinaus von Bedeutung, dass es sich bei § 69 AO um eine sogenannte Nebenhaftung handelt, sie steht neben der Schuld und führt zu einer Gesamtschuld des Haftenden und des eigentlichen Steuerschuldners nach § 44 AO.[196] Daraus ergibt sich aber ebenfalls, dass es sich nicht um eine abschließende Haftungsnorm handelt, der Vertreter also zusätzlich nach anderen steuerlichen (z. B. § 42d EStG oder § 71 AO) oder außersteuerlichen Tatbeständern (z. B. § 128 HGB oder § 823 Abs. 2 BGB i. V. m.§ 266a StGB) in Haftung genommen werden kann.[197]

aa) Normzweck und Rechtfertigung

Wie bereits zuvor dargestellt,[198] wurde die steuerliche Geschäftsführerhaftung mit dem Ziel geschaffen, diejenigen Personen für die Steuerschuld haften zu lassen, denen sich das eigentlich steuerpflichtige Rechtssubjekt zur Erfüllung seiner Pflichten bedient. Diese Intention ist bis heute erhalten geblieben.[199] Zurückzuführen ist dies im Wesentlichen auf zwei Gedanken.

Dies ist zunächst die Erziehung des haftenden Personenkreises.[200] Gerade die in §§ 34, 35 AO normierte Personengruppe soll von ihren persönlichen beziehungsweise von der Gesellschaft geleiteten Interessen gelöst werden, um eine Erfüllung der steuerlichen Pflichten zu gewährleisten.[201] Somit bedient man sich letztlich den Mitteln des Strafrechts und setzt auf eine mit der Strafandrohung vergleichbare general- und spezialpräventiven Wirkung.[202] Entsprechend

194 *M. Loose*, in: Tipke/Kruse, § 69 AO Rn. 2, Stand: 151. Lfg. v. 02.2018; *H. Boecker*, in: H/H/Sp, § 69 AO Rn. 6, Stand: 232. Lfg. v. 04.2015; *M. Loose*, in: Tipke/Kruse, § 34 AO Rn. 16, Stand: 155. Lfg. v. 02.2019; *U. Koenig*, in: Koenig-AO, § 34 AO Rn. 18; *H. Boecker*, in: H/H/Sp, § 34 AO Rn. 54, Stand: 228. Lfg. v. 06.2014.

195 RFH, Urteil v. 26.10.1933 – VI A 536/32, RStBl. 1933, 1224; BFH, Urteil v. 21.05.1969 – I R 8/68, BFHE 96, 39, 39 = BB 1969, 1119; BFH, Beschluss v. 12.07.1983 – VII B 19/83, BFHE 138, 424 = BB 1983, 1710; BFH, Urteil v. 27.03.1990 – VII R 26/89, BFHE 161, 390; BFH, Urteil v. 26.01.2016 – VII R 3/15, BFH/NV 2016, 893 = BB 2016, 1119.

196 *B. Schwarz*, in: Schwarz/Pahlke-AO, § 69 AO Rn. 2, Stand: 191. Lfg. v. 11.2019.

197 *F. Müller*, in: Flore/Tsambikakis, § 69 AO Rn. 3.

198 Vgl. S. 35 f.

199 *T. Steeger*, 1998, S. 24 f.; *A. Beermann*, in: FS Dau, S. 19.

200 *E. Bax*, 1992, S. 86.

201 BFH, Urteil v. 11.07.1958 – III 267/57 U, BFHE 67, 245 = BStBl. III 1958, 367.

202 *E. Bax*, 1992, S. 86.

kommt es zu einer Inanspruchnahme auch nur im Falle einer schuldhaften Verletzung der normierten Pflichten,[203] wenngleich nur das „Ob" der Haftung an die Schuldhaftigkeit geknüpft ist, jedoch nicht der Umfang der Haftung,[204] diese ist nach überwiegender Auffassung unbegrenzt.[205]

Der zweite Gedanke war vermutlich das prägendere Leitmotiv, nämlich die Absicherung der Steuereinnahmen. Deren Durchsetzung soll allgemein erleichtert oder ggf. auch erst ermöglicht werden, da der Fiskus keinen direkten Einfluss darauf hat, wer tatsächlich den Steuertatbestand verwirklicht.[206] Gerade der Verzicht auf eine dem Bürgen[207] vergleichbare Stellung steigert die Effektivität des Steuervollzugs beträchtlich, da nicht erst eine womöglich langwierige Inanspruchnahme des unmittelbar Steuerpflichtigen versucht werden muss.[208] Die somit gewählte Form der Gesamtschuld von Haftendem und Steuerschuldner trägt folglich dazu bei, den Steueranspruch von der Leistungsfähigkeit und Leistungswilligkeit der einzelnen Schuldner unabhängiger zu machen.[209]

Die Haftung dient damit direkt und mittelbar einer Verstetigung der Steuereinnahmen und damit einer möglichst gleichmäßigen Durchsetzung der Besteuerung.

Dieses Leitmotiv stellt zugleich auch die Legitimationsbasis für den Eingriff gegenüber dem Haftenden dar und hat sich insoweit seit der erstmaligen Einführung 1919 nicht verändert.[210] Im Einzelnen wird dieser Eingriff mit dem Bedürfnis des Staates begründet, sich als Zwangsgläubiger Absicherungsmöglichkeiten schaffen zu müssen, um eine Benachteiligung gegenüber Dritten zu verhindern, welche sich vielfältige Sicherheiten gewähren lassen können. Würde eine entsprechende Regelung fehlen, würde die Gesellschaft angehalten, sich zulasten des Fiskus einen Vorteil zu verschaffen.[211] Zweifelsohne rechtfertigt diese Gefahr eine allgemeine Besserstellung des Fiskus gegenüber beliebigen Dritten, doch hat

---

203 *H. Boecker*, in: H/H/Sp, § 69 AO Rn. 39, Stand: 232. Lfg. v. 04.2015; *J. Intermann*, in: Koenig-AO, § 69 AO Rn. 66 - 69; *W. Barwitz*, 1987, S. 107.

204 So explizit auch BFH, Urteil v. 05.09.1989 – VII R 61/87, BFHE 158, 13, juris-Rn. 7 = DB 1989, 2364; kritisch *T. Steeger*, 1998, S. 2.

205 *R. Halaczinsky*, 2013, Rn. 82.

206 *K.E. Goutier*, 1978, S. 17.

207 Ob überhaupt von einer bewussten Entscheidung gesprochen werden kann, ist unklar, vgl. S. 37 f.

208 Vgl. *R. Rüsken*, in: Klein-AO, § 69 AO Rn. 1.

209 *T. Steeger*, 1998, S. 23 und 41.

210 *E. Bax*, 1992, S. 84.

211 *A. Meyer*, DStZ 2014, 228, 248.

Meyer[212] treffend herausgestellt, dass der Staat bereits über die Regelung des § 34 AO bessergestellt wird. Auf diesem Wege sei es ohnehin schon möglich, durch Einwirkungsmöglichkeiten wie Verspätungszuschläge gemäß § 152 AO oder Zwangsmittel nach §§ 328 ff. AO ausreichend und vor allem effektiver als andere Gläubiger auf den Geschäftsführer und folglich auf die Gesellschaft einzuwirken. Durch die sich anschließende Haftung nach § 69 AO werde er aber zu einem Vollzugsorgan der Finanzverwaltung degradiert, da er zur Vermeidung eigener Haftung gezwungen sei, die steuerlichen Pflichten zu erfüllen. Weder steht einem anderen Dritten eine vergleichbare Inanspruchnahmemöglichkeit zu,[213] noch muss der Staat eine Gegen- oder Vorleistung erbringen.[214] Gleichwohl entspricht es inzwischen fast einhelliger Auffassung, dass kein Verstoß gegen Art. 3 Abs. 1 GG vorliegt.[215] Der Fiskus gewähre faktisch jedem Steuerschuldner Kredit, da die Durchführung des Besteuerungsverfahrens mehr oder minder zeitlich nach hinten versetzt erfolge, ohne dabei Kriterien wie Bonität oder Zuverlässigkeit im Einzelfall zu prüfen.[216] Art. 3 GG gebiete auf der Gegenseite eben auch eine gleichmäßige Besteuerung, welche sich in einem gleichmäßigen Steuervollzug fortsetzt.[217] Dies gebiete auch Maßnahmen zu deren Sicherstellung, sodass auch eine systematische Bevorzugung des Fiskus in Grenzen zulässig ist.

bb) Rechtsnatur

Die Rechtsnatur der Vorschrift war seit jeher nahezu unumstritten, es handelte sich demnach um eine Schadensersatzhaftung[218] beziehungsweise eine Haftung mit Schadensersatzcharakter[219]. Dies wurde früher aus dem Gesetzeswortlaut

---

212 *A. Meyer*, DStZ 2014, 228, 233.

213 *W. Schön*, in: FS Westermann, S. 1477.

214 *W. Schön*, in: FS Westermann, S. 1470 f.

215 *M. Loose*, in: Tipke/Kruse, § 69 AO Rn. 4, Stand: 151. Lfg. v. 02.2018; *W. Schön*, in: FS Westermann, S. 1477; *E. Bax*, 1992, S. 66ff. und 106; BFH, Urteil v. 21.01.1972 – VI R 187/68, BFHE 132, 194 = BStBl. II 1972, 364, 367.

216 *B. Schwarz*, in: Schwarz/Pahlke-AO, Vorb. §§ 69-77 AO Rn. 3, Stand: 192. Lfg. v. 01.2020.

217 Exemplarisch: *E.-M. Gersch*, in: Klein-AO, § 3 AO Rn. 12 f.

218 *M. Loose*, in: Tipke/Kruse, § 69 AO Rn. 2, Stand: 151. Lfg. v. 02.2018.

219 U.a. RFH, Urteil v. 20.12.1927 – IV A 400/27, RFHE 22, 281, 286; BFH, Urteil v. 05.02.1985 – VII R 124/80, BFH/NV 1987, 2, 5; Urteil v. 26.07.1988 – VII R 83/87, BFHE 153, 512, 514 = BStBl. II 1988, 859; *W. Sonnleitner / M. Winkelhog*, BB 2015, 88, 90; *J. Intermann*, in: Koenig-AO, § 69 AO Rn. 3; *G. Kahlert*, ZIP 2009, 2368, 2368; *T. Steeger*, 1998, S. 27; *H. Boecker*, in: H/H/Sp, § 69 AO Rn. 7, Stand: 232. Lfg. v. 04.2015; *K. Schmidt*, in: Scholz-GmbHG [11. Auflage], § 64 GmbHG Rn. 227.

der RAO hergeleitet,[220] der noch von „schadensersatzpflichtig" sprach.[221] Mit der Änderung des Wortlautes durch die Einführung der Abgabenordnung 1977 war jedoch keine inhaltliche Änderung beabsichtigt worden. Im Gegenteil, ging man doch davon aus, dass es einer entsprechenden Klarstellung nicht länger bedürfe.[222] Darüber hinaus wird diese Auffassung auch vom zuvor herausgestellten Normzweck gestützt, da der Ersatz der vom Haftenden schuldhaft verursachten Beträge bezweckt werden soll.[223] Gerade auch diese Anknüpfung wird als Begrenzung der Haftung herangezogen, da diese nur so weit reichen soll, wie sie durch die Pflichtverletzung verursacht wurde.[224]

In den vergangenen Jahren wurde diese Auffassung nun aber vom BFH modifiziert. Beginnend mit einer Entscheidung aus dem Jahr 2007,[225] betont der BFH nun die Unterschiede zwischen den zivilrechtlichen Schadensersatznormen und der steuerrechtlichen Haftung und relativiert damit das bisher geschaffene Haftungssystem. Nach seiner Auffassung handle es sich demnach nicht um eine Norm mit Schadensersatzcharakter, sondern um eine Sonderverbindlichkeit gegenüber dem Fiskus. Gleichwohl spricht vieles dafür, dass dieser plötzliche Wandel der Qualifikation der Norm ausschließlich vom gewünschten Ergebnis getrieben wurde, da weitere Parallelen zur zivilrechtlichen Wertung wie bspw. eine mögliche Beachtung hypothetischer Kausalverläufe[226] vermieden werden sollten. Auch die nun stärkere Betonung der Normzwecke „Absicherung des Steueraufkommens" und „Erziehung der Vertreter" kann nicht überzeugen,[227] sie waren zuvor bereits hinlänglich bekannt und kollidieren keineswegs mit der bisherigen Interpretation als Schadensersatzhaftung. Der Eindruck der reinen Ergebnisorientiertheit verfestigt sich dabei noch, wenn man bedenkt, dass der BFH „wegen des Schadensersatzcharakters der Haftung nach § 69 AO" zur Bestimmung der

---

220 *W. Barwitz*, 1987, S. 106; *Becker RAO 1926*, § 90 Anm. 3.

221 Vgl. Anhang S. 347 ff.

222 *T. Steeger*, 1998, S. 27; vgl. aber auch oben S. 39 f.

223 Vgl. S. 55 oben.

224 BFH, Urteil v. 05.09.1989 – VII R 61/87, BFHE 158, 13 = DB 1989, 2364; *J. Intermann*, in: Koenig-AO, § 69 AO Rn. 3; *H. Boecker*, in: H/H/Sp, § 69 AO Rn. 7, Stand: 232. Lfg. v. 04.2015.

225 BFH, Urteil v. 05.06.2007 – VII R 65/05, BFHE 217, 233 = DStR 2007, 1722 = BB 2007, 2110.

226 Dazu ausführlich S. 83 ff.

227 BFH, Urteil v. 04.12.2007 – VII R 18/06, BFH/NV 2008, 521 = GmbHR 2008, 386.

erforderlichen Kausalität „wie bei zivilrechtlichen Schadensersatzansprüchen" die Adäquanztheorie anwendet.[228]

Es spricht daher alles dafür, der tradierten Auslegung des § 69 AO als Haftung mit Schadensersatzcharakter zu Folgen.[229]

cc) Tatbestandsvoraussetzungen

Um von der Haftung nach § 69 AO erfasst zu werden, müssen fünf Tatbestandsvoraussetzungen erfüllt sein. Es muss sich um einen in den §§ 34, 35 AO Verpflichteten (1) handeln, welcher eine schuldhafte (6) Pflichtverletzung (2) begangen hat, welche zu einem Haftungsschaden (3) geführt haben muss, für den wiederum die Pflichtverletzung ursächlich (4) sein musste.

(1) Personenkreis

Der Kreis der Haftenden bestimmt sich nach § 69 S. 1 AO durch die in den §§ 34, 35 AO bezeichneten Personen. Der dort in § 34 Abs. 1 AO gegebene Verweis auf die gesetzlichen Vertreter von juristischen Personen basiert auf dem allgemeinen Modell organschaftlicher Zurechnung. Jede juristische Person, also ein nur durch die Rechtsordnung geschaffenes Gebilde, bedarf jedenfalls einer Person, die für sie am Rechtsverkehr teilnimmt.[230] Merkmal aller betroffenen Personen ist die ihnen, aufgrund ihrer kraft Gesetzes oder Rechtsgeschäft übertragene Vertretungs- und Verfügungsmacht, auferlegte steuerrechtliche Verpflichtung gegenüber der juristischen Person.[231] Dementsprechend müssen diese Vertreter so handeln, wie das handlungsfähige Steuerrechtssubjekt handeln müsste, wenn es handlungsfähig wäre.[232] Dies wird als höchstpersönliche Pflicht der Betroffenen angesehen,[233] was einer (vollständigen) Übertragung der Pflicht auf Dritte entgegensteht.[234]

---

228 BFH, Urteil v. 11.11.2008 – VII R 19/08, BFHE 223, 294 = BStBl. II 2009, 342.

229 Ebenso *M. Loose*, in: Tipke/Kruse, § 69 AO Rn. 34, Stand: 151. Lfg. v. 02.2018; **a.A.** *R. Rüsken*, in: Klein-AO, § 69 AO Rn. 58.

230 *U. Koenig*, in: Koenig-AO, § 34 AO Rn. 11.

231 *T. Steeger*, 1998, S. 43.

232 *M. Loose*, in: Tipke/Kruse, § 34 AO Rn. 1, Stand: 155. Lfg. v. 02.2019.

233 *A. Beermann*, DStR 1994, 805, 807.

234 Vgl. S. 64.

(a) Gesetzliche Vertreter

Zu den gesetzlichen Vertretern nach § 34 Abs. 1 AO zählen:

- Vorstand(AG § 78 AktG; Rechtfähiger Verein § 26 BGB; Genossenschaft § 24 GenG; Versicherungsverein auf Gegenseitigkeit § 34 Abs. 1 VAG i. V. m. § 78 AktG, rechtfähige Stiftung §§ 26, 86 BGB)
- Geschäftsführer (GmbH, § 35 GmbHG)
- Persönlich haftender Gesellschafter (KGaA, § 278 Abs. 2 AktG)
- Liquidator(AG § 269 AktG; Genossenschaft § 88 GenG; GmbH § 70 GmbHG, rechtfähiger Verein § 48 BGB)
- Sowie vgl. Personen von Gesellschaften ausländischer Rechtsform, die den deutschen juristischen Personen entsprechen, bspw. der Direktor einer britischen Limited[235]

Bei juristischen Personen des öffentlichen Rechts bestimmt sich der Vertreter durch Gesetz, Verordnung, Satzung oder durch einen internen Organisationsakt.[236] Zu den verantwortlichen Vertretern zählen unter anderem der Bürgermeister, der Stadtdirektor oder ein Sparkassenvorstand.[237]

Auf die persönlichen Fähigkeiten der eingesetzten Personen kommt es nicht an, wer den nötigen Anforderungen nicht gerecht wird, darf ein entsprechendes Amt nicht übernehmen beziehungsweise muss es niederlegen.[238]

Für den GmbH-Geschäftsführer ist für die Entstehung der Pflichtenstellung die Ernennung durch die Gesellschafterversammlung sowie deren Zugang und die Annahme durch den Benannten maßgeblich.[239] Die Eintragung im Handelsregister ist hingegen aus Sicht des Haftungsanspruchs rein deklaratorisch.[240] Ebenso irrelevant für die Haftung ist, ob der Geschäftsführer die

---

235 FG Köln, Urteil v. 19.07.2018 – 13 K 3142/13, 68 ff.

236 *R. Rüsken*, in: Klein-AO, § 34 AO Rn. 6; *U. Koenig*, in: Koenig-AO, § 34 AO Rn. 14; *H. Boecker*, in: H/H/Sp, § 34 AO Rn. 22, Stand: 228. Lfg. v. 06.2014.

237 *U. Koenig*, in: Koenig-AO, § 34 AO Rn. 14; *H. Boecker*, in: H/H/Sp, § 34 AO Rn. 24, Stand: 228. Lfg. v. 06.2014.

238 BFH, Urteil v. 11.03.2004 – VII R 52/02, BFHE 205,14; BFH, Urteil v. 21.10.2003 – VII B 353/02, BFH/NV 2004,157; *M. Loose*, in: Tipke/Kruse, § 69 AO Rn. 7, Stand: 151. Lfg. v. 02.2018.

239 *M. Loose*, in: Tipke/Kruse, § 69 AO Rn. 8, Stand: 151. Lfg. v. 02.2018; *F. Müller*, in: Flore/Tsambikakis, § 69 AO Rn. 13.

240 BFH, Urteil v. 17.01.1989 – VII R 88/86, BFH/NV 1990, 71; FG Münster, Urteil v. 18.06.2007 – 1 K 6201/03, EFG 2007, 1566; *R. Rüsken*, in: Klein-AO, § 34 AO Rn. 6; *M. Loose*, in: Tipke/Kruse, § 69 AO Rn. 8, Stand: 151. Lfg. v. 02.2018.

Aufgaben tatsächlich übernimmt oder nur als Strohmann fungiert.[241] Dabei ist es auch unbeachtlich, ob er die Aufgaben aus sachlichen Gründen nicht wahrgenommen hat, weil beispielsweise ein Sanierungsexperte zeitweise die faktische Geschäftsführung übernommen hat.[242] Sollte er an der Erfüllung seiner Pflichten in irgendeiner Weise gehindert sein, muss er seine Handlungsmacht notfalls gerichtlich einklagen oder sein Amt niederlegen.[243]

Die Verpflichtung des Geschäftsführers bleibt auch im Falle einer (vorläufigen) Eigenverwaltung bestehen. Ob diese ab diesem Zeitpunkt mit Blick auf die geänderte Rechtsstellung[244] über § 34 Abs. 1 AO oder über § 34 Abs. 3 AO herzuleiten ist, kann dahinstehen.

Nach § 34 Abs. 3 AO zählt auch der Insolvenzverwalter ab Verfahrenseröffnung zu den der Haftung unterliegenden Vertretern, da ihm das Verwaltungs- und Verfügungsrecht gemäß § 80 Abs. 1 InsO übertragen wird.[245] Hingegen ist für den vorläufigen Insolvenzverwalter nach § 22 InsO zu differenzieren. Wurde durch das Insolvenzgericht ein allgemeines Verfügungsverbot erlassen und somit ein sogenannter starker vorläufiger Verwalter nach § 22 Abs. 1 InsO eingesetzt, treffen diesen die Verpflichtungen nach § 34 Abs. 3 AO.[246] Wurde hingegen nur ein sogenannter schwacher vorläufiger Insolvenzverwalter nach § 22 Abs. 2 InsO eingesetzt, treffen ihn nur solche Pflichten, die ihm einzeln vom Insolvenzgericht auferlegt wurden.[247] Der Sachwalter fällt hingegen nicht unter § 34 AO, da er kein Vermögensverwalter ist.[248]

---

241 BFH, Urteil v. 11.03.2004 – VII R 52/02, BFHE 205,14 = DStR 2004, 907; *M. Loose*, in: Tipke/Kruse, § 69 AO Rn. 7, Stand: 151. Lfg. v. 02.2018; *J. Roth*, 2016, Rn. 3.92; *J. Intermann*, in: Koenig-AO, § 69 AO Rn. 22; *A. Beermann*, DStR 1994, 805, 807.

242 BFH, Urteil v. 12.05.2009 – VII B 266/08, BFH/NV 2009, 1589; *M. Loose*, in: Tipke/Kruse, § 69 AO Rn. 7, Stand: 151. Lfg. v. 02.2018.

243 BFH, Urteil v. 02.07.1987 – VII R 162/84, BFH/NV 1988, 220; *U. Koenig*, in: Koenig-AO, § 34 AO Rn. 18.

244 Siehe zur Rechtsstellung des Geschäftsführers in der vorläufigen Eigenverwaltung ab S. 130.

245 *U. Koenig*, in: Koenig-AO, § 34 AO Rn. 28; *S. U. Denkhaus*, in: HambK-InsO, § 155 InsO Rn. 31.

246 *R. Rüsken*, in: Klein-AO, § 34 AO Rn. 23; *U. Koenig*, in: Koenig-AO, § 34 AO Rn. 26 - 30.

247 *R. Rüsken*, in: Klein-AO, § 34 AO Rn. 23; *U. Koenig*, in: Koenig-AO, § 34 AO Rn. 31 f.

248 *R. Rüsken*, in: Klein-AO, § 34 AO Rn. 25.

Aus Sicht von Ehrenamtlern ist zu beachten, dass der BFH bisher jede Form einer Privilegierung von unentgeltlichen Tätigkeiten abgelehnt hat.[249] Eine nach dem Urteil angestoßene Gesetzesinitiative[250] zur Begrenzung der Haftung von ehrenamtlich tätigen Vereinsvorständen konnte sich im Gesetzgebungsverfahren nicht durchsetzen und wurde 2009 im Bundestag abgelehnt.[251]

(b) Gleichgestellte Personen

§ 35 AO stellt den bereits durch § 34 AO benannten Personen einige weitere gleich und dient somit als Auffangtatbestand.[252] Er legt denen die gleichen Pflichten auf, die auch die gleichen rechtlichen Zugriffsmöglichkeiten auf das fremde Vermögen haben und von diesen auch tatsächlich und nach außen hin erkennbar Gebrauch machen.[253] Der prominenteste Fall dürfte dabei der sogenannte faktische Geschäftsführer sein. Ein solcher wurde nicht oder nicht ordnungsgemäß zum Geschäftsführer berufen, führt aber dennoch die Geschäfte und verhält sich wie ein Organmitglied.[254] Ob eine entsprechende Qualifikation tatsächlich in Betracht kommt, ist anhand des Gesamterscheinungsbildes zu ermitteln.[255] Als ausreichend wurde dabei beispielsweise das Unterzeichnen von Steuerklärungen angesehen.[256] Weitere Beispiele für anerkannte Verfügungsberechtigte im Sinne von § 35 AO sind der Generalbevollmächtigte[257], der Prokurist[258] oder

---

249 BFH, Urteil v. 23.06.1998 – VII R 4/98, BFHE 186, 132; *G. Kahlert*, ZIP 2009, 2368, 2370.

250 BT-Drs. 16/10120.

251 BT-Drs. 16/13537; BR-Drs. 693/09.

252 *R. Rüsken*, in: Klein-AO, § 35 AO Rn. 1 f.; *U. Koenig*, in: Koenig-AO, § 35 AO Rn. 1; *T. Steeger*, 1998, S. 47 f.

253 *R. Rüsken*, in: Klein-AO, § 35 AO Rn. 1; *U. Koenig*, in: Koenig-AO, § 35 AO Rn. 1 ff.

254 *M. Loose*, in: Tipke/Kruse, § 69 AO Rn. 6 f., Stand: 151. Lfg. v. 02.2018; *F. Müller*, in: Flore/Tsambikakis, § 69 AO Rn. 10; *J. Roth*, 2016, Rn. 3.91; *U. Koenig*, in: Koenig-AO, § 34 AO Rn. 16; *J. Intermann*, in: Koenig-AO, § 69 AO Rn. 23; *M. Loose*, in: Tipke/Kruse, § 35 AO Rn. 4, Stand: 155. Lfg. v. 02.2019; *H. Jatzke*, in: Gosch, § 35 AO Rn. 5.

255 BFH, Urteil v. 10.05.1989 – I R 121/85, BFH/NV 1990, 7; BFH, Urteil v. 21.02.1989 – VII R 165/85, BFHE 156, 46, juris-Rn. 6 = BStBl. II 1989, 491; FG Köln, Urteil v. 12.09.2005 – 8 K 5677/01, DStRE 2006, 496; *F. Müller*, in: Flore/Tsambikakis, § 69 AO Rn. 12.

256 BFH, Beschluss v. 13.08.2007 – VII B 20/07, BFH/NV 2008, 10; BFH Urteil v. 16.01.1980 – I R 7/77, BFHE 130, 230.

257 BFH, Urteil v. 11.03.1986 – VII R 124/81, BFH/NV 1987, 69.

258 *A. Nacke*, 2017, Rn. 2.38.

der Handlungsbevollmächtigte[259]. Ein schwacher vorläufiger Insolvenzverwalter mit Zustimmungsvorbehalt unterfällt hingegen nicht der Norm, da ihm gerade die Verfügungsmacht fehlt.[260] Gleiches gilt für einen Sachwalter, [261] soweit dieser nicht ausnahmsweise die vollständige Kassenführung übernimmt.[262]

Soweit sowohl nach § 34 AO Verpflichtete als auch solche nach § 35 AO für die Haftung in Betracht kommen, wird es regelmäßig ermessensgerecht sein, die nach § 34 AO Verpflichteten vorrangig in Anspruch zu nehmen.[263]

Einen Sonderfall bildet der Alleingesellschafter einer GmbH. Auch er gehört zu der Gruppe der Verfügungsberechtigten, da er sich stets selbst zum Geschäftsführer ernennen könnte.[264] Relevant wird dies für ihn insbesondere bei einem Rücktritt des Geschäftsführers und der damit verbundenen Führungslosigkeit nach § 35 Abs. 1 S. 2 GmbHG. Gleiches gilt aber auch für einen beherrschenden Gesellschafter, wenngleich der BFH dies bisher nur für einen Fall bestätigt hat, in dem dieser auch die tatsächliche Leitung der Gesellschaft ausübte.[265] Verfügt die Gesellschaft hingegen über keinen Anteilseigner mit entsprechendem Einfluss, fehlt es im Falle der Führungslosigkeit an einem gesetzlichen Vertreter. Das GmbHG sieht im Falle der Führungslosigkeit nur eine passive Vertretungsmacht der Gesellschafter, welche auch erst durch das MoMiG neu eingeführt wurde.[266] Zwar ist sodann jeder Gesellschafter passiv einzelvertretungsbefugt,[267] doch mangelt es immer noch an einer Ersatzregelung für die Aktivvertretung beziehungsweise Prozessvertretung der GmbH im Falle der Führungslosigkeit.[268] In diesem Fall ist damit weder ein gesetzlicher Vertreter nach § 34 AO, noch ein

259 BFH, Urteil v. 12.05.1987 – VII R 159/84, BFH/NV 1988, 139.

260 *M. Loose*, in: Tipke/Kruse, § 35 AO Rn. 5, Stand: 155. Lfg. v. 02.2019 m.W.n.; *H. Jatzke*, in: Gosch, § 35 AO Rn. 17.

261 *H. Jatzke*, in: Gosch, § 35 AO Rn. 17.

262 *H. Boecker*, in: H/H/Sp, § 35 AO Rn. 29, Stand: 228. Lfg. v. 06.2014; *H. Boecker*, in: H/H/Sp, § 34 AO Rn. 80, Stand: 228. Lfg. v. 06.2014.

263 *R. Rüsken*, in: Klein: § 35 AO, Rn. 1.

264 BFH, Urteil v. 27.11.1990 – VII R 20/89, BFHE 163, 106; *R. Rüsken*, in: Klein-AO, § 35 AO Rn. 9.

265 BFH, Urteil v. 16.01.1980 – I R 7/77, BFHE 130, 230.

266 *H. Wicke*, § 35 GmbHG Rn. 25; *K.-D. Stephan / J. Tieves*, in: MüKo-GmbHG, § 35 GmbHG Rn. 241.

267 *K.-D. Stephan / J. Tieves*, in: MüKo-GmbHG, § 35 GmbHG Rn. 242 f.

268 LG Bonn, Beschluss v. 26.05.2009 – 30 T 426/09, NJW-RR 2009, 1342, 1343; *K.-D. Stephan / J. Tieves*, in: MüKo-GmbHG, § 35 GmbHG Rn. 246 f.

Verfügungsberechtigter nach § 35 AO vorhanden. Es entsteht eine Haftungslücke zulasten des Fiskus.

Praktisch wird die Haftungslücke relativiert, da die Gesellschafter mittlerweile jedenfalls für eine verspätete Insolvenzantragstellung nach § 823 Abs. 2 BGB i. V. m. § 15a Abs. 3 InsO haften. Ggf. kann diese Haftung noch durch § 826 BGB ergänzt werden.

(c) Pflichtenübertragung

Im Ausgangspunkt gilt der gesellschaftsrechtliche Grundsatz, dass jeden Geschäftsführer die Pflicht zur Geschäftsführung und auch die Verantwortung für die Geschäftsführung im Ganzen trifft.[269] In der Praxis besteht aber ein großes Interesse an einer Pflichtenübertragung beziehungsweise der internen Geschäftsverteilung. Mit steigender Gesellschaftsgröße werden die einzelnen Ressorts regelmäßig auf die jeweiligen Spezialisten aufgeteilt, sodass sich möglicherweise nur ein besonders fachkundiger Geschäftsführer um die Finanzen und Steuern kümmert, während die weiteren sich um das laufende Geschäft, Entwicklung o. ä. kümmern. Diesen übrigen Geschäftsführern oder Vorständen ist selbstverständlich daran gelegen, nicht für die Fehler des zuständigen Kollegen unbegrenzt persönlich zu haften. Dieses Bedürfnis wurde von der Rechtsprechung auch erkannt und mit Einschränkungen akzeptiert. Der *Bundesfinanzhof*[270] hat dazu klare Anforderungen aufgestellt, so muss die Aufgabenverteilung eindeutig und schriftlich festgehalten und auch durchgeführt werden, um ihre Wirkung zu entfalten. Idealerweise sollte dies daher im Gesellschaftsvertrag, in der Geschäftsordnung oder jedenfalls durch Beschluss der Gesellschafter erfolgen.[271] Gleichwohl trifft auch die unzuständigen Verantwortlichen eine fortlaufende Kontrollpflicht,[272] ebenso wird die Haftung auf diesem Wege

---

269 *J. Roth*, 2016, Rn. 3.90; *H. Boecker*, in: H/H/Sp, § 34 AO Rn. 53, Stand: 228. Lfg. v. 06.2014.

270 BFH, Urteil v. 26.04.1984 – V R 128/79, BFHE 141, 443; BFH, Urteil v. 23.06.1998 – VII R 4/98, BFHE 186, 132; BFH, Beschluss v. 21.10.2003 – VII B 353/02, BFH/NV 2004, 157; zuletzt FG Köln, Urteil v. 12.06.2019 – 2 K 2087/17, EFG 2020, 957, juris-Rn. 65.

271 *M. Loose*, in: Tipke/Kruse, § 69 AO Rn. 33, Stand: 151. Lfg. v. 02.2018; *H. Boecker*, in: H/H/Sp, § 34 AO Rn. 53, Stand: 228. Lfg. v. 06.2014; FG Köln, Urteil v. 12.06.2019 – 2 K 2087/17, EFG 2020, 957, juris-Rn. 65.

272 *M. Loose*, in: Tipke/Kruse, § 69 AO Rn. 10, Stand: 151. Lfg. v. 02.2018; FG Bremen, Urteil v. 26.11.2015 – 1 K 20/15 (5), DStRE 2016, 1126, 1127; *A. Beermann*, DStR 1994, 805, 807.

nur begrenzt, nicht vollständig aufgehoben.[273] Soweit die Zuständigkeit auf eine Person außerhalb des Kreises der Verpflichteten nach § 34 AO übertragen wird, hat der Verantwortliche neben einer engmaschigen Überwachung besonders für eine gewissenhafte Auswahl des Mitarbeiters Sorge zu tragen.[274]

Unabhängig von den zuvor getroffenen Maßnahmen, fällt die Pflicht sich persönlich um die Erledigung der steuerlichen Pflichten zu kümmern, mit dem Beginn einer (finanziellen) Unternehmenskrise wieder auf alle Verantwortlichen persönlich zurück.[275] Aus dem Grundsatz der Gesamtverantwortung ergibt sich vorgelagert bereits die Verpflichtung zur regelmäßigen, situationsangemessenen Überwachung der Finanzlage, um eine Krise rechtzeitig erkennen zu können.[276] Ein Cash-Management-System kann dabei hilfreich sein, entbindet aber nicht von der Kontrollpflicht.[277] Gibt die Lage des Unternehmens Anlass zur Sorge, dass es zu Einschränkungen der Leistungsfähigkeit kommen könnte, steigert sich die Pflicht hin zu einer konkreten Überprüfungspflicht.[278] Teils wird auch vertreten, dass ein Geschäftsführer die Steuerzahlung stets zu überwachen hat,[279] wobei ein entsprechender Verstoß außerhalb der Krise mangels Liquiditätsproblemen kaum zu einer Haftung führen wird.

(2) *Pflichtverletzung*

Als zweites Tatbestandsmerkmal setzt § 69 AO die Verletzung einer steuerrechtlichen Pflicht voraus. Als Pflicht kommt dabei sowohl eine Handlungs-, als auch

273 *H. Boecker*, in: H/H/Sp, § 69 AO Rn. 22, Stand: 232. Lfg. v. 04.2015; *U. Koenig*, in: Koenig-AO, § 34 AO Rn. 18; *M. Loose*, in: Tipke/Kruse, § 34 AO Rn. 16, Stand: 155. Lfg. v. 02.2019.

274 *A. Beermann*, DStR 1994, 805, 807; *H. Boecker*, in: H/H/Sp, § 34 AO Rn. 55, Stand: 228. Lfg. v. 06.2014.

275 FG Rheinland-Pfalz, Urteil v. 10.12.2013 – 3 K 1632/12, DStR 2015, 434, 434 = GmbHR 2014, 442; BFH, Beschluss v. 20.04.2006 – VII B 280/05, BFH/NV 2006, 1441, juris-Rn. 10 m.w.N.; BFH, Urteil v. 17.09.2019 – VII R 5/18, BFHE 266, 104, juris-Rn. 20.

276 BFH, Urteil v. 21.10.2003 – VII B 353/02, BFH/NV 2004, 157; FG Rheinland-Pfalz, Urteil v. 10.12.2013 – 3 K 1632/12, DStR 2015, 434, 435 = GmbHR 2014, 442; *R. Sinz*, in: Schmidt/Uhlenbruck, 1.Teil Rn. 1.191.

277 *M. Loose*, in: Tipke/Kruse, § 69 AO Rn. 43, Stand: 151. Lfg. v. 02.2018.

278 *M. Loose*, in: Tipke/Kruse, § 34 AO Rn. 16, Stand: 155. Lfg. v. 02.2019.

279 BFH, Urteil v. 16.04.1985 – VII R 132/80; BFH/NV 1987, 273; *M. Loose*, in: Tipke/Kruse, § 69 AO Rn. 31, Stand: 151. Lfg. v. 02.2018.

eine Unterlassenspflicht in Betracht.[280] Um eine mögliche Verletzung exakt erkennen zu können, bedarf es zunächst einer Bestimmung der für den Vertreter maßgeblichen Pflichten, als auch der jeweiligen gesetzlichen Grundlagen. Die genaue Bestimmung der einzelnen Pflichten, als auch deren jeweiliger einzelner Verletzungsakt, kommt auch im Blick auf die Kausalität eine hohe Bedeutung zu, da nur der jeweils auf der Pflichtverletzung beruhende Steuerschaden zu ersetzen ist.[281]

Wie schon ausgeführt wurde, erfolgt die Erstreckung der steuerlichen Pflichten der Gesellschaft auf deren Vertreter durch § 34 AO. Die Besonderheit liegt in dem damit entstehenden, eigenständigen Steuerverhältnis zwischen dem Vertreter der Gesellschaft und der Finanzbehörde im Sinne von § 33 Abs. 1 AO.[282] Gerade die über die zivilrechtliche Handlungspflicht hinausgehende öffentlich-rechtliche Handlungspflicht ermöglicht einen effizienten Steuervollzug, da auch Zwangsmittel gegenüber dem Verpflichteten möglich werden.[283]

(a) Die einzelnen steuerlichen Pflichten

Das Spektrum steuerlicher Verpflichtungen einer Gesellschaft und folglich deren Vertreter kann je nach Tätigkeitsbereich sehr breit gestreut sein, einzugehen ist daher nur auf die allgemeinen Pflichten aus der AO sowie den zentralen Einzelsteuergesetzen. Die Pflichten des Vertreters und der vertretenen Gesellschaft sind durch die Ableitung weitestgehend deckungsgleich, aber in keinem Fall weiter als die des Vertretenen.[284] In der Krise der Gesellschaft sind die Pflichten nach Auffassung des BFH besonders erhöht,[285] was unter anderem auch in erhöhten Dokumentationspflichten resultiert.[286]

Bereits aus der AO ergibt sich eine Reihe allgemeiner Verpflichtungen, wie das Führen von Büchern und Aufzeichnungen aus den §§ 140 bis 148 AO, die Abgabe und ggf. Berichtigung von Steuererklärungen nach §§ 149 bis 153 AO,

---

280 *G. Kahlert*, ZIP 2009, 2368, 2370; *B. Schwarz*, in: Schwarz/Pahlke-AO, § 69 AO Rn. 6, Stand: 191. Lfg. v. 11.2019.

281 FG Köln Urteil v. 31.03.2009 – 8 K 1483/06, EFG 2009, S. 1359, 1361; *G. Kahlert*, ZIP 2009, 2368, 2370.

282 *R. Rüsken*, in: Klein-AO, § 34 AO Rn. 2; *R. Rüsken*, in: Klein-AO, § 33 AO Rn. 36; *H. Boecker*, in: H/H/Sp, § 34 AO Rn. 6, Stand: 228. Lfg. v. 06.2014.

283 *U. Koenig*, in: Koenig-AO, § 34 AO Rn. 1; *H. Boecker*, in: H/H/Sp, § 34 AO Rn. 8, Stand: 228. Lfg. v. 06.2014.

284 *A. Meyer*, DStZ 2014, 228, 232.

285 BFH, Beschluss v. 20.04.2006 – VII B 280/05, BFH/NV 2006, 1441, juris-Rn. 10 m.w.N.

286 BFH, Urteil v. 22.10.2019, BFH/NV 2020, 711, juris-Rn. 37.

die Duldung der Vollstreckung nach § 77 AO, Auskünfte nach §§ 93 und 93a AO zu erteilen oder nach den §§ 137 bis 139 Mitteilungen zu machen. Weiter gehören die bloße Kenntnisnahme von gegen ihn oder das vertretene Steuersubjekt gerichtete Verwaltungsakten nach § 122 AO, Vorlagepflichten nach § 97 AO, oder Mitwirkungspflichten nach § 90 AO zum Pflichtenprogramm.

Aus Sicht des EStG trifft den Verpflichteten beispielsweise aus den §§ 38 Abs. 3 und 41a Abs. 1 EStG die Aufgabe, Steuern für Rechnung eines Dritten, also der Angestellten, einzubehalten und abzuführen. Neben der Lohnsteuer kann hier ggf. auch Kapitalertragsteuer relevant werden. Demgegenüber führen Verstöße gegen rein handelsrechtliche Bestimmungen nicht zu einer steuerrechtlichen Haftung des Vertreters.[287] Somit ist auch gerade die allgemeine Insolvenzantragspflicht keine Pflicht im Sinne des § 69 AO.[288]

Ebenso gehört – wie zuvor schon dargestellt – die sorgsame Auswahl und Überwachung der mit den Steuern betrauten Mitarbeiter zu den aus § 34 AO resultierenden Pflichten.[289] Dies umfasst beispielsweise auch die Überprüfung der pünktlichen Erledigung der Steuerangelegenheiten durch den Steuerberater.[290]

Die praktisch wichtigste Pflicht stellt aber die Steuerentrichtungspflicht aus § 34 Abs. 1 S. 2 AO dar. Sie resultiert dabei unmittelbar aus dem Abgabenrechtsverhältnis und lässt die Rechtstellung des vertretenen Steuerrechtssubjektes unberührt.[291] Nach ihr hat der Geschäftsführer (oder sonstige nach den §§ 34, 35 AO Verantwortliche) dafür Sorge zu tragen, dass fällige Forderungen der Finanzbehörden rechtzeitig geleistet werden.[292] Die Pflicht erfährt dabei durch die in § 34 Abs. 1 letzter Halbs. AO enthaltene Bestimmung „aus den Mitteln entrichtet werden, die sie verwalten" eine entscheidende Einschränkung. Demnach beschränkt sich die Entrichtungspflicht auf die tatsächlich bei

287 BFH, Urteil v. 07.10.1977 – III R 131/73, BFHE 123, 398; BFH, Urteil v. 25.04.1995 – VII R 99-100/94, BFH/NV 1996, 97, 100; FG Hamburg, Beschluss v. 07.08.2015 – 4 V 80/15, juris; *J. Intermann*, in: Koenig-AO, § 69 AO Rn. 32; *H. Boecker*, in: H/H/Sp, § 34 AO Rn. 45d, Stand: 228. Lfg. v. 06.2014; *R. Rüsken*, in: Klein-AO, § 69 AO Rn. 25.

288 *W. Schön*, in: FS Westermann, S. 1476; *J. Intermann*, in: Koenig-AO, § 69 AO Rn. 32.

289 BFH, Urteil v. 27.11.1990 – VII R 20/89, BFHE 163, 106, 286 = BStBl. II 1991, 284; *M. Loose*, in: Tipke/Kruse, § 69 AO Rn. 31, Stand: 151. Lfg. v. 02.2018; *H. Boecker*, in: H/H/Sp, § 69 AO Rn. 42, Stand: 232. Lfg. v. 04.2015.

290 *M. Loose*, in: Tipke/Kruse, § 69 AO Rn. 31, Stand: 151. Lfg. v. 02.2018.

291 BFH, Urteil v. 27.06.1989 – VIII R 73/84, BFHE 158, 103; *H. Bürger*, VJSchrStuFR 1928, 75, 95; *M. Loose*, in: Tipke/Kruse, § 34 AO Rn. 1, Stand: 155. Lfg. v. 02.2019.

292 *U. Koenig*, in: Koenig-AO, § 34 AO Rn. 21; *R. Rüsken*, in: Klein-AO, § 34 AO Rn. 1.

der Gesellschaft vorhandenen Mittel,[293] keinesfalls muss der Vertreter eigene Mittel zur Verfügung stellen.[294] Sobald die finanziellen Mittel der Gesellschaft restlos erschöpft sind, endet auch die Pflicht zur Entrichtung von Steuern.[295] Der vom Gesetz gewählte Begriff *Mittel* ist dabei weit auszulegen. Er umfasst neben Barbeständen und nicht mit Einwendungen Dritter belastete Forderungen der Gesellschaft (u.a. Guthaben auf Gesellschaftskonten),[296] auch die der Gesellschaft zur Verfügung stehenden Kreditlinien. Es besteht jedoch keinerlei Verpflichtung zur Beschaffung weiterer Kredite oder der Realisierung anderer Mittel.[297] Gleiches gilt für die in § 34 Abs. 3 letzter Halbs. AO getroffene Einschränkung „soweit ihre Verwaltung reicht". Diese erfasst zusätzlich aber auch die möglicherweise durch gerichtliche Entscheidung nur beschränkt erteilte oder gerichtlich beschränkte Kompetenz eines Verwalters.[298] Dies könnte beispielsweise bei Beschränkungen des vorläufigen (starken) Verwalters durch das Insolvenzgericht einschlägig sein.

Die dahinterstehende Aussage der beiden Beschränkungen lässt sich zugunsten des Vertreters weiter verallgemeinern: Der Vertreter muss nur solche Gesellschaftspflichten erfüllen, die ihm aus rechtlicher oder tatsächlicher Sicht heraus möglich sind.[299] Dies beschränkt seine Handlungsoptionen insbesondere auf solche, die vom Umfang seiner Geschäftsführungs- und Vertretungsbefugnis erfasst werden.[300] Ebenso hat er, wie jeder Leiter eines Gewerbebetriebs, die übrigen bestehenden

---

293 RFH, Urteil v. 22.12.1933 – V e A 1052/31, RFHE 1935, 76; BFH, Urteil v. 22.05.1969 – V R 28/66, BFHE 96, 149, juris-Rn. 13; BFH, Urteil v. 05.03.1991 – VII R 93/88, BFHE 164, 203, juris-Rn. 17; *M. Loose*, in: Tipke/Kruse, § 34 AO Rn. 22, Stand: 155. Lfg. v. 02.2019; *H. Boecker*, in: H/H/Sp, § 69 AO Rn. 14, Stand: 232. Lfg. v. 04.2015; *U. Koenig*, in: Koenig-AO, § 34 AO Rn. 21.

294 *U. Koenig*, in: Koenig-AO, § 34 AO Rn. 21.

295 *W. Sonnleitner / M. Winkelhog*, BB 2015, 88, 90.

296 *M. Loose*, in: Tipke/Kruse, § 34 AO Rn. 22, Stand: 155. Lfg. v. 02.2019; *B. Schwarz*, in: Schwarz/Pahlke-AO, § 34 AO Rn. 11a, Stand: 190. Lfg. v. 09.2019; *H. Boecker*, in: H/H/Sp, § 34 AO Rn. 48, Stand: 228. Lfg. v. 06.2014.

297 BFH, Urteil v. 26.04.1984 – V R 128/79, BFHE 141, 443; *M. Loose*, in: Tipke/Kruse, § 34 AO Rn. 22, Stand: 155. Lfg. v. 02.2019; *R. Patzina*, in: Bank/Schimmer, Kapitel 16 Rn. 7.

298 *U. Koenig*, in: Koenig-AO, § 34 AO Rn. 27.

299 *U. Koenig*, in: Koenig-AO, § 34 AO Rn. 19; *H. Boecker*, in: H/H/Sp, § 34 AO Rn. 46, Stand: 228. Lfg. v. 06.2014; *A. Meyer*, DStZ 2014, 228, 232 (mwN); ähnlich *R. Rüsken*, in: Klein-AO, § 34 AO Rn. 35.

300 *A. Meyer*, DStZ 2014, 228, 232; *U. Koenig*, in: Koenig-AO, § 34 AO Rn. 19.

gesetzlichen Vorschriften zu beachten.[301] Dies betrifft auch gerichtliche Verfügungsbeschränkungen.[302] Soweit dem Verpflichteten nur der Zugriff auf einen Teilbereich beziehungsweise ein Teilvermögen möglich ist, beschränkt sich seine Verpflichtung ebenso, was für Vermögensverwalter bereits explizit in § 34 Abs. 3 AO normiert ist.[303]

(b) Grundsatz der anteiligen Tilgung

Zwischen der zunächst bestehenden Pflicht zur Steuerentrichtung und deren späterer Entfall wegen Mittellosigkeit der Gesellschaft, ist der sogenannte *Grundsatz der anteiligen Tilgung*[304] entstanden. Dieser greift immer dann ein, wenn die der Gesellschaft zur Verfügung stehenden Mittel nicht mehr ausreichen um alle Gläubiger, einschließlich des Fiskus, voll zu befriedigen.[305] Verkürzt verlangt er von den Betroffenen, die Steuerschulden weder schlechter, noch besser als andere Schulden zu behandeln, sondern alle Gläubiger anteilig zu befriedigen.[306]

Dieser Grundsatz geht noch auf die Rechtsprechung des Reichsfinanzhofs aus dem Jahre 1928 zurück.[307] In der damaligen Entscheidung postulierte er, dass gesetzliche Vertreter Steuerschulden grundsätzlich nicht schlechter behandeln dürften als ihre übrigen Verbindlichkeiten. Kurz darauf stellte er aber ebenso klar, dass Steuerschulden auch nicht vor allen anderen Gläubigern voll zu befriedigen seien.[308] Da sich bis heute der steuerrechtliche Rahmen insoweit nicht geändert hat, als dass nach wie vor keine Rechtsnorm eine Vorabbefriedigung des Fiskus vorschreibt, gilt der aufgestellte Grundsatz weitestgehend kritiklos[309] weiter.[310]

---

301 RFH, Urteil v. 08.08.1928 – VI A 106/28, RStBl. 1929, 59; BFH, Urteil v. 19.02.1953 – IV 319/52 U, BFHE 57, 412; BFH, Urteil v. 20.04.1982 – VII R 96/79, BFHE 135, 416; *M. Loose*, in: Tipke/Kruse, § 69 AO Rn. 31, Stand: 151. Lfg. v. 02.2018.

302 Vgl. zur Sequestration BFH, Urteil v. 17.11.1992 – VII R 13/92, BFHE 170, 295 = BB 1993, 1726; *H. Boecker*, in: H/H/Sp, § 34 AO Rn. 46, Stand: 228. Lfg. v. 06.2014

303 *H. Boecker*, in: H/H/Sp, § 34 AO Rn. 46, Stand: 228. Lfg. v. 06.2014; *B. Schwarz*, in: Schwarz/Pahlke-AO, § 34 AO Rn. 10, Stand: 190. Lfg. v. 09.2019.

304 Zur Kritik siehe ab S. 241.

305 *M. Loose*, in: Tipke/Kruse, § 69 AO Rn. 20, Stand: 151. Lfg. v. 02.2018.

306 *M. Loose*, in: Tipke/Kruse, § 34 AO Rn. 23, Stand: 155. Lfg. v. 02.2019.

307 RFH, Urteil v. 04.01.1927 – V A 695/26, RFHE 20, 199, 200.

308 RFH, Urteil v. 18.07.1934 – IV A 12/34, RFHE 37, 13; ebenso *A. Riewald / C. Koch*, in: Becker-RAO 1963, § 109 RAO Anm. 3 Abs. 2.

309 Ausführlich zur Kritik und einer eingängigen Beleuchtung des Grundsatzes im Lichte der Reformation des Insolvenzrechts ab S. 238.

310 *M. Loose*, in: Tipke/Kruse, § 69 AO Rn. 34, Stand: 151. Lfg. v. 02.2018; *H. Spriegel*, DStR 1990, 433, 436.

Konkret hat die Rechtsprechung aus diesem Rahmen im Laufe der Jahre eine umfassende Modifikation der steuerlichen Pflichten und Haftung entwickelt. Stehen nicht ausreichend finanzielle Mittel zur Begleichung einer konkreten Steuerverbindlichkeit zur Verfügung, oder zeichnet sich ab, dass dieser Zeitpunkt in Kürze erreicht ist, so besteht ab diesem Moment eine Pflicht des Inhalts, alle vorhandenen Gläubiger gleichmäßig zu befriedigen.[311] Aus Sicht des Steuerrechts liegt eine Pflichtverletzung dabei aber nur vor, wenn der Fiskus hierbei benachteiligt wird.[312]

Dogmatisch wird der Grundsatz auf Tatbestandsebene im Rahmen der Pflichtenkonkretisierung aus § 34 AO verortet.[313] Damit ist seine Einhaltung mangels Ermessens der Finanzbehörden vollständig durch die Finanzgerichtsbarkeit überprüfbar.[314] Der BFH folgert aus dem Schadensersatzcharakter der Norm, dass man vom Vertreter jedenfalls nichts fordern könne, was der Steuerschuldner ohnehin nicht hätte leisten können.[315] Daraus folgt aber auch, dass der Grundsatz ausschließlich die Entrichtungspflicht modifiziert und alle weiteren – speziell auch die Erklärungspflicht – unberührt lässt.[316] Somit entsteht eine haftungseinschränkende Funktion über die bereits im Gesetz in § 34 Abs. 1 S. 2 AO normierte Begrenzung hinaus.[317] Danach müsste er alle liquiden Gesellschaftsmittel zur Steuertilgung einsetzen, daraus ergäbe sich aber regelmäßig ein deutlich höherer Haftungsumfang.[318] Andere äußere Einflüsse, seien es nun wirtschaftliche Überlegungen oder insolvenzrechtliche Vorrangregelungen für bestimmte Gläubiger, sind nach Ansicht des BFH unbeachtlich.[319] Begründet

---

311 *A. Nacke*, 2017, Rn. 2.65; *W. Schön*, in: FS Westermann, S. 1478.

312 BFH, Urteil v. 26.04.1984 – V R 128/79, BFHE 141, 443; BFH, Urteil v. 05.03.1991 – VII R 93/88, BFHE 164, 203; BFH, Urteil v. 16.12.2003 – VII R 77/00, BFHE 204, 391; BFH, Urteil v. 14.06.2016 – VII R 20/14, BFH/NV 2016, 1672; *A. Nacke*, 2017, Rn. 2.65 f.; *M. Loose*, in: Tipke/Kruse, § 69 AO Rn. 34, Stand: 151. Lfg. v. 02.2018; *J. Intermann*, in: Koenig-AO, § 69 AO Rn. 94; *U. Koenig*, in: Koenig-AO, § 34 AO Rn. 21.

313 *I. Haas*, 2011, S. 240.

314 *A. Nacke*, 2017, Rn. 2.65.

315 BFH, Urteil v. 05.03.1991 – VII R 93/88, BFHE 164, 203; BFH, Urteil v. 16.12.2003 – VII R 77/00, BFHE 204, 391; *M. Loose*, in: Tipke/Kruse, § 69 AO Rn. 34, Stand: 151. Lfg. v. 02.2018.

316 *R. Rüsken*, in: Klein-AO, § 69 AO Rn. 58a; *G. Kahlert*, in: Kahlert/Rühland, Kapitel 6 Rn. 6.17.

317 *W. Schön*, in: FS Westermann, S. 1478 f.

318 Zur genauen Berechnung der Haftung sogleich S. 42.

319 BFH, Urteil v. 26.04.1984 – V R 128/79, BFHE 141, 443; BFH, Urteil v. 14.07.1987 – VII R 188/82, BFHE 150, 312; *R. Rüsken*, in: Klein-AO, § 69 AO Rn. 59 m.w.N.

wird dies mit einer sonst entstehenden Unübersichtlichkeit der entstehenden Tilgungsvordringlichkeiten, da bereits jetzt nur eine überschlägige Berechnung erfolgen könne.[320] Demgegenüber hält es *Loose*[321] in Fällen „dringender wirtschaftlicher Notlage“ für entschuldigt, wenn der Geschäftsführer aus Angst vor Arbeitsniederlegung die Löhne vollständig auszahlt und im Gegenzug den Fiskus nicht angemessen befriedigt. Dem kann nicht mehr zugestimmt werden. Zum einen verfügt der Geschäftsführer bereits über einen gewissen Handlungsspielraum bei der Auswahl der zu befriedigenden Gläubiger (mit Ausnahme des Fiskus) und zum anderen ist die praktische Gefahr einer Arbeitsniederlegung mit Einführung des Insolvenzgeldes nach § 165 SGB III erheblich gesunken.

Die Probleme bei der Berechnung der Haftungsquote sind schon häufig Thema der Rechtsprechung geworden. Der BFH hat daher Ende der 1980er Jahre entschieden, dass eine Überschlagsrechnung ausreichend sei.[322] Unstreitig ist dabei auf den Gesamtzeitraum der Mittelknappheit abzustellen und nicht etwa auf jede einzelne Zahlung.[323] Auf diesem Wege können auch zwischenzeitlich einzelne Gläubiger bevorzugt werden, sofern ein späterer Ausgleich erfolgt. Dies ist notwendig, um unternehmerische Entscheidungen zu ermöglich, da ansonsten kein Handlungsspielraum für die Geschäftsführung mehr verleiben würde und eine Einschränkung im Sinne der von Loose geforderten Notlagen geboten wäre. Wird daher der Fiskus kurzfristig benachteiligt, so trägt der Geschäftsführer das Haftungsrisiko.[324] Zuletzt hat der BFH klargestellt, dass die Haftungsquote einheitlich für das gesamte Unternehmen zu bestimmen ist und keine Aufteilung nach Geschäfts- oder Tätigkeitsbereichen zu erfolgen hat.[325]

In den Details der Schadensberechnung besteht hingegen Unklarheit. Zunächst besteht noch soweit Einigkeit, als dass bei der Berechnung der Haftungshöhe ein Sicherheitsabschlag zu gewähren ist, wobei sich ein Rahmen von 10% bewährt zu haben scheint.[326] Ebenso ist klar, dass auf Seiten der Verbindlichkeiten alle offenen und fälligen Forderungen zu berücksichtigen sind,

---

320 BFH, Beschluss v. 04.05.2004 – VII B 318/03, BFH/NV 2004, 1363; *H. Berninghaus*, DStR 2012, 1001, 1002.

321 *M. Loose*, in: Tipke/Kruse, § 69 AO Rn. 35, Stand: 151. Lfg. v. 02.2018.

322 BFH, Urteil v. 12.06.1986 – VII R 192/83, BFHE 146, 511 = BStBl. II 1986, 657.

323 BFH, Urteil v. 12.06.1986 – VII R 192/83, BFHE 146, 511 = BStBl. II 1986, 657.

324 BFH, Urteil v. 12.06.1986 – VII R 192/83, BFHE 146, 511, juris-Rn. 25 = BStBl. II 1986, 657.

325 BFH, Urteil v. 14.06.2016 – VII R 20/14, BFH/NV 2016, 1672, juris-Rn. 24.

326 BFH, Urteil v. 14.07.1987 – VII R 188/82, BFHE 150, 312; *H. Berninghaus*, DStR 2012, 1001, 1002.

unabhängig davon, ob dies interne Kosten wie Personal, oder externe Kosten wie Zinsen sind.[327]

Die maßgebliche Vergleichsgröße ist hingegen strittig. Teils wird vertreten, dass die Haftung auf den Betrag reduziert sei, um den der Schuldner den Fiskus gegenüber anderen Gläubigern benachteiligt hat.[328] Maßgeblich wäre demnach die Summe der insgesamt geleisteten Zahlungen. Es bestünde dann aber auch keine Haftung, wenn gar keine Zahlungen geleistet wurden. Demgegenüber werden die verfügbaren Mittel der Gesellschaft zur Berechnung des Haftungsschadens herangezogen.[329] Entscheidend ist danach die theoretisch mögliche Höhe der anteiligen Befriedigung. Auf diesem Wege würde dem Fiskus jedenfalls eine Befriedigung in Höhe seines Anteils an den Gesamtverbindlichkeiten gesichert. Unter Beachtung der vom RFH herausgearbeiteten Prinzipien spricht aber alles für eine Berechnung in Relation zu den sonst geleisteten Zahlungen, da nur auf diesem Wege eine ungerechtfertigte Besserstellung des Fiskus vermieden wird.

Daraus ergibt sich sodann die folgende Berechnungsformel für die prozentuale Tilgungsquote:

> Gesamtsumme der gezahlten Verbindlichkeiten geteilt durch die Gesamtverbindlichkeiten multipliziert mit 100.[330]

Die Quote der geleisteten Steuerzahlungen sollte dieser – ggf. abzüglich des genannten Abschlags – entsprechen. Andernfalls ergibt sich aus der Differenz zwischen diesen beiden Werten der Haftungsbetrag.

Fehlt es an Aufzeichnung und Belegen, so ist der Vertreter dazu verpflichtet an der Aufklärung der Finanzbehörden mitzuwirken, tut er dies nicht oder nur unzureichend, kann das Finanzamt die einzelnen Beträge schätzen.[331] Dabei kann auch eine Haftungsquote von 100% angemessen sein.[332]

---

327 *M. Loose*, in: Tipke/Kruse, § 69 AO Rn. 38, Stand: 151. Lfg. v. 02.2018.

328 BFH, Beschluss v. 28.06.2006 – VII B 267/05, BFH/NV 2006, 1792, 1. Leitsatz; BFH, Beschluss v. 31.03.2000 – VII B 187/99, BFH/NV 2000, 1322, 3. Leitsatz; BFH, Urteil v. 07.11.1989 – VII R 34/87, BFHE 159, 106, juris-Rn. 40; *H. Boecker*, in: H/H/Sp, § 69 AO Rn. 45 f., Stand: 232. Lfg. v. 04.2015; *A. Beermann*, DStR 1994, 805, 811.

329 *M. Loose*, in: Tipke/Kruse, § 69 AO Rn. 37 (der sich fälschlicherweise auf BFH/NV 2006, 1792 beruft), Stand: 151. Lfg. v. 02.2018; *G. Kahlert*, ZIP 2009, 2368, 2371; *G. Kahlert*, in: Kahlert/Rühland, Kapitel 6 Rn. 6.16.

330 *H. Boecker*, in: H/H/Sp, § 69 AO Rn. 46, Stand: 232. Lfg. v. 04.2015.

331 *M. Loose*, in: Tipke/Kruse, § 69 AO Rn. 38, Stand: 151. Lfg. v. 02.2018.

332 BFH, Beschluss v. 19.11.2012 – VII B 126/12, BFH/NV 2013, 504; BFH, Urteil v. 29.08.2018 – XI R 57/17, BFH/NV 2019, 7, juris-Rn. 46 = NZI 2019, 89; *J. M. Schmittmann*, in: IuS 2019, Rn. 1274.

(c) *Mittelvorsorgepflicht*

Bereits dem Grundsatz der anteiligen Tilgung vorgelagert, soll verschärfend die Mittelvorsorgepflicht eingreifen.[333] Nach überwiegender Auffassung entsteht die Steuerentrichtungspflicht nicht erst mit der Fälligkeit der Steuer,[334] vielmehr sei sie bereits zu beachten, wenn Steueransprüche zu erwarten sind.[335] Der Vertreter habe ab diesem Zeitpunkt die Pflicht, seine Mittel so zu verwalten, dass eine Begleichung der zu erwartenden Steuerschulden möglich bleibt.[336] Gerade in finanziellen Krisenzeiten könne danach von Geschäftsführern eine vorausschauende Planung verlangt werden.[337] Strenge Maßstäbe gelten darüber hinaus bezüglich Abzugsteuern wie der Lohnsteuer.[338]

Hier bedarf es einer Abgrenzung zwischen normalem oder auch spekulativem Wirtschaften und beispielsweise einer Vorwegbefriedigung Dritter, die den Schuldner außer Stande setzt, die Steuerverbindlichkeiten zu begleichen. Ersteres ist zulässig, ganz unabhängig davon, ob dadurch eine Steuerzahlung am Fälligkeitstag unmöglich wird.[339] Besonders relevant ist dies für später fällig werdende Umsatzsteuerzahlungen.[340] Ebenso können auch in diesem Stadium noch steuerliche Gestaltungen gewählt werden, wenngleich die daraus entstehenden Steuern voraussichtlich nicht mehr beglichen werden können.[341] Gezielte

---

333 Auch Vermögensvorsorgepflicht gennnant, so bspw. *R. Rüsken*, in: Klein-AO, § 69 AO Rn. 47 ff.

334 BFH, Urteil v. 26.04.1984 – V R 128/79, BFHE 141, 443, juris-Rn. 23; FG Münster, Urteil v. 03.03.2016 – 1 K 2243/12 L, ZInsO 2016, 1760, juris-Rn. 86 m.w.N.

335 BFH, Urteil v. 09.01.1997 – VII R 51/96, BFH/NV 1997, 324; BFH, Urteil v. 20.05.2014 – VII R 12/12, BFH/NV 2014, 1353 = BB 2014, 2470 FG Rheinland-Pfalz, Urteil v. 10.12.2013 – 3 K 1632/12, DStR 2015, 434, 436 = GmbHR 2014, 442; *H. Jatzke*, in: Gosch, § 69 AO Rn. 27 f., Stand: 143. Lfg. v. 12.2018; *F. Niewerth*, in: Lippross/Seibel, § 69 AO Rn. 20, Stand: 94. Lfg. v. 02.2016.

336 BFH, Beschluss v. 11.06.1996 – I B 60/95, BFH/NV 1997, 7 = GmbHR 1997, 139.

337 BFH, Beschluss v. 11.11.2015 – VII B 74/15, BFH/NV 2016, 370, juris-Rn. 7 = ZInsO 2016, 270; BFH, Urteil v. 11.03.2004 – VII R 19/02, BFHE 205, 335, juris-Rn. 13; FG Rheinland-Pfalz, Urteil v. 10.12.2013 – 3 K 1632/12, DStR 2015, 434, 436 = GmbHR 2014, 442; *G. Kahlert*, 2015, Rn. 426.

338 Exemplarisch BFH, Urteil v. 09.11.1982 – VII R 4/82, BFH/NV 1986, 264; keine Übertragung auf die Biersteuer, so FG München, Urteil v. 23.07.2020 – 14 K 1208/17, ZInsO 2020, 2235, 2237.

339 *R. Rüsken*, in: Klein-AO, § 69 AO Rn. 57.

340 *M. Loose*, in: Tipke/Kruse, § 69 AO Rn. 37, Stand: 151. Lfg. v. 02.2018; FG Düsseldorf, Urteil v. 22.11.2016 – 4 K 1746/16 H, juris-Rn. 28.

341 BFH, Beschluss v. 07.09.2007 – VII B 180/06, BFH/NV 2008, 16, juris-Rn. 13 f.; BFH, Urteil v. 28.11.2002 – VII R 41/01, BFHE 200, 482; *R. Rüsken*, in: Klein-AO, § 69 AO Rn. 57.

Benachteiligungen des Fiskus wie Vertragsgestaltungen, durch die ein Steuerausfall erst ausgelöst wird, seien hingegen unzulässig.[342] Beispielhaft wäre hier der Verzicht auf eine Umsatzsteuerbefreiung ohne eine Nettokaufpreisvereinbarung zu nennen.[343] Relevanter dürften jedoch Fälle von Vorausabtretungen, Vorwegbefriedigung, verlängertem Eigentumsvorbehalt oder die Einräumung eine Globalzession sein.[344]

Für überraschende Ereignisse, wie Streichung von Kreditlinien und damit verbundene spätere Folgen muss in jedem Fall nicht vorgesorgt werden.[345] Hingegen müssen im Falle einer gewährten Aussetzung der Vollziehung für den Fall des Scheiterns des Einspruchs Mittel zur Begleichung des Anspruchs bereitgehalten werden.[346] Gleiches gilt auch für die Gewähr eines Aufschubverfahrens.[347]

Somit hat sich die Rechtsprechung in den letzten Jahren etwas zugunsten eines größeren Handlungsspielraums des Geschäftsführers verschoben. Dieser muss nun nicht mehr Abstand von solchen Geschäften nehmen, die zu Steuern führen, welche er aller Wahrscheinlichkeit nach nicht leisten kann. Gleichwohl ist es bis heute nicht gelungen eine rechtliche Grundlage für die Vorverlagerung der Haftung aufzuzeigen.[348] Soweit der Grundsatz der Anteiligen Tilgung zu einer Haftungserleichterung beim Geschäftsführer führt, könnte man die Mittelvorsorgepflicht als Rückausnahme dazu begreifen. Auf diesem Weg ließe sich aber nur ein kleiner Teil der einschlägigen Fälle lösen, weshalb diese Lösung schon im Ansatz scheitert. Demgegenüber ließe sich eine bereits von *Meyer*[349] angedeutete andere Interpretation des § 34 Abs. 1 S. 2 AO heranziehen. Der Wortlaut lässt sich, bezogen auf die Aussage „Sie haben insbesondere dafür zu sorgen, dass die Steuern aus den Mitteln entrichtet werden, die sie verwalten", auch als

342 *R. Rüsken*, in: Klein-AO, § 69 AO Rn. 56.

343 BFH, Urteil v. 28.11.2002 – VII R 41/01, BFHE 200, 482, juris-Rn. 24 – wobei diese Problematik durch die Neuregelung des § 13b Abs. 1 UStG regelmäßig nicht mehr besteht.

344 *H. Fleischer*, in: MüKo-GmbHG, § 43 GmbHG Rn. 367; *H. Boecker*, in: H/H/Sp, § 69 AO Rn. 14a, Stand: 232. Lfg. v. 04.2015; *G. Kahlert*, 2015, Rn. 426.

345 BFH, Beschluss v. 19.02.2010 – VII B 190/09, BFH/NV 2010, 1120, juris-Rn. 12; *M. Loose*, in: Tipke/Kruse, § 69 AO Rn. 37, Stand: 151. Lfg. v. 02.2018.

346 BFH, Urteil v. 11.03.2004 – VII R 19/02, BFHE 205, 335, juris-Rn. 7; *R. Halaczinsky*, 2013, Rn. 70.

347 BFH, Urteil v. 26.09.2017 – VII R 40/16, BFHE 259, 423, juris-Rn. 21–25 = BStBl. II 2018, 772.

348 Vgl. *A. Meyer*, DStZ 2014, 228, 241.

349 *A. Meyer*, DStZ 2014, 228, 241 a.E.

Aufforderung verstehen. Gerade der Teil „haben […] dafür zu sorgen“ könnte für eine über die bisherige Auslegung hinausgehende Verpflichtung sprechen, die einer Mittelvorsorgepflicht nahekommt. Dies könnte man als Ausgleich für die Beschränkung auf die verwalteten Mittel verstehen, da die Gesellschaft selbst im Gegensatz zu ihrem Vertreter unbegrenzt haftet.

Solch ein Verständnis dürfte aber nicht nur dem *Meyers*[350] zuwiderlaufen, sondern widerspricht zudem der gesetzgeberischen Intention, als auch der ansonsten gefestigten Auslegung durch Rechtsprechung und Literatur.[351] Demnach sollte der Zusatz als reine Beschränkung der Haftung auf die vorhandenen Mittel dienen und den weit gefassten Tatbestand somit beherrschbar machen. Keinesfalls sollte der Tatbestand ausgeweitet, geschweige denn zeitlich vorverlagert werden. Auch anderweitig lässt sich eine solche Auslegung nicht stützen.

Da somit keine Ausweitung der Pflichten im Vergleich zur Gesellschaft begründbar ist, müsste die Pflicht basierend auf der Akzessorietät der Haftung bei dieser selbst vorliegen. Diese ist aber unstreitig nur zur Abführung der Steuer zum Fälligkeitszeitpunkt verpflichtet.

In Ermangelung einer tragfähigen Begründung sowie einer Rechtsgrundlage, ist *Meyer* beizupflichten und die Pflicht zur Mittelvorsorge folglich abzulehnen.

(d) Ende der Pflichtenstellung

Die Haftungsvorschrift des § 69 AO kennt selbst genau so wenig eine zeitliche Einschränkung wie die §§ 34, 35 AO. Maßgeblich ist daher die Befugnis des Vertreters die nötigen Handlungen vorzunehmen.[352] Nach der Auffassung des BFH handelt es sich insgesamt ausschließlich um eine Verschuldensfrage.[353]

Das einfachste Ende der Pflichtenstellung wird dabei durch den Rücktritt vom Amt des Vertreters ausgelöst, also bspw. der Rücktritt als Geschäftsführer. Sowohl die selbst herbeigeführte Amtsniederlegung, als auch die Abberufung durch die Gesellschafterversammlung führt zu einem sofortigen – vorbehaltlich des Zugangs der jeweiligen Erklärung[354] – Ende der Tätigkeit und dem damit verbundenen Erlöschen der Rechte und Handlungsmöglichkeiten.[355] Da

350 *A. Meyer*, DStZ 2014, 228, 241 a.E.

351 Vgl. detailliert S. 35 f.

352 *U. Koenig*, in: Koenig-AO, § 34 AO Rn. 19.

353 Siehe dazu ab S. 100.

354 BFH, Urteil v. 27.10.1987 – VII R 12/84, BFH/NV 1988, 485, juris-Rn. 15.

355 *F. Müller*, in: Flore/Tsambikakis, § 69 AO Rn. 14; *H. Boecker*, in: H/H/Sp, § 34 AO Rn. 57, Stand: 228. Lfg. v. 06.2014.

die Haftung durch die Verknüpfung mit den §§ 34 und 35 AO entweder auf die formelle Bestellung oder auf das Innehaben der Rechtsmacht anknüpft, entfällt sie auch im Moment dessen Verlusts.[356] Die erst später erfolgende Änderung im Handelsregister hat keinen Einfluss auf das Erlöschen.[357] Die Haftung entfällt aber nur für zukünftige Schäden. Sind diese bereits entstanden (oder nach der Rspr. nur verursacht)[358], kann auch den ausgeschiedenen Geschäftsführer noch die Haftung aus § 69 AO treffen.[359]

Aus der jederzeitigen Möglichkeit der Niederlegung des Amtes wird geschlussfolgert, dass der Geschäftsführer als einzigen Ausweg aus der Haftung, sofern er beispielsweise nicht in der Lage ist, die Gesellschaft ordnungsgemäß zu vertreten oder sich intern zur Erfüllung seiner Pflichten durchzusetzen, sein Amt niederlegen muss.[360] Daher kann er sich auch nicht auf eine Weisungsgebundenheit o. ä. berufen, auch dann nicht, wenn diese aus einer Eingliederung in eine Konzernstruktur folgt.[361] Gleichwohl kann dieser Ausweg nur eine Lösung für Probleme bei der internen Durchsetzung der notwendigen Maßnahmen darstellen. Sobald eine Haftung durch äußere Einflüsse entsteht, würde auf diesem Weg die Haftung unter Umständen nur auf eine andere Person verlagert.[362] Auch kann der Fiskus kein Interesse daran haben, durch eine ggf. eintretende Führungslosigkeit noch weitere Ansprüche zu verlieren, da kein Haftungsadressat mehr vorhanden ist. Eine Lösung dieser Frage muss an dieser Stelle aber zunächst offenbleiben.

Die Haftung kommt ebenfalls im Falle einer Löschung der Gesellschaft zum Erliegen.[363] Gleiches gilt für die Eröffnung des (Regel-)Insolvenzverfahrens, da die Verfügungsmacht nach § 80 InsO auf den Verwalter übergeht.[364]

---

356 *A. Beermann*, DStR 1994, 805, 807.

357 *R. Rüsken*, in: Klein-AO, § 34 AO Rn. 6.

358 Eine Haftung nur bei bewirken einer Haftungsursache setzt die Anerkenntnis der Mittelvorsorgepflicht voraus, diese ist aber abzulehnen, siehe ab S. 73.

359 BFH, Urteil v. 20.05.2014 – VII R 12/12, BFH/NV 2014, 1353, 2470 f. = BB 2014, 2470.

360 BFH, Urteil v. 07.11.1963 – V 45/61, HFR 1964, 96; BFH, Urteil v. 07.05.1985 – VII R 111/78, BFH/NV 1987, 210, juris-Rn. 13; BFH, Beschluss v. 18.08.1999 – VII B 106/99, BFH/NV 2000, 541, juris-Rn. 10; *H. Boecker*, in: H/H/Sp, § 34 AO Rn. 54, Stand: 228. Lfg. v. 06.2014.

361 BFH, Beschluss v. 12.05.2009 – VII B 266/08, BFH/NV 2009, 1589, juris-Rn. 12 f.; BFH, Beschluss v. 21.10.2003 – VII B 353/02, BFH/NV 2004, 157; *M. Loose*, in: Tipke/Kruse, § 34 AO Rn. 19, Stand: 155. Lfg. v. 02.2019.

362 Vgl. zum subsidiär haftenden Personenkreis S. 62.

363 *U. Koenig*, in: Koenig-AO, § 34 AO Rn. 11.

364 *W. Sonnleitner / M. Winkelhog*, BB 2015, 88, 96.

Problematischer ist dagegen die Haftung im Zeitraum zwischen erfolgter Insolvenzantragstellung und Verfahrenseröffnung. Der Antrag selbst lässt nach fast einhelliger Auffassung die Pflichtenstellung des Vertreters zunächst völlig unberührt.[365] Solange das Insolvenzgericht keine beschränkenden Maßnahmen, wie die Bestellung eines starken vorläufigen Verwalters getroffen hat, verbleibt dem Geschäftsführer auch die Möglichkeit, seinen steuerlichen Pflichten nachzukommen.[366] Der BFH geht dabei aber so weit, ausschließlich auf die Zahlungsmöglichkeit abzustellen und auf keine anderen Wertungen oder Beschränkungen Rücksicht zu nehmen.[367] Andere gehen von einer teilweisen Verpflichtung aus.[368] Besonders relevant wird diese Frage im Rahmen der vorläufigen Eigenverwaltung und im Schutzschirmverfahren, da dort die Verfügungs- und Verwaltungsmacht weitestgehend unbeschränkt beim Vertreter des Schuldners verbleibt. Der BFH hatte bislang keine Gelegenheit, zu dieser Frage Stellung zu beziehen. In der Literatur werden unterschiedliche Lösungen diskutiert.

Erörterung und Abgrenzung der Problematik bedürfen aber zunächst einer umfänglicheren Analyse der mit der Haftung nach § 69 AO (möglicherweise) konfligierenden Normen und Wertungen.[369]

Festzuhalten bleibt an dieser Stelle, dass die Haftung nach § 69 AO grundsätzlich sowohl im Rahmen des vorläufigen als auch im eröffneten Verfahren Anwendung findet. Es ist aber zu prüfen, ob das Pflichtenprogramm des Vertreters aus § 34 AO soweit modifiziert wird, dass möglicherweise die Haftung umfänglich eingeschränkt wird.

---

365 Siehe nur BFH, Urteil v. 23.09.2008 – VII R 27/07, BStBl. II 2009, 129, 311; *M. Loose*, in: Tipke/Kruse, § 69 AO Rn. 43a, Stand: 151. Lfg. v. 02.2018.

366 *W. Sonnleitner / M. Winkelhog*, BB 2015, 88, 90; *M. Loose*, in: Tipke/Kruse, § 69 AO Rn. 43a, Stand: 151. Lfg. v. 02.2018.

367 BFH, Urteil v. 23.09.2008 – VII R 27/07, BStBl. II 2009, 129; FG Köln, Urteil v. 25.02.2014 – 10 K 2954/10, NZI 2014, 627 = DStRE 2015, 945; *F. Frind*, GmbHR 2015, 128, 129; *K. Priebe*, InsbürO 2014, 386, 390; *H. König*, in: Buth/Hermanns, § 36 Rn. 18 - 20.

368 *U. Koenig*, in: Koenig-AO, § 34 AO Rn. 28.

369 Eine ausführliche Darstellung der bisherigen Auflösung für das Regelinsolvenzverfahren unter einem vorläufigen schwachen Verwalter findet dabei ab S. 214 statt, eine Analyse der Sondersituation der vorläufigen Eigenverwaltung sowie des Schutzschirmverfahrens ab S. 243.

(3) Haftungsschaden

Sofern eine Pflichtverletzung des Vertreters vorliegt, muss nachfolgend auch ein Haftungsschaden festgestellt werden. Der nach § 69 AO Haftende kann dabei für alle Ansprüche aus dem Steuerverhältnis nach § 37 Abs. 1 AO in Anspruch genommen werden.[370] Keinesfalls kann dabei aus § 69 S. 2 AO gefolgert werden, dass nur Säumniszuschläge erfasst sind. Im Gegenteil, er erweitert die Haftung, da der Vertreter unabhängig von einer pflichtwidrigen Nichtentrichtung für Säumniszuschläge haftet.[371] Umfasst sind daher die eigentlichen Steueransprüche, Haftungsansprüche gegen den Vertretenen sowie alle steuerlichen Nebenleistungen.[372] Der Katalog der steuerlichen Nebenleistungen ist in § 3 Abs. 4 AO legaldefiniert und enthält Verzögerungsgelder nach § 146 Abs.2b AO, Verspätungszuschläge nach § 152 AO,[373] Zuschläge gemäß § 162 Abs. 4 AO, Zinsen nach den §§ 233 bis 237 AO, Säumniszuschläge gemäß § 240 AO, Zwangsgelder nach § 329 AO, Kosten nach den §§ 89, 178, 178a und 337 bis 345 AO, Zinsen nach dem Zollkodex der EU und Verspätungsgelder nach § 22a Abs. 5 EStG. Grundsätzlich muss sich der Schaden nicht auf den vollständigen Anspruch erstrecken, da § 69 Satz 1 AO von „*soweit*" spricht und damit auch bloße Teilansprüche erfasst.[374] Demnach ist der Haftungsschaden als Ausfallschaden kreiert, sodass nur solche Beträge maßgeblich sind, die von dem tatsächlich zu entrichtenden nicht beglichen wurden.[375] Daraus ergibt sich ebenfalls, dass der Haftungsanspruch erlischt, wenn es doch noch zu einer Leistung durch den Primärschuldner kommt.[376]

Der Steueranspruch gegen den Vertretenen muss dem Grunde und der Höhe nach bereits feststehen.[377] Hingegen bedarf es noch keiner Steuerfestsetzung oder gar der Unanfechtbarkeit eines entsprechenden Bescheids.[378] Ist ein solch bestandskräftiger Bescheid aber bereits ergangen und wäre der Vertreter in der

---

370 *M. Loose*, in: Tipke/Kruse, § 69 AO Rn. 44, Stand: 151. Lfg. v. 02.2018.
371 *H. Boecker*, in: H/H/Sp, § 69 AO Rn. 24, Stand: 232. Lfg. v. 04.2015.
372 *H. Boecker*, in: H/H/Sp, § 69 AO Rn. 24, Stand: 232. Lfg. v. 04.2015.
373 BFH, Urteil v. 01.08.2000 – VII R 110/99, BFHE 192, 249, juris-Rn. 9 ff.
374 *M. Loose*, in: Tipke/Kruse, § 69 AO Rn. 15, Stand: 151. Lfg. v. 02.2018.
375 *H. Boecker*, in: H/H/Sp, § 69 AO Rn. 23, Stand: 232. Lfg. v. 04.2015.
376 *M. Loose*, in: Tipke/Kruse, § 69 AO Rn. 13, Stand: 151. Lfg. v. 02.2018.
377 *M. Loose*, in: Tipke/Kruse, § 69 AO Rn. 14, Stand: 151. Lfg. v. 02.2018.
378 *M. Loose*, in: Tipke/Kruse, § 69 AO Rn. 14, Stand: 151. Lfg. v. 02.2018.

Lage gewesen, diesen kraft seiner Stellung als Vertreter oder auf anderem Wege anzufechten, muss er diesen Bescheid nach § 166 AO gegen sich gelten lassen.[379]

Das Gesetz sieht dabei eine Reihe von Tatbestandsvarianten vor, im Einzelnen handelt es sich dabei um folgende mögliche Handlungserfolge:

- ein Anspruch wird nicht festgesetzt,
- ein Anspruch wird nicht rechtzeitig festgesetzt,
- ein Anspruch wird nicht erfüllt,
- ein Anspruch wird nicht rechtzeitig erfüllt,
- eine Steuervergütung wird ohne rechtlichen Grund gezahlt,
- eine Steuererstattung wird ohne rechtlichen Grund gezahlt.

Die Variante des nicht festgesetzten Anspruchs verlangt, dass kein Bescheid über die Steuer erlassen wurde und dies auch nicht wegen einer Ausnahmeregelung wie § 167 AO oder der Erhebung im Abzugsverfahren entbehrlich war.[380] Hingegen ist die Variante der nicht rechtzeitigen Festsetzung bereits dann erfüllt, wenn der Steueranspruch zu dem sich nach dem üblichen Gang der Verwaltungsarbeit ergebenden Zeitpunkt noch nicht durch die Finanzverwaltung festgesetzt wurde.[381] Das Verstreichen der Abgabefrist für die Steuererklärung ist folglich nicht maßgeblich, statt dessen muss für jedes Veranlagungsfinanzamt individuell der maßgebliche Zeitpunkt ermittelt werden.[382] Dort wo Steueranmeldungen abzugeben sind, ergibt sich aber aus der gesetzlichen Fiktion des § 168 S. 1 AO, dass eine Steueranmeldung als Steuerfestsetzung unter Vorbehalt gilt und eine Verspätung bereits bei einer verspäteten Abgabe gegeben ist.[383]

379 Der BFH lässt dort eine Ausnhame zu, wo der Vertreter nicht über die gesamte Zeit der Rechtsbehelfsfrist Vertretungsmacht hatte, BFH, Urteil v. 24.08.2004 – VII R 50/03, BFHE 207, 5, juris-Rn. 8–12.

380 *H. Boecker*, in: H/H/Sp, § 69 AO Rn. 25, Stand: 232. Lfg. v. 04.2015; *M. Loose*, in: Tipke/Kruse, § 69 AO Rn. 16, Stand: 151. Lfg. v. 02.2018.

381 BFH, Urteil v. 11.12.1990 – VII R 85/88, BFHE 163, 119, juris-Rn. 6; BGH, Beschluss v. 07.11.2001 – 5 StR 395/01, BGHSt 47, 138, juris-Rn. 28–33 = BStBl. II 2002, 259; *M. Loose*, in: Tipke/Kruse, § 69 AO Rn. 16, Stand: 151. Lfg. v. 02.2018; *H. Boecker*, in: H/H/Sp, § 69 AO Rn. 26, Stand: 232. Lfg. v. 04.2015.

382 BFH, Urteil v. 29.11.2006 – I R 103/05, BFH/NV 2007, 1067, juris-Rn. 13–16; *H. Boecker*, in: H/H/Sp, § 69 AO Rn. 26, Stand: 232. Lfg. v. 04.2015.

383 *H. Boecker*, in: H/H/Sp, § 69 AO Rn. 26, Stand: 232. Lfg. v. 04.2015; *M. Loose*, in: Tipke/Kruse, § 69 AO Rn. 16, Stand: 151. Lfg. v. 02.2018; *B. Schwarz*, in: Schwarz/Pahlke-AO, § 69 AO Rn. 9, Stand: 191. Lfg. v. 11.2019.

Die weitere Variante der Nichterfüllung erfasst alle Fälle, in denen die geschuldete Leistung nicht durch Leistung zum Erlöschen gebracht wird.[384] Relevanter ist aber auch in diesem Fall die Abwandlung in Form der nicht rechtzeitigen Erfüllung. Diese verwirklicht der Verpflichtete bereits, wenn er nicht zum gesetzlichen Fälligkeitszeitpunkt leistet.[385] Ebenso erfasst dies auch solche Fälle, in denen zwar noch verspätet geleistet wurde, dadurch aber die spätere Anfechtung durch den Insolvenzverwalter ermöglicht wird.[386]

Zugunsten des Steuerpflichtigen sind aber eine Stundung nach § 222 AO oder ein Zahlungsaufschub nach § 223 AO zu berücksichtigen, da sie die Fälligkeit aufheben.[387] Erfolgt die Stundung jedoch erst nach Eintritt der Fälligkeit, ist der Haftungsanspruch wirksam entstanden, die Inanspruchnahme kann dann allenfalls auf Ermessensseite eingeschränkt sein.[388] Für die Aussetzung der Vollziehung nach § 361 Abs. 2 S. 1 AO ist zu berücksichtigen, dass nach überwiegender Ansicht die Fälligkeit gerade nicht hinausgeschoben wird, es wird nur kein Gebrauch vom Regelungsinhalt gemacht.[389] Im Ergebnis verletzt der Vertreter aber auch dann nicht seine Pflicht zur rechtzeitigen Abführung, er muss jedoch Vorsorge für die mögliche Entrichtung der Steuern und eventueller Nebenleistungen treffen.[390]

Die letzten beiden Varianten der Steuervergütungs- und Erstattungsansprüche werden häufig auch als Einheit im Sinne einer rechtsgrundlosen Leistung erfasst.[391] Sie erfassen alle Leistungen, die zu Unrecht gegenüber dem Steuerpflichtigen geleistet wurden.[392]

---

384 *M. Loose*, in: Tipke/Kruse, § 69 AO Rn. 17, Stand: 151. Lfg. v. 02.2018.

385 *M. Loose*, in: Tipke/Kruse, § 69 AO Rn. 18, Stand: 151. Lfg. v. 02.2018; *H. Boecker*, in: H/H/Sp, § 69 AO Rn. 28, Stand: 232. Lfg. v. 04.2015.

386 BFH, Urteil v. 11.11.2008 – VII R 19/08, BFHE 223, 294, 428 = BStBl. II 2009, 342; *M. Loose*, in: Tipke/Kruse, § 69 AO Rn. 18, Stand: 151. Lfg. v. 02.2018.

387 *H. Boecker*, in: H/H/Sp, § 69 AO Rn. 28f., Stand: 232. Lfg. v. 04.2015; *M. Loose*, in: Tipke/Kruse, § 69 AO Rn. 18, Stand: 151. Lfg. v. 02.2018.

388 BFH, Beschluss v. 23.08.2000 – VII B 4/00, NV (juris), juris-Rn. 3; BFH, Urteil v. 17.09.1987 – VII R 62/84, BFH/NV 1988, 7, juris-Rn. 13; *M. Loose*, in: Tipke/Kruse, § 69 AO Rn. 18, Stand: 151. Lfg. v. 02.2018.

389 BFH, Urteil v. 18.04.2006 – VII R 77/04, BFHE 212, 29; *H. Boecker*, in: H/H/Sp, § 69 AO Rn. 28a, Stand: 232. Lfg. v. 04.2015.

390 BFH, Urteil v. 11.03.2004 – VII R 19/02, BFHE 205, 335, juris-Rn. 14; BFH, Beschluss v. 04.05.1998 – I B 116/96, BFH/NV 1998, 1460, juris-Rn. 17; *H. Boecker*, in: H/H/Sp, § 69 AO Rn. 28a, Stand: 232. Lfg. v. 04.2015.

391 So beispielsweise *M. Loose*, in: Tipke/Kruse, § 69 AO Rn. 15, Stand: 151. Lfg. v. 02.2018.

392 *M. Loose*, in: Tipke/Kruse, § 69 AO Rn. 19, Stand: 151. Lfg. v. 02.2018.

Die Höhe der Haftung ist vollständig gerichtlich überprüfbar, da sie sich allein aus der Ursächlichkeit der Pflichtverletzung für den Vermögensschaden ergibt.[393] Sie umfasst daher den gesamten Steuerschaden des Fiskus, beziehungsweise den Betrag, der aus den Mitteln des Vertretenen hätte erbracht werden können.[394] Gerade im Fall nur noch beschränkter Mittel wird die konkrete Berechnung der Schadenshöhe aber von den Anforderungen des BFH erschwert, der eine Vergleichsrechnung anhand der (oft lückenhaften) Geschäftsunterlagen fordert.[395] Im Ergebnis wird die Haftung daher auch als eine Art Garantiehaftung verstanden,[396] da auch im Falle einer zunächst zulässig gekürzten Zahlung allein der Geschäftsführer mit dem Risiko des späteren Zahlungsausfalls belastet wird.

(4) Kausalität / Ursächlichkeit

Als vorletztes Tatbestandsmerkmal ist die Ursächlichkeit der Pflichtverletzung für den entstandenen Steuerschaden festzustellen, was sich bereits aus dem Wortlaut des § 69 S. 1 AO ergibt, welcher von „*infolge*" einer Verletzung spricht.[397] Da es sich um eine anspruchsbegründende Voraussetzung handelt, liegt die Beweislast bei der Finanzverwaltung.[398] Maßgeblicher Prüfungszeitpunkt für die Kausalität ist der Fälligkeitszeitpunkt der Steuerschuld.[399]

Ursächlich sind dann alle Schäden, die ohne die Pflichtverletzung nicht eingetreten wären.[400] Der BFH betont hier, dass resultierend aus dem Schadensersatzcharakter der Haftung, parallel zur zivilrechtlichen Wertung, auf die

---

393 BFH, Urteil v. 01.08.2000 – VII R 110/99, BFHE 192, 249, juris-Rn. 11; FG Hamburg, Urteil v. 02.11.2010 – 1 K 82/08, EFG 2011, 598, juris-Rn. 22; BFH, Urteil v. 04.10.1988 – VII R 53/85, BFH/NV 1989, 274, juris-Rn. 10; *M. Loose*, in: Tipke/Kruse, § 69 AO Rn. 44, Stand: 151. Lfg. v. 02.2018.

394 *M. Loose*, in: Tipke/Kruse, § 69 AO Rn. 45, Stand: 151. Lfg. v. 02.2018.

395 Vgl. oben S. 69 f.

396 *H. Berninghaus*, DStR 2012, 1001, 1006.

397 *T. Steeger*, 1998, S. 94 f.

398 FG Münster, Urteil v. 18.06.2007 – 1 K 6201/03, EFG 2007, 1566, juris-Rn. 33; *M. Loose*, in: Tipke/Kruse, § 69 AO Rn. 20, Stand: 151. Lfg. v. 02.2018; *F. Müller*, in: Flore/Tsambikakis, § 69 AO Rn. 28.

399 *R. Halaczinsky*, 2013, Rn. 81.

400 BFH, Urteil v. 26.04.1984 – V R 128/79, BFHE 141, 443, juris-Rn. 21; BFH, Urteil v. 26.01.2016 – VII R 3/15, BFH/NV 2016, 893, juris-Rn. 10 ff. = BB 2016, 1119; *M. Loose*, in: Tipke/Kruse, § 69 AO Rn. 20, Stand: 151. Lfg. v. 02.2018; *T. Steeger*, 1998, S. 94 f.

Adäquanztheorie abzustellen ist,[401] was soweit ersichtlich einhelliger Auffassung entspricht.[402] Danach sind nur solche Pflichtverletzungen für den Erfolg ursächlich, die allgemein oder erfahrungsgemäß dazu geeignet sind, den Erfolg zu verursachen.[403] Besteht die Pflichtverletzung in einem Unterlassen, ist dies kausal, wenn bei Vornahme der gebotenen Handlung der Erfolg aller Wahrscheinlichkeit nach nicht eingetreten wäre.[404] Negativ lassen sich damit alle Fälle ausschließen, bei denen der Schaden auch im Falle eines pflichtgemäßen Verhaltens eingetreten wäre.[405] Fehlten der Gesellschaft also ohnehin liquide Mittel zur Begleichung, sind diese fehlenden Mittel bereits ursächlich für den Steuerausfall, eine Pflichtverletzung hat dann zunächst keinen Einfluss.[406] Wie schon im Rahmen der Pflichtverletzung thematisiert,[407] ist hier die genaue Abgrenzung der einzelnen möglichen Anknüpfungspunkte entscheidend. Für jeden Anspruch und somit für jede Pflichtverletzung, hat eine gesonderte Prüfung zu erfolgen.[408]

Die Haftung bestimmt sich dementsprechend nach dem tatsächlich eingetretenen Schaden, ist der Höhe nach aber auf den Teil begrenzt, welcher auf der vom Vertreter verursachten Pflichtverletzung beruht.[409]

Wenn man sich nun beispielhaft einen Fall der Haftung ansieht, der auf einer nicht rechtzeitigen Abgabe der Steuererklärung beruht, gibt es drei mögliche

401 BFH, Urteil v. 17.11.1992 – VII R 13/92, BFHE 170, 295, juris-Rn. 16 = BB 1993, 1726; BFH, Urteil v. 25.04.1995 – VII R 99-100/94, BFH/NV 1996, 97, juris-Rn. 29; BFH, Urteil v. 11.11.2008 – VII R 19/08, BFHE 223, 294, 427 a.E. = BStBl. II 2009, 342.

402 *M. Loose*, in: Tipke/Kruse, § 69 AO Rn. 21, Stand: 151. Lfg. v. 02.2018; *H. Boecker*, in: H/H/Sp, § 69 AO Rn. 31, Stand: 232. Lfg. v. 04.2015; *B. Schwarz*, in: Schwarz/Pahlke-AO, § 69 AO Rn. 11, Stand: 191. Lfg. v. 11.2019; *R. Halaczinsky*, 2013, Rn. 81; *A. Beermann*, DStR 1994, 805, 810; *M. Gehm*, ZHW 2017, 28, 29; *F. Niewerth*, in: Lippross/Seibel, § 69 AO Rn. 13, Stand: 94. Lfg. v. 02.2016.

403 *H. Boecker*, in: H/H/Sp, § 69 AO Rn. 31, Stand: 232. Lfg. v. 04.2015; *B. Schwarz*, in: Schwarz/Pahlke-AO, § 69 AO Rn. 11, Stand: 191. Lfg. v. 11.2019; *M. Loose*, in: Tipke/Kruse, § 69 AO Rn. 21, Stand: 151. Lfg. v. 02.2018.

404 *H. Boecker*, in: H/H/Sp, § 69 AO Rn. 31, Stand: 232. Lfg. v. 04.2015.

405 BFH, Urteil v. 06.03.2001 – VII R 17/00, BFH/NV 2001, 1100, juris-Rn. 18 f.; BFH, Urteil v. 05.06.2007 – VII R 65/05, BFHE 217, 233 = DStR 2007, 1722 = BB 2007, 2110; *H. Boecker*, in: H/H/Sp, § 69 AO Rn. 31, Stand: 232. Lfg. v. 04.2015.

406 BFH, Urteil v. 02.03.1993 – VII R 90/90, BFH/NV 1994, 526, juris-Rn. 16–18; *B. Schwarz*, in: Schwarz/Pahlke-AO, § 69 AO Rn. 11, Stand: 191. Lfg. v. 11.2019.

407 Vgl. oben S. 65.

408 *B. Schwarz*, in: Schwarz/Pahlke-AO, § 69 AO Rn. 11, Stand: 191. Lfg. v. 11.2019; *M. Loose*, in: Tipke/Kruse, § 69 AO Rn. 20, Stand: 151. Lfg. v. 02.2018.

409 *T. Steeger*, 1998, S. 104 f.

Anknüpfungspunkte, die den Schaden verursacht haben können.[410] So könnten zum Zeitpunkt der eigentlichen Fälligkeit noch (teilweise) Mittel zur Befriedigung des Fiskus vorhanden gewesen sein. War dies nicht der Fall, war aber möglicherweise noch vollstreckbares Vermögen vorhanden, auf das durch die Verzögerung nicht mehr zugegriffen werden konnte. Zuletzt bliebe auch die Variante, dass sich der Vertreter durch Einräumung von Sicherheiten zugunsten Dritter selbst außerstande gesetzt hat, die Steuerverbindlichkeiten zu tilgen.

(5) Problem: Hypothetische Kausalverläufe

Über die bereits dargestellte Ursächlichkeit hinaus wird die Zurechnung des Schadens in weiteren Fällen in Frage gestellt. Strittig sind hier solche Konstellationen, in denen auch im Falle einer rechtzeitigen und vollumfänglichen Zahlung der Steuerschuld diese Leistung nach den Regeln über kongruente Zahlungen gemäß § 130 InsO oder als inkongruente Zahlungen nach § 131 InsO später durch den Insolvenzverwalter (oder Sachwalter) hätte angefochten werden können.[411]

Die Problematik entstammt dem zivilrechtlichen Schadensrecht und wird dort ebenfalls unter den Stichworten der hypothetischen Kausalität behandelt.[412] Es geht dann um die Frage, ob sich ein Haftender darauf berufen kann, dass der Schaden aufgrund anderer Ursachen ohnehin ebenso oder wenigstens teilweise eingetreten wäre.[413] Angewendet auf Haftungsfälle des § 69 AO würde dies bedeuten, dass ein Vertreter in solchen Fällen für nicht erfolgte Zahlungen nicht mehr einstandspflichtig wäre, in denen der Insolvenzverwalter im Nachhinein die erfolgte Zahlung erfolgreich hätte anfechten können und der Schaden somit ohnehin in gleicher Höhe eingetreten wäre. Die Haftung muss sich in solchen Fällen aber einzig auf die Nichtzahlung genau in diesem Zeitpunkt beschränken. Soweit der BFH bislang in einer Reihe von Entscheidungen die Haftung dennoch aufrechterhalten hat, basierte dies darauf, dass in den konkreten Sachverhaltssituationen die Anfechtungsmöglichkeit gerade auch durch eine vorherige Pflichtverletzung des Vertreters verursacht wurde.[414] In diesen Fällen greift folgerichtig

410 *H. Boecker*, in: H/H/Sp, § 69 AO Rn. 36, Stand: 232. Lfg. v. 04.2015.

411 *H. Boecker*, in: H/H/Sp, § 69 AO Rn. 32c, Stand: 232. Lfg. v. 04.2015.

412 *H. Oetker*, in: MüKo-BGB, § 249 BGB Rn. 208.

413 *H. Oetker*, in: MüKo-BGB, § 249 BGB Rn. 207; *C. Grüneberg*, in: Palandt, Vorb. § 249 Rn. 55 - 63; *J. W. Flume*, in: BeckOK-BGB, § 249 BGB Rn. 324, Stand: 41. Lfg. v. 11.2016.

414 So beispielsweise BFH, Urteil v. 04.12.2007 – VII R 18/06, BFH/NV 2008, 521 = GmbHR 2008, 386; BFH, Urteil v. 05.06.2007 – VII R 65/05, BFHE 217, 233 = DStR

und – soweit ersichtlich – nach einhelliger Auffassung die Haftung ebenfalls aus anderen Anknüpfungspunkten des § 69 AO.[415] Mit Urteil vom 26.01.2016 hat der BFH seine Rechtsprechung jedoch explizit auch auf die hier zu untersuchenden Fälle ausgeweitet.[416] Dieser Entscheidung ist aus verschiedenen Gründen zu widersprechen.

Wie die Situation zu bewerten ist, wenn es sich ausschließlich um einen „*echten*" Fall der hypothetischen Kausalität handelt, hängt in einem ersten Schritt maßgeblich von der genauen Funktionsweise des insolvenzrechtlichen Anfechtungsrechts ab.

(a) Grundlagen des Anfechtungsrechts

Mit Eröffnung des Insolvenzverfahrens kommt dem Verwalter die Aufgabe zu, die vorhandene Insolvenzmasse von der sogenannten „*Ist-Masse*" zur „*Soll-Masse*" zu transformieren.[417] Die Ist-Masse umfasst dabei alle Vermögenswerte des Insolvenzschuldners im Zeitpunkt der Antragseröffnung. Im Laufe des Verfahrens wird die Insolvenzmasse durch eine Vielzahl von Maßnahmen bereits geschmälert, aber beispielswiese auch durch Eintreibung von offenen Forderungen angereichert.[418] Die auf diesem Wege entstandene Soll-Masse dient der Befriedigung der verbleibenden Gläubiger am Ende des Verfahrens. [419]

Das mächtigste Instrument zur Anreicherung der Insolvenzmasse ist dabei das Anfechtungsrecht der §§ 129 ff. InsO, durch welches das Schuldnervermögen in Teilen wiederhergestellt wird[420]. Es soll grundsätzlich einen Kompromiss zwischen den Interessen der Insolvenzgläubiger, dem Insolvenzschuldner und der Allgemeinheit an der Wirksamkeit von Rechtsgeschäften herstellen.[421] Gegenstände oder Geldbeträge die vor der Eröffnung des Verfahrens bereits aus der Insolvenzmasse ausgeschieden sind, können unter bestimmten Voraussetzungen

2007, 1722 = BB 2007, 2110; BFH, Beschluss v. 23.04.2007 – VII B 92/06, BFHE 217, 209 = DStRE 2007, 1210.

415 *M. Loose*, in: Tipke/Kruse, § 69 AO Rn. 21, Stand: 151. Lfg. v. 02.2018; *H. Boecker*, in: H/H/Sp, § 69 AO Rn. 32h, Stand: 232. Lfg. v. 04.2015.

416 BFH, Urteil v. 26.01.2016 – VII R 3/15, BFH/NV 2016, 893 = BB 2016, 1119; bestätigt durch BFH, Urteil v. 22.10.2019 – VII R 30/18, BFH/NV 2020, 711, juris-Rn. 35.

417 *R. Bork*, 2017, Rn. 227 f.

418 *R. Bork*, 2017, Rn. 229 f.

419 Detaillierter *R. Bork*, 2017, Rn. 227 - 230.

420 *H. Rogge / F. Leptin*, in: HambK-InsO, Vorb. §§ 129 ff. InsO Rn. 1.

421 *H. Hirte / C. Borries*, in: Uhlenbruck-InsO, Vorbemerkungen zur Insolvenzanfechtung Rn. 9.

wieder in diese zurückgeholt werden.[422] Auf diesem Wege sollen insbesondere Verstöße gegen die par conditio creditorum[423] rückgängig gemacht werden.[424] Realisiert wird dies über eine Anfechtung der vor der Verfahrenseröffnung stattgefundenen Rechtshandlung.[425] Voraussetzung dafür ist zunächst für alle Anfechtungen eine Benachteiligung der übrigen Gläubiger, die im Verhältnis zur sonst nur quotenmäßigen Befriedigung aber regelmäßig zu bejahen ist.[426]

(aa) Kongruente Deckung

Bezogen auf die hier problematisierten Steuerzahlungen sind die besonderen Insolvenzanfechtungstatbestände der §§ 130 – 132 InsO, genauer die §§ 130 und 131 InsO möglicherweise einschlägig. § 130 InsO regelt dabei die kongruente Deckung. In diesen Fällen hat der Insolvenzschuldner vor der Verfahrungseröffnung eine Leistung zugunsten des Gläubigers bewirkt. Ob ihm die Leistung (in dieser Form) zustand, ist dabei unerheblich.[427] Erforderlich ist hingegen, dass die Rechtshandlung in den letzten drei Monaten vor dem Eröffnungsantrag vorgenommen wurde, der Schuldner bereits zahlungsunfähig im Sinne des§ 17 InsO war und der Gläubiger dies wusste oder ihm Umstände bekannt waren, die auf die Zahlungsunfähigkeit schließen ließen.[428] Nach Antragstellung reicht nach § 130 Abs. 1 Nr. 2 InsO bereits die Kenntnis über den Antrag aus,[429] wobei diese nicht aus der öffentlichen Bekanntmachung hergeleitet werden kann.[430]

Bezogen auf die zu untersuchende Fragestellung wäre es demnach ausreichend, das Finanzamt vor der Zahlungsausführung über die eingetretene Zahlungsunfähigkeit und die maßgeblichen Umstände aufzuklären, um die notwendige Bösgläubigkeit herbeizuführen.

---

422 *R. Bork*, 2017, Rn. 244.
423 Vgl. S. 47 f. und S. 153 ff.
424 *R. Bork*, 2017, Rn. 2, 244 u. 260 ff.
425 *R. Bork*, 2017, Rn. 246 - 251.
426 *R. Bork*, 2017, Rn. 252 f.
427 BGH, Urteil v. 15.12.2011 – IX ZR 118/11, ZInsO 2012, 241, juris-Rn. 13; *R. Bork*, 2017, Rn. 261.
428 BGH, Urteil v. 19.05.2011 – IX ZR 9/10, ZIP 2011, 1111, juris-Rn. 15 u. 25; *R. Bork*, 2017, Rn. 261; *H. Rogge / F. Leptin*, in: HambK-InsO, § 130 InsO Rn. 12.
429 *R. Bork*, 2017, Rn. 261; *H. Rogge / F. Leptin*, in: HambK-InsO, § 130 InsO Rn. 30.
430 BGH, Urteil v. 07.10.2010 – IX ZR 209/09, ZIP 2010, 2307, juris-Rn. 19 ff.

(bb) Inkongruente Deckung

Demgegenüber wird die inkongruente Deckung in solchen Fällen angewendet, in denen der Gläubiger die Leistung nicht, nicht in dieser Weise oder nicht zum ausgeführten Zeitpunkt beanspruchen konnte.[431] Aufgrund der eingetretenen Besserstellung des Gläubigers können solche Rechtshandlungen im Zeitraum bis zu einem Monat vor Antragstellung unabhängig von der tatsächlichen Kenntnis des Gläubiges angefochten werden.[432] Auf welchen Grund der Insolvenzantrag dabei gestützt wurde ist unerheblich, sodass auch Anträge aufgrund von nur drohender Zahlungsunfähigkeit nach § 18 InsO erfasst werden.[433] Darüber hinaus ist nach § 131 Abs. 1 Nr. 2 und 3 InsO auch eine Erstreckung auf den Zeitraum bis zu drei Monate vor Antragstellung möglich. Dabei erfordert die Nr. 2, dass der Schuldner tatsächlich im Zeitpunkt der Rechtshandlung schon zahlungsunfähig war oder der Gläubiger von der Benachteiligung der übrigen (Insolvenz-)Gläubiger wusste oder nach § 131 Abs. 2 S. 1 InsO hätte wissen müssen.[434]

Sofern Steuerzahlungen nicht bereits vor Fälligkeit erbracht wurden, ist eine Anwendung einer inkongruenten Deckung regelmäßig nicht möglich.

(cc) Rechtsfolge

Rechtsfolge des Anfechtungsrechts ist ein Rückgewähranspruch nach § 143 Abs. 1 S. 1 InsO. Deren genaue rechtsdogmatische Grundlage ist strittig. Nach Auffassung der Rechtsprechung, als auch der ganz überwiegenden Literatur, ist der sogenannten schuldrechtlichen Theorie zu folgen.[435] Demnach resultiert aus dem Anfechtungsrecht der namensgebende schuldrechtliche Anspruch auf Rückgabe der Leistung. Demgegenüber wurde ursprünglich eine mit dinglicher

---

431 *C. Borries / H. Hirte*, in: Uhlenbruck-InsO, § 131 InsO Rn. 1; *H. Rogge / F. Leptin*, in: HambK-InsO, § 131 InsO Rn. 4 - 22; *R. Bork*, 2017, Rn. 262.

432 *C. Borries / H. Hirte*, in: Uhlenbruck-InsO, § 131 InsO Rn. 16; *R. Bork*, 2017, Rn. 262.

433 *C. Borries / H. Hirte*, in: Uhlenbruck-InsO, § 131 InsO Rn. 17.

434 BGH, Urteil v. 18.12.2003 – IX ZR 199/02, BGHZ 157, 242, juris-Rn. 20; *C. Borries / H. Hirte*, in: Uhlenbruck-InsO, § 131 InsO S. 16 - 20; *H. Rogge / F. Leptin*, in: HambK-InsO, § 131 InsO Rn. 41 u. 48; *R. Bork*, 2017, Rn. 262.

435 BGH, Urteil v. 09.07.1987 – IX ZR 167/86, BGHZ 101, 286, juris-Rn. 30; BGH, Urteil v. 13.12.2007 – IX ZR 116/06, ZIP 2008, 449, juris-Rn. 8; *C. Borries / H. Hirte*, in: Uhlenbruck-InsO, § 129 InsO Rn. 6; *H. Rogge / F. Leptin*, in: HambK-InsO, Vorb. §§ 129 ff. InsO Rn. 2 f.; *J. Nerlich*, in: Nerlich/Römermann-InsO, § 143 InsO Rn. 3 - 7, Stand: 32. Lfg. v. 04.2017; *R. Bork*, 2017, Rn. 266 - 268; *M. Huber*, in: Gottwald, § 52 Rn. 1.

Wirkung rückwirkend eintretende Vernichtung angenommen,[436] was jedoch dem zwischenzeitlich explizit ausgedrückten Willen des Gesetzgebers widerspricht und soweit erkennbar nicht länger vertreten wird.[437] Eine weitere Auffassung, die sogenannte haftungsrechtliche Theorie, ordnet den Vermögensgegenstand zwar dem Erwerber zu, unterscheidet hier aber in Form einer haftungsrechtlichen Zuordnung.[438]

Der schuldrechtliche Rückgewähranspruch entsteht dabei in beiden Varianten keinesfalls erst mit Ausübung des Anfechtungsrechts, sondern spätestens von Gesetzes wegen mit Verfahrenseröffnung.[439] Daraus wird auch richtigerweise gefolgert, dass dem Verwalter ein Aussonderungsrecht zusteht, soweit es sich um eine Sache handelt und er damit korrespondierend notfalls auch Drittwiderspruchsklage nach § 771 ZPO erheben kann.[440] *Kayser*[441] nimmt darüber hinaus sogar an, dass der Rückgewähranspruch bereits mit Verwirklichung des Anfechtungstatbestandes – also im Zeitpunkt der Rechtshandlung – entsteht und lediglich auf den Zeitpunkt der Verfahrenseröffnung aufschiebend bedingt ist.

Insoweit bedarf es hier keiner näheren Differenzierung, da beide Auffassungen darin übereinstimmen, dass die Veranlagung unzweifelhaft vorhanden ist und die Durchsetzbarkeit ausschließlich an die Eröffnung des Verfahrens geknöpft wird.

(b) Berücksichtigung im Zivilrecht sowie durch den BGH

In einem zweiten Schritt ist die eigentliche Funktion der hypothetischen Kausalität wie auch deren Grundlagen zu untersuchen. Über die bloße Frage nach deren Berücksichtigung im Rahmen des § 69 AO hinaus, wird die Frage aufgrund einer eventuellen Divergenz[442] zwischen dem BFH und dem BGH relevant, da

---

436 *W. Marotzke*, KTS 1987, 1, 1 ff.; bereits ablehnend RG, Urteil v. 11.12.1917 – VII 262/17, RGZ 91, 367.

437 BT-Drs. 12/2443, S. 157; *R. Bork*, 2017, Rn. 266.

438 *J. Nerlich*, in: Nerlich/Römermann-InsO, § 129 InsO; einschränkend *H.-P. Kirchhof / N. Freudenberg*, in: MüKo-InsO, Vorb. §§ 129 bis 147 InsO Rn. 18 u. 31.

439 *H.-P. Kirchhof / N. Freudenberg*, in: MüKo-InsO, Vorb. §§ 129 bis 147 InsO Rn. 26; *R. Bork*, 2017, Rn. 267 - 270; *J. Nerlich*, in: Nerlich/Römermann-InsO, § 129 InsO Rn. 6 ff.; *M. Huber*, in: Gottwald, § 52 Rn. 1 - 7; *J. M. Schmittmann*, NZI 2014, 638, 639; *H. Rogge / F. Leptin*, in: HambK-InsO, § 143 InsO Rn. 2.

440 BGH, Urteil v. 23.10.2003 – IX ZR 252/01, BGHZ 156, 350, juris-Rn. 24 ff.; *R. Bork*, 2017, Rn. 268; *M. Huber*, in: Gottwald, § 52 Rn. 3 f.

441 *G. Kayser / N. Freudenberg*, in: MüKo-InsO, § 129 InsO Rn. 186.

442 Eingehend zum Problem der Außendivergenz zwischen den obersten Gerichtshöfen des Bundes S. 257 ff.

diese eine Entscheidung des Gemeinsamen Senats der obersten Gerichtshöfe des Bundes (GmS-OGB) erforderlich machen könnte.

Während das Reichsgericht eine Berücksichtigung noch generell ausschloss,[443] berücksichtigen sowohl der VI.[444] als auch der II.[445] Senat des BGH die hypothetische Kausalität beispielsweise in den zur Steuerhaftung ähnlich gelagerten Haftungsfällen für Sozialversicherungsbeiträge nach § 823 Abs. 2 BGB i. V. m.§ 266a StGB, indem er auf eine hypothetische Anfechtung von Zahlungen an die Sozialversicherungen durch den Insolvenzverwalter abstellt. Für die Fälle der Sozialversicherungsbeiträge ist nach Ansicht des BGH nur entscheidend, ob davon auszugehen ist, dass eine Zahlung angefochten wäre oder nicht.[446] Im Rahmen des § 823 Abs. 2 BGB sei es eine entscheidende Voraussetzung, dass der Schaden auch ursächlich auf der Beitragsvorenthaltung beruht.[447] Dies ist aber zu verneinen, wenn der Insolvenzverwalter die Zahlung voraussichtlich hätte anfechten können und der Schaden deshalb ohnehin eingetreten wäre beziehungsweise die Nichtzahlung keinen Schaden der Sozialkasse verursacht habe.[448]

Auf die Strafbarkeit der Vorenthaltung der Sozialversicherungsbeiträge nach § 266a StGB hat eine etwaige Anfechtungsmöglichkeit hingegen keinen Einfluss.[449] Im Strafrecht müssen hypothetische Kausalverläufe zwingend außer Acht gelassen werden,[450] da hier der absolute Schutz von Rechtsgütern gesichert werden muss und nicht bloß ein Schadensausgleich zwischen den Parteien. Andernfalls würden hier aus Sicht des Gesetzgebers relevante Fälle faktisch außer Kraft gesetzt.[451] Haftung und Strafbarkeit müssen demnach unterschiedlich bewerten

---

443 Exemplarisch RG, Urteil v. 03.03.1934 – V 360/33, RGZ 144, 80; *R. Schulze*, in: NK-BGB, Vorb. zu §§ 249-253 BGB Rn. 20.

444 BGH, Urteil v. 14.11.2000 – VI ZR 149/99, ZIP 2001, 80, 223 = ZInsO 2001, 225.

445 BGH, Urteil v. 18.04.2005 – II ZR 61/03, BB 2005, 1905 = DStR 2005, 978.

446 BGH, Urteil v. 14.11.2000 – VI ZR 149/99, ZIP 2001, 80, 224 = ZInsO 2001, 225.

447 BGH, Urteil v. 14.11.2000 – VI ZR 149/99, ZIP 2001, 80, juris-Rn. 19–21 = ZInsO 2001, 225; *W. Paefgen*, in: U/H/L-GmbHG, § 43 GmbHG Rn. 412; *H. Fleischer*, in: MüKo-GmbHG, § 43 GmbHG Rn. 362.

448 BGH, Urteil v. 18.04.2005 – II ZR 61/03, BB 2005, 1905 = DStR 2005, 978; *W. Paefgen*, in: U/H/L-GmbHG, § 43 GmbHG Rn. 412; *H. Fleischer*, in: MüKo-GmbHG, § 43 GmbHG Rn. 362.

449 BGH, Beschluss v. 09.08.2005 – 5 StR 67/05, NStZ 2006, 223, 224.

450 *I. Puppe*, in: NK-StGB, Vorb. §§ 13 ff. Rn. 114 f.; *G. Freund*, in: MüKo-StGB, Vorb. § 13 StGB Rn. 336; *J. Eisele*, in: Schönke/Schröder-StGB, Vorb. §§ 13 ff. Rn. 80.

451 Vgl. BGH, Beschluss v. 09.08.2005 – 5 StR 67/05, NStZ 2006, 223, 224.

werden. Eine strafrechtliche Behandlung der Nichtabführung steht jedoch regelmäßig nicht zur Diskussion. Gleichwohl zeigt sich hier eine nähere Differenzierung zwischen dem Fortdauern der Abführungspflicht aus § 34 AO und der Haftung für eine Nichtabführung nach § 69 AO an.

Eine allgemein gültige Linie zur Berücksichtigung von hypothetischen Kausalverläufen hat sich aber bis dato nicht herausgebildet,[452] vielmehr hat sich in der Literatur und Rechtsprechung eine kaum überschaubare Kasuistik herausgebildet, der nur die grundsätzliche Akzeptanz der Rechtsfigur der hypothetischen Kausalität gemein ist. [453] Maßgebliches Ziel jeder der Überlegungen ist es dabei, die Schadensverursachung beziehungsweise deren verschiedene Beiträge unter mehreren Faktoren in möglichst gerechter Form dem entscheidenden Entstehungszeitraum zuzuordnen.[454] Als spätester möglicher Zeitpunkt einer Berücksichtigung von Reserveursachen wird dabei überwiegend auf den Moment der Erfüllung des Schadensersatzes abgestellt,[455] teils wird auch eine unbeschränkte Berücksichtigung gefordert,[456] was aber letzten Endes für die streitigen Fälle ohne nennenswerte Relevanz ist.

Vorliegend dürfte die Gruppe der sogenannten Schadensanlagen in Form von Vermögensfolgeschäden relevant sein.[457] In diesen Konstellationen wird eine Berücksichtigung von Reserveursachen zugunsten des Schädigers grundsätzlich anerkannt. Wie zuvor herausgearbeitet, ist genau diese Schadensanlage auch schon in den gängigen Anfechtungssituationen vorhanden.[458] An dieser Stelle wird auch deutlich, dass es sich bei der hypothetischen Kausalität nicht um eine echte Kausalitätsfrage, sondern um eine Frage der Schadensberechnung handelt.[459] Deshalb berücksichtigt der BGH auch nur solche nachträglichen

452 *H. Oetker*, in: MüKo-BGB, § 249 BGB Rn. 220.

453 Vgl. *H. Oetker*, in: MüKo-BGB, § 249 BGB Rn. 209 und 221; *G. Schiemann*, in: Staudinger (2017), § 249 BGB Rn. 93 f.

454 *J. W. Flume*, in: BeckOK-BGB, § 249 BGB Rn. 327, Stand: 41. Lfg. v. 11.2016; *H. Oetker*, in: MüKo-BGB, § 249 BGB S. 207 f.

455 *J. W. Flume*, in: BeckOK-BGB, § 249 BGB Rn. 327, Stand: 41. Lfg. v. 11.2016; *C. Grüneberg*, in: Palandt, Vorb. § 249 Rn. 63.

456 U.a. *H. Oetker*, in: MüKo-BGB, § 249 BGB Rn. 418.

457 *J. W. Flume*, in: BeckOK-BGB, § 249 BGB Rn. 327, Stand: 41. Lfg. v. 11.2016; *C. Grüneberg*, in: Palandt, Vorb. § 249 Rn. 61 f.; *R. Schulze*, in: NK-BGB, Vorb. zu §§ 249-253 BGB Rn. 21; *G. Schiemann*, in: Staudinger (2017), § 249 BGB S. 97 ff.

458 Siehe S. 86 unter (cc).

459 *H. Oetker*, in: MüKo-BGB, § 249 BGB Rn. 208; *J. W. Flume*, in: BeckOK-BGB, § 249 BGB S. 324, Stand: 41. Lfg. v. 11.2016.

Umstände, die im Zeitpunkt der Schädigung bereits der Sache innewohnten und in absehbarer Zeit zum gleichen Schaden geführt hätten.[460]

Genau diese Konstellation ist in den Fällen der Steuerhaftung bei anschließender (hypothetischer) Anfechtung gegeben. Die Forderung „*Steuerzahlung*" ist unabhängig von ihrer Begleichung nicht mehr werthaltig, da sie der späteren Anfechtung unterliegt. Das Vorliegen der wirtschaftlichen Rahmendaten in Kombination mit dem automatischen Entstehen des Anfechtungsrechts mit Verfahrenseröffnung nimmt den Beteiligten auch die Möglichkeit dies wertmäßig anders zu erfassen. Damit muss die hypothetische Kausalität aber im Falle der späteren Verfahrenseröffnung eine Berücksichtigung bei der Inanspruchnahme des Vertreters finden. Die Finanzverwaltung kann demnach allenfalls ihren Liquiditätsschaden geltend machen, den sie gerade in Zeiten negativer Basiszinsen, zunächst nachweisen müsste.

Der Fiskus wird dabei ein Stück weit entlastet, da der Schädiger, also der Vertreter i. S. d.§ 69 AO, die Beweislast dafür trägt, dass der Schaden auch bei ordnungsgemäßem Handeln seinerseits eingetreten wäre.[461]

Es ist hingegen fraglich, ob im Rahmen der Haftung nach § 69 AO möglicherweise für Fälle vorsätzlicher Zahlung Einschränkungen bei der Berücksichtigung hypothetischer Kausalverläufe geboten sind. Da dem Schadensersatzrecht im BGB grundsätzlich keine pönale Funktion zukommt,[462] erfolgt eine Berücksichtigung auch generell unabhängig vom Grad des vorzuwerfenden Verschuldens.[463] Soweit der BFH hier dem aus seiner Sicht besonderen Schutzzweck des § 69 AO auch eine pönale Komponente abgewinnen möchte, wäre dies ebenfalls abzulehnen.[464]

(c) Unbeachtlichkeit nach BFH

Im Vergleich zum BGH vertritt der BFH eine in diesem Punkt sanierungsfeindliche Haltung. Angeblich auf dem gleichen systematischen Fundament aufbauend, kommt dieser aufgrund des neuerdings von ihm in § 69 AO gefundenen Schutzzweck zu dem Ergebnis, dass ein hypothetischer Kausalverlauf im Rahmen der Schadenszurechnung nicht zu berücksichtigen sei, da andernfalls das

460 BGH, Urteil v. 01.02.1994 – VI ZR 229/92, BGHZ 125, 56, juris-Rn. 16.
461 *H. Oetker*, in: MüKo-BGB, § 249 BGB Rn. 224.
462 *G. Thüsing*, ZRP 2001, 126, 127; *H. Oetker*, in: MüKo-BGB, § 249 BGB Rn. 8.
463 *H. Oetker*, in: MüKo-BGB, § 249 BGB Rn. 212.
464 Vgl. zur pönalen Wirkung des § 69 AO S. 110.

Erreichen des Normzwecks gefährdet würde.[465] Insgesamt sei § 69 AO den zivilrechtlichen Schadensersatznormen zwar angenähert, dennoch bestünden Unterschiede die gegen eine Übertragung der vom BGH zum Schadensersatzrecht ergangenen Rechtsprechung sprechen würden.[466] Es handle sich entgegen vorheriger Ausführungen bei § 69 AO um eine Sonderverbindlichkeit gegenüber dem Fiskus, die viel mehr mit Individualansprüchen aus rechtsgeschäftlicher Haftung, Vertrauenshaftung und unerlaubter Handlung vergleichbar sei.[467] Durch die Anhaltung zur ordnungsgemäßen Pflichterfüllung sowie durch die Schaffung einer Rückgriffsmöglichkeit in Gestalt der Steuerhaftung, solle das Steueraufkommen gesichert werden. Die Norm solle aber über den ohnehin zu erstattenden Verzugsschaden hinaus eine pünktliche Zahlung sicherstellen.[468] Damit sollen gerade auch andere aus einer späteren Zahlung resultierende Risiken vermieden werden.

Weiter führt der BFH unter Verweis auf die Kommentierung zur Reichsabgabenordnung an, dass in der Regelung auch die Bemühungen des Gesetzgebers zum Ausdruck kommen, der Erlangung steuerlicher Vorteile durch die Stellvertretung entgegen zu wirken.[469]

---

465 BFH, Urteil v. 26.01.2016 – VII R 3/15, BFH/NV 2016, 893, 1120 f. = BB 2016, 1119; BFH, Urteil v. 04.12.2007 – VII R 18/06, BFH/NV 2008, 521, juris-Rn. 19 = GmbHR 2008, 386; FG Münster, Urteil v. 23.06.2017 – 3 K 1539/14 L, EFG 2017, 1329, juris-Rn. 25; FG Rheinland-Pfalz, Urteil v. 10.12.2013 – 3 K 1632/12, DStR 2015, 434, 434 = GmbHR 2014, 442; Sächsisches Finanzgericht, Urteil v. 24.05.2005 – 1 K 2361/04, EFG 2005, 1238; FG Köln, Urteil v. 12.09.2005 – 8 K 5677/01, EFG 2006, 86; **noch a.A.** FG Köln, Urteil v. 06.11.2014 – 13 K 1065/13, ZIP 2015, 743, juris-Rn. 66 f.; FG Baden-Württemberg, Beschluss v. 30.08.2004 – 1 V 49/03, EFG 2005, 2, juris-Rn. 17; Finanzgericht des Saarlandes, Beschluss v. 20.12.2004 – 2 V 385/04, EFG 2005, 680, juris-Rn. 23; FG Münster, Urteil v. 23.06.2004 – 7 K 5031/00, EFG 2005, 709, juris-Rn. 52 ff.; FG Rheinland-Pfalz, Urteil v. 13.10.2005 – 6 K 2803/04, EFG 2006, 83, juris-Rn. 19 ff.; FG Düsseldorf, Urteil v. 10.01.2006 – 10 K 4216/02 H (L), EFG 2006, 618, juris-Rn. 18 ff.

466 BFH, Urteil v. 05.06.2007 – VII R 65/05, BFHE 217, 233, juris-Rn. 9 und 14 = DStR 2007, 1722 = BB 2007, 2110.

467 BFH, Urteil v. 26.01.2016 – VII R 3/15, BFH/NV 2016, 893, juris-Rn. 18 = BB 2016, 1119; BFH, Urteil v. 04.12.2007 – VII R 18/06, BFH/NV 2008, 521, juris-Rn. 20 = GmbHR 2008, 386; BFH, Beschluss v. 02.11.2001 – VII B 155/01, BFHE 197, 1.

468 BFH, Urteil v. 26.01.2016 – VII R 3/15, BFH/NV 2016, 893, 1121 = BB 2016, 1119.

469 BFH, Urteil v. 26.01.2016 – VII R 3/15, BFH/NV 2016, 893, 1121 = BB 2016, 1119; BFH, Urteil v. 04.12.2007 – VII R 18/06, BFH/NV 2008, 521, juris-Rn. 21 = GmbHR 2008, 386.

Beide Aspekte würden klar gegen eine Berücksichtigung hypothetischer Kausalverläufe sprechen, da sie die Erreichung der Ziele gefährden würden. So führt der BFH weiter aus, dass ein Vertreter bereits drei Monate vor Antragstellung die Steuerzahlungen mit einem Verweis auf mögliche spätere Anfechtungsmöglichkeiten einstellen könne und dieser dann nicht mehr persönlich in Haftung genommen werden könne.[470] Im Zeitpunkt der – vom BFH sicherheitshalber bereits als pflichtwidrig voreingestuften – Nichtzahlung, seien die späteren Entwicklungen aber noch nicht sicher vorhersehbar. Ob es zur Verfahrenseröffnung komme, sei ebenso ungewiss wie eine Kenntnis der Finanzbehörden von den notwendigen Umständen der Zahlungseinstellung. Ferner wird seitens des BFH angeführt, dass der Durchsetzung von Haftungsansprüchen bei der Berücksichtigung der hypothetischen Kausalverläufe ernstlichen Unsicherheiten innewohnen würden.[471] Die Finanzverwaltung müsse dann im Rahmen der Ermessensentscheidung bereits eine Prognose über Erfolgsaussichten einer Anfechtung anstellen.[472] Ebenso käme es zu Verzögerungen, soweit zunächst die Entscheidung über die Eröffnung des Insolvenzverfahrens abgewartet werden müsse.

Zuletzt hat der BFH auch darauf abgestellt, dass durch die Nichtzahlung im Fälligkeitszeitpunkt eine reale Ursache für den Steuerausfall gesetzt werde, deren Kausalität nicht durch eine bloße gedachte Ursache (rückwirkend) beseitigt werden kann.[473]

Nach dem BFH ist folglich eine Haftung nur ausgeschlossen, wenn der Vertreter seinen Pflichten vollständig und rechtzeitig nachkommt und es anschließend zu einer Anfechtung durch den Insolvenzverwalter kommt, da dem Vertreter (nur) dann kein Vorwurf zu machen sei.[474]

---

470 BFH, Urteil v. 04.12.2007 – VII R 18/06, BFH/NV 2008, 521, juris-Rn. 22 = GmbHR 2008, 386; BFH, Urteil v. 05.06.2007 – VII R 65/05, BFHE 217, 233, juris-Rn. 16 = DStR 2007, 1722 = BB 2007, 2110.

471 BFH, Urteil v. 04.12.2007 – VII R 18/06, BFH/NV 2008, 521, juris-Rn. 23 = GmbHR 2008, 386.

472 BFH, Urteil v. 05.06.2007 – VII R 65/05, BFHE 217, 233, juris-Rn. 17 = DStR 2007, 1722 = BB 2007, 2110.

473 BFH, Urteil v. 26.01.2016 – VII R 3/15, BFH/NV 2016, 893, 1121 = BB 2016, 1119; BFH, Urteil v. 05.06.2007 – VII R 65/05, BFHE 217, 233 = DStR 2007, 1722 = BB 2007, 2110; BFH, Urteil v. 04.12.2007 – VII R 18/06, BFH/NV 2008, 521 = GmbHR 2008, 386; FG Rheinland-Pfalz, Urteil v. 10.12.2013 – 3 K 1632/12, DStR 2015, 434, 437 = GmbHR 2014, 442; FG Köln, Urteil v. 25.02.2014 – 10 K 2954/10, NZI 2014, 627, 628 = DStRE 2015, 945.

474 *M. Loose*, in: Tipke/Kruse, § 69 AO Rn. 21, Stand: 151. Lfg. v. 02.2018.

Im Ergebnis hat der BFH damit die Haftungsrisiken des Geschäftsführers weiter erhöht.[475]

(d) Kritik

Die Abweichende Beurteilung der hypothetischen Kausalität durch den BFH ist abzulehnen.

Er versucht seine abweichende Beurteilung der (Nicht-)Berücksichtigung von hypothetischen Anfechtungen auf mehrere Ebenen zu stützen. Auf einer ersten Ebene unternimmt er dabei den Versuch, über den Schutzzweck und die Funktion des steuerlichen Haftungstatbestands nach § 69 AO eine abweichende Wertung gegenüber der Haftung für Sozialversicherungsbeiträge zu begründen. Dies kann aber aus verschiedenen Gründen nicht überzeugen.[476]

Bereits der seitens des BFH angestellte Vergleich zwischen der Haftung nach § 69 AO und einer Haftung nach § 823 Abs. 2 BGB i. V. m. § 266a StGB geht nach meiner Einschätzung fehl.[477] Er stellt hier ohne näheren Nachweis die Behauptung auf, dass es ein maßgebliches Unterscheidungskriterium der Haftung nach § 69 AO sei, dass diese als öffentlich-rechtliche Forderung nicht abbedungen werden könne. Dieses Argument überzeugt jedoch nur auf den ersten Blick. Es resultiert aus einer streng formalen Unterscheidung der steuerlichen Haftung von der normalen zivilrechtlichen Deliktshaftung aus § 823 Abs. 2 BGB i. V. m. § 266a StGB. Diese sei theoretisch in Grenzen abdingbar. [478] Doch dies verkennt sowohl den öffentlich-rechtlichen Ursprung der Abführungspflicht zur Sozialversicherung aus § 28e Abs. 1 SGB IV als auch dessen automatisches Entstehen nach § 22 Abs. 1 S. 1 SGB IV samt Fälligkeit nach § 23 Abs. 1 SGB IV, sowie die damit korrespondierende strafrechtliche Würdigung der Nichtabführung.[479] Es ist sowohl dem (nichtabführenden) Arbeitgeber, als auch den Sozialversicherungsträgern verwehrt, über den Anspruch zu disponieren, wie dies gesetzlich ungebundene Vertragsparteien im Rahmen alltäglicher zivilrechtlicher Geschäfte tun können. Damit kann der Haftungsanspruch aber genau so wenig abbedungen werden, wie der rein öffentlich-rechtliche Anspruch des § 69

---

475 *M. Gehm*, ZHW 2017, 28, 29.

476 **A.A.** (ohne nähere Begründung) *J. Intermann*, in: Koenig-AO, § 69 AO Rn. 55.

477 BFH, Urteil v. 05.06.2007 – VII R 65/05, BFHE 217, 233, juris-Rn. 18 = DStR 2007, 1722 = BB 2007, 2110.

478 Zur Abdingbarkeit *G. Wagner*, in: MüKo-BGB, Vorb. zu §§ 823 ff. BGB Rn. 87.

479 *W. Perron*, in: Schönke/Schröder-StGB, § 266a StGB Rn. 6 - 10; *H. Radtke*, in: MüKo-StGB, § 266a StGB Rn. 44 - 46.

AO. Möglichkeiten wie die vorübergehende Stundung der Beiträge sieht auch das Steuerrecht vor, sodass sich auch insoweit kein Unterscheidungsmerkmal ergibt. Aus systematischer Sicht ist der Schutz sogar weitgehender, da die Strafbarkeit der Beteiligten im Vergleich zum Steuerrecht schneller beziehungsweise einfacher verwirklicht ist. Eine Abbedingung ist damit praktisch nicht möglich und der Differenzierung des BFH ist deshalb auch nicht zu folgen.

Soweit der BFH dann ausführt, dass § 69 AO vor den weiteren Gefahren einer verspäteten Zahlung schützen soll, mangelt es an einem hinreichenden rechtlichen Fundament für diese Aussage. Aber auch wenn der Norm dieser Zweck beigemessen wird, erklärt dies nicht, wieso der Vertreter für einen Schaden des Fiskus aufkommen soll, den dieser auch bei rechtmäßigem Verhalten beziehungsweise rechtzeitiger Zahlung im nahezu identischen Umfang gehabt hätte. Es ist doch dann gerade keine Folge der Verspätung, als nur der desolaten wirtschaftlichen Verfassung des Steuerpflichtigen beziehungsweise die Verwirklichung des allgemeinen Insolvenzrisikos.

Er ergänzt die Erweiterung des Schutzzwecks sodann durch einen erweiterten Schutz vor einem Missbrauch der Stellvertretung. Soweit dies mit Verweis auf die Motivation des Gesetzgebers vor weit über 100 Jahren inhaltlich zunächst völlig richtig ist,[480] kann der Verweis auf die Motive des Gesetzgebers die Auslegung des BFH dennoch nicht stützen. Zunächst gibt es heutzutage keinen Grund mehr, die anfängliche Skepsis des Gesetzgebers für das damals im Steuerrecht noch recht neue Institut der Stellvertretung fortzuführen. Sie gehört mittlerweile selbstverständlich zum modernen Wirtschaftsleben wie auch allgemein zum Rechtsalltag und verdient gegenüber einer Konstruktion ohne Stellvertretung keinerlei Missgunst oder andere Vorbehalte. Insbesondere hat der Gesetzgeber eine solch weitreichende Skepsis in den vergangenen Jahrzehnten an keiner Stelle bestätigt. Dass ein Missbrauch juristischer Personen wie auch allgemein des Stellvertretungsrechts möglich ist, ist dennoch klar. Wieso aber gerade aus diesem Aspekt eine Versagung der hypothetischen Kausalität herrühren soll, lässt der BFH vollkommen offen. Sofern ein Vertreter vorhanden ist, verfügt der Staat lediglich über eine weitere Person, die er zur Sicherung des Steueraufkommens heranziehen kann. Für einen Schaden des Fiskus ist es damit völlig gleich, ob ein Stellvertreter eingesetzt ist oder nicht. Dieser hat aber keinerlei Einfluss auf eine mögliche Anfechtung nach den §§ 129 ff. InsO und kann damit auch keinen Einfluss auf deren Berücksichtigung haben. Sofern der BFH auf diesem Wege den Ausnahmecharakter der Vorschrift zum Ausdruck bringen möchte, ist

480 Vgl. S. 34 f.

dies jedenfalls mehr als unglücklich und könnte darüber hinaus nicht überzeugen.[481] Beide Normen verfolgen eine nahezu gleiche Zielrichtung, die Sicherung des Steueraufkommens beziehungsweise die Sicherung des Sozialversicherungseinkommens.[482] Zusammenfassend ist demzufolge eine Unterscheidung in der Haftung zwischen § 266a StGB und § 69 AO in der vom BFH vertretenen Form nicht geboten.[483]

Der Steuerschaden beziehungsweise das Schadensrisiko ist entgegen den mehrfachen Ausführungen des BFH gerade völlig unabhängig von einer Stellvertretung. Allenfalls basiert dies auf dem Problem der Haftungsbeschränkung von Kapitalgesellschaften, weil ein weiterer Durchgriff nicht möglich ist und somit künstlich die Haftungsmasse beschränkt wird. Effektiv besteht damit kaum noch ein Unterschied zu natürlichen Personen, da diese über das Institut der Restschuldbefreiung nach § 287a InsO im Ergebnis ähnlich gestellt werden.[484] Ihre Schulden werden nach dreijähriger Wohlverhaltensphase durch Beschluss des Insolvenzgerichts gelöscht. Wirtschaftlich kommt dies aus Gläubigersicht einer Liquidation mit anschließender Neugründung gleich.

Weiter zeigen die Ausführungen des BFH[485], dass er hinsichtlich der Funktionsweise der hypothetischen Kausalität nicht die Entwicklung der vergangenen Jahre verfolgt hat, soweit er davon ausgeht, dass es tatsächlich zu einem Entfall der Kausalität kommen würde. Nach inzwischen quasi einhelliger Auffassung handelt es sich aber um ein Problem der Schadenszurechnung.[486]

Eine weitere Schwäche der Argumentation des BFH ist die mangelnde Differenzierung zwischen der allgemeinen Entrichtungspflicht, welche an § 34 AO anknüpft und der Haftung nach § 69 AO. Die nachträgliche Berücksichtigung der hypothetischen Kausalität, in Form der hypothetischen Anfechtung hat ausschließlich Einfluss auf den Umfang der Vertreterhaftung, nicht aber auf den Katalog der steuerlichen Pflichten im Moment der Nichtzahlung. Die Finanzbehörde kann ihr gesamtes gesetzliches Arsenal an Zwangsmitteln nutzen, um den Steuerpflichtigen beziehungsweise dessen Vertreter zu einer Zahlung zu veranlassen. Es geht nur darum, das Haftungsergebnis in gerechter Weise

481 Ebenso *H. Boecker*, in: H/H/Sp, § 69 AO S. 32g, Stand: 232. Lfg. v. 04.2015; *K. Tiedtke / J. Peterek*, GmbHR 2008, 617, 624.

482 *K. Tiedtke / J. Peterek*, GmbHR 2008, 617, 624 a. E.

483 Ebenso *M. Stahlschmidt / R. Laws*, GmbHR 2007, 1117, 1119.

484 Detailliert zur Restschuldbefreiung *A. Heilmaier*, in: Beck/Depré, § 41.

485 BFH, Urteil v. 26.01.2016 – VII R 3/15, BFH/NV 2016, 893, juris-Rn. 18 = BB 2016, 1119.

486 Vgl. S. 87.

einzuschränken. An dieser Stelle differenziert der BGH im Rahmen der Haftung für nicht abgeführte Sozialversicherungsbeiträge deutlicher zwischen den einzelnen Verpflichtungsstufen. Wenngleich mit Blick auf die Abgrenzung zur Strafbarkeit nicht direkt vergleichbar, stellt er auf der einen Seite die Haftungsbedingungen dar und lässt davon unbeeinflusst die Strafbarkeit der Nichtabführung, aber auch die Abführungspflicht selbst bestehen.

Als ein Resultat dieser mangelnden dogmatischen Trennung zwischen Handlungspflicht und Haftung zeigen sich auch die vom BFH als Unsicherheiten und Ungewissheiten vor Verfahrenseröffnung zusammengefassten Probleme.[487] Bereits drei Monate vor der tatsächlichen Eröffnung bestünde aus Sicht des Fiskus das erhöhte Risiko von Zahlungseinstellungen, da es der Vertreter in der Hand hätte einen Steuerschaden zu verursachen.[488] Ebenso würde sich eine Vielzahl späterer Beweisprobleme ergeben. Dabei wird übersehen, dass sämtliche Unsicherheiten ausschließlich zulasten des verantwortlichen Geschäftsführers gehen.[489] Er muss ggf. für die entsprechende Kenntnis seitens der Finanzverwaltung sorgen und trägt selbstredend das volle Haftungsrisiko, soweit er die Situation falsch bewertet oder auch im Nachhinein einen entsprechenden Nachweis nicht erbringen kann. Gleiches gilt für Fälle, in denen es nicht zur Verfahrenseröffnung kommt.[490] Soweit sich der BFH darauf beruft, dass ein eingesetzter Verwalter vom entstandenen Anfechtungsanspruch möglicherweise gar keinen Gebrauch macht,[491] kann dies nicht überzeugen. Wie bereits zuvor gezeigt, entsteht der Anspruch automatisch mit Verfahrenseröffnung und ist somit losgelöst von einer möglichen Durchsetzung durch den Insolvenzverwalter. Gerade dieser Automatismus spricht auch für eine Berücksichtigung.

Ebenso dürfte es praktisch für die Finanzverwaltung zu keinen Problemen bei der Inanspruchnahme der Beteiligten kommen. Entgegen den Befürchtungen des BFH wird regelmäßig keine Prognoseentscheidung notwendig sein. Soweit die Behörde die Zahlung mit Zwangsmitteln durchsetzen möchte, kann denknotwendig das Insolvenzverfahren noch nicht eröffnet sein. Eine Prognose ist dann auch nicht erforderlich, da der Zahlungsanspruch grundsätzlich

---

487 BFH, Urteil v. 04.12.2007 – VII R 18/06, BFH/NV 2008, 521, juris-Rn. 24 = GmbHR 2008, 386.

488 *J. Heinmüller*, BB 2016, 1119, 1121.

489 *M. Stahlschmidt / R. Laws*, GmbHR 2007, 1117, 1119.

490 BFH, Beschluss v. 23.04.2007 – VII B 92/06, BFHE 217, 209 = DStRE 2007, 1210.

491 BFH, Urteil v. 04.12.2007 – VII R 18/06, BFH/NV 2008, 521, juris-Rn. 22 = GmbHR 2008, 386.

unbedingt ist.[492] Für das echte Haftungsverfahren nach § 69 AO hingegen wird praktisch ebenfalls keine Prognoseentscheidung mehr von Nöten sein. So war dem Finanzamt in der jüngsten Entscheidung des BFH bereits der gesamte Sachverhalt samt erfolgten Anfechtungen durch den bereits eingesetzten Insolvenzverwalter bekannt, bevor ein Haftungsentscheid erging.[493] In Anbetracht solcher Zeitspannen zwischen nicht erfolgter Zahlung und einer Reaktion der Finanzbehörde klingen die Aussagen des Gerichts wie blanker Hohn und verkennen die wahren Probleme aller Beteiligten. Zweifelsohne wird es Fälle geben, in denen es zu Verzögerungen im Verfahren kommen wird, doch wird es sich hier um eine überschaubare Zahl an Fällen handeln. Selbst wenn dieser Zeitraum durch fortschreitende Digitalisierung und Beschleunigung zukünftig nennenswert kürzer werden sollte, muss man sich vor Augen führen, dass Zahlungen in diesen Fällen nach einhelliger Auffassung ohnehin nie in voller Höhe getätigt werden müssten, da die vorhandenen liquiden Mittel der kriselnden Gesellschaften regelmäßig nur noch für eine anteilige Tilgung ausreichen.[494] Von einer unzumutbaren Einschränkung kann somit entgegen der mittlerweile ständigen Rechtsprechung des BFH keine Rede sein.[495] Dies auch und gerade weil sich alle anderen Gläubiger mit dem gleichen Problem arrangieren müssen.

Zuletzt hat der BFH darauf abgestellt, dass die reale Ursache der Nichtzahlung im Fälligkeitszeitpunkt durch eine bloße hypothetische Ursache nicht beseitigt werden kann. Den Ausführungen des BFH ist dabei nicht zweifelsfrei zu entnehmen, ob er damit die Anwendung der hypothetischen Anfechtung insgesamt ablehnen will, oder nur davon ausgeht, dass es sich um eine gesonderte Fallgruppe innerhalb der hypothetischen Kausalverläufe handelt, in der diese nicht zu berücksichtigen seien. Eine vollständige Ablehnung würde aber im Widerspruch zur geäußerten grundsätzlichen Akzeptanz der Linie des BGH führen,[496] weshalb eher davon auszugehen ist, dass hier ein Fall der Schadensanlage abgelehnt werden soll.

Als Folge dessen verbliebe dann unter Berücksichtigung der anerkannten Fallgruppen nur die Behandlung als unmittelbarer Schaden oder Objektschaden.[497]

---

492 Sofern der Vertreter sich nicht auch hilfsweise auf fehlende finanzielle Mittel beruft, vgl. S. 69 ff.

493 BFH, Urteil v. 26.01.2016 – VII R 3/15, BFH/NV 2016, 893, 1120 = BB 2016, 1119.

494 Vgl. ab S. 69.

495 I.E. ebenso *K. Tiedtke / J. Peterek*, GmbHR 2008, 617, 625.

496 So wohl *M. Stahlschmidt / R. Laws*, GmbHR 2007, 1117, 1118 f.

497 *J. W. Flume*, in: BeckOK-BGB, § 249 BGB Rn. 327, Stand: 41. Lfg. v. 11.2016.

Von letzterem kann bereits nicht ausgegangen werden, da kein Gegenstand beschädigt wurde. Eine Behandlung unter der Gruppe der unmittelbaren Schäden bereitet aber genauso Schwierigkeiten. Jedenfalls in der Höhe des von der Finanzverwaltung geltend gemachten Steuerausfalls liegt tatsächlich kein Schaden vor. Im Falle des erfolgreichen Nachweises aller weiteren Umstände durch den Schuldner läge aus ex-post-Sicht entweder nur ein Zinsschaden vor, oder es wäre ohnehin kein Fall der hypothetischen Kausalität gegeben und der Schuldner könnte ungekürzt in Haftung genommen werden. Aus einer ex-ante-Sicht manifestiert sich der Schaden aber erst später und nicht im Moment der Nichtzahlung, da erst ein anschließender Liquiditätsabfluss hinzukommen muss, damit sich der Schaden ausreichend konkretisiert.

Es spricht daher alles dafür, die Fälle einer hypothetischen Anfechtung unabhängig vom Steuer- oder Zivilrecht den mittelbaren Vermögensfolgeschäden[498] zuzuordnen, da genau diese die Schadensanlage in Form der späteren Anfechtbarkeit berücksichtigen. Ob sich der Senat mit diesen Differenzierungen auseinandergesetzt hat und nur einer offenen Konfrontation mit dem BGH aus dem Weg gehen wollte, kann damit dahinstehen, da die Wertung jedenfalls keinen Bestand haben kann.

Am Ende lässt sich das Ergebnis des BFH auch nicht auf wirtschaftliche Überlegungen stützen. Den Betroffenen soll rein fiskalisch motiviert Liquidität entzogen werden, um auf diesem Wege die Liquidität des Staates kurzfristig zu verbessern. Für den Fiskus bedeutet dies einen hohen Buchungs- und Verwaltungsaufwand, genau wie für die Betroffenen. Da der Staat das Geld in fast allen Fällen aber ohnehin wieder zurückzahlen muss, gewinnt er auf diesem Weg wenig. Ob ein nennenswerter Effekt in Form von Abschreckung auf die Vertreter erzielt wird, der insgesamt zu nennenswerten Steuermehreinnahmen führt, darf jedenfalls bezweifelt werden. Möglicherweise könnten sogar die Verluste überwiegen, weil mittel- und langfristig die Steuereinnahmen steigen könnten, da die verbesserte Liquidität in der Frühphase der Insolvenz und auch in der noch entscheidenderen Phase vor Insolvenzeröffnung erhöht werden kann, wenn der Geschäftsführer bei rechtzeitiger Stellung des Insolvenzantrags nicht mit einer Inanspruchnahme des Fiskus für diese Nichtzahlungen rechnen muss.

Hauptargument für eine Berücksichtigung einer hypothetischen Anfechtung ist am Ende die originäre Aufgabe des Schadensersatzrechts und auch des § 69 AO. Dem Fiskus sollen die durch die Pflichtverletzung zugefügten Schäden

---

498 Vgl. Oben; *J. W. Flume*, in: BeckOK-BGB, § 249 BGB Rn. 327, Stand: 41. Lfg. v. 11.2016; *H. Oetker*, in: MüKo-BGB, § 249 BGB Rn. 211.

ersetzt werden. Der Begriff des Schadens impliziert aber eine Schlechterstellung, und zwar durch die Handlung des Schädigers, nur insoweit ist eine Kompensation geboten.[499] Der tatsächliche Schaden der Finanzverwaltung beläuft sich im Falle eines vollständigen Nachweises aller Umstände aber nur auf einen Zinsvorteil von einigen Wochen oder maximal einiger Monate.[500] Der BFH kann keine überzeugenden Argumente vorweisen, wieso ein Vertreter einen über diesen Schaden hinausgehenden Betrag zugunsten des Fiskus aufbringen soll. Allenfalls lassen sich Pönalisierungseffekte beziehungsweise ein Erziehungszweck anbringen, entsprechende Strafwürdigkeitsgedanken sind aber unangemessen und wurden daher vom BFH zurecht bislang nicht vorgebracht. Der Erziehungszweck dürfte nach meiner Meinung im Falle der Berücksichtigung hypothetischer Anfechtungen ausreichend zum Tragen kommen, da das Risiko des späteren Bedingungseintritts ausschließlich auf den Geschäftsführer verlagert wird und er damit aus sich heraus bereits eine Tendenz zur Bevorzugung des Fiskus aufweisen wird. Eine darüber hinausgehende Privilegierung lässt sich daraus nicht ableiten.

Ebenso kann er keine tragfähige Unterscheidung zur Haftung für Sozialversicherungsbeiträge darlegen. Mag auch die Auffassung des BGH nicht unumstößlich sein, so sind jedenfalls die situativen Unsicherheiten als auch die Interessenlage zwischen den Beteiligten nahezu identisch. Weder vermochte es der BFH hier eine tragende Kritik an der Behandlung durch den BGH hervorzubringen, noch die eigene Position überzeugend zu begründen. Damit liegt zugleich eine Divergenz zur Rechtsprechung des BGH vor.[501] Deshalb sind, in Anlehnung an die Rechtsprechung des BGH, hypothetische Anfechtungen bei der Berechnung der Gesamthaftung des Vertreters auch im Rahmen von § 69 AO zu berücksichtigen.

(e) Ergebnis

Entgegen der Rechtsprechung des BFH sind hypothetische Kausalverläufe in Form einer Berücksichtigung hypothetischer Anfechtungen durch den Insolvenzverwalter schadensreduzierend zu berücksichtigen.

Voraussetzungen sind zunächst, dass die Haftung einzig wegen der späteren Anfechtungsmöglichkeit zu reduzieren ist und sich kein Anknüpfungspunkt vor

---

499 *H. Oetker*, in: MüKo-BGB, § 249 BGB Rn. 213.

500 Vgl. *F. Fuchs*, NZI 2018, 97, 99.

501 *F. Fuchs*, NZI 2018, 97, 100 zur aus der Divergenz resultierenden Vorlagepflicht gemäß Art. 95 Abs. 3 GG ausführlich ab S. 259.

dem Zeitpunkt der Steuerfälligkeit ergibt. Außerdem muss es für eine Berücksichtigung auch tatsächlich zur Eröffnung des Insolvenzverfahrens kommen.

(6) Verschulden

Als letztes Merkmal der Haftung nach § 69 AO verbleibt das Verschulden des Vertreters. Das Verschulden bezieht sich dabei ausschließlich auf die jeweils konkrete Pflichtverletzung[502], jedoch keineswegs auf den daraus resultierenden Schaden.[503] Der Wortlaut des § 69 S. 1 AO fordert dabei eine qualifizierte Form des Verschuldens,[504] genauer gesagt Vorsatz oder grobe Fahrlässigkeit. Die Beweislast für das Verschulden trifft die Finanzbehörde.[505]

(a) Verschuldensmaßstab der Tatbestandsvarianten

Hinsichtlich der vorsätzlichen Begehungsalternative wendet die Rechtsprechung die aus dem Strafrecht stammende Schuldtheorie samt den zugehörigen Folgerungen an.[506] Vorsätzlich handelt, wer die ihm auferlegten Pflichten kannte und gleichwohl ihre Verletzung gewollt hat.[507] Mit Blick auf einer damit möglichen einhergehenden Konkurrenz zu den §§ 370 ff. AO,[508] als auch die praktisch erheblich höhere Relevanz, ist das Augenmerk jedoch auf die fahrlässige Begehungsvariante zu richten.

---

502 Vgl. S. 65 ff.

503 BFH, Urteil v. 26.02.1991 – VII R 107/89, BFH/NV 1991, 578; BFH, Urteil v. 17.09.1987 – VII R 62/84, BFH/NV 1988, 7; *M. Loose*, in: Tipke/Kruse, § 69 AO Rn. 23, Stand: 151. Lfg. v. 02.2018; *H. Boecker*, in: H/H/Sp, § 69 AO Rn. 39, Stand: 232. Lfg. v. 04.2015; *J. Intermann*, in: Koenig-AO, § 69 AO Rn. 66 und 69; *A. Beermann*, DStR 1994, 805, 810; *W. Barwitz*, 1987, S. 107.

504 Vgl. zur Änderung ggü. der RAO S. 39 f.; ebenso *W. Barwitz*, 1987, S. 107.

505 BFH, Urteil v. 12.06.1986 – VII R 192/83, BFHE 146, 511 = BStBl. II 1986, 657; BFH, Urteil v. 11.07.1989 – VII R 81/87, BFHE 157, 315; *R. Rüsken*, in: Klein-AO, § 69 AO Rn. 159.

506 *H. Friedl*, DStR 1991, 1616, 1616; vgl. BFH, Urteil v. 12.07.1988 – VII R 109/87, BFH/NV 1988, 764, juris-Rn. 17; FG Münster, Urteil v. 26.11.2004 – 9 K 5436/98 U, EFG 2005, 1009, juris-Rn. 167; FG München, Urteil v. 04.09.1991 – 3 K 3026/86, ZfZ 1992, 326, juris-Rn. 27.

507 BFH, Beschluss v. 12.07.1983 – VII B 19/83, BFHE 138, 424, juris-Rn. 10 = BB 1983, 1710; *M. Loose*, in: Tipke/Kruse, § 69 AO Rn. 24, Stand: 151. Lfg. v. 02.2018; *F. Müller*, in: Flore/Tsambikakis, § 69 AO Rn. 33; *H. Boecker*, in: H/H/Sp, § 69 AO Rn. 38, Stand: 232. Lfg. v. 04.2015.

508 Vgl. auch S. 110.

Für die Form der grob fahrlässigen Begehungsweise wird dem Ansatz nach auf das subjektive Verschuldensprinzip,[509] beziehungsweise auf einen subjektiven Sorgfaltsmaßstab abgestellt,[510] wobei nicht zwischen bewusster oder unbewusster Fahrlässigkeit unterschieden wird.[511] Die inhaltliche Bestimmung der groben Fahrlässigkeit ist bei Beachtung dieses Maßstabs nicht unproblematisch. Auf den ersten Blick besteht zunächst in vielen Punkten Einigkeit. Demnach handelt derjenige grob fahrlässig, der die Sorgfalt, zu der er nach seinen persönlichen Kenntnissen und Fähigkeiten verpflichtet und imstande ist,[512] in ungewöhnlich großem Maße verletzt,[513] oder die einfachsten, ganz naheliegenden Überlegungen nicht anstellt.[514] Abgestellt wird aber in jedem Falle nur auf das Verschulden bezüglich der Pflichtverletzung, nicht hinsichtlich des Steuerausfalls.[515]

Auf den zweiten Blick ist aber zu beachten, dass sich ein Vertreter nicht auf mangelnde Kenntnis der einzelnen ihm auferlegten Pflichten berufen kann, er muss sich sorgfältig darüber informieren und eine Umsetzung sicherstellen, tut er dies nicht, handelt er bereits grob fahrlässig.[516] Gleiches gilt auch für ein persönliches Unvermögen, wer den Anforderungen nicht gerecht wird, darf das Amt des Geschäftsführers nicht annehmen oder muss es niederlegen.[517] Somit

---

509 *H. Friedl*, DStR 1991, 1616, 1616.

510 *M. Loose*, in: Tipke/Kruse, § 69 AO Rn. 25, Stand: 151. Lfg. v. 02.2018; *J. Intermann*, in: Koenig-AO, § 69 AO Rn. 69; *R. Rüsken*, in: Klein-AO, § 69 AO Rn. 147 f.; **a. A.** *H. Friedl*, DStR 1991, 1616.

511 *J. Intermann*, in: Koenig-AO, § 69 AO Rn. 69.

512 *E. Bax*, 1992, S. 86.

513 BFH, Urteil v. 23.09.2008 – VII R 27/07, BStBl. II 2009, 129, juris-Rn. 23; BFH, Urteil v. 22.11.2005 – VII R 21/05, BFHE 211, 407 = BStBl. II 2006, 397; BFH, Urteil v. 21.02.1989 – VII R 165/85, BFHE 156, 46, juris-Rn. 21 = BStBl. II 1989, 491; *M. Loose*, in: Tipke/Kruse, § 69 AO Rn. 26, Stand: 151. Lfg. v. 02.2018; *H. Boecker*, in: H/H/Sp, § 69 AO Rn. 38, Stand: 232. Lfg. v. 04.2015; *R. Halaczinsky*, 2013, Rn. 113; *F. Niewerth*, in: Lippross/Seibel, § 69 AO Rn. 17, Stand: 94. Lfg. v. 02.2016.

514 *M. Loose*, in: Tipke/Kruse, § 69 AO Rn. 26, Stand: 151. Lfg. v. 02.2018; *H. Boecker*, in: H/H/Sp, § 69 AO Rn. 38, Stand: 232. Lfg. v. 04.2015; *R. Halaczinsky*, 2013, Rn. 113.

515 BFH, Urteil v. 26.02.1991 – VII R 107/89, BFH/NV 1991, 578; *J. Intermann*, in: Koenig-AO, § 69 AO Rn. 69.

516 BFH, Urteil v. 17.02.1988 – VII R 46/85, BFH/NV 1988, 683, juris-Rn. 22; BFH, Urteil v. 12.05.1992 – VII R 52/91, BFH/NV 1992, 785, juris-Rn. 14; BFH, Urteil v. 21.02.1989 – VII R 165/85, BFHE 156, 46 = BStBl. II 1989, 491; BFH, Urteil v. 22.11.2005 – VII R 21/05, BFHE 211, 407, juris-Rn. 13 = BStBl. II 2006, 397; *H. Boecker*, in: H/H/Sp, § 69 AO Rn. 41, Stand: 232. Lfg. v. 04.2015.

517 *R. Rüsken*, in: Klein-AO, § 69 AO Rn. 150.

wird das Verschulden beim Nachweis einer Pflichtverletzung durch die Rechtsprechung häufig bereits indiziert,[518] im Ergebnis nähert die Rechtsprechung die Haftung einem Übernahmeverschulden an.[519] Entsprechend kann allerdings kaum noch von einer subjektiven Betrachtung gesprochen werden.

Ungeachtet all dessen gilt wohl noch der bereits vom *Reichsfinanzhof*[520] aufgestellte Grundsatz, dass Unmenschliches nicht verlangt werden kann.[521] Wer demnach das Unternehmen vor unverhältnismäßigen Schaden bewahren möchte und daher zunächst auf seinem Posten verharrt, um die Geschäfte so gut es eben geht weiter zu betreiben, handelt nicht schuldhaft.

(b) Kritik

Wenngleich der Gesetzgeber klar einen subjektiven Verschuldensmaßstab normiert hat und diesen mit Einführung der Abgabenordnung klar eingeschränkt hat,[522] wurde diese Änderung von der Rechtsprechung übergangen und der Maßstab zunehmend objektiviert.[523] Dies führt im Ergebnis zu einer Gleichsetzung von Pflichtverletzung und Verschulden.[524]

Diese unpräzise Handhabung subjektiver Kriterien vor allem durch die Finanzrechtsprechung wird bereits seit langer Zeit kritisiert und mit darauf zurückgeführt, dass das Steuerrecht im Gegensatz zu anderen Rechtsgebieten vielfach von objektiven Kriterien geleitet wird und daher die wenigen subjektiven Merkmale nur stiefmütterlich behandelt werden.[525] Ebenso wird vermutet, dass der BFH selbst einem Irrtum erlegen sein muss, als er zwar ein subjektives Verschuldensprinzip einfordere, aber weder eine entsprechende Sachverhaltsfeststellung über die persönlichen Fähigkeiten des Betroffenen fordert, noch selbst den entsprechenden Maßstab anlege.[526] So findet sich der klar auf einem objektiven Verschuldensprinzip beruhende Maßstab „die ordnungsgemäße Beachtung der gesetzlichen Vorschriften muß von jedem kaufmännischen Leiter eines Gewerbebetriebs verlangt werden“[527] vielfach in der Rechtsprechung der

---

518 *A. Beermann*, DStR 1994, 805, 810.
519 *R. Rüsken*, in: Klein-AO, § 69 AO Rn. 148.
520 RFH, Urteil v. 11.01.1928 – VI A 606/27, RFHE 22, 319, 321 a. E.
521 So auch *M. Loose*, in: Tipke/Kruse, § 69 AO Rn. 31, Stand: 151. Lfg. v. 02.2018.
522 Vgl. oben S. 39.
523 *R. Rüsken*, in: Klein-AO, § 69 AO Rn. 148; *A. Meyer*, DStZ 2014, 228, 233.
524 *A. Meyer*, DStZ 2014, 228, 233; vgl. *A. Beermann*, DStR 1994, 805, 810.
525 *H. Friedl*, DStR 1991, 1616, 1616.
526 *H. Friedl*, DStR 1991, 1616, 1617.
527 BFH, Urteil v. 12.07.1988 – VII R 109/87, BFH/NV 1988, 764, juris-Rn. 17.

Finanzgerichtsbarkeit.[528] Folglich bleiben aber die nach dem Gesetz maßgeblichen individuelle Komponenten nahezu unberücksichtigt. Der so zur Anwendung gelangende Sorgfaltsmaßstab des § 276 Abs. 1 S. 2 BGB ist aber nicht zur Anwendung in steuerlichen Haftungsfällen geeignet.[529] Der der Haftung nach § 69 AO zugrundeliegende Präventionszweck spricht für eine Beschränkung der Haftung auf Fälle vorsätzlicher und grob fahrlässiger Handlungsweisen, da nur in diesen Fällen überhaupt der motivierende Einfluss der Haftung sinnvoll greifen kann.[530]

Hinzu kommt ein erhebliches praktisches Problem, welches *Uhländer*[531] bereits treffend zusammengefasst hat. Bei dem Zustand und der Komplexität des Steuerrechts in der Krise und Insolvenz eine leicht fahrlässige Pflichtverletzung von einer leichtfertigen Begehung sowie von einer Pflichtverletzung mit bedingtem Vorsatz abzugrenzen, sei auch für einen erfahrenen Rechtsanwender regelmäßig eine beträchtliche Herausforderung.

Man kann daher bereits fragen, ob es sich hier nicht schon um ein unzulässiges Maß der Rechtsfortbildung handelt,[532] da der BFH doch explizit in belastender Form über die gesetzliche Ermächtigung hinaus gegenüber dem Bürger urteilt.[533]

Leider scheint *Meyer*[534] in seiner Einschätzung recht zu behalten, dass der BFH von seinem Gleichlauf von Pflichtverletzung und Haftung allenfalls durch eine Intervention des Verfassungsgerichts gestoppt werden kann. Demgegenüber ist erfreulicherweise festzustellen, dass jedenfalls seitens der Finanzgerichte Bereitschaft gezeigt wird, sich eingehend mit der Frage der subjektiven Vorwerfbarkeit zu beschäftigen.[535]

---

528 Vgl. BFH, Urrteil v. 08.08.1991 – V R 19/88, BFHE 165, 307, juris-Rn. 11; BFH, Beschluss v. 13.02.1996 – VII B 245/95, BFH/NV 1996, 657, juris-Rn. 12; BFH, Urteil v. 06.10.2009 – I R 25/09, BFH/NV 2010, 620, juris-Rn. 15; FG Düsseldorf, Urteil v. 22.11.2016 – 4 K 1746/16 H, juris-Rn. 27; *H. Friedl*, DStR 1991, 1616, 1617.

529 *M. Loose*, in: Tipke/Kruse, § 69 AO Rn. 25, Stand: 151. Lfg. v. 02.2018; *B. Schwarz*, in: Schwarz/Pahlke-AO, § 69 AO Rn. 14, Stand: 191. Lfg. v. 11.2019.

530 *E. Bax*, 1992, S. 97 f.

531 *C. Uhländer*, DB 2017, 923, 934.

532 So *A. Meyer*, DStZ 2014, 228, 234.

533 Zur Grenze der Rechtsfortbildung vgl. *M. Sachs*, in: Sachs-GG, Art. 20 GG [Altauflage 2014] Rn. 119 f.; *B. Grzeszick*, in: Maunz/Dürig-GG, Art. 20 GG - Abschnitt VI. Rn. 148, Stand: 51. Lfg. v. 12.2007.

534 *A. Meyer*, DStZ 2014, 228, 234.

535 FG Münster, Urteil v. 23.06.2017 – 3 K 1539/14 L, EFG 2017, 1329, juris-Rn. 31–41.

(c) Mitverschulden

Ein Mitverschulden beim Entstehen des Steuerschadens durch Fehler der Finanzbehörden ist nach Auffassung der Rechtsprechung nicht im Rahmen des Verschuldens, sondern allenfalls im Rahmen der Ermessensauswahl zu berücksichtigen.[536] Dies vertrage sich freilich schlecht mit dem vom BFH betonten Schadensersatzcharakter der steuerlichen Haftung.[537] Mag die Mitwirkung beziehungsweise die nicht ausreichende Durchsetzung durch die Finanzverwaltung häufig auch erst schadenserhöhend sein, so setzt sie jedenfalls eine auf einer Handlung beziehungsweise einem Unterlassen fußende kausale Ursache.

Im Ergebnis wird eine Anwendung des § 254 BGB gleichwohl häufig scheitern, da die Erfüllung der Pflichten und der damit verbundene Schuldvorwurf nur den Vertreter, nicht aber die Finanzverwaltung treffe.[538] Eine andere Auffassung liefe daher nur auf eine Schadensminderungspflicht der Steuerbehörden hinaus,[539] welche jedenfalls nicht allgemein zu begründen ist.

In Fällen, in denen die Behörde aber durch aktives Mitwirken zu einem Steuerausfall beigetragen hat und somit bereits an der Entstehung der Pflichtverletzung beteiligt war, muss dies, sofern eine Haftung nicht bereist mangels eigenen Verschuldens vollständig entfällt, jedenfalls anteilig berücksichtigt werden.[540] Die Anwendung des § 254 BGB ist daher als Ausdruck eines allgemeinen Rechtsgedankens auch im Rahmen des § 69 AO auf Tatbestandsebene geboten.[541]

(d) Beispielsfälle

Aus alle dem folgt, dass ein Vertreter aus Sicht des Unternehmens, in guten oder normalen wirtschaftlichen Zeiten darauf vertrauen darf, dass im

---

536 BFH, Urteil v. 13.06.1997 – VII R 96/96, BFH/NV 1998, 4; BFH, Urteil v. 11.11.2008 – VII R 19/08, BFHE 223, 294 = BStBl. II 2009, 342; BFH, Urteil v. 26.04.2014 – VII R 28/13, BFH/NV 2014, 1489.

537 *R. Rüsken*, in: Klein-AO, § 69 AO Rn. 155.

538 *R. Rüsken*, in: Klein-AO, § 191 AO Rn. 44 ff.; *H. Jatzke*, in: Gosch, § 191 AO Rn. 20, Stand: 145. Lfg. v. 05.2019.

539 *R. Rüsken*, in: Klein-AO, § 69 AO Rn. 155.

540 Wohl **a.A.** BFH, Beschluss v. 11.11.2015 – VII B 69/15, BFH/NV 2016, 177, Leitsatz.

541 *K. Blesinger / A. Viertelhausen*, in: Kühn/Wedelstädt, § 69 AO Rn. 18; *H. Boecker*, in: H/H/Sp, § 69 AO Rn. 53, Stand: 232. Lfg. v. 04.2015; *M. Loose*, in: Tipke/Kruse, § 69 AO Rn. 28, Stand: 151. Lfg. v. 02.2018; *H. Jatzke*, in: Gosch, § 69 AO Rn. 63, Stand: 143. Lfg. v. 12.2018; *B. Schwarz*, in: Schwarz/Pahlke-AO, § 69 AO Rn. 18, Stand: 191. Lfg. v. 11.2019.

Fälligkeitszeitpunkt der Steuern ausreichende Mittel zur Verfügung stehen werden.[542] Auch treffe einen Vertreter kein Verschulden, wenn ein bestellter schwacher vorläufiger Insolvenzverwalter[543] die an die Bank gerichteten Überweisungsaufträge storniert.[544] Ebenso sind Beratungsfehler des Steuerberaters nicht dem Vertreter selbst zuzurechnen, sofern dieser den Berater zuvor vollständig informiert hat.[545] Gleiches gilt für andere Hilfspersonen, denen sich der Vertreter zur Erledigung seiner Pflichten bedient, sofern er diese ausreichend überwacht.[546]

Kommt es zu einem Fall, indem der Vertreter plötzlich und unerwartet seine Pflichten nicht mehr erfüllen kann, so reduziert sich seine Pflicht auf die Bestellung eines Vertreters oder ggf. auf die Niederlegung seines Amtes.[547]

Vorsicht ist bei der Annahme außersteuerlicher Entschuldigungsgründe wie der Betriebserhaltung oder der Sicherung von Arbeitsplätzen geboten, da diese von der Rechtsprechung[548] nicht anerkannt werden. Hingegen schließt ein Rechtsirrtum den Vorsatz aus. Sofern dieser unvermeidbar war, entfällt auch der Fahrlässigkeitsvorwurf.[549]

(7) Nachtrag zur internationalen Anwendbarkeit

Der Vollständigkeit halber sei darauf hingewiesen, dass Deutsches Steuerrecht Anwendung finden muss. Dabei ist Anknüpfungspunkt zunächst die steuerliche

---

542 *H. Boecker*, in: H/H/Sp, § 69 AO Rn. 40, Stand: 232. Lfg. v. 04.2015.

543 Dazu S. 127.

544 BFH, Beschluss v. 03.12.2004 – VII B 178/04, BFH/NV 2005, 661, juris-Rn. 10 f.; BFH, Beschluss v. 19.02.2010 – VII B 190/09, BFH/NV 2010, 1120; *H. Boecker*, in: H/H/Sp, § 69 AO Rn. 38a, Stand: 232. Lfg. v. 04.2015.

545 BFH, Urteil v. 19.09.1985 – VII R 88/85, BFH/NV 1986, 133, juris-Rn. 17; FG Köln, Urteil v. 12.06.2013 – 3 K 1178/07, EFG 2013, 1817, juris-Rn. 109; *M. Loose*, in: Tipke/Kruse, § 69 AO Rn. 27 - 31, Stand: 151. Lfg. v. 02.2018.

546 BFH, Beschluss v. 04.05.2004 – VII B 318/03, BFH/NV 2004, 1363, juris-Rn. 10 f. u. 18.

547 *M. Loose*, in: Tipke/Kruse, § 69 AO Rn. 31, Stand: 151. Lfg. v. 02.2018.

548 BFH, Urteil v. 12.07.1988 – VII R 109/87, BFH/NV 1988, 764; ebenso *H. Boecker*, in: H/H/Sp, § 69 AO Rn. 41, Stand: 232. Lfg. v. 04.2015; **a.A.** *M. Loose*, in: Tipke/Kruse, § 69 AO Rn. 41, Stand: 151. Lfg. v. 02.2018.

549 BFH, Urteil v. 23.09.2008 – VII R 27/07, BStBl. II 2009, 129; BFH, Urteil v. 22.11.2005 – VII R 21/05, BFHE 211, 407 = BStBl. II 2006, 397; BFH, Urteil v. 19.09.1985 – VII R 88/85, BFH/NV 1986, 133; *H. Boecker*, in: H/H/Sp, § 69 AO Rn. 38, Stand: 232. Lfg. v. 04.2015.

Verpflichtung der Gesellschaft, ganz gleich welche Rechtsform diese innehat.[550] Wer der maßgebliche gesetzliche Vertreter ist, muss dabei ggf. nach ausländischem Recht bestimmt werden.[551]

dd) Geltendmachung der Haftung

Die Haftung nach § 69 AO wird schlussendlich durch die zuständige Finanzbehörde per Haftungsbescheid nach § 191 Abs. 1 AO geltend gemacht. Damit wird durch den Bescheid die abstrakte Haftung konkretisiert,[552] wobei diesem dennoch nur eine deklaratorische Bedeutung zukommt.[553]

Die Inanspruchnahmeentscheidung der Behörde ist zweigliedrig aufgebaut.[554] In der ersten Stufe hat die Finanzverwaltung dabei zu prüfen, ob die potenziell betroffene Person in sich alle tatbestandlichen Voraussetzungen erfüllt. Dabei ist derjenige Sach- und Streitstand zugrunde zu legen, wie er sich – vorbehaltlich einer gerichtlichen Überprüfung – am Schluss der mündlichen Verhandlung vor dem Tatsachengericht darstellt.[555]

Nach der positiven Feststellung der gesetzlichen Haftungsvoraussetzungen steht der Behörde bei ihrer Entscheidung sowohl ein Auswahl- als auch ein Entschließungsermessen nach § 5 AO zu.[556]

(1) Entschließungsermessen

Im Rahmen des Entschließungsermessens, also dem *ob* der Inanspruchnahme, muss sich die Behörde von ihrer verfassungsrechtlich geprägten Leitlinie führen lassen, Steuerausfälle zu verhindern, um eine möglichst gleichmäßige Besteuerung sicherzustellen. Daraus folgt, dass die Inanspruchnahme grundsätzlich den

---

550 FG Berlin-Brandenburg, Beschluss v. 26.11.2015 – 9 V 9170/14, DStRE 2016, 814, 814 = EFG 2016, 257.

551 *M. Loose*, in: Tipke/Kruse, § 34 AO Rn. 6a, Stand: 155. Lfg. v. 02.2019.

552 *R. Rüsken*, in: Klein-AO, § 191 AO Rn. 2; *J. Intermann*, in: Koenig-AO, § 191 AO Rn. 16; *H. Jatzke*, in: Gosch, § 191 AO Rn. 4, Stand: 145. Lfg. v. 05.2019.

553 BFH, Urteil v. 23.09.2009 – VII R 43/08, BFHE 226, 391; BGH, Urteil v. 19.01.2012 – IX ZR 2/11, BGHZ 192, 221; *R. Rüsken*, in: Klein-AO, § 191 AO Rn. 2.

554 BFH, Urteil v. 13.04.1978 – V R 109/75, BFHE 125, 125, juris-Rn. 10 = BStBl. II 1978, 508; *M. Gehm*, in: Schwarz/Pahlke-AO, § 191 AO Rn. 9–14e, Stand: 181. Lfg. v. 03.2018; *M. Loose*, in: Tipke/Kruse, § 69 AO Rn. 46, Stand: 151. Lfg. v. 02.2018.

555 BFH, Urteil v. 20.09.2016 – X R 36/15, BFH/NV 2017, 593, juris-Rn. 12–14; *M. Loose*, in: Tipke/Kruse, § 69 AO Rn. 46, Stand: 151. Lfg. v. 02.2018.

556 *R. Rüsken*, in: Klein-AO, § 191 AO Rn. 31; *J. Intermann*, in: Koenig-AO, § 191 AO Rn. 35; *H. Jatzke*, in: Gosch, § 191 AO Rn. 17, Stand: 145. Lfg. v. 05.2019.

Regelfall darstellt.[557] Abweichungen ergeben sich regelmäßig in solchen Fällen, in denen der ursprüngliche Steuerschuldner noch oder wieder leistungsfähig ist.[558] Je größer der Ermessensspielraum der Behörde nach den äußeren Umständen ist, umso ausführlicher hat sie ihre Entscheidung gegenüber dem Haftenden zu begründen.[559] Umgekehrt muss das Entschließungsermessen dann nicht näher begründet werden, wenn die Steuer anderweitig nicht beigebracht werden kann.[560] In Fällen, in denen die Haftung zugleich auch auf einer Steuerverkürzung oder Hinterziehung beruht, ist das Ermessen der Behörde entsprechend vorgeprägt hin zu einer Inanspruchnahme.[561]

Im Rahmen der Geschäftsführerhaftung sind darüber hinaus besonders solche Fälle relevant, in denen dem primären Steuerschuldner die Steuer nach § 227 AO erlassen worden wäre. Dies kann sich sowohl nur auf Säumniszuschläge[562] als auch auf den gesamten Anspruch erstrecken.[563] Dem Haftenden kommt dann die Akzessorietät der Haftung zugute und ihm steht gegenüber der Finanzbehörde der Erlassanspruch des ursprünglichen Steuerschuldners zu.[564]

Ebenfalls im Rahmen des Entschließungsermessens ist die Höhe der Inanspruchnahme zu bestimmen.[565] Kennt die Haftungsgrundlage wie § 69 AO selbst keine Beschränkung der Haftung, ist diese grundsätzlich auch nicht im Rahmen des Ermessens zu gewähren.[566]

---

557 BFH, Beschluss v. 18.04.2012 – I B 123/11, BFH/NV 2012, 1299; *J. Intermann*, in: Koenig-AO, § 191 AO Rn. 40; *H. Boecker*, in: H/H/Sp, § 191 AO Rn. 37, Stand: 216. Lfg. v. 03.2012; *K. Blesinger / A. Viertelhausen*, in: Kühn/Wedelstädt, § 191 AO Rn. 6.

558 *J. Intermann*, in: Koenig-AO, § 191 AO Rn. 40; vgl. BFH, Urteil v. 28.02.1973 – II R 57/71, BFHE 109, 164 = BStBl. II 1973, 573.

559 *R. Rüsken*, in: Klein-AO, § 191 AO Rn. 33.

560 BFH, Urteil v. 13.06.1997 – VII R 96/96, BFH/NV 1998, 4; *J. Intermann*, in: Koenig-AO, § 191 AO Rn. 41.

561 BFH, Urteil v. 26.02.1991 – VII R 107/89, BFH/NV 1991, 578; BFH, Beschluss v. 29.08.2001 – VII B 54/01, ZfZ 2002, 55; *J. Intermann*, in: Koenig-AO, § 191 AO Rn. 43; *R. Rüsken*, in: Klein-AO, § 191 AO Rn. 43.

562 BFH, Urteil v. 26.07.1988 – VII R 83/87, BFHE 153, 512; BFH, Urteil v. 16.07.1997 – XI R 32/96, BFHE 184, 193.

563 BFH, Urteil v. 25.07.1989 – VII R 54/86, BFHE 157, 467.

564 BFH, Urteil v. 17.10.2001 – II R 67/98, BFH/NV 2002, 610, juris-Rn. 22; BFH, Urteil v. 16.11.2004 – VII R 8/04, BFH/NV 2005, 495; *J. Intermann*, in: Koenig-AO, § 191 AO Rn. 42.

565 BFH, Urteil v. 04.10.1988 – VII R 53/85, BFH/NV 1989, 274; *J. Intermann*, in: Koenig-AO, § 191 AO Rn. 47.

566 *J. Intermann*, in: Koenig-AO, § 191 AO Rn. 47; *K. Blesinger / A. Viertelhausen*, in: Kühn/Wedelstädt, § 191 AO Rn. 11; *H. Boecker*, in: H/H/Sp, § 191 AO Rn. 34,

(2) Auswahlermessen

Im Falle mehrerer Haftungsschuldner trifft die Finanzbehörde ebenso ein Auswahlermessen, wobei zwischen den Haftungsschuldnern regelmäßig keine Rangfolge besteht.[567] Da die Haftungssummen schnell die Leistungsfähigkeit einzelner Personen übersteigen und die Haftenden nach § 44 AO (unechte) Gesamtschuldner sind,[568] ist es häufig auch ermessensfehlerfrei, zunächst alle Haftungsschuldner voll in Haftung zu nehmen.[569]

Darüber hinaus kann sich die Finanzverwaltung sowohl von praktischen Erwägungen leiten lassen, also beispielsweise den finanzstärkeren Schuldner zuerst in Anspruch nehmen,[570] oder aber die Person belangen, die nach der internen Aufgabenverteilung primär für die Erfüllung der steuerlichen Pflichten verantwortlich war. Naheliegend wäre in solchen Fällen eine Haftungsreihenfolge, die den kaufmännischen vor dem technischen Geschäftsführer in den Blick nimmt, oder allgemein zunächst denjenigen, den das größere Verschulden trifft.[571] Gezwungen ist die Verwaltung dazu aber nicht, solange sie eine sachgerechte Entscheidung trifft.[572]

(3) Sonstiges

Zu beachten ist, dass die Regeln über Steuerbescheide wie die §§ 172 bis 177 AO sowie §§ 164 und 165 AO über die Aufhebung und Änderung nicht anwendbar

---

Stand: 216. Lfg. v. 03.2012; *R. Rüsken*, in: Klein-AO, § 191 AO Rn. 37a; **a. A.** *H. W. Kruse*, in: Tipke/Kruse, § 191 AO Rn. 40, Stand: 156. Lfg. v. 04.2019.

567 *J. Intermann*, in: Koenig-AO, § 191 AO Rn. 48; *H. Boecker*, in: H/H/Sp, § 191 AO Rn. 37, Stand: 216. Lfg. v. 03.2012.

568 *R. Rüsken*, in: Klein-AO, § 191 AO Rn. 13; *M. Gehm*, in: Schwarz/Pahlke-AO, § 191 AO Rn. 7a, Stand: 181. Lfg. v. 03.2018; *K. Blesinger / A. Viertelhausen*, in: Kühn/Wedelstädt, § 44 AO Rn. 7; *K.-D. Drüen*, in: Tipke/Kruse, § 44 AO Rn. 5, Stand: 163. Lfg. v. 10.2020; *H. Boecker*, in: H/H/Sp, § 191 AO Rn. 30, Stand: 216. Lfg. v. 03.2012; *F. Niewerth*, in: Lippross/Seibel, Vorb. § 69 AO Rn. 1, Stand: 94. Lfg. v. 02.2016.

569 BFH, Urteil v. 22.09.1992 – VII R 73-74/91, BFH/NV 1993, 215; BFH, Urteil v. 23.06.1998 – VII R 4/98, BFHE 186, 132; *R. Rüsken*, in: Klein-AO, § 191 AO Rn. 59; *J. Intermann*, in: Koenig-AO, § 191 AO Rn. 48; *K. Blesinger / A. Viertelhausen*, in: Kühn/Wedelstädt, § 191 AO Rn. 9.

570 *R. Rüsken*, in: Klein-AO, § 191 AO Rn. 60.

571 BFH, Urteil v. 29.05.1990 – VII R 85/89, BFHE 161, 486; *R. Rüsken*, in: Klein-AO, § 191 AO Rn. 60; *J. Intermann*, in: Koenig-AO, § 191 AO S. 49 - 51; *H. W. Kruse*, in: Tipke/Kruse, § 191 AO Rn. 47, Stand: 156. Lfg. v. 04.2019.

572 *J. Intermann*, in: Koenig-AO, § 191 AO Rn. 51.

sind,[573] weshalb beispielsweise auch ein Vorläufigkeitsvermerk nichtig wäre.[574] Dies basiert auf der strikten Trennung der Abgabenordnung zwischen Steuerfestsetzungs- und Haftungsverfahren.[575] Eine Korrektur ist daher nur nach den Vorschriften der §§ 129 bis 131 AO möglich.[576]

Damit korrespondierend entfaltet ein erlassener Verwaltungsakt, wenn er bestandskräftig geworden ist, Sperrwirkung.[577] Eine Bindungswirkung zulasten des Haftungsschuldners entsteht dabei bereits mit Eintrag der Steuerverbindlichkeit zur Insolvenztabelle.[578] Dem Geschäftsführer stehe ausreichender Rechtschutz zur Verfügung, wenn er im Prüftermin der Forderung der Finanzbehörden widersprechen könne.[579] Dies steht gleichwohl im Widerspruch zum insolvenzrechtlichen Verständnis, wonach die hier bemühte Rechtskraftwirkung des § 178 InsO ausschließlich auf das Insolvenzverfahren bezogen sei.[580]

Ein neuer, den bereits bestehenden Verwaltungsakt erweiternder Haftungsbescheid kann aber immer dann erlassen werden, wenn der Finanzbehörde neue Tatsachen bekannt werden, die im Ausgangsbescheid nicht bereits berücksichtigt werden konnten.[581] Jedenfalls darf nach Auffassung des BFH weder die finanzielle Leistungsfähigkeit des Haftenden noch der Grad seines Verschuldens Einfluss auf die Haftungshöhe haben.[582]

---

573 BFH, Urteil v. 22.01.1985 – VII R 112/81, BFHE 143, 203; BFH, Beschluss v. 24.01.1995 – VII B 142/94, BFHE 176, 224; *J. Intermann*, in: Koenig-AO, § 191 AO Rn. 121 u. 123; *K. Blesinger / A. Viertelhausen*, in: Kühn/Wedelstädt, § 191 AO Rn. 15.

574 FG Düsseldorf, Urteil v. 19.01.1995 – 14 K 506/90 H (L), EFG 1995, 530, juris-Rn. 43.

575 *J. Intermann*, in: Koenig-AO, § 191 AO Rn. 17.

576 BFH, Urteil v. 12.08.1997 – VII R 107/96, BFHE 184, 198; BFH, Urteil v. 22.01.1985 – VII R 112/81, BFHE 143, 203; *R. Rüsken*, in: Klein-AO, § 191 AO Rn. 78; *J. Intermann*, in: Koenig-AO, § 191 AO Rn. 121.

577 BFH, Beschluss v. 07.04.2005 – I B 140/04, BFHE 209, 473, juris-Rn. 8; *J. Intermann*, in: Koenig-AO, § 191 AO Rn. 121.

578 BFH, Urteil v. 17.09.2019 – VII R 5/18, BFHE 266, 104, juris-Rn. 29; BFH, Beschluss v. 18.09.2018 – XI R 54/17, BFH/NV 2019, 100, juris-Rn. 35; BFH, Urteil v. 29.08.2018 – XI R 57/17, BFH/NV 2019, 7, juris-Rn. 60–66 = NZI 2019, 89; BFH, Urteil v. 27.09.2017 – XI R 9/16, BStBl. II 2018, 515, juris-Rn. 25–38.

579 BFH, Urteil v. 17.09.2019 – VII R 5/18, BFHE 266, 104, juris-Rn. 36.

580 AG Köln, Beschluss v. 01.12.2016 – 73 IN 485/15, ZInsO 2017, 109, juris-Rn. 7–9; *G. Kahlert*, EWiR 2020, 243, 244.

581 BFH, Urteil v. 15.02.2011 – VII R 66/10, BFHE 232, 313; *J. Intermann*, in: Koenig-AO, § 191 AO Rn. 121.

582 BFH, Urteil v. 12.12.1996 – VII R 53/96, BFH/NV 1997, 386, juris-Rn. 12–19; BFH, Urteil v. 21.01.2004 – XI R 3/03, BFHE 205, 394, juris-Rn. 44–47; BFH, Beschluss v. 07.03.1995 – VII B 172/94, BFH/NV 1995, 941, juris-Rn. 18; BFH, Beschluss v.

Nach einer jüngeren Entscheidung genügt es zudem, wenn ein Haftungsbescheid auf eine von mehreren Handlungen abstellt, die jeweils für sich eine Pflichtverletzung darstellen, da der materiell-rechtliche Haftungsanspruch als abstrakter Tatbestand mit der ersten Handlung wirksam entstanden sei.[583] Nach dieser Auffassung kann folglich die rechtliche Begründung im Verfahren ausgetauscht werden, solange sich andere, selbst bislang nicht vorgebrachte, Anknüpfungspunkte finden lassen. Dies dürfte sowohl mit Blick auf die ursprüngliche Ermessensentscheidung der Behörde als auch auf die damit womöglich unterlaufende Verjährung problematisch sein.

ee) Abgrenzung zum Strafrecht

Wenngleich die steuerlichen Haftungsnormen aus Sicht des Betroffenen einen pönalen Charakter zu haben scheinen, ist die Haftung nach § 69 AO davon abzugrenzen. Ebenso wie jede zivilrechtliche Haftung, geht es dem Schutzzweck sowie der Systematik nach um eine Kompensation des herbeigeführten Schadens. Dass auf diesem Wege auch eine der Strafwirkung vergleichbare generalpräventive Wirkung eintritt, ist bloßer Reflex der Regelung. Somit erklärt sich auch, wieso die Haftung der Höhe nach unbegrenzt ist, es handelt sich gerade nicht um eine schuldangemessene Strafe, sondern um einen (hier öffentlich-rechtlichen) Ausgleichsanspruch.

Gleichwohl bleibt die Frage, wie die unterschiedliche Funktion und Handhabung insbesondere aus der Sicht des Betroffenen zu unterscheiden ist. Dies ist dabei nicht bloß von emotionaler Bedeutung für den Betroffenen, da bei einer strafrechtsgleichen Wirkung über Art. 103 Abs. 2 GG unter anderem das Bestimmtheitsgebot der *lex certa* zu beachten wäre, welches strengere Anforderungen als das allgemeine Gebot der Normenklarheit stellt.[584] Diese mögliche Parallelen zwischen der Begrenzung eines steuerlichen Eingriffs und der Kriminalstrafe sind dabei keineswegs neu.[585]

Rein formal betrachtet ist, wie schon festgestellt, eine (Steuer-)Straftat keine Voraussetzung für die Haftung nach § 69 AO, da die Vorschrift insoweit

---

18.08.1999 – VII B 106/99, BFH/NV 2000, 541; ebenso *J. Intermann*, in: Koenig-AO, § 191 AO Rn. 44; *R. Rüsken*, in: Klein-AO, § 191 AO Rn. 37a f.

583 Sächsisches Finanzgericht, Urteil v. 24.09.2019 – 3 K 269/19 (Revision anhängig unter Az. VII R 38/19), EFG 2020, 965, juris-Rn. 22.

584 *P. Kunig*, in: Münch/Kunig-GG, Art. 103 GG Rn. 27; *K. Rogall*, in: KK-OWiG, § 3 OWiG Rn. 26.

585 M.w.N. *H.-J. Papier*, in: DStJG 12 (1989), S. 72.

Präventionscharakter hat.[586] Die Regelung soll der Verletzung von Mitwirkungspflichten vorbeugen und ist nach dem hergebrachten Verständnis selbst keine Strafrechtsnorm,[587] kann aber neben einer solchen zur Anwendung kommen.[588]

Der Betroffene wird sich dennoch fragen, wieso eine schuldangemessene Geldstrafe wohl deutlich niedriger ausfallen würde und zudem noch engerer Kontrolle unterliegt als seine unbegrenzte Haftungsinanspruchnahme. So stünde vor einer Strafe im Regelfall ein öffentliches Verfahren, nicht bloß, wie vorliegend, ein Verwaltungsakt. Somit ist die Haftung trotz niedrigeren Schutzes des Betroffenen auf Verfahrensebene in ihrer Wirkung auf den Betroffenen intensiver als eine mögliche Strafandrohung oder Strafffestsetzung. So stellt sich die Frage, ob es sich nicht bei der Haftung um ein Aliud zur Strafe handeln könnte. Dafür spricht, dass der *Erziehungszweck* – also die generalpräventive Wirkung der Haftungsandrohung – stets Bestandteil der Haftung war und gerade vom BFH in jüngster Zeit für die Abgrenzung gegenüber anderen Regelungen herangezogen wurde. Die voranschreitende Verselbstständigung dieses Aspektes spricht für eine klare Annäherung an das Strafrecht.

Das BVerfG unterscheidet zunächst unabhängig von der Wirkung beim Betroffenen zwischen Straftaten und Ordnungswidrigkeiten. Demnach fehlt das mit der Strafe verbundene (sozial-)ethische Unwerturteil und damit der „Ernst des staatlichen Strafens“ bei einer reinen Ordnungswidrigkeit.[589] Gleichwohl gelte auch dort, dass die Behörde den Tat- und Schuldvorwurf uneingeschränkt zu begründen habe und Zweifel zugunsten des Betroffenen gehen.[590] Soweit man nun eine Übertragung dieses Ansatzes auf Haftungstatbestände im Allgemeinen oder jedenfalls öffentlich-rechtliche Haftungstatbestände wie den § 69 AO in Betracht zieht, muss man einen Blick auf die der BVerfG-Entscheidung zugrundeliegende Normierung legen.

Maßgeblich für das besonders enge Verständnis von Straf- und Ordnungswidrigkeitenvorschriften ist zunächst der bereits genannte Art. 103 Abs. 2 GG. Dieser wurde zudem einfachgesetzlich im Rahmen des § 1 StGB sowie in § 3 OWiG umgesetzt. Nach der Vorstellung des Grundgesetzes muss es sich bei den

---

586 *E. Bax*, 1992, S. 99.

587 *E. Bax*, 1992, S. 99; darüber hinaus spricht *Meyer* der Norm jeden Sanktionscharakter ab, *A. Meyer*, DStZ 2014, 228, Fn. 62.

588 *M. Loose*, in: Tipke/Kruse, § 69 AO Rn. 13, Stand: 151. Lfg. v. 02.2018.

589 BVerfG, Beschluss v. 04.02.1959 – 1 BvR 197/53, BVerfGE 9, 167, 171; BVerfG, Beschluss v. 21.06.1977 – 2 BvR 70/75, BVerfGE 45, 272, 289.

590 BVerfG, Beschluss v. 04.02.1959 – 1 BvR 197/53, BVerfGE 9, 167, 1. Orientierungssatz.

von Art. 100 Abs. 2 GG erfassten Normen um staatliche Regelungen handeln, „die eine missbilligende hoheitliche Reaktion auf ein rechtswidriges, schuldhaftes Verhalten darstellen und wegen dieses Verhaltens ein Übel verhäng[t wird], das dem Schuldausgleich dient.“[591] Demnach werden dazu nach allgemeiner Auffassung die Strafen nach dem StGB und dem Nebenstrafrecht, aber auch Geldbußen wegen Ordnungswidrigkeiten und sanktionierend wirkende Ordnungsgelder gefasst.[592] Hinzu treten Maßnahmen des Berufs-, Disziplinar- und Standesrechts.[593] Hingegen wird dies bereits für vollstreckungsrechtliche Beuge- und Ordnungsmittel, Untersuchungshaft, präventive Maßnahmen der Gefahrenabwehr oder auch die allgemeine Pflicht zur Steuerzahlung abgelehnt.[594] Darüber hinaus werden (zivilrechtliche) Verpflichtungen zur Zahlung von Schadensersatz oder Schmerzensgeld nicht als von Art. 103 Abs. 2 GG erfasst angesehen.[595] So handle es sich nach Auffassung des BVerfG bei einem Ausspruch eines Zivilrichters zum Ersatz immaterieller Schäden um keine Strafe im Sinne der Vorschrift, wenngleich dieser „pönale Elemente“ nicht ganz fremd seien.[596] Hingegen finden sich in der verfassungsrechtlichen Literatur und Rechtsprechung, soweit ersichtlich, keine Ausführungen zu öffentlich-rechtlichen Haftungsansprüchen oder vergleichbaren Eingriffen aufgrund öffentlich-rechtlicher Befugnis.[597] Wohl auch von dieser noch fehlenden Klarstellung geprägt, hat der

591 BVerfG, Urteil v. 05.02.2004 – 2 BvR 2029/01, BVerfGE 109, 133, 167–170; ebenso *B. Remmert*, in: Maunz/Dürig-GG, Art. 103 Abs. 2 GG Rn. 56.

592 *B. Remmert*, in: Maunz/Dürig-GG, Art. 103 Abs. 2 GG Rn. 56; *R. Schmitz*, in: MüKo-StGB, § 1 StGB Rn. 21; *E. Pohlreich*, in: Bonner Kommentar, Art. 103 Abs. 2 GG Rn. 51 - 57, Stand: 191. Lfg. v. 08.2018; *C. Degenhart*, in: Sachs-GG, Art. 103 GG Rn. 58.

593 *R. Esser*, in: EuropStrafR, § 55 Grundrechte Rn. 53; *B. Remmert*, in: Maunz/Dürig-GG, Art. 103 Abs. 2 GG Rn. 57 - 60; *C. Degenhart*, in: Sachs-GG, Art. 103 GG Rn. 59.

594 *B. Remmert*, in: Maunz/Dürig-GG, Art. 103 Abs. 2 GG Rn. 57 m.w.N.; *E. Pohlreich*, in: Bonner Kommentar, Art. 103 Abs. 2 GG Rn. 59 f., Stand: 191. Lfg. v. 08.2018; *C. Degenhart*, in: Sachs-GG, Art. 103 GG Rn. 58, 60 u. 62.

595 *B. Remmert*, in: Maunz/Dürig-GG, Art. 103 Abs. 2 GG Rn. 57; *P. Kunig*, in: Münch/Kunig-GG, Art. 103 GG Rn. 20; *E. Pohlreich*, in: Bonner Kommentar, Art. 103 Abs. 2 GG Rn. 60, Stand: 191. Lfg. v. 08.2018; *C. Degenhart*, in: Sachs-GG, Art. 103 GG Rn. 60.

596 BVerfG, Beschluss v. 14.02.1973 – 1 BvR 112/65, BVerfGE 34, 269, juris-Rn. 46.

597 Der BFH lehnt hingegen den Sanktionscharakter ab, stützt dies aber ausschließlich auf dessen Schadensersazcharakter BFH, Urteil v. 05.09.1989 – VII R 61/87, BFHE 158, 13, juris-Rn. 7 = DB 1989, 2364; zustimmend (in Bezug auf die Lohnsteuerhaftung) *M. Loose*, in: Tipke/Kruse, § 69 AO Rn. 41, Stand: 151. Lfg. v. 02.2018.

BGH in einer Entscheidung aus 2003 einen Verstoß gegen Art. 103 Abs. 2 GG im Zusammenhang mit § 661a BGB mit der Begründung ausgeschlossen, es handle sich um Ansprüche zwischen Privaten.[598]

Gleichwohl scheint es, als wenn die Auferlegung der Zahlungspflicht durch behördliches Verfahren nach Feststellung der schuldhaften Verursachung durch den Betroffenen trotz des als Übel empfundenen Charakters nicht ausreichend ist. So betonen einige Stimmen, dass es keinen Einfluss habe, wenn sich eine Maßnahme für den Betroffenen wie eine Strafe anfühle.[599] Hinzu trete außerdem die zentrale Funktion des Schuldausgleichs.[600] Ein solcher tritt bei der Haftung nicht ein, sie ist auf den Ausgleich des finanziellen Schadens gerichtet, unabhängig vom Ausmaß des persönlichen Schuldvorwurfs, solange dieser eben überhaupt vorliegt. Entsprechend spricht einiges dafür, dass der Haftungsanspruch aus § 69 AO nicht unter Art. 103 Abs. 2 GG fällt. Gleichwohl wäre hier eine stärker differenzierende Weiterentwicklung der genauen Abgrenzungskriterien insbesondere mit Blick auf öffentlich-rechtliche Inanspruchnahmen wünschenswert, welche aber im Rahmen dieser Arbeit nicht geleistet werden kann.

Daneben kommt auch ein potenzieller Schutz über Art. 7 EMRK in Betracht, welcher ebenfalls das Gesetzlichkeitsprinzip normiert. Aber auch nach diesem muss es sich um eine Strafe handeln. Der Begriff ist dabei völkerrechtlich autonom auszulegen, womit es nicht auf die innerstaatliche Auslegung ankommt.[601] Demnach seien in einer Gesamtschau die grundsätzlich alternativ herangezogenen Kriterien der Art und des Zwecks der Maßnahme, ihre Schwere, das zur Verhängung gewählte Verfahren sowie der Bezug der Maßnahme zur Verurteilung wegen einer Straftat beziehungsweise zu einer Straftatbegehung ausschlaggebend. Die Schwere der Maßnahme könne insofern jedoch nicht das bereits hinreichende Kriterium sein.[602] Übertragen auf den Haftungsanspruch aus § 69 AO spricht die Gesamtschau daher ebenfalls nicht für eine Fassung unter eine Strafe im technischen Sinne, da allenfalls die für den Betroffenen gravierende Rechtsfolge einen strafähnlichen Charakter hat. Demgegenüber sprechen weder

---

598 BGH, Urteil v. 16.10.2003 – III ZR 106/03, NJW 2003, 3620, juris-Rn. 29–34.

599 *E. Pohlreich*, in: Bonner Kommentar, Art. 103 Abs. 2 GG Rn. 50, Stand: 191. Lfg. v. 08.2018; vgl. *B. Remmert*, in: Maunz/Dürig-GG, Art. 103 Abs. 2 GG Rn. 30 - 40.

600 *B. Remmert*, in: Maunz/Dürig-GG, Art. 103 Abs. 2 GG Rn. 37 - 40.

601 *K. Gaede*, in: Knauer-StPO, Art. 7 EMRK Rn. 5; *C. Degenhart*, in: Sachs-GG, Art. 103 GG Rn. 58.

602 EGMR, Urteil v. 26.02.1996 – 17440/90, ECHR 1996-II, 387, juris-Rn. 32.

das Verfahren noch die Tatbestandskriterien sowie der Zweck der Maßnahme für eine solche Einordnung.

Damit bleibt es bei der Anwendung des allgemeinen Gesetzlichkeitsprinzips unter besonderer Beachtung, dass es sich hier um eine öffentlich-rechtliche Eingriffsnorm handelt.[603]

b) Weitere relevante AO-Normen

Neben den bereits im Rahmen der Haftungsinanspruchnahme nach § 69 AO dargestellten Normen §§ 34, 35, 191 AO verbleibt als einzig relevante Norm für den Konflikt der Haftungssysteme § 251 AO. Dessen Absätze zwei und drei beinhalten die einzige steuerrechtliche Regelung über das Verhältnis zwischen dem Steuer- und Insolvenzrecht. Von zentraler Bedeutung ist dabei § 251 Abs. 2 S. 1 AO: „Unberührt bleiben die Vorschriften der Insolvenzordnung […]."

Die Bedeutung ergibt sich erst aus einem Vergleich zur Rechtslage vor der AO, da die RAO keine vergleichbare Anordnung traf.[604] Dieser Lücke entsprang die lange Zeit maßgebliche Entscheidung des Reichsfinanzhofs, nach der das Konkursrecht als lex specialis der Reichsabgabenordnung vorgeht,[605] beziehungsweise die schlagwortartige Verkürzung „Konkursrecht geht vor Steuerrecht"[606]. Nunmehr ist für Zwecke der Steuervollstreckung nach dem sechsten Abschnitt der AO die gesetzliche Neuregelung maßgeblich, nachdem die Regelung der InsO mit Eröffnung des Insolvenzverfahrens absoluten Vorrang genießt.[607] Auf die Entstehung oder die Höhe der Steuern hat die Regelung hingegen keinen Einfluss, nur das Verfahrensrecht wird den gesonderten Regeln der Insolvenzordnung unterworfen.[608] Somit entfaltet die Regelung für die zu untersuchende Fragestellung keine direkte Wirkung. Der Gesetzgeber überlässt es auch weiterhin der Rechtsprechung und Rechtswissenschaft, Lösungen zu finden.[609]

603 Vgl. *H.-J. Papier*, in: DStJG 12 (1989), S. 72.

604 *R. Seer*, FR 2014, 721, 723.

605 RFH, Urteil v. 25.10.1926 – Gr. S. 1/26, RFHE 19, 335, 355–358.

606 *A. Liebsch*, VJSchrStuFR 1929, 212, 213.

607 *F. Werth*, in: Klein-AO, § 251 AO Rn. 3 u. 9; *R. Fritsch*, in: Koenig-AO, § 251 AO Rn. 17; *S. Kühnen / W. Seibel*, in: Lippross/Seibel, § 251 AO Rn. 7, Stand: 108. Lfg. v. 06.2018.

608 *R. Fritsch*, in: Koenig-AO, § 251 AO Rn. 17; *H. König*, in: Buth/Hermanns, § 36 Rn. 3.

609 *M. Krumm*, 2009, S. 13.

Zu erwähnen ist weiter noch, dass sich die Auslegungsmaßstäbe im Steuerrecht durch die Einführung der AO nicht geändert haben, trotz der Streichung der zuvor explizit genannten Auslegungsregeln im neuen § 4 AO hat sich der Maßstab nach dem Willen des Gesetzgebers nicht geändert.[610]

2. Insolvenzrecht

Wie bereits in der Entwicklung des Insolvenzrechts dargestellt, ist der Sinn und Zweck des Insolvenzverfahrens, die gemeinschaftliche Befriedigung aller Gläubiger, durch Gesetz vom 05.10.1994 mit Inkrafttreten am 01.01.1999 in § 1 InsO normiert worden.[611] Diese Normierung bestätigt auch den Entfall der Fiskusvorrechte, da nunmehr alle Gläubiger unabhängig von ihrer Person gleich zu behandeln sind.[612] Damit dieses Ziel erreicht werden kann, bedarf es einer rechtzeitigen Eröffnung des Verfahrens, denn je später die Eröffnung erfolgt, desto geringer ist regelmäßig die verteilungsfähige Insolvenzmasse.[613] Die Strafbewehrung der nicht rechtzeitigen Antragstellung ist dabei neben der korrespondierenden Haftung ein zentrales Element, um eine möglichst rechtzeitige und frühzeitige Antragstellung zu gewährleisten.

Die in diesem Kapitel dargestellten Normen und Verfahrensabläufe der Insolvenzordnung haben direkten oder indirekten Einfluss auf die steuerliche bzw. insolvenzrechtliche Pflichtenstellung des Geschäftsführers und bedürfen daher einer Erläuterung.

a) § 15a InsO

Im Rahmen des MoMiG wurde die Insolvenzantragspflicht beziehungsweise Eigenantragspflicht für alle juristischen Personen einheitlich und rechtsformübergreifend in § 15a InsO zusammengefasst, wobei das Gesetz nun vom „Eröffnungsantrag" spricht.[614] Damit sollte die zentrale Bedeutung der Vorschrift für

---

610 BT-Drs. 7/4292, S. 15 f.; ebenso *R. Wernsmann*, in: H/H/Sp, § 4 AO Rn. 9 f., Stand: 260. Lfg. v. 10.2020

611 *R. Bork*, 2017, Rn. 1; *K. Schmidt*, in: Schmidt-InsO, § 1 InsO Rn. 1 - 3; *W. Henckel*, in: Jaeger-InsO, Einleitung Rn. 70; *W. Henckel*, in: Jaeger-InsO, § 1 InsO Rn. 3; *A. Schmidt*, in: HambK-InsO, § 1 InsO Rn. 32; *R. Bork*, in: Hdb-InsR, Kapitel 2 Rn. 1.

612 *G. Kahlert*, 2015, Rn. 6, vgl. *W. Henckel*, in: Jaeger-InsO, § 1 InsO Rn. 6.

613 *U. Haas*, in: Baumbach/Hueck-GmbHG, § 64 GmbHG Rn. 1.

614 *H. Bußhardt*, in: Braun-InsO, § 15a InsO Rn. 1; *D. Kleindiek / A. Ransiek*, in: HK-InsO, § 15a InsO Rn. 1 u. 3.

juristische Personen hervorgehoben werden und eine Anwendung auch für ausländische Gesellschaftsformen sichergestellt werden.[615]

Von *Mönning*[616] zunächst als „Gegenstück zum Insolvenzantragsrecht" bezeichnet, bildet die Pflicht doch viel mehr das notwendige Gegenstück zur Haftungsbegrenzung juristischer Personen,[617] diese verliert ihre Existenzberechtigung.[618] Um den Gläubigern ein Mindestmaß an Sicherheit zu gewähren, sieht das Gesetz beim Vorliegen einer der beiden in § 15a Abs. 1 InsO genannten Antragsgründe die strafbewehrte Pflicht zur Stellung eines Insolvenzantrags vor. Auf diesem Weg kann der Gläubigerschutz in Kombination mit § 19 InsO bereits präventiv bewirkt werden.[619]

Die Antragspflicht entsteht dabei mit dem objektiven Vorliegen eines Antragsgrundes, ihr ist ohne schuldhaftes Zögern nachzukommen.[620] Gleichwohl erhalten die Verantwortlichen nach § 15 Abs. 1 InsO eine dreiwöchige Prüffrist. Diese Frist stellt keine Überlegungsfrist dar, sondern soll den Beteiligten als Maximalfrist eine letzte Möglichkeit geben, eine Sanierung zu prüfen beziehungsweise zu ermöglichen.[621] Sobald die Erfolglosigkeit etwaiger Sanierungsbemühungen feststeht, ist unmittelbar der Insolvenzantrag zu stellen,[622] ohne dass die etwaig noch verfügbare Prüfzeit ausgeschöpft werden dürfte

---

615 BT-Drs. 16/6140, S. 126 f.; *H. Bußhardt*, in: Braun-InsO, § 15a InsO Rn. 4; *R.-D. Mönning*, in: Nerlich/Römermann-InsO, § 15a InsO Rn. 20 - 22, Stand: 27. Lfg. v. 08.2014; *D. Kleindiek / A. Ransiek*, in: HK-InsO, § 15a InsO Rn. 6.

616 *R.-D. Mönning*, in: Nerlich/Römermann-InsO, § 15a InsO Rn. 3, Stand: 27. Lfg. v. 08.2014.

617 *K. Schmidt / A. Herchen*, in: Schmidt-InsO, § 15a InsO Rn. 1 - 4; *L. Klöhn*, in: MüKo-InsO, § 15a InsO Rn. 7; so letztlich auch *R.-D. Mönning*, in: Nerlich/Römermann-InsO, § 15a InsO Rn. 4, Stand: 27. Lfg. v. 08.2014.

618 *H. Altmeppen*, in: Altmeppen-GmbHG, Vorb. § 64 GmbHG Rn. 7.

619 *J.-S. Schröder*, in: HambK-InsO, § 19 InsO Rn. 2.

620 *H. Bußhardt*, in: Braun-InsO, § 15a InsO Rn. 16; *R.-D. Mönning*, in: Nerlich/Römermann-InsO, § 15a InsO Rn. 16, Stand: 27. Lfg. v. 08.2014; *K. Schmidt / A. Herchen*, in: Schmidt-InsO, § 15a InsO Rn. 31 f.; *H. Hirte*, in: Uhlenbruck-InsO, § 15a InsO Rn. 14 f.

621 *M. Axhausen / F. Rieser*, in: Beck'sches Hdb. der GmbH, § 15 Rn. 152; *H. Bußhardt*, in: Braun-InsO, § 15a InsO Rn. 16; *K. Schmidt / A. Herchen*, in: Schmidt-InsO, § 15a InsO Rn. 31; *R. Sinz*, in: Schmidt/Uhlenbruck, 1.Teil Rn. 1.193; *R.-D. Mönning*, in: Nerlich/Römermann-InsO, § 15a InsO Rn. 17, Stand: 27. Lfg. v. 08.2014.

622 BGH, Urteil v. 09.07.1979 – II ZR 211/76, NJW 1979, 1829, juris-Rn. 23 = BB 1979, 1629.

Ab dem 01.01.2021 steht dem Geschäftsleiter im Falle des Eintritts der Überschuldung zudem ein längerer Prüfungszeitraum von sechs Wochen zur Verfügung, wobei auch dies eine Höchstfrist darstellt, die nicht ausgenutzt werden darf, soweit ein Scheitern der Sanierungsbemühungen feststeht.[623]

Zudem kam es inzwischen wiederholt vor, dass die Insolvenzantragspflicht im Rahmen schwerer wirtschaftlicher Krisen modifiziert[624] oder ausgesetzt wurde. So wurde zuletzt durch das COVInsAG[625] die Antragspflicht im Zeitraum vom 01.03. bis zum 30.09.2020 für beide Tatbestandsalternativen und für den Zeitraum ab dem 01.10. bis zum 31.12.2020 für die Tatbestandsalternative der Zahlungsunfähigkeit ausgesetzt, soweit die Insolvenzreife auf den Folgen der Ausbreitung der COVID-19-Pandemie beruht.[626] Durch Artikel 10 des SanInsFoG wurde nun die Antragspflicht erneut ausgesetzt, allerdings modifiziert für solche Schuldner, die zuvor einen Antrag auf Staatshilfen gestellt haben.[627]

aa) Insolvenzgründe

(1) Zahlungsunfähigkeit

Nach § 17 Abs. 1 InsO handelt es sich bei der Zahlungsunfähigkeit um den allgemeinen Eröffnungsgrund. Er gilt somit für alle Schuldner, während sowohl die Überschuldung nach § 19 InsO als auch die drohende Zahlungsunfähigkeit nach § 18 InsO an weitere Voraussetzungen geknüpft sind.[628] Über das reine Insolvenzrecht hinaus ist der Zeitpunkt der Zahlungsunfähigkeit auch rechtsgebietsübergreifend entscheidend. Neben den korrespondierenden strafrechtlichen Regelungen der §§ 283, 283c StGB sowie § 15a InsO kommt der Regelung

---

623 Zu dieser und weiteren Änderungen durch das SanInsFoG siehe ab S. 332.

624 So in der Finanzkrise um da Jahr 2008 in Form der Änderung des Überschuldungsbegriffs durch das Finanzmarktstabilisierungsgesetz v. 17.10.2008, BGBl. 2008, 1982.

625 Gesetz zur vorübergehenden Aussetzung der Insolvenzantragspflicht und zur Begrenzung der Organhaftung bei einer durch die COVID-19-Pandemie bedingten Insolvenz v. 27.03.2020, BGBl. 2020, 569 sowie durch das Gesetz zur Änderung des COVID-19-Insolvenzausetzungsgesetz v. 25.09.2020, BGBl. 2020, 2016.

626 Siehe zu den Sonderregeln des COVInsAG *G. Bitter*, GmbHR 2020, 797 sowie zu dessen Auswirkungen auf die Massesicherungspflicht auch *G. Bitter*, in: Scholz-GmbHG, § 64 GmbHG Rn. 483 - 487.

627 Beschlusses des Deutschen Bundestages v. 17.12.2020, BR-Drs. 762/2, S. 65 f.

628 *G. Eilenberger*, in: MüKo-InsO, § 17 InsO Rn. 4; *J.-S. Schröder*, in: HambK-InsO, § 17 InsO Rn. 1 f.

besonders für die gesellschaftsrechtlichen Haftungsnormen (§ 64 GmbHG, § 92 AktG, § 130a HGB, § 99 GenG, § 15a InsO) Bedeutung zu.[629]

Nach § 17 Abs. 2 InsO ist ein Schuldner zahlungsunfähig, wenn er nicht mehr in der Lage ist, die fälligen Zahlungspflichten zu erfüllen, wobei dies nach § 17 Abs. 2 S. 2 InsO bei einer Zahlungseinstellung vermutet wird.[630] Gegenüber der Vorgängerregelung wurde die Norm durch die Insolvenzordnung geringfügig ausgeweitet, da nun keine dauerhafte Zahlungsunfähigkeit mehr vorliegen muss.[631] Abzustellen ist dabei auf die objektive Lage des Schuldners, es kommt weder auf die Vorstellung noch auf den Willen des Schuldners beziehungsweise dessen Vertreters zur Zahlung an.[632]

Entscheidend ist die Abgrenzung zwischen einer bloßen Zahlungsstockung und dem Eintritt der Zahlungsunfähigkeit. Zwischenzeitliche Unklarheiten sind seit dem Grundsatzurteil des *IX. Senats*[633] im Jahre 2005 mittlerweile geklärt. Demnach, sowie nach einigen sich anschließenden Präzisierungen,[634] ist von Zahlungsunfähigkeit auszugehen, wenn der Schuldner zur Erfüllung seiner Zahlungsverpflichtungen nicht mehr in der Lage ist. Dies ist dann der Fall, wenn am Stichtag weniger als 90% seiner fälligen Gesamtverbindlichkeiten gedeckt sind, sowie in den kommenden drei Wochen eine Liquiditätslücke von mindestens 10% vorliegt.[635]

---

629 *S. Rüntz*, in: HK-InsO, § 17 InsO Rn. 3; *R.-D. Mönning / M. Gutheil*, in: Nerlich/Römermann-InsO, § 17 InsO Rn. 8, Stand: 38. Lfg. v. 01.2019.

630 *K. Schmidt*, in: Schmidt-InsO, § 17 InsO Rn. 39 - 45; *J.-S. Schröder*, in: HambK-InsO, § 17 InsO Rn. 35 - 42.

631 *J.-S. Schröder*, in: HambK-InsO, § 17 InsO Rn. 23 a.E.; *R.-D. Mönning / M. Gutheil*, in: Nerlich/Römermann-InsO, § 17 InsO Rn. 11, Stand: 38. Lfg. v. 01.2019.

632 BGH, Urteil v. 17.05.2001 – IX ZR 188/98, ZIP 2001, 1155; *R.-D. Mönning / M. Gutheil*, in: Nerlich/Römermann-InsO, § 17 InsO Rn. 12, Stand: 38. Lfg. v. 01.2019; *H. Bußhardt*, in: Braun-InsO, § 17 InsO Rn. 35; *K. Schmidt*, in: Schmidt-InsO, § 17 InsO Rn. 16; vgl. auch *R.-D. Mönning*, in: Nerlich/Römermann-InsO, § 15a InsO Rn. 16, Stand: 27. Lfg. v. 08.2014.

633 BGH, Urteil v. 24.05.2005 – IX ZR 123/04, BGHZ 163, 134 = ZInsO 2005, 807.

634 BGH, Urteil v. 12.10.2006 – IX ZR 228/03, ZIP 2006, 2222; BGH, Beschluss v. 19.07.2007 – IX ZB 36/07, BGHZ 173, 286 = ZIP 2007, 1666.

635 *S. Mock*, in: Uhlenbruck-InsO, § 17 InsO Rn. 20 - 30; *R.-D. Mönning / M. Gutheil*, in: Nerlich/Römermann-InsO, § 17 InsO Rn. 14 - 19, Stand: 38. Lfg. v. 01.2019; *H. Bußhardt*, in: Braun-InsO, § 17 InsO Rn. 8 - 42; *K. Schmidt*, in: Schmidt-InsO, § 17 InsO Rn. 14 - 30.

(2) Überschuldung

Die Überschuldung nach § 19 InsO ist ein gesonderter Insolvenzgrund ausschließlich für juristische Personen und wird anhand des zweistufigen Überschuldungsbegriffs festgestellt.[636] Eine gesetzliche Rangfolge der beiden Prüfungsschritte ist nicht vorgesehen, sodass regelmäßig die jeweils einfacher durchzuführende Prüfung vorgezogen wird.[637] Regelmäßig wird bei gesunden Unternehmen daher auf die Fortführungsprognose abgestellt, solange diese positiv ist, liegt keine Überschuldung im Sinne von § 19 Abs. 2 InsO vor.[638] Kommt diese aber zu einem negativen Ergebnis, ist als zweites Merkmal zu prüfen, ob die bestehenden Verbindlichkeiten das Vermögen des Schuldners übersteigen. Dabei ist eine Sonderbilanz aufzustellen, in der schlicht die Aktiva und Passiva gegenübergestellt werden.[639] Liegt demnach eine rechnerische Überschuldung vor und ist die Fortführungsprognose negativ, liegt der praktisch wenig bedeutende Fall der Überschuldung vor.[640] Gleichwohl kommt der Regelung im Zusammenspiel mit § 15a InsO eine darüber hinausgehende hohe praktische Bedeutung zu, da sie jeden einzelnen der erfassten Rechtsträger – also nicht etwa den gesamten Konzern als Ganzes – zu einer dauerhaften Selbstüberprüfung seiner finanziellen Situation zwingt. Zur sicheren Vermeidung einer Insolvenzverschleppung sind die Verantwortlichen gezwungen, Fortführungsprognosen aufzustellen, um sich selbst zu entlasten.[641] Dabei müssen die Unternehmer ab dem 01.01.2021 einen verbindlichen 12-Monats-Zeitraum beachten, siehe dazu sowie den weiteren Änderung durch das SanInsFoG ab Seite 338.

---

636 Zu den vorübergehenden Änderungen des Überschuldungsbegriffs s. *J.-S. Schröder*, in: HambK-InsO, § 19 InsO Rn. 1b ff.; zur Entstehungsgeschichte *J. Drukarczyk / A. Schüler*, in: MüKo-InsO, § 19 InsO Rn. 4.

637 *K. Schmidt*, in: Schmidt-InsO, § 19 InsO Rn. 14 f.; *U. Haas*, in: Baumbach/Hueck-GmbHG, Vorb. zu § 64 GmbHG Rn. 57; *S. Mock*, in: Uhlenbruck-InsO, § 19 InsO Rn. 41; **a.A.** (Vorrang der Fortführungsprognose) *S. Rüntz / P. Laroche*, in: HK-InsO, § 19 InsO Rn. 3.

638 *K. Schmidt*, in: Schmidt-InsO, § 19 InsO S. 46 - 53; *S. Mock*, in: Uhlenbruck-InsO, § 19 InsO Rn. 216 - 229; *R.-D. Mönning*, in: Nerlich/Römermann-InsO, § 19 InsO Rn. 44 f., Stand: 27. Lfg. v. 08.2014.

639 *K. Schmidt*, in: Schmidt-InsO, § 19 InsO Rn. 21; *H. Bußhardt*, in: Braun-InsO, § 19 InsO Rn. 11 - 17; *S. Mock*, in: Uhlenbruck-InsO, § 19 InsO Rn. 58 - 215.

640 *R.-D. Mönning*, in: Nerlich/Römermann-InsO, § 19 InsO Rn. 7, Stand: 27. Lfg. v. 08.2014.

641 *K. Schmidt*, in: Schmidt-InsO, § 19 InsO Rn. 1 u. 18; *H. Bußhardt*, in: Braun-InsO, § 19 InsO Rn. 5.

(3) Drohende Zahlungsunfähigkeit

Die Möglichkeit, bereits bei nur drohender Zahlungsunfähigkeit einen Insolvenzantrag stellen zu können, wurde mit der Insolvenzordnung neu geschaffen.[642] § 18 InsO beschränkt sich dabei aber auf die Möglichkeit des Eigenantrags, also nur durch den Schuldner selbst. Er eröffnet *keine Pflicht* zur Antragstellung, weshalb auch ein Gläubiger seinen Eröffnungsantrag nicht auf ihn stützen kann. Entsprechend ist er auch nicht im Tatbestand des § 15a Abs. 1 InsO genannt.

Er symbolisiert die Bemühung des Gesetzgebers, den Verfahrensbeginn möglichst früh eintreten zu lassen, um somit durch die Mittel des Insolvenzverfahrens eine bestmögliche Gläubigerbefriedigung und auch eine Sanierung zu ermöglichen.[643] Erfolg hatte die Regelung zunächst aber kaum, fehlte es doch noch an funktionierenden Sanierungsinstrumenten, die einen frühzeitigen Eigenantrag des Schuldners für diesen attraktiv erscheinen ließen.[644] Dies änderte sich jedoch mit dem ESUG.[645]

Die methodische Durchführung der nach § 18 Abs. 2 InsO geforderten Prognose über die drohende Zahlungsunfähigkeit ist unverändert strittig.[646] Da diese Streitigkeiten auf die Wirkung im Zusammenhang mit der steuerlichen Abführungspflicht keinen Einfluss haben, entfällt hier eine nähere Darstellung.

Der Prognosezeitraum wird nun im Regelfall auf 24 Monate ausgeweitet.[647]

bb) Haftungsansprüche

Die hohe zivilrechtliche Relevanz des § 15a InsO ergibt sich aus dessen Verwendung als *Schutzgesetz*[648] in Verbindung mit § 823 Abs. 2

642 *R.-D. Mönning*, in: Nerlich/Römermann-InsO, § 18 InsO Rn. 1, Stand: 38. Lfg. v. 01.2019; *K. Schmidt*, in: Schmidt-InsO, § 18 InsO Rn. 1.

643 *H. Bußhardt*, in: Braun-InsO, § 17 InsO Rn. 5; vgl. *K. Schmidt*, in: Schmidt-InsO, § 18 InsO Rn. 5 a.E.

644 *W. Uhlenbruck*, in: FS Drukarczyk, S. 443; *R.-D. Mönning*, in: Nerlich/Römermann-InsO, § 18 InsO Rn. 8, Stand: 38. Lfg. v. 01.2019.

645 *R.-D. Mönning*, in: Nerlich/Römermann-InsO, § 18 InsO Rn. 8, Stand: 38. Lfg. v. 01.2019.

646 Siehe u. a. *K. Schmidt*, in: Schmidt-InsO, § 18 InsO Rn. 12 ff.; *H. Bußhardt*, in: Braun-InsO, § 18 InsO Rn. 4; *S. Mock*, in: Uhlenbruck-InsO, § 18 InsO Rn. 18 ff.

647 Siehe zur Gesetzesänderung ab dem 01.01.2021 ab S. 331.

648 Das gegen die Schutzgesetzeigenschaft vorgebrachte Gegenargument, es könne sich nicht um ein Schutzgesetz handeln, da die Vorxgängernorm bereits vor dem Inkrafttreten des BGB bestand, kann nicht überzeugen. Der Gesetzgeber hat zu keinem Zeitpunkt zu erkennen gegeben, dass ein Schutzgesetz zwangsläufig als solches (ab oder nach Inkrafttreten des BGB) geschaffen werden müsse. Vielmehr sollte gerade

BGB.[649] Nach der vom *II. Senat*[650] noch zur Regelung des § 64 GmbHG a.F. begründeten Auffassung schützt die Regelung neben Altgläubigern auch

---

ein umfassendes Schadensersatzrecht implementiert werden, welches in Anlehnung an die historischen Vorbilder einen deutlich umfassenderen Schutz bieten sollte. Zwar hat sich der Gesetzgeber des BGBs gegen eine einzelne Generalnorm entschieden und stattdessen in Form der §§ 823 Abs. 1, Abs. 2 und 826 BGB die „drei kleinen Generalklauseln" geschaffen (*J. Hager*, in: Staudinger (2017), Vorb. §§ 823 ff. BGB Rn. 1 - 6). Doch sollte gerade § 823 Abs. 2 BGB die nicht im BGB normierten Normen in Schutzgesetze transformieren, um so überhaupt einen über wenige Einzelfälle hinausgehenden Schutz zu ermöglichen. So wurde § 823 Abs. 2 BGB seit seinem Bestehen zur Gewährleistung eines allgemeinen Deliktsschutzes umfassend auf alle Rechtsgebiete angewendet. (*J. Hager*, in: Staudinger (2017), § 823 BGB Rn. G1 ff.). Entsprechend kommt es nicht darauf an, ob der Gesetzgeber bei Schaffung der Norm bereits deren entsprechende Anwendung vorgesehen hatte. Ob eine Anwendung möglicherweise mit dem bestehenden Haftungsmodell unvereinbar ist, muss dann durch den Rechtsanwender beurteilt werden. Davon abgesehen, wurde die Norm zwischenzeitlich mehrfach geändert und spätestens mit der Neufassung in der InsO bestätigt, sodass Zweifel an der Schutzgesetzeigenschaft keinen Bestand haben können.

649 So die ganz herrschende Auffassung BGH, Urteil v. 16.12.1958 – VI ZR 245/57, BGHZ 29, 100, juris-Rn. 9; BGH, Urteil v. 06.06.1994 – II ZR 292/91, BGHZ 126, 181, juris-Rn. 22 = NJW 1994, 2220; BGH, Urteil v. 21.10.2014 – II ZR 113/13, ZIP 2015, 267; Brandenburgisches Oberlandesgericht, Urteil v. 11.01.2017 – 7 U 87/14, juris; *D. Kleindiek*, in: Lutter/Hommelhoff-GmbHG, Anhang zu § 64 GmbHG Rn. 80 - 82; *L. Klöhn*, in: MüKo-InsO, § 15a InsO Rn. 140 - 152; *H. Hirte*, in: Uhlenbruck-InsO, § 15a InsO Rn. 39; *U. Haas*, in: Baumbach/Hueck-GmbHG, § 64 GmbHG Rn. 145; *T. Mätzig*, in: BeckOK-GmbHG, § 64 GmbHG Rn. 95 - 98; *H. Wolfer*, in: BeckOK-InsO, § 15a InsO Rn. 30 - 33; *D. Kleindiek*, in: Lutter/Hommelhoff-GmbHG, § 64 GmbHG Rn. 2; *D. Kleindiek / A. Ransiek*, in: HK-InsO, § 15a InsO Rn. 25; *R. Leithaus*, in: Andres/Leithaus-InsO, § 15a InsO Rn. 1; *H.-F. Müller*, in: MüKo-GmbHG, § 64 GmbHG Rn. 199; *H. Bußhardt*, in: Braun-InsO, § 15a InsO Rn. 45 - 47; *K. Schmidt / A. Herchen*, in: Schmidt-InsO, § 15a InsO Rn. 33; *H. Wicke*, § 64 GmbHG Rn. 11; *M. Casper*, in: U/H/L-GmbHG, § 64 GmbHG Rn. 156 - 159; *O. Hohmann*, in: MüKo-StGB, § 15a InsO Rn. 4; *R.-D. Mönning*, in: Nerlich/Römermann-InsO, § 15a InsO Rn. 42a, Stand: 27. Lfg. v. 08.2014; *J. Hager*, in: Staudinger (2017), § 823 BGB Rn. G29 f. u. G48; Schutzgesetz nur für Neugläubiger *A. T. Weiß*, 2016, Rn. 362 - 382; **noch a.A.** RG v. 04.02.1910 – II 255/09, RGZ 73, 30, 34–36; zur Entwicklung der Rechtsprechung des RG siehe *C. Poertzgen*, 2006, S. 247 - 254; **noch immer a.A.** *H. Altmeppen / J. Wilhelm*, NJW 1999, 673, 679 f.; *H. Altmeppen*, in: Altmeppen-GmbHG, Vorb. § 64 GmbHG Rn. 120 - 122; *H. C. Grigoleit / L. Tomasic*, in: Grigoleit-AktG, § 92 AktG Rn. 36 u 45-46.
Vgl. im Übrigen S. 158 f.

650 BGH, Urteil v. 06.06.1994 – II ZR 292/91, BGHZ 126, 181 = NJW 1994, 2220, 190 ff.

Neugläubiger, da sie dafür Sorge tragen soll, notleidende Gesellschaften vom Markt zu nehmen.[651] Damit korrespondierend kann der Schaden der Altgläubiger durch den Insolvenzverwalter, der Schaden der Neugläubiger nur durch diese persönlich geltend gemacht werden.[652]

Für die Untersuchung beachtlich ist das Nebeneinander der Insolvenzverschleppungshaftung und der Haftung aus Verstößen gegen die gesellschaftsrechtlichen Zahlungsverbote wie § 64 S. 1 GmbHG oder § 130a Abs. 1 u. 2 HGB.[653]

Besonders Neugläubiger nehmen die zwischenzeitlich durch die Rechtsprechung attraktiver ausgestaltete Inanspruchnahmemöglichkeit gerne an.[654] Aus Sicht der Geschäftsführer ist für die Haftung für Insolvenzverschleppung besonders zu beachten, dass diese sich der Schuld häufig nicht durch eine Privatinsolvenz entziehen können, da bei vorsätzlichem Handeln ein Fall des § 302 Nr. 1 InsO vorliegt und somit eine Restschuldbefreiung ausgeschlossen ist.[655] Entgegen anderen Forderungen muss dies aufgrund der Regelung des § 302 InsO nicht durch den Schuldner beantragt werden, so wie es sonst nach § 290 InsO der Fall ist. Dem Gläubiger kommt aber ein entsprechendes Antragsrecht zu, falls es an einer eindeutigen Feststellung des Deliktscharakters fehlt.[656] Die Haftung nach § 64 S. 1 GmbHG ist hingegen von der Sperre des § 302 InsO nicht erfasst, da es sich um einen Schadensersatzanspruch eigener Art und daher nicht um einen deliktischen Anspruch handelt.[657]

Demgegenüber besteht aber ebenso ein Haftungsrisiko, falls der Insolvenzantrag zu früh gestellt wird, da der Geschäftsführer dann aus § 43 Abs. 2 GmbHG

651 *M. Habersack / M. Foerster*, ZHR 2014, 387, 390 f.

652 BGH, Urteil v. 22.01.1998 – III ZR 168/96, BGHZ 138, 221, 214 ff.; BGH, Urteil v. 22.10.2013 – II ZR 394/12, ZInsO 2013, 2556; *M. Habersack / M. Foerster*, ZHR 2014, 387, 390 f.; *R.-D. Mönning*, in: Nerlich/Römermann-InsO, § 15a InsO Rn. 42a, Stand: 27. Lfg. v. 08.2014.

653 Zur Idealkonkurrenz der beiden Ansprüche: *L. Klöhn*, in: MüKo-InsO, § 15a InsO Rn. 156.

654 Näher *L. Klöhn*, in: MüKo-InsO, § 15a InsO Rn. 158.

655 *W. Sternal*, in: Uhlenbruck-InsO, § 302 InsO Rn. 11; *K. Henning*, in: Schmidt-InsO, § 302 InsO Rn. 6; *D. Pehl*, in: Braun-InsO, § 302 InsO Rn. 3; zu weiteren Einschränkungen siehe: *H. Hirte*, in: Uhlenbruck-InsO, § 11 InsO Rn. 183.

656 Exemplarisch *E. Riedel*, in: BeckOK-InsO, § 290 InsO Rn. 3 f.

657 *G. Stephan*, in: MüKo-InsO, § 302 InsO Rn. 12; *K. Henning*, in: Schmidt-InsO, § 302 InsO Rn. 6 **a.A.** *T. Kexel*, in: Graf-Schlicker-InsO, § 302 InsO Rn. 5 a.E.; *E. Riedel*, in: BeckOK-InsO, § 302 InsO Rn. 2.

von der Gesellschaft in Anspruch genommen werden kann.[658] In der Praxis sollte daher möglichst früh eine Abstimmung zwischen den Gesellschaftsgremien erfolgen, um auf diesem Weg auch eine möglichst frühe Antragstellung zu ermöglichen und damit die Sanierungschancen zu erhöhen.

cc) Strafbarkeit der Insolvenzverschleppung

Die Antragspflicht wird neben der Haftungsfolge auch über die strafrechtliche Sanktionierung gesichert. Die in Absatz 4 normierte Strafandrohung setzt lediglich voraus, dass ein Insolvenzantrag trotz des Vorliegens eines Eröffnungsgrundes nach Absatz 1 „nicht, nicht richtig oder nicht rechtzeitig" gestellt wurde. Ein darüberhinausgehender Verletzungs- oder Gefährdungserfolg wird nicht gefordert.[659] Strafbar ist dabei insbesondere auch die fahrlässige Begehungsweise nach § 15a Abs. 5 InsO. Diese trifft bereits dann ein, wenn die Verantwortlichen sich nicht ausreichend über die finanzielle Lage des Unternehmens informiert haben.[660] Geschützt werden soll so das Vermögensinteresse der gegenwärtigen und auch der künftigen Gläubiger des Schuldners.[661] Dem Tatbestand kommt dabei eine nicht unbeachtliche praktische Bedeutung zu. Teils wird davon ausgegangen, dass es bei bis zu 90% aller Insolvenzen zu strafbaren Verschleppungshandlungen kommt.[662] Belegt sind bei den gut 20.000[663] Unternehmensinsolvenzen im Jahr 2017 immerhin 10.640 Fälle von Insolvenzstraftaten im Allgemeinen, von denen 99,8% der Taten aufgeklärt wurden.[664] Die

658 OLG München, Urteil v. 21.03.2013 – 23 U 3344/12, ZIP 2013, 1121, juris-Rn. 55; *H. Wicke*, § 64 GmbHG Rn. 18.

659 OLG Hammm, Beschluss v. 04.12.2012 – III 5 RVs 88/12, wistra 2014, 156; *L. Klöhn*, in: MüKo-InsO, § 15a InsO Rn. 323 f.; *H. Hirte*, in: Uhlenbruck-InsO, § 15a InsO Rn. 64 - 66; *K. Schmidt / A. Herchen*, in: Schmidt-InsO, § 15a InsO Rn. 66; *O. Hohmann*, in: MüKo-StGB, § 15a InsO Rn. 4; *C. Pelz*, in: Beck/Depré, § 37 Rn. 34 ff.

660 *L. Klöhn*, in: MüKo-InsO, § 15a InsO Rn. 322; *O. Hohmann*, in: MüKo-StGB, § 15a InsO Rn. 93 - 95; *H. Hirte*, in: Uhlenbruck-InsO, § 15a InsO Rn. 65; *H. Bußhardt*, in: Braun-InsO, § 15a InsO Rn. 31 f.; *C. Pelz*, in: Beck/Depré, § 37 Rn. 48.

661 BGH, Urteil v. 01.03.1954 – 4 StR 193/55, BGHSt 9, 84; *L. Klöhn*, in: MüKo-InsO, § 15a InsO Rn. 322; *O. Hohmann*, in: MüKo-StGB, § 15a InsO Rn. 1 f.

662 Vgl. u.a. *M. Tsambikakis*, GmbHR 2005, 838; *O. Hohmann*, in: MüKo-StGB, § 15a InsO Rn. 6.

663 Insolvenzstatistik des Statistisches Bundesamt, Insolvenzen 1950-2020, abrufbar unter: http://bit.ly/Insolvenzzahlen [zuletzt abgerufen am: 24.01.2022].

664 Bundeskriminalamt, Polizeiliche Kriminalstatistik – Jahrbuch 2017 Band 4, abrufbar unter: http://bit.ly/Kriminalstatistik2017 [zuletzt abgerufen am: 24.01.2022].

Kriminalstatistik schlüsselt dabei allerdings nicht näher auf, wie hoch die Fälle der reinen Insolvenzverschleppung sind, erfasst werden daher auch die Delikte der §§ 283 ff. StGB.

Gleichwohl muss sich ein Geschäftsführer verdeutlichen, dass neben der bereits schmerzlichen zivilrechtlichen Inanspruchnahme bei einem falschen Vorgehen die darüberhinausgehende strafrechtliche Ahndung sehr wahrscheinlich ist.

b) § 55 Abs. 4 InsO

Im Rahmen des § 55 InsO werden Handlungen definiert, aus denen keine reinen Insolvenzverbindlichkeiten im Sinne von § 38 InsO, sondern, abweichend vom Regelfall, Masseverbindlichkeiten im Sinne von § 53 InsO entstehen. Von erheblicher Bedeutung ist der Ausnahmecharakter der Regelung. Als abschließende Sonderregelung ist es demnach weder möglich, durch privatautonome Handlungen Masseverbindlichkeiten zu begründen noch durch einen möglichen Analogieschluss innerhalb des § 55 InsO.[665]

Der zum 01.01.2011[666] neu eingeführte Absatz 4 soll laut der Gesetzesbegründung die Steuerausfälle im Zeitraum des Eröffnungsverfahren verringern, da besonders im Rahmen der Umsatzsteuer erhebliche Ausfälle zu verzeichnen waren.[667] Er bewirkt eine Umqualifizierung der im Eröffnungsverfahren vom vorläufigen schwachen Verwalter begründeten Steuerverbindlichkeiten von reinen Insolvenzverbindlichkeiten hin zu Masseverbindlichkeiten.[668] Die Norm erfasst dabei über die vom Gesetzgeber besonders hervorgehobenen Umsatzsteuer hinaus auch alle weiteren Steuerarten.[669] Nach langen Diskussionen herrscht mittlerweile jedenfalls auf Seiten des *BGH*[670] Klarheit darüber, dass § 55 Abs. 4 InsO auf Eröffnungsverfahren in Eigenverwaltung nach § 270a InsO keine Anwendung findet. Dies entspricht auch der nahezu einhelligen Auffassung der

665 *C. Thole*, in: Schmidt-InsO, § 55 InsO Rn. 49.

666 HBeglG v. 09.12.2010, BGBl. I 2010, S. 1885.

667 BT-Drucks. 17/3030, S. 23-26.

668 *G. Frotscher*, 2013, S. 78.

669 *H. Hefermehl*, § 55 InsO S. 240; *E. Bäuerle / O. Miglietti*, in: Braun-InsO, § 55 InsO Rn. 107; *G. Frotscher*, 2013, S. 78; BFH, Beschluss v. 27.10.2016 – IV B 119/15, BFH/NV 2017, 320; FG Bremen, Urteil v. 23.03.2017 – 3 K 2/17 (1), NZI 2017, 497, juris-Rn. 59–63; ebenso BMF-Schreiben v. 20.05.2015 (IV A 3-S 0550/10/10020-05), BStBl. I 2015, 476, Rn. 6 u. 24.

670 BGH, Urteil v. 22.11.2018 – IX ZR 167/16, ZIP 2018, 2488 = NJW 2019, 224 = ZInsO 2018, 2796. (zuvor bereits OLG Jena, Urteil v. 22.06.2016 – 7 U 753/15, NZI 2016, 784).

Literatur als auch der überwiegend gelebten Praxis.[671] Nachdem eine BFH-Entscheidung lange ausstand, hatten sich bereits einige Finanzgerichte gegen eine analoge Anwendung ausgesprochen.[672] Mittlerweile wurde dies durch den BFH unter explizitem Anschluss an die BGH-Rechtsprechung zur Begründung von Masseverbindlichkeiten bestätigt.[673] Gleiches gilt auch für das Schutzschirmverfahren – wenngleich es insoweit noch an einer Bestätigung durch die Rechtsprechung fehlt –, da die Verweisung in § 270b Abs. 3 S. 2 InsO lediglich auf § 55 Abs. 2 InsO verweist.[674] Dabei wird jeweils insbesondere eine analoge Anwendung der Vorschrift abgelehnt, da es an einer planwidrigen Regelungslücke fehle,[675] beziehungsweise sogar eine bewusste Nichtregelung vorliege.[676]

Für die zu untersuchende Fragestellung ist die Norm somit nur noch von indirekter Bedeutung,[677] als möglicherweise ein Rückschluss insoweit zulässig ist, dass nur die zu Masseverbindlichkeiten aufgewerteten Beträge vorrangig zu zahlen sind und alle anderen, bloßen Insolvenzverbindlichkeiten auf ihre quotale Befriedigung zu warten haben.

---

671 *R. Sinz*, in: Uhlenbruck-InsO, § 55 InsO Rn. 110; *S. Fiebig*, in: HambK-InsO, § 270a InsO Rn. 42; *A. Commandeur / G. Utsch*, NZG 2019, 102, 103; *L. Maschlanka*, GWR 2019, 32, 32; *E. Bäuerle / O. Miglietti*, in: Braun-InsO, § 55 InsO Rn. 129; *C. Thole*, in: Schmidt-InsO, § 55 InsO Rn. 47; *R. Buchalik / K. Schröder*, ZInsO 2016, 2025, 2027; *D. Andres*, in: Nerlich/Römermann-InsO, § 55 InsO Rn. 121f, Stand: 29. Lfg. v. 01.2016; *P.-B. Harder*, NZI 2015, 162, 162; *G. Kahlert*, in: Kübler-HRI (2015), § 57 Rn. 23; *J. M. Schmittmann / D. Dannemann*, ZIP 2014, 1405, 1406; *C. Herbst*, in: Buth/Hermanns, § 28 Rn. 150; *A. Hobelsberger*, DStR 2013, 2545, 2549 f.; *C. Meller-Hannich*, in: Jaeger-InsO, § 270a InsO Rn. 33 - 36; **a.A.** *N. Weber*, ZInsO 2017, 67.

672 FG Münster, Urteil v. 12.03.2019 – 15 K 1535/18 U, ZInsO 2019, 1377 = NZI 2019, 547; FG Köln, Urteil v. 11.04.2019 – 12 K 2583/17 (Bestätigt durch BFH, Urt. v. 07.05.2020 - V R 19/19, BFH/NV 2020, 1095), ZIP 2020, 40; **offen gelassen** FG Baden-Württemberg, Urteil v. 15.06.2016 – 9 K 2564/14, ZInsO 2016, 1824, juris-Rn. 29 = NZI 2016, 851; für die Anwendung auf den vorläufigen Insolvenzverwalter BMF-Schreiben v. 20.05.2015 (IV A 3 - S 0550/10/ 10020-05), DStR 2015, 1247, Rn. 2.

673 BFH, Beschluss v. 07.05.2020 – V R 14/19, BFH/NV 2020, 1178 = DStR 2020, 1674; Parallelentscheidung BFH, Beschluss v. 07.05.2020 – V R 19/19, BFH/NV 2020, 1095; sowie zu den sich daraus ergebenden Liquiditätsvorteilen *L. F. Weber / C. C. Knaebel*, DStR 2020, 2229, passim.

674 *D. Andres*, in: Nerlich/Römermann-InsO, § 55 InsO Rn. 121g, Stand: 29. Lfg. v. 01.2016.

675 *G. Kahlert*, EWiR 2015, 709, 710; *G. Kahlert*, ZIP 2014, 1101, 1105.

676 *C. Sterzinger*, NZI 2016, 784, 785.

677 Eingehender und zur allgemeinen Kritik des systemwidrigen Eingriffs: *G. Frotscher*, 2013, S. 20 f. und 78; *G. Kahlert*, 2015, S. 8.

Der Gesetzgeber hat nun mit Wirkung zum 01.01.2021 im Rahmen des SanInsFoG den § 55 Abs. 4 InsO neugefasst und den Anwendungsbereich auch auf die vorläufige Eigenverwaltung ausgeweitet. Zu der Änderung sowie deren Auswirkungen ab Seite 337.

c) § 155 InsO

Als eine der wenigen Normen die das Verhältnis von Steuerrecht und Insolvenzrecht näher bestimmen, könnte der Regelung des § 155 InsO eine gewisse Bedeutung zukommen. In erster Linie hat die gegenüber der Konkursordnung neue Regelung aber nur eine klarstellende Funktion.[678] Gemeinsam mit der Regelung des § 66 InsO wird der Dualismus der Rechnungslegung normiert, nachdem systematisch korrekt zwischen der insolvenzrechtlichen und handelsrechtlichen Rechnungslegung zu unterscheiden ist.[679] Bis zur Eröffnung des Hauptverfahrens verbleiben die steuerlichen Buchführungspflichten damit beim Schuldner, ein Eingriff in die grundlegenden Verantwortungen findet nicht statt.[680] Etwas anderes gilt nur, wenn dem Schuldner bereits im Eröffnungsverfahren ein allgemeines Verfügungsverbot auferlegt wird, da sodann der vorläufige Insolvenzverwalter nach § 34 Abs. 3 AO in die Pflichtenstellung einrückt.[681] Entsprechend verbleiben in Eigenverwaltungsverfahren und der Bestellung eines Sachwalters alle Pflichten unverändert beim Schuldner, selbst dann, wenn das Kassenführungsrecht auf den Sachwalter übertragen wird.[682]

Darüber hinaus regelt Absatz 2 den Beginn eines neuen Geschäftsjahres mit dem Tag der Eröffnung des Hauptverfahrens sowie Absatz 3 die Bestellung eines Abschlussprüfers auf Antrag des Verwalters durch das Registergericht.

Eine nennenswerte, über die tatsächliche Regelung hinausgehende Bedeutung für die vorliegende Untersuchung, ist der Norm folglich kaum zu entnehmen.

---

678 *R. Sinz*, in: Uhlenbruck-InsO, § 155 InsO Rn. 1; *S. U. Denkhaus*, in: HambK-InsO, § 155 InsO Rn. 2; *P. Depré*, in: HK-InsO, § 155 InsO Rn. 1; *J. M. Schmittmann*, in: Schmidt-InsO, § 155 InsO Rn. 1; *D. Andres*, in: Nerlich/Römermann-InsO, § 155 InsO Rn. 3, Stand: 10. Lfg. v. 09.2005.

679 *S. U. Denkhaus*, in: HambK-InsO, § 155 InsO Rn. 2; *D. Haffa / H. Leichtle*, in: Braun-InsO, § 155 InsO Rn. 1; *J. M. Schmittmann*, in: Schmidt-InsO, § 155 InsO Rn. 1; *E. Kießling*, in: BK-InsO, § 155 InsO Rn. 9, Stand: 62. Lfg. v. 09.2017; *D. Eckardt*, in: Jaeger-InsO, § 155 InsO Rn. 1 - 3; *D. Andres*, in: Nerlich/Römermann-InsO, § 155 InsO Rn. 1 f., Stand: 10. Lfg. v. 09.2005.

680 *D. Andres*, in: Nerlich/Römermann-InsO, § 155 InsO Rn. 31, Stand: 10. Lfg. v. 09.2005.

681 *D. Andres*, in: Nerlich/Römermann-InsO, § 155 InsO Rn. 36, Stand: 10. Lfg. v. 09.2005.

682 *S. U. Denkhaus*, in: HambK-InsO, § 155 InsO Rn. 20.

Weder lassen sich den getroffenen Regelungen weiterreichende Prinzipien entnehmen, noch kann sie über eine weiterreichende Trennung zwischen Insolvenz- und Steuerrecht Auskunft geben.

d) Eröffnungsverfahren nach ESUG

Eine der aktuellen Kernfragen stellt das Pflichtenprogramm des Schuldners – vertreten durch seine Geschäftsführungsorgane – in den neuen Eröffnungsverfahren dar. Im Gegensatz zum klassischen System der Fremdverwaltung durch einen (vorläufigen) Insolvenzverwalter, besteht inzwischen seit einigen Jahren die Möglichkeit, sowohl im Eröffnungs- als auch im Hauptverfahren die Verfahrensleitung beim Schuldner selbst zu belassen.[683] Dabei steht ihm bereits im Eröffnungsverfahren nach § 270a Abs. 1 S. 2 InsO beziehungsweise § 270b Abs. 2 S. 1 InsO ein sogenannter (vorläufiger) Sachwalter zur Seite, dessen Aufgabe in erster Linie in der Überwachung des Schuldners besteht. Gerade dieses Nebeneinander von Schuldner und Sachwalter prägt das Verfahren.[684] Über den abschnittsbezogenen Verweis in § 270 Abs. 1 S. 2 InsO gelten grundsätzlich die gleichen Vorschriften wie im Regelverfahren, soweit insbesondere in den §§ 270a und 270b InsO keine Besonderheiten normiert sind.[685] Die Neuregelungen betreffen daher primär die Voraussetzungen für die Anordnung sowie die Rolle des Sachwalters.[686]

Das gesetzgeberische Ziel der Eigenverwaltung ist neben einem weiteren Anreiz zur frühzeitigen Verfahrenseinleitung, die Kenntnisse und Erfahrungen der bisherigen Geschäftsführung für das Verfahren nutzbar zu machen und gleichzeitig die höheren Kosten des Regelinsolvenzverfahrens zu vermeiden.[687] Der Zweck des Insolvenzverfahrens bleibt hingegen unverändert. Zwar verfügt der Schuldner im Rahmen der vorläufigen Eigenverwaltung im Zusammenspiel mit den Gläubigern über mehr Freiheiten, doch steht weiterhin zunächst der

683 Zur vorherigen Kritik an dieser Regelungslücke und zu Auswegen aus dieser: *R. Riggert*, in: Nerlich/Römermann-InsO, § 270a InsO Rn. 1, Stand: 35. Lfg. v. 04.2018.

684 *R. Riggert*, in: Braun-InsO, Vorb. §§ 270–285 InsO Rn. 3.

685 *C. Brünkmans*, in: HK-InsO, Vorb. §§ 270 ff. InsO Rn. 8; *R. Riggert*, in: Braun-InsO, § 270 InsO Rn. 13.

686 *C. Brünkmans*, in: HK-InsO, Vorb. §§ 270 ff. InsO Rn. 8 - 11.

687 Begr. RegE InsO, BT-Drs. 12/2443, S. 223; *D. Andres*, in: Andres/Leithaus-InsO, Vorb. §§ 270–285 Rn. 3; *R. Riggert*, in: Nerlich/Römermann-InsO, Vorb. §§ 270-285 InsO Rn. 4, Stand: 35. Lfg. v. 04.2018; *H.-F. Müller*, in: MüKo-GmbHG, § 64 GmbHG Rn. 125.

Erhalt des Vermögens und daran anschließend die bestmögliche und gleichmäßige Befriedigung der Gläubigergesamtheit im Mittelpunkt jedes Verfahrens.[688]

Ob und wie die verschiedenen steuerlichen und gesellschaftsrechtlichen Pflichten in diesem Zusammenspiel genau modifiziert werden, konnte aber bis dato nicht abschließend geklärt werden.

aa) Vorläufige Eigenverwaltung

Das erste der beiden Verfahren stellt die vorläufige Eigenverwaltung nach § 270a InsO dar. Sie betrifft die häufig eher kurze Zeit zwischen der Stellung des Eröffnungsantrags und der Eröffnung des Hauptverfahrens.[689]

(1) Ablauf

Wie jedes Insolvenzverfahren werden auch Eigenverwaltungsverfahren nur auf Antrag eingeleitet, wobei dieser ausschließlich durch den Schuldner selbst gestellt werden kann.[690] Dabei handelt es sich zunächst nur um einen regulären Antrag auf Eröffnung des Insolvenzverfahrens, der durch einen weiteren Antrag auf Eigenverwaltung ergänzt wird.[691] Daraus ergibt sich seitens des Schuldners die Möglichkeit, einem bereits erfolgten (gewöhnlichen) Gläubigerantrag einen eigenen Antrag auf Eigenverwaltung nachzuschieben.[692] Einer besonderen Form oder Begründung bedarf der Antrag nicht, gleichwohl ist zu einer detaillierten Begründung zu raten, da den Schuldner die Beibringungslast trifft und es andernfalls zu unerwünschten Verzögerungen im Verfahrensablauf kommen wird.[693]

Die Geschäftsführung muss beachten, dass sie, soweit noch keine Antragspflicht nach § 15a InsO vorliegt, in der Antragstellung keineswegs frei ist. In

---

688 *M. Krumm*, in: 100 Jahre FG, S. 109; *R. Buchalik / A. Kraus*, ZInsO 2014, 2354, 2355; *M. Hofmann*, in: Kübler-HRI (2019), § 7 Rn. 5.

689 *C. A. Kern*, in: MüKo-InsO, § 270a InsO Rn. 16.

690 *H. Zipperer*, in: Uhlenbruck-InsO, § 270a InsO Rn. 2; *R. Leithaus*, in: Andres/Leithaus-InsO, § 270a InsO Rn. 3; *J. D. Spliedt*, in: Schmidt/Uhlenbruck, 9. Teil Rn. 9.4; *R. Riggert*, in: Nerlich/Römermann-InsO, § 270a InsO Rn. 4, Stand: 35. Lfg. v. 04.2018.

691 *J. D. Spliedt*, in: Schmidt/Uhlenbruck, 9. Teil Rn. 9.4.

692 *C. A. Kern*, in: MüKo-InsO, § 270a InsO Rn. 16; *R. Riggert*, in: Nerlich/Römermann-InsO, § 270a InsO Rn. 7, Stand: 35. Lfg. v. 04.2018; *H. Zipperer*, in: Uhlenbruck-InsO, § 270a InsO Rn. 2; *J. D. Spliedt*, in: Schmidt/Uhlenbruck, 9. Teil Rn. 9.4.

693 *J. D. Spliedt*, in: Schmidt/Uhlenbruck, 9. Teil Rn. 9.7; *H. Zipperer*, in: Uhlenbruck-InsO, § 270a InsO Rn. 2.

diesen Fällen muss vor Stellung des Eröffnungsantrags ein entsprechender Beschluss der Gesellschafterversammlung ergehen.[694]

Sodann wird vom Insolvenzgericht der Antrag geprüft. Der Antrag darf nach dem Wortlaut des § 270a Abs. 1 S. 1 InsO „nicht offensichtlich aussichtlos" sein. Dies wäre der Fall, wenn nach dem gegenwertigen Stand des Verfahrens aus tatsächlichen oder rechtlichen Gründen die spätere Anordnung der Eigenverwaltung ausscheidet. Damit findet ein Verweis auf die Voraussetzungen des § 270 Abs. 2 InsO statt, weshalb durch das Gericht eine Prognoseentscheidung in Form einer Evidenzkontrolle anzustellen ist.[695] Diese könnte beispielsweise scheitern, wenn es dem Schuldner an den für die Verfahrensdurchführung nötigen insolvenzrechtlichen Kenntnissen[696] fehlt.[697] Fällt die Prüfung positiv aus, liegt eine Modifizierung des § 21 Abs. 1 InsO vor, womit es eingeschränkt im Ermessen des Gerichts steht, die geeigneten Sicherungsmaßnahmen zu ergreifen.[698] Regelmäßig wird daher die Anordnung der vorläufigen Eigenverwaltung unter Hinzuziehung eines vorläufigen Sachwalters nach § 270a Abs. 1 S. 2 InsO sachgerecht sein.[699] Das Gericht kann aber ausnahmsweise daneben (oder stattdessen) weitere Sicherungsmaßnahmen anordnen.[700]

Aus Sicht des Schuldners ist darüber hinaus von besonderer Bedeutung, ob die Anordnung des Verfahrens veröffentlicht wird. Eine einheitliche Meinung

---

694 OLG München, Urteil v. 21.03.2013 – 23 U 3344/12, ZIP 2013, 1121; *J. D. Spliedt*, in: Schmidt/Uhlenbruck, 9. Teil Rn. 9.6; *A. U. Neußner*, in: Kübler-HRI (2019), § 6 Rn. 43 - 45; *D. Kleindiek*, in: Lutter/Hommelhoff-GmbHG, Anhang zu § 64 GmbHG Rn. 8; *G. Bitter*, in: Scholz-GmbHG [11. Auflage], Vorb. § 64 GmbHG Rn. 98; *U. Haas*, in: FS Stürner, S. 757 (der sich deswegen zugleich für eine Anwendung des § 276a InsO ausspricht); wohl auch *D. Skauradszun / A. Spahlinger*, DB 2015, 2559, 2562; **a.A.** *B. Meyer-Löwy / C. N. Pickerill*, GmbHR 2013, 1065, 1075.

695 *H. Zipperer*, in: Uhlenbruck-InsO, § 270a InsO Rn. 3; *R. Leithaus*, in: Andres/Leithaus-InsO, § 270a InsO Rn. 5; *R. Riggert*, in: Braun-InsO, § 270a InsO Rn. 2; *S.-H. Undritz*, in: Schmidt-InsO, § 270a InsO Rn. 2; *C. A. Kern*, in: MüKo-InsO, § 270a InsO Rn. 20 - 25; *R. Riggert*, in: Nerlich/Römermann-InsO, § 270a InsO Rn. 8, Stand: 35. Lfg. v. 04.2018.

696 *S.-H. Undritz*, in: Schmidt-InsO, § 270a InsO Rn. 2.

697 Siehe zur Rechtsstellung des Schuldners und dessen daraus resultierender Rolle S. 130.

698 *H. Ellers*, in: BeckOK-InsO, § 270a InsO Rn. 23; kritisch: *C. A. Kern*, in: MüKo-InsO, § 270a InsO Rn. 30 - 35; *H. Zipperer*, in: Uhlenbruck-InsO, § 270a InsO Rn. 6.

699 *R. Leithaus*, in: Andres/Leithaus-InsO, § 270a InsO Rn. 6; *S.-H. Undritz*, in: Schmidt-InsO, § 270a InsO Rn. 4; *R. Riggert*, in: Nerlich/Römermann-InsO, § 270a InsO Rn. 4, Stand: 35. Lfg. v. 04.2018.

700 *S.-H. Undritz*, in: Schmidt-InsO, § 270a InsO Rn. 2 und 5.

hat sich jedoch insoweit noch nicht herausgebildet. Von einer unbedingten Pflicht zur Veröffentlichung[701] über eine Abwägung nach pflichtgemäßem Ermessen durch das Insolvenzgericht[702] bis hin zu einem strikten Verbot[703] werden alle denkbaren Positionen vertreten. Überzeugend ist dabei ein pflichtgemäßes Ermessen des Insolvenzgerichts. Im Regelfall werden die überwiegenden Gründe gegen eine Bekanntmachung sprechen, doch kann auf diesem Wege beispielsweise berücksichtigt werden, ob bereits eine Antragspflicht nach § 15a Abs. 1 InsO eingetreten ist.

(2) Rechtsstellung des Schuldners

Hinsichtlich der Rechtsstellung des Schuldners im Eröffnungsverfahren besteht darüber Einigkeit, dass er weiterhin verwaltungs- und verfügungsbefugt bleibt. Wie diese Stellung zu begründen ist und welche Konsequenzen daraus zu ziehen sind, ist jedoch ebenso umstritten wie viele damit korrespondierende Aspekte der vorläufigen Eigenverwaltung. Es stehen sich dabei zwei konträre Richtungen gegenüber, wenngleich sich auf den ersten Blick nur geringe Auswirkungen zeigen. Mit Blick auf die zu untersuchende Rechtsfrage ist eine unterschiedliche rechtliche Stellung der betroffenen Personen aber von einiger Relevanz. Der Gesetzgeber hat sich ausweislich der Gesetzesbegründungen zur Stellung des Schuldners im Eröffnungsverfahren nach § 270a InsO keine Gedanken gemacht.[704]

(a) Amtswalterstellung

Auf der einen Seite wird davon ausgegangen, dass der Schuldner, vertreten durch die Geschäftsführung, mit der gerichtlichen Anordnung der vorläufigen

---

701 *F. Frind*, ZInsO 2013, 279.

702 AG Göttingen, Beschluss v. 21.11.2012 – 74 IN 160/12, NZI 2012, 1008 = ZIP 2012, 2360; *S. Fiebig*, in: HambK-InsO, § 270a InsO Rn. 47; *H. Zipperer*, in: Uhlenbruck-InsO, § 270a InsO Rn. 12 a.E.; *H. Ellers*, in: BeckOK-InsO, § 270a InsO Rn. 27 a.E.; *C. A. Kern*, in: MüKo-InsO, § 270a InsO Rn. 34; *R. Leithaus*, in: Andres/Leithaus-InsO, § 270a InsO Rn. 8; *R. Riggert*, in: Nerlich/Römermann-InsO, § 270a InsO Rn. 18, Stand: 35. Lfg. v. 04.2018.

703 *G. Hölzle*, in: Hdb-InsR, Kapitel 15 Rn. 172; *C. Meller-Hannich*, in: Jaeger-InsO, § 270a InsO Rn. 29; *S.-H. Undritz*, in: Schmidt-InsO, § 270a InsO Rn. 5; *U. Keller*, ZIP 2012, 1895; *M. Horstkotte*, ZInsO 2012, 1161.

704 So auch *S.-H. Undritz*, BB 2012, 1551, 1554.; vgl. BT-Drs. 17/5712 S. 39 f.; vgl. hingegen zu § 270b InsO BT-Drs. 17/7511 S. 37.

Eigenverwaltung Partei kraft Amtes wird, also durch das Insolvenzgericht seine Befugnis „erhält“.[705]

Im Rahmen des eröffneten Eigenverwaltungsverfahrens entspricht dies auch der einhelligen Auffassung in der Rechtsprechung und Literatur.[706]

(b) Fortbestand der privatautonomen Rechtsmacht

Demgegenüber wird angenommen, dass sich die Rechtstellung des Schuldners im Vergleich zur Situation vor Antragstellung insoweit nicht verändert und er dementsprechend weiterhin kraft privatautonomer Rechtsmacht handle,[707] soweit er nicht nur durch das Gericht gesondert ermächtigt wird.

Es wird dabei darauf abgestellt, dass dem Schuldner seine Befugnisse „belassen“ werden beziehungsweise er diese „behält“.[708] Gerade im Vergleich zur Regelung des § 270 InsO, in der eine Neuzuweisung der Befugnisse angeordnet wird,

---

705 *H. Zipperer*, in: Uhlenbruck-InsO, § 270a InsO Rn. 12; *M. Dahl / D. Schmitz*, NJW-Spezial 2019, 21, 21; LG Erfurt, Urteil v. 16.10.2015 – 8 O 196/15, NZI 2016, 32, juris-Rn. 18; *N. Lenger / L. M. Khanian*, NZI 2014, 385, 387 f.; *L. Häsemeyer*, in: FS Schilken, S. 697; wohl auch *G. Hölzle*, ZIP 2018, 1669, 1673 f.; einschränkend *F. Klinck*, ZIP 2013, 853, 857 u. 859 f.; i.E. wohl für eine Doppelstellung, Amtswalter daher nur insoweit, wie ihm durch hoheitliche Anordnung (insbesondere das Masseverbindlichkeitenbegründungsrecht) Rechte zugeteilt werden *R. Foltis*, in: FK-InsO, 270a InsO Rn. 11 f.; *C. Brünkmans*, in: HK-InsO, § 270a InsO Rn. 22.

706 BFH, Urteil v. 27.09.2018 – V R 45/16, BStBl. II 2019, 356, juris-Rn. 29; BFH, Beschluss v. 07.05.2020 – V R 14/19, BFH/NV 2020, 1178, juris-Rn. 21 = DStR 2020, 1674; BGH, Urteil v. 22.11.2018 – IX ZR 167/16, ZIP 2018, 2488, juris-Rn. 11 = NJW 2019, 224 = ZInsO 2018, 2796; BGH, Urteil v. 03.12.2019 – II ZR 457/18, ZIP 2020, 263, juris-Rn. 19; *R. Riggert*, in: Braun-InsO, § 270 InsO Rn. 1; *H. Zipperer*, in: Uhlenbruck-InsO, § 270 InsO Rn. 12; *C. Morgen*, in: SanR, § 270 InsO Rn. 50; *M. Hofmann*, in: Kübler-HRI (2019), § 7 Rn. 30; FK-InsO, § 270 InsO Rn. 35; *S.-H. Undritz*, in: Schmidt-InsO, § 270 InsO Rn. 17; *W. Sonnleitner / M. Winkelhog*, BB 2015, 88.

707 BFH, Beschluss v. 07.05.2020 – V R 14/19, BFH/NV 2020, 1178, juris-Rn. 21 = DStR 2020, 1674; BGH, Urteil v. 22.11.2018 – IX ZR 167/16, ZIP 2018, 2488, juris-Rn. 11 = NJW 2019, 224 = ZInsO 2018, 2796; FG Münster, Urteil v. 12.03.2019 – 15 K 1535/18 U, ZInsO 2019, 1377, juris-Rn. 53 a.E. = NZI 2019, 547; *M. L. Graf-Schlicker*, in: Graf-Schlicker-InsO, § 270a InsO Rn. 17; *C. Morgen*, in: SanR, § 270a InsO Rn. 12; *M. Hofmann*, in: Kübler-HRI (2019), § 7 Rn. 31; *B. Schulz*, 2017, S. 108 f.; *W. Sonnleitner / M. Winkelhog*, BB 2015, 88, 96; *D. König*, 2015, S. 311 f.; *C. Meller-Hannich*, in: Jaeger-InsO, § 270a InsO Rn. 2; *S.-H. Undritz*, BB 2012, 1551, 1553 a.E.; im Vergleich zur Vorauflage (dort explizit Rn. 38) nunmehr unklar *S. Fiebig*, in: HambK-InsO, § 270a InsO Rn. 43 ff.

708 Ohne nähere Ausführungen *M.C. Frege, U. Keller, E. Riedel*, 2015, Rn. 2055.

werde deutlich, dass gerade keine einem Amtswalter vergleichbare Stellung des Schuldners beziehungsweise seiner Organe vorliege. Es komme demnach lediglich zu einer insolvenzrechtlichen Ergänzung seiner Rechtsposition.[709] Gleichwohl habe der Schuldner jedenfalls ab diesem Zeitpunkt die insolvenzrechtlichen Regelungen zu beachten, wobei besonders die Massesicherungspflicht sowie die insolvenzrechtlichen Zahlungsverbote zu beachten sind.[710]

(c) Stellungnahme

Die letztgenannte Auffassung kann im Ergebnis überzeugen. Entgegen einem vorläufigen Insolvenzverwalter, der nach erfolgter Anordnung nur mit Genehmigung des Gerichts tätig wird und mithin Amtswalter ist, bleibt die Position des Schuldners und seiner Organe – soweit es seine Rechts- und Handlungsfähigkeit betrifft – unangetastet. Das Insolvenzgericht prüft nach Eingang der Unterlagen, ob es dem Geschäftsführer – statt eines vorläufigen Insolvenzverwalters – weiter die Geschäftsführung überlässt oder stattdessen (beziehungsweise ergänzend) Sicherungsmaßnahmen erlässt. Das Gesetz hat hier mittlerweile eine intendierte Entscheidung zugunsten des Schuldners festgeschrieben.[711] Diese legitimiert aber gerade keine neue Rechtsmacht, sondern lässt die bisherige Legimitation – unter Hinzutreten insolvenzrechtlicher Pflichten – unberührt. Dennoch trifft den Schuldner ab diesem Zeitpunkt auch ein neues „Pflichtenprogramm",[712] welches gemeinschaftlich vom vorläufigen Sachwalter und dem Insolvenzgericht kontrolliert wird. Der Schuldner muss umfassend den insolvenzrechtlichen Pflichten nachkommen und ist somit nahezu ausschließlich den Gläubigern verpflichtet. Diese Verpflichtung geht insbesondere über die bis dahin nur mittelbar wirkende Insolvenzantragspflicht sowie die Pflicht zur Erhaltung der Haftungsmasse aus § 64 S. 1 GmbHG hinaus.

---

709 *C. Brünkmans*, in: HK-InsO, § 270a InsO Rn. 22; *M. Hofmann*, in: Kübler-HRI (2019), § 7 Rn. 32.

710 *S. Fiebig*, in: HambK-InsO, § 270a InsO Rn. 15.

711 Siehe dazu bereits S. 128.

712 FG Münster, Urteil v. 07.09.2017 – 5 K 3123/15 U, NZI 2017, 939, juris-Rn. 40 (aufgehoben durch BFH, Urteil v. 27.11.2019 - XI R 35/17); AG Hamburg, Beschluss v. 14.07.2014 – 67b IN 196/14, ZIP 2014, 2101, juris-Rn. 4; *G. Kahlert*, ZIP 2013, 2348, 2350; *N. Lenger / L. M. Khanian*, NZI 2014, 385, 387 f.

(aa) Bestätigt durch § 270a Abs. 2 InsO

Nach § 270a Abs. 2 InsO kann der Schuldner seinen Insolvenzantrag, sofern er ihn bereits bei drohender Zahlungsunfähigkeit gestellt hat, noch zurücknehmen.[713] Das gerade in Fällen der GmbH regelmäßig auch der Eröffnungsgrund der Überschuldung vorliegt und eine Antragsrücknahme häufig an der gleichzeitig bestehenden Antragspflicht scheitert,[714] ändert nichts an dieser systematischen Grundaussage.

Mag die Stellung als Amtswalter dazu vielleicht auch nicht im direkten Widerspruch stehen, so muss es doch jedenfalls als sehr atypisch attestiert werden, dass es der Amtswalter selbst in der Hand haben soll, die Position fast nach Belieben zu verlassen. Zugleich besteht dieses Problem durch die allgemein akzeptieren Möglichkeit der Antragsrücknahme bereits im Regelverfahren,[715] hier im Ergebnis kaum ein Rückschluss in die eine oder die andere Richtung möglich ist.

(bb) Anwendbarkeit des § 276a InsO

Eines der Hauptargumente für die Begründung der Amtswalterstellung in eigenen Angelegenheiten im Rahmen des eröffneten Eigenverwaltungsverfahrens ist der in § 276a InsO normierte Mitwirkungsausschluss der Überwachungsorgane des Schuldners – soweit es sich um eine juristische Person beziehungsweise eine Gesellschaft ohne Rechtspersönlichkeit handelt. Daraus ergibt sich eine klare Entkopplung zwischen der laufenden Geschäftsführung und den Anteilseignern. Nach überwiegender Auffassung findet dieser Mitwirkungsausschluss aber auf das Eröffnungsverfahren keine Anwendung.[716] Begründet wird dieser Anwendungsausschluss damit, dass über den Wortlaut hinaus ein Eingriff in

---

713 *S. Fiebig*, in: HambK-InsO, § 270a InsO Rn. 45; *G. Pape*, in: K/P/B-InsO, § 270a InsO Rn. 40 f., Stand: 49. Lfg. v. 07.2012; *R. Riggert*, in: Nerlich/Römermann-InsO, § 270a InsO Rn. 17, Stand: 35. Lfg. v. 04.2018.

714 *B. Schulz*, 2017, S. 127; *H. Ellers*, in: BeckOK-InsO, § 270a InsO Rn. 70.

715 Exemplarisch *R.-D. Mönning*, in: Nerlich/Römermann-InsO, § 13 InsO Rn. 94 - 125, Stand: 33. Lfg. v. 09.2017.

716 *H. Ellers / H. Plaßmeier*, in: BeckOK-InsO, § 276a InsO Rn. 6; *H. Zipperer*, in: Uhlenbruck-InsO, § 276a InsO Rn. 4; *C. Brünkmans*, in: HK-InsO, § 276a InsO Rn. 16 f.; *D. Andres*, in: Andres/Leithaus-InsO, § 276a InsO; *R. Riggert*, in: Braun-InsO, § 276a InsO Rn. 3; *R. Riggert*, in: Nerlich/Römermann-InsO, § 276a InsO Rn. 6, Stand: 35. Lfg. v. 04.2018; *L. Klöhn*, in: MüKo-InsO, § 276a InsO Rn. 18; *S.-H. Undritz*, in: Schmidt-InsO, § 276a InsO Rn. 3; *J. D. Spliedt*, in: Schmidt/Uhlenbruck, 9. Teil Rn. 9.217; *S. Fiebig*, in: HambK-InsO, § 276a InsO Rn. 1; *R. Foltis*, in: FK-InsO, § 276a InsO Rn. 5; *J. D. Spliedt*, in: FS Vallender, S. 617; *L. Klöhn*, NZG 2013, 81, 84.

gesellschaftsrechtliche Positionen vor der Verfahrenseröffnung „*un*angemessen" sei.[717] Die Anwendung sei somit weder systematisch geboten noch verfassungsrechtlich zulässig.

Demgegenüber sprechen sich aber einige Stimmen für eine (analoge) Anwendung auch im Eröffnungsverfahren aus.[718] Wenngleich sicher gute Gründe für eine analoge Anwendung des § 276a InsO bereits im Eröffnungsverfahren sprechen, ist dies letztlich nicht ausschlaggebend. Der Norm kommt nur eine klarstellende Bedeutung zu.[719] Auch losgelöst von der Anwendung, ist der Handlungsspielraum der Geschäftsführung des Schuldners bereits durch die insolvenzrechtlichen Vorschriften überlagert und keineswegs frei.[720] Ebenso kann unabhängig von der Anwendbarkeit auf ein (entgegen dem Sinn des § 276a InsO erfolgendes) gläubigerschädliches Verhalten des Schuldners ausreichend mit Hilfe der Anordnung von Sicherungsmaßnahmen bis hin zum Entzug der vorläufigen Eigenverwaltung nach § 272 InsO reagiert werden.[721] Einen Rückschluss auf die Rechtsstellung des Schuldners kann die Anwendung mithin nicht geben.

(cc) Ermächtigung zur Begründung von Masseverbindlichkeiten

Soweit eine Trennung zwischen solchen Schuldnern, die zur Begründung von Masseverbindlichkeiten ermächtigt sind und solchen, die es nicht sind, vorgenommen wird,[722] kann dies ebenfalls nicht überzeugen. Nach der hier

---

717 *R. Riggert*, in: Braun-InsO, § 276a InsO Rn. 3; *S.-H. Undritz*, in: Schmidt-InsO, § 276a InsO Rn. 3; *H. Zipperer*, ZIP 2012, 1492, 1494 f.

718 *D. Hammes*, NZI 2017, 233, 238; *L. Häsemeyer*, in: FS Schilken, S. 698 a.E. - 699; *U. Haas*, in: FS Stürner, S. 757; *M. G. Ströhmann / A. M. Längsfeld*, NZI 2013, 271, 273 f.; *U. Haas*, ZHR 2014, 603, 619–622; *M. Brinkmann*, DB 2012, 1369, 1369 (siehe Fn. 50).

719 *S. Fiebig*, in: HambK-InsO, § 276a InsO Rn. 2; *G. Hölzle*, NZI 2011, 124, 131; vgl. auch Bt-Drs. 17/5712, S. 42; zur vergleichbaren Lage vor Erlass des § 276a InsO siehe *C. Brünkmans*, in: HK-InsO, § 276a InsO Rn. 2; *H. Zipperer*, in: Uhlenbruck-InsO, § 276a InsO Rn. 1; *G. Pape*, in: K/P/B-InsO, § 276a InsO Rn. 11, Stand: 49. Lfg. v. 07.2012.

720 *H. Zipperer*, in: Uhlenbruck-InsO, § 276a InsO Rn. 1; *G. Pape*, in: K/P/B-InsO, § 276a InsO Rn. 11, Stand: 49. Lfg. v. 07.2012; *U. Haas*, in: FS Stürner, S. 760 a.E.; ebenso im Schutzschirmverfahren *G. Hölzle*, ZIP 2012, 2427, 2428–2431; hingegen für eine nur rein haftungsrechtliche Lösung *C. Morgen*, in: SanR, § 270a InsO Rn. 30 - 33.

721 *H. Ellers / H. Plaßmeier*, in: BeckOK-InsO, § 276a InsO Rn. 7; *L. Häsemeyer*, in: FS Schilken, S. 697; i.Erg. ebenfalls *C. Morgen*, in: SanR, § 270a InsO Rn. 32 a.E.

722 So *L. Häsemeyer*, in: FS Schilken, S. 697; *C. Brünkmans*, in: HK-InsO, § 270a InsO Rn. 22; *F. Klinck*, ZIP 2013, 853, 856–860.; wohl auch *S.-H. Undritz*, in: Schmidt-InsO, § 270a InsO Rn. 7.

vertretenen Auffassung bietet es sich stattdessen an, analog zum vorläufigen Insolvenzverwalter, ebenfalls vom schwachen beziehungsweise starken vorläufigen Eigenverwalter zu sprechen.[723] Soweit eine Ermächtigung durch das Gericht erfolgt,[724] handelt er als Amtswalter. Das wird insbesondere dort offenbar, wo das Gericht nur eine überschaubare Anzahl an Einzelermächtigungen erteilt. Aufgrund der notwenigen gerichtlichen Anordnung ist auch eine ausreichende Differenzierung geboten.

(dd) Gleichstellung im Haftungsregime

Zwar ist auch der Rahmen des in den Eröffnungsverfahren anzuwendenden Haftungsregimes nicht endgültig abgesteckt,[725] doch hat die analoge Anwendung der §§ 60, 61 InsO in der eröffneten Eigenverwaltung durch den *BGH*[726] einige Zustimmung erfahren,[727] beziehungsweise wurde ohnehin bereits gefordert.[728] Zur Begründung der (doppelt) analogen Anwendung auf den Geschäftsführer des Schuldners wird vom BGH die Vergleichbarkeit der Stellung des Organs des eigenverwaltenden Schuldners mit der des Insolvenzverwalters herangezogen. Wenn man nun sieht, dass auch der vorläufige Insolvenzverwalter dieser Haftung unterliegt, drängt sich eine Übertragung auch auf den vorläufig eigenverwaltenden Schuldner auf.[729] Soweit diese nur für einzelne Handlungen angenommen

723 Vgl. zur Parallele im Anfechtungsrecht *C. Borries / H. Hirte*, in: Uhlenbruck-InsO, § 129 InsO Rn. 156.

724 Grundlegend zur Ermächtigungsmöglichkeit sogleich ab S. 139.

725 Gut zusammengefasste Übersicht des Streitstandes bei *S. Fiebig*, in: HambK-InsO, § 270 InsO Rn. 44 f.

726 BGH, Urteil v. 26.04.2018 – IX ZR 238/17, BGHZ 218, 290 = ZIP 2018, 977 = ZInsO 2018, 1200.

727 *S. Fiebig*, in: HambK-InsO, § 270 InsO Rn. 45; *M. Gehrlein*, DB 2019, 351, 353; *C. Frystatzki*, GmbH-StB 2018, 209, 209 a.E.; *A. M. Swierczok / E. Baron von Hahn*, BB 2018, 1350, 1358; *G. Bitter*, ZIP 2018, 986, 987; *G. Hölzle*, ZIP 2018, 1669, 1669; *M. Hofmann*, ZIP 2018, 1429, 1430; *M. Horstkotte*, ZInsO 2018, 2329, 2329; *C. Jungmann*, WuB 2018, 469; *D. Schwartz*, NZG 2018, 1013, 1014–1016; *G. Bachmann / U. Becker*, NJW 2018, 2235, 2235–2237; *H. Ziemons*, in: FS Bergmann, S. 935; kritisch *C. Schulte-Kaubrügger*, ZIP 2019, 345, 347 sogar für eine direkte Anwendung der §§ 60, 61 InsO *A. Wimmer-Amend*, in: FS Beck, S. 585.

728 *S.-H. Undritz*, in: Schmidt-InsO, § 270 InsO Rn. 18; *C. Thole / C. Brünkmans*, ZIP 2013, 1097, 1104–1107; *G. Bitter / M. Baschnagel*, ZInsO 2018, 557, 571–573.

729 Ebenso *S. Fiebig*, in: HambK-InsO, § 270a InsO Rn. 44; *G. Hölzle*, ZIP 2018, 1669, 1670 f.; *M. Brinkmann*, in: FS Bergmann, S. 101; *M. Hofmann*, ZIP 2018, 1429, 1430–1435; *M. Gehrlein*, ZInsO 2018, 2234, 2240; (für eine parallele Anwendung neben § 64

wird,[730] führt dies zugleich zu einer nicht mehr nachvollziehbaren Zersplitterung des Systems und ist mithin abzulehnen.

Als Analogievoraussetzung müsste auch in diesem Bereich eine Lücke im Haftungssystem vorliegen. Mitunter wird dabei vertreten, dass nur eine Lücke für Einzelschäden bestünde, da § 64 S. 1 GmbHG nur Gesamtschäden abdecke.[731] So habe der BGH in seiner Entscheidung vom 26.04.2018 nur eine Aussage zu Einzelschäden getroffen – konkret zu einem Schadensersatz eines Massegläubigers analog § 61 InsO – und eine Übertragung auf Gesamtschäden sei fraglich.[732] Somit sei aber eine analoge Anwendung der §§ 60, 61 InsO für Einzelschäden unproblematisch möglich.

Diese Betrachtung kann aber nicht überzeugen. Mag der BGH auch noch keine Entscheidung zu Gesamtschäden getroffen haben, so ist dennoch recht eindeutig, dass § 60 InsO diese mit abdeckt.[733] So werden Innen- wie auch Außenschäden erfasst,[734] wobei Gesamtschäden nur unter den gesonderten Bedingungen des § 92 InsO geltend gemacht werden können.

Die für die analoge Anwendung der §§ 60, 61 InsO notwendige Lücke kann dann aber nur vorliegen, wenn eine Anwendung des § 64 S. 1 GmbHG in dieser Phase des Insolvenzverfahrens ausgeschlossen ist. Ein Weg diesen

---

GmbHG) *G. Bitter*, ZIP 2018, 986, 987 f., i.E. ebenfalls für eine Haftung des Organs analog §§ 60, 61 InsO *H. Ellers*, in: BeckOK-InsO, § 270a InsO Rn. 37 u. 47; *M. Horstkotte*, ZInsO 2018, 2329, 2329; *B. Webel*, in: Graf-Schlicker-InsO, § 60 InsO Rn. 16; *A. Henkel*, in: SanR, § 61 InsO Rn. 100 f.; *A. M. Swierczok / E. Baron von Hahn*, BB 2018, 1350, 1358; *C.-P. Kruth / C. Jokobs*, DStR 2019, 999, 1005; *C. Schulte-Kaubrügger*, ZIP 2019, 345, 347 f.; *M. L. Graf-Schlicker*, in: Graf-Schlicker-InsO, § 270a InsO Rn. 29; *M. Hofmann*, ZIP 2018, 1429, 1430 f.; **a.A.** (für eine modifizierte Anwendung des § 43 Abs. 1 GmbHG) *G. Bachmann*, ZIP 2015, 101, 104–109; (für eine Fortgeltung des § 64 S. 1 GmbHG) *C. Poertzgen*, ZInsO 2019, 2352, 2358; *W. Lüke*, in: K/P/B-InsO, § 60 InsO Rn. 79 f., Stand: 82. El 10.2019 Lfg. v. 05.2018; ausführlich zu den sich ergebenden Folgefragen der analogen Haftung aus §§ 60, 61 InsO für alle am Verfahren beteiligten Personen *C. Schulte-Kaubrügger*, ZIP 2019, 345.

730 *S.-H. Undritz*, in: Schmidt-InsO, § 270a InsO Rn. 7.

731 *G. Bitter*, ZIP 2018, 986, 988; *G. Bitter*, in: Scholz-GmbHG, § 64 GmbHG Rn. 457 ff.

732 *G. Bitter*, ZIP 2018, 986, 987.

733 *B. Webel*, in: Graf-Schlicker-InsO, § 60 InsO Rn. 1; *W. Desch / V. Graßmann*, in: BeckOK-InsO, § 60 InsO Rn. 74 - 77; *R. Sinz*, in: Uhlenbruck-InsO, § 60 InsO Rn. 118 - 124; *J. Weitzmann*, in: HambK-InsO, § 60 InsO Rn. 7; *W. Lüke*, in: K/P/B-InsO, § 60 InsO Rn. 30, Stand: 82. El 10.2019 Lfg. v. 05.2018.

734 *W. Desch / V. Graßmann*, in: BeckOK-InsO, § 60 InsO Rn. 72 f.; *J. Weitzmann*, in: HambK-InsO, § 60 InsO Rn. 7 f.

Anwendungsausschluss zu begründen wäre es, eine Amtswalterstellung anzunehmen, da somit die Anwendungsvoraussetzungen für die § 64 S. 1 GmbHG entfallen würde, da es am Geschäftsführer im Sinne von § 64 GmbHG fehlen würde.[735] Insoweit wäre das Argument zur Begründung der Amtswalterstellung nur zirkelschlüssiger Natur.

Eine Anwendung wäre aber ebenfalls ausgeschlossen, wenn man der Auffassung beziehungsweise jedenfalls dem Ansatz von *Brinkmann*[736] folgt und den zeitlichen Anwendungsbereich des § 64 S. 1 GmbHG teleologisch reduziert und ihn somit nicht mehr auf das Eröffnungsverfahren anwendet. Wie später aufzuzeigen sein wird,[737] ergibt sich eine teleologische Reduktion des Anwendungsbereichs für Fälle des §§ 270a und 270b InsO auch ohne den von Brinkmann enger ausgelegten Zweck des § 64 S. 1 GmbHG. Damit ist mit Beginn des Eigenverwaltungseröffnungsverfahren sowie im Schutzschirmverfahren keine Haftungsgrundlage für unzulässige Masseschmälerungen mehr vorhanden.

Thole/Brünkmanns[738] stellen davon losgelöst gleichwohl fest, dass eine Haftung des Schuldners nach den insolvenzrechtlichen Vorschriften nicht geboten sei, weil dieser ohnehin persönlicher Schuldner sei. Dies berücksichtigt aber bei juristischen Personen das Auseinanderfallen von Schuldner und Geschäftsführung nicht. Entsprechend gibt der von ihnen genannte Zusammenhang „Haftung als Korrelat zur Herrschaft“ auch das grundsätzliche gesellschafts- wie auch insolvenzrechtliche Haftungsmodell wieder. Dies wird vom BGH als Rechtsgrundsatz anerkannt, soweit er davon spricht, dass jeder, der über erhebliche Herrschafts- und Einflussmöglichkeiten verfüge, im Falle eines Fehlgebrauchs einer persönlichen Haftung zu unterwerfen sei.[739] Entsprechend bedarf es für den Geschäftsführer des Schuldners einer Haftung, die am sachnächsten durch die analoge Anwendung der §§ 60, 61 InsO realisiert werden kann.

Eine doppelt analoge Anwendung der §§ 60, 61 InsO auf den Geschäftsführer des vorläufig eigenverwaltenden Schuldners sowie eine einfach analoge Anwendung auf den Schuldner selbst ist somit möglich. Damit würde der Gleichlauf der Haftungssysteme für eine Gleichbehandlung des Schuldners in

---

735 Siehe zu den Voraussetzungen nachfolgend ab S. 165; *R. Foltis*, in: FK-InsO, 270a InsO Rn. 12.

736 Siehe zuletzt *M. Brinkmann*, in: FS Bergmann, S. 101.

737 Siehe ab S. 180.

738 *C. Thole / C. Brünkmans*, ZIP 2013, 1097, 1103.

739 BGH, Urteil v. 26.04.2018 – IX ZR 238/17, BGHZ 218, 290, juris-Rn. 26 = ZIP 2018, 977 = ZInsO 2018, 1200; diesem Rechsgrundsatz zustimmend *G. Bachmann / U. Becker*, NJW 2018, 2235, 2236.

den Eröffnungsverfahren nach §§ 270a und 270b InsO sprechen, setzt dies aber nicht zwingend voraus.

Daneben wurde dieses Ergebnis bereits zuvor rechtspolitisch gewünscht und als stimmiges und abgestuftes Haftungsmodell bezeichnet,[740] bei dessen Vergleich mit der aktuell von der herrschenden Meinung angenommenen Lage vieles für eine Übertragung des Modells spricht. Aufgrund der überzeugenden Sachgründe sprach sich auch das *ZIP-Kolloquium 2017*[741] einstimmig für eine gesetzliche Änderung und Ausweitung der Haftung der §§ 60, 61 InsO auf die (vorläufige) Eigenverwaltung aus. Nach dem hier zuvor Gesagten bedarf es dieser Änderung nicht, wenngleich diese Änderung zur Klarstellung in einem so praxisrelevanten Bereich wünschenswert bleibt.

(ee) Bewertung in der Rechtsprechung

Die jüngst vom *BGH*[742] getroffene Entscheidung gegen eine Amtswalterstellung war nur bedingt überzeugend, ließ sie doch immerhin einige Gegenargumente aus. Auch die erkennbare Intention des BGH, durch die Ablehnung der Amtswalterstellung die analoge Anwendung des § 55 Abs. 4 InsO abzuwenden, überzeugt kaum. Sie kann bereits keinen Einfluss auf die Anwendung haben, da ohnehin die Voraussetzungen einer Analogie nicht vorliegen.[743]

Mit Blick auf eine in diesem Zusammenhang kaum beachtete Entscheidung des *BGH*[744] aus dem Jahr 2016 scheint der gleiche Senat dort jedenfalls noch von einer der (vorinsolvenzlichen) gesellschaftsrechtlichen Stellung des Geschäftsführers deutlich abgerückten Stellung auszugehen.[745] So legt er dem vorläufig eigenverwaltenden Schuldner die Pflicht auf, die Möglichkeiten einer *übertragenden Sanierung*[746] zu prüfen.[747] Selbige erfordert vom Schuldner aber regelmäßig die Aufgabe der eigenen Tätigkeit; durch eine Übertragung der Einzelwirtschaftsgüter im Wege eines Asset Deals werden Mittel zur Liquidation des

---

740 Zustimmend bspw. *G. Bachmann*, ZIP 2015, 101, 105 u. 109.

741 *M. Brinkmann / S. U. Denkhaus / M. Horstkotte / A. Schmidt / L. Westpfahl / T. Wierzbinski / A. Ziegenhagen*, ZIP 2017, 2430, 2431.

742 BGH, Urteil v. 22.11.2018 – IX ZR 167/16, ZIP 2018, 2488, juris-Rn. 11 = NJW 2019, 224 = ZInsO 2018, 2796.

743 Exemplarisch *R. Sinz*, in: Uhlenbruck-InsO, § 55 InsO Rn. 110; siehe auch S. 124.

744 BGH, Beschluss v. 21.07.2016 – IX ZB 70/14, BGHZ 211, 225.

745 Vgl. *H. Ellers*, in: BeckOK-InsO, § 270a InsO Rn. 37.

746 Zum Begriff *K. Schmidt*, ZIP 1980, 328, 336; *R. Theiselmann*, GmbH-StB 2012, 309; ausführlich *T. Bieg / W. König*, in: Hdb-InsR, Kapitel 14 Rn. 4 - 109.

747 BGH, Beschluss v. 21.07.2016 – IX ZB 70/14, BGHZ 211, 225, juris-Rn. 71.

alten Unternehmensträgers gewonnen.[748] Darin liegt zugleich die (endgültige) Aufgabe der Unternehmenstätigkeit als Kern der Unternehmereigenschaft. Dies deckt sich – wie schon die Anwendbarkeit des § 276a InsO – mit der von der Rechtsprechung geforderten Zustimmung der Gesellschafterversammlung,[749] da diese folglich ihre Einflussnahmemöglichkeit aufgibt. Diese völlige Aufgabe der Rücksichtnahme auf die eigenwirtschaftlichen Interessen des Schuldners zugunsten der Interessen der Gläubiger lässt sich aber nur mit einer Stellung als Amtswalter begründen. Jede andere Bewertung müsste jedenfalls eine – nicht gewollte – Prüfung entgegenstehender Interessen ermöglichen, da sich der Geschäftsführer des Schuldners ansonsten erneut mit einer Interessenkollision konfrontiert sehen müsste.

(ff) Ergebnis

Wenngleich es somit auch Gründe für die Annahme der Amtswalterstellung bereits im Eröffnungsverfahren gibt, kann dies am Ende nicht vollends überzeugen. Gerade die im Vergleich zum eröffneten Verfahren fehlende offizielle Einsetzung durch einen gerichtlichen Beschluss spricht gegen das Ergebnis.

Ungeachtet dessen, ist aber festzustellen, dass dem Schuldner mit Beginn des Eröffnungsverfahren die nahezu gleichen Rechtspflichten zukommen, wie dies auch im sich anschließenden eröffneten Verfahren der Fall ist. Mithin spricht einiges dafür, bereits ab diesem Zeitpunkt das Haftungssystem der §§ 60, 61 InsO analog auf den Schuldner und dessen Organe anzuwenden.[750]

Dieses Ergebnis wird nun auch ab dem 01.01.2021 durch § 276a Abs. 2 und 3 InsO-Neu gesetzlich fixiert.[751] Ebenso wird durch § 276a Abs. 3 InsO-Neu die Einwirkung der Überwachungsorgane auf den Schuldner gemäß § 276a Abs. 1 InsO auf die Phase des Eröffnungsverfahrens ausgeweitet. Dies spricht in der neuen Gesetzesfassung deutlich stärker für eine Stellung des Schuldners als Sachwalter bereits im Eröffnungsverfahren der Eigenverwaltung.

(3) Begründung von Masseverbindlichkeiten durch den Schuldner

Die Frage, ob und in welcher Form der Schuldner im Rahmen der vorläufigen Eigenverwaltung Masseverbindlichkeiten begründen kann, gehörte lange

---

748 *T. Bieg / W. König*, in: Hdb-InsR, Kapitel 14 Rn. 6.

749 Siehe S. 133.

750 Vgl. zu den Voraussetzungen zuvor auf S. 135 f.

751 Siehe dazu ab S. 335.

zu den umstrittensten Themen der Eigenverwaltung.[752] Dem praktischen Bedürfnis nach dieser Möglichkeit folgend, hat der *BGH*[753] zwischenzeitlich die Begründung von Masseverbindlichkeiten durch den Schuldner auch außerhalb des Schutzschirmverfahrens anerkannt. Die Sonderregelung des § 270b Abs. 3 InsO stelle keine anderweitige Bestimmung im Sinne des § 270 Abs. 1 S. 2 InsO dar, weshalb die allgemeinen Vorschiften anwendbar sind. Der Schuldner kann entsprechend jedenfalls ermächtigt werden einzelne Rechtsgeschäfte abzuschließen.[754] Ob darüber hinaus eine Globalermächtigung möglich ist, war nicht zu entscheiden.[755] Mit Blick auf den zuvor angestellten Verweis auf die Ausdehnung bis zur Grenze der Rechtsmacht eines starken vorläufigen Insolvenzverwalters,[756] dürfte jedenfalls eine Basis für dessen Akzeptanz gelegt sein.

Im Ergebnis ist der BGH damit den überwiegenden Stimmen der Literatur gefolgt. Dort war zuvor bereits eine analoge Anwendung des § 270b Abs. 3 InsO mangels Vergleichbarkeit abgelehnt worden, da insoweit geringfügig höhere Anforderungen an das Schutzschirmverfahren zu stellen sind.[757] Wenn das Gericht dort aber die Ermächtigung aussprechen muss, so lässt sich aus diesem Rechtsgedanken jedenfalls nichts Negatives für eine ins Ermessen des Gerichts gestellte Anordnungskompetenz ableiten.[758] Entsprechend sei jedenfalls eine Einzelermächtigung des Schuldners durch das Gericht aus § 21 Abs. 1

752 Statt vieler *H. Ellers*, in: BeckOK-InsO, § 270a InsO Rn. 38 - 42 und *C. Meller-Hannich*, in: Jaeger-InsO, § 270a InsO Rn. 31.

753 BGH, Urteil v. 22.11.2018 – IX ZR 167/16, ZIP 2018, 2488, juris-Rn. 14–17 = NJW 2019, 224 = ZInsO 2018, 2796; beginnend mit AG Köln, Beschluss v. 26.03.2012 – 73 IN 125/12, ZIP 2012, 788, juris-Rn. 2–6; AG München, Beschluss v. 27.06.2012 – 1506 IN 1851/12, ZIP 2012, 1470, juris-Rn. 4–7. zuletzt AG Köln, Beschluss v. 12.10.2018 – 74 IN 196/18, ZIP 2018, 2234.

754 BGH, Urteil v. 22.11.2018 – IX ZR 167/16, ZIP 2018, 2488, juris-Rn. 16 f. = NJW 2019, 224 = ZInsO 2018, 2796.

755 BGH, Urteil v. 22.11.2018 – IX ZR 167/16, ZIP 2018, 2488, juris-Rn. 17 a.E. = NJW 2019, 224 = ZInsO 2018, 2796.

756 BGH, Urteil v. 22.11.2018 – IX ZR 167/16, ZIP 2018, 2488, juris-Rn. 15 = NJW 2019, 224 = ZInsO 2018, 2796.

757 *C. Meller-Hannich*, in: Jaeger-InsO, § 270a InsO Rn. 34; *R. Riggert*, in: Nerlich/Römermann-InsO, § 270a InsO Rn. 15a, Stand: 35. Lfg. v. 04.2018.

758 *C. Meller-Hannich*, in: Jaeger-InsO, § 270a InsO Rn. 34 a.E.

InsO möglich,[759] bei Bedarf auch mit Zustimmungsvorbehalt des vorläufigen Sachwalters.[760]

(4) Auswahl und Rechtsstellung des Sachwalters

Als zusätzlich zur gerichtlichen Verfahrensaufsicht installiertes Aufsichtsorgan[761] kommt dem Sachwalter bei der Beurteilung und praktischen Handhabung der (vorläufigen) Eigenverwaltung eine zentrale Position bei der Verfahrensführung des Schuldners zu.

Die Auswahl des Sachwalters erfolgt gemäß § 274 Abs. 1 InsO nach den gleichen Grundsätzen wie die Auswahl eines Insolvenzverwalters.[762] Er wird grundsätzlich durch das Gericht bestimmt, welchem ein weites Auswahlermessen zusteht.[763] Besteht ein vorläufiger Gläubigerausschuss, ist dieser in die Auswahl mit einzubeziehen, aber nur dessen einstimmiger Vorschlag ist für das Gericht bindend.[764]

---

759 *M. L. Graf-Schlicker*, in: Graf-Schlicker-InsO, § 270a InsO Rn. 18; *H. Ellers*, in: BeckOK-InsO, § 270a InsO Rn. 43; *C. Morgen*, in: SanR, § 270a InsO Rn. 13 - 18; *C. Meller-Hannich*, in: Jaeger-InsO, § 270a InsO Rn. 36; LG Dresden, Urteil v. 11.02.2019 – 10 O 1838/18, ZInsO 2019, 510; *H. Zipperer*, in: Uhlenbruck-InsO, § 270a InsO Rn. 19; *S.-H. Undritz*, in: Schmidt-InsO, § 270a InsO Rn. 6; LG Erfurt, Urteil v. 16.10.2015 – 8 O 196/15, NZI 2016, 32; *J. D. Spliedt / A. Fridgen*, in: BK-InsO, § 270a InsO Rn. 11a, Stand: 44. Lfg. v. 01.2013; *R. Buchalik / U. Brömmekamp / M. Rekers*, ZInsO 2019, 141, 141 f.

760 AG München, Beschluss v. 27.06.2012 – 1506 IN 1851/12, ZIP 2012, 1470, juris-Rn. 9; *G. Hölzle*, in: Hdb-InsR, Kapitel 15 Rn. 72.

761 BGH, Beschluss v. 21.07.2016 – IX ZB 70/14, BGHZ 211, 225, juris-Rn. 44–46; *H. Zipperer*, in: Uhlenbruck-InsO, § 270c InsO Rn. 3; *R. Riggert*, in: Nerlich/Römermann-InsO, § 270c InsO Rn. 2, Stand: 35. Lfg. v. 04.2018; *R. Riggert*, in: Nerlich/Römermann-InsO, § 270a InsO Rn. 15, Stand: 35. Lfg. v. 04.2018; *H. Ellers*, in: BeckOK-InsO, § 270a InsO Rn. 65.

762 *J. D. Spliedt*, in: Schmidt/Uhlenbruck, 9. Teil Rn. 9.33; *C. A. Kern*, in: MüKo-InsO, § 274 InsO Rn. 27; *M. Hofmann*, in: Kübler-HRI (2019), § 7 Rn. 9 ff.

763 *H. Zipperer*, in: Uhlenbruck-InsO, § 270a InsO Rn. 27; *M. Hofmann*, in: Kübler-HRI (2019), § 7 Rn. 23; *C. A. Kern*, in: MüKo-InsO, § 270a InsO Rn. 32.

764 *S. Fiebig*, in: HambK-InsO, § 274 InsO Rn. 6; *H. Plaßmeier / H. Ellers*, in: BeckOK-InsO, § 274 InsO Rn. 4; *R. Riggert*, in: Nerlich/Römermann-InsO, § 270a InsO Rn. 14, Stand: 35. Lfg. v. 04.2018; *C. A. Kern*, in: MüKo-InsO, § 274 InsO Rn. 28 - 32.

Der ausgewählte Kandidat muss die gleiche persönliche Eignung und Unabhängigkeit wie ein vorläufiger Insolvenzverwalter besitzen.[765] Nach §§ 274 Abs. 1, 56 Abs. 1 InsO sind damit unter anderem ein zuvor mit der Sache beauftragter Sanierungsberater oder Ersteller eines Insolvenzplans ausgeschlossen.[766] Andernfalls bestünde die Gefahr, dass vorherige Beratungsfehler nicht aufgedeckt werden können.[767]

Mit seiner Bestellung kommt ihm eine zentrale Überwachungsfunktion im laufenden Verfahren zu. Nach § 274 Abs. 2 InsO hat er die wirtschaftliche Lage und die Geschäftsführung zu überwachen. Daraus wird bereits der Hauptunterschied zum Insolvenzverwalter deutlich, er ist nicht gesetzlicher Vertreter des Schuldners.[768] Eine Ausnahme besteht nur insoweit, als er eingehende Zahlungen entgegennehmen sowie ausgehende Zahlungen leisten kann.[769]

Wie der *BGH*[770] zutreffend ausführt, lässt sich die Tätigkeiten im Eröffnungsverfahren sowie im eröffneten Verfahren für den Sachwalter nicht unterscheiden.[771]

(a) Seine Rechte

Aus seiner Stellung als Überwacher des Verfahrens ergeben sich seine Rechte gegenüber dem Schuldner. An erster Stelle steht dabei ein jederzeitiges und vollumfängliches Auskunfts-, Einsichts-, Betretungs- und Informationsrecht, was sich aus den §§ 274 Abs. 2 S. 2, 22 Abs. 3 InsO ergibt.[772] Da er, wie bereits festgestellt, im Außenverhältnis grundsätzlich nicht als Vertreter auftritt und

---

765 *R. Riggert*, in: Nerlich/Römermann-InsO, § 270a InsO Rn. 13, Stand: 35. Lfg. v. 04.2018; *S. Fiebig*, in: HambK-InsO, § 274 InsO Rn. 4; *C. A. Kern*, in: MüKo-InsO, § 274 InsO Rn. 16 - 23.

766 *R. Riggert*, in: Nerlich/Römermann-InsO, § 270a InsO Rn. 13, Stand: 35. Lfg. v. 04.2018; *C. A. Kern*, in: MüKo-InsO, § 274 InsO Rn. 19 - 21.

767 Vgl. Beschlussempfehlung des Rechtsausschusses (ESUG), BT-Drs. 17/7511, S. 47 f.

768 *R. Riggert*, in: Braun-InsO, § 274 InsO Rn. 3; *R. Bork*, 2017, Rn. 471; *C. A. Kern*, in: MüKo-InsO, § 274 InsO Rn. 49; *R. Riggert*, in: Nerlich/Römermann-InsO, § 274 InsO Rn. 2 u. 19, Stand: 35. Lfg. v. 04.2018.

769 *C. A. Kern*, in: MüKo-InsO, § 274 InsO Rn. 49 a.E.

770 BGH, Beschluss v. 21.07.2016 – IX ZB 70/14, BGHZ 211, 225, juris-Rn. 38–43.

771 ebenso *S. Smid*, 2018, § 42 Rn. 18 f.

772 *S. Fiebig*, in: HambK-InsO, § 270a InsO Rn. 8 f.; *S. Fiebig*, in: HambK-InsO, § 274 InsO Rn. 3 und 9-14; *C. A. Kern*, in: MüKo-InsO, § 274 InsO Rn. 59; *R. Riggert*, in: Nerlich/Römermann-InsO, § 274 InsO Rn. 3 - 9, Stand: 35. Lfg. v. 04.2018; *D. Andres*, in: Andres/Leithaus-InsO, § 274 InsO Rn. 12.

insbesondere nicht verfügungsbefugt ist, ist er zur Sicherung des Verfahrens weitestgehend auf die Mitwirkung des Insolvenzgerichts angewiesen. Um dies effektiv gewährleisten zu können, kann er dem Gericht zu jeder Zeit Bericht erstatten.[773] Eigene Eingriffs- oder Sicherungsbefugnisse stehen ihm nicht zu.[774] Aus § 275 Abs. 1 InsO folgen zugunsten des Sachwalters aber auch weitere, originär eigene Mitwirkungsrechte, die nachfolgend gesondert dargestellt werden.[775] Ferner wird ihm beispielsweise ein Recht zur Auskunftserteilung gegenüber einzelnen Gläubigern zugesprochen.[776]

(b) Seine Pflichten

Seine Pflichten resultieren aus den ihm eingeräumten Befugnissen. In erster Linie ist es dabei gemäß § 274 Abs. 2 S. 1 Alt. 1 InsO seine Aufgabe, die wirtschaftlichen Verhältnisse zu prüfen.[777] Dies umfasst unter anderem die Liquiditätsplanung, den Zahlungsverkehr und die laufende Buchführung.[778]

Der Umfang der Kontrolle muss sich dabei am Umfang der Geschäftstätigkeit ausrichten.[779] Soweit ihm keine gegenteiligen Informationen bekannt sind, kann er sich mittels Stichproben sowie der erteilten Auskünfte des Schuldners auf eine Plausibilitätskontrolle beschränken.[780]

Sollten sich im Rahmen des Verfahrens Hinweise für drohende Schädigungen von Gläubigern ergeben, so muss er diese gemäß § 274 Abs. 3 S. 1 InsO umgehend dem Insolvenzgericht und dem Gläubigerausschuss mitteilen.[781] Nach dem Wortlaut des Gesetzes genügen bereits sämtliche „Umstände […], die [Nachteile] erwarten lassen", um die Berichtspflicht auszulösen.[782] Sie besteht beispielsweise

773 *S. Fiebig*, in: HambK-InsO, § 274 InsO Rn. 3.

774 *R. Riggert*, in: Nerlich/Römermann-InsO, § 274 InsO Rn. 2, Stand: 35. Lfg. v. 04.2018; vgl. BGH, Beschluss v. 21.07.2016 – IX ZB 70/14, BGHZ 211, 225, juris-Rn. 43.

775 *S. Fiebig*, in: HambK-InsO, § 275 InsO Rn. 1.

776 *S. Fiebig*, in: HambK-InsO, § 274 InsO Rn. 15.

777 *D. Andres*, in: Andres/Leithaus-InsO, § 274 InsO S. 10; *R. Riggert*, in: Braun-InsO, § 274 InsO Rn. 12; *H. Plaßmeier / H. Ellers*, in: BeckOK-InsO, § 274 InsO Rn. 21.

778 *S. Fiebig*, in: HambK-InsO, § 274 InsO Rn. 8 - 14; *H. Plaßmeier / H. Ellers*, in: BeckOK-InsO, § 274 InsO Rn. 22 - 28.

779 *S. Fiebig*, in: HambK-InsO, § 274 InsO Rn. 13; *F. Frind*, GmbHR 2015, 128, 130.

780 *S. Fiebig*, in: HambK-InsO, § 274 InsO Rn. 13.

781 *S. Fiebig*, in: HambK-InsO, § 274 InsO Rn. 19; *R. Riggert*, in: Nerlich/Römermann-InsO, § 274 InsO Rn. 20, Stand: 35. Lfg. v. 04.2018; *H. Plaßmeier / H. Ellers*, in: BeckOK-InsO, § 274 InsO Rn. 29 - 32.

782 *H. Plaßmeier / H. Ellers*, in: BeckOK-InsO, § 274 InsO Rn. 30; *H. Zipperer*, in: Uhlenbruck-InsO, § 274 InsO Rn. 16.

bei fehlender Mitwirkung, Verweigerung der Einsichtnahme, fehlender oder fehlerhafter Buchführung oder Verursachung hoher Kosten, die über denen einer vorläufigen Insolvenzverwaltung liegen.[783] Neben der Meldung an das Gericht hat der Sachwalter auch den Schuldner über die vorgefundenen Probleme aufzuklären.[784] Trotz seiner unabhängigen Position sollte er gemeinsam mit dem Schuldner Verbesserungsmöglichkeiten prüfen, was sich mit der Situation des Wirtschaftsprüfers vergleichen lässt, der Bilanzierungsfehler erörtert.[785] Diese aktive Rolle des Sachwalters wird im Gesetz in § 284 Abs. 1 InsO angedeutet, wenngleich dort die Beratung auf den Insolvenzplan beschränkt ist.[786]

Unabhängig von der Kontrolle des Verfahrens durch den Sachwalter wird das Verfahren weiterhin auch gerichtlich beaufsichtigt.[787] Die gerichtliche Kontrolle erfasst dabei auch die Kontrolle des Sachwalters.[788] Sollte dem Gericht durch eigene Erkenntnisse oder durch Mitteilungen des Sachwalters bekannt werden, dass es zu einer Benachteiligung von Gläubigern oder dem vollständigen Scheitern des Verfahrens kommt, kann es (weitere) Sicherungsmaßnahmen anordnen, bis hin zur Anordnung des Regelverfahrens.[789] Wurde das Hauptverfahren hingegen bereits als Eigenverwaltungsverfahren eröffnet, ist die Aufhebung der Eigenverwaltung nur noch auf Antrag nach § 272 Abs. 1 InsO möglich.[790] An dieser Stelle wird erneut deutlich, dass der Schuldner in der vorläufigen Eigenverwaltung erheblich schneller den Einfluss auf das Verfahren und damit verbunden auch den Einfluss auf das Unternehmen insgesamt verlieren kann.

(c) Kassenführung

Vorliegend von besonderer Bedeutung ist sein aus §§ 270a Abs. 1 S. 2, 275 Abs. 2 InsO folgendes Recht, die Kassenführung zu übernehmen.[791] Grundsätzlich

783 AG Hamburg, Beschluss v. 20.12.2013 – 67g IN 419/12, ZIP 2014, 237, 239; *S. Fiebig*, in: HambK-InsO, § 274 InsO Rn. 20; *R. Riggert*, in: Braun-InsO, § 274 InsO Rn. 13; *S.-H. Undritz*, in: Schmidt-InsO, § 274 InsO Rn. 12 f.; *C. A. Kern*, in: MüKo-InsO, § 274 InsO Rn. 62 - 69.

784 *J. D. Spliedt*, in: Schmidt/Uhlenbruck, 9. Teil Rn. 9.16.

785 *J. D. Spliedt*, in: Schmidt/Uhlenbruck, 9. Teil Rn. 9.16.

786 *J. D. Spliedt*, in: Schmidt/Uhlenbruck, 9. Teil Rn. 9.16; *H. Zipperer*, in: Uhlenbruck-InsO, § 284 InsO S. 4.

787 *R. Riggert*, in: Braun-InsO, § 274 InsO Rn. 4 a.E.

788 *H. Plaßmeier / H. Ellers*, in: BeckOK-InsO, § 274 InsO Rn. 7; *H. Zipperer*, in: Uhlenbruck-InsO, § 274 InsO Rn. 6.

789 *J. D. Spliedt*, in: Schmidt/Uhlenbruck, 9. Teil Rn. 9.21.

790 *J. D. Spliedt*, in: Schmidt/Uhlenbruck, 9. Teil Rn. 9.60.

791 *S.-H. Undritz / W. Schur*, ZIP 2016, 549, 549.

verbleibt die Kassenführung im Verfahren der vorläufigen Eigenverwaltung beim Schuldner.[792] Deren Übernahme ist für das Verfahren ein umfangreicher Eingriff, da der Sachwalter infolgedessen verlangen kann, dass sämtliche Zahlungseingänge von ihm entgegengenommen werden dürfen beziehungsweise an ihn geleistet werden sollen.[793] Zur Anordnung der Maßnahme muss er keinerlei Rücksprache mit dem Insolvenzgericht halten, die Entscheidung steht ausschließlich in seinem pflichtgemäßen Ermessen.[794] Anlass dazu ist beispielsweise die Gefährdung von Gläubigerinteressen.[795]

Mit der Übernahme handelt der Sachwalter bei Ausführung von Zahlungen oder deren Entgegennahme als gesetzlicher Vertreter des Schuldners.[796] Einige Detailfragen auf Rechtsfolgenseite sind bislang aber noch nicht abschließend geklärt.[797] An erster Stelle steht die Frage der Wirkung im Außenverhältnis. Nach wohl einhelliger Auffassung erlangt der Sachwalter im Außenverhältnis keine Möglichkeit, Verfügungen des Schuldners zu verhindern.[798] Damit bleibt das Kassenführungsrecht ein bloß internes Kontrollinstrument.[799] Insbesondere

792 *R. Riggert*, in: Nerlich/Römermann-InsO, § 275 InsO Rn. 5, Stand: 35. Lfg. v. 04.2018; *H.-F. Müller*, in: MüKo-GmbHG, § 64 GmbHG Rn. 130; *R. Riggert*, in: Braun-InsO, § 275 InsO Rn. 10; *B.-A. Lau*, DB 2014, 1417, 1420 f.

793 *H. Zipperer*, in: Uhlenbruck-InsO, § 275 InsO Rn. 7; *J. Schädlich*, NWB 2016, 1600, 1609; *S.-H. Undritz / W. Schur*, ZIP 2016, 549, 549.

794 *H. Zipperer*, in: Uhlenbruck-InsO, § 275 InsO Rn. 7; *S. Fiebig*, in: HambK-InsO, § 275 InsO Rn. 12 ff.; *R. Riggert*, in: Nerlich/Römermann-InsO, § 275 InsO Rn. 5, Stand: 35. Lfg. v. 04.2018; *R. Riggert*, in: Braun-InsO, § 275 InsO Rn. 13; *M. Hofmann*, in: Kübler-HRI (2019), § 7 Rn. 65.

795 *H. Zipperer*, in: Uhlenbruck-InsO, § 275 InsO Rn. 7; *H. Piepenburg / P. C. Minuth*, in: Kübler-HRI (2015), § 11 Rn. 44.

796 *S.-H. Undritz*, in: Schmidt-InsO, § 275 InsO Rn. 9; *S. Fiebig*, in: HambK-InsO, § 275 InsO Rn. 13; *H. Zipperer*, in: Uhlenbruck-InsO, § 275 InsO Rn. 8; *R. Riggert*, in: Nerlich/Römermann-InsO, § 275 InsO Rn. 6, Stand: 35. Lfg. v. 04.2018; *R. Riggert*, in: Braun-InsO, § 275 InsO Rn. 11; *C. A. Kern*, in: MüKo-InsO, § 275 InsO Rn. 25 f.

797 *S.-H. Undritz / W. Schur*, ZIP 2016, 549, 549.

798 *J. Schädlich*, NWB 2016, 1600, 1609; *T. Hunsalzer*, ZInsO 2014, 1748; *S. Fiebig*, in: HambK-InsO, § 275 InsO Rn. 14; *R. Riggert*, in: Braun-InsO, § 275 InsO Rn. 11 f.; *R. Riggert*, in: Nerlich/Römermann-InsO, § 275 InsO Rn. 7, Stand: 35. Lfg. v. 04.2018; *H. Zipperer*, in: Uhlenbruck-InsO, § 275 InsO Rn. 8.

799 *S. Fiebig*, in: HambK-InsO, § 275 InsO Rn. 14; *H. Zipperer*, in: Uhlenbruck-InsO, § 275 InsO Rn. 8; *C. Morgen*, in: SanR, § 270a InsO Rn. 83c; *R. Riggert*, in: Nerlich/Römermann-InsO, § 275 InsO Rn. 7, Stand: 35. Lfg. v. 04.2018; *R. Riggert*, in: Braun-InsO, § 275 InsO Rn. 11 f.; *C. A. Kern*, in: MüKo-InsO, § 275 InsO Rn. 26; *M. Hofmann*, in: Kübler-HRI (2019), § 7 Rn. 64; *T. Hunsalzer*, ZInsO 2014, 1748, 1748.

haben geleistete Zahlungen Erfüllungswirkung.[800] Etwas anderes kann nur ausnahmsweise dann gelten, wenn ein kollusives Zusammenwirken zwischen Schuldner und Dritten im Sinne von § 138 BGB gegeben ist.[801] Die Bindung an den Sachwalter erfolgt somit auf bloß faktischer Ebene, da er im Falle eines Verstoßes umgehend mit durch den Sachwalter veranlassten Sicherungsmaßnahmen des Insolvenzgerichts rechnen muss.[802]

Umstritten ist darüber hinaus, ob der Sachwalter zur Kassenführung gesonderte Konten anlegen darf.[803] Die Tendenz geht dabei dahin, ihm ein Recht zur Errichtung eines Kontos für Rechnung des Schuldners zuzugestehen, ihm aber nicht die Möglichkeit zu schaffen, ein eigenes Anderkonto anzulegen.[804] Dazu fehle es bereits an der für ein Anderkonto allgemein notwendigen Voraussetzung des Anvertrautseins fremder Vermögenswerte.[805]

(d) Zustimmungsvorbehalt

Nach § 275 Abs. 1 S. 1 InsO hat der Schuldner vor der Eingehung von Verbindlichkeiten, welche „nicht zum gewöhnlichen Geschäftsbetrieb gehören", die Zustimmung des Sachwalters einzuholen.[806] Das Prozedere kann dabei formlos ablaufen und die Zustimmung auch bloß konkludent erteilt werden.[807] In Notfällen darf der Schuldner betroffene Geschäfte zur Sicherung der Insolvenzmasse ohne vorherige Zustimmung eingehen.[808] In allen anderen

---

800 *S. Fiebig*, in: HambK-InsO, § 275 InsO Rn. 14; *C. A. Kern*, in: MüKo-InsO, § 275 InsO Rn. 15; *R. Riggert*, in: Nerlich/Römermann-InsO, § 275 InsO Rn. 7, Stand: 35. Lfg. v. 04.2018.

801 *R. Riggert*, in: Nerlich/Römermann-InsO, § 275 InsO Rn. 7, Stand: 35. Lfg. v. 04.2018; *C. A. Kern*, in: MüKo-InsO, § 275 InsO Rn. 18.

802 AG Hannover, Beschluss v. 08.05.2015 – 909 IN 264/15, 909 IN 264/15-1, ZInsO 2015, 1111; *R. Buchalik / O. Hiebert*, ZInsO 2015, 1953, 1955; *O. Hiebert*, ZInsO 2015, 1242.

803 *S. Fiebig*, in: HambK-InsO, § 275 InsO Rn. 15.

804 *H. Zipperer*, in: Uhlenbruck-InsO, § 275 InsO Rn. 7; noch zur altern Rechtslage BGH, Urteil v. 19.05.1988 – III ZR 38/87, ZIP 1988, 1136; **a.A.** *S. Fiebig*, in: HambK-InsO, § 275 InsO Rn. 15.

805 *K. J. Hopt*, in: Baumbach/Hopt-HGB, 2. Teil, AGB-AnderkRA vor § 1 Rn. 6.

806 *S. Fiebig*, in: HambK-InsO, § 275 InsO Rn. 4 - 6; *J. D. Spliedt*, in: Schmidt/Uhlenbruck, 9. Teil Rn. 9.37 - 9.47.

807 *H. Zipperer*, in: Uhlenbruck-InsO, § 275 InsO Rn. 4; *S. Fiebig*, in: HambK-InsO, § 275 InsO Rn. 6.

808 *S. Fiebig*, in: HambK-InsO, § 275 InsO Rn. 7; *H. Zipperer*, in: Uhlenbruck-InsO, § 275 InsO Rn. 4 a.E.

Fällen muss der Sachwalter seine Entscheidung nach pflichtgemäßem Ermessen fällen.[809]

Zu beachten ist aber, dass auch ein ohne Zustimmung oder ein gegen einen Widerspruch durchgeführtes Geschäft im Außenverhältnis grundsätzlich wirksam ist.[810] Eine gesetzliche Ausnahme besteht nach § 279 S. 3 InsO nur für den besonderen Schutz einiger (Kollektiv-)Arbeitsrechte der §§ 120, 122 und 126 InsO.[811]

(e) Zustimmungsvorbehalt für einzelne Zahlungen

Umstritten bleibt die Frage, ob ein Insolvenzgericht für einzelne Zahlungen oder einzelne Arten von Geschäftsvorfällen einen Zustimmungsvorbehalt anordnen darf.[812] Dies hatte zunächst das *AG Düsseldorf*[813] und diesem folgend auch das *AG Heilbronn*[814] zugunsten eines Vorbehalts für alle Steuer- und Sozialversicherungsbeiträge angenommen. Demnach können in jedem Verfahrensstadium solche Maßnahmen nach § 21 Abs. 1 S. 1 InsO ergriffen werden, welche notwendig sind, um nachteilige Veränderungen der künftigen Insolvenzmasse zu verhindern. In den beiden Verfahren ging es um Zahlungen auf Beiträge zur Sozialversicherung sowie auf Verbindlichkeiten aus dem Steuerverhältnis. Nachdem das AG Düsseldorf dies ohne nähere Begründung schlicht anordnete, begründete das AG Heilbronn die Anordnung damit, dass die Maßnahme erforderlich und geeignet sei, die andernfalls dem Insolvenzzweck zuwiderlaufenden Zahlungen

---

809 *S. Fiebig*, in: HambK-InsO, § 275 InsO Rn. 8; *H. Zipperer*, in: Uhlenbruck-InsO, § 275 InsO Rn. 5.

810 AG Duisburg, Beschluss v. 01.09.2002 – 62 IN 167/02, DZWIR 2002, 522; *S. Fiebig*, in: HambK-InsO, § 275 InsO Rn. 9 und 11; *H. Zipperer*, in: Uhlenbruck-InsO, § 275 InsO Rn. 6; *C. A. Kern*, in: MüKo-InsO, § 275 InsO Rn. 15; *S.-H. Undritz*, in: Schmidt-InsO, § 275 InsO Rn. 6; *R. Riggert*, in: Braun-InsO, § 275 InsO Rn. 6.

811 *H. Zipperer*, in: Uhlenbruck-InsO, § 279 InsO Rn. 4; *H. Zipperer*, in: Uhlenbruck-InsO, § 275 InsO Rn. 6; *S. Fiebig*, in: HambK-InsO, § 279 InsO Rn. 3.

812 Vgl. *D. Wozniak*, JurisPR-InsR 2016, Anm. 2, Lit. A.

813 AG Düsseldorf, Beschluss v. 10.07.2014 – 504 IN 124/14, ZInsO 2014, 2389 = InsbürO 2015, 114.

814 AG Heilbronn, Beschluss v. 23.03.2016 – 12 IN 149/16, NZI 2016, 582; AG Mönchengladbach*, Beschluss v. 28.04.2015 – 19 IN 35/15; AG Siegen*, Beschluss v. 08.06.2015 – 25 IN 134/15; AG Stendal*, Beschluss v. 14.07.2015 – 7 IN 142/15; AG Offenbach*, Beschluss v. 27.11.2015 – 8 IN 564/15; AG Oldenburg*, Beschluss v. 18.01.2016 – 44 IN 2/16; **a.A.** mit Hinweis auf ein Strafbarkeitsrisiko bzgl. § 266a StGB *P. Laroche / M. Wollenweber*, ZInsO 2016, 2225, 2225 ff.
*alle unveröffentlicht, zitiert nach *R. Buchalik*, ZInsO 2017, 1743, 1743.

zu verhindern.[815] Das Gericht habe auch im vorläufigen Eigenverwaltungsverfahren Maßnahmen zu ergreifen, um nachteilige Veränderungen der künftigen Insolvenzmasse zu verhindern.[816] Insbesondere sei eine vollständige Übertragung der Kassenführung als schwerwiegender Eingriff nicht notwendig.[817] Darüber hinaus hält das *AG München*[818] einen Zustimmungsvorbehalt auch in Fällen der Ermächtigung zur Begründung von Masseverbindlichkeiten für anwendbar.

Diesem Vorgehen waren zwischenzeitlich das *AG Hamburg*[819] sowie das *AG Hannover*[820] entgegengetreten. Eine entsprechende Anordnung sei unzulässig. Zwar sei der Wortlaut unergiebig, die Systematik der Insolvenzordnung stehe einem solchen Vorgehen jedoch entgegen.[821] § 270a InsO sehe gerade keinen Verweis auf den Zustimmungsvorbehalt des § 277 InsO vor. Entsprechend sei (nur) eine Übertragung der Kassenführung anzuordnen.[822]

Mittlerweile hat jedenfalls das *AG Hamburg*[823] seine Auffassung weitestgehend aufgegeben und sieht sich ebenfalls in der Lage, gemäß §§ 270a, 21 Abs. 1 S. 1 InsO einen Zustimmungsvorbehalt auszusprechen. Dabei komme es auf die Anwendung des § 277 InsO nicht an, da dieser nur ein Sonderrecht der Gläubigerversammlung schaffe, aber nicht in die Anordnungskompetenzen des Gerichts eingreife.[824] Die Anordnung könne jedoch nur unter der dreifachen Voraussetzung erfolgen, dass (i) die Geschäftsleitung andernfalls wegen persönlicher Haftungsrisiken zur anfechtbaren Zahlung gezwungen wäre, (ii) diese Zahlung die Liquidität unverhältnismäßig belasten würde und (iii) eine spätere Anfechtung keine hinreichende Aussicht auf Erfolg habe.[825] Dies hat somit zur

815 AG Heilbronn, Beschluss v. 23.03.2016 – 12 IN 149/16, NZI 2016, 582, juris-Rn. 4.
816 AG Heilbronn, Beschluss v. 23.03.2016 – 12 IN 149/16, NZI 2016, 582, juris-Rn. 10.
817 AG Heilbronn, Beschluss v. 23.03.2016 – 12 IN 149/16, NZI 2016, 582, juris-Rn. 17.
818 AG München, Beschluss v. 27.06.2012 – 1506 IN 1851/12, ZIP 2012, 1470, juris-Rn. 4–7.
819 AG Hamburg, Beschluss v. 14.07.2014 – 67b IN 196/14, ZIP 2014, 2101.
820 AG Hannover, Beschluss v. 08.05.2015 – 909 IN 264/15, 909 IN 264/15-1, ZInsO 2015, 1111.
821 AG Heilbronn, Beschluss v. 23.03.2016 – 12 IN 149/16, NZI 2016, 582, juris-Rn. 6–8.
822 AG Hamburg, Beschluss v. 14.07.2014 – 67b IN 196/14, ZIP 2014, 2101, juris-Rn. 8.
823 AG Hamburg, Beschluss v. 19.06.2017 – 67g IN 173/17, ZIP 2017, 1383; dem folgend AG München*, Beschluss v. 27.07.2017 – 1507 IN 2020/17; AG Münster*, Beschluss v. 07.08.2017 – 87 IN 39/17; **zustimmend** *C. Bosse*, NWB 2018, 1618, 1623 f.; *R. Buchalik*, ZInsO 2017, 1743, 1745; *M. Hofmann*, EWiR 2017, 537, 537 f.
*alle unveröffentlicht, zitiert nach *R. Buchalik*, ZInsO 2017, 1743, 1745.
824 AG Hamburg, Beschluss v. 19.06.2017 – 67g IN 173/17, ZIP 2017, 1383, juris-Rn. 11.
825 AG Hamburg, Beschluss v. 19.06.2017 – 67g IN 173/17, ZIP 2017, 1383, juris-Rn. 25.

Konsequenz, dass jedenfalls bei schlechter Liquiditätslage eine entsprechende Anordnung möglich ist.

In der Literatur wird die Möglichkeit (inzwischen) ebenfalls anerkannt,[826] wobei die vom AG Hamburg aufgestellten Voraussetzungen mitunter abgelehnt werden.[827] Neben einigen *kritischen Stimmen*[828] finden sich kaum noch ablehnende Äußerungen.[829] Gleichwohl besteht noch immer Uneinigkeit über die Herleitung.

Einzig überzeugend ist eine Anwendung der §§ 270a Abs. 1 Nr. 2, 21 Abs. 2 Nr. 2 InsO. Der Gesetzgeber hat § 270a Abs. 1 Nr. 2 InsO bewusst als Sollvorschrift ausgestaltet,[830] sodass dem Gericht im Einzelfall weiterhin alle Möglichkeiten des § 21 InsO offenstehen. Darüber hinaus findet § 21 Abs. 1 InsO als Generalklausel ohnehin stets Anwendung,[831] sodass sich hierauf eine Anordnung stützen lässt. In jedem Fall muss eine Anordnung aber mit dem Wesen der (vorläufigen) Eigenverwaltung im Einklang stehen, sodass beispielsweise ein allgemeines Verfügungsverbot damit im Widerspruch stehen würde.[832] Ein nur beschränkter Zustimmungsvorbehalt unterhalb der Schwelle des § 21 Abs. 2 Nr. 2 InsO belässt aber die Verantwortung für das Tagesgeschäft beim Schuldner und stellt somit keinen schwerwiegenden Eingriff dar.[833] Entgegen einzelner

---

826 *S. Fiebig*, in: HambK-InsO, § 275 InsO Rn. 9; *H. Zipperer*, in: Uhlenbruck-InsO, § 275 InsO Rn. 6; *C. Morgen*, in: SanR, § 270a InsO Rn. 83d; *C. Brünkmans*, in: HK-InsO, § 270a InsO Rn. 5, 13, 20, 26-35; *M. Hofmann*, EWiR 2017, 537, 537 f.; *M. Gortan*, NZI 2016, 982, 986; *C. A. Kern*, in: MüKo-InsO, § 270a InsO Rn. 48; *C. Thole*, DB 2015, 662, 668 f.; *S. U. Denkhaus / F.* von *Kaltenborn-Stachau*, in: SanR, § 21 InsO Rn. 71a; *R. Buchalik / A. Kraus*, ZInsO 2014, 2354, 2356 f.; *G. Pape*, in: K/P/B-InsO, § 270a InsO Rn. 18, Stand: 49. Lfg. v. 07.2012.

827 *M. Hofmann*, EWiR 2017, 537, 538.

828 *D. Wozniak*, JurisPR-InsR 2016, Anm. 2; *J. D. Spliedt*, in: Schmidt/Uhlenbruck, 9. Teil Rn. 9.161.

829 *F. Frind*, ZInsO 2015, 22, 24; *P. Laroche / M. Wollenweber*, ZInsO 2016, 2225, 2225 ff.

830 *S.-H. Undritz*, in: Schmidt-InsO, § 270a InsO Rn. 2; LG Halle, Beschluss v. 14.11.2014 – 3 T 86/14, ZIP 2014, 2355, juris-Rn. 63–66; AG Hamburg, Beschluss v. 19.06.2017 – 67g IN 173/17, ZIP 2017, 1383, juris-Rn. 10; *C. Brünkmans*, in: HK-InsO, § 270a InsO Rn. 6; *D. Wozniak*, JurisPR-InsR 2016, Anm. 2; *J. Wagner / N. Fuchs*, BB 2017, 2202, 2208; *A. Ringstmeier*, in: A/G/R-InsO, § 270a InsO Rn. 5.

831 *M. Hofmann*, in: Kübler-HRI (2019), § 7 Rn. 110; *G. Pape*, in: K/P/B-InsO, § 270a InsO Rn. 18, Stand: 49. Lfg. v. 07.2012; *M. Hofmann*, EWiR 2017, 537, 538; *V. Sander / D. Reichelt*, in: A/G/R-InsO, § 21 InsO Rn. 3; *A. Ringstmeier*, in: A/G/R-InsO, § 270a InsO Rn. 8.

832 *M. Hofmann*, in: Kübler-HRI (2019), § 7 Rn. 104.

833 *G. Pape*, in: K/P/B-InsO, § 270a InsO Rn. 18, Stand: 49. Lfg. v. 07.2012.

Stimmen[834] besteht dabei auch kein strafrechtliches Risiko für die handelnden Personen.[835]

Im Ergebnis ist daher den Stimmen zu folgen, die eine gesetzgeberische Klarstellung fordern, um den Insolvenzgerichten bei der Anordnung eines Zustimmungsvorbehalts zugunsten des vorläufigen Sachwalters die verbleibenden Restrisiken abzunehmen.[836]

(f) Haftung

Der vorläufige Sachwalter unterliegt über die Verweisung der §§ 270a Abs. 1 S. 2, 274 Abs. 1 InsO dem gleichen Haftungsregime wie auch der endgültige Sachwalter oder ein Insolvenzverwalter. Er muss somit für Schäden aus Verletzungen seiner insolvenzspezifischen Pflichten gemäß § 60 InsO einstehen.[837] Soweit man den vorgenannten Zustimmungsvorbehalt zur Begründung von Masseverbindlichkeiten als zulässig erachtet, haftet der Sachwalter entsprechend auch nach § 61 InsO.[838]

bb) Schutzschirmverfahren

Wenngleich das Schutzschirmverfahren im Vergleich zur vorläufigen Eigenverwaltung durch die höhere Zugangsschranke auch Risiken im Vergleich zum Schutzschirmverfahren schafft,[839] ermöglicht es dem Schuldner zugleich eine noch eigenständigere Restrukturierung. Auf diesem Weg erhält der Schuldner weitere Sanierungserleichterungen in Form eines noch größeren Einfluss auf das Verfahren und hat zunächst die Möglichkeit, gemäß § 270b Abs. 2 S. 2 InsO einen vorläufigen Sachwalter vorzuschlagen, wobei das Gericht vorbehaltlich dessen Eignung an den Vorschlag gebunden ist.[840] Hintergrund der Regelung

---

834 *P. Laroche / M. Wollenweber*, ZInsO 2016, 2225, 2225 ff.

835 *A. Schmidt*, ZIP 2017, 1357, 1361; *R. E. Köllner*, NZI 2018, 96, 96.

836 *M. Hofmann*, EWiR 2017, 537, 538; *R. Buchalik*, ZInsO 2017, 1743, 1745 f.; *R. E. Köllner*, NZI 2018, 96, 96 a.E.

837 *G. Pape*, in: K/P/B-InsO, § 270a InsO Rn. 25, Stand: 49. Lfg. v. 07.2012; *H. Zipperer*, in: Uhlenbruck-InsO, § 270a InsO Rn. 30; *H. Ellers*, in: BeckOK-InsO, § 270a InsO Rn. 66.

838 *H. Ellers*, in: BeckOK-InsO, § 270a InsO Rn. 66; *C. Brünkmans*, in: HK-InsO, § 270a InsO Rn. 32; *H. Zipperer*, in: Uhlenbruck-InsO, § 270a InsO Rn. 22.

839 *G. Pape*, in: K/P/B-InsO, § 270a InsO Rn. 47, Stand: 49. Lfg. v. 07.2012.

840 *R. Riggert*, in: Nerlich/Römermann-InsO, § 270b InsO Rn. 22, Stand: 35. Lfg. v. 04.2018; *R. Riggert*, in: Braun-InsO, § 270b InsO Rn. 9; *R. Leithaus*, in: Andres/Leithaus-InsO, § 270b InsO Rn. 11.

ist der Versuch des Gesetzgebers, das Stigma der Insolvenz zu durchbrechen und dem Schuldner in dieser Phase des Verfahrens die Möglichkeit zu geben, „unter der Sicherheit eines ‚Schutzschirms' und in der Eigenverwaltung einen Sanierungsplan zu erarbeiten".[841] Um dessen Umsetzung zu erleichtern, soll er es selbst in der Hand haben, einen Sachwalter auszuwählen, der diese Sanierungsbemühungen unterstützt.[842] Diese Möglichkeit wird inzwischen von der Praxis gerne angenommen.[843] Bietet Sie doch insbesondere in der Auswirkung den Vorteil, durch die abweichende Bezeichnung nicht der in Deutschland unverändert vorherrschenden Stigmatisierung des Begriffs der Insolvenz zu unterliegen.[844]

(1) Ablauf

Wie im Verfahren der vorläufigen Eigenverwaltung besteht auch für das Schutzschirmverfahren ein Antragserfordernis durch den Schuldner selbst, vgl. § 270b Abs. 1 S. 1 InsO.[845] Im Gegensatz zu diesem ist der Antrag nach § 270b Abs. 1 S. 3 InsO aber mit einer Bescheinigung eines Sanierungsexperten zu versehen, aus der sich ergibt, dass zwar ein Antragsgrund vorliegt, aber keine Zahlungsunfähigkeit gegeben ist und die angestrebte Sanierung nicht offensichtlich aussichtslos ist.[846] Die Privilegierung des Schutzschirmverfahrens kommt somit nur liquiden Schuldnern zugute.[847] Praktisch muss die Liquidität dabei im Rahmen einer Liquiditätsplanung für mindestens drei Monate nachgewiesen werden.[848]

Liegen alle Voraussetzungen vor, eröffnet das Insolvenzgericht das Verfahren und bestimmt eine Frist, bis zu der der Schuldner einen tragfähigen Insolvenzplan vorlegen muss.[849] Die Frist darf dabei nach § 270b Abs. 1 S. 2 InsO

---

841 BT-Drs. 17/5712, S. 19; vgl. *C. Seagon*, in: Buth/Hermanns, § 26 Rn. 1; *S. Fiebig*, in: HambK-InsO, § 270b InsO Rn. 1.

842 *H. Zipperer*, in: Uhlenbruck-InsO, § 270b InsO Rn. 58; BT-Drs. 17/5712, S. 70.

843 Ausführlich zu den ersten praktischen Erfahrungen mit dem Schutzschirmverfahren: *C. Brünkmans*, in: HK-InsO, Vorb. §§ 270 ff. InsO Rn. 24.

844 *G. Bernsau*, BB 2019, 2393, 2396.

845 *S. Fiebig*, in: HambK-InsO, § 270b InsO Rn. 2; *H. Zipperer*, in: Uhlenbruck-InsO, § 270b InsO Rn. 7; *R. Riggert*, in: Braun-InsO, § 270b InsO Rn. 4; *C. Seagon*, in: Buth/Hermanns, § 26 Rn. 4.

846 Ausführlich *H. Zipperer*, in: Uhlenbruck-InsO, § 270b InsO Rn. 17 - 28.

847 *R. Riggert*, in: Braun-InsO, § 270b InsO Rn. 3; *S. Fiebig*, in: HambK-InsO, § 270b InsO Rn. 4 - 6; *C. Seagon*, in: Buth/Hermanns, § 26 Rn. 5.

848 *H. Zipperer*, in: Uhlenbruck-InsO, § 270b InsO Rn. 27.; vgl. auch BT-Drs. 17/7511 S. 28.

849 *S. Fiebig*, in: HambK-InsO, § 270b InsO Rn. 24; *H. Zipperer*, in: Uhlenbruck-InsO, § 270b InsO Rn. 50; *C. Seagon*, in: Buth/Hermanns, § 26 Rn. 11 f.

höchstens drei Monate betragen. Da es sich dabei um eine bloße Obliegenheit handelt, riskiert der Schuldner bei Nichtvorlage einen Übergang in das Regelinsolvenzverfahren.[850] Außerdem wird ebenso wie in der vorläufigen Eigenverwaltung ein Sachwalter eingesetzt.[851]

Sollten die Voraussetzungen nach Ansicht des Insolvenzgerichts nicht vorliegen, so hat es die Voraussetzungen des § 270a InsO zu prüfen und dem Schuldner in diesem Zusammenhang die Gelegenheit zu geben, den Eröffnungsantrag nach § 270a Abs. 2 InsO zurückzunehmen.[852]

Wie auch in der vorläufigen Eigenverwaltung steht es – wenngleich ebenfalls strittig – im Ermessen des Gerichts, ob es die Anordnung des Verfahrens veröffentlicht.[853]

Namensgebend ist die Möglichkeit des Schuldners, bei Gericht ein Vollstreckungsverbot nach § 21 Abs. 2 S. 1 Nr. 3 zu beantragen. Dies muss sodann vom Insolvenzgericht gewährt werden und bietet eine größtmögliche Massesicherung.[854] Auf diesem Weg kann vor allem verhindert werden, dass dem Schuldner dringend benötigte Produktionsmittel zur Fortführung des Betriebs entzogen werden.[855]

(2) Begründung von Masseverbindlichkeiten

Das Gericht hat auf Antrag des Schuldners hin gemäß § 270b Abs. 3 InsO eine Anordnung zu treffen, nach der der Schuldner Masseverbindlichkeiten begründen kann. Seine Rechtsstellung wird damit der eines starken vorläufigen

---

850 *R. Riggert*, in: Braun-InsO, § 270b InsO Rn. 13.

851 *C. Seagon*, in: Buth/Hermanns, § 26 Rn. 13 ff.

852 *R. Riggert*, in: Braun-InsO, § 270b InsO Rn. 16.

853 *M. L. Graf-Schlicker*, in: Graf-Schlicker-InsO, § 270b InsO Rn. 39; *H. Zipperer*, in: Uhlenbruck-InsO, § 270b InsO Rn. 54 f.; *S. Fiebig*, in: HambK-InsO, § 270b InsO Rn. 45; *C. Brünkmans*, in: HK-InsO, § 270b InsO Rn. 49; *C. A. Kern*, in: MüKo-InsO, § 270b InsO Rn. 77; AG Göttingen, Beschluss v. 21.11.2012 – 74 IN 160/12, NZI 2012, 1008, juris-Rn. 36–41 = ZIP 2012, 2360; für eine **Veröffentlichungspflicht:** *S. Koch / B. Jung*, in: Kübler-HRI (2019), § 8 Rn. 171 - 175; für ein grds. **Veröffentlichungsverbot:** *R. Leithaus*, in: Andres/Leithaus-InsO, § 270b InsO Rn. 14; *U. Keller*, ZIP 2012, 1895, 1895 ff.

854 *R. Riggert*, in: Braun-InsO, § 270b InsO Rn. 15; *V. Böhm*, in: Braun-InsO, § 21 InsO Rn. 46; *S. Fiebig*, in: HambK-InsO, § 270b InsO Rn. 26.

855 *H. Zipperer*, in: Uhlenbruck-InsO, § 270b InsO Rn. 65; *V. Böhm*, in: Braun-InsO, § 21 InsO Rn. 46.

Insolvenzverwalters angeglichen.[856] Er gewinnt damit Vorteile gegenüber Lieferanten und Kreditinstituten, da Forderungen insolvenzanfechtungsfest begründet werden können.[857] Dies erhöht aber auch das Haftungsrisiko für die handelnden Geschäftsführer, sofern diese Verbindlichkeiten im Hauptverfahren nicht bedient werden können.[858]

Um diese Nachteile zu umgehen, hat die Praxis hier einen weniger intensiven Eingriff gewählt. Statt einer vollständigen Ermächtigung, wird dem Schuldner auf Antrag lediglich eine „halbstarke" Position eingeräumt.[859] Dies ist grundsätzlich möglich, da § 270b Abs. 2 S. 3 InsO allgemein auf § 21 Abs. 1, Abs. 2 Nr. 1a, 3 bis 5 InsO verweist und das Gericht somit einen breiten Handlungsspielraum hat.[860] Das Gericht kann somit, je nach Antrag des Schuldners, eine General- oder Teil- bzw. Einzelermächtigungen beschließen, wobei der Erlass der beiden letzteren lediglich im pflichtgemäßen Ermessen des Gerichts steht.[861] Aus Sicht des Schuldners ist darauf zu achten, dass das Gericht an den Antrag gebunden ist, es verfügt über keinerlei Beurteilungsspielraum.[862] Fällt der Antrag zu weit aus, unterfallen demnach alle weiteren Handlungen der Anordnung, es verbleibt weder dem Gericht noch dem Schuldner ein Wahlrecht.

(3) Rechtsstellung des Schuldners

Auch im Schutzschirmverfahren ist noch nicht abschließend geklärt, ob der Schuldner hier bereits als Amtswalter in eigenen Angelegenheiten tätig wird,[863]

---

856 *H. Zipperer*, in: Uhlenbruck-InsO, § 270b InsO Rn. 68; *R. Riggert*, in: Braun-InsO, § 270b InsO Rn. 14; *C. A. Kern*, in: MüKo-InsO, § 270b InsO Rn. 110; *C. Brünkmans*, in: HK-InsO, § 270b InsO Rn. 43.

857 *R. Riggert*, in: Braun-InsO, § 270b InsO Rn. 14.

858 BGH, Urteil v. 26.04.2018 – IX ZR 238/17, BGHZ 218, 290, juris-Rn. 13 ff. = ZIP 2018, 977 = ZInsO 2018, 1200; *S. Fiebig*, in: HambK-InsO, § 270 InsO Rn. 45; **a.A.** noch *T. Martini*, in: BeckOK-InsO, § 270b InsO Rn. 75.

859 Wohl auch im Sinne des Gesetzgebers, vlg. Beschlussempfehlung des Rechtsausschusses: BT-Drs. 17/7511, S. 50; ebenso, *S. Fiebig*, in: HambK-InsO, § 270b InsO Rn. 32 f.; *R. Riggert*, in: Braun, § 270b InsO Rn. 14.

860 *R. Riggert*, in: Braun-InsO, § 270b InsO Rn. 14; OLG Dresden, Urteil v. 15.10.2014 – 13 U 1605/13, ZInsO 2015, 1937, juris-Rn. 17 ff.; *C. Seagon*, in: Buth/Hermanns, § 26 Rn. 19 f.

861 *S. Fiebig*, in: HambK-InsO, § 270b InsO Rn. 34.

862 *S. Fiebig*, in: HambK-InsO, § 270b InsO Rn. 33.

863 *H. Zipperer*, in: Uhlenbruck-InsO, § 270b InsO Rn. 66; *F. Klinck*, ZIP 2013, 853, 857; unklar OLG Karlsruhe, Urteil v. 14.06.2016 – 8 U 44/15, NZI 2016, 685, juris-Rn. 34.

oder aber ob er weiterhin als bloßes privatautonom handelndes Subjekt tätig wird.[864] Es überzeugt aber, hier eine einheitliche Behandlung zu vertreten, mithin wird der Schuldner nur partiell mit Sonderrechten ausgestattet, soweit ihm diese vom Gericht übertragen werden, daneben wird der Schuldner als auch dessen Geschäftsführung rein privatautonom tätig.[865]

cc) Gläubigerausschuss

Jedes Insolvenzverfahren ist in hohem Maße von rechtlichen Entscheidungen geprägt. Das Ziel der möglichst vollständigen Gläubigerbefriedigung erfordert aber auch eine Vielzahl wirtschaftlicher Entscheidungen. Da diese regelmäßig mit Risiken für die Gläubigergemeinschaft verbunden sind, hat man ein kleines, praktikables Gremium geschaffen, welches Entscheidungen treffen und das Verfahren gleichzeitig im Sinne der Gesamtheit überwachen kann, den Gläubigerausschuss nach § 69 InsO.[866] Er wird von der Gläubigerversammlung gewählt, agiert von dieser aber unabhängig und weisungsfrei und leitet seine Befugnisse ausschließlich vom Gesetz ab.[867] Seine Rolle wird daher auch mit der eines Aufsichtsrats verglichen.[868]

Vor Eröffnung des Hauptverfahrens gab es ursprünglich keine Regelung über einen Gläubigerausschuss, nunmehr sieht § 22a InsO unter anderem ab einer gewissen Verfahrensgröße die Einsetzung zwingend vor.[869] Darüber hinaus steht es nach § 21 Abs. 2 Nr. 1a InsO im pflichtgemäßen Ermessen des Gerichts, ob es einen Ausschuss für sinnvoll erachtet.[870] Bei verständiger Auslegung des § 270b Abs. 2 S. 3 i. V. m. § 21 Abs. 2 Nr. 1a InsO kann das Gericht auch im Falle

---

864 BGH, Urteil v. 22.11.2018 – IX ZR 167/16, ZIP 2018, 2488, juris-Rn. 11 = NJW 2019, 224 = ZInsO 2018, 2796; *S.-H. Undritz*, BB 2012, 1551, 1553 f.; *D. König*, 2015, S. 320; *U. Haas*, in: Gottwald, § 88 Rn. 124 f.; *S.-H. Undritz*, in: Schmidt-InsO, § 270b InsO Rn. 1; *M. Hofmann*, in: Kübler-HRI (2019), § 7 Rn. 14.

865 Siehe zur ausführlichen Darstellung im Zusammenhang mit der vorläufigen Eigenverwaltung S. 130.

866 *J. Holzer*, in: Beck/Depré, § 3 Rn. 191; *A. Riedel*, in: HK-InsO, § 69 InsO Rn. 1 f.; *B. M. Kübler*, in: K/P/B-InsO, § 69 InsO Rn. 2, Stand: 62. Lfg. v. 02.2015.

867 *J. Holzer*, in: Beck/Depré, § 3 Rn. 191; *B. M. Kübler*, in: K/P/B-InsO, § 69 InsO Rn. 4 u. 7, Stand: 62. Lfg. v. 02.2015; *A. Riedel*, in: HK-InsO, § 69 InsO Rn. 9.

868 *J. Holzer*, in: FS Beck, S. 281; *H. Haarmeyer / C. Schildt*, in: MüKo-InsO, § 22a InsO Rn. 124.

869 *T. Graeber*, in: Beck/Depré, § 10 Rn. 2 ff.; *C. Herbst*, in: Buth/Hermanns, § 28 Rn. 94 f.; *H. Haarmeyer / C. Schildt*, in: MüKo-InsO, § 22a InsO Rn. 1 - 3.

870 *V. Böhm*, in: Braun-InsO, § 22a InsO Rn. 11.

eines Schutzschirmverfahrens einen Gläubigerausschuss einsetzen; werden die Schwellenwerte des § 22a InsO erreicht, ist es zur Einsetzung verpflichtet. [871]

Die Aufgaben des vorläufigen Gläubigerausschusses entsprechen denen eines endgültigen Gläubigerausschusses.[872] Er soll eine Verschlechterung der Vermögenslage verhindern und den vorläufigen Verwalter oder den eigenverwaltenden Schuldner bei seiner Geschäftsführung kontrollieren und unterstützen.[873] Gerade im Eröffnungsverfahren kommt der Überwachung der Finanzlage des Schuldners eine entscheidende Bedeutung zu.[874] Praktisch wichtig ist darüber hinaus das über § 56a InsO eingeräumte Mitspracherecht im Auswahlprozess des Insolvenzgerichts bei der Benennung des Insolvenzverwalters beziehungsweise des Sachwalters. Eine einstimmige Entscheidung ist für das Gericht sogar bindend.[875] Hinzu tritt die Möglichkeit den Antrag auf Anordnung der Eigenverwaltung des Schuldners zu unterstützen. Beschließt der Ausschuss dies einstimmig, ist auch dies für das Insolvenzgericht bindend.[876]

Das Gesetz sieht seine Mitwirkung aber darüber hinaus in den Fällen des § 276 InsO vor. Danach hat der Schuldner die Zustimmung des Gläubigerausschusses einzuholen, wenn er Rechtshandlungen vornehmen will, die für das Verfahren von besonderer Bedeutung sind. Damit soll sichergestellt werden, dass im Falle eines vorhandenen Gläubigerausschusses auch der eigenverwaltende Schuldner den gleichen Beschränkungen unterliegt wie im Regelverfahren.[877]

Der Einfluss des (vorläufigen) Ausschusses ist gleichwohl begrenzt, da er keine Weisungen erteilen oder nach außen in Erscheinung treten kann.[878] Ebenso fehlt

---

871 *T. Martini*, in: BeckOK-InsO, § 270b InsO Rn. 67; *S.-H. Undritz*, in: Schmidt-InsO, § 270b InsO Rn. 11; *S. Koch / B. Jung*, in: Kübler-HRI (2019), § 8 Rn. 160; **a.A.** (keine Pflicht) *V. Böhm*, in: Braun-InsO, § 22a InsO Rn. 16.

872 *B. Windau*, in: BeckOK-InsO, § 22a InsO Rn. 63; *H. Haarmeyer / C. Schildt*, in: MüKo-InsO, § 22a InsO Rn. 123; *G. Hölzle*, in: Schmidt-InsO, § 22a InsO Rn. 46, ausführlich *B. Windau*, in: BeckOK-InsO, § 22a InsO Rn. 63 - 73.

873 *T. Graeber*, in: Beck/Depré, § 10 Rn. 13 - 19; *B. M. Kübler*, in: K/P/B-InsO, § 69 InsO Rn. 13 ff., Stand: 62. Lfg. v. 02.2015.

874 *F. Frind*, in: BeckOK-InsO, § 69 InsO S. 18 f. u. 5–16.

875 Vgl. bereits S. 139; *T. Graeber*, in: Beck/Depré, § 10 Rn. 15; *C. Herbst*, in: Buth/Hermanns, § 28 Rn. 98 - 100.

876 *T. Graeber*, in: Beck/Depré, § 10 Rn. 22; *C. Herbst*, in: Buth/Hermanns, § 28 Rn. 93; *B. M. Kübler*, in: K/P/B-InsO, § 69 InsO Rn. 34, Stand: 62. Lfg. v. 02.2015.

877 *R. Riggert*, in: Nerlich/Römermann-InsO, § 276 InsO Rn. 1; *H. Plaßmeier / H. Ellers*, in: BeckOK-InsO, § 276 InsO Rn. 0.

878 *J. Holzer*, in: Beck/Depré, § 3 Rn. 192; *F. Frind*, in: BeckOK-InsO, § 69 InsO Rn. 2, 21 f. u. 31.

es ihm an Möglichkeiten, Zwangsmittel zur Durchsetzung seiner Rechte ggü. dem Sachwalter oder dem vorläufigen Insolvenzverwalter zu nutzen.[879] Daraus folgt, dass eine ohne Zustimmung des Ausschusses vorgenommene Handlung wirksam ist.[880]

3. Gebot der Massesicherung

Der insolvenzrechtliche Gläubigerschutz ist auch gesellschaftsrechtlich in Form des in diesem Kapitel gesondert dargestellten *Gebots der Massesicherung* verankert. Für den Geschäftsführer einer GmbH statuiert § 64 S. 1 GmbHG[881] eine persönliche Ersatzpflicht gegenüber der Gesellschaft für Zahlungen, die nach Eintritt der Zahlungsunfähigkeit oder nach Feststellung der Überschuldung geleistet wurden. Den Kern der Vorschrift bildet somit ein situatives, haftungsbewehrtes Zahlungsverbot zum Schutz der Gläubiger.[882]

Hintergrund dieser Regelung ist die in Deutschland tradierte gedankliche Prämisse, dass jedermann grundsätzlich für seine geschäftlichen Verbindlichkeiten einstehen muss.[883] Die Haftungsbeschränkung von juristischen Personen als Ausnahme hierzu stellt somit ein Privileg dar, welches unter anderem durch die Verpflichtung zur Aufbringung und Erhaltung des Mindestkapitals sowie der Registerpublizität erkauft werden muss.[884] Mag die unbeschränkte persönliche Haftung zwischenzeitlich eher Ausnahme als Regel geworden sein, so bildet sie dennoch den normativen Ausgangspunkt der Überlegungen.[885] Um sicherzustellen, dass die Haftungsfreistellungen nicht zulasten der Gesellschaftsgläubiger missbraucht werden, sieht das GmbHG verschiedene Schutzmechanismen vor, die die besonders risikoträchtigen Phasen berücksichtigen. So beginnt dies mit

---

879 *T. Graeber*, in: Beck/Depré, § 10 Rn. 21 f.

880 *B. M. Kübler*, in: K/P/B-InsO, § 69 InsO Rn. 21, Stand: 62. Lfg. v. 02.2015; *H. Plaßmeier / H. Ellers*, in: BeckOK-InsO, § 276 InsO Rn. 10; *R. Riggert*, in: Nerlich/Römermann-InsO, § 276 InsO Rn. 5; *J. Holzer*, in: Beck/Depré, § 3 Rn. 192; zur Situation im eröffneten Verfahren: *C. Herbst*, in: Buth/Hermanns, § 28 Rn. 105.

881 Gegenwärtig liegt in Form des Gesetz zur Fortentwicklung des Sanierungs- und Insolvenzrechts ein Gesetzesentwurf vor, welcher eine rechtformneuralen Regelung im Rahmen eines neuen § 15b InsO anstrebt, siehe hierzu S. 332.

882 *H.-F. Müller*, in: MüKo-GmbHG, § 64 GmbHG Rn. 1.

883 *K. Schmidt*, 2002, S. 538 - 540; *C. Teichmann*, NJW 2006, 2444, 2445; *L. Ischebeck*, 2009, S. 81.

884 BGH, Urteil v. 27.09.1999 – II ZR 371/98, BGHZ 142, 315, juris-Rn. 17 = ZIP 1999, 1755 = NJW 1999, 3483.

885 *C. Teichmann*, NJW 2006, 2444, 2445.

dem Mindestkapital gemäß § 5 Abs. 1 GmbHG, reicht über den Kapitalerhalt gemäß § 30 GmbHG bis hin zur inzwischen rechtsformunabhängigen Insolvenzantragspflicht gemäß § 15a InsO sowie dem hier gegenständlichen Gebot der Massesicherung aus § 64 S. 1 GmbHG.[886] Gerade in der Phase, in der ein Verantwortungsträger dazu neigen könnte, die Gläubigerinteressen zu vernachlässigen, wird so ein breiterer Schutz vermittelt.[887]

In der täglichen Praxis handelt es sich bei der Vorschrift sowie deren Parallelvorschriften im AktG und HGB um die wichtigsten Anspruchsgrundlagen der organschaftlichen Haftung in der Insolvenz.[888] Dementsprechend häufig nutzen Insolvenzverwalter diesen Weg um die Insolvenzmasse anzureichern, weshalb es sich um ein ganz erhebliches Haftungspotential für die Betroffenen handelt.[889] Dass die Haftung unabhängig vom Nachweis eines tatsächlichen Gläubigerschadens eintritt, hat ihre Beliebtheit zur Masseanreicherung seitens der Insolvenzverwalter weiter erhöht.[890] Gleichzeitig unterliegt das System der Zahlungsverbote anhaltender Kritik, die sich für die Abschaffung und anschließende Gesamtschadensabwicklung über § 92 InsO einsetzt.[891]

Zum Ende des Jahres 2020 wurde eine rechtformneutrale Verschiebung der nachfolgend dargestellten Regelungen in die Insolvenzordnung beschlossen. Zu diesem Zweck tritt mit Wirkung zum 01.01.2021 der § 15b InsO-Neu in Kraft. Nähere Ausführungen dazu sowie eine erste Abschätzung der dadurch eintretenden Rechtsänderungen finden sich ab der Seite 332.

a) Rechtsdogmatische Grundlage

aa) Ausgangslage

Der Normzweck des § 64 GmbHG ist seit Jahren hoch umstritten.[892] Im Kern einig sind sich die verschiedenen, kaum noch überschaubaren Auffassungen

---

886 *L. Ischebeck*, 2009, S. 81 f.

887 *L. Ischebeck*, 2009, S. 82; *C. Teichmann*, NJW 2006, 2444, 2445; vgl. *T. Mätzig*, in: BeckOK-GmbHG, § 64 GmbHG Rn. 5.

888 *A. Schmidt / C. Poertzgen*, NZI 2013, 369, 369; *M. Habersack / M. Foerster*, ZHR 2014, 387, 388; siehe zu den Parallelvorschriften ab S. 202 sowie zu den gesetzgeberischen Plänen diese zusammenzufassen ab S. 332.

889 *U. Haas*, in: Baumbach/Hueck-GmbHG, § 64 GmbHG Rn. 3; *K. Schmidt*, in: Schmidt/Uhlenbruck, 11. Teil Rn. 11.31; Allg. Kritik am Haftungsregime *K. Schmidt*, NZG 2015, 129, 133; *K. Schmidt*, ZHR 2011, 433, 433–443; *U. Haas*, NZG 2004, 737, 737.

890 *K. Schmidt*, NZG 2015, 129, 130.

891 *K. Schmidt*, ZHR 2011, 433; *K. Schmidt*, NZG 2015, 129, 133 a.E.

892 Statt vieler *M. Habersack / M. Foerster*, ZHR 2014, 387, 389.

dabei darüber, dass die Norm dem Gläubigerschutz dient. Auf der einen Seite wird angenommen, dass es sich um einen unmittelbaren Gläubigerschutz handle und die Norm einen Teilbereich einer einheitlichen Insolvenzverschleppungshaftung bilde.[893] Auf der anderen Seite wird hingegen von einem mittelbaren Gläubigerschutz ausgegangen, da es sich um ein von der Antragspflicht losgelöstes „Zahlungsverbot" handle.[894] Dazwischen tummeln sich verschiedene Nuancierungen dieser Ansichten.[895] Häufig liegen die Auffassungen dabei im Ergebnis nah beieinander, legen mitunter aber Wert auf eine unterschiedliche Zweckrichtung der Norm. Der *BGH* positioniert sich dabei nicht eindeutig und spricht davon, die verteilungsfähige Vermögensmasse einer insolvenzreifen Gesellschaft im Interesse der gleichmäßigen Gläubigerbefriedigung zu erhalten.[896]

bb) Stellungnahme

Im Ergebnis kann keiner der bisherigen Ansätze vollumfassend überzeugen.

In einem ersten Schritt muss daher das Nebeneinander von § 15a InsO und § 64 S. 1 GmbHG erklärt werden. Zweck des § 15a InsO ist es dabei zweifelsfrei, die rechtzeitige Stellung des Insolvenzantrags sicherzustellen und so dem Gläubigerschutz zu dienen, indem insolvenzreife Gesellschaften aus dem Geschäftsverkehr ausscheiden.[897] Dies ist dem Gesetzgeber so wichtig, dass er dessen

---

893 *K. Schmidt*, in: Scholz-GmbHG [11. Auflage], § 64 GmbHG Rn. 6 u. 10.; vgl. zur gleichen Problematik bei § 92 AktG *H. C. Grigoleit / L. Tomasic*, in: Grigoleit-AktG, § 92 AktG Rn. 36.

894 *H.-F. Müller*, in: MüKo-GmbHG, § 64 GmbHG Rn. 139 - 141; *J. Nerlich*, in: MHLS-GmbHG, § 64 GmbHG Rn. 8 f.; *H. Altmeppen*, in: Altmeppen-GmbHG, § 64 GmbHG Rn. 1; *U. Haas*, in: Baumbach/Hueck-GmbHG, § 64 GmbHG Rn. 2 - 5.

895 Kompakte Übersicht bei *K. Schmidt*, in: Scholz-GmbHG [11. Auflage], § 64 GmbHG Rn. 9 - 13.

896 BGH, Urteil v. 18.03.1974 – II ZR 2/72, GmbHR 1974, 131, juris-Rn. 7; BGH, Urteil v. 29.11.1999 – II ZR 273/98, BGHZ 143, 184, juris-Rn. 9; BGH, Urteil v. 08.01.2001 – II ZR 88/99, BGHZ 146, 264, juris-Rn. 22; BGH, Urteil v. 26.03.2007 – II ZR 310/05, ZIP 2007, 1006, juris-Rn. 8; BGH, Urteil v. 25.01.2010 – II ZR 258/08, ZIP 2010, 470, juris-Rn. 10; BGH, Urteil v. 23.06.2015 – II ZR 366/13, BGHZ 206, 52, juris-Rn. 24; BGH, Urteil v. 15.03.2016 – II ZR 119/14, DB 2016, 949, juris-Rn. 15 = DStR 2016, 1120.; allgemein Schutz der Gläubiger BGH, Urteil v. 04.07.2017 – II ZR 319/15, ZIP 2017, 1619, juris-Rn. 14.

897 *L. Klöhn*, in: MüKo-InsO, § 15a InsO Rn. 6 - 9; *H. Wolfer*, in: BeckOK-InsO, § 15a InsO Rn. 30; *R. Leithaus*, in: Andres/Leithaus-InsO, § 15a InsO Rn. 1; *H. Bußhardt*, in: Braun-InsO, § 15a InsO Rn. 1 - 4; *K. Schmidt / A. Herchen*, in: Schmidt-InsO, § 15a InsO Rn. 1 f.; *C. Thole*, 2010, S. 694.

Unterlassen unter Strafe gestellt hat.[898] Da es sich entsprechend um ein Schutzgesetz zugunsten der Gesellschaftsgläubiger handelt, können diese in Verbindung mit § 823 Abs. 2 BGB vom Antragspflichtigen Ersatz ihrer aus der verspäteten Antragstellung entstandenen Schäden verlangen.[899] Aus welchem Grund der Schaden dabei letztlich entstanden ist, hat keinen Einfluss auf die Einstandspflicht, solange der Schaden bei rechtzeitiger Antragstellung entfallen wäre.[900]

Demgegenüber dient § 64 S. 1 GmbHG allenfalls mittelbar der Durchsetzung der Insolvenzantragspflicht.[901] Vielmehr soll der Handlungsspielraum des Geschäftsführers zum Schutz der Gläubigergesamtheit eingeschränkt werden. Dieses Ergebnis deckt sich mit dem gleichen zeitlichen Beginn der Anwendungszeiträume. Ab Insolvenzreife ist es das oberste Ziel, die Gesellschaft in das vorgesehene Insolvenzverfahren zu überführen, wozu § 15a InsO geschaffen wurde. Soweit dieses Ziel noch nicht erreicht werden konnte, soll – quasi subsidiär – über § 64 S. 1 GmbHG sichergestellt werden, dass es zu keiner Schlechterstellung der Vermögensmasse im Vergleich zur Verfahrenseröffnung kommt. Mithin soll der Geschäftsführer nur solche Handlungen vornehmen, die mit dem Verfahrenszweck vereinbar sind. Wie *Haas*[902] treffend zusammenfasst, wird der Geschäftsführer zum „Schutzgaranten die Gläubigerinteressen".[903] Das wirtschaftliche Risiko der unveränderten Unternehmensfortführung wird entsprechend auf den Geschäftsführer verlagert, da er allein das Risiko vollständig beherrscht. Diese abgestufte Systematik zwischen Antragspflicht auf der einen und Masseschutz auf der anderen Seite wird noch deutlicher, wenn man die entsprechende gestufte Normierung dieser beiden Regelungen in der alten Fassung des Gesetzes betrachtet. Dort waren die Anordnungen in § 64 Abs. 1 GmbHG a.F. (dem heutigen § 15a InsO) und in § 64 Abs. 2 GmbHG a.F. (dem heutigen § 64 S. 1 GmbHG) direkt hintereinander normiert. Neuerdings wird dieses System über § 64 S. 3 GmbHG ergänzt, der bereits vor Insolvenzreife solche Zahlungen an Gesellschafter erfasst, welche die Zahlungsunfähigkeit herbeiführen.

---

898 Vgl. S. 123.

899 Siehe oben S. 120.

900 Detailliert sowie zur Differenzierung der Rechtsprechung wischen Alt- und Neugläubigern *H. Wolfer*, in: BeckOK-InsO, § 15a InsO Rn. 31 - 36.; sowie im Nachfolgenden.

901 Ebenso *T. Mätzig*, in: BeckOK-GmbHG, § 64 GmbHG Rn. 5; *D. König*, 2015, S. 206.

902 *U. Haas*, ZHR 2014, 603, 606 a.E.

903 Zur Schutzfunktion des Geschäftsführers *U. Haas*, ZHR 2014, 603, 606; ähnlich *D. Kleindiek*, in: Lutter/Hommelhoff-GmbHG, § 64 GmbHG Rn. 4; *G. Bitter / M. Baschnagel*, ZInsO 2018, 557, 573.

Daraus ergibt sich ein stimmiges, abgestuftes Schutzmodell der Insolvenzmasse und damit aller Insolvenzgläubiger.

Für dieses gefundene Ergebnis ist es darüber hinaus unerheblich, ob der § 15a InsO als Schutzgesetz zu qualifizieren ist oder welche Schäden über diesen ausgeglichen werden können. Kernpunkt der Norm war und ist die angeordnete Handlungspflicht, die für die systematische Auslegung die entscheidende Rolle spielt. Verständnisprägend sind die beiden Anordnungen der Antragspflicht aus § 15a InsO sowie die Verpflichtung zum Erhalt der verbleibenden Insolvenzmasse über § 64 GmbHG. Dass darüber hinaus dennoch der Schutzgesetzcharakter des § 15 InsO im Sinne des § 823 Abs. 2 BGB anzunehmen ist, wird bereits mit der verknüpften Strafandrohung indiziert.[904] So hat sich der Gesetzgeber mit Schaffung des modernen Deliktsrechts zwar gegen eine umfassende Generalklausel entschieden,[905] doch wollte er gleichzeitig einen umfassenden Deliktsschutz schaffen, der zunächst eine Anwendung über alle Rechtsgebiete hinweg erforderlich macht.[906] Ziel sollte es dabei sein, Verhaltensanforderungen zivilrechtlich durchzusetzen.[907] Vorliegend schützt die aufgestellte Verhaltensanforderung alle potentiellen wie auch bestehenden Gläubiger des Schuldners. Damit verschafft die Norm – wenn auch nur untergeordnet – einen Individualschutz.[908] Es ist dabei unerheblich, dass der Gesetzgeber bei der Ursprungsfassung[909] noch vor Inkrafttreten des BGB ein anderes (Innen-)Haftungssystem vor Augen hatte.[910] Dieses ursprüngliche Konzept dürfte nach mehrfachen gesetzgeberischen Bestätigungen nach Einführung des BGB und dabei auch in Kenntnis der Rechtsprechung, jedenfalls aber mit der Neukonzeption und Verlagerung der Antragspflicht in die Insolvenzordnung, keine Rolle mehr spielen. Dass im Ergebnis häufig eine Anspruchskonkurrenz zwischen den beiden Normen entstehen kann, ist unbeachtlich. Insbesondere führt eine solche nicht zu einer

---

904 *J. Hager*, in: Staudinger (2017), § 823 BGB Rn. G17.

905 Stattdessen wird von den „drei kleinen Generalklauseln“ §§ 823 Abs. 1, 823 Abs. 2 und 826 BGB gesprochen, siehe *D. Medicus, S. Lorenz*, 2014, § 143 Rn. 1236.

906 *J. Hager*, in: Staudinger (2017), 824, 825, Vorb. §§ 823 ff. BGB Rn. 5.

907 *J. Hager*, in: Staudinger (2017), § 823 BGB Rn. G3.

908 Vgl. dazu, als auch zu den übrigen Voraussetzungen an ein Schutzgesetz *J. Hager*, in: Staudinger (2017), § 823 BGB Rn. G19-28.

909 Vgl. S. 41; Gesetzestext siehe Anhang S. 353.

910 So aber *H. Altmeppen / J. Wilhelm*, NJW 1999, 673, 679; *H. Altmeppen*, in: Altmeppen-GmbHG, Vorb. § 64 GmbHG Rn. 121; *H. Altmeppen*, NZG 2016, 521, 524 ff.

Sperrwirkung für die Haftung aus § 15a InsO i.V.m. § 823 Abs. 2 BGB.[911] Dazu wäre eine Einschränkung des Schutzzweckes notwendig. Eine solche Einschränkung ist der Norm aber nur der Höhe nach zu entnehmen, so ist nämlich, wie der *BGH*[912] völlig zutreffend herausgestellt hat, den sog. *Altgläubigern*[913] nur der *Quotenschaden*[914] zu ersetzen. § 15a InsO bezweckt entsprechend den Schutz der Altgläubiger vor weiterer Verringerung der Haftungsmasse sowie den Schutz der Neugläubiger vor einem Vertragsabschluss mit insolventen Gesellschaften.[915]

Somit ist denjenigen Stimmen zuzustimmen, die den Schutzzweck des § 64 S. 1 GmbHG im Erhalt der Insolvenzmasse ausmachen.[916] Dessen Erhalt schützt die Interessen der Gläubigergesamtheit.[917] Wiederum mittelbar beziehungsweise als Rechtsreflex[918] wird so auch die Gläubigergleichbehandlung beziehungsweise die *par conditio creditorum*[919]

---

911 So aber *A.T. Weiß*, 2016, Rn. 353 - 361; der den verkürzten Anwendungsbereich nur mit dem stimmigeren Ergebnis begründet.

912 BGH, Urteil v. 16.12.1958 – VI ZR 245/57, BGHZ 29, 100, juris-Rn. 14; BGH, Beschluss v. 01.03.1993 – II ZR 292/91, ZIP 1993, 763, juris-Rn. 16.

913 Dies sind alle Gläubiger, die bereits vor Eintritt der Insolvenzreife einen Anspruch gegen den Schuldner hatten.

914 Der Quotenschaden wird aus der Differenz zwischen der tatsächlich erhaltenen Insolvenzquote und der fiktiven Insolvenzquote, die im Falle der rechtzeitigen Insolvenzantragstellung hätte realisiert werden können, ermittelt.

915 Begründung des Regierungsentwurfs BT-Drs. 16/6140, S. 55.

916 OLG Düsseldorf, Urteil v. 20.07.2018 – I-4 U 93/16 u. 4 U 93/16, DB 2018, 1913, 83; BGH, Urteil v. 29.11.1999 – II ZR 273/98, BGHZ 143, 184, 210; BGH, Urteil v. 15.03.2016 – II ZR 119/14, DB 2016, 949, juris-Rn. 15 = DStR 2016, 1120; BGH, Urteil v. 23.06.2015 – II ZR 366/13, BGHZ 206, 52, juris-Rn. 24; *D. König*, 2015, S. 203; *M. d'Avoine*, in: Buth/Hermanns, § 32 Rn. 36; *M. Habersack / M. Foerster*, ZHR 2014, 387, 396; *H.-F. Müller*, in: MüKo-GmbHG, § 64 GmbHG Rn. 141; *D. König*, 2015, S. 208; vgl. zur parallelem Regelung des § 92 AktG *G. Spindler*, in: MüKo-AktG, § 92 AktG Rn. 23; für bloß indirekten Schutz über die Wiederauffüllung des Gesellschaftsvermögens *J. Nerlich*, in: MHLS-GmbHG, § 64 GmbHG Rn. 12.

917 Ebenso *U. Haas*, in: Baumbach/Hueck-GmbHG, § 64 GmbHG Rn. 10; *M. Casper*, in: U/H/L-GmbHG, § 64 GmbHG Rn. 4; *J. Nerlich*, in: MHLS-GmbHG, § 64 GmbHG Rn. 9; *H.-F. Müller*, in: MüKo-GmbHG, § 64 GmbHG Rn. 137; *D. Kleindiek*, in: Lutter/Hommelhoff-GmbHG, § 64 GmbHG Rn. 4; *T. Mätzig*, in: BeckOK-GmbHG, § 64 GmbHG Rn. 4; *M. d'Avoine*, in: Buth/Hermanns, § 32 Rn. 36; *R. Cyrus*, NZG 2018, 7, 9; *K. Schmidt*, in: Scholz-GmbHG [11. Auflage], § 64 GmbHG Rn. 6; *T. P. Lind*, DB 2018, 1003, 1003; vgl. OLG München, Urteil v. 06.11.2013 – 7 U 571/13, GmbHR 2014, 139, juris-Rn. 23; *V. Sander*, in: FS Bergmann, S. 583.

918 *D. König*, 2015, S. 207.

919 Der Grundsatz der Gläubigergleichbehandlung, normiert in § 1 InsO.

gesichert.[920] Dem Rechtsgedanken nach werden auf diesem Weg die insolvenzrechtlichen Grundsätze über die Vermögensverteilung vorverlagert.[921] Diese Analyse deckt sich mit der Regelung in § 64 S. 2 GmbHG[922], der solche Zahlungen zulässt, die den Gläubigerinteressen – sprich dem Insolvenzzweck – nicht zuwiderlaufen.[923]

Wenngleich *Thole*[924] zuzustimmen ist, soweit er herausgearbeitet hat, dass ein (unzulässiger) Liquiditätsentzug auch für die Gesellschaft selbst sowie deren Gesellschafter schädlich sein kann, da der Erhalt der Gesellschaft durch eine Sanierung erschwert wird, ist dies eine untergeordnete Schutzrichtung beziehungsweise eher ein Reflex als ein bewusster Schutz.

Meines Erachtens kommt der Norm damit kein über die Antragspflicht des § 15a InsO hinausgehender Verhaltensanreiz zur Stellung des Insolvenzantrags zu.[925] Gerade auch, weil der Geschäftsführer selbst bei einem langandauernden Verstoß gegen seine Insolvenzantragspflicht nicht zwangsläufig der Haftung des § 64 S. 1 GmbHG unterfallen muss, obwohl der Schutz des § 64 S. 1 GmbHG unmittelbar mit Eintritt des Insolvenzgrundes greift.[926] An dieser Stelle zeigt sich ein maßgeblicher Unterschied zur Haftung nach § 15a InsO i.V.m. § 823 Abs. 2 BGB, da es dort – jedenfalls mit Ablauf der 3-Wochen-Frist – auch ohne einen aktiven Mittelabfluss zu einer Erhöhung des Verzögerungsschadens kommen kann, mag der spätere praktische Nachweis auch schwierig sein.[927] Entsprechend muss *Karsten Schmidt*[928] samt der sich anschließenden

---

920 BGH, Urteil v. 23.06.2015 – II ZR 366/13, BGHZ 206, 52, juris-Rn. 24; *M. Casper*, in: U/H/L-GmbHG, § 64 GmbHG Rn. 4; *A. Schmidt / C. Poertzgen*, NZI 2013, 369, 370; *H. Altmeppen*, in: Altmeppen-GmbHG, § 64 GmbHG Rn. 1; *H. Wicke*, § 64 GmbHG Rn. 19; *C. Poertzgen*, 2006, S. 225; *M. Habersack / M. Foerster*, ZHR 2014, 387, 418; für bloßen Rechtsreflex *U. Haas*, in: Baumbach/Hueck-GmbHG, § 64 GmbHG Rn. 4a; zur parallel Regelung des § 92 AktG BGH, Urteil v. 16.03.2009 – II ZR 32/08, ZIP 2009, 956, juris-Rn. 12 = DB 2009, 1104; BGH, Urteil v. 20.09.2010 – II ZR 78/09, BGHZ 187, 60, juris-Rn. 14 = ZIP 2010, 1988.

921 *W. Goette*, ZInsO 2005, 1, 5; *M. Habersack / M. Foerster*, ZHR 2014, 387, 394.

922 Siehe dazu S. 189.

923 *M. Habersack / M. Foerster*, ZHR 2014, 387, 394.; detailliert zu § 64 S. 2 GmbHG siehe S. 189.

924 *C. Thole*, 2010, S. 699.

925 So aber *U. Haas*, in: Baumbach/Hueck-GmbHG, § 64 GmbHG Rn. 3.

926 Siehe dazu S. 167.

927 Zur geringen praktischen Bedeutung für Schäden von Altgläubigern siehe exemplarisch *L. Klöhn*, in: MüKo-InsO, § 15a InsO Rn. 158.

928 *K. Schmidt*, in: Scholz-GmbHG [11. Auflage], § 64 GmbHG Rn. 21.

Einheitslehre[929] widersprochen werden, da verschiedene Pflichten zusammengelegt werden und ein einheitlicher Haftungstatbestand geschaffen wird, welcher spätestens seit der Auftrennung der beiden verschiedenen Handlungspflichten keine systematische Stütze mehr im Gesetz findet und darüber hinaus ohnehin mit dem Wortlaut unvereinbar ist.[930]

Der oftmals als „Druckfunktion"[931] zusammengefasste Anreiz ist am Ende nur die Strafe für unsachgemäße Zahlungen und weniger ein Druck zur tatsächlichen Antragsstellung. Der Geschäftsführer wird so dazu gemahnt, ab Insolvenzreife besonders sorgsam mit den verbleibenden Mitteln umzugehen. Aus der persönlichen Einstandspflicht für geleistete Zahlungen, die dem Zweck des Insolvenzverfahrens zuwiderlaufen, entsteht so ein sehr wirksamer Schutz der Gesamtmasse. Dass dabei jede unzulässige Zahlung in voller Höhe und nicht bloß in Höhe des tatsächlich resultierenden Quotenschadens ausgeglichen werden muss, schafft dabei gerade die notwendige Eigenmotivation, nicht unverändert wie bisher weiter zu wirtschaften, sondern sein Handeln ausschließlich an den Zielen der Insolvenzordnung auszurichten. Aus Sicht des Geschäftsführers ist diese strenge Haftungslage angemessen. Ihm steht zum einen die Möglichkeit offen, sich durch Niederlegung seines Amtes der Haftung zu entziehen, als auch zum anderen möglicherweise durch Stellung des Insolvenzantrags die (weitere) Inanspruchnahme zu verhindern.[932]

Damit steht die Norm ihrer Funktion nach nicht in direkter Konkurrenz zum Anfechtungsrecht, wenngleich ihr im Ergebnis durch die Wiederauffüllung der Insolvenzmasse ein ähnlicher Mechanismus zugrunde liegt.[933] Dabei ist für ein und dieselbe Zahlung auch ein Nebeneinander von Anfechtung und Haftung nach § 64 S. 1 GmbHG möglich,[934] wenngleich der Geschäftsführer in Höhe der erfolgreich geltend gemachten Anfechtung nicht mehr in Anspruch genommen werden kann.[935] Da er es vorab zu verantworten hatte, dass es überhaupt zur

---

929 Siehe Fn. 937 (zweite Häfte).

930 Ebenso *H.-F. Müller*, in: MüKo-GmbHG, § 64 GmbHG Rn. 139.

931 *U. Haas*, in: Baumbach/Hueck-GmbHG, § 64 GmbHG Rn. 3; einschränkend *U. Haas*, ZHR 2014, 603, 605 a.E.

932 Wenngleich die Antragstellung die Haftung nicht automatisch entfallen lässt; zur Fortwirkung nach Antragstellung sogleich ab S. 168.

933 Eingehend zu den Querbezügen *C. Thole*, 2010, S. 701 - 718.

934 BGH, Urteil v. 18.12.1995 – II ZR 277/94, BGHZ 131, 325, juris-Rn. 6–12 = ZIP 1996, 420; *H.-F. Müller*, in: MüKo-GmbHG, § 64 GmbHG Rn. 137; *A. Arnold*, in: Henssler/Strohn, § 64 GmbHG Rn. 36; *D. Kleindiek*, in: Lutter/Hommelhoff-GmbHG, § 64 GmbHG Rn. 43.

935 *H.-F. Müller*, in: MüKo-GmbHG, § 64 GmbHG Rn. 167 - 170.

Leistung gekommen ist, soll ihn auch die alleinige Verantwortung für die Wiederauffüllung der Insolvenzmasse treffen.

Somit verbleibt die Frage nach dem Rechtscharakter des Anspruchs. Da dem eindeutigen Wortlaut nach der bei den Gläubigern eintretende Schaden vom Anspruchsinhaber getrennt ist, scheidet ein Schadensersatzanspruch aus.[936] Da die Norm ebenfalls nicht deliktsrechtlich zu qualifizieren ist, verbleibt nur ein Anspruch sui generis. Daher ist der Anspruch aus § 64 S. 1 GmbHG ein „Ersatzanspruch eigener Art" und ist unabhängig und losgelöst von der Antragspflicht nach § 15a InsO.[937] Entsprechend ist die Norm auch in Übereinstimmung

---

936 Exemplarisch *T. Mätzig*, in: BeckOK-GmbHG, § 64 GmbHG Rn. 6; ausführlich *C. Thole*, 2010, S. 698 - 701 **a.A.** *K. Schmidt*, in: Scholz-GmbHG [11. Auflage], § 64 GmbHG Rn. 11.

937 Ebenso BGH, Urteil v. 18.03.1974 – II ZR 2/72, GmbHR 1974, 131, juris-Rn. 7; BGH, Urteil v. 08.01.2001 – II ZR 88/99, BGHZ 146, 264, juris-Rn. 31; BGH, Urteil v. 15.03.2011 – II ZR 204/09, ZIP 2011, 1007, juris-Rn. 20; BGH, Beschluss v. 21.05.2019 – II ZR 337/17, ZInsO 2019, 1529, juris-Rn. 16; OLG Düsseldorf, Urteil v. 20.07.2018 – I-4 U 93/16 u. 4 U 93/16, DB 2018, 1913, juris-Rn. 90 f.; teilweise Übernommen für § 130a Abs. 2 HGB: BGH, Urteil v. 26.03.2007 – II ZR 310/05, ZIP 2007, 1006, juris-Rn. 7; BGH, Beschluss v. 06.08.2019 – X ARZ 317/19, ZIP 2019, 1659, juris-Rn. 18; *A. Arnold*, in: Henssler/Strohn, § 64 GmbHG Rn. 5; *U. Haas*, in: Baumbach/Hueck-GmbHG, § 64 GmbHG Rn. 12; *D. Kleindiek*, in: Lutter/Hommelhoff-GmbHG, § 64 GmbHG Rn. 5; *J. Nerlich*, in: MHLS-GmbHG, § 64 GmbHG Rn. 9 - 13; *U. Haas*, NZG 2004, 737, 738 f.; *H. Wicke*, § 64 GmbHG Rn. 19; *D. Kleindiek*, in: FS Schneider, S. 620 f.; *D. König*, 2015, S. 203; *T. Mätzig*, in: BeckOK-GmbHG, § 64 GmbHG Rn. 6; *R. Meixner*, DStR 2019, 966, 970; *R. Cyrus*, NZG 2018, 7, 9; *R. Bork*, in: Bork/Schäfer-GmbHG, § 64 GmbHG Rn. 1; *C. Schmidt-Leithoff / P. Schneider*, in: Rowedder/Schmidt-Leithoff-GmbHG, § 64 GmbHG Rn. 16; wohl auch *H.-F. Müller*, in: MüKo-GmbHG, § 64 GmbHG Rn. 139 - 141; **a.A.** (einheitlichen Haftung für Insolvenzverschleppungsschäden) *K. Schmidt*, in: Scholz-GmbHG [11. Auflage], § 64 GmbHG Rn. 14 - 16; *M. Casper*, in: U/H/L-GmbHG, § 64 GmbHG Rn. 85 f.; (deliktsähnlichen Schadensersatzanspruch unter Leugnung der Schutzgesetzeigenschaft der § 15a InsO) *H. Altmeppen / J. Wilhelm*, NJW 1999, 673, 673 ff.; *H. Altmeppen*, in: Altmeppen-GmbHG, Vorb. § 64 GmbHG Rn. 1 u. 120-122; *H. Altmeppen*, in: Altmeppen-GmbHG, § 64 GmbHG Rn. 1; *H. Altmeppen*, NZG 2016, 521, 521–527; (Erfassung nur der tatsächlich eingetretenen Masseschmälerung) *G. Bitter*, WM 2001, 666, 670–672; (Einheitliche Schadensabwicklung für alle Altgläubiger über § 64 S. 1 GmbHG) *A.T. Weiß*, 2016, Rn. 372 - 375; (deliktischer Schadensersatzanspruch) *C. Poertzgen*, 2006, S. 226 f.

mit dem *EUGH*[938] und der *Regierungsbegründung*[939] insolvenzrechtlich einzuordnen.[940] Damit kann § 64 GmbHG nach Art. 3 Abs. 1, Art. 4 Abs. 1 und 2 S. 1 EuInsVO auch in Insolvenzverfahren über das Vermögen ausländischer Gesellschaften angewendet werden, soweit deren Tätigkeitsmittelpunkt in Deutschland liegt.

cc) Zusammenfassung

Bei § 64 S. 1 GmbHG handelt es sich um einen insolvenzrechtlichen Ersatzanspruch eigener Art, der durch die Disziplinierung des Geschäftsführers die Insolvenzmasse erhalten will, indem er Vermögensabflüsse verhindert. Daher steht der Geschäftsführer als Schutzgarant für die Insolvenzmasse ein.

b) Adressaten

Von der Regelungsanordnung sind sowohl ordentliche als auch faktische Geschäftsführer erfasst.[941] Auf eine Ressortverteilung kommt es dabei nicht an, weshalb auch Handlungen eines Mitgeschäftsführers die Haftung begründen können.[942] Über die Geschäftsführer hinaus sind über § 71 Abs. 4 GmbHG ebenfalls die Liquidatoren erfasst. Gleichfalls ist die Norm auch auf die Geschäftsführung der Vor-GmbH als auch der UG anzuwenden.[943] Für den Fall der

---

938 EuGH, v. 04.12.2014 – C-295/13, NZI 2015, 88; EuGH, v. 10.12.2015 – C-594/14 (Kornhaas), ZIP 2015, 2468; im Anschluss BGH, Urteil v. 15.03.2016 – II ZR 119/14, DB 2016, 949 = DStR 2016, 1120.

939 Siehe Begründung des Regierungsentwurfs zum MoMiG, BT-Drs. 16/6140, S. 46 f.

940 Ebenso *J. Nerlich*, in: MHLS-GmbHG, § 64 GmbHG Rn. 11; *T. Mätzig*, in: BeckOK-GmbHG, § 64 GmbHG Rn. 19; *V. Kammel*, in: Beck/Depré, § 39 Rn. 49; *B. Dostal*, in: MAH GmbH-Recht, § 26 Rn. 460; *H. Altmeppen*, in: Altmeppen-GmbHG, Vorb. § 64 GmbHG Rn. 139; *D. Kleindiek*, in: Lutter/Hommelhoff-GmbHG, § 64 GmbHG Rn. 5 a.E.; *R. Bork*, in: Bork/Schäfer-GmbHG, § 64 GmbHG Rn. 3; **a.A.** OLG Karlsruhe, Urteil v. 22.12.2009 – 13 U 102/09, NZG 2010, 509, 509; *C. Poertzgen*, NZI 2013, 809, 809.

941 BGH, Beschluss v. 11.02.2008 – II ZR 291/06, GmbHR 2008, 702, juris-Rn. 6; *T. Mätzig*, in: BeckOK-GmbHG, § 64 GmbHG Rn. 10, 12; *A. Arnold*, in: Henssler/Strohn, § 64 GmbHG Rn. 8; *H.-F. Müller*, in: MüKo-GmbHG, § 64 GmbHG Rn. 142.

942 BGH, Beschluss v. 01.03.1993 – II ZR 292/91, ZIP 1993, 763, juris-Rn. 11; *R. Bork*, in: Bork/Schäfer-GmbHG, § 64 GmbHG Rn. 5; *M. Casper*, in: U/H/L-GmbHG, § 64 GmbHG Rn. 127; *U. Haas*, in: Baumbach/Hueck-GmbHG, § 64 GmbHG Rn. 13; *H. Wicke*, § 64 GmbHG Rn. 22.

943 *A. Arnold*, in: Henssler/Strohn, § 64 GmbHG Rn. 8.

Führungslosigkeit der Gesellschaft sind nach teilweise vertretener Auffassung die Gesellschafter Haftungsadressaten nach S. 1.[944]

Über die GmbH hinaus ist die Vorschrift nach dem Willen des Gesetzgebers außerdem auf Auslandsgesellschaften anzuwenden, die ihren wirtschaftlichen Schwerpunkt im Inland haben.[945] Dies wurde nach einem Vorabentscheidungsersuchen des *BGH*[946] zwischenzeitlich am Beispiel einer englischen Limited beziehungsweise deren Director auch seitens des *EUGH*[947] bestätigt.

c) Gläubiger

Inhaber des Anspruchs aus § 64 S. 1 GmbHG ist die Gesellschaft selbst.[948] Zur Geltendmachung des Anspruchs ist regelmäßig der Insolvenzverwalter berechtigt, dem nach der Verfahrenseröffnung gemäß § 80 InsO das Verfügungsrecht zusteht.[949] Er ist grundsätzlich zur Geltendmachung verpflichtet, da er sich sonst selbst nach § 60 Abs. 1 InsO schadensersatzpflichtig macht.[950]

In den Fällen der Eigenverwaltung sollte im Interesse der Gläubigergesamtheit der Sachwalter prozessführungsbefugt sein.[951] Kommt es hingegen mangels Masse zur Abweisung des Antrags auf Insolvenzeröffnung, können die Gläubiger sich die Forderung im Rahmen der Einzelzwangsvollstreckung durch Pfändungs- und Überweisungsbeschluss übertragen lassen.[952]

---

944 *T. Mätzig*, in: BeckOK-GmbHG, § 64 GmbHG Rn. 17; *K. Schmidt*, in: Scholz-GmbHG [11. Auflage], § 64 GmbHG Rn. 156 - 159; *H. Altmeppen*, in: Altmeppen-GmbHG, Vorb. § 64 GmbHG Rn. 60; *A. Arnold*, in: Henssler/Strohn, § 64 GmbHG Rn. 8; *U. Haas*, in: Baumbach/Hueck-GmbHG, § 64 GmbHG Rn. 14, **a.A.** *D. Kleindiek*, in: Lutter/Hommelhoff-GmbHG, § 64 GmbHG Rn. 8; *H.-F. Müller*, in: MüKo-GmbHG, § 64 GmbHG Rn. 142; *R. Bork*, in: Bork/Schäfer-GmbHG, § 64 GmbHG Rn. 5.

945 Begründung des Regierungsentwurfs zum MoMiG, BT-Drs. 16/6140, S. 46 f.; *H. Altmeppen*, in: Altmeppen-GmbHG, § 64 GmbHG Rn. 5.

946 BGH, EuGH-Vorlage v. 02.12.2014 – II ZR 119/14, NZI 2015, 85.

947 EuGH, v. 10.12.2015 – C-594/14 (Kornhaas), ZIP 2015, 2468.

948 *U. Haas*, in: Baumbach/Hueck-GmbHG, § 64 GmbHG Rn. 21.

949 *A. Arnold*, in: Henssler/Strohn, § 64 GmbHG Rn. 37.

950 *U. Haas*, in: Baumbach/Hueck-GmbHG, § 64 GmbHG Rn. 21.

951 *U. Haas*, in: Baumbach/Hueck-GmbHG, § 64 GmbHG Rn. 28 a.E.; *H.-F. Müller*, in: MüKo-GmbHG, § 64 GmbHG Rn. 131 u. 173; *C. Schmidt-Leithoff / P. Schneider*, in: Rowedder/Schmidt-Leithoff-GmbHG, § 64 GmbHG Rn. 52; *S. Kolmann*, in: HK-GmbHG, § 64 GmbHG Rn. 61; *U. Haas*, in: Gottwald, § 88 Rn. 119.

952 BGH, Urteil v. 11.09.2000 – II ZR 370/99, ZIP 2000, 1896, juris-Rn. 12; *T. Mätzig*, in: BeckOK-GmbHG, § 64 GmbHG Rn. 69; *A. Arnold*, in: Henssler/Strohn, § 64 GmbHG Rn. 37; *U. Haas*, in: Baumbach/Hueck-GmbHG, § 64 GmbHG Rn. 22; *H.*

d) *Tatbestandsvoraussetzungen*

Zur Anspruchsbegründung muss ein Geschäftsführer oder anderweitig Verpflichteter nach Eintritt eines Insolvenzgrundes eine Zahlung erbracht haben, die nicht mit der Sorgfalt eines ordentlichen Geschäftsmanns vereinbar ist. Der zeitliche Anwendungsbereich ist aber noch immer umstritten.[953]

aa) *Beginn des Anwendungszeitraums*

Der Anwendungszeitraum des § 64 S. 1 GmbHG beginnt mit dem Eintritt der Insolvenzreife.[954] Im Gegensatz zur Insolvenzantragspflicht nach § 15a InsO besteht dabei keine dreiwöchige Karenzphase.[955]

Maßgeblich ist, dass die Insolvenzreife vorliegt. Entgegen dem Wortlaut der Vorschrift, der aufgrund eines Redaktionsversehens[956] noch auf die Fassung von 1986 zurückgeht, muss die Überschuldung nicht „festgestellt" werden.[957] Damals kam es noch auf einen bilanziellen Ausweis der Überschuldung an, was aber nach dem eindeutigen Willen des Gesetzgebers nicht mehr erforderlich ist.[958] Statt positiver Kenntnis genügt die Erkennbarkeit,[959] wobei daran keine hohen Anforderungen zu stellen sind, da ein entsprechendes Verschulden zu

---

Altmeppen, in: Altmeppen-GmbHG, § 64 GmbHG S. 9; *H. Wicke*, § 64 GmbHG Rn. 19.

953 *G. Bitter / M. Baschnagel*, ZInsO 2018, 557, 574.

954 *H.-F. Müller*, in: MüKo-GmbHG, § 64 GmbHG Rn. 150; *R. Bork*, in: Bork/Schäfer-GmbHG, § 64 GmbHG Rn. 6; *H. Wicke*, § 64 GmbHG Rn. 20.

955 OLG Brandenburg, Urteil v. 12.01.2016 – 6 U 123/13, ZIP 2016, 852, juris-Rn. 29; *D. Kleindiek*, in: Lutter/Hommelhoff-GmbHG, § 64 GmbHG Rn. 12; *U. Haas*, in: Baumbach/Hueck-GmbHG, § 64 GmbHG Rn. 84; *H.-F. Müller*, in: MüKo-GmbHG, § 64 GmbHG Rn. 151; *M. Brinkmann*, in: FS Bergmann, S. 99; *J. Nerlich*, in: MHLS-GmbHG, § 64 GmbHG Rn. 19; *K. Schmidt*, in: Scholz-GmbHG [11. Auflage], § 64 GmbHG Rn. 24; *M. d'Avoine*, in: Buth/Hermanns, § 32 Rn. 36.

956 *W. Flume*, ZIP 1994, 337, 341.

957 *H.-F. Müller*, in: MüKo-GmbHG, § 64 GmbHG Rn. 150; *R. Bork*, in: Bork/Schäfer-GmbHG, § 64 GmbHG Rn. 6; *H. Altmeppen*, in: Altmeppen-GmbHG, § 64 GmbHG Rn. 7.

958 *W. Flume*, ZIP 1994, 337, 341; *T. Mätzig*, in: BeckOK-GmbHG, § 64 GmbHG Rn. 1 und 35.

959 BGH, Urteil v. 29.11.1999 – II ZR 273/98, BGHZ 143, 184, juris-Rn. 6; *H. Altmeppen*, in: Altmeppen-GmbHG, § 64 GmbHG Rn. 7; *D. Kleindiek*, in: FS Schneider, S. 622; *T. Mätzig*, in: BeckOK-GmbHG, § 64 GmbHG Rn. 35; *G. Bitter*, in: Scholz-GmbHG, § 64 GmbHG Rn. 83; **a.A.** (nur eine Frage des Verschuldens) *K. Schmidt*, in: Scholz-GmbHG [11. Auflage], § 64 GmbHG Rn. 47.

vermuten ist.[960] Angesichts der oftmals schwierigen Beweislage bei einer nachträglichen Beurteilung der Lage, bietet sich hier eine rechtzeitige und umfassende Dokumentation der Liquiditätsentwicklung an.[961]

Das Merkmal der *Zahlungsunfähigkeit*[962] richtet sich nach der Legaldefinition des § 17 Abs. 2 InsO.[963] Gleiches gilt für die *Überschuldung*[964], die sich nach § 19 Abs. 2 InsO richtet.[965] Die bloß drohende Zahlungsunfähigkeit nach § 18 Abs. 2 InsO löst die Pflicht hingegen nicht aus.[966]

Ein Sonderfall liegt dann vor, wenn von außen ein Sanierungsexperte als Geschäftsführer neu in das Unternehmen geholt wird.[967] Ihm wird eine kurze Einarbeitungszeit zugestanden, um sich überhaupt in den laufenden Zahlungsverkehr einzuarbeiten. Das *OLG Brandenburg*[968] sah dabei zwei Arbeitstage als ausreichend an.

bb) Ende des Anwendungszeitraums

Deutlich schwieriger zu bestimmen ist das Ende des Anwendungsbereichs des Gebots der Massesicherung aus § 64 S. 1 GmbHG, eine Klarstellung durch den BGH ist bislang nicht erfolgt.[969] Nach allen Auffassungen ist das Gebot jedenfalls bis zur Stellung des Insolvenzantrags zu beachten. Danach ist bereits strittig, ob die Geltung im Eröffnungsverfahren fortdauert. Diese Frage spitzt sich besonders in Fällen der vorläufigen Eigenverwaltung weiter zu. Entsprechend werden auch hier verschiedene Ansätze vertreten.

---

960 BGH, Urteil v. 29.11.1999 – II ZR 273/98, BGHZ 143, 184, juris-Rn. 6.

961 *T. Mätzig*, in: BeckOK-GmbHG, § 64 GmbHG Rn. 28.

962 Siehe dazu S. 117.

963 *T. Mätzig*, in: BeckOK-GmbHG, § 64 GmbHG Rn. 21; *R. Bork*, in: Bork/Schäfer-GmbHG, § 64 GmbHG Rn. 7.

964 Siehe dazu S. 119.

965 *T. Mätzig*, in: BeckOK-GmbHG, § 64 GmbHG Rn. 29; *R. Bork*, in: Bork/Schäfer-GmbHG, § 64 GmbHG Rn. 11.

966 *H.-F. Müller*, in: MüKo-GmbHG, § 64 GmbHG Rn. 20; *H. Wicke*, § 64 GmbHG Rn. 4; *R. Bork*, in: Bork/Schäfer-GmbHG, § 64 GmbHG Rn. 10.

967 *C. Eichner / T. N. Haßler*, EWiR 2016, 493, 494.

968 OLG Brandenburg, Urteil v. 12.01.2016 – 6 U 123/13, ZIP 2016, 852, juris-Rn. 41.

969 *G. Bitter*, in: Scholz-GmbHG, § 64 GmbHG.

(1) Bisherige Auffassungen

(a) Keine Anwendung im Insolvenzverfahren

Aus den unterschiedlichen Interpretationen des Schutzzwecks folgen ebenso verschiedene Anwendungszeiträume der Norm.

(aa) Bereits ab Antragstellung

Soweit vertreten wird, dass die Norm den Übergang in das Insolvenzverfahren bezwecken soll, ergibt sich ein Ende des Anwendungszeitraums aus der Stellung des Insolvenzantrags.[970] Dies wird damit begründet, dass es sich nur um einen haftungsrechtlichen Anreiz zur Antragstellung handle beziehungsweise, dass es mit der Antragspflicht im funktionalen Zusammenhang stehe.[971] Entsprechend sei eine teleologische Reduktion des Wortlautes des § 64 GmbHG geboten.[972]

(bb) Mit Beginn eines Verfahrens nach §§ 270a, 270b InsO

Nach einer weiteren Auffassung ist das Zahlungsverbot des § 64 GmbHG nicht mit den Zielen des §§ 270a, 270b InsO vereinbar.[973] Der Gläubigerschutz erfolge ab diesem Verfahrensstadium durch die insolvenzrechtlichen Regeln, insbesondere durch §§ 60, 61 InsO, wie dies auch im eröffneten Eigenverwaltungsverfahren der Fall sei,[974] weshalb auch keine gesetzliche Schutzlücke entstehe.[975] Eine Anwendung des § 64 GmbHG sei dagegen schädlich für das Eröffnungsverfahren.[976] Nichts anderes könne dann auch für das eröffnete Eigenverwaltungsverfahren gelten.[977]

---

970 *M. Brinkmann*, DB 2012, 1369, 1369–1372; *M. Brinkmann*, in: FS Bergmann, S. 99 - 101; einschränkend, soweit kein fortgesetzter Fall einer Insolvenzverschleppungshaftung vorliegt *K. Schmidt*, in: Scholz-GmbHG [11. Auflage], § 64 GmbHG Rn. 25 f.

971 *M. Brinkmann*, DB 2012, 1369, 1369.

972 *M. Brinkmann*, DB 2012, 1369, 1369; *M. Brinkmann*, in: FS Bergmann, S. 101.

973 *U. Haas*, in: Baumbach/Hueck-GmbHG, § 64 GmbHG Rn. 86; *H. Altmeppen*, in: Altmeppen-GmbHG, § 64 GmbHG Rn. 6; nach *G. Bernsau*, BB 2019, 2393, 2396 entstünde dadurch sogar ein Wettbewerbsnachteil.

974 *U. Haas*, in: Baumbach/Hueck-GmbHG, § 64 GmbHG Rn. 86; *U. Haas*, ZHR 2014, 603, 607 ff.; *G. Hölzle*, ZIP 2018, 1669, 1670 f.; *M. Hofmann*, ZIP 2018, 1429, 1431 auch insoweit für eine zeitliche Einschränkung durch eine teleologische Reduktion des § 64 S. 1 GmbHG *M. Brinkmann*, in: FS Bergmann, S. 101.

975 *U. Haas*, in: Baumbach/Hueck-GmbHG, § 64 GmbHG Rn. 86 a.E.; *U. Haas*, ZHR 2014, 603, 625 f.;

976 *U. Haas*, in: Baumbach/Hueck-GmbHG, § 64 GmbHG Rn. 86.

977 *U. Haas*, in: Baumbach/Hueck-GmbHG, § 64 GmbHG Rn. 87.

Demgegenüber sieht *Folties*[978] eine Anwendbarkeit nur soweit ausgeschlossen, als der Geschäftsführer aufgrund hoheitlicher Zuweisung als Insolvenzorgan tätig werde, da es ihm entsprechend an der Eigenschaft des Geschäftsführers fehle.[979]

(cc) Ende der Anwendung im eröffneten Insolvenzverfahren

Demgegenüber spricht sich die überwiegende Auffassung für eine Anwendung auch im Zeitraum der vorläufigen Eigenverwaltung nach § 270a InsO sowie des Schutzschirmverfahrens nach § 270b InsO aus.[980] Sinn und Zweck der Verfahren sowie von § 64 GmbHG schlössen sich nicht gegenseitig aus und die Insolvenzordnung halte für diesen Zeitraum keine eigenen Haftungsregelungen für den Geschäftsführer bereit.[981] Ebenso könnten weder der vorläufige Gläubigerausschuss noch der vorläufige Sachwalter einen ausreichenden Haftungsschutz gewähren. Durch eine Modifikation des § 64 S. 2 GmbHG verliere die Norm in dieser Phase ihren Schrecken.[982] Auch sei ein Eingriff in die gesellschaftsrechtlichen Positionen mangels Geltung des § 276a InsO beziehungsweise einer vergleichbaren Regelung nicht angemessen.[983]

Soweit jedoch bereits zuvor ein starker vorläufiger Insolvenzverwalter eingesetzt wird, sprechen sich diese Stimmen zugleich auch für ein sodann vorgelagertes Ende des Anwendungszeitraums aus.[984] Umgekehrt hafte der Schuldner

---

978 *R. Foltis*, in: FK-InsO, 270a InsO Rn. 12.

979 Ebenfalls differenzierend *D. Kleindiek*, in: Lutter/Hommelhoff-GmbHG, § 64 GmbHG Rn. 12 f., der eine Anwedung der § 64 S. 1 GmbHG nur insoweit für möglich hält, als §§ 60, 61 InsO nicht zur Anwednung kommen, was er für dieses Verfahrensstadium aber offen lässt.

980 *H.-F. Müller*, in: MüKo-GmbHG, § 64 GmbHG Rn. 152; *A. Arnold*, in: Henssler/Strohn, § 64 GmbHG Rn. 24b; *S. Kolmann*, in: HK-GmbHG, § 64 GmbHG Rn. 24 u. 51; *G. Bachmann*, ZIP 2015, 101, 104–109; *J. M. Schmittmann / D. Dannemann*, ZIP 2014, 1405, 1409; *F. Klinck*, DB 2014, 938, 940–942; *A. Schmidt / C. Poertzgen*, NZI 2013, 369, 375; *C. Thole / C. Brünkmans*, ZIP 2013, 1097, 1104–1107; *K. Siemon / C. Klein*, ZInsO 2012, 2009, 2013; *C. Brünkmans*, in: HK-InsO, § 270a InsO Rn. 24; *G. Bitter*, in: Scholz-GmbHG, § 64 GmbHG Rn. 48 - 52; zugleich de lege ferenda für eine Abschaffung und eine Änderung hin zu einer Anwendung der §§ 60, 61 InsO *C. Poertzgen*, ZInsO 2019, 2352, 2354–2356.

981 So u.a. noch vor der Entscheidung des BGH zur Anwendung der §§ 60, 61 InsO *A. Schmidt / C. Poertzgen*, NZI 2013, 369, 375; *F. Klinck*, DB 2014, 938, 941.

982 *G. Bachmann*, ZIP 2015, 101, 109; *K. Siemon / C. Klein*, ZInsO 2012, 2009, 2018.

983 *K. Schmidt*, in: Scholz-GmbHG [11. Auflage], § 64 GmbHG Rn. 26.

984 Für einen tatbestandlichen Ausschluss bei Einsetzung eines starken vorläufigen Verwalters bzw. eines Verfügungsverbots *C. Thole / C. Brünkmans*, ZIP 2013, 1097, 1100;

weiter, solange er noch die Verfügungsmacht innehabe beziehungsweise tatsächlich eine Verschlechterung herbeiführe.[985]

Im eröffneten Eigenverwaltungsverfahren sei eine Anwendung hingegen ausgeschlossen, da sie dem Zweck der Fortführung im Interesse der Sanierung zuwiderlaufe.[986] Auch sei der Gläubigerschutz durch insolvenzrechtliche Vorschriften gesichert und der Schutzeck der Innenhaftung ende zeitlich mit der Verfahrenseröffnung.[987]

Schließlich sei die Norm im eröffneten Regelverfahren nicht anwendbar, weder auf den Insolvenzverwalter noch auf den eigenverwaltenden Schuldner.[988]

(b) Anwendung auch im eröffneten Verfahren

Ebenso wird die logisch noch verbleibende Position vertreten, nach der der zeitliche Anwendungsbereich unbeschränkt ist, solange die übrigen Voraussetzungen vorliegen. Insbesondere im eröffneten Eigenverwaltungsverfahren sei die Haftung „relevanter denn je“[989]. Eine Verdrängung durch insolvenzrechtliche Normen sei nicht ersichtlich. Da der Geschäftsführer die Funktion des Insolvenzverwalters einnehme, müsse dieser auch der Haftung unterliegen, die aus insolvenzrechtlichen Vorschriften nicht möglich sei.[990] Es bedürfe im eröffneten Verfahren aber einer Modifizierung dergestalt, dass die Verwaltung und Verteilung der Masse möglichst effizient und bestmöglich an den Gläubigerinteressen auszurichten sei.[991]

G. Bitter / M. Baschnagel, ZInsO 2018, 557, 574; *S. Kolmann*, in: HK-GmbHG, § 64 GmbHG Rn. 42; *U. Haas*, in: Baumbach/Hueck-GmbHG, § 64 GmbHG Rn. 85.

985 *A. Schmidt / C. Poertzgen*, NZI 2013, 369, 374.

986 *K. Schmidt*, in: Scholz-GmbHG [11. Auflage], § 64 GmbHG Rn. 26; *S. Kolmann*, in: HK-GmbHG, § 64 GmbHG Rn. 24.

987 *A. Schmidt / C. Poertzgen*, NZI 2013, 369, 375; *J. Nerlich*, in: MHLS-GmbHG, § 64 GmbHG Rn. 21.

988 *A. Arnold*, in: Henssler/Strohn, § 64 GmbHG Rn. 24a; *S. Sandhaus*, in: Gehrlein/Born/Simon-GmbHG, § 64 GmbHG Rn. 8; *H.-F. Müller*, in: MüKo-GmbHG, § 64 GmbHG Rn. 151; *S. Kolmann*, in: HK-GmbHG, § 64 GmbHG Rn. 24; *K. Schmidt*, in: Scholz-GmbHG [11. Auflage], § 64 GmbHG Rn. 26 f.; *A. Schmidt / C. Poertzgen*, NZI 2013, 369, 376.

989 *F. Klinck*, DB 2014, 938, 942.

990 Dagegen für eine parallele Anwendung von § 64 S. 1 GmbHG und §§ 60, 61 InsO *G. Bitter / M. Baschnagel*, ZInsO 2018, 557, 575 f.

991 *F. Klinck*, DB 2014, 938, 942; *K. Siemon / C. Klein*, ZInsO 2012, 2009, 2018.

Solange die Position des Geschäftsführers somit noch vorhanden ist, unterliegt er der Haftung nach § 64 S. 1 GmbHG.

(2) Stellungnahme

Der Wortlaut der Norm selbst sieht keine Beschränkung vor.[992] Wie beispielsweise *König*[993] zutreffend feststellt, wird der zeitliche Anwendungsbereich des § 64 S. 1 GmbHG weder von diesem selbst noch von einer anderen (insolvenzrechtlichen) Vorschrift explizit eingegrenzt. Dies ändert sich unter Hinzunahme des Satzes 2, der die Haftung des Geschäftsführers dann wieder entfallen lässt, wenn die Zahlung mit der Sorgfalt eines ordentlichen Geschäftsmanns vereinbar ist. Die Norm geht also davon aus, dass der Geschäftsführer in diesem Moment noch für die Führung der Geschäfte verantwortlich ist.[994] Dabei gilt es auch zu bedenken, dass eine Haftung nach Insolvenzeröffnung bei der Schaffung des Satzes 1 faktisch ausgeschlossen war, da der Geschäftsführer – abweichend von der heutigen Eigenverwaltung – keine Verfügungen mehr treffen konnte.[995] Dies dürfte jedenfalls zu einem Anwendungssauschluss im eröffneten Regelverfahren führen.[996]

Ähnliches ergibt sich auch aus der historischen Auslegung der Norm. So ging der Gesetzgeber insbesondere bei der Schaffung des Ausschlusstatbestands § 64 Abs. 2 S. 2 GmbHG a.F. (heute § 64 S. 2 GmbHG) im Jahre 1928 davon aus, dass eine Anwendung auch noch im *Vergleichsverfahren*[997] zu erfolgen hat, da der damals neu eingeführte Ausschluss durch den Satz 2 andernfalls nicht notwendig geworden wäre.[998] Die damalige Gesetzesbegründung spricht insoweit davon, dass die Gesellschaft auch im eröffneten Vergleichsverfahren fällige Geldforderungen zu erfüllen habe.[999] Demgegenüber hat der Gesetzgeber der InsO als auch des ESUG an keiner Stelle Ausführungen zur Anwendbarkeit des § 64 GmbHG getätigt, sodass daraus keine Rückschlüsse möglich sind.[1000]

---

992 Ebenso *R. Buchalik / K. Schröder / M. Rekers*, ZInsO 2017, 905, 905.

993 *D. König*, 2015, S. 195; ebenso *K. Siemon / C. Klein*, ZInsO 2012, 2009, 2011; *M. Brinkmann*, DB 2012, 1369, 1369.

994 *D. König*, 2015, S. 195.

995 *J. D. Spliedt*, in: FS Vallender, S. 623.

996 Vgl. *D. König*, 2015, S. 195.

997 Der Vorläufer der heutigen Eigenverwaltung, siehe S. 41 f.

998 *D. König*, 2015, S. 196 - 198.

999 Verhandlungen des Reichstages, IV. Wahlperiode, Bd. 438, Nr. 1449, S. 4.

1000 *K. Siemon / C. Klein*, ZInsO 2012, 2009, 2010.

Damit spricht die historische Auslegung für eine zeitlich unbeschränkte Anwendung der Norm.

(a) Systematische Auslegung

Die Regelung findet sich im GmbHG und ist somit zunächst gesellschaftsrechtlich verortet, doch ist sie zweifelsfrei insolvenzrechtlicher Natur, sodass sie mangels Verdrängung grundsätzlich auch im Insolvenzverfahren angewendet werden kann.[1001] Ihre Stellung im fünften Abschnitt des GmbHG über die Auflösung und Nichtigkeit der Gesellschaft ergibt darüber hinaus keine weiteren Anhaltspunkte.[1002]

(aa) Verdrängung durch die Insolvenzordnung

Jedoch sieht die Insolvenzordnung innerhalb des vierten Teils über die Verwaltung und Verwertung der Insolvenzmasse in dessen ersten Abschnitt eigene Vorschriften zur „Sicherung der Insolvenzmasse" vor.[1003] Mit der Verfahrenseröffnung geht nach § 80 Abs. 1 InsO die Verwaltungs- und Verfügungsbefugnis vollständig vom Schuldner auf den Insolvenzverwalter über[1004] und die Insolvenzmasse wird als eigenes Sondervermögen formal begründet.[1005] Etwaige Verfügungen des Schuldners nach diesem Zeitpunkt sind absolut unwirksam, vgl. § 81 Abs. 1 InsO. Der Schuldner soll gerade zum Schutz der Masse von jeder Einflussnahmemöglichkeit ausgeschlossen sein.[1006] Damit ist ab diesem Zeitpunkt[1007] zugleich der Insolvenzverwalter zur Massesicherung verpflichtet.[1008]

1001 Siehe Nachweise bei Fn. 940.

1002 *König* leitet demgegenüber aus dem Vergleich mit dem Liquidationsverfahren eine Anwendung im eröffneten Verfahren ab, *D. König*, 2015, S. 198.

1003 Zum Teil wird darin auch eine besondere Betonung der „Sicherungsfunktion im Verhältnis zum Schuldner" gesehen, *D. Eckardt*, in: Jaeger-InsO, § 148 Inso Rn. 4 a.E.

1004 *D. Wittkowski / C.-P. Kruth*, in: Nerlich/Römermann-InsO, § 80 InsO Rn. 8, Stand: 27. Lfg. v. 08.2014.

1005 *H. Hirte / J.-P. Praß*, in: Uhlenbruck-InsO, § 35 InsO Rn. 5; *W. Lüke*, in: K/P/B-InsO, § 80 InsO Rn. 2, Stand: 37. Lfg. v. 09.2009.

1006 *P. A. Windel*, in: Jaeger-InsO, § 80 InsO Rn. 6.

1007 Vorbehaltlich der Annahme des Amtes, welche sodann zurückwirkt, siehe nur *S. Mock*, in: Uhlenbruck-InsO, § 80 InsO Rn. 61.

1008 BGH, Urteil v. 16.07.2015 – IX ZR 127/14, NZI 2015, 849, juris-Rn. 8; *M. W. Kuleisa*, in: HambK-InsO, § 80 InsO Rn. 10; *A. D. Riewe*, in: BeckOK-InsO, § 80 InsO Rn. 13; *W. Sternal*, in: Schmidt-InsO, § 80 InsO Rn. 1 u. 22; *D. Wittkowski / C.-P. Kruth*, in: Nerlich/Römermann-InsO, § 80 InsO Rn. 68, Stand: 27. Lfg. v. 08.2014.

Die §§ 148 ff. InsO regeln dann das nähere Verfahren der Inbesitznahme, Sicherungsmöglichkeiten und ähnliches. Der Insolvenzverwalter hat nun das Recht, aber auch die Pflicht, das gesamte Vermögen der Insolvenzmasse in Besitz zu nehmen und darüber hinaus alles zu ihr zurückzuführen, was ihr widerrechtlich entzogen wurde.[1009] Das System ist dabei darauf ausgelegt, dass der Insolvenzverwalter in alle Rechte und Pflichten eintritt, denen vermögensrechtliche Relevanz zukommt.[1010] Er soll den Schuldner und damit auch dessen Vertreter von jeder Einflussnahme auf die Masse ausschließen.[1011] Damit verbleibt nur der sogenannte insolvenzfreie Bereich beim Schuldner. Dieser betrifft aber nur insolvenzfreie Gegenstände nach § 36 InsO sowie den Bereich rein gesellschaftsrechtlicher Maßnahmen des Schuldnerunternehmens.[1012]

Die Insolvenzordnung geht entsprechend von der alleinigen Kontrolle der Masse durch den Insolvenzverwalter aus, womit ab dem Zeitpunkt der Verfahrenseröffnung im Regelverfahren für die Anwendung des § 64 S. 1 GmbHG kein Raum mehr bleibt. Dieses Ergebnis entspricht auch der überwiegenden Auffassung.[1013]

a. *Übertragung auf die Eigenverwaltung*

Das Ende des Anwendungszeitraums ab Verfahrenseröffnung lässt sich nicht ohne Weiteres auf das eröffnete Eigenverwaltungsverfahren übertragen. Mangels Einsetzung eines Insolvenzverwalters steht dem Schuldner dort die Verwaltungs- und Verfügungsbefugnis selbst zu.[1014] Entsprechend findet § 80 InsO keine direkte Anwendung.[1015] Gleichwohl finden die §§ 148 ff. InsO Anwendung,[1016]

1009 *D. Andres*, in: Nerlich/Römermann-InsO, § 148 InsO Rn. 7, Stand: 10. Lfg. v. 09.2005.

1010 *S. Mock*, in: Uhlenbruck-InsO, § 80 InsO Rn. 71 - 74.

1011 *S. Mock*, in: Uhlenbruck-InsO, § 80 InsO Rn. 4; *M. Vuia*, in: MüKo-InsO, § 80 InsO Rn. 1; *M. W. Kuleisa*, in: HambK-InsO, § 80 InsO Rn. 10; *D. Eckardt*, in: Jaeger-InsO, § 148 Inso Rn. 3 f.

1012 *S. Mock*, in: Uhlenbruck-InsO, § 80 InsO Rn. 73.

1013 *G. Bachmann*, ZIP 2015, 101, 107; *A. Schmidt / C. Poertzgen*, NZI 2013, 369, 376; *C. Thole / C. Brünkmans*, ZIP 2013, 1097, 1100 f.; *M. Hofmann*, ZIP 2018, 1429, 1431–1435; *L. F. Flöther*, in: Kübler-HRI (2019), § 18 Rn. 22 a.E.

1014 Zusammenfassend *G. Hölzle*, in: Hdb-InsR, Kapitel 15 Rn. 39 ff.

1015 *B. Webel*, in: Graf-Schlicker-InsO, § 80 InsO Rn. 5; *G. Kayser / C. Thole*, in: HK-InsO, § 80 InsO Rn. 8; *P. A. Windel*, in: Jaeger-InsO, § 80 InsO Rn. 4; *A. D. Riewe*, in: BeckOK-InsO, § 80 InsO Rn. 4; **a.A.** (modifizierte Anwendung zugunsten des Schuldners) *J. D. Spliedt*, in: FS Vallender, S. 623 f.

1016 *D. Eckardt*, in: Jaeger-InsO, § 148 Inso Rn. 16.

der Insolvenzbeschlag greift und das Sondervermögen Insolvenzmasse wird gebildet.[1017] Wie zuvor dargestellt, handelt der Schuldner im eröffneten Verfahren unstreitig als Amtswalter in eigenen Angelegenheiten.[1018] Die Insolvenzordnung hat die Situation somit abschließend geregelt. Damit greift aber dann nicht mehr der gesellschaftsrechtliche beziehungsweise eigenverantwortliche Sorgfaltsmaßstab des § 64 S. 1 GmbHG, sondern der Sorgfaltsstandart pflichtbewusster Insolvenzverwalter nach § 60 Abs. 1 S. 2 InsO.[1019] Demnach ist auch der Anwendungsbereich des § 64 S. 1 GmbHG tatbestandlich ausgeschlossen, da der Geschäftsführer nicht mehr privatrechtlich tätig wird.

b. Zwischenergebnis

Entsprechend spricht die systematische Auslegung klar für ein Ende des Anwendungszeitraums spätestens mit Eröffnung des Hauptverfahrens.

(bb) Situation im Eröffnungsverfahren

a. Verfügungsverbot

Auch für den Fall, dass im Eröffnungsverfahren durch das Insolvenzgericht ein allgemeines Verfügungsverbot nach § 21 Abs. 2 Nr. 2 InsO ausgesprochen und ein starker vorläufiger Insolvenzverwalter eingesetzt wird, kommt es auf Seiten des Schuldners zum Verlust der Verwaltungs- und Verfügungsbefugnis. Die Wirkung des § 80 InsO wird entsprechend vorverlagert.[1020] Dabei beschränkt sich die Verwaltungs- und Verfügungsbefugnis des vorläufigen Insolvenzverwalters im Innenverhältnis auf den Sicherungszweck.[1021] Die Insolvenzordnung schafft also genau für das von § 64 S. 1 GmbHG erfasste Risiko ein eigenes

---

1017 *D. Eckardt*, in: Jaeger-InsO, § 148 Inso Rn. 16; vgl. BAG v. 22.08.2017 - 1 AZR 546/15 (A), DZWIR 2017, 521, juris-Rn. 11; *S. Wipperfürth*, ZInsO 2015, 1127, 1129; **a.A.** (direkte Anwendung des § 148 im Eröffnungsverfahren nur für den Fall, dass Verwalter mit Verwaltungs- und Verfügungsbefugnis eingesetzt wurde) *B. Wegener*, in: FK-InsO, § 148 InsO Rn. 1.

1018 Siehe Fn. 706.

1019 *D. Eckardt*, in: Jaeger-InsO, § 148 Inso Rn. 18;
wohl **a.A.** *C. Schäfer*, ZRI 2020, 20, 24–26 (Fortwirkung der gesellschaftsrechtlichen Haftung sowie des ausgenommenen Bereichs der „allgemeinen Geschäftsführung“).

1020 *J.-S. Schröder*, in: HambK-InsO, Rn. 19; *G. Hölzle*, in: Schmidt-InsO, § 22 InsO Rn. 23.

1021 *J.-S. Schröder*, in: HambK-InsO, Rn. 20; *G. Hölzle*, in: Schmidt-InsO, § 22 InsO Rn. 23.

Sicherungsinstrument. Damit entlässt die Insolvenzordnung den Schuldner aber zugleich auch an dieser Stelle aus der Verantwortung für den Schutz der Insolvenzmasse, sodass die Massesicherungspflicht auf den vorläufigen Insolvenzverwalter übergeht und damit eine Anwendung des § 64 S. 1 GmbHG auf die Organe des Schuldners nicht mehr angezeigt ist.

Mit dem damit verbundenen Entfall der Verfügungsmacht fehlt es ohnehin an den tatbestandlichen Voraussetzungen zur Anwendung des § 64 S. 1 GmbHG. Insbesondere muss sich der Geschäftsführer dann keine Handlungen des Verwalters zurechnen lassen.[1022] Eine Anwendung ist damit sowohl für eigene als auch für zugerechnete Pflichtverletzungen ausgeschlossen und entsprechend ist das Ende des Anwendungszeitraums erreicht.

b. Schwacher vorläufiger Insolvenzverwalter

In den Fällen, in denen nur ein schwacher vorläufiger Insolvenzverwalter eingesetzt wird, verbleibt die Rechtsmacht mehr oder minder unverändert beim Schuldner und dessen Geschäftsführung. Demnach ist die Masse aber anhaltend gefährdet, da die Insolvenzordnung für diese Situation keinen eigenen Schutzmechanismus bereithält. Es bedarf daher unverändert einer Anwendung des § 64 S. 1 GmbHG.

c. Vorläufige Eigenverwaltung und Schutzschirmverfahren

Etwas anders ist die Situation, wenn eine vorläufige Eigenverwaltung (nachträglich) angeordnet wird. Dem Schuldner kommt die Aufgabe der Massesicherung sodann selbst zu. Wie zuvor ausgeführt,[1023] wird der Schuldner in dieser Lage aber überwiegend privatautonom tätig. Nur soweit ihm von Gericht besondere Berechtigungen übertragen wurden, hat er begrenzt auf diese Ermächtigung eine partielle Amtswalterstellung inne.

Gleichwohl ist er aber derjenige, der zur Erfüllung der insolvenzrechtlichen Pflichten angehalten wird. Der Sachwalter überwacht dies lediglich. Mithin entsteht ein Konkurrenzverhältnis zur Anwendung des § 64 GmbHG. Soweit ihm eine Berechtigung eingeräumt wurde, ist dies zulasten des GmbHG aufzulösen. Der Vertreter ist nicht länger aufgrund privatautonomer Rechtsmacht verpflichtet und kann entsprechend auch nicht mehr daraus einstandspflichtig sein.

Die entstehende Haftungslücke ist durch Fortentwicklung der inzwischen herrschenden Meinung zur doppelt analogen Anwendung der §§ 60, 61 InsO im

---

1022 *T. Mätzig*, in: BeckOK-GmbHG, § 64 GmbHG Rn. 44, 53.
1023 Siehe ab S. 130.

eröffneten Eigenverwaltungsverfahren sowie im Eigenverwaltungseröffnungsverfahren zu schließen.[1024] Der vorläufig eigenverwaltende Geschäftsführer des Schuldners ist somit nicht länger gesellschaftsrechtlich, sondern nunmehr nur noch insolvenzrechtlich gegenüber den Gläubigern haftbar. Die gesellschaftsrechtlichen Regelungen der §§ 43, 64 GmbHG werden somit im Ergebnis verdrängt und es greift das insolvenzrechtliche Haftungssystem analog §§ 60, 61 InsO.[1025]

Soweit einige Stimmen in der Literatur von einer Fortgeltung des § 64 GmbHG ausgehen, gehen diese zugleich (noch) vom Bestehen einer Haftungslücke aus, da sie eine analoge Anwendung der §§ 60, 61 InsO ablehnen.[1026] Deren (doppelt analoge) Anwendung löst das systematische Problem aber umfassend und vermag in Kombination mit der Amtswalterstellung zu jeder Zeit die Handlungs- und Haftungspflichten besser zu erklären.[1027]

Soweit darüber hinaus eine parallele Anwendung von § 64 S. 1 GmbHG als auch analog §§ 60, 61 InsO angenommen wird,[1028] ist dies mit Blick auf die sodann fehlenden Analogievoraussetzungen ausgeschlossen, da bei Anwendung von § 64 S. 1 GmbHG gerade keine Haftungslücke vorliegen würde.

(cc) Zwischenergebnis

Die systematische Auslegung spricht demnach für eine nahezu vollständige Verdrängung des § 64 S. 1 GmbHG durch die verschiedenen, spezielleren Haftungsregime der Insolvenzordnung. Diese greifen, sobald ein Eröffnungsverfahren nach den §§ 270a, 270b InsO eingeleitet wird, der Schuldner im Eröffnungsverfahren die Verfügungsbefugnis verliert oder spätestens mit Eröffnung des

---

1024 Siehe dazu bereits S. 135.

1025 Vgl. *G. Bachmann*, ZIP 2015, 101, 108 f., welcher dies zwar systematisch ebenso sieht, diese Auslegung aber i.E. als zu weitreichend ablehnt und daher eine Gesetzesänderung fordert.

1026 Exemplarisch *K. Siemon / C. Klein*, ZInsO 2012, 2009, 2013; hingegen für eine Fortgeltung des § 64 S. 1 GmbHG auch im Rahmen des (eröffneten sowie des vorläufigen) Eigenverwaltungsverfahrens neben einer analogen Anwendung der § 60, 61 InsO *G. Bitter / M. Baschnagel*, ZInsO 2018, 557, 576.

1027 Das Ergebnis begrüßen auch *C. Thole / C. Brünkmans*, ZIP 2013, 1097, 1103 f., die zugleich aufgrund anderer Beurteilung der Rechtsstellung des Geschäfsführers eine Binnenhaftung als ausreichend ansehen und daher eine analoge Anwendung der §§ 60, 61 InsO im Ergebnis ablehnen.

1028 So wohl *G. Bitter / M. Baschnagel*, ZInsO 2018, 557, 575 f.

Insolvenzverfahrens, sofern bis zu diesem Zeitpunkt keine der vorherigen Bedingungen eingetreten ist.

(b) Teleologische Auslegung

Auch der Telos der Norm könnte für eine Einschränkung des Anwendungszeitraums sprechen. Wie zuvor dargestellt,[1029] liegt der Hauptzeck der Norm im Erhalt der Insolvenzmasse. Fraglich ist daher, wie lange diese geschützt werden muss und insbesondere, wie lange der Geschäftsführer für diesen Schutz einzustehen hat.

(aa) Anwendung im eröffneten Insolvenzverfahren

a. Reguläres Insolvenzverfahren

Durch die Insolvenzeröffnung ändert sich an der Organisationsstruktur der Gesellschaft nichts, daher bleiben die Organe der Gesellschaft unverändert im Amt.[1030] Ihre Rechte und Pflichten werden jedoch durch die Verfahrenseröffnung massiv eingeschränkt, da – wie bereits zuvor dargestellt – die Verfügungsmacht gemäß § 80 Abs. 1 InsO auf den Insolvenzverwalter übergeht. Für den insolvenzfreien Bereich der Gesellschaft treten dagegen keine Änderungen ein. Da dieser aber hauptsächlich das Binnenrecht der Gesellschaft betrifft,[1031] fehlt es an einem tatbestandlichen Anwendungsbereich des § 64 S. 1 GmbHG, da dem Vertreter des Schuldners schlicht die Einflussnahmemöglichkeit auf die Masse fehlt. Daran anknüpfend sind auch Forderungen zurückzuweisen, die einen Schutzbedarf der Insolvenzmasse auf Basis der rein faktischen Einflussnahmemöglichkeit des Geschäftsführers ausmachen wollen.[1032] Solche Fälle können ausreichend und abschließend über das allgemeine Deliktsrecht gehandhabt werden.

Hinzu tritt, dass die Insolvenzmasse ab dem Zeitpunkt, in dem sie formal gebildet wurde, nicht mehr durch den beziehungsweise vor dem Geschäftsführer geschützt werden muss.

1029 Siehe S. 158-165.

1030 BGH, Urteil v. 26.01.2006 – IX ZR 282/03, ZInsO 2006, 260, juris-Rn. 6; *M. Casper*, in: U/H/L-GmbHG, § 64 GmbHG Rn. 76.

1031 Siehe vor Fn. 1012.

1032 So aber unter anderem *D. König*, 2015, S. 208 f.

b. Eigenverwaltungsverfahren

Im Ergebnis nicht anders ist auch die Situation im eröffneten Eigenverwaltungsverfahren nach § 270 InsO, unabhängig davon welches Eröffnungsverfahren dem vorging. Wenngleich man sagen kann, dass eine Gefährdung der Masse durch den Schuldner sowie durch dessen Geschäftsführer weiter möglich ist, kann § 64 S. 1 GmbHG, unabhängig von der Einordnung dessen Satzes 2, hier keine sinnvolle Abhilfe mehr leisten. Durch den Eröffnungsbeschluss des Gerichts ist nunmehr nach allen Auffassungen ein Wechsel in der Rolle der Beteiligten eingetreten, der nicht auf den bloßen Masseerhalt ausgerichtet ist, sondern die Eigensanierung durch einen Erhalt der Gesellschaft unter bestmöglicher Gläubigerbefriedigung realisieren soll.[1033] Zugleich ist damit meiner Auffassung nach der Zweck des § 64 S. 1 GmbHG vollständig erreicht, da er unter anderem für dieses Verfahrensstadium die Masse erhalten soll.

(bb) Anwendung im Eröffnungsverfahren

a. Reguläres Insolvenzverfahren

Solange der Geschäftsführer im Eröffnungsverfahren weiterhin aufgrund privatrechtlicher Rechtsmacht verfügungsbefugt bleibt, besteht ebenfalls ein Bedürfnis für die Anwendung des § 64 S. 1 GmbHG.[1034] Soweit durch Maßnahmen des Insolvenzgerichts ein Wandel der Funktion eintritt, ist diese Position sodann neu zu bewerten. So dürfte die Einsetzung eines schwachen vorläufigen Insolvenzverwalters die Rechtsstellung sowie auch die Verfügungsmacht des Schuldners beziehungsweise dessen Geschäftsführers nicht einschränken. Ein etwaiger Zustimmungsvorbehalt kann allenfalls Einfluss auf die Rechtfertigung der Zahlung nach § 64 S. 2 GmbHG haben.[1035] Damit ist eine Haftung zur Absicherung der Masse weiterhin notwendig und geboten.

Anders ist dies aber, wenn vom Insolvenzgericht ein starker vorläufiger Insolvenzverwalter eingesetzt wird. Der Schuldner verliert hier die Verfügungsmacht und hat damit keinen legalen Einfluss mehr auf die Masse. Damit besteht kein Schutzbedürfnis mehr, da die Verantwortung für die Masse bereits übergegangen ist. Soweit er entgegen der Anordnung des Gerichts die Masse schädigt, ist der reguläre deliktische Schutz der Masse ausreichend, ohne dass es

---

1033 Exemplarisch *R. Riggert*, in: Braun-InsO, Vorb. §§ 270–285 InsO Rn. 1 f.

1034 Siehe nur *J. D. Spliedt*, in: FS Vallender, S. 624 m.w.N. und *U. Haas*, in: Baumbach/Hueck-GmbHG, § 64 GmbHG Rn. 85.

1035 I.E. ebenso *T. Mätzig*, in: BeckOK-GmbHG, § 64 GmbHG Rn. 53.

einer gesonderten Haftung aus § 64 GmbHG bedarf. Zudem entfällt ohnehin die für die Anwendung des § 64 S. 1 GmbHG notwendige Verwaltungs- und Verfügungsbefugnis.[1036]

b. Vorläufige Eigenverwaltung und Schutzschirm

Anders könnte die Situation in der vorläufigen Eigenverwaltung zu bewerten sein. Zunächst schließen sich die Vorschriften nach dem Sinn und Zweck nicht gegenseitig aus, da gerade mit dem Schutzschirmverfahren auch eine frühere Antragsstellung bezweckt wird und so die Gläubigeraussichten verbessert werden sollen.[1037]

Das starre Korsett des § 64 S. 1 GmbHG könnte aber die vorläufige Eigenverwaltung über Gebühr einschränken, da der handelnde Geschäftsführer bei jeder Zahlung das Risiko einer späteren abweichenden rechtlichen Bewertung über die Notwendigkeit dieser Zahlung ausgesetzt ist. Fraglich ist aber, ob sich dies über eine den Grundtatbestand einschränkende, großzügigere Auslegung auf Ebene des § 64 S. 2 GmbHG lösen ließe oder aber ob bereits aus diesem Grund der Anwendungsbereich des Satzes 1 einzuschränken ist.[1038]

Rein vom Schutzzweck argumentiert wird dieser besser durch eine andauernde Anwendung erreicht, da die Masse unabhängig von einem tatsächlichen Schaden gesichert werden kann. Meines Erachtens würde dem aber ein falsches Verständnis der Massesicherung zugrunde liegen. Wie oben ausgeführt, soll die Masse gesichert werden, um im späteren Verfahren zweckmäßig eingesetzt werden zu können. Mit der gerichtlichen Anordnung der vorläufigen Eigenverwaltung wird aber zum Ausdruck gebracht, dass das Gericht (geleitet durch die gesetzliche Regelvermutung) davon überzeugt ist, dass der Schuldner selbst die Verfahrensziele wird erreichen können. Solange dies – gesichert durch die fortlaufende Prüfung des Verfahrens durch das Insolvenzgericht und den Sachwalter – fortdauert, besteht demnach kein Grund für eine über die Haftung analog §§ 60, 61 InsO hinausgehende Inanspruchnahmemöglichkeit.[1039] Weder besteht

---

1036 *U. Haas*, in: Baumbach/Hueck-GmbHG, § 64 GmbHG Rn. 85 a.E.; *G. Bitter / M. Baschnagel*, ZInsO 2018, 557, 574; *H.-F. Müller*, in: MüKo-GmbHG, § 64 GmbHG Rn. 151; *T. Mätzig*, in: BeckOK-GmbHG, § 64 GmbHG Rn. 53; für eine Haftung von gleichwohl tatsächlich vorgenommenen Zahlungen über § 64 S. 1 GmbHG *M. Gehrlein*, ZInsO 2017, 849, 851; einschränkend *A. Schmidt / C. Poertzgen*, NZI 2013, 369, 374.

1037 *K. Siemon / C. Klein*, ZInsO 2012, 2009, 2012.

1038 Exemplarisch zur Einschränkung über eine großzügigere Anwendung des § 64 S. 2 GmbHG *T. Mätzig*, in: BeckOK-GmbHG, § 64 GmbHG Rn. 53.

1039 Ebenso *M. Hofmann*, ZIP 2018, 1429, 1431.

eine Haftungslücke noch ein gesteigerter Sicherungsbedarf. Die für die Masse gefährlichste Phase, die Unternehmenskrise ohne Einleitung gerichtlicher Verfahrensschritte, ist bereits beendet. Insbesondere passt das Regel-Ausnahme-Verhältnis für dieses Verfahrensstadium nicht, da § 64 S. 1 GmbHG die Haftung als Regelfall vorsieht, sie bei der vom Gesetz gewollten Fortführung aber nur die Ausnahme darstellen kann.

Eine weitere Anwendung neben den Haftungsregeln analog §§ 60, 61 InsO hätte zudem für den Geschäftsführer das Problem „Diener zweier Herren" zu sein, was ebenfalls zur Haftungsbegründung führen kann.[1040] Zu nennen wären Situationen, in denen Handlungen zwar im Interesse der Gesellschaft(er), nicht aber im Interesse der Gläubiger sind. Spätestens an dieser Stelle müsste die Haftungsdopplung dann aufgelöst werden.[1041] Der Telos des Verfahrens spricht hier für eine klare Orientierung am Insolvenzzweck und damit auch für eine entsprechende Einschränkung des § 64 S. 1 GmbHG ab Beginn eines Verfahrens nach den §§ 270a oder 270b InsO.[1042]

Aus all diesen Gesamtgedanken leitet *Brinkmann* weitergehend eine teleologische Reduktion des § 64 S. 1 GmbHG ab.[1043] Voraussetzung einer solchen teleologischen Reduktion wäre es, dass der Wortlaut der Norm zu weit wäre und Fälle einschließt, auf die er nicht passt, da es an einer notwendigen Ausnahmeregel fehlt. Sie kann sowohl durch den Sinn und Zweck der Norm selbst, den vorrangigen Zweck einer anderen Norm, durch die Natur der Sache oder durch ein dem Gesetz immanentes und vorrangiges Prinzip geboten sein.[1044] Gleichzeitig darf sich aus einem möglichen vorrangigen Interesse an Rechtssicherheit und der Befolgung der eindeutigen Norm kein Reduktionsverbot ergeben.[1045] Daran wäre beispielsweise bei Frist- und Formvorschriften oder vergleichbaren, eher rechtstechnischen Regeln zu denken.[1046] Entsprechend dürfte für den vorliegenden Fall einer Haftungsnorm, trotz der ihr innewohnenden Ordnungsfunktion kein übergeordnetes, striktes Rechtsbefolgungsinteresse samt Reduktionsverbot gegeben sein.

1040 *G. Bachmann / U. Becker*, NJW 2018, 2235, 2237.

1041 *G. Bachmann / U. Becker*, NJW 2018, 2235, 2237.

1042 Ebenso *G. Bachmann / U. Becker*, NJW 2018, 2235, 2237; *F. Schaal*, 2017, S. 282 f.; vgl. *M. Hofmann*, ZIP 2018, 1429, 1430 f.

1043 *M. Brinkmann*, DB 2012, 1369, 1369; *M. Brinkmann*, in: FS Bergmann, S. 101.

1044 *K. Larenz*, 1991, S. 392.

1045 *K. Larenz*, 1991, S. 392 f.

1046 *C.-W. Canaris*, 1983a, S. 192 f.

Somit muss in einem nächsten Schritt nachgewiesen werden, dass „eine abstrakt umschreibbare Fallgruppe von den Grundwertungen oder Zwecken des Gesetzes entgegen seinem Wortlaut gar nicht getroffen wird und daß sie sich von den ‚eigentlich gemeinten' Fallgruppen so weit unterscheidet, daß die Gleichbehandlung sachlich ungerechtfertigt und willkürlich wäre."[1047] *Brinkmann* selbst stellt insoweit auf den von ihm deutlich enger verstandenen Zweck des § 64 S. 1 GmbHG ab, wonach nur eine Überleitung in das Verfahren sichergestellt werden solle. Da dies, wie bereits ausgeführt, nicht überzeugt, stellt sich die Frage, ob auch bei dem hier vertretenen Verständnis des § 64 GmbHG eine teleologische Reduktion in Betracht kommen kann.[1048]

Die Ausnahme-Fallgruppe kann sich entsprechend auf die Eröffnungsverfahren nach den §§ 270a und § 270b InsO beschränken. Diese müssten sich aber von den eigentlichen Anwendungsfällen erheblich unterscheiden. Aus der systematischen Auslegung ergab sich bereits, dass die Anwendung nach der Abgabe der Verfügungsbefugnis des Schuldners ausscheidet,[1049] sei dies durch die Einsetzung eines Insolvenzverwalters oder den Rollenwechsel des Schuldners im Moment des Eröffnungsbeschlusses über die Eigenverwaltung. Als Ausgangs-Fallgruppe verbleibt somit der Anwendungsbereich ab Insolvenzreife bis zur Abgabe der Verfügungsmacht des Schuldners, sprich der Verfahrenseröffnung oder entsprechend beschränkenden Anordnungen im Eröffnungsverfahren. Teleologisch lassen sich diese Vergleichsfälle dergestalt zusammenfassen, dass sie alle nur bis zu einem Rollenwechsel des Schuldners wirken. Sobald der Schuldner die Rechtsmacht zur freien Verfügung über die Masse verliert, endet auch der Schutz der Masse durch § 64 S. 1 GmbHG. Andersherum gesehen, solange der Schuldner frei verfügen kann, haftet auch sein Organ für den ordnungsgemäßen Masseerhalt.

Wenn nun aber auch für den Zeitraum der Verfahren nach den §§ 270a und 270b InsO eine Haftung nach § 64 S. 1 GmbHG greifen würde, würde dies zu einer nicht im Gesetz angelegten Schlechterstellung des Organs führen. Entgegen einem vorläufigen Insolvenzverwalter würden sie der schärferen Haftung des § 64 GmbHG unterliegen. Diesen Effekt hat der Gesetzgeber der Insolvenzordnung sowie des ESUG nicht gesehen und nicht gewollt. Dem Schuldner sowie seine Organe sollen in den Eröffnungsverfahren nach den §§ 270a und 270b InsO geprägt vom Leitbild der Insolvenzordnung das Unternehmen leiten und

1047 *F. Bydlinski*, 1991, S. 480.

1048 Zur Rechtsdogmatik des § 64 S. 1 GmbHG siehe zuvor ausführlich ab S. 157.

1049 Siehe bereits zuvor ab S. 173.

dem Gläubigerschutz nachkommen. Die starren Regeln des § 64 GmbHG sind dabei nicht hinderlich, sondern können das Verfahrensziel durch ihren zu restriktiven Rahmen auch behindern. Der Geschäftsführer, dem bei vielen Rechtshandlungen die persönliche und schadensunabhängig Haftung droht, wird von vielen förderlichen Geschäften Abstand nehmen, um sein persönliches Risiko zu minimieren.

Dieses Problem wird nach meinem Dafürhalten auch nicht durch § 64 S. 2 GmbHG aufgehoben. Dieser erlaubt dem Geschäftsführer im Ergebnis zwar Zahlungen im ähnlichen Umfang, überlassen ihm jedoch das alleinige Risiko der rechtlichen Bewertung. Der Insolvenzordnung ist eine solch strenge Haftung hingegen fremd. Aber auch konzeptionell ist der § 64 GmbHG nicht auf diese Situation ausgelegt. So sehen die § 64 S. 1 und S. 2 GmbHG die strenge Haftung nur vor, weil gerade ein noch vorläufiger Zustand gesichert werden soll. Der Geschäftsführer soll solange keine Mittel ausgeben, wie nicht das Verfahren eingeleitet ist. Mit der vom Gericht akzeptierten beziehungsweise vorläufig angeordneten Eigensanierung kann dies aber nicht mehr greifen, weil der Zweck bereits umfänglich erreicht ist. Es bedarf keiner entsprechenden Disziplinierung der Organe mehr durch § 64 S. 1 GmbHG, weil diese nun dem neuen Pflichtenprogramm der Insolvenzordnung unterliegen.

Nach all dem ist damit eine teleologische Reduktion des § 64 S. 1 GmbHG geboten. Der Normbefehl samt fehlender Ausnahmeregel könnte demnach wie folgt formuliert werden:[1050]

> Die Geschäftsführer sind der Gesellschaft zum Ersatz von Zahlungen verpflichtet, die nach Eintritt der Zahlungsunfähigkeit der Gesellschaft oder nach Feststellung ihrer Überschuldung geleistet werden, **soweit nicht bereits ein Eröffnungsverfahren nach den §§ 270a oder 270b InsO angeordnet oder das Insolvenzverfahren über das Vermögen der Gesellschaft eröffnet wurde.**

Das hier gefundene Ergebnis scheint aktuell – jedenfalls mittelbar – vom Gesetzgeber bestätigt worden zu sein. So wurde eine dahingehende Bestätigung der BGH-Rechtsprechung normiert, wonach die Haftung der §§ 60 - 62 InsO ab dem 01.01.2021 auch auf den eigenverwaltenden Schuldner angewendet werden soll.[1051] Damit ist dann ein spezielleres Haftungsregime bestätigt, was dann bereits nach dem Grundsatz der Spezialität die Anwendung des § 64 GmbHG bzw. dann des § 15b InsO-neu[1052] entfallen lässt.

1050 Siehe auch Vorschlag zur Gesetzesänderung ab S. 327.

1051 Siehe zum SanInsFoG ab S. 331.

1052 Siehe zum Wortlaut der ab dem 01.01.2021 gültigen Normen ab S. 347.

(cc) Anwendung nach Antragstellung

Das frühestmögliche Ende des Anwendungszeitraums könnte sich in dem Moment der erfolgten Antragstellung ergeben. Soweit einige Stimmen hier bereits ein Ende der Massesicherungspflicht durch den Schuldner sehen wollen, basiert dies nach meiner Meinung auf einem zu engen Verständnis vom Schutzweck der Norm.[1053] Sie reduzieren den Zweck ausschließlich auf eine Druckfunktion zur Herbeiführung der Insolvenzantragstellung. Darüber hinaus geht es aber auch um den größtmöglichen Erhalt der Masse. Diese Schutzbedürftigkeit der Masse besteht aber zunächst unabhängig von der Antragstellung fort. Der Geschäftsführer kommt ggf. nur seiner Pflicht aus § 15a InsO nach, ohne dass dies einen Einfluss auf die Massesicherungspflicht hat. Er ist zu diesem Zeitpunkt unverändert verwaltungs- und verfügungsbefugt, da noch keinerlei Sicherungsmaßnahmen durch das Gericht angeordnet wurden. Ein automatisierter Schutz der Masse durch die Einreichung des Insolvenzantrags ist dem deutschen Insolvenzrecht fremd. Entsprechend muss das Organ des Schuldners unverändert zum Erhalt der Masse angehalten werden.

Ein so frühes Ende beziehungsweise eine so weitreichende Einschränkung der Anwendung bereits ab Stellung des Insolvenzantrags ist daher abzulehnen, da andernfalls kein ausreichender Schutz der Insolvenzmasse sichergestellt ist.

(c) Zusammenfassung

In jedem Fall wird die Auslegung von § 64 GmbHG von der bislang mangelnden Abstimmung der Haftungssysteme der Insolvenzordnung und dem angrenzenden Gesellschaftsrecht bestimmt. So finden sich Stimmen, die in diesem Zusammenhang die Frage nach der Grenze der Auslegung stellen.[1054] Sie fragen sich berechtigterweise, ob nicht die Änderung des gesamten Haftungssystems durch eine – provokant gesagt – zeitgemäße Auslegung des Systems nicht die Grenze zulässiger Rechtsfortbildung überschreitet. Auf der einen Seite stellt sich dabei die Frage, ob es eine solche Grenze überhaupt gibt, solange nach den juristisch anerkannten Auslegungsregeln vorgegangen wird.[1055] So hat jede Auslegungsregel ihre Grenze. Auf der anderen Seite wird man neben der in diesem Bereich vielfach vorgefundenen Aufforderung an den Gesetzgeber eben auch sagen dürfen, dass es diesem jederzeit freisteht die Gesetzeslage anzupassen, soweit

---

1053 Siehe dazu bereits ausführlich ab S. 157.

1054 *G. Bachmann*, ZIP 2015, 101, 109; nunmehr einschränkender *G. Bachmann / U. Becker*, NJW 2018, 2235, 2237; vgl. *C. Thole / C. Brünkmans*, ZIP 2013, 1097, 1105.

1055 Dazu auch S. 289 ff.

sich die tatsächliche Rechtsanwendung von dem von ihm Gewollten entfernt. Man wird aber sagen können, dass eher das Gegenteil der Fall war, soweit der Gesetzgeber in den letzten Jahren die Eigenverwaltungsverfahren gestärkt hat und auch die gesellschaftsrechtliche Position – beispielswiese durch die Neuschaffung des § 276a InsO – zugunsten der Gläubigerinteressen geschwächt hat. Die zuvor behandelte, maßgebliche Entscheidung des BGH zur doppelt analogen Haftung aus den §§ 60, 61 InsO wird nun gegenwärtig durch den Gesetzgeber bestätigt.[1056]

All dies vorausgeschickt, sprechen sowohl der Wortlaut als auch die Historie der Vorschrift für eine weitreichende Anwendung der Massesicherungspflicht des Geschäftsführers. Demgegenüber spricht die (zwischenzeitlich eingeführte) insolvenzrechtliche Systematik sowie der Telos des § 64 S. 1 GmbHG für eine deutliche Einschränkung des zeitlichen Anwendungszeitraums.

Daher kann die Norm nur so lange Anwendung finden, wie der Schuldner selbst privatautonom Rechtsmacht über die Finanzmittel ausübt, die später die Masse bilden. Entsprechend endet die Anwendung mit der Einsetzung eines starken vorläufigen Insolvenzverwalters, einer vorläufigen Eigenverwaltung, dem Schutzschirmverfahren oder aber spätestens mit Eröffnung des Hauptverfahrens.

In der Konsequenz ergibt sich zudem eine geschlossene und stimmige Gesamthaftungssystematik, wenn die Anwendung des § 64 GmbHG nur soweit reicht, wie der Geschäftsführer auch in seiner Rolle als Geschäftsführer tätig wird. Wenn aber das Eröffnungsverfahren begonnen hat *und* er diese Rolle abgegeben hat, ist der Bedarf für eine persönliche Einstandspflicht auf gesellschaftsrechtlicher Basis entfallen. Von nun an sichern die insolvenzrechtlichen Schutzmechanismen die Gläubigergemeinschaft vor schädlichen Handlungen, sei dies über ein Hinzutreten eines (vorläufigen) Insolvenzverwalters oder durch den Rollenwechsel des Schuldners samt seiner Organe.

(3) Zwischenergebnis

In Übereinstimmung mit der überwiegenden Auffassung endet die Massesicherungspflicht des Geschäftsführers spätestens mit Eröffnung des Insolvenzverfahrens. Darüber hinaus ist ein Geschäftsführer aber auch ab Bestellung eines starken vorläufigen Insolvenzverwalters oder ab Beginn eines Eröffnungsverfahrens nach § 270a InsO oder § 270b InsO nicht mehr von der Haftung aus § 64 S. 1 GmbHG betroffen.

1056 Siehe dazu ab S. 332.

Soweit die Pflicht zur Massesicherung aus § 64 S. 1 GmbHG endet, geht sie aber nahtlos in die unmittelbar aus der Insolvenzordnung entstammenden Pflichten zur Massesicherung über.[1057] Diese Pflicht trifft im Regelverfahren den (vorläufig starken) Insolvenzverwalter beziehungsweise den vorläufig eigenverwaltenden Schuldner. Soweit ein Eröffnungsverfahren in Folge nur drohender Zahlungsunfähigkeit eingeleitet wird, liegen die Tatbestandsvoraussetzungen des § 64 S. 1 GmbHG gar nicht vor und es bleibt bei einer rein insolvenzrechtlichen Verpflichtung des Schuldners bzw. dessen Geschäftsführungsorgane.

Es muss gleichwohl beachtet werden, dass sich im Ergebnis auf Tatbestandsebene kaum Unterschiede ergeben dürften, da sich beide Gebote inhaltlich decken sollten. Auf Rechtsfolgenseite können dergestalt Unterschiede entstehen, dass § 64 S. 1 GmbHG die strenge, weil vom tatsächlichen Schaden losgelöste, Haftung begründet.

cc) Zahlung

Als weiteres Tatbestandsmerkmal ist eine „Zahlung“ des Geschäftsführers vorgesehen. Es besteht weitestgehend Einigkeit, dass mit Blick auf den Schutzzweck der Norm der Begriff weit auszulegen ist, da nicht bloß Zahlungen im technischen Sinne erfasst werden sollen.[1058] Demnach sind darunter aller Leistungen zu verstehen, die aus dem Gesellschaftsvermögen stammen und die spätere Insolvenzmasse verringern.[1059] Erfasst werden damit neben klassischen Bar- und Buchgeldzahlungen auch Kontokorrentverrechnungen.[1060] Demgegenüber werden Leistungserbringungen nicht erfasst, soweit es sich um reine Werk- oder

---

1057 Dazu im Anschluss ab S. 203.

1058 OLG Jena, Urteil v. 25.05.2016 – 2 U 714/15, GmbHR 2017, juris-Rn. 47; *U. Haas*, in: Baumbach/Hueck-GmbHG, § 64 GmbHG Rn. 64; *T. Mätzig*, in: BeckOK-GmbHG, § 64 GmbHG Rn. 44 f.; *H. Altmeppen*, in: Altmeppen-GmbHG, § 64 GmbHG Rn. 10; *H.-F. Müller*, in: MüKo-GmbHG, § 64 GmbHG Rn. 144; *J. Nerlich*, in: MHLS-GmbHG, § 64 GmbHG Rn. 14; *C. Schmidt-Leithoff / P. Schneider*, in: Rowedder/Schmidt-Leithoff-GmbHG, § 64 GmbHG Rn. 25; *M. Casper*, in: U/H/L-GmbHG, § 64 GmbHG Rn. 88; *K. Schmidt*, in: Scholz-GmbHG [11. Auflage], § 64 GmbHG Rn. 28; *M. d'Avoine*, in: Buth/Hermanns, § 32 Rn. 37; *C. Thole*, 2010, S. 705.

1059 *K. Schmidt*, in: Schmidt/Uhlenbruck, 11. Teil Rn. 11.37; *K. Schmidt*, in: Scholz-GmbHG [11. Auflage], § 64 GmbHG Rn. 28.

1060 *J. Nerlich*, in: MHLS-GmbHG, § 64 GmbHG Rn. 14 - 16; *U. Haas*, in: Baumbach/Hueck-GmbHG, § 64 GmbHG Rn. 63; *H.-F. Müller*, in: MüKo-GmbHG, § 64 GmbHG Rn. 146.

Dienstleistungen handelt und entsprechend kein Vermögenstransfer stattfindet.[1061] Eine Abgrenzung muss hier aber zu Warenlieferungen, der Übertragung von Rechten sowie gegenüber Leistung an Zahlung statt beziehungsweise erfüllungshalber erfolgen.[1062]

Ebenso ist die bloße Begründung neuer Leistungspflichten beziehungsweise Verbindlichkeiten des Schuldners oder die nicht Geltendmachung von Forderungen nicht ausreichend, um den Tatbestand zu erfüllen.[1063] Soweit jedoch durch eine Forderungsabtretung, eine Aufrechnung oder die Gewährung neuer Sicherheiten das spätere Haftungssubstrat der Insolvenzmasse verkleinert wird, liegt eine Zahlung im Sinne der Norm vor.[1064]

Eine Zahlung muss auch auf Veranlassung des Geschäftsführers erfolgen; entsprechend hat der BGH zutreffend eine Haftung abgelehnt, bei der es durch eine Kontopfändung beim Schuldner zu einem Mittelabfluss kam.[1065] Daran anknüpfend erkennt er auch den Einzug von Forderungen an, die bereits vor Eintritt der Insolvenzreife wirksam sicherungsabgetreten wurden.[1066]

Darüber hinaus sind einige Korrekturen erforderlich, sofern der Gesellschaft zugleich eine Gegenleistung zukommt.[1067] Ziel der Geschäftsführerhaftung ist

---

1061 *K. Schmidt*, in: Schmidt/Uhlenbruck, 11. Teil Rn. 11.37.

1062 *J. Nerlich*, in: MHLS-GmbHG, § 64 GmbHG Rn. 15; *H.-F. Müller*, in: MüKo-GmbHG, § 64 GmbHG Rn. 147.

1063 BGH v. 30.03.1998 – II ZR 146/96, BGHZ 138, 211, juris-Rn. 12; BGH, Urteil v. 04.07.2017 – II ZR 319/15, ZIP 2017, 1619, juris-Rn. 13; *J. Nerlich*, in: MHLS-GmbHG, § 64 GmbHG Rn. 17; *U. Haas*, in: Baumbach/Hueck-GmbHG, § 64 GmbHG Rn. 66; *H.-F. Müller*, in: MüKo-GmbHG, § 64 GmbHG Rn. 147; wohl aber das Unterlassen einer Kündigung eines Dauerschuldverhältnisses, siehe *J. Nerlich*, in: MHLS-GmbHG, § 64 GmbHG Rn. 17; *H.-F. Müller*, in: MüKo-GmbHG, § 64 GmbHG Rn. 147.

1064 *J. Nerlich*, in: MHLS-GmbHG, § 64 GmbHG Rn. 15; *H.-F. Müller*, in: MüKo-GmbHG, § 64 GmbHG Rn. 147; *K. Schmidt*, in: Scholz-GmbHG [11. Auflage], § 64 GmbHG Rn. 29.

1065 BGH, Urteil v. 25.01.2011 – II ZR 196/09, NZG 2011, 303, 305 = DB 2011, 462.; zum Scheckeinzug BGH, Urteil v. 29.11.1999 – II ZR 273/98, BGHZ 143, 184, 210

1066 BGH, Urteil v. 23.06.2015 – II ZR 366/13, BGHZ 206, 52, juris-Rn. 12.

1067 *T. Mätzig*, in: BeckOK-GmbHG, § 64 GmbHG Rn. 50 f.; *H.-F. Müller*, in: MüKo-GmbHG, § 64 GmbHG Rn. 149-149g; *U. Haas*, in: Baumbach/Hueck-GmbHG, § 64 GmbHG Rn. 69 - 75; *D. Kleindiek*, in: Lutter/Hommelhoff-GmbHG, § 64 GmbHG Rn. 17; *M. Casper*, in: U/H/L-GmbHG, § 64 GmbHG Rn. 92 - 107; darüber hinausgehend für eine Zeitraumbetrachtung statt der Orientierung an Einzelleistungen *K. Schmidt*, NZG 2015, 129, 131.

es, nicht die Masse zu bereichern;[1068] entsprechend müssen solche Vorgänge aus dem Anwendungsbereich ausgeschlossen werden, die keinen Einfluss auf die Masse haben oder sogar für diese positiv sind, mithin eine wirtschaftliche Gesamtbetrachtung aller im Verbund erfolgten Rechtshandlungen.[1069] Dies steht auch im Einklang mit dem bereits herausgearbeiteten Normzweck,[1070] nachdem der (wirtschaftliche) Erhalt der Insolvenzmasse für Zwecke des sich anschließenden Insolvenzverfahrens im Vordergrund steht. Somit kann der Tatbestand im Rahmen einer teleologischen Reduktion entsprechend eingeschränkt werden.[1071]

Inzwischen werden diese Einschränkungen des Tatbestandsmerkmals „Zahlung" auch zunehmend vom *BGH*[1072] anerkannt; er fordert nicht länger, dass der Wert der zugeflossenen Gegenleistung auch bis zur Verfahrenseröffnung in voller Höhe vorhanden sein muss.[1073]

Somit ist bei der Einschränkung des Tatbestandsmerkmals zunächst an die Freigabe solcher Gegenstände zu denken, die (aufgrund von Sicherungsrechten) für den Schuldner wirtschaftlich wertlos sind.[1074] Nichts anderes kann dann auch für Zahlungen an absonderungsberechtigte Gläubiger gelten, soweit diese den Wert des Sicherungsgutes nicht übersteigen.[1075] Wenngleich deutlich

---

1068 *U. Haas*, in: Baumbach/Hueck-GmbHG, § 64 GmbHG Rn. 69.

1069 *T. Mätzig*, in: BeckOK-GmbHG, § 64 GmbHG Rn. 52; *U. Haas*, NZG 2004, 737, 740–742.

1070 Siehe oben S. 158-165.

1071 *H.-F. Müller*, DB 2015, 723, 724 f.; zu den Anforderungen an die Gegenleistung a.a.O. S. 725-728.

1072 Beispielsweise BGH, Urteil v. 18.11.2014 – II ZR 231/13, NZG 2015, 149, juris-Rn. 11 f.; BGH, Urteil v. 23.06.2015 – II ZR 366/13, BGHZ 206, 52, juris-Rn. 11 ff.; BGH, Urteil v. 04.07.2017 – II ZR 319/15, ZIP 2017, 1619, juris-Rn. 18.

1073 So zuletzt noch BGH, Urteil v. 18.10.2010 – II ZR 151/09, GmbHR 2011, 25, juris-Rn. 21; zum Wechsel in der Rspr. *T. P. Lind*, DB 2018, 1003, 1003–1006.

1074 BGH, Urteil v. 08.12.2015 – II ZR 68/14, ZIP 2016, 364, juris-Rn. 13–16; *T. Mätzig*, in: BeckOK-GmbHG, § 64 GmbHG Rn. 52; *U. Haas*, NZG 2004, 737, 741; *H.-F. Müller*, in: MüKo-GmbHG, § 64 GmbHG Rn. 148; *S. Kolmann*, in: HK-GmbHG, § 64 GmbHG Rn. 26; *M. Casper*, in: U/H/L, § 64 GmbHG Rn. 108; zu denen v. BGH gemachten Gegenausnahmen *M. Casper*, in: U/H/L-GmbHG, § 64 GmbHG Rn. 109 - 111.

1075 OLG Hamburg, Urteil v. 25.06.2010 – 11 U 133/06, GmbHR 2010, 371, juris-Rn. 46.; *T. Mätzig*, in: BeckOK-GmbHG, § 64 GmbHG Rn. 52; *U. Haas*, NZG 2004, 737, 741; *H.-F. Müller*, in: MüKo-GmbHG, § 64 GmbHG Rn. 148.

umstrittener, sind ebenfalls Transfers zwischen Barkasse und Konto auszunehmen,[1076] da die Werte lediglich verschoben werden.[1077]

dd) Privilegierte Zahlungen

Liegt nach dem zuvor gesagten eine haftungsauslösende Zahlung nach § 64 S. 1 GmbHG vor, kann die Haftung dennoch nach § 64 S. 2 GmbHG ausgeschlossen sein. Das Gesetz hält damit einen eigenen *Tatbestandsausschluss*[1078] bereit. Dieser Satz 2 privilegiert solche Zahlungen, die im Zeitpunkt der Zahlungsausführung „mit der Sorgfalt eines ordentlichen Geschäftsmanns vereinbar sind". Somit liegt zugleich ein Verschuldens- als auch ein Pflichtenmaßstab vor.[1079] Dabei geht die Grundvermutung dahin, dass eine Zahlung in dem von § 64 S. 1 GmbHG erfassten Zeitraum schuldhaft erfolgt.[1080] Es liegt daher an ihm, seine Sorgfalt darzulegen und idealerweise anhand einer ausführlichen Dokumentation die Voraussetzungen der Einrede beweisen zu können.[1081]

(1) Meinungsstand

Bei der Bestimmung der genauen Reichweite der Privilegierung bestehen einige Differenzen. Einigkeit besteht insoweit, als dass sich diese Sorgfaltsplicht des Geschäftsführers mit Eintritt der Insolvenzreife nicht mehr an den Interessen

---

1076 Vorbehaltlich des Ausgleiches etwaiger Kreditlinien o.ä.

1077 BGH, Beschluss v. 05.11.2007 – II ZR 262/06, DStR 2008, 1246, juris-Rn. 5; *H.-F. Müller*, in: MüKo-GmbHG, § 64 GmbHG Rn. 148.

1078 Vgl. *T. Mätzig*, in: BeckOK-GmbHG, § 64 GmbHG Rn. 54; *H.-F. Müller*, in: MüKo-GmbHG, § 64 GmbHG Rn. 153; *K. Schmidt*, in: Scholz-GmbHG [11. Auflage], § 64 GmbHG Rn. 49; *U. Haas*, in: Baumbach/Hueck-GmbHG, § 64 GmbHG Rn. 88; *K. Schmidt*, in: Schmidt/Uhlenbruck, 11. Teil Rn. 11.47; *M. Habersack / M. Foerster*, ZHR 2014, 387, 397; *M. Casper*, in: U/H/L-GmbHG, § 64 GmbHG Rn. 117; *D. Kleindiek*, in: Lutter/Hommelhoff-GmbHG, § 64 GmbHG Rn. 31; **a.A.** (Exkulpation auf subjektiver Tatbestandsebene) BGH, Urteil v. 08.01.2001 – II ZR 88/99, BGHZ 146, 264, juris-Rn. 21 f.; BGH, Urteil v. 23.06.2015 – II ZR 366/13, BGHZ 206, 52, juris-Rn. 24.

1079 *U. Haas*, in: Baumbach/Hueck-GmbHG, § 64 GmbHG Rn. 88.

1080 BGH, Urteil v. 08.01.2001 – II ZR 88/99, BGHZ 146, 264, juris-Rn. 22; BGH, Urteil v. 08.06.2009 – II ZR 147/08, NJW 2009, 2599, juris-Rn. 13 = DStR 2009, 1710.

1081 *T. Mätzig*, in: BeckOK-GmbHG, § 64 GmbHG Rn. 54 - 56; *K. Schmidt*, in: Schmidt/Uhlenbruck, 11. Teil Rn. 11.49; *J. D. Spliedt*, in: Schmidt/Uhlenbruck, 9. Teil Rn. 9.157; *C. Thole / D. Poelzig*, ZGR 2010, 836, 855; *H. Altmeppen*, in: Altmeppen-GmbHG, § 64 GmbHG Rn. 34; *D. Kleindiek*, in: Lutter/Hommelhoff-GmbHG, § 64 GmbHG Rn. 31.

der Gesellschaft, sondern an den zuvor genannten Zielen des § 64 S. 1 GmbHG sowie den übrigen Zielen der Insolvenzordnung zu orientieren hat; zuvörderst am Erhalt der Insolvenzmasse für die Gläubiger.[1082]

Übereinstimmend werden demnach auch Sanierungsmaßnahmen innerhalb der Dreiwochenfrist des § 15a InsO als von Satz 2 erfasst angesehen.[1083] Gleiches gilt für solche Zahlungen, die eine Weiterführung des Unternehmens gegenüber der andernfalls sofortigen Geschäftseinstellung ermöglichen und aus diesem Grund für die Masse vorteilhaft sind.[1084] Immer wieder genannt werden Beispiele von Zahlungen für Strom, Wasser oder Heizung,[1085] ebenso wie Geschäftsraummiete oder vergleichbare Dinge,[1086] die für die Geschäftsfortführung essenziell sind. Weiter werden solche Zahlungen allgemein anerkannt, durch welche aus Ex-ante-Sicht im konkreten Einzelfall größere Nachteile von der Masse abgewendet werden konnten.[1087]

Gemeinsam ist all diesen Zahlungen, dass sie für die Masse nützlich sind oder jedenfalls nützlich scheinen. Demgegenüber ist der Anwendungsbereich des § 64 S. 2 GmbHG insbesondere nach Auffassung der neueren Rechtsprechung deutlich weiter zu verstehen.

(a) Öffnungsfunktion des § 64 S. 2 GmbHG

Einige Stimmen in der Literatur sehen im Satz 2 eine über den Tatbestandsausschluss hinausgehende Öffnungsfunktion.[1088] Die offene Ausgestaltung des

---

1082 BGH, Urteil v. 08.01.2001 – II ZR 88/99, BGHZ 146, 264, juris-Rn. 23; OLG München v. 18.01.2018 – 23 U 2702/17, GmbHR 2018, 368, juris-Rn. 42 f.; *U. Haas*, in: Baumbach/Hueck-GmbHG, § 64 GmbHG Rn. 89; *R. Bork*, in: Bork/Schäfer-GmbHG, § 64 GmbHG Rn. 21; *T. P. Lind*, DB 2018, 1003, 1006 a.E.; *C. Knittel / A. Schwall*, NZI 2013, 782, 784.

1083 *H. Wicke*, § 64 GmbHG Rn. 21; *H.-F. Müller*, in: MüKo-GmbHG, § 64 GmbHG Rn. 154; *M. Habersack / M. Foerster*, ZHR 2014, 387, 401.; für eine Ausdehnung auf vier Wochen im Einzelfall OLG Hamburg, Urteil v. 25.06.2010 – 11 U 133/06, GmbHR 2010, 371, juris-Rn. 54.

1084 *H.-F. Müller*, in: MüKo-GmbHG, § 64 GmbHG Rn. 154.

1085 *H.-F. Müller*, in: MüKo-GmbHG, § 64 GmbHG Rn. 154; *M. Habersack / M. Foerster*, ZHR 2014, 387, 400.

1086 *H.-F. Müller*, in: MüKo-GmbHG, § 64 GmbHG Rn. 154; *M. Habersack / M. Foerster*, ZHR 2014, 387, 400; *C. Knittel / A. Schwall*, NZI 2013, 782, 784.

1087 BGH, Urteil v. 04.07 2017 – II ZR 319/15, ZIP 2017, 1619 ff., juris-Rn. 21; Urteil v. 8.01.2001 – II ZR 88/99, BGHZ 146, 264 ff., juris-Rn. 22.

1088 *H.-F. Müller*, in: MüKo-GmbHG, § 64 GmbHG Rn. 153; ähnlich *T. Mätzig*, in: BeckOK-GmbHG, § 64 GmbHG Rn. 58.

Tatbestandes sei als Ausnahme vor dem Hintergrund der *Einheit der Rechtsordnung*[1089] zu sehen und verhindere mögliche Kollisionen mit Handlungspflichten aus anderen Gesetzen.[1090] Dies entspricht im Ergebnis der neueren Rechtsprechung des *BGH*[1091], insbesondere zur Abführung von Arbeitnehmeranteilen zur Sozialversicherung.[1092] Dort sei die Zahlung des Geschäftsführers aufgrund zwingender sozialrechtlicher Vorschriften mit der Sorgfalt eines ordentlichen Geschäftsmanns vereinbar. Da sich der Geschäftsführer im Falle der Nichtabführung einer Strafbarkeit bspw. nach § 266a StGB ausgesetzt sehe,[1093] sei ihm ein anderes Verhalten nicht zumutbar.[1094] Die Vermeidung eigener strafrechtlicher Verfolgung führe zur Beachtung der Sorgfalt eines ordentlichen Geschäftsmanns.[1095]

(b) Insolvenzrechtliche Auslegung

Demgegenüber treten viele Stimmen in der Literatur weiterhin dafür ein, die Norm im Lichte der insolvenzrechtlichen Systematik auszulegen und außergesellschaftliche Gründe bei der Maßstabsbildung unberücksichtigt zu lassen.[1096] Demnach seien nur solche Zahlungen zulässig, die auch ein besonnener Insolvenzverwalter vorgenommen hätte,[1097] ohne aber bereits die Ausübung der

1089 Zur Bedeutung und Funktion dieses Postulats siehe ab S. 282.

1090 *H.-F. Müller*, in: MüKo-GmbHG, § 64 GmbHG Rn. 153.

1091 BGH, Urteil v. 14.05.2007 – II ZR 48/06, NJW 2007, 2118, juris-Rn. 10–18; BGH, Urteil v. 02.06.2008 – II ZR 27/02, ZIP 2008, 1275, juris-Rn. 6–11; BGH, Urteil v. 25.01.2011 – II ZR 196/09, NZG 2011, 303, juris-Rn. 11–19 = DB 2011, 462; zur Analyse der Rechtsprechungsänderung ab S. 219; **a.A.** noch BGH, Urteil v. 08.01.2001 – II ZR 88/99, BGHZ 146, 264, juris-Rn. 22–26; BGH, Urteil v. 18.04.2005 – II ZR 61/03, BB 2005, 1905, juris-Rn. 8–21 = DStR 2005, 978; OLG Brandenburg, Urteil v. 10.01.2007 – 7 U 20/06, ZIP 2007, 724, juris-Rn. 21–23.

1092 Zur Vereinbarkeit der Abführung von Steuern, siehe ausführlich ab S. 219.

1093 Keine Strafbarkeit im 3-Wochen-Zeitraum des § 15a InsO BGH, Beschluss v. 30.07.2003 – 5 StR 221/03, BGHSt 48, 307, juris-Rn. 6–16 = NJW 2003, 3787; aber Strafbarkeit, wenn keine Sanierungsmöglichkeit besteht BGH, Beschluss v. 09.08.2005 – 5 StR 67/05, NStZ 2006, 223.

1094 BGH, Urteil v. 14.05.2007 – II ZR 48/06, NJW 2007, 2118, juris-Rn. 12.

1095 BGH, Urteil v. 05.05.2008 – II ZR 28/07, NJW 2008, 2504, juris-Rn. 13 = DStR 2008, 1346.; ebenso *T. P. Lind*, DB 2018, 1003, 1006

1096 *M. Habersack / M. Foerster*, ZHR 2014, 387, 399–406; *T. Mätzig*, in: BeckOK-GmbHG, § 64 GmbHG Rn. 55; *H. Altmeppen*, in: Altmeppen-GmbHG, § 64 GmbHG Rn. 30 - 33; *U. Haas*, in: Baumbach/Hueck-GmbHG, § 64 GmbHG Rn. 89–93 u. 101-103.

1097 *M. Casper*, in: U/H/L-GmbHG, § 64 GmbHG Rn. 117 a.E.

diesem zustehenden Wahlrechte vorwegzunehmen.[1098] Insbesondere kann die Abwendung persönlicher strafrechtlicher Verfolgung oder Haftung keinen Einfluss auf die Handlungspflichten der Gesellschaft haben,[1099] weshalb der aufgegebenen Rechtsprechung des BGH vor 2007 zu folgen sei.[1100] Diese Auffassung stützt sich dabei neben dem Telos der Norm insbesondere auch auf dessen Entstehungsgeschichte.

(2) Stellungnahme

Die beiden Auffassungen unterscheiden sich maßgeblich bei der Frage, ob sie die Pflicht gesellschaftsbezogen oder aber ausgehend vom Geschäftsführer bestimmt. Wie die Norm tatsächlich zu verstehen ist, kann nur durch eine umfassende Auslegung ermittelt werden.

(a) Wortlaut

Die Grenze der Auslegung stellt zunächst der Wortlaut dar. Entscheidend für die Wortlautgrenze ist der Teil „Sorgfalt eines ordentlichen Geschäftsmanns". Die Verwendung des Wortes „Sorgfalt" dürfte zunächst auf einen achtsamen, wohl überlegten Umgang abstellen. Das weitere Merkmal „ordentlich" löst das Pflichtenprogramm vom subjektiven beziehungsweise eigenen Sorgfaltsmaßstab des handelnden auf ein verobjektiviertes, im Mindestmaß dem ordentlichen, sprich fachkundigen Betroffenen entsprechendes Maß an Sorgfalt. Dem Begriff des Geschäftsmanns scheint keine vertiefte Bedeutung zuzukommen. Dass es sich um keine gänzlich geschäftlich unerfahrene Person handeln darf, ergibt sich bereits aus den allgemeinen Anforderungen an einen Geschäftsführer. Ob die Sorgfalt nun aber auf Basis der abgeleiteten Pflichten der Gesellschaft oder aber auch aus einem darüberhinausgehenden, individuellen Pflichtenprogramm des Geschäftsführers zu bestimmen ist, klärt der Wortlaut selbst nicht auf. Insoweit ist die grammatikalische Auslegung unergiebig.

(b) Historisch

Wie zuvor bereits aufgezeigt,[1101] zielte der historische Gesetzgeber bei Einführung der Ausnahme in Satz 2 im Gesetzgebungsverfahren im Jahr 1929 auf

---

1098 *M. Casper*, in: U/H/L-GmbHG, § 64 GmbHG Rn. 117 a.E.; *K. Schmidt*, in: Scholz-GmbHG [11. Auflage], § 64 GmbHG Rn. 53.

1099 *M. Habersack / M. Foerster*, ZHR 2014, 387, 406.

1100 Siehe ausführlich ab S. 217.

1101 Siehe S. 41.

das damals neu eingeführte Vergleichsverfahren, den Vorgänger der heutigen Eigenverwaltung, um dem Geschäftsführer dort überhaupt eine Vorbereitung des Verfahrens zu ermöglichen.[1102] Ohne die neue Ausnahme wäre das neue Vergleichsverfahren leergelaufen, da auch unvermeidbare Zahlungen die unbedingte Haftung nach Satz 1 ausgelöst hätten. Die Gesetzesbegründung nennt daher bei den neu zu schaffenden Möglichkeiten zuvorderst „die zur Aufrechterhaltung des Geschäftsbetriebs notwendigen Zahlungen"[1103]. Diese dürften sich entsprechend mit den zuvor genannten Zahlungen für die essenziellen Geschäftsgrundlagen wie beispielsweise Strom, Wasser und Miete decken.

Die weiteren Ausführungen des Gesetzgebers beziehen sich dabei fast ausschließlich auf die Vorbereitung und Durchführung des Vergleichsverfahrens. Dies bestätigt zugleich, dass nach der Vorstellung des Gesetzgebers eine entsprechende Anordnung im Regelverfahren zuvor als nicht notwendig erachtet wurde und entsprechend eng zu handhaben wäre.[1104] Einzige Ausnahme bilden Ausführungen zu solchen Zahlungen, die „ohne Schädigung der Gläubiger"[1105] geleistet werden können. Entsprechend sah der Gesetzgeber wohl beispielsweise Zahlungen an absonderungsberechtigte Gläubiger als vom Tatbestand des Satzes 1 erfasst an. Dies deckt sich auch mit dem vom Gesetzgeber selbst erklärten Ziel, das gegenüber Gesellschaft und Gläubiger bezweckte Schutzniveau nicht zu stark abzuschwächen.[1106] Entgegen anderer Stimmen,[1107] finden sich in der Gesetzesbegründung keinerlei Ausführungen oder Andeutungen zu einer möglichen Abmilderung von Interessenkonflikten.[1108]

Zudem wollte bereits der historische Gesetzgeber dem Geschäftsführer die Beweislast für das Vorliegen dieser Voraussetzungen auflegen, um die Anwendung auf diesem Weg weiter einzuschränken. Diese Beweislastverteilung hat bis heute Bestand.[1109]

1102 Ebenso *L. Ischebeck*, 2009, S. 93. m.w.N.

1103 Begründung zum Gesetzesentwurf v. 07.12.1929, siehe Verhandlungen des Reichstages, IV. Wahlperiode, Bd. 438, Nr. 1449, S. 4 f.

1104 So auch *L. Ischebeck*, 2009, S. 93.

1105 Verhandlungen des Reichstages, IV. Wahlperiode, Bd. 438, Nr. 1449, S. 4.

1106 Verhandlungen des Reichstages, IV. Wahlperiode, Bd. 438, Nr. 1449, S. 4 a.E.

1107 *L. Ischebeck*, 2009, S. 94 a.E.

1108 Vgl. Verhandlungen des Reichstages, IV. Wahlperiode, Bd. 438, Nr. 1449, S. 4 f.

1109 BGH, Urteil v. 08.06.2009 – II ZR 147/08, NJW 2009, 2599, juris-Rn. 13 = DStR 2009, 1710; *H. Altmeppen*, in: Altmeppen-GmbHG, § 64 GmbHG Rn. 34; *H.-F. Müller*, in: MüKo-GmbHG, § 64 GmbHG Rn. 153 a.E.; *J. Nerlich*, in: MHLS-GmbHG, § 64 GmbHG Rn. 22.

Der jüngste Ausbau des Haftungssystems durch die Einführung des § 64 S. 3 GmbHG kann darüber hinaus als gesetzgeberische Bestätigung des Grundkonzeptes des Haftungsmodells angesehen werden.[1110] Hinzu kommt, dass es bei Einführung der Insolvenzordnung ein Ziel war, eine möglichst weitgehende Gleichbehandlung der Gläubiger zu erreichen und bisherige Vorrechte abzuschaffen.[1111] Wenn diese nun einige Jahre später mit dem langsamen Verblassen der gesetzgeberischen Vorstellungen durch die Hintertür wieder eingeführt werden, indem sie in ein vermeintliches Pflichtenprogramm aufgenommen werden, in dem sie zu keinem Zeitpunkt vorgesehen waren, kann dies in keiner Weise überzeugen. Viel mehr spricht die aufgezeigte Bestätigung des Haftungsmodells samt der eingeführten Gläubigergleichbehandlung für eine noch engere, ausschließlich am Insolvenzzweck orientierte Auslegung des § 64 S. 2 GmbHG.

Damit gebietet die historische Auslegung eine insgesamt sehr enge Auslegung der Ausnahmevorschrift des § 64 S. 2 GmbHG um das in § 64 S. 1 GmbHG normierte Ziel der Massesicherung entsprechend den noch anhaltenden Vorstellungen des Gesetzgebers zu erhalten.

(c) Systematik

(aa) Herkunft der Begrifflichkeit

Der Gesetzgeber hat hier mit der Begrifflichkeit des ordentlichen Geschäftsmanns sowie dessen ordentlicher Sorgfalt an den Sorgfaltsmaßstab angeknüpft, den Unternehmensleiter gegenüber ihrer Gesellschaft einzuhalten haben, vgl. § 93 AktG, § 34 GenG und § 43 GmbHG.[1112]

Wie auch in der Formulierung des § 43 Abs. 1 GmbHG handelt es sich damit um eine Regelung für das Innenverhältnis der Gesellschaft.[1113] Dort schafft die Formulierung mangels spezifischer Einzelpflichten überhaupt erst einen Rahmen der an den Geschäftsführer anzulegenden Sorgfaltspflichten.[1114] Insoweit besteht bereits ein abweichendes Verhältnis zwischen der Grundpflicht in § 64 S. 1 GmbHG und der Tatbestandsausnahme in § 64 S. 2 GmbHG gegenüber der reinen Sorgfaltspflichtnormierung in § 43 Abs. 1 GmbHG.

1110 *D. Kleindiek*, in: Lutter/Hommelhoff-GmbHG, § 64 GmbHG Rn. 4; *M. Habersack / M. Foerster*, ZHR 2014, 387, 395.

1111 Siehe ausführlich ab S. 47.

1112 *L. Ischebeck*, 2009, S. 94 f.

1113 *M. Beurskens*, in: Baumbach/Hueck-GmbHG, § 43 GmbHG Rn. 1.

1114 *M. Beurskens*, in: Baumbach/Hueck-GmbHG, § 43 GmbHG Rn. 7.

Inhaltlich wird unter der übernommenen Formulierung verstanden, dass der Geschäftsführer wie ein selbständiger, treuhänderischer Verwalter fremden Vermögens zu handeln habe.[1115] Demnach habe er den Gesellschaftszweck möglichst effektiv zu verfolgen. Für die konkrete Beurteilung sei dabei einerseits das Unternehmen (Art, Größe, wirtschaftliche Lage), anderseits die konkrete Geschäftsführungsmaßnahme (Umfang, Bedeutung, Folgen) zu berücksichtigen.[1116] Der Maßstab ist dabei wie auch nach § 276 Abs. 2 BGB objektiv zu bestimmen.[1117]

Man kann davon ausgehen, dass dieser Sorgfaltsmaßstab ohne weiteres auch auf § 64 S. 2 GmbHG übertragbar ist.

Darüber hinaus bietet sich ein Vergleich mit dem aktuellen Verständnis der Legalitätspflicht des § 43 Abs. 1 GmbHG an, die ebenfalls dieser Formulierung entspringt. Danach habe der ordentliche Geschäftsmann die zwingenden gesetzlichen Verhaltensvorgaben des GmbH-Rechts, aber auch der Rechtsordnung im Übrigen uneingeschränkt zu beachten.[1118] Begründet wird dies damit, dass entsprechende Verbote nicht zur Disposition des Gesellschaftsrechts oder des Gesellschafters stünden.[1119] Gleichwohl sind auch in diesem Bereich Pflichtenkollisionen bekannt. Grundsätzlich trifft den Geschäftsführer bei unklarer Rechtslage zunächst eine Rechtserkundigungspflicht, er muss also zur Entscheidungsfindung fachkundigen Rat einholen.[1120] Ihm steht dann ein Entscheidungsspielraum zu, wenn mehrere Pflichten gleichrangig nebeneinander stehen, ohne das alle Pflichten vollumfänglich erfüllt werden können.[1121] Wie dieser Handlungsspielraum genau aussieht, ist umstritten,[1122] die Positionen reichen

---

1115 *M. Beurskens*, in: Baumbach/Hueck-GmbHG, § 43 GmbHG Rn. 8 m.w.N.

1116 *M. Beurskens*, in: Baumbach/Hueck-GmbHG, § 43 GmbHG Rn. 8 m.w.N.

1117 *M. Beurskens*, in: Baumbach/Hueck-GmbHG, § 43 GmbHG Rn. 9 m.w.N.

1118 *M. Beurskens*, in: Baumbach/Hueck-GmbHG, § 43 GmbHG Rn. 10; *Y. Schnorbus*, in: Rowedder/Schmidt-Leithoff-GmbHG, § 43 GmbHG Rn. 36; *D. Kleindiek*, in: Lutter/Hommelhoff-GmbHG, § 43 GmbHG Rn. 12.

1119 *M. Beurskens*, in: Baumbach/Hueck-GmbHG, § 43 GmbHG Rn. 10.

1120 *D. Kleindiek*, in: Lutter/Hommelhoff-GmbHG, § 43 GmbHG Rn. 13; *Y. Schnorbus*, in: Rowedder/Schmidt-Leithoff-GmbHG, § 43 GmbHG Rn. 38; *H. Fleischer*, in: MüKo-GmbHG, § 43 GmbHG Rn. 36; vgl. zur ähnlichen Situation im AktG, *G. Krieger / V. Sailer-Coceani*, in: Schmidt/Lutter-AktG, § 93 AktG Rn. 7.

1121 *M. Beurskens*, in: Baumbach/Hueck-GmbHG, § 43 GmbHG Rn. 15; *D. Kleindiek*, in: Lutter/Hommelhoff-GmbHG, § 43 GmbHG Rn. 13; *H. Fleischer*, in: MüKo-GmbHG, § 43 GmbHG Rn. 37.

1122 *J. Koch*, in: FS Bergmann, S. 425 f. m.w.N.

von einer Ermittlungspflicht der zu erwartenden Rechtsprechung,[1123] bis hin zu einer völlig freien Vorgehensweise.[1124] Sicher übertragen lässt sich somit wohl nur die Anforderung an den Geschäftsführer, bei rechtlichen Unsicherheiten vorab Rechtsrat einzuholen.

Eine darüberhinausgehende Übertragung des Pflichtenkanons des § 43 Abs. 1 GmbHG erscheint schwierig. Es handelt sich, wie bereits festgestellt, um reine Binnenpflichten des Geschäftsführers.[1125] Aus rein formaler Sicht ist dies zwar auch im Rahmen des § 64 GmbHG der Fall, doch sind dort eben nicht die Gesellschaft beziehungsweise die Gesellschafter, sondern die Gläubigergesamtheit die geschützten Personen. Entsprechend werden effektiv außenstehende Dritte geschützt. Dadurch bedarf es einer Unterscheidung, die eine Eins-zu-eins-Übertragung der zu § 43 Abs. 1 GmbHG gefundenen Lösungen im Wege steht. Es geht im Zusammenhang mit § 64 GmbHG nicht mehr nur um die allgemeine Pflichtenerfüllung der Gesellschaft, diese ist ja bereits umfassend durch § 43 GmbHG gesichert, sondern auch um die Sicherstellung der (vor-)insolvenzrechtlichen Pflichten der Gesellschaft durch den Geschäftsführer. Daraus folgend kann nach meiner Auffassung nicht mehr Erkenntnis aus der Behandlung im Rahmen des § 43 Abs. 1 GmbHG übertragen werden als ein allgemeiner, gewissenhafter und von subjektiven Interessen losgelöster Prüfungsauftrag an den handelnden Geschäftsführer. Somit wirkt die allgemeine Legalitätspflicht nur mittelbar über § 43 GmbHG in die Handlungen des Geschäftsführers ein.

(bb) Rolle des Geschäftsführers im Insolvenzverfahren

Eine Analyse der Rolle des (Noch-)Geschäftsführers im Rahmen des gesamten insolvenzrechtlichen Verfahrens ist dagegen aufschlussreicher. So wenden *Habersack / Foerster*[1126] zutreffend ein, dass der Geschäftsführer dabei nicht die nach den §§ 22 Abs. 1 S. 2 Nr. 2, 157, 158 InsO grundsätzlich der Gläubigerversammlung zugewiesene Entscheidung über die Fortführung des Unternehmens durch seine eigene ersetzen darf.[1127] Seine Aufgabe ist – soweit er nicht

1123 Exemplarisch *J. Koch*, in: Hüffer/Koch-AktG, § 93 AktG Rn. 45a.

1124 Exemplarisch *G. Spindler*, in: MüKo-AktG, § 93 AktG Rn. 83.

1125 *H. Altmeppen*, in: Altmeppen-GmbHG, § 43 GmbHG Rn. 1 - 3.

1126 *M. Habersack / M. Foerster*, ZHR 2014, 387, 400 f.

1127 Ebenso *L. Strohn*, NZG 2011, 1161, 1116 a.E.; *U. Haas*, in: Baumbach/Hueck-GmbHG, § 64 GmbHG Rn. 90 f. u. Fn. 353; *D. Kleindiek*, in: Lutter/Hommelhoff-GmbHG, § 64 GmbHG Rn. 34 a.E.; ähnlich *K. Schmidt*, in: Scholz-GmbHG [11. Auflage], § 64 GmbHG Rn. 53.

im Dreiwochenzeitraum des § 15a InsO eine Sanierung aus eigener Kraft realisieren kann –, das Unternehmen in das Insolvenzverfahren zu überführen und dabei bis zu diesem Zeitpunkt Schäden von der Gesellschaft beziehungsweise von der späteren Masse abzuwenden. Anhaltspunkte lassen sich daher über den Vergleich mit der sich anschließenden Rolle des vorläufigen Insolvenzverwalters erkennen. Die Möglichkeiten des Geschäftsführers als in diesem Moment bloßes Interimsmanagement sind daher im Höchstmaß auf dessen Kompetenz begrenzt. Hinsichtlich erlaubter Zahlungen dürfte der Spielraum grundsätzlich deckungsgleich sein.[1128] Damit würde sich die Reichweite möglicher Zahlungen im Ergebnis am Maßstab des § 60 InsO ausrichten.[1129] Der Geschäftsführer muss also strikt die Verfahrensziele des § 1 InsO beachten.

(d) Telos

Entgegen vielfacher Behauptungen besteht kein allgemeiner Auslegungsgrundsatz dahingehend,[1130] dass Ausnahmevorschriften wie der hiesige Satz 2 stets eng auszulegen sind.[1131] Sehr wohl kann sich dieses Gebot aber im Einzelfall aus dem Zweck der Vorschrift ergeben, wobei entscheidend ist, aus welchem Grund der Gesetzgeber diese Fälle ausgenommen hat.[1132] Sinn und Zweck dieses Teils der Vorschrift ist es, dem Geschäftsführer trotz Erreichung eines Insolvenzgrundes und der damit einhergehenden unbedingten Haftung nach Satz 1 einen Handlungsspielraum zu verschaffen, um eigene oder sich anschließende Sanierungsmöglichkeiten des Insolvenzverwalters nicht zu vereiteln. Dieses Ziel erfordert aber keine weite Auslegung dieser Ausnahme. Im Gegenteil würde eine entsprechende weite Auslegung das Kernziel der Masseerhaltung gefährden. Daher muss, um dieses Hauptziel nicht auszuhöhlen, die in Satz 2 normierte Ausnahme vom Grundsatz des § 64 S. 1 GmbHG entsprechend eng ausgelegt werden, was

---

1128 *D. Kleindiek*, in: Lutter/Hommelhoff-GmbHG, § 64 GmbHG Rn. 34; *C. Knittel / A. Schwall*, NZI 2013, 782, 784; **einschränkend** (bloßes Indiz) *U. Haas*, in: Baumbach/Hueck-GmbHG, § 64 GmbHG Rn. 93.

1129 Ebenso *H.-F. Müller*, in: MüKo-GmbHG, § 64 GmbHG Rn. 154; *M. Habersack / M. Foerster*, ZHR 2014, 387, 402; vgl. *C. Knittel / A. Schwall*, NZI 2013, 782, 784 Strohn NZG 2011, 1161 (1166); Henssler/Strohn/Arnold Rn. 29; sa Steffek, Gläubigerschutz in der Kapitalgesellschaft, 2011, 449.

1130 Dies wird teilweise aus dem lateinischen Satz „*Singularia non sunt extendenda*" (Sonderbestimmungen dürfen nicht ausgedehnt werden) abgeleitet.

1131 BVerfG, Beschluss v. 12.02.1978 – 2 BvR 406/77, BVerfGE 47, 239, juris-Rn. 44; *K. Larenz, C.-W. Canaris*, 1995, S. 68 u. 174-176.

1132 *K. Larenz, C.-W. Canaris*, 1995, S. 176.

durchaus überwiegend anerkannt wird.[1133] Dies erfordert es insbesondere, solche Verbindlichkeiten, die im eröffneten Verfahren normale Insolvenzverbindlichkeiten im Sinne von § 38 InsO sind, nicht bevorzugt zu befriedigen, soweit sie eben nicht zur Aufrechterhaltung des Geschäftsbetriebs notwendig sind.

Damit ist es der Zweck des Satzes 2 eine rein insolvenzrechtsimmanente Ausnahme zu schaffen, die das übrige Pflichtenprogramm unberührt lässt.

(e) Zwischenergebnis

Der erheblichen Ausweitung des Tatbestandes, insbesondere durch die Rechtsprechungsänderung des II. Zivilsenats, ist entschieden entgegenzutreten.

Die Lesart des *BGH* deckt sich zwar mit der möglichen Wortlautauslegung, widerspricht aber den übrigen Auslegungsergebnissen. Losgelöst von der Frage der Abführung von Arbeitnehmerbeiträgen zur Sozialversicherung, kann eine von der Rechtsprechung vorgenommene, pauschale Ausweitung des Tatbestandsausschlusses meiner Auffassung nach nicht überzeugen. Sollte ein anderes Gesetz tatsächlich einen abweichenden Normbefehl anordnen, ist dies viel mehr eine Frage der Schuldhaftigkeit der Handlung.[1134] Die kolportierte allgemeine Öffnungsfunktion des § 64 S. 2 GmbHG wurde bislang weder belegt, noch lässt sich diese nach den gängigen Auslegungsregeln herleiten oder war sie vom Gesetzgeber gewollt. Stattdessen sprechen sowohl der aufgezeigte Telos der Norm als auch die dargestellte Systematik der Insolvenzordnung hinsichtlich Antragspflicht und Eröffnungsverfahren gerade für eine restriktive Anwendung.[1135] Wie gezeigt, soll der Geschäftsführer in diesem – bereits nur als Übergangszeitraum konzipierten – Zeitabschnitt die Überleitung in

---

1133 OLG Hamburg, Urteil v. 13.10.2017 – 11 U 53/17, ZIP 2017, 2197, juris-Rn. 66; OLG München v. 18.01.2018 – 23 U 2702/17, GmbHR 2018, 368, juris-Rn. 42; *H. Altmeppen*, in: Altmeppen-GmbHG, § 64 GmbHG Rn. 26; *A. Arnold*, in: Henssler/Strohn, § 64 GmbHG Rn. 26; *T. Mätzig*, in: BeckOK-GmbHG, § 64 GmbHG Rn. 56; *U. Haas*, in: Baumbach/Hueck-GmbHG, § 64 GmbHG Rn. 89; *L. Strohn*, NZG 2011, 1161, 1166; *K. Schmidt*, in: Schmidt/Uhlenbruck, 11. Teil Rn. 11.47.

1134 So auch *M. Habersack / M. Foerster*, ZHR 2014, 387, 406; *H. Altmeppen*, in: Altmeppen-GmbHG, § 64 GmbHG Rn. 30 f.

1135 Ebenso *M. Habersack / M. Foerster*, ZHR 2014, 387, 406; *U. Haas*, in: Baumbach/Hueck-GmbHG, § 64 GmbHG Rn. 101 - 103; i.E. ebenfalls *W. Schön*, in: FS Westermann, S. 1480 - 1485; so auch noch BGH, Urteil v. 08.01.2001 – II ZR 88/99, BGHZ 146, 264, juris-Rn. 22; BGH, Urteil v. 18.04.2005 – II ZR 61/03, BB 2005, 1905, juris-Rn. 21 = DStR 2005, 978.

das Insolvenzverfahren sicherstellen und, soweit er seiner Pflicht noch nicht nachkommt, nur solche Zahlungen leisten, die – quasi betriebswirtschaftlich gesehen – unverzichtbar sind.

Soweit der BGH darüber hinaus annimmt, dass eine Vermeidung eigener Strafbarkeit den Sorgfaltsmaßstab der Norm entspreche, so entstammt dies offensichtlich einer vom Sinn und Zweck der Vorschrift losgelösten, allein auf den Wortlaut der Vorschrift abstellenden Auslegung des § 64 S. 2 GmbHG. Der Sorgfaltsmaßstab hat sich aber nicht am persönlichen Wohl des Geschäftsführers, sondern einzig am Verfahrenszweck sowie diesem nachgeordnet am Wohl der Gesellschaft zu orientieren. Alles andere kann keine Frage des Tatbestandsausschlusses sein, sondern ist entweder im Rahmen des jeweiligen individuellen Schuldvorwurfs (noch im Rahmen der Haftung nach § 64 GmbHG) oder aber im Wege einer ggf. notwendigen Auflösung einer Kollision mit einem anderen Normbefehl zu lösen, sofern diese sich tatsächlich unvereinbar gegenüberstehen sollten.

(3) Ergebnis

Nach meiner Auffassung muss sich der Geschäftsführer fragen, ob die einzelne Zahlung im Interesse der Gläubigergemeinschaft liegt, also größere Nachteile von der Insolvenzmasse abwendet, Sanierungsmöglichkeiten ermöglicht oder wenigstens offenhält. Eine Berücksichtigung möglicher eigener Haftungsrisiken, seien diese straf- oder haftungsrechtlicher Art, kann – auf Ebene des § 64 S. 2 GmbHG – nicht erfolgen.

Das Zahlungsverbot des § 64 S. 1 GmbHG gilt damit im Ausgangspunkt unbeschränkt gegenüber jedem Gläubiger.

Zu den Ausweitungen durch die ab dem 01.01.2021 geltende Gesetzesfassung des § 15b InsO-Neu in Form einer Ausweitung der bisherigen Ausnahme aus § 64 S. 2 GmbHG siehe ab S. 332.

ee) Verschulden

Für den Eintritt der Ersatzpflicht muss der betroffene Geschäftsführer schuldhaft gehandelt haben.[1136] Dabei muss bezüglich aller Tatbestandsmerkmale wenigstens Fahrlässigkeit vorliegen.[1137] Maßstab für deren Beurteilung ist der an einen

1136 Exemplarisch *T. Mätzig*, in: BeckOK-GmbHG, § 64 GmbHG Rn. 62.

1137 BGH, Urteil v. 06.06.1994 – II ZR 292/91, BGHZ 126, 181, juris-Rn. 32 = NJW 1994, 2220; BGH, Urteil v. 27.03.2012 – II ZR 171/10, DB 2012, 1320, juris-Rn. 13; *T. Mätzig*, in: BeckOK-GmbHG, § 64 GmbHG Rn. 62; *U. Haas*, in: Baumbach/Hueck-GmbHG, § 64 GmbHG Rn. 104; *H.-F. Müller*, in: MüKo-GmbHG, § 64

ordentlichen Geschäftsmann zu stellende Sorgfaltsmaßstab.[1138] Keinesfalls können individuelle Gewohnheiten und Fähigkeiten berücksichtigt werden.[1139]

Hinsichtlich der Insolvenzreife genügt bereits deren Erkennbarkeit, weshalb auch eine Vermeidbarkeit der Zahlung für eine Haftung ausreichend ist.[1140] Demzufolge sollte ein Geschäftsführer permanent eine gewissenhafte wirtschaftliche Selbstkontrolle durchführen, um sein Haftungsrisiko rechtzeitig zu erkennen und zu vermeiden. Der Grad der notwendigen Kontrolle – allgemein meist als *Beobachtungspflicht*[1141] zusammengefasst – ist dabei risikoadäquat auszugestalten, von der Aufstellung einer Zwischenbilanz[1142] bis hin zur ständigen betrieblichen Organisationsstruktur,[1143] wie dies für Aktiengesellschaften in § 91 Abs. 2 AktG auch ausdrücklich normiert ist.[1144] Dazu gehört notfalls auch die Einholung eines professionellen Rats, soweit die eigene Kompetenz nicht ausreicht.[1145] Liegen nach der Experteneinschätzung unter Zugrundelegung aller relevanten Umstände weder Zahlungsunfähigkeit noch Überschuldung

---

GmbHG Rn. 158; *M. Casper*, in: U/H/L-GmbHG, § 64 GmbHG Rn. 126; *H. Wicke*, § 64 GmbHG Rn. 22; *K. Schmidt*, in: Scholz-GmbHG [11. Auflage], § 64 GmbHG Rn. 58.

1138 *T. Mätzig*, in: BeckOK-GmbHG, § 64 GmbHG Rn. 62; *U. Haas*, in: Baumbach/Hueck-GmbHG, § 64 GmbHG Rn. 104; *H. Wicke*, § 64 GmbHG Rn. 22.; darüber hinaus für einen Sorgfaltsmaßstab, angepasst an die Größe und Bedeutung der betroffenen Gesellschaft *H.-F. Müller*, in: MüKo-GmbHG, § 64 GmbHG Rn. 158.

1139 *T. Mätzig*, in: BeckOK-GmbHG, § 64 GmbHG Rn. 62; *U. Haas*, in: Baumbach/Hueck-GmbHG, § 64 GmbHG Rn. 104; *K. Schmidt*, in: Scholz-GmbHG [11. Auflage], § 64 GmbHG Rn. 58.

1140 *T. Mätzig*, in: BeckOK-GmbHG, § 64 GmbHG Rn. 62; *U. Haas*, in: Baumbach/Hueck-GmbHG, § 64 GmbHG Rn. 104; *M. Casper*, in: U/H/L-GmbHG, § 64 GmbHG Rn. 129; *H. Wicke*, § 64 GmbHG Rn. 22.

1141 Exemplarisch *M. Casper*, in: U/H/L-GmbHG, § 64 GmbHG Rn. 127.

1142 BGH, Urteil v. 06.06.1994 – II ZR 292/91, BGHZ 126, 181, 32 = NJW 1994, 2220; *U. Haas*, in: Baumbach/Hueck-GmbHG, § 64 GmbHG Rn. 105.

1143 *U. Haas*, in: Baumbach/Hueck-GmbHG, § 64 GmbHG Rn. 105; *T. Mätzig*, in: BeckOK-GmbHG, § 64 GmbHG Rn. 62; *H.-F. Müller*, in: MüKo-GmbHG, § 64 GmbHG Rn. 158 a.E.; *U. Haas / S. Kohlmann / B. Kurz*, in: Gottwald, § 90 Rn. 11.

1144 Vgl. exemplarisch *J. Koch*, in: Hüffer/Koch-AktG, § 91 AktG Rn. 1 - 10.

1145 BGH, Urteil v. 27.03.2012 – II ZR 171/10, DB 2012, 1320, juris-Rn. 15; BGH, Urteil v. 06.06.1994 – II ZR 292/91, BGHZ 126, 181, 32 = NJW 1994, 2220; *T. Mätzig*, in: BeckOK-GmbHG, § 64 GmbHG Rn. 63; *H.-F. Müller*, in: MüKo-GmbHG, § 64 GmbHG Rn. 160; *K. Schmidt*, in: Scholz-GmbHG [11. Auflage], § 64 GmbHG Rn. 58.

vor, kann der Geschäftsführer vorbehaltlich einer eigenen Plausibilitätsprüfung diesem Urteil vertrauen und handelt somit nicht schuldhaft.[1146]

e) Entstehung und Verjährung des Anspruchs

Nach der ganz überwiegenden Auffassung ist zwischen dem Zeitpunkt der Anspruchsentstehung und dem Zeitpunkt der Durchsetzbarkeit zu unterscheiden. Demnach entsteht der Anspruch in dem Moment, in dem die haftungsbegründende Handlung ausgeführt wird.[1147] Der Anspruch kann jedoch erst mit Eröffnung des Insolvenzverfahrens beziehungsweise mit Ablehnung von deren Eröffnung durchgesetzt werden.[1148] Demgegenüber wird teilweise ausgeführt, dass der Anspruch unter der aufschiebenden Bedingung der Verfahrenseröffnung oder Ablehnung stehe, ähnlich den Anfechtungsansprüchen.[1149] Zu unterschiedlichen Ergebnissen kommt es nur im Rahmen der Verjährung. Diese beträgt gemäß § 64 S. 4 i.V.m. 43 Abs. 4 GmbHG fünf Jahre. Mangels einer abweichenden Regelung gilt für den Verjährungsbeginn § 200 BGB, wonach die Anspruchsentstehung entscheidend ist,[1150] ohne dass es auf eine subjektive Komponente ankommt.[1151] Nach der Rechtsprechung und weiten Teilen der Literatur kommt es folglich auf die die Haftung begründende Handlung an.[1152]

1146 BGH, Urteil v. 14.05.2007 – II ZR 48/06, NJW 2007, 2118, juris-Rn. 14; BGH, Urteil v. 26.01.2016 – II ZR 394/13, ZIP 2016, 1119, juris-Rn. 34; *H.-F. Müller*, in: MüKo-GmbHG, § 64 GmbHG Rn. 160; *W. Goette*, DStR 2016, 1752, 1759; *D. Kleindiek*, in: Lutter/Hommelhoff-GmbHG, § 64 GmbHG Rn. 37; *J.M. Schmittmann*, 2015, Rn. 750.; zur AG: BGH, Urteil v. 28.04.2015 – II ZR 63/14, ZIP 2015, 1220, juris-Rn. 28.

1147 BGH, Urteil v. 16.03.2009 – II ZR 32/08, ZIP 2009, 956, juris-Rn. 20 = DB 2009, 1104.

1148 BGH, Beschluss v. 23.09.2010 – IX ZB 204/09, ZIP 2010, 2107, juris-Rn. 13 f. **a.A.** *U. Haas*, in: Baumbach/Hueck-GmbHG, § 64 GmbHG Rn. 24 f., der einheitlich auf den Zeitpunkt der Verfahrenseröffnung abstellen will.

1149 Exemplarisch *T. Mätzig*, in: BeckOK-GmbHG, § 64 GmbHG Rn. 7.

1150 Exemplarisch *U. Haas*, in: Baumbach/Hueck-GmbHG, § 64 GmbHG Rn. 41.

1151 *A. Arnold*, in: Henssler/Strohn, § 64 GmbHG Rn. 38; *H.-F. Müller*, in: MüKo-GmbHG, § 64 GmbHG Rn. 172.

1152 BGH, Urteil v. 16.03.2009 – II ZR 32/08, ZIP 2009, 956, juris-Rn. 20 = DB 2009, 1104; *H.-F. Müller*, in: MüKo-GmbHG, § 64 GmbHG Rn. 172; *J. Nerlich*, in: MHLS-GmbHG, § 64 GmbHG Rn. 29; *H. Wicke*, § 64 GmbHG Rn. 24 **a.A.** *A. Arnold*, in: Henssler/Strohn, § 64 GmbHG Rn. 38; *T. Mätzig*, in: BeckOK-GmbHG, § 64 GmbHG Rn. 70; *U. Haas*, in: Baumbach/Hueck-GmbHG, § 64 GmbHG Rn. 41.

f) Parallelvorschriften

Wie bereits erwähnt, handelt es sich bei § 64 S. 1 GmbHG lediglich um die prominenteste Norm unter denen, die das Gebot der Massesicherung umsetzen, da die GmbH besonders stark verbreitet ist. Es ist aber ebenso für andere Gesellschaftsformen normiert. Relevant sind hier § 93 Abs. 3 Nr. 6 i.V.m. § 92 Abs. 2 AktG sowie die noch vergleichsweise neue Regelung des § 130a HGB. Darüber hinaus gibt es ebenfalls eine vergleichbare Regelung in §§ 34 Abs. 3 Nr. 4, 99 S. 1 GenG.[1153] Eine darüberhinausgehende analoge Anwendung dieser Vorschriften auf die Vertreter eines Vereins wird abgelehnt.[1154]

All diese Normen werden ab dem 01.01.2021 durch die neu in das Gesetz eingefügte Regelung des § 15b InsO-Neu rechtsformneutrale zusammengefasst.[1155]

aa) § 92 Abs. 2 AktG

Die Parallelregelung im Aktiengesetz trägt den gleichen Ursprung wie auch die Regelung im GmbHG in sich.[1156] Gleichwohl wurde in § 92 Abs. 2 S. 1 AktG eine explizites Zahlungsverbot aufgenommen.[1157] Die Haftung ergibt sich dann erst aus dem Zusammenspiel mit § 93 Abs. 3 Nr. 6 AktG. Wie auch der Geschäftsführer der GmbH, muss der Vorstand der AG die Vermutung der schuldhaften Zahlung aktiv widerlegen.[1158] Dies basiert auf der zu § 64 S. 2 GmbHG parallelen Regelung des § 92 Abs. 2 S. 2 AktG, deren Details ebenso umstritten sind wie schon die Regelung des GmbHG.[1159] Im Gegensatz zur GmbH haften die Vorstände darüber hinaus gemäß § 93 Abs. 5 S. 2 AktG direkt gegenüber den Gläubigern der Gesellschaft, soweit sie ihre Pflichten gröblich verletzt haben.[1160]

bb) § 130a HGB

Bei § 130a HGB handelt es sich um den jüngsten Vertreter der Normen, die das Gebot der Massesicherung beziehungsweise das „Zahlungsverbot" rechtsformbezogen regeln. Im Gegensatz zu den anderen Regelungen spricht das Gesetz

---

1153 Ausführlich: *A. Eckhardt*, in: MAH-Insolvenz, Rn. 180 - 184; *S. J. Geibel*, in: Henssler/Strohn, § 34 GenG Rn. 8 - 15.
1154 BGH, Beschluss v. 08.02.2010 – II ZR 156/09, ZIP 2020, 1080, juris-Rn. 4 f.
1155 Ausführlich zu der Gesetzesänderung durch das SanInsFoG ab S. 332.
1156 Vgl. zuvor S. 41 f.
1157 Welches inhaltlich keinen Einfluss hat *A. Meyer*, DStZ 2014, 228, Fn. 8.
1158 BGH, Urteil v. 14.05.2007 – II ZR 48/06, NJW 2007, 2118, juris-Rn. 11.
1159 Siehe nur *J. Koch*, in: Hüffer/Koch-AktG, § 92 AktG Rn. 34.
1160 *G. Spindler*, in: MüKo-AktG, § 92 AktG Rn. 23.

hier vom Schadensersatz, was aber allgemein als Redaktionsversehen angesehen wird.[1161] Inhaltlich stimmt sie mit den bereits bekannten Regelungen aus § 64 GmbHG und § 92 Abs. 2 AktG überein.[1162] Die Regelung selbst findet nur dort Anwendung, wo keine natürliche Person unbeschränkt für die Gesellschaftsverbindlichkeiten haftet, also nur im Falle sogenannter nicht-gesetzestypischer Personenhandelsgesellschaften.[1163]

g) Gebot der Massesicherung außerhalb von § 64 GmbHG

Mit dem Ende des Gebots zur Massesicherung aus § 64 S. 1 GmbHG, etwa aufgrund der geänderten rechtlichen Stellung des Schuldners sowie dessen Geschäftsführers, endet keinesfalls die Verpflichtung zum Erhalt der (späteren) Insolvenzmasse. Vielmehr wechselt es sich nahtlos mit der unmittelbaren Verpflichtung aus der Insolvenzordnung ab. So sind alle aus der Insolvenzordnung berechtigten und verpflichteten Personen an deren Ziele aus § 1 InsO gebunden. Neben der beginnenden Haftung analog §§ 60, 61 InsO ist der Schuldner nunmehr also umfassend einem geänderten Pflichtenprogramm unterworfen. Dazu gehört dann auch die *par conditio creditorum* aus § 1 InsO.

Sowohl der vorläufige Insolvenzverwalter als auch der Schuldner – soweit er in eine vergleichbare Stellung eingerückt ist sind verpflichtet das vorhandene Vermögen im Interesse der Gläubiger zu sichern.[1164] Für den starken vorläufigen Insolvenzverwalter ist dies explizit in § 22 Abs. 1 S. 2 Nr. 1 InsO normiert, [1165] gleichwohl trifft auch den schwachen vorläufigen Verwalter diese Pflicht.[1166] Unabhängig von der konkreten Ermächtigung des vorläufigen Insolvenzverwalters sei es gerade dessen Kernaufgabe, das Vermögen des Schuldners zu sichern

---

1161 *K. Schmidt*, NZG 2015, 129, 130 m.w.N.

1162 *W. Servatius*, in: Henssler/Strohn, § 130a HGB Rn. 11a; *H.-F. Müller*, in: MüKo-GmbHG, § 64 GmbHG Rn. 241.

1163 *W. Servatius*, in: Henssler/Strohn, § 130a HGB Rn. 2.

1164 Vgl. *R. Buchalik / K. Schröder / M. Rekers*, ZInsO 2017, 905, 908.

1165 BGH, Urteil v. 04.11.2004 – IX ZR 22/03, NJW 2005, 657, juris-Rn. 19; BGH, Urteil v. 05.05.2011 – IX ZR 144/10, NJW 2011, 2960, juris-Rn. 49; *V. Böhm*, in: Braun-InsO, § 22 InsO Rn. 15; *H. Vallender*, in: Uhlenbruck-InsO, § 22 InsO Rn. 22; *B. Windau*, in: BeckOK-InsO, § 22 InsO Rn. 13; *R. Voß / M. D. Lienau*, in: Graf-Schlicker-InsO, § 22 InsO Rn. 3; *D. Blankenburg*, in: K/P/B-InsO, § 22 InsO Rn. 62 u. 69, Stand: 76. Lfg. v. 05.2018; *H. Haarmeyer / C. Schildt*, in: MüKo-InsO, § 22 InsO Rn. 36; *C. Herbst*, in: Buth/Hermanns, § 28 Rn. 153.

1166 *B. Windau*, in: BeckOK-InsO, § 22 InsO Rn. 57 f.

und zu erhalten.[1167] Diese Aufgabe stehe ihm bereits kraft seiner Funktion bei.[1168] *Hölzle* fasst insoweit zutreffend zusammen, dass die Pflicht zur Verwirklichung der Sicherungsfunktion die wesentliche Aufgabe des vorläufigen Insolvenzverwalters sei.[1169]

Die Fortdauer der Sicherungsfunktion wird über § 187 Abs. 1 InsO definiert. Demnach dürfen Insolvenzgläubiger erst nach dem Prüftermin befriedigt werden, vorab darf an sie kein Erlös verteilt werden. Dazu kennt die Insolvenzordnung sodann die Verfahren der Abschlagsverteilung, die Schlussverteilung sowie die Nachtragsverteilung.[1170] In all diesen Varianten erhalten die Gläubiger ausschließlich eine quotale Befriedigung.[1171] In jedem Fall wird die Verteilung gemäß § 187 Abs. 3 InsO nur durch den Insolvenzverwalter[1172] durchgeführt bzw. vom eigenverwaltenden Schuldner,[1173] vgl. § 283 Abs. 2 S. 1 InsO. Eine Ausnahme besteht nur für abweichende Regelungen durch einen Insolvenzplan.[1174]

Nichts anderes kann dann aber auch für den Schuldner gelten, sobald dieser in den Verfahren nach § 270a beziehungsweise § 270b InsO an Stelle eines vorläufigen Verwalters in diese Position einrückt. Dies folgt schon aus der (deklaratorischen) Verweisung auf die allgemeinen Vorschriften in § 270 Abs. 1 S. 2 InsO, die sowohl eine Verweisung auf § 1 InsO[1175], auf § 22

1167 BGH, Urteil v. 05.05.2011 – IX ZR 144/10, NJW 2011, 2960, juris-Rn. 49; *B. Windau*, in: BeckOK-InsO, § 22 InsO Rn. 58; *G. Hölzle*, in: Schmidt-InsO, § 22 InsO Rn. 4; *D. Blankenburg*, in: K/P/B-InsO, § 22 InsO Rn. 124, Stand: 76. Lfg. v. 05.2018; *H. Haarmeyer / C. Schildt*, in: MüKo-InsO, § 22 InsO Rn. 29; *J.-S. Schröder*, in: HambK-InsO, Rn. 113.

1168 BGH, Urteil v. 05.05.2011 – IX ZR 144/10, NJW 2011, 2960, juris-Rn. 49 a.E.; *D. Blankenburg*, in: K/P/B-InsO, § 22 InsO Rn. 124, Stand: 76. Lfg. v. 05.2018; *J.-S. Schröder*, in: HambK-InsO, Rn. 114.

1169 *G. Hölzle*, in: Schmidt-InsO, § 22 InsO Rn. 4.

1170 *M. Nicht*, in: BeckOK-InsO, § 187 InsO Rn. 4 - 7; *F. Kebekus / F. Schwarzer*, in: MüKo-InsO, § 187 InsO Rn. 2 - 5.

1171 *M. Nicht*, in: BeckOK-InsO, § 187 InsO Rn. 20.

1172 *F. Kebekus / F. Schwarzer*, in: MüKo-InsO, § 187 InsO Rn. 8.

1173 *M. Nicht*, in: BeckOK-InsO, § 187 InsO Rn. 8; *F. Kebekus / F. Schwarzer*, in: MüKo-InsO, § 187 InsO Rn. 23; *C. A. Kern*, in: MüKo-InsO, § 283 InsO Rn. 19; *G. Kreutz / H. Ellers*, in: BeckOK-InsO, § 283 InsO Rn. 14.

1174 *F. Kießner*, in: FK-InsO, Vorb. §§ 187 ff. InsO Rn. 1.

1175 *H. Ellers*, in: BeckOK-InsO, § 270 InsO Rn. 81; *S.-H. Undritz*, in: Schmidt-InsO, § 270 InsO Rn. 2; *R. Riggert*, in: Nerlich/Römermann-InsO, § 270 InsO Rn. 4, Stand: 35. Lfg. v. 04.2018; *C. A. Kern*, in: MüKo-InsO, Vorb. §§ 270 bis 285 InsO Rn. 44; *A. Reus / S. Höfer / F. Harig*, NZI 2019, 57, 58.

InsO[1176] als auch auf die §§ 187 ff. InsO[1177] erfasst. Entsprechend trifft ihn gerade „zuvorderst“[1178] die Massesicherungspflicht und die Beachtung der insolvenzrechtlichen Zahlungsverbote sowie der Gläubigerinteressen.[1179] Ein grundlose Begleichung von Alt- bzw. Insolvenzverbindlichkeiten im Sinne von § 38 InsO ist dem Schuldner daher nicht mehr erlaubt.[1180] Dem vorläufigen Sachwalter kommt hingegen nur die bloße Überwachung über Zutritts-, Einsichts- und Auskunftsrechte zu.[1181]

Soweit das Insolvenzverfahren zu einem späteren Zeitpunkt beendet wird, wechselt das Pflichtenprogramm wieder auf den gesellschaftsrechtlichen Grundzustand zurück, sodass ein GmbH-Geschäftsführer wieder nach § 64 S. 1 GmbHG verpflichtet wäre.

Gleiches gilt ab dem 01.01.2021 auch für den Anwendungsbereich von § 15b InsO-Neu.[1182]

4. Straf- und Deliktsrecht

Das Gebot der Massesicherung beziehungsweise das Zahlungsverbot sind nicht direkt strafrechtlich geschützt. Geschützt werden stattdessen verschiedene, allgemeine insolvenzrechtliche Prinzipien. Die strafrechtliche Verantwortung der Gesellschaft wird dabei über § 14 Abs. 1 Nr. 1 StGB auf den Geschäftsführer erstreckt. Soweit diese für die vorliegende Untersuchung von Relevanz sind, sollen sie nachfolgend kurz dargestellt werden.

a) *Insolvenzstrafrecht*

So dient das *Insolvenzstrafrecht*[1183] als solches zunächst den Vermögensinteressen der Gläubiger an einer möglichst umfassenden, gemeinschaftlichen

---

1176 *H. Ellers*, in: BeckOK-InsO, § 270 InsO Rn. 83; *S.-H. Undritz*, in: Schmidt-InsO, § 270 InsO Rn. 2; *S.-H. Undritz*, in: Schmidt-InsO, § 270a InsO Rn. 1.

1177 *H. Ellers*, in: BeckOK-InsO, § 270 InsO Rn. 86; *H. Zipperer*, in: Uhlenbruck-InsO, § 270 InsO Rn. 35.

1178 *H. Ellers*, in: BeckOK-InsO, § 270a InsO Rn. 37.

1179 Dies wird auch unabhängig von der Rechtsstellung des vorläufig eigenverwaltenden Schuldners so gesehen, siehe explizit *S. Fiebig*, in: HambK-InsO, § 270a InsO Rn. 15; vgl. *C. A. Kern*, in: MüKo-InsO, § 270a InsO Rn. 62; wohl **a.A.** *M. L. Graf-Schlicker*, in: Graf-Schlicker-InsO, § 270a InsO Rn. 17.

1180 *M. Hofmann*, ZIP 2018, 1429, 1433.

1181 *H. Ellers*, in: BeckOK-InsO, § 270a InsO Rn. 57.

1182 Siehe zu § 15b InsO-Neu auch ab S. 332.

1183 *U. Kindhäuser*, in: NK-StGB, Vorb. §§ 283 ff. StGB Rn. 1.

Befriedigung.[1184] Insoweit weise es auch individualrechtsgutschützenden Charakter in Bezug auf das Vermögen der betroffenen Gläubiger auf. Daneben gehört zu dessen Aufgaben aber auch der Schutz der Insolvenzmasse.[1185]

Die klassische Bankrottstrafbarkeit nach § 283 StGB erfasst dabei vor allem Fälle, in denen der Geschäftsführer nach Insolvenzreife Vermögenswerte in unlauterer Art beiseiteschafft oder vernichtet. Dabei werden neben den einzelnen Gläubigerinteressen auch die Gesamtwirtschaft, im Besonderen aber auch die Kreditwirtschaft gesichert.[1186]

Wer demgegenüber die Feststellung der Insolvenz über die Verletzung der Buchführungspflichten erschwert, kann sich nach § 283b StGB strafbar machen.

Hinzu tritt der gegenüber § 283 StGB als Privilegierungstatbestand wirkende § 283c StGB,[1187] welcher aber erst ab dem Zeitpunkt der Zahlungsunfähigkeit greift.[1188] Auch dieser schützt die Masse vor einem Mittelabfluss und die par conditio creditorum im Speziellen, privilegiert aber gleichzeitig den Täter, da die Mittel an einen bestehenden Gläubiger geleistet werden.[1189] Erfasst werden beispielsweise vollständige Leistungen an gewöhnliche Insolvenzgläubiger.[1190] Einige Stimmen sehen hier auch Zahlungen an die Sozialversicherungsträger oder den Fiskus erfasst, sofern es um Verbindlichkeit geht, die nicht als Masseverbindlichkeit zu qualifizieren sind.[1191] Eine spätere Anfechtbarkeit der Leistungen lässt die Strafbarkeit dabei nicht wieder entfallen.[1192]

Hinzu tritt der bereits zuvor thematisierte Schutz vor Insolvenzverschleppung durch § 15a Abs. 4 und 5 InsO.[1193] Ferner besteht im Rahmen laufender

---

1184 *H. Radtke / S. Petermann*, in: MüKo-StGB, Vorb. zu §§ 283 ff. StGB Rn. 11; *H. Radtke / S. Petermann*, in: MüKo-StGB, § 283c StGB Rn. 4; *K. Tiedemann*, in: LK-StGB, Vor §§ 283 ff. StGB Rn. 58.

1185 *J.M. Schmittmann*, 2015, Rn. 506 m.w.N.; *T. Fischer*, Vor §§ 283 ff. StGB Rn. 3.

1186 *F. Maurer / T. Wolf*, wistra 2011, 327, 332; *K. Priebe*, InsbürO 2014, 386, 387.

1187 *U. Kindhäuser*, in: NK-StGB, § 283c StGB Rn. 1.

1188 *U. Kindhäuser*, in: NK-StGB, § 283c StGB Rn. 5.

1189 *U. Kindhäuser*, in: NK-StGB, § 283c StGB Rn. 1.

1190 Möglicherweise könnte damit auch eine Anwendung auf Zahlungen nach Verfahreneröffnung möglich sein, vgl. S. 322.

1191 *T. Hunsalzer*, ZInsO 2014, 1748, 1752 f.; *T. Hunsalzer*, ZInsO 2014, 1748, 1753; *R. Buchalik / K. Schröder*, ZInsO 2016, 2025, 2027.

1192 *H. Radtke / S. Petermann*, in: MüKo-StGB, § 283c StGB Rn. 3.

1193 Siehe bereits ab S. 123.

Vertragsbeziehungen und beispielsweise innerhalb des Konzernverbunds die Möglichkeit einer Strafbarkeit nach § 266 StGB.[1194]

b) *Vorenthaltung von Sozialversicherungsbeiträgen*

Darüber hinaus konfligieren die Regelungen zur Massesicherung, wie auch der steuerlichen Abführungspflichten mit den ebenfalls hoch umstrittenen Abführungspflichten der Sozialversicherungsbeiträge aus §§ 28d und 28e SGB IV. Ob und wie sich aus deren Strafbewehrung in § 266a StGB Besonderheiten ergeben,[1195] soll wie bereits zuvor gesagt nicht Gegenstand dieser Arbeit sein. Festzustellen bleibt an dieser Stelle nur, dass eine vorrangige Anwendung besonders im Zeitraum der Insolvenzgeldfinanzierung keineswegs als gesichert angesehen werden kann[1196] und man seitens der Stimmen in der Literatur noch zu keiner abschließenden Bewertung gekommen ist.[1197]

c) *Steuerstrafrecht*

Ein Konflikt mit dem Steuerstrafrecht kann sich anschließen, soweit man von einem Verstoß gegen die steuerrechtlichen Pflichten ausgeht. Entsprechend verhalten sich beispielsweise die Regelungen des § 26b UStG. Demnach handelt ordnungswidrig, wer von ihm ausgewiesene Steuer im Fälligkeitszeitpunkt nicht entrichtet. Ist die Nichtzahlung aber entschuldbar, soll nach dem Maßstab des § 266a Abs. 5 StGB auf eine Ahndung verzichtet werden.[1198] Für den Bereich der

---

1194 *U. Haas*, in: Baumbach/Hueck-GmbHG, § 64 GmbHG Rn. 8 u. 251 f.; wobei mitunter eine untreuerelevante Handlung bei gleichzeitigem Verstoß gegen § 64 GmbHG ausgeschlossen wird *M. Klein*, BLJ 2014, 30, 34; **a.A.** allerdings OLG Stuttgart, Beschluss v. 14.04.2009 - 1 Ws 32/09, ZIP 2009, 1864, 2. Leitsatz.

1195 Zum Überlick siehe *T. Fischer*, § 266a StGB passim.

1196 Nach der Auffassung des AG Hamburg spreche § 55 Abs. 3 S. 2 InsO dafür, dass der Gesetzgeber davon ausging, dass eine Anwendbarkeit des § 266a StGB im Zeitraum der Insolvenzgeldfinanzierung ausgeschlossen sei, AG Hamburg, Beschluss v. 19.06.2017 - 67g IN 173/17, ZIP 2017, 1383, juris-Rn. 17–23; zustimmend *C. Morgen*, in: SanR, § 270a InsO Rn. 83d.

1197 Siehe umfassend *A. Hoyer*, in: FS Reuter, S. 541; *M. J. Blank*, ZInsO 2013, 461; zur Situation in der **Eigenverwaltung** *N. Krause / F.-A. Matzen*, ZVI 2018, 45; *R. Buchalik / A. Kraus*, ZInsO 2014, 2354; zur Situation im **Schutzschirmverfahren** *T. Hunsalzer*, ZInsO 2014, 1748.

1198 So bereits im Gesetzgebungsverfahren der Bericht des Bundestags-Finanzausschusses, BT.-Drs. 14/7471; einschränkend *S. Schüler-Täsch*, in: Sölch/Ringleb-UStG, § 26b UStG Rn. 25.

Insolvenz entschärft sich die Norm aber dadurch, dass dem Verpflichteten die Abführung der Umsatzsteuer möglich sein muss.[1199] Somit führt sowohl eine rechtliche als auch eine tatsächliche Unmöglichkeit zum Ausschluss des Tatbestands. Ausnahmen werden insoweit für die vorsätzliche Herbeiführung der Zahlungsunfähigkeit, die sogenannte „omissio libera in causa", im Rahmen von Umsatzsteuer-Karussellgeschäften gemacht.[1200]

Eine darüber hinausgehende, allgemeine straf- oder ordnungsrechtliche Sanktionierung der nicht rechtzeitigen Abführung von Steuern existiert nicht,[1201] soweit man die Ausnahme der Nichtabführung von Abzugsteuern nach § 380 AO außer Acht lässt.

IV. Vorhandene Spannungsfelder

Wie aufgezeigt, hat eine Abstimmung zwischen den einzelnen Rechtsbereichen durch den Gesetzgeber bis zuletzt nicht oder nicht in zufriedenstellendem Maße stattgefunden. Bevor eine Darstellung der bisher von Seiten der Rechtsprechung und Rechtswissenschaft gewählten Lösung erfolgt, werden zunächst die aus den sich überschneidenden Gesetzen resultierenden Spannungen zusammengefasst sowie im Anschluss eine abstrakte Auflösung anhand verfassungsrechtlicher beziehungsweise rechtstheoretischer Auflösungsmodelle dargestellt. Denn die Auflösung der Kollisionslage kann überzeugend nur dann gelingen, wenn sie auf einer methodengerechten Anwendung der zugrundeliegenden Gesetze beruht.[1202]

1. Kurzzusammenfassung der steuerlichen Prinzipien

Das Steuerrecht ist von Verfassungs wegen zu einem gleichmäßigen Vollzug aller Steueransprüche verpflichtet. Davon wird der Vollzug im Allgemeinen als auch die Inanspruchnahme von Haftungsschuldnern geprägt. Zugleich besteht der Steueranspruch selbst unbedingt fort, unabhängig von der finanziellen Situation des Steuerschuldners oder dessen Vertreter. So ändert sich das steuerliche

---

1199 *B. Fleckenstein-Weilland*, in: Esser/Rübenstahl/Saliger/Tsambikakis, § 26b UStG Rn. 10 m.w.N.; *C. Pelz*, in: Leitner/Rosenau, § 26b UStG Rn. 14.

1200 *B. Fleckenstein-Weilland*, in: Esser/Rübenstahl/Saliger/Tsambikakis, § 26b UStG Rn. 11.

1201 *C. Pelz*, in: H/H/L, Corporate Compliance, Rn. 27.

1202 *K. Siemon / C. Klein*, ZInsO 2012, 2009, 2009.

Pflichtenprogramm auch nicht mit der Eröffnung des Insolvenzverfahrens, es unterbleibt für diese Phase lediglich die Vollstreckung.

2. Kurzzusammenfassung der insolvenzrechtlichen Prinzipien

Die aus der Haftungsbegrenzung resultierenden endlichen Mittel einer Gesellschaft sollen im Falle einer Krise der Gesellschaft allen Gläubigern in gleichem Maße zur Verfügung stehen. Um in der Phase zwischen dem Erkennen der Krise (Insolvenzreife) und dem offiziellen Beginn des Insolvenzverfahrens Mittelabflüsse und somit eine Schädigung der Gläubiger zu minimieren, besteht das Gebot der Massesicherung ab Insolvenzreife. Im Falle einer GmbH basiert dies zunächst auf § 64 S. 1 GmbHG. Im Falle einer vorläufigen Eigenverwaltung beziehungsweise eines Schutzschirmverfahrens nach § 270b InsO entstammt es der allgemeinen Verpflichtung auf die Insolvenzgrundsätze durch die insolvenzrechtliche Verpflichtung des Schuldners. Damit dürfen aus insolvenzrechtlicher Sicht (vereinfacht) nur noch solche Leistungen getätigt werden, die im Interesse der Gläubigergemeinschaft stehen, also zur Sicherung der Sanierungschancen erforderlich sind, oder die sich auf die Masse ausschließlich neutral oder positiv auswirken. Ein Vorrang für steuerliche Pflichten besteht dabei nur, soweit es sich bei diesen um Masseschulden handelt, wie sich dies beispielsweise aus § 55 Abs. 4 InsO ergeben kann.

3. Kurzzusammenfassung der gesellschaftsrechtlichen Prinzipien

Das originäre Gesellschaftsrecht spielt nur insoweit eine Rolle, als dass die handelnden Organe der Gesellschaft einer allgemeinen Legalitätspflicht unterliegen und sie sich bei deren Nichtbeachtung gegenüber der Gesellschaft haftbar machen. Da vorliegend aber gerade dieser legale Handlungsrahmen bestimmt werden soll, dürfen die Vorschriften im Ergebnis keinen Einfluss auf das zu findende Ergebnis haben.

4. Vorliegen einer Kollision

Der Fiskus kennt für gewöhnlich keine Einschränkung seiner Forderungen. Im Rahmen von Insolvenzverfahren muss er sich nun aber ganz überwiegend mit allen übrigen Gläubigern auf eine Stufe stellen. Eine Begleichung von Steuerschulden würde zu einer Schmälerung der Insolvenzmasse führen und würde damit dem Interesse der übrigen Gläubiger widersprechen. Für das eröffnete Insolvenzverfahren findet sich entsprechend die Regelung des § 251 Abs. 2 S. 2 AO, welche die Gleichrangigkeit praktisch herstellt. Gleichzeitig fehlt es dem Fiskus an einer klaren Normierung um auch dem formalen Insolvenzverfahren vorgelagerten Einschränkungen ausreichend Rechnung zu tragen. Dies führt seitens der handlungspflichtigen Betroffenen ab Insolvenzreife zu erheblichen Problemen. Unproblematisch ist es für den Geschäftsführer nur insoweit, wie die Eröffnungswirkung des Verfahrens durch die Einsetzung eines starken vorläufigen Insolvenzverwalters vorgezogen wird und er seinen Einfluss auf die Gesellschaftsmittel verliert. In allen anderen Situationen muss er bis zur Verfahrenseröffnung der Massesicherungspflicht nachkommen, aber zugleich die fälligen Steuern entrichten. Dazu mögen noch weitere Zahlungspflichten wie beispielsweise die Abführungspflicht für Sozialversicherungsbeiträge kommen.

Somit besteht ab Eintritt der Insolvenzreife sowohl die insolvenzrechtliche Pflicht zur Massesicherung als auch die fortdauernde Steuerzahlungspflicht und somit grundsätzlich eine Kollisionslage.[1203] Wie diese Kollisionen aufzulösen sind, ist auf einer ersten Ebene eine Frage der verfassungsrechtlichen Abwägung der kollidierenden Interessen. Darüber hinaus sind der Rechtswissenschaft verschiedene Methoden zur Lösung von Kollisionsfragen bekannt, die nachfolgend dargestellt werden.

5. Zeitraumbezogene Betrachtung

Der Wechsel der verschiedenen Pflichten lässt sich demnach wie folgt grafisch zusammenfassen:

1203 Exemplarisch zum vorläufigen Eigenverwaltungsverfahren *R. Buchalik / K. Schröder / M. Rekers*, ZInsO 2017, 905, 912; es wird insoweit sogar von einer Aporie gesprochen, so bspw. *S. Mielke / J. Sedlitz*, ZIP 2017, 1646.

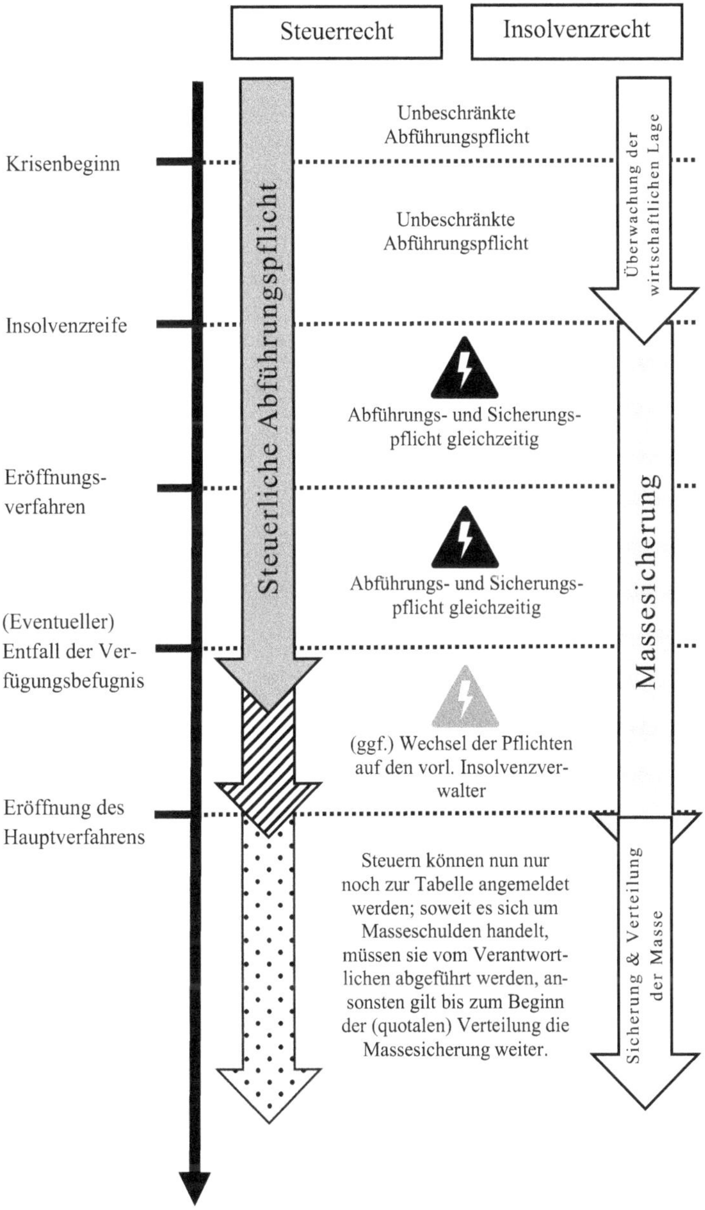
Steuerrecht
Insolvenzrecht
Krisenbeginn
Insolvenzreife
Eröffnungs-verfahren
(Eventueller) Entfall der Verfügungsbefugnis
Eröffnung des Hauptverfahrens
Steuerliche Abführungspflicht
Unbeschränkte Abführungspflicht
Unbeschränkte Abführungspflicht
Abführungs- und Sicherungspflicht gleichzeitig
Abführungs- und Sicherungspflicht gleichzeitig
(ggf.) Wechsel der Pflichten auf den vorl. Insolvenzverwalter
Steuern können nun nur noch zur Tabelle angemeldet werden; soweit es sich um Masseschulden handelt, müssen sie vom Verantwortlichen abgeführt werden, ansonsten gilt bis zum Beginn der (quotalen) Verteilung die Massesicherung weiter.
Überwachung der wirtschaftlichen Lage
Massesicherung
Sicherung & Verteilung der Masse

C. Bisherige Behandlung der Kollisionslage

I. Allgemeines Vorrangverständnis von Insolvenz- und Steuerrecht

1. Historischer Ausgangspunkt

Seit einer Entscheidung des Reichsfinanzhofs aus dem Jahr 1926 galt für lange Zeit der Grundsatz „Konkursrecht geht vor Steuerrecht“[1204], welcher seitdem aus verschiedensten Gründen Kritik ausgesetzt war, beziehungsweise ist.[1205] Mithin wird der Grundsatz auch als verwirrend angesehen,[1206] da er nicht ausreichend differenziert.

2. Neueres Verständnis

Auch wenn das Regelungssystem seit Langem als lückenhaft angesehen wird,[1207] hat es der Gesetzgeber bislang unterlassen, die praktischen Abgrenzungsschwierigkeiten gesetzlich zu regeln, obwohl gerade mit Blick auf die große Insolvenzrechtsreform eine gute Gelegenheit gegeben war. In diesem Zusammenhang wird ebenfalls bemängelt, dass es bis heute keinen Lehrstuhl in Deutschland gibt, der sich dem Insolvenzsteuerrecht widmet oder wenigstens beide Rechtsgebiete gleichberechtigt betreibt.[1208]

Wenngleich auch heute noch einige Stimmen, anknüpfend an den RFH, für einen generellen Vorrang des Insolvenzrechts vor dem Steuerrecht eintreten,[1209] herrscht überwiegend Einigkeit, dass man nicht mehr von einem abstrakten Vorrang eines der beiden Rechtsgebiete ausgeht.[1210] Stattdessen wird

---

1204 RFH, Urteil v. 25.10.1926 – Gr. S. 1/26, RFHE 19, 335, 355.

1205 Allgemeine Übersicht bei *G. Hölzle*, BB 2012, 1571; siehe außerdem S. 114.

1206 *G. Frotscher / M. Schulze*, in: Gottwald, § 118 Rn. 10.

1207 Beispielsweise *S. U. Denkhaus*, in: HambK-InsO, § 155 InsO Rn. 17; *M. Loose*, in: Tipke/Kruse, § 251 AO Rn. 7, Stand: 154. Lfg. v. 10.2018.

1208 So G. Kahlert, auf dem Berliner Insolvenzverwalterkongress des Verbands der Insolvenzverwalter Deutschlands e. V. am 28.10.2011, zitiert nach *G. Hölzle*, BB 2012, 1571, 1571.

1209 So wohl *G. Hölzle*, BB 2012, 1571, 1579.

1210 *S. U. Denkhaus*, in: HambK-InsO, § 155 InsO Rn. 16; *M. Schulze*, in: Lenski/Steinberg-GewStG, § 4 GewStDV Rn. 1, Stand: 129. Lfg. v. 10.2019; *G. Frotscher / M. Schulze*, in: Gottwald, § 118 Rn. 4 - 10.

nach Regelungsbereichen beziehungsweise situationsabhängig entschieden.[1211] Dort wo es der Zweck des Insolvenzverfahrens erfordert, geht dieses dem Steuerrecht vor, wobei zu jedem Zeitpunkt die allgemeinen steuerlichen Grundsätze zu beachten sind.[1212] So ist der Grundsatz heute dahingehend zu verstehen, dass nach der Verfahrenseröffnung die Geltendmachung der Steueransprüche gegen den Schuldner beziehungsweise die Masse nach den Regeln des Insolvenzverfahrens zu geschehen habe.[1213] Die Steuerrecht bestimmt damit weiterhin die materiell-rechtlichen Bestimmungen, wohingegen das Insolvenzrecht die formell-rechtlichen Regelungen trifft.[1214]

Nach diesem allgemeinen Verständnis agiert auch die Rechtsprechung des BGH und des BFH in den letzten Jahrzenten, wenngleich mit wechselhaften Ergebnissen, wie nachfolgend ausgeführt wird.

II. Behandlung durch die Rechtsprechung

1. Rechtslage bis 2007

Mit Einführung der Insolvenzordnung beziehungsweise mit deren Wirksamwerden, musste das Verhältnis zwischen Steuer- und Insolvenzrecht neuerlich austariert werden. Lange Zeit wurde dabei davon ausgegangen, dass Zahlungen an den Fiskus gegen den Gedanken der *par conditio creditorum* verstoßen.

a) 5. Strafsenat des BGH

Der Diskurs zwischen den Zivil- und Strafsenaten des BGH entstammt auch der unterschiedlichen Beurteilung der Abführungspflicht von Sozialabgaben im Rahmen des § 266a StGB, weshalb eine kurze Darstellung für das Verständnis hier unerlässlich ist.

aa) Bedingter Vorrang der Sozialversicherungsbeiträge

Aufgrund des in § 61 Abs. 1 Nr. 1 lit. a) KO normierten Vorrangs der Arbeitnehmerbeiträge zur Sozialversicherung hat der BGH traditionell in diesem Bereich

---

1211 *R. Fritsch*, in: Koenig-AO, § 251 AO Rn. 17; *S. U. Denkhaus*, in: HambK-InsO, § 155 InsO Rn. 16.

1212 *R. Fritsch*, in: Koenig-AO, § 251 AO Rn. 17.

1213 *M. Loose*, in: Tipke/Kruse, § 251 AO Rn. 5, Stand: 154. Lfg. v. 10.2018; *H. Jatzke*, in: Gosch, § 251 AO Rn. 28; noch zur KO BFH, Urteil v. 17.12.1998 – VII R 47/98, BStBl. II 1999, 423, juris-Rn. 8 ff.

1214 *G. Frotscher / M. Schulze*, in: Gottwald, § 118 Rn. 9.

keine Probleme mit einer möglichen Pflichtenkollision gehabt. Eine erste kleine Einschränkung erfuhr diese Rechtsprechung im Jahr 2003 – wenngleich der Sachverhalt noch vor dem Inkrafttreten der Insolvenzordnung angelegt ist –, als der BGH urteilte, dass die Zahlungspflicht aus § 266a Abs. 1, 14 Abs. 1 Nr. 1 StGB weiterhin Vorrang genieße, dieser aber während der Dreiwochenfrist des § 64 Abs. 2 GmbHG a.F. suspendiert sei.[1215] Wie auch die Zivilsenate, verlangt der 5. Strafsenat dabei eine noch andauernde Sanierungsmöglichkeit, da eine Fortführung andernfalls nicht geboten sei und eine Rechtfertigung folglich ausscheide.[1216] Spätestens mit Ablauf der Frist lebe der Vorrang, vorbehaltlich liquider Mittel, vollständig wieder auf.[1217] Die Ansprüche der Sozialversicherungsträger seien gegenüber anderen Insolvenzgläubigern vorrangig zu befriedigen, weil deren Abführung durch deren Strafbewehrung gesichert sei.[1218]

Bei der Begründung des Vorrangs stellte der 5. *Senat*[1219] später klar, dass er diesen nicht länger aus der ehemaligen Privilegierung in § 61 Abs. 1 Nr. 1a KO herleite. Vielmehr werde die besondere Bedeutung der Zahlungspflicht innerhalb der Sozialsysteme durch die Strafbewehrung gekennzeichnet, weshalb die Einführung der Insolvenzordnung – samt der damit verbundenen Abschaffung der Privilegierung – keinen Einfluss auf die Rechtsprechung des Senats habe.[1220] Nur wenn der Pflichtige nach den Regeln des Strafrechts gerechtfertigt sei, kann er von einer Abführung absehen.[1221] „Der strafrechtliche Schutz eines Rechtsguts begründet […] seine Höherwertigkeit gegenüber einer bloß zivilrechtlichen Handlungspflicht […]“[1222]. Nur für den kurzen Zeitraum des heutigen § 15a Abs. 1 InsO schaffe dessen Pflicht zur Bereinigung der Krisensituation samt

1215 BGH, Beschluss v. 30.07.2003 – 5 StR 221/03, BGHSt 48, 307, juris-Rn. 10 = NJW 2003, 3787.

1216 BGH, Beschluss v. 09.08.2005 – 5 StR 67/05, NStZ 2006, 223, 224 f.

1217 BGH, Beschluss v. 30.07.2003 – 5 StR 221/03, BGHSt 48, 307, juris-Rn. 11 = NJW 2003, 3787; BGH, Beschluss v. 09.08.2005 – 5 StR 67/05, NStZ 2006, 223, 224 f.

1218 BGH, Beschluss v. 30.07.2003 – 5 StR 221/03, BGHSt 48, 307, juris-Rn. 12 f. = NJW 2003, 3787.

1219 BGH, Beschluss v. 09.08.2005 – 5 StR 67/05, NStZ 2006, 223, 224.

1220 BGH, Beschluss v. 09.08.2005 – 5 StR 67/05, NStZ 2006, 223, juris-Rn. 12 a.E. m.w.N. zur gleichlautenden Auffassung in der Literatur.

1221 BGH, Beschluss v. 28.05.2002 – 5 StR 16/02, BGHSt 47, 318, 2481; BGH, Beschluss v. 30.07.2003 – 5 StR 221/03, BGHSt 48, 307, juris-Rn. 12 = NJW 2003, 3787.

1222 BGH, Beschluss v. 28.05.2002 – 5 StR 16/02, BGHSt 47, 318, 2481.

Prüfung von Sanierungschancen einen Rechtfertigungsgrund für die kurzzeitige Zurückbehaltung der Sozialversicherungsbeiträge.[1223]

Es komme allgemein zu keiner Vorverlagerung insolvenzrechtlicher Grundsätze, unabhängig von einem später noch stattfindenden Insolvenzverfahren, welche eine andere Betrachtung gebiete.[1224] Daran anschließend lasse auch eine Anfechtbarkeit erfolgter Zahlungen die strafrechtliche Pflicht unberührt und allenfalls den zivilrechtlichen Schaden entfallen.[1225]

Somit löst der 5. Strafsenat den Konflikt für Fälle der Sozialversicherungsbeiträge grundsätzlich zugunsten dieser auf und lässt die Massesicherungspflicht unberücksichtigt.

bb) Kritik

Der vom BGH behauptete absolute Vorrang der strafbewehrten Abführungspflicht ist besonders im insolvenzrechtlichen Umfeld auf einige Kritik gestoßen. So hätte der BGH auf einer ersten Ebene zunächst prüfen müssen, ob die Pflicht zur Zahlung noch fortbestehe.[1226] Auf der einen Seite entfalle die Pflicht bei Zahlungsunfähigkeit, da tatsächliche Unmöglichkeit vorliege,[1227] zum anderen entfalle sie aber auch bei Insolvenzreife, da sodann rechtliche Unmöglichkeit eintrete.[1228]

Gleichzeitig wird dem BGH eine zirkelschlüssige Argumentation vorgeworfen, da er den Vorrang des strafrechtlichen Zahlungsgebots nur aus dessen Strafbewehrung herleite.[1229] Hinzu trete, dass der Senat übersehe, dass sich ein Geschäftsführer nicht unmittelbar durch die Stellung eines Insolvenzantrags aus der Haftung befreien kann, da dies jedenfalls die Bestellung eines vorläufigen starken Insolvenzverwalters erfordert.[1230]

1223 BGH, Beschluss v. 30.07.2003 – 5 StR 221/03, BGHSt 48, 307, juris-Rn. 9–11 = NJW 2003, 3787.

1224 BGH, Beschluss v. 09.08.2005 – 5 StR 67/05, NStZ 2006, 223, juris-Rn. 13.

1225 BGH, Beschluss v. 09.08.2005 – 5 StR 67/05, NStZ 2006, 223, juris-Rn. 3.

1226 *H. Altmeppen*, in: FS Goette, S. 4 f.

1227 *H. Altmeppen*, in: FS Goette, S. 4 f.; ähnlich auch der BGH, wobei er den Begriff enger fasst als es § 17 Abs. 2 InsO vorsieht, da es nur auf liquide Mittel ankomme: BGH, Beschluss v. 28.05.2002 – 5 StR 16/02, BGHSt 47, 318, juris-Rn. 13 f.

1228 *H. Altmeppen*, in: FS Goette, S. 4 f.

1229 *M. J. Blank*, ZInsO 2013, 461, 469. ähnlich *A. Meyer*, DStZ 2014, 228, Fn. 17 u. 18; ebenso BGH, Urteil v. 18.04.2005 – II ZR 61/03, BB 2005, 1905, juris-Rn. 19 = DStR 2005, 978.

1230 *A. Hoyer*, in: FS Reuter, S. 542; *M. J. Blank*, ZInsO 2013, 461, 463.

b) Zivilsenate des BGH

Im Rahmen der zivilrechtlichen Haftungsansprüche bedurfte es mit Ende der KO einer umfassenden Neuorientierung, da, wie bereits dargestellt, das System der Insolvenzordnung mit Blick auf die grundsätzliche Gläubigergleichbehandlung gegenüber der Insolvenzordnung eben ein völlig anderes darstellt.

Gegenüber dem 5. Strafsenat sahen die Zivilsenate daher in der Insolvenzsituation keinen Vorrang der Sozialversicherungsbeiträge gegenüber anderen Ansprüchen der Gesellschaft,[1231] sondern einen Vorrang des Zahlungsverbots aus § 64 Abs. 1 GmbHG a.F.[1232] Es gebe keine Privilegierung mehr, sodass alle Zahlungen unter dem Vorbehalt des § 64 Abs. 2 S. 2 GmbHG stünden.[1233] Allein das Interesse an der Vermeidung eigener deliktischer Haftung aus § 823 Abs. 2 BGB i.V.m. § 266a StGB sei bei der Prüfung der beachtlichen Umstände nach §64 Abs. 2 S. 2 GmbHG a.F. unbeachtlich.[1234] Entsprechende Zahlungen seien auch nicht mit Sorgfalt eines ordentlichen Geschäftsmanns im Sinne des § 64 Abs. 2 S. 2 GmbHG a.F. vereinbar.[1235] Diese Sorgfalt sei am besonderen Zweck des § 64 Abs. 2 S. 2 GmbHG a.F. auszurichten, die verteilungsfähige Masse zu erhalten.[1236] Nur soweit Leistungen in der Insolvenzsituation nicht zu einer Masseverkürzung führen oder soweit sie im Einzelfall größere Nachteile abwenden, sei das Verschulden nach § 64 Abs. 2 S. 2 GmbHG zu verneinen.[1237] Dies sei noch strenger zu handhaben, sobald der Dreiwochenzeitraum verstrichen sei.[1238]

Hinsichtlich des Vorrangs von Steueransprüchen hat der BGH bereits 2001 ausgeführt, dass das Finanzamt mit Blick auf § 64 Abs. 2 GmbHG a.F. nicht

1231 BGH, Urteil v. 18.04.2005 – II ZR 61/03, BB 2005, 1905, 1907 = DStR 2005, 978; zur Anfechtungssituation BGH, Urteil v. 08.12.2005 – IX ZR 182/01, ZIP 2006, 290, juris-Rn. 13–21.

1232 BGH, Urteil v. 08.01.2001 – II ZR 88/99, BGHZ 146, 264, juris-Rn. 22; BGH, Urteil v. 18.04.2005 – II ZR 61/03, BB 2005, 1905, 1907 = DStR 2005, 978; zur allgemeinen Kritik an dieser Rechtsprechung siehe stellvertretend *K. Schmidt*, in: Schmidt/Uhlenbruck, 11. Teil Rn. 11.50.

1233 BGH, Urteil v. 18.04.2005 – II ZR 61/03, BB 2005, 1905, juris-Rn. 21 = DStR 2005, 978.

1234 BGH, Urteil v. 08.01.2001 – II ZR 88/99, BGHZ 146, 264, juris-Rn. 22.

1235 BGH, Urteil v. 18.04.2005 – II ZR 61/03, BB 2005, 1905, juris-Rn. 21 = DStR 2005, 978.

1236 BGH, Urteil v. 08.01.2001 – II ZR 88/99, BGHZ 146, 264, juris-Rn. 22.

1237 BGH, Urteil v. 08.01.2001 – II ZR 88/99, BGHZ 146, 264, juris-Rn. 22.

1238 BGH, Urteil v. 29.11.1999 – II ZR 273/98, BGHZ 143, 184, juris-Rn. 12.

vorrangig zu befriedigen sei.[1239] Zum einen sei in der Insolvenzsituation keine Zahlung zu leisten, zum anderen sehe sich der Geschäftsführer allenfalls der Haftung nach § 69 AO ausgesetzt, soweit er dem Grundsatz der anteiligen Tilgung nicht nachkomme, was eine Steuerzahlung in voller Höhe nicht gebiete.

Gleichwohl stellt der Senat fest, dass ein deliktisches Verschulden in den Fällen, in denen sich der Vertreter zugunsten der Massesicherung verhalte, entfallen müsse.[1240] Über den allgemeinen Maßstab pflichtgemäßen Verhaltens als Organ hinaus, müssen die Sondervorschriften der § 92 Abs. 3 AktG, § 64 Abs. 2 GmbHG a.F. Beachtung finden, sodass die spätere Befriedigung der Gläubiger durch den eingesetzten Insolvenzverwalter erfolgen kann.[1241]

Somit genieße die Massesicherung ab Insolvenzreife absoluten Vorrang vor den Steuer- und Sozialversicherungsansprüchen. Ein Entfall der Vorsatzschuld bezüglich der Inanspruchnahme für diese Ansprüche komme demnach jedenfalls im Dreiwochenzeitraum in Betracht, darüber hinaus kann der BGH dahin verstanden werden, dass eine Haftung dann entfallen soll, wenn keinerlei Zahlungen getätigt werden. Die Beweislast liege aber in jedem Fall beim Geschäftsführer.[1242]

c) Bundesfinanzhof

Der BFH hat in der Vergangenheit bereits verschiedene Positionen eingenommen. So hat er in den 70er Jahren noch einen Vorrang des Gläubigerschutzes gegenüber den lohnsteuerlichen Abführungspflichten aufgrund der handelsrechtlichen Vorschriften über das Sperrjahr gemäß § 73 GmbHG akzeptiert.[1243] Daran anschließend ließ es der BFH im Rahmen eines obiter dictums ausreichen, wenn der Geschäftsführer die Mittel (Lohnsteuer) einbehält und vorhält, nicht aber an das Finanzamt abführt, da dies die Schuld innerhalb der Haftung nach § 69 AO entfallen lassen könne.[1244] Zugleich stellte er in der Entscheidung

---

1239 BGH, Urteil v. 08.01.2001 – II ZR 88/99, BGHZ 146, 264, juris-Rn. 25.

1240 BGH, Urteil v. 08.01.2001 – II ZR 88/99, BGHZ 146, 264, juris-Rn. 22 a.E.; BGH, Urteil v. 18.04.2005 – II ZR 61/03, BB 2005, 1905, juris-Rn. 21 = DStR 2005, 978; ähnlich auch noch für den Fall der lückenlosen Massesicherung BGH, Urteil v. 29.09.2008 – II ZR 162/07, NJW 2009, 295, juris-Rn. 7 = ZIP 2008, 2220.

1241 BGH, Urteil v. 18.04.2005 – II ZR 61/03, BB 2005, 1905, juris-Rn. 21 = DStR 2005, 978.

1242 BGH, Urteil v. 18.04.2005 – II ZR 61/03, BB 2005, 1905, 1906 f. = DStR 2005, 978.

1243 BFH, Urteil v. 01.02.1973 – I R 170/70, BFHE, 482.

1244 BFH, Urteil v. 20.04.1993 – VII R 67/92, BFH/NV 1994, 142, juris-Rn. 20.

aber auch fest, dass die Steuerzahlungspflicht den Zahlungsverboten nach § 64 GmbHG selbst dann vorgehe, wenn der Geschäftsführer dadurch eine Pflichtverletzung gegenüber der Gesellschaft begehe.[1245]

Mit Blick auf die Rechtsprechung des 5. Strafsenats des BGH zum Dreiwochenzeitraum sowie des II. Senats zum Vorrang der Massesicherung, schloss sich der BFH ausdrücklich der Auffassung des 5. Strafsenats an.[1246] Ab Kenntnis der Insolvenzreife könne maximal für den Zeitraum der Dreiwochenfrist ein Verschulden für die Nichtabführung der Lohnsteuer entfallen, soweit im Anschluss ein Insolvenzantrag gestellt werde.[1247] Dies ermögliche somit lediglich die Umsetzung von Sanierungsversuchen, nicht aber die konsequente Umsetzung der Massesicherung.

d) *Zwischenstand im Jahr 2007*

Die schlecht abgestimmte Ausgangslage führte Geschäftsführer in Krisensituationen häufig in eine missliche Lage. Aus rein zivilrechtlicher Sicht durften sie ab dem Eintritt der Insolvenzreife keine Zahlungen mehr leisten. Demgegenüber drohte ihnen für die Nichtabführung der Sozialversicherungsbeiträge mit Ausnahme des Dreiwochenzeitraums strafrechtliche Verfolgung und hinsichtlich einer etwaigen Nichtabführung von Steuern eine persönliche Inanspruchnahme durch die Finanzbehörden. Damit waren nicht nur die Geschäftsführer die Leidtragenden, sondern ebenso die Insolvenzmasse. Darüber hinaus schrumpfte die ohnehin oft knappe Liquidität der betroffenen Gesellschaften über Gebühr, da eine strafrechtliche Inanspruchnahme vermieden werden sollte.

Gleichzeitig zeigte die Angleichung des 5. Strafsenats an die Linie des II. Zivilsenats, dass die Rechtsprechung jedenfalls im Ansatz darum bemüht war, zwischen den Bundesgerichten eine Harmonisierung zu erreichen.[1248] Die Möglichkeit, durch die Anrufung des Gemeinsamen Senats eine abgestimmte Lösung zwischen den Gerichten zu erzielen, wurde leider nicht genutzt.[1249]

1245 BFH, Urteil v. 20.04.1993 – VII R 67/92, BFH/NV 1994, 142, juris-Rn. 20.

1246 BFH, Urteil v. 27.02.2007 – VII R 67/05, BFHE 216, 491, Orientierungssatz zu Leitsatz 2 = BStBl. II 2009, 348 = ZIP 2007, 1604.

1247 BFH, Urteil v. 27.02.2007 – VII R 67/05, BFHE 216, 491, juris-Rn. 20 = BStBl. II 2009, 348 = ZIP 2007, 1604; BFH, Urteil v. 04.12.2007 – VII R 18/06, BFH/NV 2008, 521, juris-Rn. 29 = GmbHR 2008, 386.

1248 *T. Rönnau*, JZ 2008, 46, 47.

1249 Siehe hierzu bereits S. 257 ff.

2. Rechtsprechungsänderung ab 2007

Da die Zivilsenate bei ihren Kollegen kein Gehör fanden, setzte wohl im Jahr 2007 eine Änderung der Rechtsprechung ein.

a) II. Zivilsenat des BGH

aa) Änderung 2007

Unter Aufgabe der bisherigen Rechtsprechung, wandelte der II. Senat sein Verständnis von nach § 64 Abs. 2 S. 2 GmbHG möglichen Zahlungen. So sei es mit der Sorgfalt eines ordentlichen und gewissenhaften Geschäftsleiters vereinbar, wenn dieser trotz Insolvenzreife, dem sozial- und steuerrechtlichen Normbefehl folgend, Arbeitnehmerbeiträge zur Sozialversicherung oder Steuern abführe.[1250]

Die Begründung der Rechtsprechungsänderung fällt dann auch überraschend dünn aus.[1251] So stellt der Senat auf die Einheit der Rechtsordnung ab, da es dem jeweils verantwortlichen Unternehmensführer nicht zugemutet werden könne, sich bei Erfüllung seiner Pflicht gleichzeitig der sozial- und steuerlichen Haftung und Strafverfolgung ausgesetzt zu sehen.

bb) Weitere Änderungen

Soweit man noch annehmen konnte, dass der BGH zunächst nur für den Einzelfall den Geschäftsführer aus seinem misslichen Haftungskonflikt führen wollte, so bestätigte er in den Folgejahren in einer Reihe von Entscheidungen die eingeschlagene Linie. Die Vermeidung einer möglichen Strafbarkeit nach § 266a StGB rechtfertige dabei eine Zahlung trotz Insolvenzreife.[1252] Im Anschluss stellte der II. Senat ebenso klar, dass der neue Grundsatz nicht nur für Sozialversicherungsbeiträge, sondern – unter Übereinstimmung mit der Rechtsprechung des BFH – auch für Steuerzahlungen gelte.[1253] Auch bereits vor Insolvenzreife entstandene Beiträge können abgeführt werden, selbst wenn eine Straffreiheit nur noch unter den Voraussetzungen des § 266a Abs. 6 StGB möglich sei.[1254] Bereits zuvor war

---

1250 BGH, Urteil v. 14.05.2007 – II ZR 48/06, NJW 2007, 2118, juris-Rn. 12.

1251 So auch *T. Rönnau*, JZ 2008, 46, 48.

1252 BGH, Urteil v. 02.06.2008 – II ZR 27/02, ZIP 2008, 1275, juris-Rn. 6.

1253 BGH, Urteil v. 29.09.2008 – II ZR 162/07, NJW 2009, 295, juris-Rn. 10 = ZIP 2008, 2220; BGH, Urteil v. 25.01.2011 – II ZR 196/09, NZG 2011, 303, juris-Rn. 12 f. = DB 2011, 462.

1254 BGH, Urteil v. 25.01.2011 – II ZR 196/09, NZG 2011, 303, juris-Rn. 18 = DB 2011, 462.

eine Ausweitung aufgrund interner Konzernverpflichtungen und des Risikos einer Verfolgung nach § 266 StGB erfolgt.[1255]

cc) *Gleichbleibende Behandlung durch den II. Senat*

Nicht geändert hat sich die Behandlung von Arbeitgeberbeiträgen zur Sozialversicherung, diese unterliegen unverändert dem Zahlungsverbot.[1256] Ebenso bleibt es bei einer Haftung für Sozialversicherungsbeiträge, soweit der Geschäftsführer andere Zahlungen leistet, die mit der Sorgfalt eines ordentlichen Geschäftsmanns unvereinbar sind.[1257]

Eine genaue Aussage zur Behandlung von Steuerzahlungen im Dreiwochenzeitraum hat der BGH hingegen bislang unterlassen, sodass seine Position insoweit noch unklar ist.

dd) *Kritik*

Diese drastische Wende in der Rechtsprechung führte zu gemischten Reaktionen. Zunächst wurde – mitunter aus einer rein pragmatischen Sicht – begrüßt, dass die Verantwortlichen ihr Handeln nunmehr rechtssicher ausrichten konnten.[1258] Zugleich gab es auch zustimmende Äußerungen,[1259] darunter solche, die die Entscheidung weit weniger weitreichend interpretierten.[1260] Demgegenüber musste der Senat aber vielfältige Kritik einstecken, ohne Not von seiner bisherigen Rechtsprechung abgewichen oder über das Ziel hinaus geschossen zu sein.[1261] Dabei wurde auch die Ursache der Rechtsprechungsänderung

---

1255 BGH, Urteil v. 05.05.2008 – II ZR 28/07, NJW 2008, 2504, juris-Rn. 13 f. = DStR 2008, 1346.

1256 BGH, Urteil v. 08.06.2009 – II ZR 147/08, NJW 2009, 2599, 2599 = DStR 2009, 1710; BGH, Urteil v. 25.01.2011 – II ZR 196/09, NZG 2011, 303, 304 f. = DB 2011, 462.

1257 BGH, Beschluss v. 18.01.2010 – II ZA 4/09, DB 2010, 436, 306 = DStR 2010, 453.

1258 *K. Schmidt*, in: Schmidt/Uhlenbruck [2009], Rn. 11.47, sprach zunächst noch von einer „Befreiung", inzwischen zurückhaltender, vgl. *K. Schmidt*, in: Scholz-GmbHG [11. Auflage], § 64 GmbHG Rn. 51; außerdem führe die Änderung zu einer Entlastung der Strafjustiz *F. Bittermann*, wistra 2007, 406, 407.

1259 *M. Casper*, in: U/H/L-GmbHG, § 64 GmbHG Rn. 120; *A. Arnold*, in: Henssler/Strohn, § 64 GmbHG Rn. 27; jedenfalls i.E. *A. Arnold*, in: Henssler/Strohn, § 64 GmbHG Rn. 22; *G. Streit / F. Bürk*, DB 2008, 742, 746.

1260 *H. Altmeppen*, NJW 2007, 2121, 2121; *T. Mätzig*, in: BeckOK-GmbHG, § 64 GmbHG Rn. 60; *H. Altmeppen*, in: FS Goette, S. 2 f.

1261 *H.-F. Müller*, in: MüKo-GmbHG, § 64 GmbHG Rn. 157; *M. J. Blank*, ZInsO 2013, 461, 469; *H. Altmeppen*, in: FS Goette, S. 2 - 9; *M. J. Blank*, ZInsO 2013, 461, 469; *C.*

beanstandet, schlicht nicht den besseren Argumenten gefolgt zu sein, sondern nur die Haftungsrisiken der Betroffenen minimiert zu haben.[1262] Dass im Einzelfall dem Geschäftsführer sicher kein Vorwurf gemacht werden könne, wenn er den Leitlinien des BFH beziehungsweise des BGH folgt, wurde dem Senat gleichwohl zugestanden.[1263]

Nach meiner Einschätzung stellt die fehlende Auseinandersetzung mit der Kernfrage, wieso das Zahlungsgebot gegenüber den Sozialversicherungsträgern und den Finanzbehörden nicht gelten soll, die dringendste Kritik an der Rechtsprechung des II. Senats dar. *Altmeppen*[1264] ist insoweit zuzustimmen, dass die Nichtanerkennung des Zahlungsverbots durch den BFH und den 5. Strafsenat kein juristisches Argument bietet. Wie aufgezeigt gebietet die vom Senat bemühte *Einheit der Rechtsordnung*[1265] eine Lösung, doch keinesfalls ein argumentationsloses Anschließen an die Lösung eines anderen Senats. Vielmehr muss abgewogen werden, wie das Ziel erreicht werden kann und welche Lösungen zur Verfügung stehen. Ein solcher Prozess ist jedenfalls in den Urteilsgründen nicht dokumentiert. Mag man im Ergebnis der Lösung auch zustimmen, so ist dieses im jetzigen Zustand nicht haltbar. Trotz einiger weiterer Auseinandersetzungen des II. Senats mit der Fragestellung, ist eine Begründung der Lösung bis heute ausgeblieben. Erschwerend tritt dabei hinzu, dass sich der II. Senat noch nicht einmal die Argumentation der anderen Bundesgerichte zu eigen macht, sondern nur auf die abweichende Behandlung abstellt, aus der eine untragbare Situation herrühre.[1266]

Das einzig tragende Argument der Ausgangsentscheidung stellt damit die Vermeidung strafrechtlicher Verfolgung der Geschäftsführer dar.[1267] Diese hätte aber, wie bereits mehrfach angeführt, deutlich besser über eine Vorlage an den *Gemeinsamen Senat der obersten Gerichtshöfe des Bundes*[1268] gelöst werden können, ohne gegen die eigene Überzeugung aus reinem Pragmatismus eine

---

Thole, DB 2015, 662, 670; *D. Kleindiek*, in: FS Schneider, S. 624 f.; *G. Bitter*, ZInsO 2010, 1561, 1571.

1262 *T. Rönnau*, JZ 2008, 46, 47; *A. Meyer*, DStZ 2014, 228, 231; *H. Altmeppen*, in: FS Goette, S. 8 f.; *H. Altmeppen*, in: Roth/Altmeppen-GmbHG, § 43 GmbHG Rn. 74; *A. Hoyer*, in: FS Reuter, S. 541.

1263 Exemplarisch *H. Altmeppen*, in: FS Goette, S. 7.

1264 *H. Altmeppen*, in: FS Goette, S. 8.

1265 Siehe dazu im Anschluss ab S. 282.

1266 Siehe nur BGH, Urteil v. 14.05.2007 – II ZR 48/06, NJW 2007, 2118, juris-Rn. 12.

1267 Ebenso *T. Rönnau*, JZ 2008, 46, 48.

1268 Siehe dazu ausführlich ab S. 257.

Rechtsprechung aufzugeben.[1269] Auf diesem Weg hätte man im direkten Dialog unter Zuhilfenahme des gemeinsamen Sachverstandes eine tragfähige Gesamtlösung finden können.[1270] Selbst bei gleichem Ausgang hätte es dann eine klare und vermutlich fundiert begründete Lösung gegeben, die allen Beteiligten noch weit mehr geholfen hätte. So wird auch kritisch hinterfragt, wieso nicht jedenfalls durch einen der beteiligten Senate nach § 132 Abs. 2 GVG an den vereinigten großen Senat vorgelegt wurde,[1271] um innerhalb des BGH eine einheitliche Linie zu finden.

Darüber hinaus hätte es, wäre es denn um eine bloße Vermeidung einer Vorlage gegangen, ausgereicht, wenn man den Geschäftsführer im Einzelfall mit Blick auf die anderslautenden Interpretationen der Handlungspflichten durch BGH und BFH entschuldigt hätte.[1272]

b) Reaktion des BFH

Mittlerweile verneint der BFH eine Haftung für nicht abgeführte Steuern gemäß §§ 69, 34 AO nur noch dann, wenn der Steuerausfall mangels liquider Zahlungsmittel der Gesellschaft unabhängig von der fristgerechten Steueranmeldung eintritt.[1273] Er unterstreicht dabei, dass weder der Eintritt der Insolvenzreife und der damit verbundenen Dreiwochenfrist[1274] noch der bloße Antrag auf Eröffnung des Insolvenzverfahrens Einfluss auf die steuerlichen Pflichten hat.[1275] Er hat allgemein angenommen, dass aufgrund der drohenden Haftung, eine Zahlung mit den Pflichten eines ordentlichen und gewissenhaften Geschäftsleiters nach § 64 Abs. 2 GmbHG a.F. vereinbar sei.

Insbesondere die neu vertretene Abführungspflicht auch im Dreiwochenzeitraum könnte einer zu weiten Interpretation der Rechtsprechungsänderung des II. Zivilsenats des BGH entspringen.[1276] Wie ausgeführt, hat der BGH sich nicht allgemein zu diesem Zeitraum geäußert. Er hat lediglich festgestellt, dass dort,

1269 Ebenso *M. J. Blank*, ZInsO 2013, 461, 462.
1270 *A. Hoyer*, in: FS Reuter, S. 554.
1271 So die Forderung von *M. J. Blank*, ZInsO 2013, 461, 462; *A. Hoyer*, in: FS Reuter, S. 554.
1272 Ähnlich *H. Altmeppen*, in: FS Goette, S. 8.
1273 BFH, Urteil v. 23.09.2008 – VII R 27/07, BStBl. II 2009, 129, juris-Rn. 15.
1274 BFH, Urteil v. 23.09.2008 – VII R 27/07, BStBl. II 2009, 129, juris-Rn. 26.
1275 BFH, Urteil v. 23.09.2008 – VII R 27/07, BStBl. II 2009, 129, juris-Rn. 13.
1276 *H. Boecker*, in: H/H/Sp, § 69 AO Rn. 41d, Stand: 232. Lfg. v. 04.2015; *G. Kahlert*, 2015, Rn. 424; *C. Thole*, DB 2015, 662, 664; *H. Altmeppen*, in: FS Goette, S. 6 f.

wo eine Haftungsinanspruchnahme drohe, eine Zahlung über § 64 Abs. 2 S. 2 GmbHG a.F. möglich sei. In seiner Ausgangsentscheidung aus 2007 hat er sogar nur eine Abwägung gegenüber der drohenden strafrechtlichen Inanspruchnahme durchgeführt. Im Zeitpunkt der Ausführungen des II. Senats unterlag der Dreiwochenzeitraum aber keinem Haftungsrisiko, da der BFH insoweit eine Haftung gerade mit Blick auf die, jedenfalls in diesem kurzen Zeitraum vorgehende Massesicherung, ausgeschlossen hatte,[1277] noch bestand oder besteht ein (ernsthaftes) strafrechtliches Risiko.[1278] Der BFH verkehrt damit gerade die Argumentation, indem er selbst die Haftung ausweitet, um so nachfolgend eine Haftungsbefreiung aus § 64 S. 2 GmbHG zu schaffen. Diese Ausweitung war mithin weder angezeigt noch kann sie anderweitig überzeugen. Entsprechend wird auch kritisiert, dass es im Ergebnis zu einer Privilegierung der öffentlichen Kassen kommt, die der Gesetzgeber der Insolvenzordnung gerade abschaffen wollte.[1279]

c) 5. Strafsenat des BGH

Eine Reaktion beziehungsweise auch nur eine Reaktionsmöglichkeit des 5. Strafsenats bestand seitdem nicht mehr. Es kann somit bis auf Weiteres davon ausgegangen werden, dass auch weiterhin für den Dreiwochenzeitraum des heutigen § 15a Abs. 1 InsO eine Strafbarkeit nach § 266a StGB ausgeschlossen ist,[1280] Klarheit besteht aber insoweit nicht, was insbesondere an der zwischenzeitlichen Novellierung des § 28e Abs. 1 SGB IV liegt.

d) Außendivergenz zwischen BGH und BFH

Mit der Aufgabe seiner Position hat der II. Senat des BGH die zwischenzeitlich vorliegende Außendivergenz weitestgehend beendet. Es verbleiben noch einige Detailfragen, die nur indirekt mit der Frage der Kollision zwischen den

---

1277 Siehe zuvor ab S. 218.

1278 *R. Rüsken*, in: Klein-AO, § 69 AO Rn. 80.

1279 *J. M. Schmittmann / D. Dannemann*, ZIP 2014, 1405, 1409 f.; *H.-F. Müller*, in: MüKo-GmbHG, § 64 GmbHG Rn. 157; *M. Casper*, in: U/H/L-GmbHG, § 64 GmbHG Rn. 121 a.E.

1280 Ebenso OLG Sachsen-Anhalt, Urteil v. 31.03.2010 – 5 U 155/09, NZI 2010, 874, juris-Rn. 40; OLG Koblenz, Beschluss v. 22.11.2010 – 10 U 706/10, juris-Rn. 8–10; *M. Casper*, in: U/H/L-GmbHG, § 64 GmbHG Rn. 122; vgl. *C. Brand*, GmbHR 2010, 237, 239–244; **a.A.** *F. Bittermann*, wistra 2007, 406, 407; *M. Nentwig*, GmbHR 2011, 346, 349 f.

einzelnen Normbefehlen zusammenhängen. Hierzu zählt die Behandlung von Ressortverteilungen im Falle mehrerer Geschäftsführer.[1281] Dem BGH genügt insoweit in Extremfällen sogar eine konkludente Ressortverteilung, der BFH verlangt demgegenüber eine schriftliche Fixierung. Einzig von größerer Bedeutung ist die unterschiedliche Behandlung von hypothetischen Kausalverläufen, die nur seitens des BFH unverändert keine Berücksichtigung finden.[1282]

Soweit der II. Senat des BGH sich zukünftig doch dazu durchringen sollte, seine Auffassung erneut zu überdenken, würde dies aufgrund der dann offensichtlichen Außendivergenz nur über eine Anrufung des Großen Senats der obersten Gerichtshöfe des Bundes funktionieren, „ein steiniger, aber gangbarer Weg!“[1283]

III. Aktuell vertretene Positionen in der Literatur

Die Vielzahl der vertretenen Meinungen zeigt die Schwierigkeit, die Situation einer zufriedenstellenden Lösung zuzuführen und verdeutlicht gleichzeitig, das durch die Unsicherheit entstehende Risiko der Geschäftsführer. So ist die bereits in den 90er Jahren ausgesprochene Einschätzung von der „Existenzbedrohung als Berufsrisiko [von Geschäftsführern]“[1284] auch heute noch nicht gebannt.

Unabhängig von der eingenommenen Position ist *Thole/Poelzig* [1285] zuzustimmen, dass das Recht von einem Geschäftsführer nicht mehr verlangen kann, als sein Amt gewissenhaft und sorgfältig wie ein ordentlicher Geschäftsleiter auszuüben; entsprechend kann ihm kein Vorwurf der Pflichtwidrigkeit gemacht werden, soweit er diesen Maßstab einhält.

1. Kein Ausschluss der Haftung (Steuer muss gezahlt werden)

Viele Stimmen unterstützen die aktuelle Handhabung der Rechtsprechung mehr oder weniger deutlich.[1286] Entsprechend seien Zahlungen, die kraft Gesetzes geleistet werden müssen, nach § 64 S. 2 GmbHG privilegiert. Mitunter scheint

1281 *S. Scharf / C. Bothe*, DB 2019, 599, 599.
1282 Siehe dazu ab S. 83.
1283 *M. J. Blank*, ZInsO 2013, 461, 470.
1284 *H. Schuhmann*, StBp 1992, 7, 15.
1285 *C. Thole / D. Poelzig*, ZGR 2010, 836, 853.
1286 *S. Kolmann*, in: HK-GmbHG, § 64 GmbHG Rn. 48; *R. Sinz*, in: Schmidt/Uhlenbruck, 1.Teil S. 1.194; *W. Sonnleitner / M. Winkelhog*, BB 2015, 88, 91; *M. Loose*, in: Tipke/Kruse, § 69 AO Rn. 43a, Stand: 151. Lfg. v. 02.2018; *A. Arnold*, in: Henssler/Strohn, § 64 GmbHG Rn. 26 - 28; *J. Nerlich*, in: MHLS-GmbHG, § 64 GmbHG Rn. 22.

es dabei aber, dass viele Autoren zuvörderst die mit der Rechtsprechungsänderung einhergehende Rechtsklarheit mehr begrüßen als die tatsächlich von der Rechtsprechung gefundene Lösung, beziehungsweise deren rechtliche Begründung.[1287]

Demgegenüber hält *Karsten Schmidt*[1288] die neue Rechtsprechung für überzeugend und sieht sie zugleich auch als Befreiung, da die Betroffenen nun nicht länger mit dem Haftungsdilemma konfrontiert seien. Die vom BFH und BGH gewählte Lösung sei aber auch inhaltlich überzeugend, da sie gesetzlich gewährleisteten Zahlungspflichten einen Vorrang einräume. Auf diesem Weg sei eine Privilegierung über § 64 S. 2 GmbHG gegeben.[1289] Diesen Vorrang sieht er dabei auch uneingeschränkt gewährleistet und explizit auch im Dreiwochenzeitraum des § 15a InsO anwendbar.

Mitunter gehen vereinzelte Stimmen darüber hinaus sogar davon aus, dass eine Haftung aus § 823 Abs. 2 BGB i.V.m. § 266a StGB eine Haftung wegen Insolvenzverschleppung oder wegen Verstoßes gegen die Massesicherung nicht ausschließe.[1290] Der Geschäftsführer habe es schlicht selbst zu verantworten, in die Situation gekommen zu sein, aus der er sich rechtzeitig hätte befreien können.

2. Anteilige Steuerzahlungspflicht

Nach einer von *Steeger*[1291] vertretenen Auffassung sind die Steuerverbindlichkeiten jeweils anteilig im gleichen Verhältnis wie die übrigen Gläubiger zu befriedigen. Dabei nimmt er wohl nur solche Gläubiger in die Quote auf, die auch tatsächlich eine Zahlung erhalten. Er hält auf die vorliegende Pflichtenkollision grundsätzlich das aus dem Strafrecht bekannte Modell der rechtfertigenden Pflichtenkollision für anwendbar.[1292] Folglich bestünde für den Betroffenen dort ein Wahlrecht, wo zwei gleichwertige Pflichten aufeinandertreffen. Als notwendige Voraussetzung setzt er dabei aber voraus, dass der Verpflichtete nur eine Pflicht tatsächlich erfüllen könne. Nun weicht er von der hier hervorgehobenen

---

1287 *Explizit nur die Auflösung des Konflikts begrüßend M. Casper*, in: U/H/L-GmbHG, § 64 GmbHG Rn. 120 a.E.; *V. Heeg*, DStR 2007, 2134, 2138.

1288 *K. Schmidt*, in: Scholz-GmbHG [11. Auflage], § 64 GmbHG Rn. 51; *K. Schmidt*, in: Schmidt/Uhlenbruck, 11. Teil Rn. 11.53.

1289 *K. Schmidt*, in: Scholz-GmbHG [11. Auflage], § 64 GmbHG Rn. 51.

1290 U.a. *G. Bitter*, ZInsO 2010, 1561, 1571; *J. Wilhelm*, ZIP 2007, 1781, 1785; wohl auch *H. Oetker*, in: Henssler/Strohn, § 43 GmbHG Rn. 97.

1291 *T. Steeger*, 1998, S. 78 - 80.

1292 *T. Steeger*, 1998, S. 78.

Gegenüberstellung des Zahlungsverbots aus § 64 GmbHG und der Zahlungspflicht aus § 34 AO ab. Stattdessen sieht er eine Kollision verschiedener Zahlungspflichten, die der Geschäftsführer aufgrund fehlender Mittel nicht allesamt vollständig erfüllen kann. Ein Ausschluss nach dem Grundsatz der rechtfertigen Pflichtenkollision komme aber dennoch nicht in Betracht. Da es sich bei Geldschulden – wie der Steuerschuld – um teilbare Schulden handle, sei es dem Geschäftsführer stets möglich, an alle Gläubiger anteilig im Sinne einer gleichmäßigen Befriedigung zu leisten.[1293] Es fehle am notwendigen Ausschließlichkeitsverhältnis. Somit müsse der Geschäftsführer anteilig zahlen, was dazu führe, dass er für den gezahlten Teil seiner Pflicht nachkomme und der übrige Teil (nach dem Grundsatz der anteiligen Tilgung) bereits nicht haftungsbewehrt sei.[1294]

3. Stundung des Steueranspruchs

Demgegenüber sieht *Schlering* einen grundsätzlichen Vorrang des Insolvenzrechts vor dem Steuerrecht.[1295] Dieser dringe aber mangels entsprechender Vorschriften im materiellen Steuerrecht nicht durch.[1296] Die Steuerentrichtungspflicht gelte aufgrund ihres öffentlich-rechtlichen Charakters bis zur Eröffnung des Hauptverfahrens fort.[1297] So seien Steuerzahlungen ab Insolvenzantragstellung „aus rein insolvenzrechtlicher Perspektive“[1298] unzulässig, was auf Seiten des Steuerrechts nur durch eine zeitweise Suspendierung der Steuerzahlungspflicht mithilfe der Stundung nach § 222 AO umgesetzt werden könne.[1299] Dadurch lasse es sich erreichen, dass Steuern, soweit es keine Abzugsteuern sind,[1300] ab Insolvenzreife nicht abgeführt werden müssen, soweit ein Antrag auf Stundung nach § 222 S. 2 AO gestellt würde.[1301] Entgegen der ständigen Rechtsprechung und übrigen Auffassung der Literatur,[1302] hält er eine Stundung auch

1293 *T. Steeger*, 1998, S. 79.
1294 *T. Steeger*, 1998, S. 80.
1295 *D. Schlering*, 2017, Rn. 326.
1296 Vgl. *D. Schlering*, 2017, Rn. 326.
1297 *D. Schlering*, 2017, Rn. 345.
1298 *D. Schlering*, 2017, Rn. 279.
1299 *D. Schlering*, 2017, Rn. 328.
1300 *D. Schlering*, 2017, Rn. 282.
1301 *D. Schlering*, 2017, Rn. 248 - 250.
1302 *D. Schlering*, 2017, Rn. 203 - 215 m.w.N.

nach Eintritt der Insolvenzreife für möglich.[1303] Dabei sei sogar eine rückwirkende Stundung möglich.[1304]

Im Stadium vor Insolvenzantragstellung ergebe sich der Stundungsgrund daraus, dass es der Gläubigergemeinschaft nicht zumutbar sei, wenn in diesem Stadium noch masseschädliche Steuerzahlungen geleistet würden.[1305] Nach erfolgter Insolvenzantragstellung sei es hingegen unzulässig, Steuerzahlungen zu leisten, weshalb stets ein Stundungsgrund gegeben sei.[1306] Das Erschließungsermessen der Behörde sei aufgrund der zu beachtenden insolvenzrechtlichen Wertungen regelmäßig auf null reduziert, sodass ein Anspruch auf Erlass des Stundungsbescheids bestehe, ggf. unter weiteren Auflagen.[1307]

4. Vorrang der par conditio creditorum

Unverändert spricht sich ein großer Teil der gesellschafts- bzw. insolvenzrechtlich orientierten Stimmen für einen strikten Vorrang der par conditio creditorum aus,[1308] wobei die Begründungen teilweise auseinandergehen.

a) Altmeppen

Altmeppen steht seit jeher für eine konsequente Verfolgung der Massesicherung sowie der Gläubigergleichbehandlung ein, weshalb er sich für einen Erhalt beziehungsweise für die Wiedereinführung dieser Prinzipien einsetzt. Entsprechend sieht er auch die neuere Rechtsprechung des II. Senats als in ihrer Begründung verfehlt an.[1309]

Die Rechtsprechungsänderung des II. Zivilsenats laufe ebenso wie die Rechtsprechung des BFH und des 5. Strafsenats auf eine Verletzung der par conditio creditorum hinaus. Richtig sei an der Rechtsprechung des II. Senats nur, dass der Streit der Senate nicht auf den Rücken der Geschäftsführer ausgetragen werden könne, weshalb im Ergebnis eine Haftung abgelehnt werden musste.[1310]

1303 *D. Schlering*, 2017, Rn. 214.

1304 *D. Schlering*, 2017, Rn. 337.

1305 *D. Schlering*, 2017, Rn. 231, 243, 279 u. 332 f.

1306 *D. Schlering*, 2017, Rn. 334.

1307 *D. Schlering*, 2017, Rn. 259.

1308 *H. Fleischer*, in: MüKo-GmbHG, § 43 GmbHG Rn. 360 a. E.

1309 *H. Altmeppen*, in: Roth/Altmeppen-GmbHG, § 43 GmbHG Rn. 82; *H. Altmeppen*, in: Altmeppen-GmbHG, § 64 GmbHG Rn. 29 f.; ebenso *U. Haas*, in: Baumbach/Hueck-GmbHG, § 64 GmbHG Rn. 102; *H.-F. Müller*, in: MüKo-GmbHG, § 64 GmbHG Rn. 157; *G. Bitter*, ZInsO 2010, 1561, 1571.

1310 *H. Altmeppen*, in: Altmeppen-GmbHG, § 64 GmbHG Rn. 30.

Die inhaltliche Begründung der Entscheidung sei aber zu weitreichend gewesen. Der Vorrang von Sozialabgaben und Steuern sei weder nötig gewesen noch sachlich zutreffend.[1311] Speziell die Rechtsprechung des BFH sei wertungsmäßig unhaltbar und dogmatisch nicht nachvollziehbar.[1312] Ein Vorrang von Steuerschulden jedweder Art gegenüber den Ansprüchen der übrigen Insolvenzgläubiger sei mit dem Grundsatz der par conditio creditorum unvereinbar. Hingegen sei eine Zahlung nach dem heutigen § 64 S. 2 GmbHG nur zulässig, wenn der Normbefehl des Sozial- beziehungsweise Steuerrechts tatsächlich dahin lauten würde, trotz Insolvenzreife noch zu zahlen.[1313] Ein solcher Vorrang zugunsten öffentlich-rechtlicher Gläubiger sei in der Insolvenzordnung gegenüber der vorherigen KO aber nicht mehr vorgesehen.[1314] Entsprechend greife nun ab Insolvenzreife uneingeschränkt die par conditio creditorum ein.[1315] Das Gebot gelte dabei auch unabhängig von der Einhaltung der Insolvenzantragspflicht nach §15a InsO, die selbständig neben dem Zahlungsverbot stehe.[1316] Unabhängig davon, ob die Antragspflicht rechtzeitig erfüllt werde, ändere dies nichts an der Haftung nach § 64 S. 1 GmbHG, die schlicht in diesem Fall nicht eingreife, da das Zahlungsverbot uneingeschränkt Geltung behalte.[1317]

Er veranschaulicht dies an einem Beispiel, in dem ein Geschäftsführer ab Insolvenzreife keinerlei Zahlungen mehr leistet und rechtzeitig Insolvenzantrag stellt. Weder der Fiskus noch die Sozialversicherungen können in dieser Situation aus dem Gesetz eine Besserstellung gegenüber den übrigen Gläubigern ableiten, da diese selbigen fremd sei.[1318] Soweit der 5. Strafsenat in solchen oder auch in anderen Konstellationen eine Strafbarkeit begründen möchte, sei dies ein Verstoß gegen Art.103 Abs. 2 GG – nulla poena sine lege.[1319] Mit Ablauf des Dreiwochenzeitraums ende zwar sodann spätestens die Prüfzeit des § 15a InsO, das Zahlungsverbot kenne eine solche Einschränkung aber nicht, weshalb

1311 *H. Altmeppen*, in: Altmeppen-GmbHG, § 64 GmbHG Rn. 30.
1312 *H. Altmeppen*, in: Roth/Altmeppen-GmbHG, § 43 GmbHG Rn. 47.
1313 *H. Altmeppen*, in: Altmeppen-GmbHG, § 64 GmbHG Rn. 30.
1314 *H. Altmeppen*, in: Altmeppen-GmbHG, § 64 GmbHG Rn. 39; *H. Altmeppen*, in: FS Goette, S. 10.
1315 *H. Altmeppen*, in: FS Goette, S. 3.
1316 *H. Altmeppen*, in: FS Goette, S. 11.
1317 *H. Altmeppen*, in: Roth/Altmeppen-GmbHG, § 43 GmbHG Rn. 85.
1318 *H. Altmeppen*, in: Roth/Altmeppen-GmbHG, § 43 GmbHG Rn. 83.
1319 *H. Altmeppen*, in: FS Goette, S. 11.

allenfalls eine Haftung aus § 823 Abs. 2 BGB i.V.m. § 15a Abs. 1 InsO in Betracht komme.[1320]

Den von der Rechtsprechung behaupteten Vorrang der strafbewehrten Pflichten erteilt er ebenfalls eine Absage. Ein Vorrang ergebe sich nicht automatisch aus der Strafnorm des § 266a StGB oder der Bußgeldvorschrift des § 380 AO; diese Vorschriften knüpfen demgegenüber bloß an einen zugrundeliegenden Normbefehl beziehungsweise Vorrang an, der aber zunächst nachzuweisen sei.[1321] Durch den bewussten Entfall der Vorrechte beim Wechsel von Konkursordnung zu Insolvenzordnung sei dafür aber keine Grundlage mehr vorhanden.

Nach seiner Auffassung war auch die frühere Rechtsprechung des II. Senats nicht vollkommen überzeugend. So könne die ein- oder auch mehrmalige Verletzung des Zahlungsverbots keinesfalls die Verpflichtung zu weiteren Zahlungen begründen, da gleichwohl das Zahlungsverbot weiterhin uneingeschränkte Gültigkeit habe. Dies sei auch nicht notwendig, da bereits ein Ersatzanspruch bezüglich der unzulässig geleisteten Zahlungen bestehe und die Masse entsprechend wieder angereichert werden kann.[1322]

Ferner stellte er klar, dass eine (hypothetische) Anfechtbarkeit einer Leistung keinen Einfluss auf die Haftung habe, sofern die Zahlung im Zeitraum der Insolvenzreife hätte getätigt werden müssen.[1323] Es bestünde zu diesem Zeitpunkt aufgrund des Zahlungsverbots bereits kein Anspruch auf Zahlung mehr, da dieser wegen rechtlicher Unmöglichkeit untergegangen sei.

Solange die Bundesgerichte aber noch gegenteilige Auffassungen vertreten, handelten Betroffene, die daraufhin Zahlungen leisten, ohne Schuld mit Blick auf ihre Ersatzpflicht nach § 64 S. 1 GmbHG.[1324]

b) *Haas*

Auch *Haas* lehnt die gegenwärtige Rechtsprechung von BGH und BFH ab. Er hält den Ansatz über eine Aufweichung der Voraussetzungen des § 64 S. 2 GmbHG für fragwürdig,[1325] wobei insgesamt eine Tendenz in der Rechtsprechung zu erkennen sei, den Schutzzweck des Satzes 1 zu relativieren.[1326]

1320 *H. Altmeppen*, in: FS Goette, S. 10.

1321 *H. Altmeppen*, in: FS Goette, S. 11 f.

1322 *H. Altmeppen*, in: Roth/Altmeppen-GmbHG, § 43 GmbHG Rn. 87.

1323 *H. Altmeppen*, in: Roth/Altmeppen-GmbHG, § 43 GmbHG Rn. 88.

1324 *H. Altmeppen*, in: FS Goette, S. 14.

1325 *U. Haas*, in: Baumbach/Hueck-GmbHG, § 64 GmbHG Rn. 101.

1326 *U. Haas*, in: Baumbach/Hueck-GmbHG, § 64 GmbHG Rn. 94.

Ihr argumentativer Ansatz ist jedoch ein anderer. So entstehe der Anspruch aus § 64 S. 1 GmbHG erst mit der Insolvenzeröffnung, weshalb zuvor keine eigene „Massesicherungspflicht“ bestehe, die mit einer anderen Pflicht konfligieren könne.[1327] Gleichwohl müsse aber die darin zum Ausdruck kommende insolvenzrechtliche Wertung befolgt werden, da sich diese durchsetze.[1328] Dies bestätige sich bei einem Blick auf das Insolvenzanfechtungsrecht. So habe es – in Übereinstimmung mit der Rechtsprechung – auf die Anfechtbarkeit einer Rechtshandlung keinen Einfluss, ob eine zugrundeliegende Handlungspflicht strafbewehrt sei oder nicht.[1329] Dabei würde der Geschäftsführer auch nicht übermäßig belastet, da er es zuvor selbst in der Hand hatte, rechtzeitig einen Insolvenzantrag zu stellen. Entsprechend sei es besonders unverständlich, dass nach Auffassung der Rechtsprechung (spätestens) mit Ablauf der Dreiwochenfrist die Zahlungspflicht wieder aufleben solle. Die Gerichte schüfen damit ein eigenes Sanktionsrecht, das der Gesetzgeber an anderer Stelle bereits geschaffen habe und deren steuerlichen Sonderweg es daher nicht brauche.[1330] Schwierig könne die Situation für den Geschäftsführer nur werden, wenn ihm die Verfügungsmacht im Eröffnungsverfahren erhalten bleibe.[1331]

Erst recht sei aber die Auffassung des BFH nicht zu verstehen, sogar im Zeitraum des § 15a Abs. 1 InsO eine Abführungspflicht zu begründen. Dies lasse sich keinesfalls aus der Rechtsprechung des II. Senats ableiten, da dieser keinen generellen Rücktritt des § 64 S. 1 GmbHG ausgesprochen hat.[1332]

Über diesen Gedanken hinaus vermöge auch das vom BGH bemühte Argument der Einheit der Rechtsordnung nicht überzeugen.[1333] So sei danach zwar eine Haftungsbefreiung für Ansprüche aus § 64 S. 1 GmbHG geboten, nicht aber für die regelmäßig mitverwirklichten Ansprüche aus § 92 InsO beziehungsweise aus § 823 Abs. 2 BGB i.V.m. § 15a Abs. 1 InsO, was nicht überzeugen könne.[1334]

Hinzu trete außerdem, dass jedenfalls auch die Pflicht zur Insolvenzantragstellung nach § 15a Abs. 4 u. 5 InsO strafbewehrt ist, ohne dass der BGH daraus eine Erkenntnis ziehe.[1335] Dies zeige aber gerade auch, dass die Gläubigergesamtheit

---

1327 *U. Haas*, in: Baumbach/Hueck-GmbHG, § 64 GmbHG Rn. 101.

1328 *U. Haas*, in: Baumbach/Hueck-GmbHG, § 64 GmbHG Rn. 102.

1329 *U. Haas*, in: Baumbach/Hueck-GmbHG, § 64 GmbHG Rn. 102 m.w.N.

1330 *I. Haas*, 2011, S. 241 f.

1331 *U. Haas*, in: Baumbach/Hueck-GmbHG, § 64 GmbHG Rn. 102 a.E.; dazu ab S. 243.

1332 *I. Haas*, 2011, S. 242.

1333 *U. Haas*, in: Baumbach/Hueck-GmbHG, § 64 GmbHG Rn. 103.

1334 *U. Haas*, in: Baumbach/Hueck-GmbHG, § 64 GmbHG Rn. 103; *C. Schmidt-Leithoff / P. Schneider*, in: Rowedder/Schmidt-Leithoff-GmbHG, § 64 GmbHG Rn. 44 a.E.

1335 *U. Haas*, in: Baumbach/Hueck-GmbHG, § 64 GmbHG Rn. 103.

ebenso geschützt sei, wie das Einzelinteresse der Sozialversicherungen in § 266a StGB und demnach keinerlei Vorrang auszumachen sei, der eine anderweitige Behandlung rechtfertigen könne. Entsprechend scheide ein „Rechtfertigungsgrund" aufgrund einer vermeintlichen Pflichtenkollision überall dort aus, wo der Geschäftsführer die Situation selbst in vorwerfbarer Weise herbeigeführt habe.[1336] Gleiches gelte auch für Konstellationen des § 266 StGB.

c) Blank

Blank kritisiert, dass der II. Senat mit seiner Grundsatzentscheidung vom 14.05.2007 den Schutz der künftigen Insolvenzgläubiger abgeschafft und stattdessen die nach 20-jähriger Reformdiskussion mit Inkrafttreten der Insolvenzordnung vom Gesetzgeber abgeschafften Konkursvorrechte wieder etabliert habe.[1337] Dies widerspreche dem wesentlichen Willen des Gesetzgebers, gerade die Verteilungsgerechtigkeit im Insolvenzverfahren zu erhöhen. Entsprechende Versuche per Gesetz eine Ausweitung herbeizuführen seien weitestgehend gescheitert.[1338] Entsprechend schlimm sei es, dass der II. Senat „ohne Not" seine Rechtsprechung zugunsten der öffentlich-rechtlichen Gläubiger geändert habe.[1339] Hinzu komme, dass der Geschäftsführer nunmehr praktisch verpflichtet sei, die Beiträge an die Sozial- und Finanzkassen abzuführen. Das darüber hinaus noch eine Ausweitung für rückständige Beiträge sowie für Drittschulden ausgesprochen wurde, sei dogmatisch nicht mehr begründbar.

Daher spricht er sich dafür aus, sich der Forderung *Altmeppens*[1340] anzuschließen. Dies mache eine Kurskorrektur des II. Senats ebenso erforderlich wie eine damit verbundene Vorlage an den Gemeinsamen Senat.[1341]

Diese führe dazu, dass der Geschäftsführer ab Eintritt der Insolvenzreife bis zum Verlust seiner Verfügungsbefugnis für von ihm abgeführte Sozialversicherungsbeiträge hafte, da deren Abführung mit der Sorgfalt eines ordentlichen Geschäftsmannes nicht vereinbar sei.[1342] Hinsichtlich des in § 266a StGB strafbewehrten Zahlungsgebots spricht er sich für eine akzessorische Auslegung aus. Die strafrechtliche Verantwortlichkeit für die Abführung von

---

1336 *U. Haas*, in: Baumbach/Hueck-GmbHG, § 64 GmbHG Rn. 103.
1337 *M. J. Blank*, ZInsO 2013, 461, 469 a.E.
1338 *M. J. Blank*, ZInsO 2013, 461, 469 f.
1339 *M. J. Blank*, ZInsO 2013, 461, 470.
1340 Siehe zuvor S. 228.
1341 *M. J. Blank*, ZInsO 2013, 461, 470.
1342 *M. J. Blank*, ZInsO 2013, 461, 470.

Arbeitnehmerbeiträgen zur Sozialversicherung ende mit dem Eintritt der Insolvenzreife, und zwar unbefristet.[1343] Damit sei für Zwecke des § 266a StGB der Normwiderspruch aufgelöst und es könne auch zu keiner deliktischen Haftung mehr kommen. Es verbleibe dann eine Haftung wegen Insolvenzverschleppung sowie eine Strafbarkeit nach §15a Abs. 4 InsO wegen unterlassener Antragstellung.

d) *Meyer*

Entgegen der zuvor dargestellten Auffassungen, stellt *Meyer* zunächst klar, dass für den Zeitraum der Krise (bis zum Zeitpunkt der Insolvenzreife) aus insolvenzrechtlicher Sicht keine Einschränkungen der steuerlichen Pflichten geboten sei und daher im Falle der Nichtbeachtung auch die vollumfängliche steuerliche Haftung aus § 69 AO greife.[1344] Entgegen dem BFH scheide eine Haftung aber für solche Zahlungen aus, die sich im Nachhinein als anfechtbar herausstellen, da sie andernfalls zu einer sachlich nicht gerechtfertigten Bereicherung des Fiskus führen würden.[1345] Anderweitige Argumente des BFH seien zirkelschlüssiger Natur.

Sobald die Insolvenzreife eingetreten sei, führe dies zu einer partiellen Vorverlagerung insolvenzrechtlicher Grundsätze, der gleichmäßigen und ranggerechten Gläubigerbefriedigung im eröffneten Verfahren.[1346] Die verteilungsfähige Masse solle im Interesse der Gläubigergesamtheit erhalten werden, um damit zugleich eine bevorzugte Befriedigung einzelner zu verhindern. Dadurch werde die in § 34 Abs. 1 S. 2 AO geregelte Steuerentrichtungspflicht des Geschäftsleiters überlagert. Die Gläubigergleichbehandlung beanspruche ohne Ansehen der Person des Gläubigers Geltung, da dem Gesetz eine solche Differenzierung fremd sei.[1347]

Eine Zahlung sei demgegenüber nach § 64 S. 2 GmbHG zulässig, wenn sie Nachteile für die Masse abwende, was bei der Tilgung von Steuerschulden aber nur denkbar sei, wenn andernfalls eine Einstellung des sanierungsfähigen Betriebs aufgrund von Vollstreckungsmaßnahmen der Finanzbehörden drohe. Dagegen lasse sich die aus der Not geborene neue Rechtsprechung des II. Zivilsenats weder in den Telos noch in die Systematik der Zahlungsverbote einfügen.[1348]

1343 *M. J. Blank*, ZInsO 2013, 461, 469.

1344 *A. Meyer*, DStZ 2014, 228, 236 f.

1345 *A. Meyer*, DStZ 2014, 228, 237 f.; ausführlich zum Problem der Berücksichtigung der hypothetischen Kausalität siehe zuvor ab S. 83.

1346 *A. Meyer*, DStZ 2014, 228, 239.

1347 *A. Meyer*, DStZ 2014, 228, 239 a.E.

1348 *A. Meyer*, DStZ 2014, 228, 240.

Wie schon die zuvor genannten Stimmen richtig erkannten, kann es auch nach *Meyer* keinen Unterschied machen, ob Zahlungen an andere Gläubiger geflossen seien, da verbotene Zahlungen zurück zu gewähren seien, wohingegen erlaubte Zahlungen ihre Legitimation in den gesellschaftsrechtlichen Vorschriften selbst fänden.[1349] Der Eingriff in dieses abgestimmte System durch die Rechtsprechung sei störend, ohne dabei eine vorrangige steuerrechtliche Wertung anführen zu können. So komme es zu einer rein fiskalisch motivierten Besserstellung des Fiskus beziehungsweise einer Umgehung des Gleichrangs, die dem Regime des Insolvenzrechts fremd seien, weshalb ihr nicht gefolgt werden könne.

Dabei stellt er ebenfalls klar, dass auch eine Insolvenzverschleppung – also das tatenlose Verstreichenlassen der Frist nach § 15a Abs. 1 InsO – keinesfalls ein Wiederaufleben der Steuerentrichtungspflicht begründen könne. Es verbleibe dem Fiskus die Möglichkeit, Schäden aus der verspäteten Eröffnung des Verfahrens geltend zu machen.[1350] Etwas anderes könne für den Bereich der Umsatzsteuer gelten, dort scheine eine Gleichstellung mit den für vertragliche Neugläubiger geltenden Grundsätzen gut vertretbar, zumal die Steuerpflicht in diesem Bereich eine Folge rechtsgeschäftlichen Handelns bilde.[1351]

Somit ende die Steuerentrichtungspflicht des Geschäftsleiters mit Eintritt der Insolvenzreife und für den Grundsatz der anteiligen Tilgung bliebe kein Raum.[1352] Diese Gleichbehandlung der Steuerbehörden mit anderen Gläubigern sei hinzunehmen, da die Praktikabilitätserwägungen der einfacheren Inanspruchnahme der Geschäftsleiter keine Rechtsgrundlage ersetzen können.[1353] Die aktuellen Rechtsprechungsgrundsätze über die Geschäftsleiterhaftung führen hingegen zu einem sachlich nicht gerechtfertigten Fiskusprivileg im Insolvenzfall, das wertungsmäßig in einem unüberbrückbaren Gegensatz zum insolvenzrechtlichen Gleichrang von Steuerverbindlichkeiten (vgl. § 38 InsO) stehe.[1354]

Er fasst abschließend zusammen, dass es im Kern die alte Rechtsprechung des II. Senats gewesen sei, die zutreffend gewesen wäre, weshalb es am 5. Senat sowie dem BFH gewesen wäre einzulenken. Auch wenn die Praxis sich mit der

---

1349 *A. Meyer*, DStZ 2014, 228, 240.
1350 *A. Meyer*, DStZ 2014, 228, 240 f.
1351 *A. Meyer*, DStZ 2014, 228, 240 f.
1352 *A. Meyer*, DStZ 2014, 228, 240.
1353 *A. Meyer*, DStZ 2014, 228, 241.
1354 *A. Meyer*, DStZ 2014, 228, 242.

aktuellen Situation arrangieren könne, geschehe dies zum Preis einer materiellrechtlich unhaltbaren Vorzugsbehandlung des Fiskus.[1355]

e) *Verschiedene*

Mitunter gestützt auf das Gebot der Massesicherung, teils nur als Appell, fordern verschiedene Stimmen, dass jedenfalls im Zeitraum der Sanierungsprüfung, mithin maximal im Dreiwochenzeitraum, die Abführungspflicht für Sozialversicherungsbeiträge und Steuern suspendiert sein sollte.[1356] Ebenso stellen weitere Stimmen darauf ab, dass es mit dem Zweck des § 64 GmbHG unvereinbar sei, eine vorrangige Bedienung einzelner Zahlungsempfänger zu fordern.[1357] Maßstab des § 64 S. 2 GmbHG könne nur die Schadensabwendung für die Masse sein.

5. Abstrakte Auflösung – die Lehre der Pflichtenkollision

Einen grundsätzlich anderen Ansatz vertreten *Thole* und *Poelzig*, die sich ganz allgemein der Lösung kollidierender Geschäftsleiterpflichten zugewandt haben und erste Ansätze zu einer allgemeinen Lehre entwickelt haben.[1358]

Zunächst haben Sie dabei festgestellt, dass stets bei den einzelnen Pflichten des Geschäftsleiters anzusetzen ist.[1359] Sodann müsse bei diesen Pflichten zwischen Binnenpflichten und Außerpflichten unterschieden werden, da daraus unterschiedliche Abwägungen folgen.[1360] Als „leuchtendes Exempel"[1361] einer Kollision zwischen einer solchen Binnen- und Außerpflicht machen sie sodann den gesellschaftsrechtlichen Masseerhaltungsgrundsatz mit bestimmten strafrechtlich abgesicherten Zahlungspflichten aus. Gleichwohl sei bislang weder in dieser Konstellation noch bei anderen prominenten Binnenpflichtskonflikten ein dogmatischer Ansatz zur Auflösung gefunden worden.[1362]

Für § 64 GmbHG sei zunächst die Pflichtenkollision genau zuzuordnen.[1363] Dessen Satz 2 sei mitunter als Element des subjektiven Tatbestands gesehen

1355 *A. Meyer*, DStZ 2014, 228, 249.

1356 Beispielsweise *H.-F. Müller*, in: MüKo-GmbHG, § 64 GmbHG Rn. 157; *R. Halaczinsky*, 2013, Rn. 81.

1357 *D. Kleindiek*, in: Lutter/Hommelhoff-GmbHG, § 43 GmbHG Rn. 103; *D. Kleindiek*, in: Lutter/Hommelhoff-GmbHG, § 64 GmbHG Rn. 4.

1358 *C. Thole / D. Poelzig*, ZGR 2010, 836.

1359 *C. Thole / D. Poelzig*, ZGR 2010, 836, 837.

1360 *C. Thole / D. Poelzig*, ZGR 2010, 836, 837–840.

1361 *C. Thole / D. Poelzig*, ZGR 2010, 836, 841.

1362 *C. Thole / D. Poelzig*, ZGR 2010, 836, 850 f.

1363 *C. Thole / D. Poelzig*, ZGR 2010, 836, 853.

worden, überwiegend aber als Rechtfertigungsvorbehalt bzw. als eine Begrenzung des Pflichteninhalts bereits auf objektiver Ebene eingeordnet und damit als tatbestandliche Einschränkung der Pflichtwidrigkeit.[1364] Diese „Entlastungsmöglichkeit“[1365] solle daher bereits als Element der Pflichtwidrigkeit anerkannt werden. So erfordere es der Tatbestand nicht, dass jede Zahlung mit dem Urteil der Pflichtwidrigkeit belegt werde. Denn mehr verlangen könne das Recht von einem Geschäftsführer nicht, als sein Amt wie ein ordentlicher Geschäftsleiter gewissenhaft und sorgfältig auszuüben.[1366] Damit komme zugleich bereits auf Ebene der Pflichtverletzung quasi eine Rechtfertigung in Betracht, die eine Verletzung einer an sich bestehenden Pflicht für zulässig erachte und damit gegebenenfalls im Ergebnis den für den Geschäftsleiter beachtlichen Pflichtengehalt reduziere.[1367] Unter einem solchen Konzept des Verhaltensunrechts bedürfe es dafür streng genommen nicht der Anerkennung eines Rechtfertigungsgrundes, sondern es sei bereits für die Frage der Pflichtverletzung festzulegen, wie sich ein ordentlicher und gewissenhafter Geschäftsleiter im Lichte der konfligierenden Pflichten zu verhalten habe.[1368] Unter einer solchen verhaltens- statt erfolgsbezogenen Konzeption der Pflicht würde ein Rechtfertigungsgrund, verstanden als echte „Gegennorm“, also nicht zwingend gebraucht. Daraus ziehen sie den Schluss, dass bereits bei der Frage nach der Sorgfalt eines ordentlichen Geschäftsleiters festgelegt werden müsse, ob und welche von mehreren in Betracht kommenden Verantwortlichkeiten des Geschäftsleiters die konkret zu befolgende Verhaltensnorm konstituiere.[1369] Daher erweise sich „die Einsicht, dass eine Kollisionslage mehrerer Pflichten zu einer ausnahmsweisen Befreiung des Geschäftsleiters von der Befolgungspflicht bzw. zu einer ‚Rechtfertigung‘ des Geschäftsleiters bei Nichtbeachtung der maßgeblichen Pflicht führen kann, so dass nicht erst das Verschulden zu verneinen wäre.“[1370] Somit gelte zugleich allgemein, was der BGH zu § 64 Abs. 2 GmbHG a.F. ausgesprochen hat: Wer im Falle einer Pflichtenkollision das Richtige tue, weil er der allein maßgeblichen, nämlich höherrangigen Pflicht nachkomme, handele mit der Sorgfalt eines ordentlichen Geschäftsleiters und sei deshalb von der Haftung gegenüber

---

1364 *C. Thole / D. Poelzig*, ZGR 2010, 836, 853 m.w.N., vgl. auch ab S. 189.
1365 *C. Thole / D. Poelzig*, ZGR 2010, 836, 853.
1366 *C. Thole / D. Poelzig*, ZGR 2010, 836, 853 a.E.
1367 *C. Thole / D. Poelzig*, ZGR 2010, 836, 854.
1368 *C. Thole / D. Poelzig*, ZGR 2010, 836, 854.
1369 *C. Thole / D. Poelzig*, ZGR 2010, 836, 854 f.
1370 *C. Thole / D. Poelzig*, ZGR 2010, 836, 855.

der Gesellschaft wegen der Verletzung der anderen zurücktretenden Pflicht befreit.[1371]

Man müsse daher Maßstäbe für die Auflösung der Kollisionsfälle auf allgemeiner Grundlage entwickeln. Das Gesellschaftsrecht biete dabei aber nur wenig Anhaltspunkte, insbesondere für den Konflikt von Binnen- und Außenpflichten seien diese nicht aufzufinden.[1372] Man könne hier aber möglicherweise auf strafrechtliche Modelle zurückgreifen, so seien die strafrechtlichen Rechtfertigungsgründe nicht bloß eine singuläre Erscheinungsform, sondern Ausdruck allgemeiner, übergreifender Gedanken über die Auflösung von Pflichten- und Interessenkollisionen.[1373] Die Bereiche des Zivil- sowie des Strafrechts seien zudem ohnehin häufig funktional austauschbar, was sich beispielsweise an den zum Strafrecht vergleichbaren Vorschriften der §§ 228, 904 BGB zeige.[1374] Dabei müsse nur den unterschiedlichen Zielen des Straf- sowie des Kapitalgesellschaftsrechts als Organisationsrecht Rechnung getragen werden. Aus alledem lasse sich daher unter anderem der Schluss ziehen, dass der Geschäftsleiter gerechtfertigt handle, wenn ihn zwei gleichrangige Pflichten treffen und er wegen Unmöglichkeit nur eine der beiden erfüllen könne.[1375] Treffe ihn hingegen eine höherrangige Pflicht, sei diese zu erfüllen.[1376]

Somit stelle sich die Anschlussfrage, ob Schutzgütern, die strafrechtlich abgesichert sind, generell ein Vorrang zukomme, welcher aber, auch für die konkreten Fälle der Sozialversicherungsbeiträge verneint wird.[1377] Zugunsten der strafrechtlich geschützten Pflichten bestünde lediglich eine Vermutung, da der Gesetzgeber die Pflichterfüllung besonders hervorgehoben habe. So wird zuletzt auch festgestellt, dass der Geschäftsleiter dann nicht gerechtfertigt sei, wenn er die Zwangslage selbst in vorwerfbarer Weise verursacht habe, was aber eng zu fassen sei.[1378]

Im Ergebnis sprechen sich *Thole/Poelzig* dann dafür aus, dass es dem Geschäftsleiter wohl freistehe, sich für eine der Pflichten zu entscheiden, wenn eine echte Kollisionslage vorliege.[1379] Nach dem dargestellten Ansatz dürfte die Situation

---

1371 *C. Thole / D. Poelzig*, ZGR 2010, 836, 855.
1372 *C. Thole / D. Poelzig*, ZGR 2010, 836, 855 f.
1373 *C. Thole / D. Poelzig*, ZGR 2010, 836, 856–858.
1374 *C. Thole / D. Poelzig*, ZGR 2010, 836, 856 f.
1375 *C. Thole / D. Poelzig*, ZGR 2010, 836, 858 f.
1376 *C. Thole / D. Poelzig*, ZGR 2010, 836, 859.
1377 *C. Thole / D. Poelzig*, ZGR 2010, 836, 860 f.
1378 *C. Thole / D. Poelzig*, ZGR 2010, 836, 862 f.
1379 *C. Thole / D. Poelzig*, ZGR 2010, 836, 864.

für steuerliche Abführungspflicht ähnlich aufzulösen sein. Der Geschäftsführer bliebe also solange straf- bzw. haftungsfrei, wie er eine der Pflichten stringent befolge.

IV. Kritik an den bisherigen Lösungsansätzen

1. Fehlende Grundlagen

Wenn man sich die bisher gefundenen bzw. praktizierten Auflösungen des Aufeinandertreffens steuerlicher Abführungspflichten und insolvenzrechtlicher Massesicherung in ihrer Gesamtheit ansieht, können diese bislang nicht überzeugen. Nur selten wurde der Konflikt tatsächlich umfassend, daher im Sinne einer Analyse beider Pflichten, betrachtet.[1380] Noch seltener war somit auch der Versuch, die maßgebliche Vorfrage zu stellen, wie denn eine solche Kollisionslage, losgelöst vom konkreten Ergebnis, ganz grundsätzlich aufzulösen sei. Am nächsten kamen dem noch die zuvor dargestellten *Thole/Poelzig*, wobei auch diese selbst davon sprechen, nur einen ersten Schritt hin zu einer systematisch umfassenden Lösung beitragen zu können.

Die sich im nachfolgenden Kapitel findenden Darstellungen zu den verfassungsrechtlichen sowie rechtstheoretischen Grundlagen sollen daher dazu beitragen, diese systematische Auflösung einen Schritt weiter zu bringen. Im Anschluss sollen diese Erkenntnisse dann insbesondere auch auf die von der Rechtsprechung noch nicht entschiedenen Fragen im Eröffnungsverfahren angewendet werden.

2. Inkonsistente Lösungen

Ein anderer Punkt ist, dass die bisherigen Lösungen vielfach nicht in sich konsistent sind oder mitunter sogar logische Brüche aufweisen. So macht es beispielsweise einige Mühe nachzuvollziehen, wieso Steuern zunächst abgeführt werden sollen, wenn sie kurz darauf im Wege der Anfechtung wieder zur Masse zurückgeholt werden können.[1381]

Einige Autoren empfinden die Lage entsprechend als unbefriedigend, nehmen sie aber teils fast klaglos hin und stellen stattdessen fest, dass die „faktischen Privilegien von Fiskus und Sozialversicherungsträgern" jedenfalls in der Gestalt des Anfechtungsrechts nach Verfahrenseröffnung wieder effektiv korrigiert

1380 So bereits zur vergleichbaren Lage des § 266a StGB *L. Ischebeck*, 2009, S. 19.
1381 *L. Maschlanka*, GWR 2019, 32.

werden können.[1382] Dies zeigt die Missstände in besonders deutlicher Form. Das mitunter kritische Problem der mangelnden Liquidität in der Frühphase der Insolvenz muss nur irgendwie in das Verfahren gerettet werden, um sich die frühzeitig abgezogenen Mittel sodann vom Staat zurückholen zu können. Ein nicht unerheblicher Teil dieser gezahlten Beträge entsteht allein aus der Nichtanerkennung der hypothetischen Kausalverläufe im Rahmen der Steuerhaftung durch den BFH. Ohne den dadurch ausgeübten Haftungsdruck könnten Geschäftsführer nach entsprechender Information an die Finanzbehörden vielfach Beträge zurückhalten und auf eigenes Risiko für Sanierungsmaßnahmen nutzen. So müssen sie diese Beträge aber zunächst abführen und den Fiskus damit besserstellen als andere vergleichbare, ungesicherte Gläubiger.

Soweit in diesem Zusammenhang oder auch allgemein auf die Zwangsgläubigerstellung des Fiskus abgestellt wird, die eine Besserstellung rechtfertige,[1383] übersieht diese Ansicht aber nach meiner Auffassung zwei Punkte. Zunächst kann diese Erkenntnis, ihre Richtigkeit einmal unterstellt, nur einen gesetzlichen Eingriff rechtfertigen, aber nicht einen möglicherweise gar nicht vorhandenen Eingriff neu schaffen. Zum anderen ist der Fiskus und damit der Gesetzgeber in dieser Hinsicht kaum schutzwürdig. Ihm steht es offen, die Gesetze in allen Phasen nach seinen Vorstellungen anzupassen, sei dies bei der vorgelagerten Verwirklichung des Steuertatbestands oder bei der späteren Vollstreckung beziehungsweise Haftung für Steuerschulden.[1384]

Demgegenüber geht *Schlering* diesem Problem letztlich aus dem Weg. Es ist zweifelsohne ein charmanter Gedanke, das Ergebnis des Vorrangs der Massesicherungspflicht über eine teleologische Reduktion der Voraussetzungen der Stundungen durch die Hinterhand zu erreichen. Er übersieht dabei jedoch, dass die sich kollidierenden Normbefehle methodisch korrekt wohl bereits direkt aufgelöst werden müssten. Wie noch aufzuzeigen sein wird,[1385] wäre eine Auslegung – wie die von ihm vorgenommene teleologische Reduktion des § 222 AO – nur direkt innerhalb der jeweiligen steuerlichen Abführungspflicht beziehungsweise in der Massesicherungspflicht selbst möglich. Beide Normbefehle lassen aber eine entsprechende einschränkende Auslegung meiner Meinung

1382 Exemplarisch *O. Hiebert*, ZInsO 2015, 1242.

1383 Siehe beispielsweise auf S. 55 f. sowie exemplarisch BFH, Urteil v. 21.01.1972 – VI R 187/68, BFHE 104, 294, 367 = BStBl. II 1972, 364.

1384 *W. Schön*, in: FS Westermann, S. 1469 f.

1385 Zur Kollisionsauflösung ab S. 275.

nach nicht zu, weshalb es für diese Fälle möglicherweise zu sogenannten *Kollisionslücken*[1386] kommen kann.

An anderen Stellen wird schlicht vom allgemeinen Vorrang strafrechtlich geschützter Normbefehle gesprochen,[1387] wenngleich dies hauptsächlich für einen Vorrang der Sozialversicherungsbeiträge vorgetragen wird. Sowohl ein solcher Vorrang strafrechtlich abgesicherter Pflichten, aber auch das vergleichbar vorgebrachte Argument des Vorrangs öffentlich-rechtlicher Forderungen bzw. Pflichten wurde bislang nicht dogmatisch belegt. So wurde von *Thole/Poelzig*[1388] beschrieben, dass sich regelmäßig nur ein Indiz für einen Vorrang begründen lasse, in unserem Rechtssystem aber keinesfalls ein allgemeiner Vorrang strafbewehrter Pflichten herzuleiten sei. Mag also eine dahingehende Erstannahme durchaus angebracht sein, muss sie dennoch im Einzelfall validiert werden, was leider soweit ersichtlich für den Bereich der Kollision von steuerlicher Abführungspflicht und insolvenzrechtlicher Massesicherungspflicht bislang nicht erfolgt ist. Die daraus folgende, allgemeine Zurückhaltung gilt darüber hinaus auch für weitere Wechselwirkungen zwischen den Rechtsgebieten. Nicht umsonst wurde auch vor Jahren schon darauf hingewiesen, dass die verschiedenen Rechtsgebiete kritischer miteinander umgehen müssten und es von Zeit zu Zeit des Widerspruchs einzelner Teilbereiche bedarf, um Fehlentwicklungen entgegenzuwirken.[1389]

All diese völlig verschiedenen Problempunkte, Ansätze und Lösungswege bestätigen zugleich auch den schon zuvor abgeleiteten Befund, dass nämlich die Lösung vielfach eine Frage der Ausgangsperspektive ist.[1390] Dies kann selbstredend nicht angehen. Weiterhelfen kann dabei zunächst nur ein möglichst objektiverer, methodischer Unterbau. Zugleich nährt dies aber auch die Befürchtung, dass es am Ende fraglich erscheint, ob eine Klärung im Wege des wissenschaftlichen Diskurses gelingen kann, oder ob nicht der Gesetzgeber klarstellend wird eingreifen müssen.

3. Fehlende Abstimmung der Obergerichte

Nicht unberücksichtigt bleiben sollte außerdem, dass der II. Senat zwar für die Sozialversicherungsbeiträge einen Vorrang annimmt, gleichzeitig aber die

1386 Siehe zur Kollisionslücke S. 280.

1387 Kritisch dazu bereits *L. Ischebeck*, 2009, S. 19 m.w.N.

1388 Siehe ab S. 235, sowie *C. Thole / D. Poelzig*, ZGR 2010, 836, 860 f.

1389 Vgl. *B. Knobbe-Keuk*, 1986, S. 31.

1390 So auch *L. Ischebeck*, 2009, S. 18.

Haftung für solche Fälle entfallen lässt, in denen die Zahlung im späteren Verfahren anfechtbar gewesen wäre.[1391] Dies relativiert die Haftung umfassend, da sie in einer Vielzahl von Verfahren aus Sicht der Sozialkassen entsprechend leerläuft.[1392] Wie zuvor schon ausgeführt,[1393] lehnt der BFH eine entsprechende Berücksichtigung eines hypothetischen Kausalverlaufs wenig überzeugend ab. Das Risiko für eine tatsächliche Inanspruchnahme ist damit aber für Steuerzahlungen ungleich höher, ohne dass es dafür eine sachliche Rechtfertigung gibt.

Aufgrund der verfassungsrechtlichen Prägung dieses Gegeneinanders der Obergerichte durch Art. 95 Abs. 3 GG, soll dies gesondert erörtert werden.[1394]

4. Kritik am Grundsatz der anteiligen Tilgung

Aus Sicht des BFH[1395] stellt die anteilige Tilgung für den Vertreter einer Gesellschaft eine „elementare" Pflicht dar.[1396] Zugleich stellt dieser Grundsatz für den Verpflichteten phasenweise auch eine echte Erleichterung dar, da Geschäftsführer bereits im mitunter langen Zeitraum der Krise nur anteilige Zahlungen leisten müssen.[1397] Dies ist nur aus dem historischen Ursprung heraus zu erklären, da der Grundsatz der anteiligen Tilgung entstand, als es in der Konkursordnung noch ein echtes Fiskusvorrecht gab und der Geschäftsführer zu jedem Zeitpunkt in voller Höhe seine Steuern zu entrichten hatte, soweit die Gesellschaft nicht den Punkt der dauerhaften Zahlungsunfähigkeit nach § 102 KO erreicht hatte.[1398]

Eine dogmatische Stütze wurde vom BFH zu keinem Zeitpunkt geliefert und lässt sich auch dem Gesetz nicht entnehmen.[1399] Bisherige Versuche, wie beispielsweise die von *Steeger*[1400] vertretene Auffassung, konnten nicht überzeugen. So übersieht dieser, dass der wertungsmäßige Vergleich nicht zwischen der tatsächlichen Erbringung von Zahlungen an verschiedene Gläubiger erfolgen kann, sondern zwischen dem Verbot der jeweiligen Steuerzahlung durch das

1391 Siehe dazu auch S. 313.
1392 Kritisch ebenfalls *D. Kleindiek*, in: Lutter/Hommelhoff-GmbHG, § 43 GmbHG Rn. 100.
1393 Siehe ausführlich ab S. 83.
1394 Siehe dazu ab S. 259.
1395 Zur grundsätzlichen Darstellung siehe bereits ab S. 69.
1396 BFH, Beschluss v. 18.08.1999 – VII B 106/99, BFH/NV 2000, 541; *H. Berninghaus*, DStR 2012, 1001, 1002.
1397 *A. Meyer*, DStZ 2014, 228, 235; *W. Schön*, in: FS Westermann, S. 1479.
1398 *A. Meyer*, DStZ 2014, 228, 235 f. m.w.N.
1399 Ebenso *A. Meyer*, DStZ 2014, 228, 236 m.w.N.
1400 Siehe S. 226.

Gesellschafs- beziehungsweise Insolvenzrecht auf der einen und die Steuerzahlungspflicht auf der anderen Seite. So bleibt es bei einer zirkelschlüssigen Argumentation, da die Vorfrage der vorrangigen Pflicht wie so häufig nicht beantwortet wird. Hinzu tritt, dass die verschiedenen Zahlungspflichten im vorinsolvenzlichen Zeitraum eben nicht gleichrangig sind, da der Steueranspruch in diesem Zeitraum nicht eingeschränkt ist. Wie dargestellt,[1401] entspringt die Zahlungspflicht des Geschäftsführers aus § 34 AO, den steuerlichen Pflichten der Gesellschaft. Solange die Gesellschaft nicht insolvenzreif ist, gibt es aber keine abweichende Verpflichtung oder eine entsprechende Beschränkung der Steuerzahlungspflicht, die eine nicht vollständige Befriedigung rechtfertigen könnte. So wird bereits in § 34 Abs. 1 S. 2 AO normiert, dass die Steuern „aus den Mitteln entrichtet werden" müssen. Eine Änderung tritt bekanntlich dann erst für den Zeitraum ab Eintritt der Insolvenzreife ein, hier gelten insolvenzrechtliche Besonderheiten. Ob sich diese durchsetzen, kann für diese Frage zunächst dahinstehen, denn entweder muss der Geschäftsführer die Masse sichern, dann stellen Steuern keine nützliche Zahlung für die Gesellschaft dar und dürfen nicht geleistet werden, oder aber die Abführungspflicht gilt so lange weiter, wie noch (liquide) Mittel vorhanden sind. In beiden Varianten kommt aber eine anteilige Tilgung nicht in Betracht. Insbesondere lässt sich eine solch anteilige Befriedigung nicht aus dem Argument der Gläubigergleichbehandlung ableiten. Die gleichmäßige Befriedigung wird erst im eröffneten Verfahren innerhalb ranggleicher Verbindlichkeiten erreicht. In der Vorphase hingegen werden nur wenige Gläubiger befriedigt, nämlich ausschließlich solche, die dem Unternehmen nützlich sind, seien es nun Vermieter oder Lieferanten.

Demgegenüber sieht *Rüsken*[1402] im Grundsatz der anteiligen Tilgung eine Einschränkung der unbedingten Steuerzahlungspflicht im Wege einer richterlichen Auflösung der Pflichtenkollision. Die Rechtsprechung habe zwischen der unbedingten Steuerzahlungspflicht und der Dispositionsfreiheit des Verpflichteten über die Dringlichkeit der Schuldentilgung nach wirtschaftlichen Gesichtspunkten entscheiden zu können, eine Lösung geschaffen. Dieser begrüßenswerte Erklärungsversuch übersieht aber, dass dem Verpflichteten gar keine echte Dispositionsfreiheit zukommt. Zwar kann er zwischen verschiedenen Wegen zur möglichen Sanierung wählen, welche Zahlungen er dabei leisten darf und welche nicht, wird ihm hingegen gesellschafts- bzw. insolvenzrechtlich über § 64 S. 2 GmbHG in recht engen Grenzen vorgegeben.

1401 Siehe ab S. 66.

1402 *R. Rüsken*, in: Klein-AO, § 69 AO Rn. 58.

Nach all dem kann die Auffassung des BFH weder vor noch nach dem Erreichen der Insolvenzreife überzeugen. Mag es so vielleicht im Ergebnis – also unter ersatzlosen Entfall des Grundsatzes der anteiligen Tilgung – aus fiskalischer Sicht zu gewissen Steuerverlusten kommen, muss es nach dem vorhandenen gesetzgeberischen Konzept wohl eine unternehmerische Entscheidung bleiben, wie der Betroffene die Sanierung gewährleisten will.[1403] Im Gegenzug wird man zugleich auch sagen müssen, dass bis zum Eintritt der Insolvenzreife auch ein unbedingter Zahlungsanspruch des Fiskus gegenüber der Gesellschaft besteht, den der Geschäftsführer ohne Abzüge zu erfüllen hat, wenn er denn nicht in Haftung genommen werden will. Somit dürfte der Steuerausfall in Summe kleiner ausfallen als vielerorts befürchtet. Nimmt man dazu an, dass durch die gewonnene Liquidität manch zusätzliche Sanierung gelingen mag, dürfte der Effekt für den Fiskus in Summe wohl eher ein positiver sein.

Damit kann ich mich im Ergebnis nur den Forderungen anschließen, den Grundsatz der anteiligen Tilgung zukünftig aufzugeben.[1404] Steuern sind zu zahlen, soweit die Zahlungspflicht nicht durch eine andere Pflicht suspendiert wird. Ob dies der Fall ist, muss nachfolgend noch gezeigt werden.

1403 Vgl. *H. Berninghaus*, DStR 2012, 1001, 1002.
1404 *A. Meyer*, DStZ 2014, 228, 236.

D. Verfassungsrechtliche Analyse der Normenkollision

Vorgelagert ist nach dem Verständnis des BVerfG zunächst – wie hier bereits geschehen – stets der objektivierte Wille des Gesetzgebers zu ermitteln, wobei sich alle vier Auslegungsmethoden gegenseitig ergänzen.[1405] Wie zu verfahren ist, wenn sich auch nach dieser Auslegung aller potenziell konfligierenden Normen eine Kollision ergibt, wurde bislang nicht entschieden. Dass eine Auflösung aber zu erfolgen hat, ergibt sich aus verschiedenen verfassungsrechtlichen Anforderungen.

I. Grundsatz der Wesentlichkeit

Ein Konflikt mit dem Grundsatz der Wesentlichkeit, als Ausprägung des Vorbehalts des Gesetzes aus Art. 20 Abs. 3 GG, liegt zunächst nicht vor. Dieser bestimmt nicht nur die Frage, ob der Gesetzgeber die Materie anhand eines parlamentarischen Gesetzes oder auch anderweitig regeln kann, sondern zugleich auch die erforderliche Regelungsdichte eines Gesetzes.[1406] Daher nehme mit der zunehmenden Wesentlichkeit der Entscheidung auch die erforderliche Regelungsdichte des Gesetzes zu.

Vorliegend handelt es sich bei den zu untersuchenden Normen aber allesamt bereits um Parlamentsgesetze, sodass dem Grundsatz in seiner ersten Ausprägung genügt wurde. Ein Problem mit der Regelungsdichte liegt darüber hinaus nicht vor. Beide Gesetzesbereiche, sowohl das Steuer- als auch das Insolvenzrecht treffen hier für den Fall eine Anordnung, ohne dass dabei eine unzulässige Delegation auf eine Verwaltungsbehörde vorliegt. Mit Blick auf das Steuerrecht ist die Pflicht zunächst unbedingt, der sich anschließenden Haftungsanspruch steht im pflichtgemäßen Ermessen der Behörde.

Es verbleibt somit aber nur eine mangelnde Abstimmung zwischen den Gesetzen. Dass eine möglicherweise noch detaillierte und kleinschrittige Regelung der Gesetze derweil den Konflikt vermieden hätte, ist nicht zwangsläufig festzustellen. Soweit dadurch eine Auflösung erfolgen würde, wäre dies aber nicht der

---

1405 BVerfG, Beschluss v. 17.05.1960 – 2 BvL 11/59, 11/60, BVerfGE 11, 126, juris-Rn. 17 f.

1406 *B. Grzeszick*, in: Maunz/Dürig-GG, Art. 20 GG - Abschnitt VI. Rn. 106, Stand: 51. Lfg. v. 12.2007.

vorherigen, mangelnden Detaillierung geschuldet. Die Auflösung des Konflikts wäre mithin allenfalls eine Reflexwirkung der genaueren Regelung. Darauf kann aber kein Verstoß gestützt werden.

II. Rechtsstaatsprinzip

Nach der Auffassung des BVerfG handelt es sich beim Rechtsstaatsprinzip als grundlegendes Konstitutionsprinzip um eine „Grundentscheidung“[1407] der Verfassung, welche in Art. 20 Abs. 3 GG normiert ist. Es beinhalte im Ausgangspunkt zunächst einzelne Bestandteile in Form des Gebots der Vorhersehbarkeit, der Rechtssicherheit sowie der materiellen Richtigkeit oder Gerechtigkeit, neben denen es keine eindeutig bestimmbaren Ge- oder Verbote von Verfassungsrang gebe.[1408] Vielmehr bedürfe es einer Konkretisierung im Einzelfall.[1409] Die Konkretisierung kann dabei insbesondere durch die Zuhilfenahme weiterer verfassungsrechtlich geschützter Rechte erreicht werden,[1410] sodass dadurch weitere Ausprägungen des Rechtsstaatsprinzip ergeben.

Ein solches Zusammenwirken könnte sich im Zusammenspiel mit Art. 103 Abs. 2 GG ergeben. Dieses speziellere Verfahrensrecht findet aber, wie zuvor aufgezeigt,[1411] hier keine Anwendung, da es sich bei der Haftungsinanspruchnahme nach deutschem Rechtsverständnis um keine Strafe handelt.

1. Grundsatz der Rechtssicherheit

Der Grundsatz der Rechtssicherheit als eine der Ausprägungen des Rechtsstaatsprinzips fächert sich wiederum in eine Vielzahl von Einzelaspekten auf. Im Mittelpunkt steht dabei immer die Verlässlichkeit der Rechtsordnung für den Bürger.[1412] Die Schutzrichtung teilt sich dabei in zwei zeitlich zu differenzierende Teilbereiche auf. Zum einen der Bestands- und Vertrauensschutz. Dieser knüpft an das berechtigte Vertrauen des Bürgers in den Fortbestand bestimmter

---

1407 BVerfG, Urteil v. 16.01.1957 – 1 BvR 253/56, BVerfGE 6, 32, juris-Rn. 33.

1408 *K. Hesse*, 1999 (Neudruck), Rn. 185, unter Verweis auf die ständige Rechtsprechung: BVerfG, Beschluss v. 24.07.1957 – 1 BvL 23/52, BVerfGE 7, 89, juris-Rn. 16 ff.

1409 BVerfG, Beschluss v. 24.07.1957 – 1 BvL 23/52, BVerfGE 7, 89, juris-Rn. 16 ff.; BVerfG, Beschluss v. 16.12.1981 – 1 BvR 898/79, BVerfGE 59, 128, juris-Rn. 54 ff.

1410 *S. Huster / J. Rux*, in: BeckOK-GG, Art. 20 GG Rn. 149.

1411 Siehe dazu bereits ab S. 110.

1412 *B. Grzeszick*, in: Maunz/Dürig-GG, Art. 20 GG - Abschnitt VII. Rn. 50, Stand: 48. Lfg. v. 11.2006.

Regelungen an und besagt, dass sich die Bürger auf die Fortwirkung bestimmter Regelungen in gewissem Umfang verlassen dürfen.[1413]

Zum anderen wird durch die Rechtssicherheit auch ein Mindestmaß an Klarheit und Bestimmtheit der Normen beziehungsweise des Rechts gefordert, damit die Bürger zukünftige Entscheidungen verlässlich treffen können. Ein möglicher zukünftiger staatlicher Eingriff soll sich voraussehen lassen, sodass jemand sein Handeln daran ausrichten kann.[1414] Im Idealfall solle für jeden Interessierten die Rechtslage leicht und verlässlich erkennbar sein.[1415] So habe sich der Bürger einem Staatswillen nicht zu beugen, der nicht formal und inhaltlich klar erkennbar in Erscheinung tritt.[1416]

Die in Rede stehenden Normen haben sich in einer Stufe an dem Maßstab der (reinen) Normenklarheit messen zu lassen. Diese müssen inhaltlich hinreichend klar[1417] und verständlich[1418] gefasst sein. Hieran stellt das BVerfG einen insgesamt großzügigen Maßstab, weshalb ein Verstoß auf dieser Ebene eher die Ausnahme darstellt. [1419] Diese Anforderungen stellen weder mit Blick auf die zu untersuchenden steuerlichen noch bei den insolvenz- und gesellschaftsrechtlichen Normen ein Problem dar, da diese jeweils einzeln betrachtet eine klare Handlungsanweisung geben.

2. Gebot der Folgerichtigkeit

Bei dem sogenannten *Gebot der Folgerichtigkeit* handelt es sich im Ausgangspunkt um einen gleichheitsrechtlichen Verfassungsrichtsatz, der besonders im

---

1413 BVerfG, Beschluss v. 05.03.2013 – 1 BvR 2457/08, BVerfGE 133, 143, juris-Rn. 41.

1414 BVerfG, Urteil v. 19.12.1961 – 2 BvL 6/59, BVerfGE 13, 261, juris-Rn. 49; *F. E. Schnapp*, in: Münch/Kunig-GG, Art. 20 GG Rn. 37; *K. Hesse*, 1999 (Neudruck), Rn. 190; *H. Hofmann*, in: Schmidt/Bleibtreu-GG, Art. 20 GG Rn. 84; *M. Sachs*, in: Sachs-GG, Art. 20 GG [Altauflage 2014] Rn. 129.

1415 *F. Bydlinski*, 1988, S. 293.

1416 *A. Leisner-Egensperger*, 2002, S. 350 m.w.N.

1417 BVerfG, Urteil v. 05.08.1966 – 1 BvF 1/61, BVerfGE 20, 150, juris-Rn. 24–33; BVerfG, Beschluss v. 14.05.1969 – 2 BvR 238/68, BVerfGE 26, 41, juris-Rn. 11–14; *R. Wernsmann*, in: H/H/Sp, § 4 AO Rn. 682 - 687, Stand: 260. Lfg. v. 10.2020.

1418 BVerfG, Dreierausschussbeschluss v. 19.02.1962 – 2 BvR 650/60, BVerfGE 14, 13, juris-Rn. 9; BVerfG, Beschluss v. 12.01.1967, BVerfGE 21, 73, juris-Rn. 17–19; BVerfG, Beschluss v. 14.02.1978 – 2 BvR 406/77, BVerfGE 47, 239, juris-Rn. 33 ff.

1419 BVerfG, Beschluss v. 12.10.2010 – 2 BvL 59/06, DStR 210, 2290 = BVerfGE 127, 335; *F. E. Schnapp*, in: Münch/Kunig-GG, Art. 20 GG Rn. 39 - 43; *H. Hofmann*, in: Schmidt/Bleibtreu-GG, Art. 20 GG Rn. 84.

Steuerrecht Bedeutung gewonnen hat.[1420] Er entstammt der Erkenntnis, dass es sich beim Steuerrecht um einen intensiven Eingriff in die Vermögens- und Rechtssphäre jedes Betroffenen handelt und der Staat daher zur besonders gleichmäßigen Belastung aller Steuerpflichtigen angehalten ist.[1421] Hinzu treten aber ebenfalls ganz maßgebliche Gedanken des Rechtsstaatsprinzips aus Art. 20 Abs. 3 GG,[1422] da ebenso ein klarer Konnex zur noch darzustellenden Widerspruchsfreiheit der Rechtsordnung gegeben ist. Diese allgemeine Widerspruchsfreiheit gilt aber auch innerhalb eines Kompetenzbereichs.[1423] Demnach muss der Gesetzgeber neben ausreichend Klarheit auch für eine Regelungskontinuität und Stetigkeit sorgen.[1424] Dazu gehört es, die Wertungen der Nachbarregelungen zu berücksichtigen, denn ein Gesetz binde für die Dauer seiner Geltung auch den Gesetzgeber selbst.[1425] Die Maßstabsbildung erfolgt dabei aus dem gesamten „Normgeflecht“[1426], welches den Sinn- und Wertungszusammenhang der tangierten Rechtsordnung zum Ausdruck bringt.[1427] Entsprechend eng ist daher auch das Verhältnis zur Widerspruchsfreiheit,[1428] wobei das Gebot der Folgerichtigkeit einen stärkeren subjektivrechtlichen Einschlag besitzt.[1429]

Somit verlangt das Gebot vom Gesetzgeber selbst die Vergewisserung, ob sich die Neuregelung in das alte Recht einfüge. Der Gesetzgeber selbst ist dabei

---

1420 Dieser findet auch außerhalb des Steuerrechts Anwendung, so beispielsweise BVerfG, Urteil v. 15.07.2013 – 2 BvF 6/98, BVerfGE 108, 169, juris-Rn. 46; ausführlich auch zum Anwendungsrahmen *A. Leisner-Egensperger*, DÖV 2013, 533, 536; insgesamt kritisch *U. Kischel*, in: BeckOK-GG, Art. 3 GG Rn. 153.

1421 BVerfG, Urteil v. 20.12.1966 – 1 BvR 320/57, BVerfGE 21, 12, juris-Rn. 58; BVerfG, Beschluss v. 03.07.1973 – 1 BvR 368/65, BVerfGE 35, juris-Rn. 27; *P. Selmer*, AöR 1976, 399, 442; *C. Waldhoff*, in: HStR V, § 116 Rn. 114 f.; *C. Waldhoff*, in: HStR V, § 116 Rn. 114 f.

1422 *P. Kirchhof*, in: Maunz/Dürig-GG, Art. 3 Abs. 1 GG Rn. 407 f., Stand: 75. Lfg. v. 09.2015; *A. Leisner-Egensperger*, DÖV 2013, 533, 535.

1423 *P. Kirchhof*, in: Maunz/Dürig-GG, Art. 3 Abs. 1 GG Rn. 407, Stand: 75. Lfg. v. 09.2015.

1424 *P. Kirchhof*, in: HStR VIII, Rn. 209.

1425 *P. Kirchhof*, in: Maunz/Dürig-GG, Art. 3 Abs. 1 GG Rn. 407, Stand: 75. Lfg. v. 09.2015; zur rein steuerrechtlichen Handhabung siehe *R. Wernsmann*, in: H/H/Sp, § 4 AO Rn. 516–520a, Stand: 260. Lfg. v. 10.2020.

1426 BVerfG, Beschluss v. 29.05.1990 – 1 BvL 20/84, 1 BvL 26/84, 1 BvL 4/86, BVerfGE 82, 60, juris-Rn. 97 = BStBl. II 1990, 653; BVerfG, Nichtannahmebeschluss v. 07.09.2009 – 2 BvR 1966/04, HFR 2010, 173, juris-Rn. 14.

1427 *P. Kirchhof*, in: HStR VIII, Rn. 209.

1428 Siehe dazu direkt im Anschluss ab S. 251.

1429 *P. Kirchhof*, in: Maunz/Dürig-GG, Art. 3 Abs. 1 GG Rn. 407, Stand: 75. Lfg. v. 09.2015.

keinesfalls unbegrenzt gebunden. So wird ihm zugebilligt einen Systemwechsel zu vollziehen, sofern ein „Mindestmaß an konzeptioneller Neuorientierung“ für den betroffenen Sachbereich erfolgt.[1430] Je prägender die vorherige Entscheidung des Gesetzgebers, umso stärker ist er dadurch gebunden.[1431] Entsprechend bedarf es für die Schaffung von Ausnahmetatbeständen eines besonderen sachlichen Grundes,[1432] an einer über den Einzeltatbestand hinausgehende Leitentscheidung müsse sich der Gesetzgeber festhalten und messen lassen.[1433]

Die Bindung erstreckt sich dabei aber nicht nur auf den Gesetzgeber selbst. Ebenso sind auch die zum Gesetzesvollzug berufene Verwaltung sowie die Rechtsprechung an die Beachtung des Gebots der Folgerichtigkeit gebunden.[1434] So bewahre der Grundsatz die Gesetzesadressaten und Gesetzesbetroffenen vor widersprüchlichen Anweisungen und biete dem Richter zudem bei der Prüfung des vernünftigen, einsichtigen Grundes im Kontext der Rechtsordnung einen Maßstab gesetzesanwendender, juristischer Vernunft und Logik.[1435]

Fraglich ist, welche Bedeutung dieser Grundsatz für die vorliegende Normenkollision hat. Der Gesetzgeber hat vorliegend mit der Neuschaffung der Insolvenzordnung in vielerlei Hinsicht neue Leitlinien und Prinzipien formuliert, die auch im Widerspruch zur vorherigen Gesetzeslage stehen. In den Blick gerät dabei besonders das abgeschaffte Fiskusprivileg samt der damit zusammenhängenden und prägenden Leitentscheidung der Gläubigergleichbehandlung.

Nach bisherigem Verständnis beschränkt sich die so geschaffene Ausstrahlwirkung aber auf das geregelte Rechtsgebiet selbst,[1436] wobei angrenzende

---

1430 *K.-D. Drüen*, in: Tipke/Kruse, § 3 AO Rn. 46, Stand: 147. Lfg. v. 01.2017.

1431 BVerfG, Urteil v. 27.06.1991 – 2 BvR 1493/89, BVerfGE 84, 239, juris-Rn. 108 ff. = BStBl. II 1991, 654; BVerfG, Urteil v. 09.03.2004 – 2 BvL 17/02, BVerfGE 110, 94, juris-Rn. 64 ff. = BStBl. II 2005, 56; *P. Kirchhof*, in: Maunz/Dürig-GG, Art. 3 Abs. 1 GG Rn. 405, Stand: 75. Lfg. v. 09.2015.

1432 BVerfG, Beschluss v. 12.05.2009 – 2 BvL 1/00, BVerfGE 123, 111, juris-Rn. 26 = BStBl. II 2009, 685 m.w.N.

1433 *P. Kirchhof*, in: Maunz/Dürig-GG, Art. 3 Abs. 1 GG Rn. 408, Stand: 75. Lfg. v. 09.2015.

1434 BVerfG, Urteil v. 27.06.1991 – 2 BvR 1493/89, BVerfGE 84, 239, juris-Rn. 109 = BStBl. II 1991, 654; BVerfG, Beschluss v. 29.10.1999 – 2 BvR 1264/90, BVerfGE 101, 132, juris-Rn. 20 = BStBl. II 2000, 155; *K.-D. Drüen*, in: Tipke/Kruse, § 4 AO Rn. 362a, Stand: 163. Lfg. v. 10.2020; *K.-D. Drüen*, in: Tipke/Kruse, § 3 AO Rn. 55, Stand: 147. Lfg. v. 01.2017; *K.-D. Drüen*, GmbHR 2005, 69, 79; *P. Kirchhof*, StuW 2000, 316, 324 f.

1435 *P. Kirchhof*, in: Maunz/Dürig-GG, Art. 3 Abs. 1 GG Rn. 410, Stand: 75. Lfg. v. 09.2015.

1436 *F. Wollenschläger*, in: Mangoldt/Klein/Stark-GG, Art. 3 GG Rn. 199; *P. Kirchhof*, in: Maunz/Dürig-GG, Art. 3 Abs. 1 GG Rn. 408, Stand: 75. Lfg. v. 09.2015.

Rechtsgebiete hinzugezogen werden können.[1437] Welche Anforderungen daran zu stellen sind ist unklar. So könnte man zunächst den Standpunkt einnehmen, dass das Steuerrecht trotz unvermeidbarer Berührungspunkte nicht als ausreichend sachnah anzusehen ist und daher nicht angrenzt. Handelt es sich doch auf der einen Seite um öffentliches und auf der anderen Seite um Zivil(verfahrens)recht. Dies würde aber nach meiner Einschätzung übersehen, dass es sich durchaus um ein Normgeflecht handelt, welches ineinandergreift. Zudem wurde gerade mit der Abschaffung des Fiskusprivilegs gezielt in das Steuerrechtsverhältnis eingegriffen. Mit wirken die Rechtsgebiete hier im Sinne der Folgerichtigkeit aufeinander ein. Jedenfalls soweit wie es zur Umsetzung der durch den Gesetzgeber neu getroffenen Grundwertung erforderlich ist, muss diese auch im Steuerrecht beachtet werden.

Die Verpflichtung des Gesetzgebers bezieht sich zunächst aber nur auf dessen mögliches, zukünftiges Tätigwerden,[1438] ein korrigierender Eingriff ist nicht erforderlich. Hier müsste man also rückblickend die Änderungen des Gesetzgebers im Steuerrecht seit Einführung der Insolvenzordnung in den Blick nehmen. Seitdem fehlt es aber an Änderungen an den relevanten Normen der Abgabenordnung. Man wird dem Gesetzgeber hier somit allenfalls nahelegen können, bei zukünftigen Entscheidungen die in der Insolvenzordnung getroffene Grundentscheidung nicht ohne sachlichen Grund durch gegenteilige Regelungen zu konterkarieren.

Gleichzeitig soll diese Grundentscheidung des Gesetzgebers, wie zuvor ausgeführt, eben auch durch die Verwaltung und die Gerichte Beachtung finden. Dies war zwischenzeitlich auch der Fall.[1439] Der BGH hatte eine striktere Linie bei der Massesicherung eingeschlagen. Der BFH[1440] hat es dann aber unterlassen die durch Neuregelung der Insolvenzordnung geschaffene Ausstrahlwirkung auf das steuerliche Haftungsrecht zu erstrecken. Stattdessen hat er die Situation vor deren Erlass mit nur abgewandelter Begründung aufrechterhalten.[1441] Dabei lassen die Entscheidungsgründe eine Auseinandersetzung mit der aufgezeigten Ausstrahlwirkung der neuen insolvenzrechtlichen Regelungen auf die vorhandenen steuerrechtlichen Vorschriften vermissen. Stattdessen hat der BFH gerade

---

1437 *P. Kirchhof*, in: Maunz/Dürig-GG, Art. 3 Abs. 1 GG Rn. 409 u. 420, Stand: 75. Lfg. v. 09.2015.

1438 *P. Kirchhof*, in: Maunz/Dürig-GG, Art. 3 Abs. 1 GG Rn. 405, Stand: 75. Lfg. v. 09.2015.

1439 Siehe zur Entwicklung der Rechtsprechung bis 2007 ab S. 214.

1440 Siehe dazu ab S. 218.

1441 Siehe dazu ab S. 223.

unter Missachtung der Abschaffung des Fiskusprivileg genau dessen Ergebnis über eine neue Argumentation entdeckt.

Somit lässt sich festhalten, dass der sich aus dem Gebot der Folgerichtigkeit ergebene Auftrag der Rechtsprechung zur Umsetzung der gesetzgeberischen Leitlinie in der zu untersuchenden Konstellation durch den BFH nicht berücksichtigt wurde. Damit sprechen guten Gründe für einen verfassungsrechtlicher Verstoß des Gerichts, da davon ausgegangen werden kann, dass bei dessen Beachtung ein anderer Entscheidungstenor zu erwarten gewesen wäre.

3. Gebot der Widerspruchsfreiheit

Mitunter auch als „äußere Folgerichtigkeit“[1442] bezeichnet, kann man das Gebot der Widerspruchsfreiheit als zweite Stufe der Rechtssicherheit verstehen, nachdem Gesetze nicht nur klar und verständlich, sondern auch widerspruchsfrei sein müssen. Mitunter wird dieses Gebot der Widerspruchsfreiheit auf die gesamte Rechtsordnung bezogen.[1443] Alle rechtssetzenden Organe treffe ein Abstimmungsgebot, um gegenläufige Regelungen zu verhindern.[1444] Jedenfalls darf die Rechtsordnung – oder sogar ein einzelnes Gesetz – keine sich widersprechenden Verhaltensbefehle aufstellen.[1445] So müssen die verhaltensregelnden Normen aufeinander abgestimmt sein, um dem Betroffenen Orientierungssicherheit zu bieten und damit verbunden Rechtsfrieden zu ermöglichen.[1446] Daher treffe bereits den Gesetzgeber die Pflicht, Normen zu schaffen, „die auch in ihrem Zusammenwirken dem Grundsatz der Normenklarheit entsprechen.“[1447] Denn

---

1442 *K.-D. Drüen*, GmbHR 2005, 69, 78; ebenso findet sich die Umschreibung als „Normenklarheit im weiteren Sinne“, so *D. Felix*, 1998, S. 241.

1443 BVerfG, Beschluss v. 20.12.1960 – 1 BvL 21/60, BVerfGE 12, 45, 54; BVerfG, Urteil v. 07.05.1998 – 2 BvR 1991-95 u. 2004-95, BVerfGE 98, 106, juris-Rn. 58; *G. Robbers*, in: Bonner Kommentar, Art. 20 GG Rn. 2323, Stand: 142. Lfg. v. 10.2009; *H. Bethge*, in: Maunz/Schmidt-Bleibtreu/Klein/Bethge-BVerfGG, § 78 BVerfGG Rn. 34; zur „*Einheit der Rechtsordnung*“ siehe auch ab S. 282.

1444 *K.-D. Drüen*, GmbHR 2005, 69, 78; *W. Frenz*, DÖV 1999, 41, 43–45.

1445 *B. Grzeszick*, in: Maunz/Dürig-GG, Art. 20 GG - Abschnitt VII. Rn. 56, Stand: 48. Lfg. v. 11.2006; *D. Felix*, 1998, S. 241 f.; *M. Sachs*, in: Sachs-GG, Art. 20 GG [Altauflage 2014] Rn. 125; *K.-P. Sommermann*, in: Mangoldt/Klein/Stark-GG, Art. 20 Abs. 3 GG Rn. 298; *H. Hofmann*, in: Schmidt/Bleibtreu-GG, Art. 20 GG Rn. 86; *F. E. Schnapp*, in: Münch/Kunig-GG, Art. 20 GG Rn. 46; vgl. *G. Robbers*, in: Bonner Kommentar, Art. 20 GG Rn. 2326, Stand: 142. Lfg. v. 10.2009.

1446 *R. Zippelius*, 2012, S. 30.

1447 BVerfG, Beschluss v. 09.04.2003 – 1 BvL 1/01, 1 BvR 1749/01, NJW 2003, 2733, 2733 = BVerfGE 108, 52.

es kann keinen Unterschied machen, ob der Bürger aufgrund einer unklar formulierten Norm nicht erkennen kann, welche Pflicht ihn trifft, oder aber ob sich die Schwierigkeiten daraus ergeben, dass zwei Normen verschiedene Handlungsanweisungen geben.[1448]

Durch den Bezug auf die gesamte Rechtsordnung müssen nicht nur widersprüchliche Einzelregelungen, sondern besonders auch widersprüchliche Auslegungen durch die Gerichte vermieden werden.[1449] Solche Widersprüche würden neben der Rechtssicherheit auch das Vertrauen in die Justiz gefährden.[1450] Schließlich seien die vom BVerfG für die Gesetzgebung aufgestellten Konsistenzanforderungen auch deshalb auf die richterliche Rechtsfortbildung zu übertragen, weil der verfassungsgerichtliche Kontrollmaßstab identisch sei und das BVerfG Richterrecht wie einen gesetzlichen Rechtsatz prüfe.[1451]

Keinesfalls kann aber automatisch jeder Widerspruch zwischen Normen oder jede Beeinträchtigung einer Teilrechtsordnung zur Verfassungswidrigkeit einer Regelung führen.[1452] Es müsse sich demnach um einen „unvermeidbaren“ Normenkonflikt handeln. Erst wenn der Bürger sein Handeln nicht mehr an der Rechtsordnung ausrichten kann, läge ein solcher vor. Darüber hinaus ist keinesfalls eine Art „Systemgerechtigkeit“[1453] aus dem Gebot der Widerspruchsfreiheit beziehungsweise der Rechtssicherheit zu schlussfolgern. Wohl aber ist über die Abstimmung der einzelnen Gesetze aufeinander hinaus auch zu beachten, dass die Regelungen folgerichtig gestaltet werden.[1454]

Für den vorliegenden Fall ist nicht bloß die Gesetzeslage, sondern vielmehr auch die aktuelle Auslegung durch die Obergerichte maßgeblich. Mit Blick auf den aktuell deutlich ausgesprochenen Vorrang der steuerlichen Abführungspflichten durch den BFH und auch den BGH herrscht jedenfalls rein praktisch inzwischen für die Regelverfahren Klarheit. Außerhalb dieser Verfahren, also in der Eigenverwaltung sowie insbesondere den korrespondierend Eröffnungsverfahren ist dies aber anders zu beurteilen.[1455] Ob die verbleibenden

1448 *D. Felix*, 1998, S. 241 f.

1449 *K.-D. Drüen*, GmbHR 2005, 69, 79; siehe zur Vermeidung sich widersprechender Gerichtsentscheidungen auf Ebene der Bundesgerichte im Anschluss ab S. 257.

1450 B. Rüthers, C. Fischer, A. Birk, 2015, Rn. 271.

1451 *K.-D. Drüen*, GmbHR 2005, 69, 79 m.w.N.

1452 *D. Felix*, 1998, S. 400; *K.-D. Drüen*, GmbHR 2005, 69, 79.

1453 *B. Grzeszick*, in: Maunz/Dürig-GG, Art. 20 GG - Abschnitt VII. Rn. 56, Stand: 48. Lfg. v. 11.2006, m.w.N.

1454 *P. Kirchhof*, StuW 2000, 316, 322.

1455 Siehe dazu insgesamt ab S. 295.

Unsicherheiten für eine Verfassungswidrigkeit ausreichend sind, ist fraglich. Auf der einen Seite lässt die Rechtsprechungslinie des BFH bislang keine Einschränkungen erkennen und auf der anderen Seite wurden dem durch den BGH nun seit einigen Jahren keine Schranken gesetzt. Mithin muss einem Geschäftsführer überall dort, wo es ihm verfahrensrechtlich noch erlaubt ist, zur Abführungen von Steuern geraten werden. Solange praktisch auf insolvenz- bzw. gesellschaftsrechtlicher Seite nicht gegen diese Zahlungen vorgegangen wird, spricht vieles dafür, dass es an einem hinreichend konkreten Widerspruch fehlt. Man könnte überspitzt sagen, dass ein akademischer Streit über die Begründung nicht zu einer Verfassungswidrigkeit führen kann.

Darüber hinaus existieren sicherlich in der täglichen Praxis Situationen, welche sich nicht befriedigend für die Schuldner und deren Geschäftsführer lösen lassen. Mag somit für viele Fälle eine klare Handlungslinie zur Verfügung stehen, bleiben doch Konstellationen übrig, in denen die Betroffenen unter einer extremen persönlichen Haftungsgefahr stehen. Für diese liegt meines Erachtens auch die notwendige „unvermeidbare“ Konfliktlage vor, weil eben noch eine offene Rechtslage besteht, die nicht erkennen lässt, wie zu verfahren ist. Diese jeweiligen Einzelfälle können sich dann nach meiner Einschätzung gleichwohl auf den Widerspruch berufen. Eine Auflösung kann aber gleichwohl verwaltungsseitig über einen Verzicht auf die Haftungsinanspruchnahme erreicht werden. Mithin schlagen die einzelnen, potenziellen Verstöße nicht auf die Gesamtregelung durch.

Darüber hinaus ist es von Verfassungs wegen geboten eine den Anforderungen der Widerspruchsfreiheit genügende Rechtslage zu schaffen und so für alle Fälle eine klare und rechtssichere Lösung zu bieten.

4. Gebot der Belastungsvorhersehbarkeit

Eine weitere Ausprägung des Rechtsstaatsprinzips stellt das Rechtssicherheitsprinzip dar.[1456] Daraus wird geschlussfolgert, dass auch der steuerliche Eingriff vorhersehbar sein muss, weshalb es mitunter zusammenfassend als *Gebot der Vorhersehbarkeit* bezeichnet wird.[1457] Das BVerfG hat dabei erst jüngst die

---

1456 BVerfG, Kammerbeschluss v. 25.01.1989 – 2BvR 2058/83, HFR 1989, 395, 1. Orientierungssatz; *R. Wernsmann*, in: H/H/Sp, § 4 AO Rn. 683, Stand: 260. Lfg. v. 10.2020; *J. Hey*, in: Tipke/Lang, § 3 Rn. 260.

1457 BVerfG, Urteil v. 19.09.2018 – 2 BvF 1/15, BVerfGE 150, 1, juris-Rn. 196; VG Köln, Urteil v. 21.08.2019 – 24 K 15646/17, juris-Rn. 72; *R. Wernsmann*, in: H/H/Sp, § 5 AO Rn. 34, Stand: 247. Lfg. v. 04.2018.

besondere Ausprägung des Gebots der Belastungsklarheit und -vorhersehbarkeit als Ausfluss des allgemeinen Rechtsstaatsprinzips festgestellt.[1458] Jedoch spricht es sich – entgegen dem vielleicht naheliegenden Verständnis – zunächst nur explizit dafür aus, „dass lange zurückliegende, in tatsächlicher Hinsicht abgeschlossene Vorgänge [nicht] unbegrenzt zur Anknüpfung neuer Lasten herangezogen werden können."[1459] Es besteht aber darüber hinaus Einigkeit, dass der jeweilige Normanwender in der Lage sein muss, die auf ihn zukommenden Rechtswirkungen zu erkennen,[1460] wobei die Rechtsprechung und jedenfalls im Steuerrecht auch die Verwaltungsvorschriften mit in den Blick zu nehmen sind.[1461]

Demnach müssen die steuerbegründenden Tatbestände so bestimmt sein, dass „der Steuerpflichtige die auf ihn entfallende Steuer vorausberechnen kann."[1462] Dies zielt ersichtlich auf den Steuerpflichtigen selbst sowie auf die eigentliche Entstehung der Steuer. Demgegenüber wird in Teilen der Rechtsprechung vertreten, dass es bereits genüge, wenn ein Mindestmaß an Orientierungssicherheit bestehe, die Möglichkeit der exakten arithmetischen Vorausberechnung sei hingegen nicht erforderlich.[1463] Wenn man nun Berücksichtigt, dass durch das BVerfG bislang noch keine steuerliche Norm wegen ihrer Unbestimmtheit für nichtig erklärt wurde, so vertritt das BVerfG jedenfalls im Ergebnis wohl ebenfalls eher letztere Rechtsprechungslinie.[1464] So macht es letztlich ähnlich abstrakt den Grad der notwendigen Regelungsdichte von der Intensität des Grundrechtseingriffs abhängig. Je intensiver der Grundrechtseingriff und je wesentlicher die Regelung, desto bestimmter müsse die vom parlamentarischen Gesetzgeber

1458 BVerfG, Beschluss v. 05.03.2013 – 1 BvR 2457/08, BVerfGE 133, 143, juris-Rn. 41.

1459 BVerfG, Beschluss v. 05.03.2013 – 1 BvR 2457/08, BVerfGE 133, 143, juris-Rn. 41.

1460 *M. Herdegen*, in: Maunz/Dürig-GG, Art. 79 GG Rn. 154; *A. Leisner-Egensperger*, 2002, S. 353 - 355.

1461 *J. Hey*, 2002, S. 795 f.

1462 BVerfG, Urteil v. 14.12.1965 – 1 BvR 571/60, NJW 1966, 150, juris-Rn. 44 = BVerfGE 19, 253; BVerfG, Beschluss v. 08.09.2008 – 2 BvL 6/03, HFR 2009, 72, juris-Rn. 13; BFH, Urteil v. 06.06.2019 – V R 50/17, BFHE 265, 170, juris-Rn. 19; OVG Rheinlad-Pfalz, Urteil v. 03.09.2018 – 6 A 11966/17, KStZ 2019, 11, juris-Rn. 31; vgl. *D. Birk*, in: H/H/Sp, § 4 AO Rn. 686, Stand: 160. Lfg. v. 03.1999 (Altauflage); *J. Hey*, in: Tipke/Lang, § 3 Rn. 243.

1463 Zuletzt OVG Münster v. 16.07.2018 – 11 A 226/17, NVwZ-RR 2018, 945–948, juris-Rn. 18; Verwaltungsgerichtshof Baden-Württemberg, Urteil v. 11.06.2015 – 2 S 2555/13, KStZ 2015, 258, juris-Rn. 147.

1464 Ähnlich *D. Birk*, in: H/H/Sp, § 4 AO Rn. 686, Stand: 160. Lfg. v. 03.1999 (Altauflage).

getroffene Leitentscheidung lauten.[1465] Ähnlich handhabt es auch das BVerwG, soweit es vom Grundsatz der Tatbestandsmäßigkeit spricht.[1466]

Tatsächlich fällt es schwierig einen treffenden, konkreten Maßstab zu bilden. Zwar kann Art. 14 Abs. 1 GG als Schutz vor dem Eingriff in das Eigentum herangezogen werden, bietet aber keine Argumente für ein Gebot einer höheren Regelungsdichte.[1467] Gleiches gilt für Art. 2 Abs. 1 GG, der nur ein eigeninitiatives Vorgehen der Exekutive und Judikative ausschließt.[1468] Man kann nun im vorliegenden Kontext ebenfalls auf Art. 12 Abs. 1 GG abstellen, da wohl allen betroffenen Regelungen auch eine berufsregelnde Tendenz zukommt.[1469] Jedoch ergibt sich auch daraus keine Verpflichtung zur Konkretisierung der einzelnen Normen oder gar des Normgeflechts.

Vorliegend ist die Höhe der Steuer selbst regelmäßig unproblematisch. Zweifelhaft ist nur, ob oder gegebenenfalls in welcher Höhe diese fällige Steuer in der jeweiligen Situation abzuführen ist. Die steuerliche Belastung bleibt aber in jedem Fall für den Rechtsträger erhalten, egal ob die Steuer in dem Moment abgeführt werden muss oder die Mittel aufgrund anderweitiger Anordnungen zunächst im Unternehmen verbleiben können. Die Steuerschuld erlöscht nur nach den allgemeinen Regeln der Abgabenordnung gemäß § 47 AO.[1470] Daneben kann es aus Sicht der Gesellschaft durch eine Regelung im Insolvenzplan zu einem teilweisen entfall kommen.[1471] Es handelt sich dann technisch aber nur um unvollkommenen Forderungen, welche gegenüber der Gesellschaft, also dem Schuldner nicht mehr geltend gemacht werden können.[1472] Gleichwohl wird über das Konstrukt der Haftung eine davon teilweise losgelöste Rechtsfolge

1465 BVerfG, Beschluss v. 08.08.1978 – 2 BvL 8/77, BVerfGE 49, 89, juris-Rn. 19 ff.; *B. Grzeszick*, in: Maunz/Dürig-GG, Art. 20 GG - Abschnitt VI. Rn. 105 f., Stand: 51. Lfg. v. 12.2007; *F. Reimer*, in: Grundlagen des Verwaltungsrechts, § 9 Rn. 64; *H. Hofmann*, in: Schmidt/Bleibtreu-GG, Art. 20 GG Rn. 84; vgl. *B. Remmert*, in: Maunz/Dürig-GG, Art. 103 Abs. 2 GG Rn. 101 - 107.

1466 BVerwG, Urteil v. 18.02.1977 – VII C 48/73, NJW 1977, 1304, 1304 = BVerwGE 52, 104.

1467 *D. Birk*, in: H/H/Sp, § 4 AO Rn. 658, Stand: 160. Lfg. v. 03.1999 (Altauflage).

1468 *D. Birk*, in: H/H/Sp, § 4 AO Rn. 660, Stand: 160. Lfg. v. 03.1999 (Altauflage).

1469 Siehe zur berufsregelnden Tendenz *G. Manssen*, in: Mangoldt/Klein/Stark-GG, Art. 12 GG Rn. 74 - 78 m.w.N.

1470 Exemplarisch *E. Ratschow*, in: Klein-AO, § 47 AO passim.

1471 *F. Werth*, in: Klein-AO, § 251 AO Rn. 32 - 35 m.w.N.

1472 *F. Werth*, in: Klein-AO, § 251 AO Rn. 35; *R. Fritsch*, in: Koenig-AO, § 251 AO Rn. 117.

für einen Dritten, nämlich den Geschäftsführer geschaffen.[1473] Er kann weiter als Haftungsschuldner in Anspruch genommen werden.

Auf diesen Weg trifft ihn die Last einer möglicherweise falsch getroffenen Einschätzung der Pflichten im erhöhter weise. Kommt es zu keinem Insolvenzplan ist seine Lage aber kaum besser. In diesen Fällen verbleibt er praktisch als einziger Verpflichteter übrig, sodass er nun mitunter vollständig für die Steuer einzustehen hat. Somit trifft in im Insolvenzumfeld rein tatsächlich mitunter eine größere Steuerlast als den eigentlichen Steuerschuldner. Daraus – genau genommen bereits aus der Übertragung der steuerlichen Pflichten auf den Geschäftsführer aus § 34 AO – muss sich dann aber auch sein Recht ableiten, vorhersehen zu können, wie sich die Steuerpflicht verhält. Letztlich einzig relevant ist für ihn dabei die Entwicklung der Abführungspflicht. Soweit ihn die Verpflichtung persönlich trifft, hat er auch den verfassungsrechtlich geschützten Informationsanspruch.

Daher gehe ich von einem uneingeschränkt anwendbaren Gebot der Belastungsvorhersehbarkeit zugunsten des jeweils betroffenen Geschäftsführers aus, gleich in welcher Phase sich das zugehörige Unternehmen befindet. Sowohl der betroffene Rechtsträger als auch der ihn vertretene Geschäftsführer hat in jeder Unternehmensphase einen Recht zu wissen, welchen Pflichten er unterliegt. Die Belastungsvorhersehbarkeit umfasst mithin auch die Grundinformation, ob die Abführungspflicht noch besteht.

Aus Sicht des Geschäftsführers ist aber dies Klärung bislang eben nicht eindeutig erfolgt. Soweit es sich nicht um Regelinsolvenzverfahren handelt, sondern beispielsweise um die Eröffnungsverfahren der Eigenverwaltung, ist nicht geklärt, wie sich die beiden ihn treffenden Pflichten verhalten. [1474] Dass die abstrakte Steuerpflicht und damit die Belastung von der konkreten Abführungspflicht losgelöst fortdauert, ändert an dieser Problemlag nichts. Mithin liegt für alle noch ungeklärten Sachverhaltskonstellationen ein Verstoß gegen das Gebot der Belastungsvorhersehbarkeit vor, jedenfalls solange, wie keine Konkretisierung bzw. Auflösung durch die Rechtsprechung erfolgt ist.

1473 BFH, Beschluss v. 15.05.2013 – VII R 2/12, BFH/NV 2013, 1543, juris-Rn. 12–19; *F. Werth*, in: Klein-AO, § 251 AO Rn. 35; *R. Fritsch*, in: Koenig-AO, § 251 AO Rn. 117.

1474 Siehe dazu ab S. 295.

5. Rechtsfolge

Sofern man aufgrund der dargestellten verfassungsrechtlichen Probleme von einer Verfassungswidrigkeit ausgeht, stellt sich die Frage nach der dadurch ausgelösten Rechtsfolge.

a) Gesamtnichtigkeit

Nachdem vom BVerfG als „traditionelles Nichtigkeitsdogma“ bekannten Verständnis führt eine Normenkollision zu einer Ipso-iure-Nichtigkeit ex-tunc.[1475] Darüber hinaus hat es aber über die Jahre auch einige weniger eingreifende Lösungsansätze erarbeitet.

b) Teilnichtigkeit

So besteht die Möglichkeit einer rein quantitativen[1476] sowie einer qualitativen[1477] Teilnichtigerklärung. In der quantitativen Variante erfolgt eine Reduzierung des Normtextes, es wird also nur ein kleiner Teilbereich der Norm für unanwendbar erklärt. Da vorliegend keine der konfligierenden Normen im Text eine zeitliche Beschreibung des Anwendungsbereichs haben, führt dies zu keiner Lösung.

In der qualitativen Varianten, die auch als funktionelle Teilnichtigkeit bezeichnet wird,[1478] können hingegen bestimmte Anwendungsfälle für verfassungswidrig erklärt werden.[1479] Der Wortlaut würde in diesem Fall nicht reduziert, vielmehr handelt es sich um eine geltungserhaltende Reduktion der Vorschrift. Voraussetzung dafür ist, dass die betroffene Vorschrift mehrere Subsumtionsvarianten oder Rechtsfolgen zulässt, sodass ein bestimmter Anwendungsfall ausgenommen werden kann.[1480]

1475 *H. Bethge*, in: Maunz/Schmidt-Bleibtreu/Klein/Bethge-BVerfGG, § 78 BVerfGG Rn. 7.

1476 *H. Bethge*, in: Maunz/Schmidt-Bleibtreu/Klein/Bethge-BVerfGG, § 78 BVerfGG Rn. 34.

1477 *H. Bethge*, in: Maunz/Schmidt-Bleibtreu/Klein/Bethge-BVerfGG, § 78 BVerfGG Rn. 34.

1478 *U. Karpenstein*, in: BeckOK-BVerfGG, § 78 BVerfGG Rn. 15; *R. Zuck*, 2017, Rn. 808 a.E.

1479 *H. Bethge*, in: Maunz/Schmidt-Bleibtreu/Klein/Bethge-BVerfGG, § 31 BVerfGG Rn. 176, Stand: 56. Lfg. v. 02.2019; *Schlaich/Korioth*, Rn. 386 - 389.

1480 *U. Karpenstein*, in: BeckOK-BVerfGG, § 78 BVerfGG Rn. 15; *H. Bethge*, in: Maunz/Schmidt-Bleibtreu/Klein/Bethge-BVerfGG, § 78 BVerfGG Rn. 34.

c) Verfassungskonforme Auslegung

Das gleiche Ergebnis würde dabei auch durch eine verfassungskonforme Auslegung erreicht werden, durch welche ebenfalls eine Teilnichtigkeit herbeigeführt werden kann.[1481] Diese bildet damit einen Sonderfall der qualitativen Teilnichtigkeit.[1482] Auch in diesem Fall würde die als verfassungswidrig erkannte Rechtsfolgenvariante aus dem Anwendungsbereich ausgesondert, ohne dass es zu einer Reduzierung des Normtextes kommt.[1483] Aufgrund der Wirkung des § 31 Abs. 1 BVerfGG wären somit dennoch alle zukünftigen Rechtsanwender an die sich aus dem Tenor und tragenden Entscheidungsgründen der Entscheidung ergebenden Grundsätze gebunden.

d) Konkrete Anwendung

Grundsätzlich ist eine solche Reduzierung des Anwendungsbereichs hier möglich, sodass eine vollständige Nichtigkeit der betroffenen Normen nicht ausgesprochen werden müsste. Dies würde auch vorliegend dem Willen des Gesetzgebers am nächsten kommen, der keinen Eingriff in die Grundprinzipien der AO bewirken wollte.

Kern der Auflösung eines Konflikts ist es,[1484] zu entscheiden welche Norm zurücktreten muss. Nach den allgemeinen Ausführungen von *Robbers*[1485] dürfe der Steuergesetzgeber die vom Sachgesetzgeber getroffenen Entscheidungen nicht durch Lenkungsregelungen verfälschen, die in ihren verhaltensbestimmenden Wirkungen dem Regelungskonzept des Sachgesetzgebers zuwiderlaufen. Damit hat er die Entscheidung des BVerfG zur Kommunalen Verpackungssteuer[1486] abstrahiert. So finden sich auch an anderen Stellen die zutreffende

---

1481 *H. Bethge*, in: Maunz/Schmidt-Bleibtreu/Klein/Bethge-BVerfGG, § 78 BVerfGG Rn. 34 a.E.; *U. Karpenstein*, in: BeckOK-BVerfGG, § 78 BVerfGG Rn. 16; *Schlaich/Korioth*, Rn. 440 - 451.

1482 *H. Bethge*, in: Maunz/Schmidt-Bleibtreu/Klein/Bethge-BVerfGG, § 78 BVerfGG Rn. 95 u. 104; *U. Karpenstein*, in: BeckOK-BVerfGG, § 78 BVerfGG Rn. 16; **a.A.** (praktisch gleich, aber dogmatisch verschieden) *Schlaich/Korioth*, Rn. 387.

1483 BVerfG, Beschluss v. 10.06.1975 – 2 BvR 1018/74, BVerfGE 40, 88, juris-Rn. 14; *H. Bethge*, in: Maunz/Schmidt-Bleibtreu/Klein/Bethge-BVerfGG, § 78 BVerfGG Rn. 96.

1484 Zur Vermeidung zukünftiger Konflikte *K.-P. Sommermann*, in: Mangoldt/Klein/Stark-GG, Art. 20 Abs. 3 GG Rn. 299.

1485 *G. Robbers*, in: Bonner Kommentar, Art. 20 GG Rn. 2330, Stand: 142. Lfg. v. 10.2009.

1486 BVerfG, Urteil v. 07.05.1998 – 2 BvR 1991-95 u. 2004-95, BVerfGE 98, 106.

abstrakte Feststellung, dass der Steuergesetzgeber den Vorgaben des Sachgesetzgebers nicht zuwiderlaufen darf.[1487]

Hier dürfte aber fraglich sein, ob dieses Verhältnis auch dort greift, wo es sich um denselben Gesetzgeber handelt, und somit keinerlei Rangverhältnis besteht.[1488] Das Argument, der Steuergesetzgeber dürfte die vom Sachgesetzgeber getroffene Entscheidung nicht durch Lenkungsregeln verfälschen, die dem Gedanken des Sachgesetzgebers zuwiderlaufen, wäre andernfalls vorliegend vertretbar. In beiden Varianten handelt es sich um Normen mit Lenkungswirkung und Lenkungszweck, weshalb auch hier bereits an verschiedenen Stellen in diesem Zusammenhang vom Erziehungszweck der Haftungsvorschriften gesprochen wurde, womit alle Voraussetzungen gegeben sind.

e) Zwischenergebnis

Das Verfassungsrecht böte mit der Konsequenz der Teilnichtigkeit für einzelne Anwendungsvarianten der betroffenen Normen einen Lösungsansatz. Zugunsten welcher Regelungswirkung eine solche Teilnichtigkeit auszusprechen ist, ist primär eine Wertungsfrage. Ein Vorrangverhältnis, welches eine eindeutige Entscheidung begründen könnte, ist nach meiner Einschätzung nicht klar ersichtlich. Somit verbleibt es die Aufgabe des BVerfG notfalls als Ersatzgesetzgeber tätig zu werden und durch eine Reduzierung des Anwendungsbereichs eine verfassungskonforme Lösung zu erreichen.

III. Art. 95 Abs. 3 GG

Neben dem Einfluss des Rechtsstaatsprinzips stellt sich zunächst für die bisher erledigten Verfahren die Frage nach einem möglichen Verstoß gegen das Recht auf den gesetzlichen Richter nach Art. 101 Abs. 1 S. 2 GG. Sowohl der BFH als auch die Straf- und Zivilsenate des BGH haben es jeweils unterlassen, die Rechtsfrage zur Vereinheitlichung dem Gemeinsamen Senat der obersten Gerichtshöfe vorzulegen. Wenngleich der Verstoß in den dortigen Verfahren nicht mehr gerügt werden kann,[1489] gilt es, für kommende Verfahren die Chancen und Möglichkeiten eines solchen Verfahrens aufzuzeigen.

1487 Beispielsweisend *K.-P. Sommermann*, in: Mangoldt/Klein/Stark-GG, Art. 20 Abs. 3 GG Rn. 298.

1488 So schränkt *Drüen* das Gebot der Widerspruchsfreiheit entsprechend ein *K.-D. Drüen*, in: Tipke/Kruse, § 3 AO Rn. 72, Stand: 147. Lfg. v. 01.2017.

1489 Nach § 93 Abs. 1 BVerfGG müsste die Verfassungsbeschwerde binnen eines Monats nach Verkündung bzw. Zustellung des Urteils erfolgen.

1. Ursprung

Den Ursprung findet die erst im Jahre 1968 eingeführte Institution als Ersatz für ein nie eingerichtetes Oberstes Bundesgericht.[1490] Dieses hätte, so wie es nun der Gemeinsame Senat der obersten Gerichtshöfe tun soll, einen Gleichlaut der Gerichte auch auf höchster Ebene erreichen sollen, was seit jeher als Ideal gilt.[1491] Mit dem damals neu geschaffenen Art. 95 Abs. 3 GG wurde zugleich auch die „‘Haltung des Grundgesetzes‘ zum Thema der Einheit der Rechtsordnung“[1492] verdeutlicht.

Der durch die Reform eingeschlagene Weg sollte keine Rechtsmittelinstanz im Sinne einer Superrevisionsinstanz mehr schaffen, sondern nur noch im Wege eines Inzidentverfahrens strittige Rechtsfragen klären.[1493] Entsprechend kam und kommt es somit darauf an, dass die vorlagepflichtigen Senate ihrer Pflicht auch nachkommen. Es gab aber sowohl wenige Jahre nach der Einführung[1494] als auch heute Stimmen,[1495] die sowohl eine Missachtung als auch eine Umgehung der Vorlagepflicht anprangern.

2. Verfahren

Das Verfahren selbst muss nach § 11 Abs. 1 RsprEinhG durch den vorlegenden Senat, der in tragenden Gründen seiner Entscheidung von der Rechtsprechung eines obersten Gerichtshofs abweichen möchte,[1496] durch einen Beschluss eingeleitet werden. Der Senat, von dessen Rechtsprechung abgewichen werden soll, muss sich dann nach § 11 Abs. 3 RsprEinhG erklären und mitteilen, ob er an seiner Auffassung festhalten möchte. Sodann werden nach § 12 RsprEinhG Auskünfte bei allen obersten Gerichtshöfen eingeholt, um deren bisherigen Umgang mit der Rechtsfrage in Erfahrung zu bringen sowie zu prüfen, ob damit zusammenhängende Entscheidungen anstehen. Nach § 12 Abs. 2 RsprEinhG kann der Gemeinsame Senat außerdem einen obersten Gerichtshof ersuchen, seine

---

1490 *M. Jachmann-Michel*, in: Maunz/Dürig-GG, Art. 95 GG Rn. 156, Stand: 86. Lfg. v. 01.2019; *D. Felix*, 1998, S. 170 f.

1491 *K. Engisch* 1935, S. 8.

1492 *D. Felix*, 1998, S. 170; Zur Einheit der Rechtsordnung nachfolgend ab S. 282.

1493 *N. Achterberg*, in: Bonner Kommentar, Art. 95 GG Rn. 292, Stand: 50. Lfg. v. 07.1985; *H. Schulze-Fielitz*, in: Dreier-GG, Art. 95 GG Rn. 35.

1494 Exemplarisch *W. Späth*, BB 1977, 153, 155.

1495 *H. Schulze-Fielitz*, in: Dreier-GG, Art. 95 GG Rn. 35.

1496 *M. Jachmann-Michel*, in: Maunz/Dürig-GG, Art. 95 GG Rn. 160, Stand: 86. Lfg. v. 01.2019.

Auffassung darzulegen. Im Anschluss entscheidet der Gemeinsame Senat dann die Rechtsfrage, welche sodann nach § 16 RsprEinhG für den vorlegenden Senat bindend ist.

Abschließend gilt es zu beachten, dass es sich bei dem Gemeinsamen Senat auch um einen gesetzlichen Richter im Sinne von Art. 101 Abs. 1 S. 2 GG handelt, womit eine Verletzung der Vorlagepflicht auch mit einer Verfassungsbeschwerde gerügt werden kann.[1497] Daneben dürfte für den Gemeinsamen Senat grundsätzlich auch die Möglichkeit einer Vorlage an das BVerfG nach Art. 100 Abs. 1 GG bestehen, was allerdings voraussetzen würde, dass die vorgelegte Rechtsfrage nicht verfassungskonform beantwortet werden kann.

3. Ableitung eines allgemeinen Rücksichtnahmegebots

Aus der Regelung selbst sowie aus der Rechtsprechungstradition heraus ergibt sich somit ein gegenseitiges Rücksichtnahmegebot der Bundesgerichte.

Zunächst begründet sich dieses aus der den Bundesgerichten von der Rechtsordnung zugeordneten Leitfunktion[1498] und der sich damit ergebenden Verantwortung zur Wahrung der Einheitlichkeit. Hinzu kommt, dass aus dem Rechtsstaatsprinzip eine Pflicht zur Vermeidung von Normenkollisionen folgt.[1499] Sämtliche Gerichte sind demnach verpflichtet, bestmöglich an einer entsprechenden Vermeidung solcher Kollisionen und damit der Schaffung einer rechtskonformen Situation mitzuwirken.

Entsprechend gehört es auch bisher schon innerhalb der Gerichte zum guten Ton, bei einer geplanten Abweichung vorab bei den betroffenen Senaten anzufragen, ob ein Festhalten geplant sei oder nicht. Dieser Austausch ist in seinen Grundzügen auch gesetzlich normiert, wie beispielsweise § 14 RsprEinhG oder § 132 Abs. 3 GVG. Damit wird nicht nur im Ergebnis eine möglichst einheitliche Rechtsprechung erreicht,[1500] sondern auch gefördert, dass besonders strittige Fragen von einem breiteren Konsens getragen werden. Diese Intention des

---

1497 *M. Jachmann-Michel*, in: Maunz/Dürig-GG, Art. 95 GG Rn. 160, Stand: 86. Lfg. v. 01.2019; *N. Achterberg*, in: Bonner Kommentar, Art. 95 GG Rn. 320, Stand: 50. Lfg. v. 07.1985; *H. Schulze-Fielitz*, in: Dreier-GG, Art. 95 GG Rn. 35; *A. Voßkuhle*, in: Mangoldt/Klein/Stark-GG, Art. 95 GG Rn. 45.

1498 *B. Rüthers, C. Fischer, A. Birk*, 2015, Rn. 245 u. 824.

1499 Siehe zuvor ab S. 251.

1500 *W. Späth*, BB 1977, 153, 153; *K. Schmidt*, in: K. Schmidt - Vielfalt des Rechts, S. 17; *J.-P. Graf*, in: BeckOK-GVG, § 132 GVG Rn. 3; *W. Zimmermann*, in: MüKo-ZPO, § 132 GVG Rn. 1.

Gesetzgebers wird besonders auch an § 132 Abs. 4 GVG deutlich, der die Vorlage an den Großen Senat ermöglicht, wenn die Sache von grundlegender Bedeutung ist. Auf eine solche Vorlagemöglichkeit wurde beim Gemeinsamen Senat verzichtet, was zugleich die Funktion der Vereinheitlichung unterstreicht.

Auf Ebene der Verfassungsorgane ist zwischen diesen das Prinzip der Organtreue zu beachten, welches auf alle Interorganbeziehungen Anwendung findet und entsprechend umfassende wechselseitige Rücksichtnahme fordert und gewährleistet.[1501] Die Verfassungsorgane haben danach „bei Inanspruchnahme ihrer verfassungsmäßigen Kompetenzen auf die Interessen der anderen Verfassungsorgane Rücksicht zu nehmen“[1502]. Daneben kennt man auch aus dem Völkerrecht ein entsprechendes Rücksichtnahmegebot.[1503] Demzufolge haben beispielsweise die Vertragsstaaten der EMRK bei Verfassungsänderungen, ebenso wie die EGMR bei der Interpretation der Konvention, Rücksicht zu nehmen, welche die Möglichkeiten der Rechtsfortbildung entsprechend einschränkt.

All diesen Rücksichtnahmegeboten ist gemein, dass sie über das geschriebene Recht hinaus eine Pflicht zur Beachtung der eingenommenen Positionen der Beteiligten aufstellen. Die Erweiterung der eigenen Position soll nur soweit erfolgen, wie eine konsensuale Zustimmung möglich ist oder wie diese ohne eine Schwächung der übrigen Positionen erfolgen kann. Diese Idee existiert darüber hinaus als allgemeiner völkerrechtlicher Grundsatz und verpflichtet entsprechend zur Achtung und Respektierung fremder Hoheitsakte.[1504]

Ein vergleichbarer Grundsatz wird nach meiner Auffassung durch Art. 95 Abs. 3 GG zum Ausdruck gebracht. Dieses Rücksichtnahmegebot sollte daher durch die obersten Bundesgerichte stärker beachtet werden. Mit Blick auf die jedenfalls sehr wenigen tatsächlichen Vorlagen in den vergangenen Jahrzenten, muss bezweifelt werden, dass die Gerichte den Vorlagepflichten umfänglich nachgekommen sind. So gab es bislang in den 52 Jahren des Bestehens nur 43 Verfahren.[1505]

1501 *H. Sauer*, 2008, S. 381.

1502 BVerfG, Urteil v. 25.05.1977 – 2 BvE 1/74, BVerfGE 45, 1, juris-Rn. 118; allgemein BVerfG, Ablehnung einstweilige Anordnung v. 04.06.1973 – 2 BvQ 1/73, BVerfGE 35, 193, juris-Rn. 26.

1503 *A. Nußberger*, in: HStR X, § 209 Rn. 3 m.w.N.

1504 *G. Dahm, J. Delbrück, R. Wolfrum*, 2012, S. 482.

1505 Anzahl der Treffer zum Az. des GmS-OGB in Juris, Stand 08.11.2020.

4. Zusammenfassung

Nach all dem besteht in der zu untersuchenden Fallkonstellation für jene Bundesgerichte die Vorlagepflicht, die von der aktuell eingeschlagenen Rechtsprechungslinie von BGH und BFH in Zukunft abweichen wollen. Dazu zählen wie aufgezeigt jedenfalls alle Fragen der Berücksichtigung hypothetischer Kausalverläufe auf den Haftungsumfang öffentlich-rechtlicher Forderungen, da der BGH und BFH hier – entgegen der eigenen Begründung des BFH – inzwischen voneinander abweichen und die Rechtsprechung mithin im Falle einer erneuten Entscheidung vorzulegen ist. Der aktuell von der Rechtsprechung angenommene Vorrang von Steuern gegenüber der Massesicherungspflicht dürfte hingegen nur dann vorlagepflichtig werden, wenn eine Änderung der Rechtsauffassung eintreten sollte, gleich ob durch den BGH oder den BFH.

IV. Verfassungsrechtliche Qualifikation der Einzelnormen

Für eine Abwägung kann ebenfalls maßgeblich sein, ob sich die jeweiligen Normbefehle verfassungsrechtlich unterscheiden bzw. wie diese dort verankert sind. Sofern sich hier eine abweichende Wertung ergibt, kann diese auch prägend für den Vorrang der einen oder der anderen Norm sein.

1. Gesetzgebungskompetenz

a) Steuerrecht

Ausweislich des Finanzverfassungsrechts richtet sich die Gesetzgebungskompetenz für Steuern nach Art. 105 GG, der insoweit lex specialis zu den Art. 70 ff. GG ist.[1506] Demnach bestimmt sich die Kompetenz vereinfacht nach der Ertragshoheit, wobei dem Bund entsprechend nach Abs. 1 die ausschließliche oder nach Abs. 2 die konkurrierende Gesetzgebungskompetenz zukommt. Für das vorliegend maßgebliche Verfahrensrecht in Gestalt der Abgabenordnung leitet sich die Kompetenz hingegen aus Art. 108 Abs. 5 S. 1 und 2 AO ab.[1507] Soweit das Verfahrensgesetz auch für Landesbehörden anzuwenden ist, insbesondere auch in der Auftragsverwaltung,[1508] handelt es sich um ein zustimmungsbedürftiges Gesetz.[1509]

1506 *M. Wienbracke*, JuS 2019, 673, 674; *C. Seiler*, in: Maunz/Dürig-GG, Art. 105 GG Rn. 115, Stand: 74. Lfg. v. 05.2015.
1507 *H. Kube*, in: BeckOK-GG, Art. 105 GG Rn. 12.
1508 *M. Heintzen*, in: Münch/Kunig-GG, Art. 108 GG Rn. 43.
1509 *H. Kube*, in: BeckOK-GG, Art. 108 GG Rn. 11; *K.-A. Schwarz*, in: Maunz/Dürig-GG, Art. 108 GG Rn. 59 - 61.

b) Insolvenzrecht

Hinsichtlich der Vorschriften der Insolvenzordnung handelt es sich um einen Gegenstand der konkurrierenden Gesetzgebung nach Art. 74 Abs. 1 Nr. 1 GG.[1510] Sofern die insolvenzrechtlichen Vorschriften, die sich formal im GmbHG befinden, nicht ebenfalls darunter zu subsumieren sein sollten, sind diese von Art. 74 Abs. 1 Nr. 11 GG ebenfalls als konkurrierende Gesetzgebungskompetenz des Bundes erfasst.[1511]

c) Implizite Gesetzgebungskompetenzen

Über die enumerativen Aufzählungen des Grundgesetzes hinaus stehen dem Gesetzgeber einige erweiternde Kompetenzen zu. Man spricht insoweit unter anderen von der Annexkompetenz[1512] sowie der Kompetenz kraft Sachzusammenhangs[1513]. Beiden ist gemeinsam, dass sie an die dem Bund ausdrücklich zugewiesene Kompetenztitel anknüpfen.[1514] Ebenso kann der Bund in beiden Varianten von einer ihm ausdrücklich eingeräumten Kompetenz ohne den Zugriff auf eine den Ländern zustehende Kompetenzmaterie nicht sinnvoll Gebrauch machen.[1515] Die Kompetenz kraft Sachzusammenhangs führt zu einer Kompetenzausdehnung auf einen dem Bund nicht ausdrücklich zugewiesenen materiellen Kompetenzgegenstand.[1516] Die Annexkompetenz hingegen erweitert die Bundeszuständigkeit auf die Stadien der Vorbereitung und Durchführung eines ihm zugewiesenen Kompetenzgegenstandes. Die Annexkompetenz gehe daher in die Tiefe, die Kompetenz kraft Sachzusammenhangs in die Breite.[1517]

Der Zugriff des Bundes auf eine den Ländern grundsätzlich zustehende Kompetenz darf aber stets nur punktuell erfolgen und nur soweit der Schwerpunkt der Neuregelung im Bereich seiner originären Kompetenz liegt.[1518] Soweit wie

1510 *C. Seiler*, in: BeckOK-GG, Art. 74 GG Rn. 2.1.

1511 *C. Seiler*, in: BeckOK-GG, Art. 74 GG Rn. 45.1.

1512 Exemplarisch *A. Uhle*, in: Maunz/Dürig-GG, Art. 70 GG Rn. 71, Stand: 53. Lfg. v. 10.2008.

1513 Exemplarisch *A. Uhle*, in: Maunz/Dürig-GG, Art. 70 GG Rn. 67, Stand: 53. Lfg. v. 10.2008.

1514 *A. Uhle*, in: Maunz/Dürig-GG, Art. 70 GG Rn. 65, Stand: 53. Lfg. v. 10.2008.

1515 *J. Rozek*, in: Mangoldt/Klein/Stark-GG, Art. 70 GG Rn. 44.

1516 *A. Uhle*, in: Maunz/Dürig-GG, Art. 70 GG Rn. 65, Stand: 53. Lfg. v. 10.2008.

1517 *J. Rozek*, in: Mangoldt/Klein/Stark-GG, Art. 70 GG Rn. 44 a.E.; *A. Uhle*, in: Maunz/Dürig-GG, Art. 70 GG Rn. 65, Stand: 53. Lfg. v. 10.2008.

1518 *J. Rozek*, in: Mangoldt/Klein/Stark-GG, Art. 70 GG Rn. 45; *A. Uhle*, in: Maunz/Dürig-GG, Art. 70 GG Rn. 67 f., Stand: 53. Lfg. v. 10.2008.

eine Regelung für die Funktionsfähigkeit notwendig ist, reicht dann auch die Gesetzgebungskompetenz. Zunächst bedarf es eines zwingenden Konnexes zwischen der Wahrnehmung seiner ihm zugewiesenen Kompetenz sowie dem Eingriff in die Landeskompetenz.[1519] Außerdem darf der Bund auf diesem Weg nur solche Regelungen erlassen, ohne die er seine ausdrückliche Zuständigkeit nicht sinnvoll nutzen könnte.[1520]

Vorliegend dürfte dem Bund diese Kompetenz kraft Sachzusammenhangs bezüglich der Mitregelung einzelner steuerrechtlicher Vorschriften zustehen. Sei dies nur durch eine direkte Regelung innerhalb der InsO, wie beispielsweise § 55 InsO, oder der Korrektur einer Einzelvorschrift direkt in der Abgabenordnung. Dem Bund steht hier im Ausgangspunkt die Zuständigkeit zur Regelung des Gesamtvollstreckungsverfahrens zu, sodass diese Voraussetzung für eine entsprechende Kompetenzausweitung gegeben ist. Die Steuergesetzgebung ist hin gegen wie dargestellt eine zustimmungsbedürftige Gesetzgebungskompetenz. Soweit nun aber ein Eingriff in das Steuerrecht unerlässlich ist, um die Regelung sinnvoll zu treffen, darf die Regelung durch den Bund erfolgen. Der entsprechende Konnex ergibt sich hier aus der Notwendigkeit einer Folgeregelung im Steuerrecht. Soweit der Bund beispielsweise die Gläubigergleichbehandlung als Verfahrensziel auf allen Ebenen des Verfahrens durchsetzen möchte, was für eine Gesamtvollstreckungsordnung einen legitimen Zweck darstellt, muss er sicherstellen, dass dies auch ausnahmslos für alle Gläubiger durchgesetzt werden kann. Soweit diesem Ansinnen dann aber steuerliche Regelungen entgegenstehen sollten, sei dies möglicherweise auch nur durch eine Auslegung in der Rechtsprechung, darf der Bund die notwendige Folge- oder Begleitregelung ebenfalls vollziehen. Diese Anpassungen machen ein Gesetz mithin nicht zustimmungspflichtig, da sie von der Kompetenz kraft Sachzusammenhangs erfasst sind.

Mit Blick auf die erfolgte Neuschaffung der Insolvenzordnung oder das aktuell laufende Gesetzgebungsverfahren des SanInsFoG[1521] könnte der Bund als Gesetzgeber somit auch die für das Verfahren notwendigen Steuerlichen Regeln ändern oder soweit notwendig ergänzen.

1519 *J. Rozek*, in: Mangoldt/Klein/Stark-GG, Art. 70 GG Rn. 45 m.w.N.

1520 *J. Rozek*, in: Mangoldt/Klein/Stark-GG, Art. 70 GG Rn. 45.

1521 Zum *SanInsFoG* ab S. 331; zu den Änderungen während der Entwurfsentstehung aufgrund möglicher Zustimmungpflichtigkeit des Gesetzes siehe ab S. 337.

d) Vergleich

Ein Vorrangverhältnis der Normen lässt sich aus der Kompetenzzuweisung nicht ableiten, in beiden Fällen handelt es sich um Bundesgesetze. Dass der Bund im Fall der AO regelmäßig die Zustimmung des Bundesrates benötigt, hat hierauf keinen Einfluss. Konkret spricht zudem gegen ein solches Vorrangverhältnis, dass der Bund hier aufgrund seiner Kompetenz kraft Sachzusammenhangs selbst die punktuell notwendigen Änderungen des Steuerrechts mitändern darf und die Mitwirkungspflicht damit entfällt.

Das auch in diesem Zusammenhang gebräuchliche Argument, dass der Steuergesetzgeber keine Regelungen schaffen soll, die denen vom Sachgesetzgeber widersprechen,[1522] halte ich, wie zuvor ausgeführt, für nicht überzeugend, solange wie der gleiche Gesetzgeber tätig wird. Die abweichende verfassungsrechtliche Grundlage rechtfertigt keine dahingehende Differenzierung, weshalb die Rechtsprechung des BVerfG, die nur zu Landessteuern beziehungsweise -Abgaben ergangen ist, nicht in dieser Allgemeinheit übertragbar ist.

2. Verfassungsrang der Vorschriften

Beide Pflichten spiegeln verschiedene verfassungsrechtliche Wertungen wider, die hier in Kürze zusammengefasst werden sollen.

a) Steuerrecht

Der steuerliche Eingriff ist zunächst von der „Gleichmäßigkeit der Besteuerung“[1523] geprägt. Daraus folgt auch eine Pflicht zum besonders gleichmäßigen Vollzug der Steuergesetze.[1524] Dieser auch einfachgesetzlich in § 85 S. 1 AO normierte Grundsatz fordert vom gesamten Verfahrensrecht, den gleichmäßigen Vollzug sicherzustellen. Eine Durchbrechung dieser Steuergerechtigkeit bedarf daher der Rechtfertigung durch andere sachgerechte Prinzipien, wobei sich die Anforderungen nach einer bereichsspezifischen Anwendung des Art. 3 Abs. 1 GG ergeben und aufgrund des hohen Gemeinwohlwertes der Steuergerechtigkeit streng zu handhaben sind.[1525] Zugleich verlangt die Gesetzmäßigkeit der

---

1522 *M. Wienbracke*, JuS 2019, 673, 674 a.E.

1523 Exemplarisch BVerfG, Urteil v. 09.03.2004 – 2 BvL 17/02, BVerfGE 110, 94, 112 ff. = BStBl. II 2005, 56.

1524 *M. Krumm*, 2009, S. 16 a.E.

1525 *M. Krumm*, 2009, S. 18.

Besteuerung, dass sowohl der Tatbestand als auch die Rechtsfolge im Gesetz niedergelegt sein müssen.[1526]

Aus diesen Grundsätzen ergibt sich zugleich auch ein steuerrechtliches Bestandsgebot.[1527] Materiellrechtlich bedarf jede Verschonungsentscheidung einer verfassungsrechtlichen Rechtfertigung. Formell kann die Nichtbesteuerung nur durch ein Parlamentsgesetz angeordnet werden.[1528]

Die maßgeblichen Steuervorschriften begründen allesamt Kompetenzen der Eingriffsverwaltung und sind mithin selbst Eingriffsvorschriften.[1529] Somit gilt auch der Eingriffsvorbehalt,[1530] sodass im Zweifel der staatliche Eingriff zurücktreten muss. So wird entsprechend davon ausgegangen, dass Unklarheiten zulasten des Staates gehen und damit zu Lasten des Fiskus gehen.[1531] Eine entsprechend restriktive Auslegung dürfte wohl anerkannt sein,[1532] führt aber im Ergebnis zu keiner Lösung. Zunächst scheitert der Eingriff in den zu untersuchenden Konstellationen nicht an der Präzision des Eingriffes, sondern allein an dem Konflikt der sich entgegenstehenden Normbefehle. Eine Auflösung könnte sodann – unter der Anwendung des Eingriffsvorbehalts – aber nur erfolgen, wenn dieser eine weitere Regelung gebieten würde. Notwendig wäre ein Vorrang von Nichteingriffsnorm gegenüber Eingriffsnormen. Eine solche Feststellung wurde aber bislang, soweit ersichtlich, nicht aufgestellt. Ebenso lässt sich für einen solch weiten allgemeinen Vorrang keine Begründung finden.

b) Insolvenzrecht

Das Insolvenzrecht ist von den Rechten der Gläubigergesamtheit geprägt. Die Gläubiger stimmen ihrem anteiligen Forderungsverlust zu, weil die Gesamtheit der Gläubiger mehr oder minder gleichmäßig betroffen ist. Nur durch diese Kollektivierung des Verfahrens wird der Rechtsverlust des einzelnen erträglich.[1533]

1526 *J. Hey*, in: Tipke/Lang, § 3 Rn. 233 f.

1527 *R. Seer*, FR 2014, 721, 721; *M. Krumm*, 2009, S. 26 f. m.w.N.

1528 *M. Krumm*, 2009, S. 27 m.w.N.

1529 Zur Eingriffsverwaltung *B. Grzeszick*, in: Maunz/Dürig-GG, Art. 20 GG - Abschnitt VI. Rn. 111 - 116, Stand: 51. Lfg. v. 12.2007.

1530 *F. Ossenbühl*, in: HStR V, Rn. 29 ff.; ausführlich zur Gesetzesbindung im Steuerrecht *H. W. Kruse*, in: DStJG 5 (1982), passim.

1531 Siehe nur BVerfG, Urteil v. 15.12.1983 – 1 BvR 209/83, BVerfGE 65, 1, 44; *P. Brandis*, in: Tipke/Kruse, § 138 AO Rn. 5.

1532 So auch FG Münster, Urteil v. 06.06.1989 – XII 8740/88 F, EFG 1989, 498, 2. Leitsatz.

1533 *R. Seer*, FR 2014, 721, 722.

Die durch Art. 14 GG geschützte Forderung der privaten Gläubiger wandelt sich von einem *Maximalanspruch* hin zu einem *Optimalanspruch*. Ihre Gleichbehandlung und ihr verfahrensrechtlicher Schutz ist damit auch direkt Ausfluss der Eigentumsgarantie[1534] sowie Ausfluss aus Art. 3 Abs. 1 GG.[1535] Zugleich gehört das Insolvenzrecht auch zum verfassungsrechtlich geschützten Kern des Rechtsschutzschutzsystems, das den einzelnen die Durchsetzung ihrer Rechte ermöglicht und garantiert, vgl. Art. 19 Abs. 4, Art. 28 Abs. 1 S. 1, Art. 20 Abs. 2 u. 3 und Art. 14 Abs. 1 GG (Justiz- / Rechtsgewährleistungsanspruch).[1536] Damit wird zugleich aber nur ein rechtmäßiges Verfahren sichergestellt, dessen Ausgestaltung liegt im Ermessen des Gesetzgebers.[1537] Ein Vorrang oder andere Auflösungshilfen können sich demnach aus dem Rechtsgewährleistungsanspruch nicht ergeben.

c) Zwischenergebnis

Somit kommt es zu einer Situation, die sich im Kern auf einen Konflikt zwischen der durch Art. 14 GG garantieren Forderung der privaten Gläubiger und dem durch Art. 20 Abs. 3 GG i.V.m. Art. 3 Abs. 1 GG gebundenen Staat konzentriert.[1538] Jeder steuerliche Vorrang ist entsprechend mit einem Eingriff in die Eigentumsposition der dadurch benachteiligten Gläubiger verbunden. Die Abwägung zwischen diesen beiden Positionen kann nur über den Weg der praktischen Konkordanz befriedigend gelöst werden, wobei die verschiedenen weiteren Akteure und deren Rechtspositionen mit einzubeziehen sind. Die konkrete Auflösung kann aber schwerlich Aufgabe des Rechtsanwenders sein, hierzu bedarf es viel mehr einer entsprechenden Leitentscheidung des Gesetzgebers.[1539]

Beiden Normkomplexen ist außerdem gemein, dass es sich um Eingriffe mit berufsregelnden Tendenzen handelt, die aber nur von nachrangiger Bedeutung sind.[1540]

1534 Vgl. *J. Bauer*, ZInsO 2010, 1917, 1919.

1535 *H. G. Ganter / A. Bruns*, in: MüKo-InsO, § 1 InsO Rn. 8.

1536 *C. Becker*, in: Nerlich/Römermann-InsO, § 1 InsO Rn. 3, Stand: 30. Lfg. v. 07.2016; *R. Stürner*, in: MüKo-InsO, Einleitung Rn. 77.

1537 *M. Krumm*, 2009, S. 41.

1538 *R. Seer*, FR 2014, 721, 721 f.

1539 *R. Seer*, FR 2014, 721, 721 f.

1540 *M. Krumm*, 2009, S. 38.

3. Indienstnahme

a) Steuerrechtliche Indienstnahme

Auf Seiten der steuerrechtlichen Inanspruchnahme des Geschäftsführers als Haftungsschuldner ist zu beachten, dass dieser vorgelagert bereits eine staatliche *Indienstnahme*[1541] steht. Der Staat hat über § 34 AO den Geschäftsführer als Dritten zur Erfüllung der steuerlichen Pflichten der Gesellschaft verpflichtet, ihm also die Steuerentrichtungspflicht des Unternehmens auferlegt. Die sich möglicherweise anschließende Haftungsinanspruchnahme stellt die entsprechende staatliche Sanktion bei Nichtbefolgung der im Rahmen der Indienstnahme auferlegten Pflichten dar.

Dabei ist eine Indienstnahme Privater nicht generell verfassungsrechtlich legitimiert.[1542] Vielmehr bedürfe es einer Gesamtbetrachtung des Indienstnahmerechtsverhältnisses. Nach *Drüen* ist insoweit zwischen Indienstnahmeziel, -grund und -ausgestaltung zu unterscheiden.[1543] Der Staat muss also mit der Indienstnahme ein oder mehrere legitime Ziele verfolgen.[1544] Hier stellt die Sicherung des Steueraufkommens das Indienstnahmeziel dar. Dies knüpft auch unmittelbar an den Indienstnahmegrund an, der sich sachlich aus der potenziellen Steuergefährdung ergibt, da die originär verpflichtete Gesellschaft selbst nicht handlungsfähig ist. Der persönliche[1545] Indienstnahmegrund ergibt sich aus der Notwendigkeit einer Hinzuziehung einer natürlichen Person, um die Handlungsfähigkeit der Gesellschaft (für Steuerzwecke) sicherzustellen. Die in den §§ 34, 35 AO genannten Personen weisen dabei auch die größte Sachnähe auf, da ihnen bereits die allgemeine rechtliche Verantwortung für den jeweiligen Rechtsträger zukommt. Mithin handelt es sich um eine zulässige Auswahl.

In der konkreten Ausgestaltung der Indienstnahme steht auf der ersten Stufe die eigentliche Pflichtenübertragung aus den §§ 34, 35 AO. An diese knüpft auf der zweiten Stufe die Sanktionierung der Nichterfüllung durch § 69 AO an.

Für die allgemeine Auferlegung einer Kostenlast hat *Drüen* als Leitlinie aufgestellt, dass je ferner die Naturalleistungspflicht dem Eigeninteresse des Pflichtenträgers stehe und je näher sie konkreten Dritt- oder Allgemeininteressen zuzuordnen sei, umso weniger könne der Sachgrund finanzieller Sekundärlasten

1541 Zur Begrifflichkeit *K.-D. Drüen*, 2012, S. 386 - 388.
1542 *K.-D. Drüen*, 2012, S. 390.
1543 *K.-D. Drüen*, 2012, S. 396.
1544 *K.-D. Drüen*, 2012, S. 390 a.E.
1545 *K.-D. Drüen*, 2012, S. 278.

die Indienstnahme legitimieren.[1546] Gemeint sind in diesem Zusammenhang zunächst Kosten der originären Indienstnahme, beispielsweise höhere Kosten der Lohnbuchhaltung von Arbeitgebern zur Erledigung der Verpflichtungen zur Lohnsteuerberechnung und -Abführung. Der Grundsatz ist aber nicht unmittelbar auf eine Sanktionierung einer Nichtbeachtung der Pflicht anwendbar, jedenfalls solange nicht, wie es der Verpflichtete selbst in der Hand hat die Pflicht zu erfüllen. Soweit er aber möglicherweise verschuldensunabhängig in Anspruch genommen wird, man denke an die Situation der noch unaufgelösten Normenkollision, kann dies nicht mehr gelten. In dieser Situation würde aber ohnehin bereits ein unzulässiger Eingriff vorliegen.[1547]

b) Insolvenzrechtliche Indienstnahme

Auch der Massesicherungspflicht könnte eine staatliche Indienstnahme des Privaten zugrunde liegen. Wie bei der steuerlichen Abführungspflicht auch, wird dem Geschäftsführer die der Gesellschaft zugewiesene Verpflichtung zur Sicherung der Mittel übertragen. Allerdings handelt es sich dabei um eine gesellschaftsrechtliche Pflicht. Es fehlt damit an der Übertragung einer staatlichen Aufgabe – wie der Eintreibung der Steuern – als Wesensmerkmal der Indienstnahme.

c) Rechtsfolge

Mithin handelt es sich auf der einen Seite um eine staatliche Indienstnahme des Geschäftsführers und auf der anderen Seite um eine einfachgesetzliche Verpflichtung. Der Indienstnahme liegt mithin bereits der intensivere staatliche Eingriff zugrunde.

V. Zusammenfassung

Das Verfassungsrecht verpflichtet den Gesetzgeber eine Rechtsordnung zu schaffen, die dem Rechtsanwender keine widersprechenden Normbefehle erteilt. Auf jede Rechtsfrage darf nur eine richtige Antwort denkbar sein, widersprechen sich aber zwei Normen ohne das eine Norm zurücktritt, sind beide Rechtsnormen nichtig.[1548] Um Widersprüche durch Konflikte innerhalb der Rechtsprechung

---

1546 *K.-D. Drüen*, 2012, S. 391.
1547 Siehe dazu bereits ab S. 247.
1548 *K.-D. Drüen*, in: Tipke/Kruse, § 4 AO Rn. 40, Stand: 163. Lfg. v. 10.2020.

zu vermeiden und zu beseitigen, wurden Art. 95 Abs. 3 GG geschaffen. Wie dennoch verbleibende Konflikte zu beseitigen sind, lässt sich, jedenfalls für den vorliegenden Fall, nicht eindeutig bestimmen. Wohl aber muss bedacht werden, dass der steuerlichen Pflicht bereits ein vorheriger Eingriff zugrunde liegt, ohne dass die Abführungspflicht deshalb pauschal zurücktreten muss.

E. Rechtstheoretische Analyse der Normenkollision

Ein gleichzeitiges Nebeneinander von Normen sieht die Rechtsordnung in verschiedenen Konstellationen vor. So kennt man aus dem Zivil- und Strafrecht Formen der kumulativen Konkurrenz, in denen keine Norm die andere verdrängt.[1549] Die Teilrechtsgebiete kennen für diese Situation aber bereits Lösungswege wie die *Idealkonkurrenz*[1550] im Strafrecht oder die *Anspruchskonkurrenz*[1551] im Zivilrecht. Demgegenüber müsste im Fall einer verdrängenden Konkurrenz eine der einschlägigen Normen durch die andere verdrängt werden.[1552]

I. Einleitung

Die wissenschaftliche Behandlung von Pflichtenkollisionen[1553] wird selten anhand konkreter Fälle behandelt und daraus resultierend oft so abstrakt behandelt, dass die Ausführungen anscheinend vielfach nicht für die Problemlösungen herangezogen werden. Häufig wird das Zwischenergebnis der Kollision ignoriert oder durch eine überambitionierte Auslegung der Normen umgangen. In anderen Fällen werden vermeintlich bekannte Regeln ohne Prüfung von deren Anwendbarkeit genutzt oder nur abstrakt auf die Anwendbarkeit von „Abgrenzungsregeln“[1554] verwiesen. Dabei ist das Problem bereits dem römischen Recht bekannt. So postulierte bereits *Celsus filius*[1555] „impossibilium nulla obligatio est“ - nichts ist Pflicht bei Unmöglichkeit.[1556] Diese Erkenntnis findet sich in Form des § 275 Abs. 1 BGB auch im heutigen Recht und wird auch allgemein in der modernen Rechtsprechung noch angewendet.[1557] Darüber hinaus hat die

---

1549 Exemplarisch *R. Wank*, 2015, S. 106.

1550 *C. Fischer*, Vorb. § 52 StGB Rn. 20 - 23; *P. Rackow*, in: Leipold/Tsambikakis/Zöller, § 52 StGB Rn. 3 - 25.

1551 Exemplarisch *A. Staudinger*, in: NK-BGB, Vorb. §§ 823-853 BGB Rn. 12 f.

1552 *R. Wank*, 2015, S. 106.

1553 Zu den Begrifflichkeiten *J. Hruschka*, in: FS Larenz, S. 258 f.

1554 *O. Fehrenbacher*, in: Jaeger-InsO, Steuerschuld und Steuerverfahrensrecht Rn. 1.

1555 *Publius Iuventius Celsus Titus Aufidius Hoenius Severianus*; Celsus D.50.17.185, zitiert und übersetzt nach *J. Hruschka*, in: FS Larenz, S. 274.

1556 Kritisch *J. Hruschka*, in: FS Reimers, S. 459.

1557 Exemplarisch BGH, Beschluss v. 28.05.2002 - 5 StR 16/02, BGHSt 47, 318, juris-Rn. 14 a.E.

Rechtsphilosophie eine dreifache Voraussetzung aufgestellt, unter der Recht zur Anwendung kommen kann. Es muss zunächst widerspruchslos sein, ebenso aber auch vollständig und unzweifelhaft.[1558]

Für die Lösung des Problems kann dieses Postulat aber allenfalls einen Zwischenschritt bedeuten. Niemand ist zum Unmöglichen verpflichtet, hier also dem Befolgen zweier entgegengesetzter Handlungspflichten. In einem zweiten Schritt muss eine Auflösung des Normwiderspruchs erfolgen.[1559] Nach *Larenz*[1560] folgt dies daraus, dass es logisch undenkbar ist, dass zwei einander ausschließende Rechtsfolgen nebeneinander eintreten. Entweder sei einer der Normen der Vorrang einzuräumen oder beide Normen müssen eingeschränkt werden. Diese Erkenntnis deckt sich somit auch mit der zuvor festgestellten verfassungsrechtlichen Auflösungspflicht.

1. Normen und deren Kollisionsarten

Wer versucht, sich der abstrakten Lösung zu nähern, stößt auf verschiedene Formen der Gruppierung von Normen und Versuche deren Konfligieren theoretisch zu umschreiben. Für die tägliche Rechtsanwendung ist manches davon nur von geringer Erkenntnis. So stellte *Kelsen* fest, dass es sich bei zwei miteinander in Konflikt stehenden Normen um keinen logischen Widerspruch handle, sondern um einen Gegensatz oder Widerstreit.[1561] Dies verdeutlicht jedenfalls, dass die Analyse und der Begriff der Kollision auf vielen Ebenen sorgfältig betrachtet werden müssen, da sich auch der Sprachgebrauch in Darstellungen unterscheidet.[1562]

2. Gebote und Verbote

Vielfach wird zwischen Geboten und Verboten unterschieden. Die ältesten Analysen für den deutschen Rechtsraum finden sich dabei bei *v. Wolff*. In seinen Beschreibungen kommt Verboten immer der Vorrang zu[1563] und sie können auch niemals miteinander kollidieren.[1564] Problematisch ist dabei, dass diese Sätze zu großen Teilen auf moralischen Annahmen beruhen,[1565] die zum einen

1558 *K. Petraschek*, 1932, S. 282.
1559 *K. Larenz*, 1975, S. 324.
1560 *K. Larenz*, 1975, S. 324.
1561 *H. Kelsen*, 1979, S. 168.
1562 Vgl. *C. Thole / D. Poelzig*, ZGR 2010, 836, 840.
1563 *C. F.v. Wolff*, 1738, § 210.
1564 *C. F.v. Wolff*, 1738, § 212.
1565 *J. Hruschka*, in: FS Larenz, S. 277 - 279.

im modernen Rechtsstaat keine uneingeschränkte Gültigkeit mehr haben, zum anderen bereits deshalb problematisch sind, weil sich viele Verbote grundsätzlich in Gebote umformen lassen und umgekehrt.[1566]

Akzeptierter erscheint dann noch die zugleich getroffene Auflösung für eine Kollision zweier Gebotsgesetze, bei denen jenes zu befolgen sei, das zum Besseren verpflichte.[1567] Auf einem vergleichbaren Gedanken basiert auch heute die Rechtsprechung des BVerfG, soweit es beispielswiese das Prinzip der praktischen Konkordanz anwendet.[1568]

All dies hat *Hruschka*[1569] zusammengefasst, indem er formulierte, dass eine *Pflicht* des Adressaten einer Handlungsanweisung stets dann bestehe, wenn in einer konkreten Situation eine Handlungsanweisung anwendbar sei, ohne dass es zugleich der Fall sei, dass in Bezug auf diese Handlungsanweisung auch eine Rechtfertigungsnorm eingreife, die derselben logischen Ordnung angehöre wie die anzuwendende Handlungsanweisung. Die Annahme einer Pflicht sei danach nicht ausgeschlossen, wenn eine Rechtfertigungsnorm eingreife, die einer anderen - höheren - logischen Ordnung angehöre als die Handlungsanweisung. Eine *Handlungspflicht* bestehe stets dann, wenn in einer konkreten Situation ein Gebot anwendbar sei, ohne dass es zugleich der Fall sei, dass in Bezug auf dieses Gebot eine derselben logischen Ordnung angehörende Rechtfertigungsnorm eingreife.

II. Abstrakte Kollisionsregeln

Aufgrund der beschriebenen Schwierigkeiten hält jedes Rechtssystem eine Vielzahl von sogenannten Derogationsnormen vor, die ein Rangverhältnis zwischen den Normen schaffen und somit für die ganz überwiegende Zahl der Fälle dem Rechtsanwender eine Lösung ermöglichen. Unterschieden wird dabei zwischen der *formellen Derogation* (hier unter 1.) und der *materiellen Derogation* (hier unter 2.),[1570] wobei letztere atypische Kollisionen betrifft.

Vor diesem Schritt, also der Anwendung der verschiedenen Kollisionsregeln, ist zunächst die Auslegung der Rechtsnormen vorrangig. Insoweit wird vom Primat der normerhaltenden Auslegung gesprochen.[1571] Auf diesem Wege könne ein größtmöglicher Kompromiss zwischen dem möglichen Vorranganspruch

1566 *J. Hruschka*, in: FS Larenz, S. 277 - 279; *H. Kelsen*, 1979, S. 77.
1567 *C. F.v. Wolff*, 1738, § 213.
1568 Zur praktischen Konkordanz *K. Hesse*, 1999 (Neudruck), Rn. 317 ff.
1569 *J. Hruschka*, in: FS Larenz, S. 257.
1570 *M. Böckel*, 1993, S. 24.
1571 *T. Barczak*, JuS 2015, 969, 974.

einer Norm und dem Willen des Gesetzgebers geschaffen werden.[1572] Dazu gehören auch alle Formen der bundesrechts-, unionsrechts- oder verfassungskonformen Auslegung.[1573]

Eine weitere Vorfrage stellt daneben immer der Umfang des Konflikts dar. Liegt ein totaler Konflikt vor, bei dem jede Befolgung der einen Norm zwangsläufig zur Verletzung der anderen führt oder handelt es sich nur um einen partiellen Konflikt, in dem nur in einigen Fallvariationen die Beachtung der ersten Norm zu einer Verletzung der zweiten Norm führt.[1574]

1. Derogationsnormen

Es muss somit die Frage geklärt werden, ob koinzidierende Pflichten nebeneinander bestehen bleiben können, ob eine hinter eine andere zurücktritt oder möglicherweise alle Pflichten entfallen.[1575] Es sei ein „Normalfall"[1576], wenn eine Norm die andere verdränge, wobei es drei tradierte Lösungsmöglichkeiten gibt. Dabei handelt es sich keinesfalls um einen Automatismus, da es sich insoweit um kein logisches Prinzip handelt.[1577] So hat der Gesetzgeber einige Kollisionsregeln auch in Gesetzesform geschaffen. Dazu zählen beispielsweise Art. 25 und 31 GG oder § 78 Abs. 2 S. 2, 3 VwVfG.[1578] Daraus werden mitunter auch allgemeine Vorrangregeln abgeleitet.[1579]

Die darüber hinausgehende Anwendung der nachfolgenden Derogationsregeln ist allgemein anerkannt.[1580] Gemeinsam setzen sie voraus, dass die widerstreitenden Regelungen nicht in ein und demselben Gesetz geregelt sind.[1581]

1572 *H. Bethge*, in: Maunz/Schmidt-Bleibtreu/Klein/Bethge-BVerfGG, § 31 BVerfGG Rn. 263 - 266, Stand: 56. Lfg. v. 02.2019.

1573 *T. Barczak*, JuS 2015, 969, 974 f.; *K.-D. Drüen*, in: Tipke/Kruse, § 4 AO Rn. 271, Stand: 163. Lfg. v. 10.2020.

1574 *D. Felix*, 1998, S. 246, Fn. 372; ähnlich *H. Kelsen*, 1979, S. 99; *J. Hruschka*, in: FS Larenz, S. 283.

1575 *J. Hruschka*, in: FS Larenz, S. 275.

1576 *B. Rüthers, C. Fischer, A. Birk*, 2015, Rn. 770.

1577 *H. Kelsen*, 1979, S. 101.

1578 *M. Böckel*, 1993, S. 28 f.

1579 *K. Larenz, M. Wolf*, 2004, Rn. 50 f.

1580 Stellvertretend BVerfG, Urteil v. 07.05.1998 – 2 BvR 1991-95 u. 2004-95, BVerfGE 98, 106, 2342 sowie *K.-D. Drüen*, in: Tipke/Kruse, § 4 AO Rn. 270, Stand: 163. Lfg. v. 10.2020.

1581 *M. Böckel*, 1993, S. 25.

a) *Lex superior derogat legi inferiori*

Die Stufenbaulehre von *Merkel* legte den Grundstein für diese Regelung, da sie hierarchische Verhältnisse schafft.[1582] Innerhalb einer Gebietseinheit geht demnach die Verfassung dem einfachen Gesetz und dieses einer Rechtsverordnung sowie Satzung vor.[1583] Verallgemeinert bricht demnach höherrangiges Recht, welches aufgrund einer übergeordneten Kompetenz erlassen wurde, das niederrangige Recht, soweit dies im Widerspruch steht.[1584]

Im zu untersuchenden Konfliktfall hilft diese Analyse nicht weiter, da es sich jeweils um Bundesgesetze handelt, sie demnach der gleichen Ordnung entspringen.

b) *Lex specialis derogat legi generali*

Nach diesem Grundsatz wird die speziellere Norm vor der allgemeineren Norm angewendet. Wie das Verhältnis der beiden Normen dabei im Detail ausgestaltet sein muss, wird durchaus unterschiedlich bewertet. Nach dem engsten Verständnis besteht zunächst eine weite Grundnorm und dazu eine Norm, die sich die Tatbestandsmerkmale mit der Grundnorm teilt, aber darüber hinaus noch über wenigstens eine weitere Anwendungsvoraussetzung verfügt.[1585] Es wird somit streng an die formale Spezialität angeknüpft. Demgegenüber lässt sich aber auch an eine normative Spezialität anknüpfen.[1586] In jedem Fall wird der Anwendungsvorrang aus der größeren Sachnähe geschlussfolgert, da die Norm vom Gesetzgeber eben für diesen Spezialfall geschaffen wurde.

Vorliegend ist Vorrang auf Basis der formalen Spezialität nicht möglich, da den Normen verschiedene tatbestandliche Voraussetzungen zugrunde liegen. Nichts anderes gilt hier aber auch für eine normative Bewertung, da es sich um verschiedene Schutzrichtungen handelt. Keine der Normen kann dabei für sich eine größere Spezialität beanspruchen, da ihnen ein unterschiedlicher Blickwinkel zugrunderliegt.[1587]

1582 *E. Wiederin*, in: Griller/Rill, Die Stufenbaulehre Adolf Julius Merkls, S. 83; *B. Rüthers, C. Fischer, A. Birk*, 2015, Rn. 272.

1583 *K. Larenz, M. Wolf*, 2004, Rn. 52.

1584 *R. Zippelius*, 2012, S. 32; *M. Böckel*, 1993, S. 25; *B. Rüthers, C. Fischer, A. Birk*, 2015, Rn. 773.

1585 *M. Böckel*, 1993, S. 26; *K. Larenz, C.-W. Canaris*, 1995, S. 88.

1586 *L. Ischebeck*, 2009, S. 126 f.; *B. Rüthers, C. Fischer, A. Birk*, 2015, Rn. 771.

1587 So auch zum Verhältnis § 266a StGB und § 64 GmbHG *L. Ischebeck*, 2009, S. 126 f.; *A. Hoyer*, in: FS Reuter, S. 543.

c) *Lex posterior derogat legi priori*

Der letzte der klassischen Anwendungssätze bewertet die konfligierenden Normen nach ihrem Entstehungszeitpunkt. Demnach verdrängt die jüngere Norm die ältere, sofern es sich um gleichrangige Normen handelt.[1588] Dieser Wille lasse sich regelmäßig mit dem Willen des Normsetzers begründen, sollte ein Vorrang nicht explizit durch das neue Gesetz angeordnet werden, greife der Grundsatz ein.[1589] Mitunter wird aber jedenfalls ein Bewusstsein des Gesetzgebers für die derogierende Wirkung des neuen Gesetzes gefordert[1590] oder darüber hinaus deren positivrechtliche Normierung.[1591] Nach dem BVerfG gelte der Grundsatz zudem nur dann, wenn die ältere Regelung nicht spezieller sei als die jüngere.[1592] Ebenso könne ein Anwendungsgebiet des alten Gesetzes verbleiben, soweit das neuere den Teilbereich nicht vollständig abdecke.[1593] Am Ende handelt es sich mithin wohl am ehesten um einer widerlegbare Rechtsvermutung.[1594]

Vorliegend kann von einem Anwendungsvorrang aufgrund des Alters der Vorschriften nicht ausgegangen werden. Die steuerlichen Abführungspflichten samt Haftung als auch die Massesicherungspflicht existieren bereits um die hundert Jahre nebeneinander, immer wieder leicht modifiziert, ohne dass sich dabei der Gesetzgeber zu einem Anwendungsvorrang geäußert hat. Die daneben neu formierte Insolvenzordnung und der dadurch bewirkte Bruch mit bekannten Prinzipien wie dem Fiskusprivileg könnten hier keinen Vorrang begründen. Sie vermag allenfalls mittelbar die Interpretation der vorhandenen Normen zu modifizieren,[1595] hat aber keine derogierende Wirkung.

1588 *M. Böckel*, 1993, S. 25 f.; *K. Larenz, M. Wolf*, 2004, Rn. 53 f.; *H. Kelsen*, 1960, S. 210; *T. Barczak*, JuS 2015, 969, 975; BVerfG, Beschluss v. 15.12.2015 – 2 BvL 1/12, DStR 2016, 359, 364.

1589 *B. Rüthers, C. Fischer, A. Birk*, 2015, Rn. 772.

1590 *K. Petraschek*, 1932, S. 296 f.

1591 *A.J. Merkl*, 1927, S. 211; *H. Kelsen*, 1979, S. 168; *H. Quaritsch*, 1961, S. 20 f.

1592 BVerfG, Beschluss v. 15.12.2015 – 2 BvL 1/12, DStR 2016, 359, 364; ebenso BFH, Urteil v. 29.09.1992 – VII R 56/91, BFHE 169, 564, juris-Rn. 26 = BB 1993, 426.

1593 *R. Zippelius*, 2012, S. 33.

1594 *H. Quaritsch*, 1961, S. 20 f.

1595 Siehe zur Fernwirkung neuer Normen unter dem Gesichtspunkt der *Einheit der Rechtsordnung* ab S. 282.

d) Konkurrenzen der Derogationsnormen

Über das Verhältnis dieser drei Derogationsnormen finden sich verschiedene Ausführungen. So gehen einige Stimmen von einem steten Vorrang der lex-superior-Regel aus.[1596] Andere zeigen mehr oder weniger spezielle Konstellationen auf, in denen ein Rangverhältnis nicht auszumachen sei.[1597] Wieder andere sehen hier eine natürliche Grenze starrer Derogationsnormen, denen auf anderem Weg – wie der Argumentationsfigur der Einheit der Rechtsordnung – beizukommen sei.[1598] Auch schon *Engisch*[1599] stellte entsprechend fest, dass die Anwendung der Regelungen mitunter kompliziert sei und es an einer hinreichenden Aufklärung fehle. An diesem Eindruck scheint sich bis heute nur wenig geändert zu haben. So kann man nur feststellen, dass es bislang nicht gelungen ist, ein klares Rangverhältnis der Regeln zu finden bzw. aufzustellen.[1600]

e) Fehlende Anwendungsmöglichkeit der Derogationsnormen

Wie gerade angedeutet, können Situationen entstehen, in der gleichrangige Normen kollidieren, zwischen denen kein Vorrangverhältnis besteht. Regelmäßig tritt dies dort auf, wo die verschiedenen gesetzlichen Tatbestände nicht im Verhältnis des engeren zum weiteren Begriff zueinander stünden, sondern sich zueinander, wie zwei sich überschneidende Kreise verhielten.[1601] Eine Auflösung durch Auslegung oder bekannte Modelle der Rechtsfortbildung sei dann nicht mehr möglich.[1602]

Diese Konstellation wird mithin auch als atypische Kollision bezeichnet. Deren Behandlung, also deren Auflösung durch den Rechtsanwender, soll im nachfolgenden Kapitel gesondert dargestellt werden.

2. Auflösung von atypischen Kollisionen

Wie solch atypische Kollisionen aufzulösen sind, ist keinesfalls eindeutig. Nur ihre Beseitigung an sich ist wohl unumstritten. Bereits vor Inkrafttreten des

---

1596 *B. Rüthers, C. Fischer, A. Birk*, 2015, Rn. 773; *M. Böckel*, 1993, S. 27.
1597 Exemplarisch *F. Bydlinski*, 1991, S. 572 f.
1598 *D. Felix*, 1998, S. 154 f.
1599 *K. Engisch* 1935, S. 47.
1600 *T. Barczak*, JuS 2015, 969, 975.
1601 *R. Zippelius*, 2012, S. 32.
1602 *C.-W. Canaris*, 1983b, S. 121.

Grundgesetzes war klar, dass den Rechtsanwender ein klarer Normbefehl treffen müsse. So hielt *Engisch* fest, dass notwendig eine Pflicht zu weichen habe.[1603] Unter Anwendung des Grundgesetzes wurden zu diesem Zweck verschiedene Lösungen diskutiert, wobei die – bereits oben aufgezeigte – Notwendigkeit einer Auflösung der Konfliktlage unter Geltung des Grundgesetzes eindeutig ist.[1604] Der Weg der logischen Spezialität sei dann durch teleologische Erwägungen abzulösen.[1605]

a) Lösung nur durch Gesetz

Mitunter wird angenommen, dass eine Auflösung nur durch vom Gesetzgeber aufgestellte Lösungswege beseitigt werden könne.[1606] Eine Interpretation könne hingegen nie zur Auflösung eines Konfliktes führen, der Rechtsanwender könne sich im Falle des Konfliktes nur für Anwendung der einen oder der anderen Norm entscheiden.[1607] Entsprechend habe der Gesetzgeber verschiedene Derogationsnormen aufzustellen. Über einen solchen Weg wurde unter Zuhilfenahme der strafrechtlichen Rechtfertigungslehre bereits nachgedacht.[1608] Deren Prinzipien können als vom Gesetzgeber artikulierte Grundabwägung auch in anderen Rechtsbereichen Anwendung finden und vermögen es daher, auch gesellschaftsrechtliche Rechtfertigungsgründe zu schaffen. Anhand dieses Ansatzes würde eine der beiden Pflichten zurücktreten und die andere (im Einzelfall) uneingeschränkt zur Anwendung gelangen.

b) Kollisionslücke

Die wohl älteste und zugleich einfachste Auflösung besagt schlicht „impossibilium nulla est obligatio“[1609], womit beide Pflichten zurücktreten. Aufbauend auf diesem Gedanken wird angenommen, dass zwei sich widersprechende Normen sich wechselseitig auslöschen, wodurch eine Gesetzeslücke entsteht, die

1603 *K. Engisch* 1935, S. 53.
1604 *D. Felix*, 1998, S. 252.
1605 *R. Zippelius*, 2012, S. 32.
1606 *M. Baldus*, 1995, S. 153; vgl. *H. Kelsen*, 1979, S. 169.
1607 *H. Kelsen*, 1979, S. 178.
1608 *C. Thole / D. Poelzig*, ZGR 2010, 836, 857.
1609 Celsus D.50.17.185, zu deutsch „Nichts ist Pflicht bei Unmöglichkeit“; zitiert nach *J. Hruschka*, in: FS Larenz, S. 274.

sogenannte Kollisionslücke.[1610] Mitunter wird dies auf Kollisionen innerhalb eines Gesetzes beschränkt,[1611] wobei die überwiegende Auffassung wohl nur das Vorliegen zweier gleichrangiger Normen voraussetzt.[1612]

Daran anknüpfend wird die Rechtsfolge der Kollision auch nur als teilweise Lücke aufgefasst, sodass die zwei Normen nur ungültig werden, soweit sie sich widersprechen bzw. insoweit unanwendbar werden.[1613] Im Anschluss müsste zugleich die Gesetzeslücke durch die bekannten Techniken geschlossen werden, um dem Rechtsanwender gleichwohl eine dem Willen des Gesetzgebers entsprechende Lösung des Falles an die Hand zu geben.

Diese Vorgehensweise erinnert im Ergebnis sehr stark an die neuere Rechtsprechung des BVerfG, soweit dieses eine normerhaltende Reduktion vornimmt, um dem ursprünglichen Willen des Gesetzgebers größtmögliche Geltung zukommen zu lassen.[1614] Zugleich dürfte dies auch allgemein die treffendste Lösung darstellen, da man andernfalls eine Rechtfertigung für den allgemeinen Wegfall zweier Normen finden müsste, die sich möglicherweise nur in ganz wenigen Sonderkonstellationen widersprechen, aber für einen Großteil der Fälle reibungslos koexistierten.

Der gedankliche Grundansatz sieht sich dennoch Kritik ausgesetzt, indem von der Lücken-Lüge gesprochen wird.[1615] Diese Kritik führt im Ergebnis aber zu vergleichbaren Lösungen. So werden die Abwägungen, die im Rahmen der hier proklamierten Kollisionslücke im Anschluss beim Schließen der Lücke herangezogen werden müssen, bereits vorab bei einer wechselseitigen Auslegung der Normen herangezogen.

Der Vorteil dieser Lösung liegt gleichwohl in ihrem generellen Ansatz, man könne unter Beachtung aller betroffenen Rechtsbereiche eine allgemeingültige, neue Regel aufstellen, die vom Einzelfall losgelöst angewendet werden kann. Dies macht die Lösung zugleich aber problematisch, da sie eine gesetzgeberische Neuschaffung ersetzt. Man mag sich aber fragen, ob der Gesetzgeber diesbezüglich überhaupt schutzwürdig ist, steht es ihm doch jederzeit frei, die Rechtslage

1610 *B. Rüthers, C. Fischer, A. Birk*, 2015, Rn. 845; *K. Engisch 1935*, S. 42 f.; *K. Engisch - juristisches Denken*, S. 277; *K.-D. Drüen*, in: Tipke/Kruse, § 4 AO Rn. 353, Stand: 163. Lfg. v. 10.2020; *C.-W. Canaris*, 1983b, S. 121 f.; vgl. *W. Kallfass*, 1972, S. 55.

1611 *K. Petraschek*, 1932, S. 297.

1612 *R. Zippelius*, 2012, S. 32.

1613 *R. Zippelius*, 2012, S. 32.

1614 Siehe bereits ab S. 258.

1615 *R. Christensen / H. Kudlich*, JZ 2009, 943, 947.

abweichend von der gefundenen Lösung (und sodann hoffentlich konfliktfrei) neu zu regeln.

Auf den vorliegenden Fall übertragen, würden die Normen somit zunächst ihre Gültigkeit behalten, aber stets dann zurücktreten, wenn es, beispielsweise im Eigenverwaltungsverfahren, zu einem Widerspruch der Normbefehle kommt. Zu den detaillierten Schlussfolgerungen im Anschluss ab Seite 323.

c) Einheit der Rechtsordnung

Von der „Einheit der Rechtsordnung"[1616] wurde seit *Engisch* häufig gesprochen, ohne dass man bis heute ein einheitliches Verständnis davon entwickelt hätte, was mit dieser Aussage tatsächlich gemeint ist.[1617] Die Funktionsweise hinter dem Gedanken der Einheit der Rechtsordnung lässt sich gut mit dem auch als „Fernwirkung"[1618] von Rechtsänderungen beschriebenen Effekt beschreiben. So mag durch ein neues Gesetz nur eine einzelne Norm geschaffen oder geändert werden, doch zwingt zugleich der logische als auch teleologische Zusammenhang, diese Änderung auch bei unverändert gebliebenen Normen zu berücksichtigen.[1619]

aa) Einführung

In Folge der großen Kodifikationen des 18. Jahrhunderts in Kontinentaleuropa entstand das Dogma der Geschlossenheit der Rechtsordnung, welche man sich als lückenlos und widerspruchsfrei vorstellte.[1620] So erkannte *Engisch* selbst, dass sich die Einheit erst durch die juristische Arbeit konstituiere und daher ein Geschöpf der „schöpferischen Rechtswissenschaft" sei.[1621] Neuere Stimmen sehen sie daher auch nicht als vorgegebenen Zustand an, sondern vielmehr als einen dialektischen Prozess, der uns zur Erreichung des Zustandes antreibt.[1622]

1616 *K. Engisch* 1935, passim.

1617 So auch *M. Baldus*, 1995, S. 193; kritisch zur leichtfetigen Verwendung *K. Schmidt*, in: K. Schmidt - Vielfalt des Rechts, S. 13; wohl insg. ablehnend *C.-W. Canaris*, 1983b, S. 130 f.

1618 *F. Bydlinski*, 1991, S. 581.

1619 *F. Bydlinski*, 1991, S. 581.

1620 *O.A. Germann*, 1967, S. 113.

1621 *K. Engisch* 1935, S. 2.

1622 *K. Schmidt*, in: K. Schmidt - Vielfalt des Rechts, S. 28.

bb) In der Rechtsprechung

In der Rechtsprechung der Bundesrepublik taucht die Einheit der Rechtsordnung immer wieder auf. So hat das BVerfG es früh zur Aufgabe der Verfassungsorgane gemacht, „die Einheitlichkeit der Rechtsordnung für alle Staatsbürger zu gewährleisten“[1623]. Später konkretisierte es diesen Auftrag dahingehend, dass das Rechtsstaatsprinzip alle rechtsetzenden Organe dazu verpflichte, Regelungen jeweils so aufeinander abzustimmen, dass den Normadressaten keine gegenläufigen Regelungen erreiche, die die Rechtsordnung widersprüchlich machen.[1624]

Das BVerfG sieht darüber hinaus die „Einheit der Verfassung als ein logisch-teleologisches Sinngebilde“[1625]. Demnach entscheide das jeweils zuständige Gericht, wie bei vorhandenen Widersprüchen eine Lösung durch eine Auflösung der Kollision oder eine Überbrückungsanweisung gelöst werden könne.[1626] Es handelt sich insoweit um nicht mehr als die Beschreibung der richterlichen Kompetenz zur Bestimmung einer verbindlichen Regelung.

Aber auch die anderen Bundesgerichte griffen bereits mehrfach auf diese Argumentationshilfe zurück.[1627] Dabei setzten sie sich zugleich auch der Kritik aus, dass die Argumentationsfigur herangezogen werde, ohne zu benennen, was aus ihr folge und wieso sie anzuwenden sei.[1628] Seitens des Steuerrechts wurde darunter häufig das Verständnis zivilrechtlicher Begriffe für das Steuerrecht hergeleitet, Kollisionsfälle finden sich hingegen nicht.[1629]

cc) Bloßes Axiom

Mitunter wird das Prinzip der Einheit der Rechtsordnung aber auch als bloßes (unverzichtbares) Axiom bezeichnet, „ein Lehrsatz, der eines Beweises weder

---

1623 BVerfG, Beschluss v. 20.12.1960 – 1 BvL 21/60, BVerfGE 12, 45, juris-Rn. 28.

1624 BVerfG, Urteil v. 07.05.1998 – 2 BvR 1991-95 u. 2004-95, BVerfGE 98, 106, juris-Rn. 58.

1625 BVerfG, Urteil v. 14.12.1965 – 1 BvR 413, 416/60, NJW 1966, 147, 148 = BVerfGE 19, 206.

1626 *B. Rüthers, C. Fischer, A. Birk*, 2015, Rn. 776.

1627 So unter anderem BSG, Urteil v. 11.11.2015 – B 12 KR 13/14 R, BSGE 120, 59, juris-Rn. 24; BGH, Vorlagebeschluss v. 13.03.2020 – V ZR 33/19, ZIP 2020, 1073, juris-Rn. 51; BFH, Urteil v. 27.11.2019 – XI R 35/17, ZIP 2020, 469, juris-Rn. 76, Stand 02.08.2020 ließen sich bei juris 299 Entscheidungen von Bundesgerichten finden, die den Begriff verwenden.

1628 *M. Baldus*, 1995, S. 13.

1629 So auch BVerfG, Urteil v. 24.01.1962 – 1 BvR 845/58, BVerfGE 13, 331, 340; weitere Nachweise bei *D. Felix*, 1998, S. 111 - 120.

fähig noch bedürftig“[1630] sei. In eine ähnliche Richtung gehen solche Stimmen, die feststellen, dass die Einheit nie vorgefunden werde, sondern stets vom Rechtsanwender hergestellt werden müsse.[1631]

Mitunter könne ganz darauf verzichtet werden, da sich die Ergebnisse stets auch auf anderem Wege erreichen ließen.[1632]

dd) Auslegungshilfe

Viele Stimmen sprechen sich – mehr oder weniger explizit – dafür aus, den Grundsatz der Einheit der Rechtsordnung als quasi subsidiäre Auslegungshilfe heranzuziehen. So seien gleichrangige Normen – wie vorliegend – nach dem „Auslegungs- und Interpretationstopos der ‚Einheit der Rechtsordnung'“ gegeneinander abzugrenzen.[1633] Es sei eine „Werteabwägung“[1634] notwendig. Konkreter spricht sich *Felix*[1635] dafür aus, die Argumentationsfigur der Einheit der Rechtsordnung gerade in den Fällen anzuwenden, in denen die allgemeinen Kollisionsregeln gescheitert sei. Es bestehe sonst eine Unmöglichkeit der Lösung von zwischen Teilrechtsordnungen bestehenden Widersprüchen,[1636] wie dies auch hier der Fall ist.

Mitunter wird darin auch eine systematisch-telelogische Auslegung gesehen, die den Wortsinn hinter sich lasse.[1637] Es müsse danach gefragt werden, wie ein Rechtsproblem nach der Gesamtrechtsordnung zu lösen sei.[1638]

ee) Postulat

Zuweilen finden sich aber auch Stimmen, die darin ein strikt zu verstehendes Postulat sehen, welches zu weitreichenden Koordinierungspflichten des Gesetzgebers führe.[1639] Es sei aber jedenfalls dort ein allgemeines Postulat, wo in Fällen einer Normenkollision die Einheit durch die Eliminierung von Widersprüchen konstruiert oder rekonstruiert werden müsse.[1640] Der Anspruch an den

---

1630 *W. März*, 1989, S. 101.

1631 *B. Rüthers, C. Fischer, A. Birk*, 2015, Rn. 278.

1632 *B. Grzeszick*, in: Maunz/Dürig-GG, Art. 20 GG - Abschnitt VII. Rn. 57, Stand: 48. Lfg. v. 11.2006.

1633 *T. Barczak*, JuS 2015, 969, 975.

1634 *R. Seer*, in: Tipke/Lang, § 1 Rn. 48.

1635 *D. Felix*, 1998, S. 157.

1636 *D. Felix*, 1998, S. 154 f.

1637 *W. März*, 1989, S. 102.

1638 *B. Rüthers, C. Fischer, A. Birk*, 2015, Rn. 276.

1639 *K.-D. Drüen*, GmbHR 2005, 69, 78.

1640 *W. März*, 1989, S. 101 f.

Verfassungsstaat, eine vorhersehbare und berechenbare Lösung bereit zu halten, bleibe daneben bestehen.[1641]

ff) Zwischenergebnis

Auch gut 80 Jahre nach *Engisch* ist unklar, wie die Einheit der Rechtsordnung zu verstehen bzw. konkret zu erreichen ist. Der ganz überwiegende Teil der Literatur und Rechtsprechung stimmt aber darin überein, dass es sich um einen anzuerkennenden Grundsatz handelt, der zur Lösung eines Rechtsproblems herangezogen werden kann. Der dazugehörende verfassungsrechtliche Auftrag an den Gesetzgeber bringt dabei vorliegend keine Erkenntnisse. Wohl aber die Heranziehung als subsidiäre Auslegungshilfe. Denn genau diese Situation, wie beispielsweise von *Felix* beschrieben, ist auch vorliegend gegeben. Zwei oder sogar mehrere grundsätzlich gleichrangige Normen stehen miteinander im Konflikt. Die dadurch entstandene Kollisionslücke kann auch unter Zuhilfenahme und Beachtung der Einheit der Rechtsordnung neu gefüllt werden.

Konkret ergibt sich daraus auch eine Pflicht zur größtmöglichen Wirksamkeit der Einzelregelungen. Diese hat, wie schon festgestellt, nur dort zurückzutreten, wo die Normen konkret konfligieren. Anhand des Gesamtsystems kann sodann eine sowohl den Teilrechtsordnungen als auch der Gesamtrechtsordnung gerecht werdende Lösung gefunden werden. Man könnte insoweit von einem gesamtsystematischen Telos sprechen.

So kann im Ergebnis *Karsten Schmidt* zugestimmt werden, soweit er zusammengefasst hat, dass die Einheit der Rechtsordnung nicht dazu bestimmt sei, Zielkonflikte zu leugnen, sondern sie widerspruchsfrei zu lösen.[1642]

d) Güterabwägung

Eine andere Herangehensweise wäre eine Güterabwägung. So seien Konkurrenzfragen als Auslegungsfragen stets über die Wertung zu lösen.[1643] Das BVerfG verfährt nach dem Verfahren der praktischen Konkordanz ebenso.[1644] So sei die „Güterabwägung im Einzelfall“ eine Methode der Rechtsfortbildung, weil sie dazu diene, Normenkollisionen dadurch aufzulösen, dass die sich

1641 *W. März*, 1989, S. 102.

1642 *K. Schmidt*, in: K. Schmidt - Vielfalt des Rechts, S. 25.

1643 *C. Fischer*, 1998, S. 242.

1644 *K. Larenz*, 1975, S. 392 - 402 m.w.N.

überschneidenden Anwendungsbereiche gegeneinander abgegrenzt werden.[1645] Dies sei aber zugleich auch stets nur ein Vorgehen für den Einzelfall.[1646]

Genau diese Einschränkung auf den Einzelfall ist es aber, die dieses Vorgehen für die vorliegende Arbeit unbrauchbar macht, da jedenfalls der Versuch unternommen werden soll, unter Zuhilfenahme der vorhandenen Methoden eine Lösung über den Einzelfall hinaus zu finden.

e) *Auflösung auf Rechtswidrigkeitsebene*

Ein anderer Ansatz löst das Problem unter Heranziehung der strafrechtlichen Rechtfertigungsgründe. Man nutzt dabei den Gedanken, dass der Gesetzgeber bei den strafrechtlichen Rechtfertigungsgründen ein grundlegendes Prinzip zum Ausdruck gebracht habe, welches verallgemeinerungsfähig sei.[1647] Das sich Straf- und Zivilrecht heute als vielfach austauschbar erwiesen, zeige sich in den Haftungsregeln des Zivilrechts, denen wie den Straftatbeständen Verhaltenssteuerung und Prävention zugrunde lägen.[1648]

So habe der Handlungspflichtige in der Strafrechtsdogmatik zunächst zu prüfen, ob eine der ihn treffenden Pflichten höherwertig sei, diese sei sodann zu beachten.[1649] Die Kollision wird mithin im Ergebnis noch aufgelöst. Hingegen ähnele die Situation des Geschäftsführers der Variante der rechtfertigenden Pflichtenkollision.[1650] In diesen Fällen werden die Pflichten als gleichwertig angesehen. Dort sei es in der Literatur anerkannt, dass der Täter gleichwohl gerechtfertigt handle, soweit er wenigstens eine der beiden Pflichten umfänglich erfülle.[1651] Dass er dabei nicht bloß entschuldigt werde, sondern sogar

---

1645 *K. Larenz, C.-W. Canaris*, 1995, S. 232.

1646 *K. Larenz, C.-W. Canaris*, 1995, S. 223 - 232.

1647 *C. Thole / D. Poelzig*, ZGR 2010, 836, 856 f.; ablehnend *J. Hruschka*, in: FS Larenz, S. 279.

1648 *C. Thole / D. Poelzig*, ZGR 2010, 836, 857, m.w.N.

1649 *C. Thole / D. Poelzig*, ZGR 2010, 836, 857, m.w.N.; *T. Lenckner / D. Sternberg-Lieben*, in: Schönke/Schröder-StGB, Vorb. zu §§ 32ff. StGB Rn. 74 f.; *T. Fischer*, in: Fischer-StGB, Vor § 32 StGB Rn. 11.

1650 *C. Thole / D. Poelzig*, ZGR 2010, 836, 856, m.w.N.

1651 BGH, Beschluss v. 30.07.2003 – 5 StR 221/03, BGHSt 48, 307, 284 = NJW 2003, 3787; *C. Thole / D. Poelzig*, ZGR 2010, 836, 857 f., m.w.N.; *T. Lenckner / D. Sternberg-Lieben*, in: Schönke/Schröder-StGB, Vorb. zu §§ 32ff. StGB Rn. 73; BGH, Beschluss v. 30.07.2003 – 5 StR 221/03, BGHSt 48, 307, 284 = NJW 2003, 3787; *T. Fischer*, in: Fischer-StGB, Vor § 32 StGB Rn. 11a.

gerechtfertigt handle, basiert auf der Idee ihn auf diesem Weg zur Erfüllung einer Pflicht zu motivieren.[1652]

Demgegenüber sei die Kollision von Handlungs- und Unterlassungspflichten nach dem Prinzip des überwiegenden Interesses gelöst.[1653] Im Falle gleichrangiger Unterlassenpflichten gelten wiederum die Grundsätze der echten Pflichtenkollision.[1654]

Aus diesen Feststellungen ziehen *Thole/Poelzig*[1655] zwei Schlüsse. Soweit es eine höherrangige Pflicht gebe, müsse diese erfüllt werden, fehle es an einem solchen Rangverhältnis, ist der Pflichtenadressat gleichwohl gerechtfertigt, solange er eine Pflicht ordnungsgemäß erfüllt.

f) Wahlrecht des Betroffenen

Im Ergebnis ähnlich sind ältere Darstellungen *Kelsens*[1656], nach denen der Rechtsanwender im Ergebnis die Wahl habe, welcher Norm er folgen wolle. Dieser Schluss wurde früher bereits über das Naturrecht geführt.[1657] Verpflichte das Gesetz zur Vornahme zweier gleich guter Handlungen, könne der Verpflichtete sich nach seinem Belieben die Erfüllung einer Pflicht aussuchen. Dies sei auch heute noch gültig.[1658]

Eine abstrakte Auflösung des Konflikts sei hingegen nur durch ein gesetzgeberisches Eingreifen möglich.[1659]

g) Größtmögliche Wirksamkeit

Aus den klassischen naturrechtlichen Herleitungen werden mitunter aber auch noch andere Schlüsse gezogen. So könne man, wenn man die Lehrsätze auf das Modell der Pflichtenkollision anwende, zunächst zu der Erkenntnis gelangen, dass das „Gesetz der größtmöglichen Wirksamkeit der Pflichtensysteme“ gelte.[1660] Danach solle ein Gesetz, soweit es reiche, so wirksam wie nur eben

---

1652 *C. Thole / D. Poelzig*, ZGR 2010, 836, 858, m.w.N.

1653 *T. Lenckner / D. Sternberg-Lieben*, in: Schönke/Schröder-StGB, Vorb. zu §§ 32 ff. StGB S. 71 f.; *C. Thole / D. Poelzig*, ZGR 2010, 836, 858; *W. Perron*, in: Schönke/Schröder-StGB, § 34 StGB Rn. 4.

1654 *C. Thole / D. Poelzig*, ZGR 2010, 836, 858, m.w.N.

1655 *C. Thole / D. Poelzig*, ZGR 2010, 836, 858 f.

1656 *H. Kelsen*, 1960, S. 210 ff.

1657 *C. F.v. Wolff*, 1738, § 214.

1658 *J. Hruschka*, in: FS Larenz, S. 277.

1659 *M. Baldus*, 1995, S. 152; *H. Kelsen*, 1979, S. 179.

1660 *J. Hruschka*, in: FS Larenz, S. 284 f.

möglich sein. Daraus folge einerseits, dass die Pflichten weiterhin in Geltung bleiben, es käme eben zu keiner Auflösung.[1661] Andererseits können nicht beide Pflichten zugleich befolgt werden, weshalb aber eine der beiden Pflichten befolgt werden, also eine Norm zur Anwendung gelangen müsse.[1662] Gleichwohl ließen sich aber keine allgemeinen, weiterreichenden Schlüsse herleiten, wie situationsbedingt zu verfahren sei.

h) Zwischenergebnis

Innerhalb der verschiedenen Lösungsansätze lassen sich mitunter Gemeinsamkeiten ausmachen. So scheint es zunächst konsensfähig zu sein, dass die Regelungen nur insoweit zurücktreten, wie dies (situationsbedingt) absolut notwendig ist. Darüber hinaus kann ein Vorrang zugunsten einer Regelung dann begründet werden, wenn diese als höherwertig beurteilt wird.

Ersteres führt vorliegend zu der bereits zuvor festgestellten Situation,[1663] dass die Normen grundsätzlich ihre Geltung behalten. Für die begrenzten Fälle, in denen sich die Pflichten unversöhnlich gegenüberstehen, muss dann geprüft werden, ob ein Vorrang begründet werden kann. Ein Vorschlagsrecht würde insoweit wohl dem Gesetzgeber zukommen, der davon aber bislang keinen Gebrauch gemacht hat.

Nicht einheitlich wird die sich deshalb anschließende Frage beurteilt, wie zu verfahren ist, wenn kein Vorrangverhältnis herausgearbeitet werden kann. Eine Richtung spricht sich hier unter verschiedenen Herangehensweisen für ein Wahlrecht des Betroffenen aus. Demgegenüber vertreten die anderen Stimmen eine systematische Neubewertung der Lage, um sodann eine neue (allgemeingültige) Lösung des Konflikts unter Einbeziehung aller wechselseitigen Positionen zu erreichen.

Meines Erachtens spricht einiges dafür, dem Betroffenen solange selbst das Wahlrecht zu belassen, wie sich noch keine Rechtsprechungslinie herausgearbeitet hat, welche die durchzuführende systematische Neubewertung der Rechtslage vornimmt. Denn die Bewertung, die dem Gesetzgeber zuvor nicht gelungen ist, kann schwerlich dem Rechtsanwender auferlegt werden.

Wie aus richterlicher Sicht damit zu verfahren ist, soll im kommenden Abschnitt dargestellt werden.

1661 *J. Hruschka*, in: FS Larenz, S. 285.

1662 *J. Hruschka*, in: FS Larenz, S. 285.

1663 Siehe S. 257-259.

III. Richterliche Lösungsmöglichkeiten

Sowohl für die Einordnung der bisherigen Rechtsprechung als auch für die Auslotung des praktisch verbleibenden Handlungsspielraums bedarf es eines Blickes auf die den Gerichten zur Verfügung stehenden Instrumente zur Lösung eines Kollisionsfalles. Grundsätzlich gibt es in unserer Rechtstradition vier Wege, auf denen ein Richter auf das Recht einwirken kann: durch Konkretisierung oder Korrektur des Gesetzes, durch die Füllung von Gesetzeslücken oder durch gesetzesvertretendes Richterrecht.[1664] Da wir vorliegend bereits eine Vielzahl konfligierender Normen haben, bieten sich zunächst die Möglichkeiten der Korrektur oder der Konkretisierung. Letztere wurde jedenfalls zuletzt von der Rechtsprechung genutzt, soweit sie den Inhalt von § 64 S. 2 GmbHG dahingehend konkretisiert hat, dass dieser die Abführung von beispielsweise Steuern zulasse.[1665]

1. Befugnis des Richters zur Normsetzung

Nach der Beurteilung des BVerfG hat ein Richter ein Amtsmandat zur Korrektur des einfachen Gesetzes.[1666] Damit einher geht somit aber auch eine Korrektur der Entscheidung des parlamentarischen Gesetzgebers.[1667] Dies ist aus Sicht des BVerfG dadurch gerechtfertigt, dass gegenüber den positiven Satzungen der Staatsgewalt auch ein Mehr an Recht bestehen kann, das seine Quellen in der verfassungsmäßigen Rechtsordnung als einem Sinnganzen besitzt und damit dem geschriebenen Recht gegenüber als Korrektiv wirken kann; dies zu finden und zu verwirklichen sei Aufgabe der Rechtsprechung.[1668] Somit kommt dem Fachrichter eben auch die Möglichkeit zu, einer Norm einen neuen Sinn als den zuzuweisen, den der parlamentarische Gesetzgeber gewollt hat.[1669] Dabei sollen insbesondere solche Umstände berücksichtigt werden, die der Gesetzgeber beim Erlass des ursprünglichen Gesetzes noch gar nicht beachten konnte,[1670] beispielswiese aufgrund technischen Wandels. Die Grenze stellt dabei gleichwohl die Gesetzeskorrektur dar, da diese Kompetenz ausschließlich dem BVerfG

1664 Exemplarisch *F. Ossenbühl*, 1988, S. 7 zur den Besonderheiten der Finanzgerichtsbarkeit *L. Woerner*, in: DStJG 5 (1982), passim.

1665 BGH, Urteil v. 14.05.2007 – II ZR 48/06, NJW 2007, 2118; siehe ausführlich ab S. 220.

1666 BVerfG, Beschluss v. 14.02.1973 – 1 BvR 112/65, BVerfGE 34, 269.

1667 *F. Ossenbühl*, 1988, S. 14.

1668 BVerfG, Beschluss v. 14.02.1973 – 1 BvR 112/65, BVerfGE 34, 269, juris-Rn. 38.

1669 *F. Ossenbühl*, 1988, S. 14.

1670 *F. Ossenbühl*, 1988, S. 12.

zusteht.[1671] Das BVerfG stütze die Grenze gleichwohl nur auf das Rechtsstaatsprinzip, nicht auf den Gesetzesvorbehalt,[1672] was für eine großzügige Lesart spricht.

Ebenso darf eine richterliche Rechtsfortbildung den klar erkennbaren Willen des Gesetzgebers nicht umgehen und durch ein eigenes Regelungsmodell ersetzen.[1673]

2. Pflicht des Richters zur Normsetzung

Neben der Kompetenz des Richters zur Änderung, besteht mitunter sogar dessen Pflicht zur Normsetzung. So sind die Gerichte dazu verpflichtet, die ihnen zulässigerweise vorgelegten Rechtsfälle zu entscheiden.[1674] Diese Verpflichtung gelte unter dem Stichwort des „Rechtsverweigerungsverbots“[1675] auch dort, wo eine Gesetzesnorm nicht (mehr) vorliege.[1676] Wie weit dies reichen kann, hat das BVerfG schon früh angedeutet, soweit es ausgesprochen hat, dass es über die geschriebenen Rechtsnormen hinaus ein Mehr an Recht gebe, das gegenüber dem geschriebenen Recht als Korrektiv wirken könne.[1677]

3. Rechtsfortbildung

Soweit man unter Zugrundelegung des zuvor unter E.II. gefundenen Ergebnisses davon ausgeht, dass es durch die Kollision zu einer (teilweisen) Kollisions-Lücke kommt, wäre diese im Wege der Rechtsfortbildung zu schließen.[1678] In Betracht kommen dabei zwei Varianten: Zum einen die Füllung einer einzelnen Lücke, zum anderen in Form von gesetzesvertretendem Richterrecht. Letzteres wird angewendet, wenn sich für einen ganzen Lebensbereich ein ungeordneter

---

1671 *F. Ossenbühl*, 1988, S. 18.

1672 Nähere Nachweise bei *D. Birk*, in: H/H/Sp, § 4 AO Rn. 692, Stand: 160. Lfg. v. 03.1999 (Altauflage).

1673 BVerfG, Beschluss v. 06.06.2018 – 1 BvL 7/14; 1 BvR 1375/14, 3. Leitsatz.

1674 *B. Rüthers, C. Fischer, A. Birk*, 2015, Rn. 823.

1675 *A. Schmidt*, 2016, S. 74 - 77; *M. Jachmann-Michel*, in: Maunz/Dürig-GG, Art. 95 GG Rn. 14, Stand: 86. Lfg. v. 01.2019; *R. Sunder-Plassmann*, in: H/H/Sp, § 1 FGO Rn. 136, Stand: 227. Lfg. v. 04.2014; *R. Seer*, in: Tipke/Kruse, § 96 FGO Rn. 79, Stand: 153. Lfg. v. 08.2018.

1676 *B. Rüthers, C. Fischer, A. Birk*, 2015, Rn. 823; zustimmend *F. Ossenbühl*, 1988, S. 13 f.

1677 BVerfG, Beschluss v. 14.02.1973 – 1 BvR 112/65, BVerfGE 34, 269, juris-Rn. 38.

1678 Vgl. auch *K.-D. Drüen*, in: Tipke/Kruse, § 4 AO Rn. 377 - 383, Stand: 163. Lfg. v. 10.2020.

Rechtsraum auffindet.[1679] Als Beispiele seien hier das Staatshaftungsrecht oder auch das allgemeine Verwaltungsrecht vor dessen Kodifizierung in den 70er Jahren zu nennen.[1680]

Hier sind die Rechtsbereiche bereits umfassend geregelt, ein gesetzesvertretendes Recht wird daher nicht benötigt. Vielmehr muss die konkrete Lücke geschlossen werden und den Betroffenen eine konkrete Handlungsanweisung für die wenigen, offenen Situationen an die Hand gegeben werden.

4. Auslegungsgrenzen des Steuerrechts

Über das zuvor Gesagte hinaus sind besondere Einschränkungen bei der Auslegung des Steuerrechts zu beachten. Als staatliches Eingriffsrecht steht es unter der Schranke des Gesetzesvorbehalts.[1681] Entsprechend hatte bereits *Knobbe-Keuk*[1682] zutreffend beschrieben, dass das Verhältnis des Finanzrichters zum Gesetz ein grundsätzlich anderes ist als für den Zivilrichter. So unterliege er engeren Bindungen an die verfassungsrechtlichen Schranken, insbesondere dem Gleichheitssatz. So wird auch eine steuerbegründende oder -schärfende Analogie allgemein ausgeschlossen.[1683] Eine Rechtsfortbildung ist aber auch im Geltungsbereich eines grundrechtlichen Gesetzesvorbehalts möglich, wie sich beispielsweise an der Rechtsprechung des BVerfG zur Berufsfreiheit nach Art. 12 Abs. 1 GG nachweisen lässt.[1684] Der Richter muss aber bei seiner Entscheidungsfindung beachten, dass es aus rechtsstaatlicher Sicht bedenklich sein kann, wenn er den Steuergegenstand neu schafft oder ausweitet, da das Steuerrecht von der „primären Entscheidung des Gesetzgebers über die Steuerwürdigkeit generell

---

1679 *F. Ossenbühl*, 1988, S. 8 f.

1680 *F. Ossenbühl*, 1988, S. 9.

1681 *D. Birk*, in: H/H/Sp, § 4 AO Rn. 690, Stand: 160. Lfg. v. 03.1999 (Altauflage).

1682 *B. Knobbe-Keuk*, 1986, S. 17.

1683 *K.-D. Drüen*, in: Tipke/Kruse, § 4 AO Rn. 360 - 362, Stand: 163. Lfg. v. 10.2020 m.w.N.; *J. Hey*, in: Tipke/Lang, § 3 Rn. 237; *H.-J. Papier*, in: DStJG 12 (1989), S. 72; *P. Fischer*, in: H/H/Sp, § 42 AO Rn. 140, Stand: 208. Lfg. v. 06.2010; FG Baden-Württemberg, Urteil v. 21.02.2006 - 1 K 332/05, juris-Rn. 12; *K. H. Friauf*, in: DStJG 5 (1982), S. 69; **a.A.** *M. Krumm*, FR 2012, 509, 516, unter Verweis auf Hessisches Finanzgericht, Urteil v. 02.03.2005 – 4 K 3876/01, EFG 2006, 1206, juris-Rn. 47; BFH, Urteil v. 20.10.1983 - IV R 175/79, BFHE 139, 561, juris-Rn. 36–39; weiter einschränkend bereits zur Nutzung zu Analogieanweisungen des Gesetzgebers *G. Crezelius*, FR 2008, 889, passim.

1684 *D. Birk*, in: H/H/Sp, § 4 AO Rn. 693 (m.w.N. in Fn. 142), Stand: 160. Lfg. v. 03.1999 (Altauflage).

bezeichneter Sachverhalte getragen [wird]"[1685] und es daher aus dem „Diktum des Gesetzgebers"[1686] lebt.

Im Konkreten dürfte dies meiner Ansicht nach aber zu keiner Beschränkung bei der Lückenschließung führen, da nicht bloß das verbleibende Recht ohne die sich widerstreitenden Normen zu betrachten sein kann, sondern auch die durch die Kollision entfallenen Normbefehle eine gedankliche Berücksichtigung finden müssen. Diese legitimieren – als unverändert geschriebene Gesetzesgrundlage – die jeweils denkbare Maximalposition. Daher dürfte es auch im Ausgangspunkt nicht auf die Frage der Analogiefähigkeit ankommen. Spannender ist hingegen die Frage, ob ein Lückenschluss, der im Ergebnis einen steuerrechtlichen Vorrang schafft, nicht als steuerverschärfende Analogie anzusehen wäre. Ob diese Rechtsfortbildung *praeter legem* im Steuerrecht durch den Gesetzes- und Parlamentsvorbehalt gesperrt ist, ist bislang nicht höchstrichterlich geklärt.[1687]

Das BVerfG hat formuliert, dass eine steuerrechtliche Rechtsfortbildung dann verfassungswidrig sei, wenn „die Gerichte ohne das Vorhandensein einer sich aus Systematik und Sinn des Gesetzes ergebenden Lücke allein unter Berufung auf allgemeine Rechtsprinzipien, die eine konkrete rechtliche Ableitung nicht zulassen, oder aus rechtspolitischen Erwägungen neue Regeln oder Rechtsinstitute schaffen"[1688]. Vorliegend kommt es daher entscheidend darauf an, wann die Schwelle der Auslegung und Anwendung einfachen Rechts verlassen wird.

5. Zwischenergebnis

Nach dem zuvor Dargestellten, ist es dem zuständigen Richter möglich, für den Einzelfall festzustellen, dass der Betroffene zulässig gehandelt hat, weil er eben sich widersprechenden Normbefehlen ausgesetzt war. Ebenso kann er aber auch feststellen, wie allgemein von nun an zu verfahren ist.[1689]

1685 BVerfG, Urteil v. 24.01.1962 – 1 BvR 845/58, BVerfGE 13, 331, juris-Rn. 29.
1686 BVerfG, Urteil v. 24.01.1962 – 1 BvR 232/60, BVerfGE 13, 318, juris-Rn. 29.
1687 *D. Birk*, in: H/H/Sp, § 4 AO Rn. 692, Stand: 160. Lfg. v. 03.1999 (Altauflage).
1688 BVerfG v. 27.12.1991 – 2 BvR 72/90; vgl. BVerfG v. 09.12.1991 – 1 BvR 1175/88.
1689 So letztlich auch die bereits besprochene Entscheidung des BGH, Urteil v. 14.05.2007 – II ZR 48/06, NJW 2007, 2118, juris-Rn. 12.

IV. Zusammenfassung

Es spricht damit vieles dafür, die konkreten Kollisionen in Form einer Kollisionslücke zu behandeln und dem Rechtsanwender somit einen Handlungsspielraum zu schaffen.

Auf der einen Seite kann der Verpflichtete sich so in beide Richtungen konform verhalten, so wie es seiner Überzeugung entspricht, ohne dass er eine Haftung befürchten muss. Zum anderen ist den Gerichten der Weg aufgezeigt, jeweils einzelfallbezogen oder idealerweise abstrahiert für die jeweilige Fallgruppe eine neue Leitlinie aufzustellen, wie sich die Betroffenen zukünftig zu verhalten haben.

F. Rechtslage im Eröffnungsverfahren – bisherige Positionen

Entsprechend der Lage in der insolvenzreifen Zeit ist auch die Lage im Eröffnungsverfahren umstritten,[1690] soweit der Schuldner im Rahmen einer vorläufigen Eigenverwaltung bzw. eines Schutzschirmverfahrens weiterhin verfügungsbefugt ist. Im Gegensatz zu den bisher geschilderten Situationen rund um die Antragstellung sowie in den regulären Eröffnungsverfahren mit einem starken oder schwachen vorläufigen Insolvenzverwalter liegen für die beiden verhältnismäßig neuen Varianten der Eröffnungsverfahren bislang nur wenige erstinstanzliche Urteile vor, sodass bislang viele praktische Probleme ungeklärt sind.[1691]

In den Eröffnungsverfahren nach den §§ 270a und 270b InsO bleibt der Schuldner weiter der Steuerpflichtige nach § 33 AO, die Bestellung des vorläufigen Sachwalters hat darauf keinen Einfluss.[1692] Adressat der steuerlichen Pflichten bleibt also die Gesellschaft und deren Geschäftsführung, nicht aber der vorläufige Sachwalter.[1693] Mithin scheidet auch der Sachwalter als Haftungsadressat aus.[1694] Aus rein steuerlicher Sicht besteht die Pflicht ohnehin bis zur Löschung bzw. zur vollständigen Abwicklung der Gesellschaft fort.[1695]

I. Bisherige Entscheidungen

Die bisherige finanzgerichtliche Rechtsprechung zur steuerlichen Abführungspflicht in Eröffnungsverfahren nach den §§ 270a bzw. 270b InsO ist bislang noch sehr übersichtlich. Vielfach wurde bislang die Frage nach der Begründung von Umsatzsteuerverbindlichkeiten entschieden. So hat der BFH jüngst bestätigt, dass es in der vorläufigen Eigenverwaltung zu keiner (analogen) Anwendung von § 55 Abs. 2 InsO oder § 55 Abs. 4 InsO komme und Umsatzsteuerschulden

1690 Siehe beispielsweise *B.-A. Lau*, DB 2014, 1417, 1421 f.; *G. Kahlert*, 2015, Rn. 425.

1691 Dazu sogleich auch ab S. 322.

1692 *B.-A. Lau*, DB 2014, 1417, 1421 f.

1693 *H. Boecker*, in: H/H/Sp, § 34 AO Rn. 80, Stand: 228. Lfg. v. 06.2014.

1694 *H. Boecker*, in: H/H/Sp, § 69 AO Rn. 41i, Stand: 232. Lfg. v. 04.2015.

1695 *K.-D. Drüen*, in: Tipke/Kruse, § 33 AO Rn. 49, Stand: 155. Lfg. v. 02.2019; *H. Boecker*, in: H/H/Sp, § 33 AO Rn. 34, Stand: 228. Lfg. v. 06.2014.

somit lediglich einfache Insolvenzverbindlichkeiten nach § 38 InsO darstellen.[1696] Anders ist dies wohl dort, wo der Schuldner zur Begründung von Masseverbindlichkeiten ermächtigt wird.[1697] Ebenso hat der BFH zwischenzeitlich entschieden, dass weder die Anordnung einer vorläufigen Eigenverwaltung beim Organträger noch bei der Organgesellschaft die umsatzsteuerliche Organschaft automatisch beendet.[1698]

Dem eigentlichen Kernthema, der Abführungspflicht, widmen sich hingegen bislang nur drei Entscheidungen des FG Münster. In einer ersten Entscheidung aus dem Jahr 2017 verneinte dessen 7. Senat im Rahmen des einstweiligen Rechtsschutzes die Haftung für solche Fälle der Eigenverwaltung, in denen gegenüber dem Schuldner durch das Insolvenzgericht gemäß den §§ 270a, 21 Abs. 1 S. 1 InsO die Anordnung erlassen wurde, dass Zahlungen aus dem Steuerschuldverhältnis im Sinne von § 37 AO nur mit Zustimmung des vorläufigen Sachwalters geleistet werden dürfen.[1699] Soweit der vorläufige Sachwalter dann seine Zustimmung ausdrücklich versage, habe der Schuldner seine Verantwortlichkeit erfüllt. Auf die insolvenzrechtliche Zulässigkeit der Maßnahme komme es dabei nicht an, da bei der Beachtung einer insolvenzgerichtlichen Anordnung jedenfalls kein grobes Verschulden vorliegen könne.[1700]

In zwei weiteren Entscheidungen des Senats, eine ebenfalls aus 2017, eine weitere aus 2018, wurde eine Haftung hingegen bejaht. Demnach gelte die Abführungspflicht im Eröffnungsverfahren der Eigenverwaltung grundsätzlich unverändert fort.[1701] Eine – auch vom Antragsteller dargelegte – Pflichtenkollision

---

1696 BFH, Beschluss v. 07.05.2020 – V R 14/19, BFH/NV 2020, 1178, juris-Rn. 13 ff. = DStR 2020, 1674; unter Zustimmung zu BGH, Urteil v. 22.11.2018 – IX ZR 167/16, ZIP 2018, 2488, juris-Rn. 8–12 = NJW 2019, 224 = ZInsO 2018, 2796, wonach eine Insolvenzschuldnerin im Rahmen des vorläufigen Eigenverwaltungsverfahrens nicht automatisch Masseverbindlichkeiten begründe, und unter Bestätigung der Vorentscheidung des FG Münster, Urteil v. 12.03.2019 – 15 K 1535/18 U, ZInsO 2019, 1377 = NZI 2019, 547.

1697 FG Nürnberg, Gerichtsbescheid v. 28.03.2018 – 2 K 1105/15, NZI 2018, 652, juris-Rn. 10 ff.; FG Köln, Urteil v. 11.04.2019 – 12 K 2583/17 (Bestätigt durch BFH, Urt. v. 07.05.2020 - V R 19/19, BFH/NV 2020, 1095), ZIP 2020, 40, juris-Rn. 17.

1698 BFH, Urteil v. 27.11.2019 – XI R 35/17, ZIP 2020, 469, juris-Rn. 31 ff.

1699 FG Münster, Beschluss v. 03.04.2017 – 7 V 492/17 U, ZInsO 2017, 880, juris-Rn. 14–22.

1700 FG Münster, Beschluss v. 03.04.2017 – 7 V 492/17 U, ZInsO 2017, 880, juris-Rn. 22 a.E.

1701 FG Münster, Urteil v. 16.05.2018 – 7 K 783/17, NZI 2018, 762, juris-Rn. 21 = ZInsO 2018, 2320; FG Münster, Beschluss v. 06.02.2017 – 7 V 3973/16 U, ZInsO 2017, 782, juris-Rn. 28 f.

bestehe mit Blick auf die Rechtsprechung des BFH nicht.[1702] Der Geschäftsführer handle bei Abführung der fälligen Steuerverbindlichkeiten mit der Sorgfalt eines ordentlichen Geschäftsmanns.[1703] Das Gericht knüpft dabei an die bisherige Rechtsprechung des BFH zur Haftungssituation im Eröffnungsverfahren unter Bestellung eines vorläufigen Insolvenzverwalters an, die so ebenfalls auf vorläufige Eigenverwaltungsverfahren übertragbar seien.[1704] Weiter wird ausgeführt, dass ebenfalls keine Verletzung der Gläubigergleichbehandlung durch die Wirkung der Geschäftsführerhaftung zu befürchten sei.[1705] Die Haftung sichere so nur eine gleichmäßige, aber keine vorrangige Befriedigung des Fiskus.

Die Argumentation des Senats ist dabei in zweierlei Hinsicht bedenklich. Zunächst differenziert das Gericht nicht zwischen den verschiedenen Verfahrensarten. Möglicherweise ist aber eine Unterscheidung zwischen den verschiedenen Eröffnungsverfahren notwendig; mit Blick auf die unterschiedlichen Rollenverteilungen der Beteiligten scheint diese sogar geboten. Ob dann im Ergebnis möglicherweise eine vergleichbare Behandlung der unterschiedlichen Sachverhalte steht, wäre davon losgelöst in einem zweiten Schritt zu prüfen. Das Gericht überträgt daran anknüpfend die bisherige Rechtsprechung des BFH und spricht diesem dabei zusätzlich noch mittelbar die Beurteilungskompetenz für die zivilrechtliche Haftungssituation zu, soweit es feststellt, dass die zivilrechtliche Haftungsinanspruchnahme aufgrund der Rechtsprechung des BFH gerade nicht drohe.[1706]

In der Entscheidung aus dem Jahr 2018 wird diese sodann noch dahingehend ausgeweitet, als dass diese Beurteilung nach Auffassung des Gerichts auch dann Bestand habe, wenn der vorläufige Sachwalter der Zahlung der Umsatzsteuer mündlich widerspreche.[1707]

Dabei wird nach meiner Einschätzung bei der uneingeschränkten Überragung der bisherigen Rechtsprechung des BFH übersehen, dass dem Schuldner, so wie zuvor ausgeführt,[1708] in der vorläufigen Eigenverwaltung eine andere

1702 FG Münster, Beschluss v. 06.02.2017 – 7 V 3973/16 U, ZInsO 2017, 782, juris-Rn. 28.
1703 FG Münster, Urteil v. 16.05.2018 – 7 K 783/17, NZI 2018, 762, juris-Rn. 18–30 = ZInsO 2018, 2320; FG Münster, Beschluss v. 06.02.2017 – 7 V 3973/16 U, ZInsO 2017, 782, juris-Rn. 28.
1704 FG Münster, Beschluss v. 06.02.2017 – 7 V 3973/16 U, ZInsO 2017, 782, juris-Rn. 28.
1705 FG Münster, Beschluss v. 06.02.2017 – 7 V 3973/16 U, ZInsO 2017, 782, juris-Rn. 29.
1706 FG Münster, Beschluss v. 06.02.2017 – 7 V 3973/16 U, ZInsO 2017, 782, juris-Rn. 34.
1707 FG Münster, Urteil v. 16.05.2018 – 7 K 783/17, NZI 2018, 762, juris-Rn. 19 = ZInsO 2018, 2320.
1708 Siehe u.a. ab S. 130, ab S. 185 sowie S. 209.

Rolle und damit auch eine veränderte, größere Verantwortung zukommt, als dies in einem Eröffnungsverfahren in der Regelverwaltung der Fall ist. Ihm obliegt es, die insolvenzrechtlichen Pflichten vollständig selbst zu erfüllen, der Sachwalter überwacht dies nur. Demgegenüber ist es im Eröffnungsverfahren in der Regelverwaltung die Aufgabe des vorläufigen Insolvenzverwalters, die Massesicherung zu gewährleisten und die dazu notwendigen Maßnahmen zu ergreifen.

II. Fortschreibung der Rechtsprechung

1. Bundesfinanzhof

Von Bedeutung für die hiesige Bearbeitung ist zunächst die vom BFH als unbegründet zurückgewiesene Nichtzulassungsbeschwerde gegen das Urteil des FG Münster vom 16.05.2018.[1709] In dieser Zurückweisung darf ein starkes Indiz dafür gesehen werden, dass der BFH seine bisherige Rechtsprechung wohl wie vom FG Münster vertreten und ohne weitere Differenzierung auf alle Eröffnungsverfahren übertragen möchte. Eine nähere Einschätzung ist insoweit leider mangels Dokumentation des Beschlusses nicht möglich.

Ein ähnliches Indiz ergibt sich aus dem bisherigen Umgang des BFH mit den Situationen einer hypothetischen Kausalität, da dessen eigenständige und von der zivilrechtlichen Rechtsprechung losgelöste Begründung bereits als Vorbote gesehen werden kann. Soweit erforderlich, wird der BFH neue Begründungen suchen, um seine bisherige Linie zu stützen. Wie bereits ausgeführt,[1710] hat der BFH zuletzt in den steuerrechtlichen Vorschriften neue teleologische Aspekte entdeckt um seine vom BGH abweichende Behandlung der hypothetischen Kausalität ohne einen offenen Bruch zu rechtfertigen.[1711] So stellt er entsprechend auf den eigenen Schutzweck des § 69 AO ab, der eine abweichende Behandlung rechtfertige, da graduelle Unterschiede zu einer reinen Schadensersatznorm vorlägen. Diese Argumentation kann auch auf die hier streitigen Varianten ausgeweitet werden. Da die Argumentation bereits im Rahmen der hypothetischen Kausalität nicht überzeugen kann, wird dies auch vorliegend kaum gelingen können.

Mithin ist gleichwohl davon auszugehen, dass der BFH wohl der bisherigen Linie treu bleiben und den Haftungsanspruch des Fiskus auch in dieser Phase uneingeschränkt aufrechterhalten wird.

1709 BFH, Beschluss v. 04.06.2019 – VII B 101/18, juris.

1710 Siehe ab S. 83.

1711 Siehe S. 90.

2. Bundesgerichtshof

Es wird interessant sein, wie sich der BGH hier, sofern sich die Möglichkeit bietet, positionieren wird. Die vom FG Münster aufgestellte These, dass es sich um Zahlungen handle, die mit der Sorgfalt eines ordentlichen Geschäftsmanns vereinbar sind, ist vor diesem Hintergrund aus zweierlei Gründen spannend. Zum einen ist es, wie zuvor besprochen, keineswegs sicher, dass § 64 GmbHG und mithin der Tatbestandsausschluss des Satzes 2 eingreift. Hinzu ist die Situation selbst bei dessen grundsätzlichen Eingreifen eben eine völlig andere als vor der Antragstellung, sodass eine unveränderte Fortschreibung der Rechtsprechung des BGH hier keineswegs sicher ist. So sprechen sogar viele Gründe für eine abweichende Beurteilung hin zu einer deutlich stärkeren Massesicherung ab dem Moment der Anordnung des Eröffnungsverfahrens in Eigenverwaltung bzw. eines Schutzschirmverfahrens.

3. Gesetzesänderungen durch das ESUG

Der BFH hat sich bislang in seiner Rechtsprechung nicht dezidiert mit der weiteren Vertiefung des Eigenverwaltungsverfahrens beschäftigt. Insgesamt wurde der vom Gesetzgeber mit Schaffung der Insolvenzordnung eingeschlagene Weg der stärkeren Gläubigerautonomie und -gleichbehandlung beispielsweise durch das ESUG bekräftigt und ausgebaut. Vor diesem Hintergrund und dem sich zwischenzeitlich auch deutlich differenzierter ausgebildeten Meinungsstand in der insolvenzrechtlichen Literatur ist eine Neubewertung durch den BFH wohl angezeigt. Das zuvor Gesagte spricht aber leider dafür, dass dies – jedenfalls durch den VII. Senat – nicht zeitnah zu erwarten ist. Entsprechend ist nach meiner Einschätzung keine Vorlage an den gemeinsamen Senat der obersten Gerichtshöfe des Bundes zu erwarten.[1712] Man könnte dies wohl auch auf die Motivationslage des Senats zurückführen, hier bislang das Insolvenzrecht erfolgreich zurückdrängen zu können.[1713]

Demgegenüber dürfte seitens der Zivilgerichte eher zu erwarten sein, dass diese von dem Instrumentarium der Vorlage Gebrauch machen werden. Angesichts der Tatsache, dass die Finanzverwaltung viele Schuldner zur Zahlung von Steuern „motiviert“, wird sich dort früher oder später die Gelegenheit bieten, zu

1712 Zur insoweit anderen Situation ab Eröffnung des Eigenverwaltungsverfahrens sogleich im Anschluss ab S. 317.

1713 Vgl. *G. Kahlert*, ZIP 2009, 2368, 2376.

der Zulässigkeit der Zahlung von unbesicherten Insolvenzverbindlichkeiten im Eröffnungsverfahren Stellung zu beziehen.

III. Literaturstimmen

1. Steuerzahlungspflicht

Einige Stimmen sprechen sich klar für eine uneingeschränkte Steuerzahlungspflicht aus,[1714] anknüpfend an die fortdauernde Verfügungsmacht, an welche die rechtliche Verpflichtung zur Abführung der Steuer anknüpfe.[1715] Es fehle an einer Pflichtenkollision, die eine Abführungspflicht suspendieren könne, weil die Kollision positiv-rechtlicher zugunsten des Steuerrechts vermieden werde.[1716] Da es sich bei Maßstab der Sorgfalt eines ordentlichen Geschäftsführers um einen unbestimmten Maßstab handle, lasse dieser Raum für normative Konkretisierungen.[1717] Vorliegend können sich diese aus einer gesamthaften Betrachtung der Rechtsordnung ergeben, woraus die Steuerzahlungspflicht als hochrangiger Gemeinwohlbelang hervorgehe. Da das Gesetz auch erst mit Eröffnung des Verfahrens die Anfechtbarkeit schaffe, sei keine Vorwirkung auf das Eröffnungsverfahren zu begründen. Dies entspreche auch der Leitlinie des BFH,[1718] welche wie auch die Rechtsprechung des BGH in der vorläufigen Eigenverwaltung uneingeschränkt anzuwenden sei.[1719] So könne eine Einschränkung erst dann erfolgen, wenn die liquiden Mittel nicht mehr zur vollständigen Befriedigung ausreichend seien.[1720] Daher habe auch eine Einschränkung über das Kassenführungsrecht keinen Einfluss auf die Abführungspflichten, da es sich um ein bloß internes Instrument handle, welches die steuerrechtliche Verantwortung nicht beeinflusse.[1721]

1714 *M. Krumm*, in: 100 Jahre FG, S. 116.

1715 So bereits die Grundargumentation des BFH (noch zum vorläufigen Insolvenzverwalter) BFH, Beschluss v. 19.02.2010 – VII B 190/09, BFH/NV 2010, 1120, juris-Rn. 14; BFH, Urteil v. 23.09.2008 – VII R 27/07, BStBl. II 2009, 129.

1716 *M. Krumm*, in: 100 Jahre FG, S. 114.

1717 *M. Krumm*, in: 100 Jahre FG, S. 116.

1718 *M. Krumm*, in: 100 Jahre FG, S. 116.

1719 FG Münster, Beschluss v. 06.02.2017 – 7 V 3973/16 U, ZInsO 2017, 782, juris-Rn. 28; *P.-B. Harder*, NZI 2014, 595, 596; *C.-P. Kruth / C. Jokobs*, DStR 2019, 999, 1006; vgl. *J. M. Schmittmann / D. Dannemann*, ZIP 2014, 1405, 1414, welche eine Zahlung aus diesem Gedanken heraus nicht als Pflichtwidrig einstufen.

1720 So für die Lohnsteuer im Eröffnungsverfahren FG Köln, Urteil v. 25.02.2014 – 10 K 2954/10, NZI 2014, 627, 627 f. = DStRE 2015, 945.

1721 *J. Schädlich*, NWB 2016, 1600, 1609.

Darüber hinaus gehen einzelne Stimmen auch davon aus, dass im Schutzschirmverfahren grundsätzlich Masseverbindlichkeiten entstünden und diese daher zu begleichen seien.[1722] Demgegenüber sprechen sich weitere Stimmen zwar nicht für die Abführungspflicht aus, nehmen aber gleichwohl an, dass diese in Anbetracht der genannten Rechtsprechung gegeben sei.[1723] Gleichzeitig wird dabei das merkwürdige Ergebnis erreicht, dass solche Steuern, die beispielsweise im Schutzschirmverfahren über die Wirkung des § 55 Abs. 2 InsO als Masseverbindlichkeiten anzusehen sind, erst mit Verfahrenseröffnung zu zahlen sind[1724] und somit später als die lediglich als einfache Insolvenzforderung qualifizierten übrigen Steueransprüche des Fiskus. Denn die Steuerschulden gelten erst nach Eröffnung des Verfahrens als vorab zu befriedigende Masseverbindlichkeiten.

Andere Ausführungen, die eine Abführungspflicht auf eine Analogie zu § 55 Abs. 4 InsO stützen wollten,[1725] sind zwischenzeitlich überholt, nachdem die Rechtsprechung diese zutreffend abgelehnt hat.[1726]

Zusammenfassend sehen all diese Stimmen eine unveränderte Fortgeltung der Steuerabführungspflicht dadurch begründet, dass § 64 S. 2 GmbHG durch die vermeintlich offene Formulierung der Ausnahmeregelung eine Zahlung unverändert zulasse.

2. Haftungsfreistellung

Mitunter wird zudem vertreten, dass eine Zahlung von Steuern zwar möglich sei, sie aber nicht mehr haftungsbewehrt sei, da es dazu am Verschulden fehle.

Auf der einen Seite entfalle jedenfalls das Verschulden, wenn der Handlungsrahmen des Geschäftsführers durch entsprechende Anordnungen des Insolvenzgerichts soweit eingeschränkt ist, dass er über die entsprechenden finanziellen Mittel (gegebenenfalls auch nur gegenüber den Steuerbehörden) nicht mehr frei verfügen kann, da er beispielsweise einer Zustimmung des Sachwalters bedarf.[1727] So entfalle zwar im Ergebnis die Haftung und auch

---

1722 *R. Rüsken*, in: Klein-AO, § 69 AO Rn. 81.

1723 *H. Boecker*, in: H/H/Sp, § 69 AO Rn. 41e, Stand: 232. Lfg. v. 04.2015; *J. Schädlich*, NWB 2016, 1600, 1609.

1724 *H. Boecker*, in: H/H/Sp, § 69 AO Rn. 41g, Stand: 232. Lfg. v. 04.2015.

1725 Bspw. LG Erfurt, Urteil v. 16.10.2015 – 8 O 196/15, NZI 2016, 32, 32.

1726 Siehe bereits S. 124.

1727 FG Münster, Beschluss v. 03.04.2017 – 7 V 492/17 U, ZInsO 2017, 880, juris-Rn. 22; *M. Loose*, in: Tipke/Kruse, § 69 AO Rn. 43a, Stand: 151. Lfg. v. 02.2018; *P.-B. Harder*, NZI 2014, 595, 596.

die Strafbarkeit, die Steuerzahlungspflicht als solche bleibe aber gleichwohl erhalten.[1728]

Im Ergebnis ähnlich argumentiert *Thole*. Dieser verweist zunächst auf die ebenfalls vielfach vorgebrachte Insolvenzzweckwidrigkeit von Zahlungen an den Fiskus, weshalb deren Erfüllung nicht mehr erlaubt sei.[1729] Diese Argumentation sei aber im Ergebnis nicht durchgreifend. Vielmehr müsse beachtet werden, dass die Eigenverwaltung ein echtes Äquivalent zum Regelverfahren darstellen solle und der vorläufige Eigenverwalter zumindest Befugnisse haben müsse, die ein vorläufiger Verwalter in der gleichen Situation haben würde.[1730] Eine solche Schlussfolgerung sei zwar dem Anfechtungsrecht zunächst nicht zu entnehmen, wohl aber den allgemeinen Wertungen des § 64 GmbHG. Es sei daher verfehlt, wenn man annehmen wolle, dass der Insolvenzzweck erst mit Verfahrenseröffnung eingreifen würde.[1731] So könne man zwar noch nicht unterstellen, dass die Organe ausschließlich auf die Interessen der Gläubiger verpflichtet seien, doch können deren Interessen nicht ausgeblendet werden. Sowohl die Verweisung auf die Anwendung der Regelungen des Regeleröffnungsverfahrens als auch die Überwachung durch den vorläufigen Sachwalter seien klare Ausprägungen der Vorwirkungen des Insolvenzzwecks auf dieses Verfahrensstadium.[1732] So seien Zahlungen an das Finanzamt, die weder eine masseförderende noch eine masseerhaltende Wirkung haben, als „masseschädlich" und „gläubigergefährdend" zu bezeichnen, weil durch sie Liquidität abfließe, ohne dass der Masse ein Zufluss oder ein anderer Vorteil generiert würde.[1733] Mithin sei die Rechtsprechung bislang verfehlt, da die Massesicherungspflicht ganz unabhängig von § 64 GmbHG auf der Grundlage der prozessualen Wertungen der Eigenverwaltung und des Eröffnungsverfahrens im Allgemeinen bestehe. Diese Pflicht müsse bereits aus der allgemeinen Legalitätspflicht heraus vom Geschäftsführer erfüllt werden.[1734] Damit stünde diese Pflicht der Steuerzahlungspflicht gegenüber und unter Anwendung des Prinzips der Pflichtenkollision könne sich der Geschäftsführer aussuchen, welche Pflicht er erfüllen wolle.[1735] Mithin sei weder die Erfüllung

1728 *C. Thole*, DB 2015, 662, 666.
1729 *C. Thole*, DB 2015, 662, 666 m.w.N.
1730 *C. Thole*, DB 2015, 662, 667 m.w.N.
1731 *R. Buchalik / A. Kraus*, ZInsO 2014, 2354, 2356; *C. Thole*, DB 2015, 662, 667.
1732 *C. Thole*, DB 2015, 662, 667.
1733 *C. Thole*, DB 2015, 662, 667.
1734 *C. Thole*, DB 2015, 662, 667.
1735 *C. Thole*, DB 2015, 662, 667; ebenso u.a. *R. Buchalik / K. Schröder / M. Rekers*, ZInsO 2017, 905, 912.

der Steuerverbindlichkeiten noch deren Nichtabführung für den Geschäftsführer nachteilig. Dieses Ergebnis sei bislang nur vom II. Senat des BGH erreicht worden, nicht aber von der Finanzgerichtsbarkeit.[1736] Dort müsse man sich auf den Umstand einlassen, dass die Gesellschaft sich in einem gerichtlichen Verfahren befinde, welches auf den Erhalt der Liquidität ausgerichtet sei.[1737]

3. Unterscheidung nach Entstehungszeitpunkt und Umstand

Nach Ansicht von *Zipperer*[1738] ist der Schuldner für Alt-Steuerschuld dazu berechtigt und verpflichtet, die Zahlung zu verweigern. Für Steuern, die nach der gerichtlichen Eröffnung des Vorverfahrens entstandenen sind, sei weiter zu differenzieren. Von ihnen seien nur solche Steuern zu leisten, die für die Mehrung und Sicherung der Masse erforderlich seien. Dies wird aus der Amtswalterstellung des Schuldners abgeleitet, die ihm den Interessen der Gläubiger verpflichtet.

4. Zahlungsverbot

Andere Stimmen sprechen sich für ein Zahlungsverbot bezüglich Steuerverbindlichkeiten im Rang von Insolvenzforderungen nach § 38 InsO im Rahmen des Eröffnungsverfahren nach § 270a und 270b InsO aus.[1739]

Die Steuerzahlungspflicht trete, da sie dem Zweck des Eröffnungsverfahrens zuwiderlaufe, zurück.[1740] Mit der Anordnung des Eröffnungsverfahrens treffe die Organe des Schuldners eine Massesicherungspflicht, die dazu führe, dass Steuerverbindlichkeiten – soweit es sich nicht ausnahmsweise um Masseverbindlichkeiten handelt – nicht beglichen werden dürfen.[1741] Dies folge bereits aus der Einheit der Rechtsordnung.[1742] Zudem bestätige sich dieses Ergebnis auch aus der Systematik der Insolvenzordnung, von der Schaffung des § 270 Abs. 3 InsO

1736 *C. Thole*, DB 2015, 662, 667.

1737 *C. Thole*, DB 2015, 662, 669.

1738 *H. Zipperer*, in: Uhlenbruck-InsO, § 270a InsO Rn. 25; so wohl auch *S. Schelo*, ZIP 2012, 712, 714.

1739 Exemplarisch *G. Kahlert*, in: Kübler-HRI (2015), § 57 Rn. 16.

1740 *G. Kahlert*, in: Kübler-HRI (2015), § 57 Rn. 10; *G. Kahlert*, ZIP 2012, 2089, 2089; *J. M. Schmittmann / D. Dannemann*, ZIP 2014, 1405, 1410; *G. Kahlert*, 2015, Rn. 445; *B.-A. Lau*, DB 2014, 1417, 1421 f.

1741 *J. M. Schmittmann / D. Dannemann*, ZIP 2014, 1405, 1407; vgl. *A. Meyer*, DStZ 2014, 228, 240 f.

1742 *G. Kahlert*, 2015, Rn. 436.

über die Nichterstreckung des § 55 Abs. 4 InsO auf das Eröffnungsverfahren bis hin zum Umkehrschluss aus der Anordnung des § 270b Abs. 3 InsO.[1743] Aber auch die Rechtsprechung des VII. Senats des BFH stütze diese Annahme, da dieser in der vergleichbaren Situation der Bestellung eines starken, vorläufigen Insolvenzverwalters ebenfalls die Haftung des Geschäftsführers sowie des Verwalters entfallen lasse.[1744] Der BFH habe damit, wenn auch unbewusst, den Vorrang der Massesicherungspflicht bereits zum Ausdruck gebracht.[1745] Dieser Gedanke sei nur fortzusetzen.[1746]

Es liege zudem nicht im Interesse der Gläubigergemeinschaft, dass Verbindlichkeiten gegenüber dem Fiskus noch bezahlt werden.[1747] Dies werde auch durch die Sanktionsmöglichkeit der Aufhebung der Eigenverwaltung bekräftigt, die gerade an dieses fehlende Interesse anknüpft, weshalb die Zahlung damit sorgfaltswidrig werde.[1748]

Kahlert stützt das Ergebnis des Vorrangs der Massesicherungspflicht im Eröffnungsverfahren der Eigenverwaltung zudem auch auf einen Vergleich mit dem Anfechtungsrecht.[1749] Dem wird man aber entgegenhalten müssen, dass Zahlungen, welche nach der Eröffnung anfechtbar sind, nicht verboten sind.[1750]

Aus der nach diesen Stimmen somit gegebenen und vorrangigen Pflicht zur Massesicherung sei dann zwingend zu folgern, dass einfache Insolvenzverbindlichkeiten grundsätzlich nicht mehr beglichen werden dürfen, womit eben auch die steuerlichen Pflichten, welche nach § 34 AO auf die Geschäftsführung übertragen sind, dahingehend suspendiert sind und damit eine Haftung nach § 69 AO mangels Pflichtverletzung bereits ausscheide.[1751]

Spliedt konkretisiert entsprechend die aktuelle Linie der Rechtsprechung dahingehend, dass die Massesicherungspflicht mit dem Eröffnungsantrag unbedingt gelte und insbesondere die zuvor angenommene Privilegierung des Geschäftsführers für haftungsreduzierende Zahlungen – welche auch solche umfassen sollen, deren Haftungsanspruch bereits vor Antragstellung verwirklicht

---

1743 *G. Kahlert*, 2015, Rn. 437.

1744 *G. Kahlert*, 2015, Rn. 438 - 440.

1745 *G. Kahlert*, 2015, Rn. 440.

1746 *G. Kahlert*, 2015, Rn. 439.

1747 *G. Kahlert*, in: Kübler-HRI (2015), § 57 Rn. 7; *G. Kahlert*, in: Kübler-HRI (2015), § 57 Rn. 23; *A. Hobelsberger*, DStR 2013, 2545, 2549; *B.-A. Lau*, DB 2014, 1417, 1421.

1748 *W. Sonnleitner / M. Winkelhog*, BB 2015, 88, 96.

1749 *G. Kahlert*, 2015, Rn. 441 - 444.

1750 So völlig zutreffend *C. Thole*, DB 2015, 662, 667.

1751 *H. Boecker*, in: H/H/Sp, § 69 AO Rn. 41 f., Stand: 232. Lfg. v. 04.2015.

wurde – ab diesem Zeitpunkt entfalle.[1752] Ab dem Zeitpunkt der Antragstellung gebühre der Massesicherung verfahrensrechtlich der Vorrang.[1753]

Hinzu komme außerdem, dass ein Sachwalter einen dahingehenden Verstoß zu melden habe, was zum Entzug der Eigenverwaltung durch das Insolvenzgericht führen könne.[1754]

5. Kritik an den bisherigen Lösungen

Dem Ansatz nach überzeugen die Ausführungen von *Thole*. Auf erster Ebene ist kein Vorrang zwischen den verschiedenen Pflichten auszumachen. Demgegenüber kann das von ihm gefundene Ergebnis des Wahlrechts des Betroffenen, gestützt auf die Lehren der strafrechtlichen Pflichtenkollisionen,[1755] nicht vollkommen überzeugen. Der zuvor dargestellte Weg über eine Kollisionslücke erscheint vorzugswürdig.[1756] Zu den diesbezüglichen Rechtsfolgen siehe im Anschluss unter Abschnitt G.

Darüber hinaus ist *Kahlert* in seiner Argumentation insbesondere soweit zuzustimmen, wie er hier den maßgeblichen Vergleich zur Pflichtenstellung des starken vorläufigen Insolvenzverwalters stellt. Der eigenverwaltende Schuldner bereitet hier ebenso das sich anschließende Verfahren vor, wie dies sonst der vorläufige Insolvenzverwalter und der Schuldner gemeinsam tun, er kombiniert deren Aufgaben in weiten Teilen. Den vorläufigen Sachwalter treffen hingegen ganz überwiegend nur Überwachungspflichten, weshalb eben die Massesicherungspflicht, welche andernfalls vom vorläufigen Insolvenzverwalter größtmöglich gesichert werden soll, nun bereits durch den Schuldner selbst zu wahren ist. Die dem Verfahren vorgelagerten Sicherungspflichten, wie eben § 64 GmbHG, laufen andernfalls ins Leere, wenn das vorab zu sichernde Vermögen in dieser Verfahrensphase wieder auszukehren wäre.

Der Gegenansatz, der in § 64 S. 2 GmbHG eine Öffnungsklausel sieht, greift hingegen zu kurz und übersieht deren historische Funktionsweise. Wie zuvor festgestellt, muss zunächst dessen Zweck bestimmt werden. Danach steht aber der Gläubiger- bzw. Masseschutz im absoluten Vordergrund und muss

---

1752 *J. D. Spliedt*, in: Schmidt/Uhlenbruck, 9. Teil Rn. 9.159.

1753 *J. D. Spliedt*, in: Schmidt/Uhlenbruck, 9. Teil Rn. 9.162; *A. Hobelsberger*, DStR 2013, 2545, 2549; *F. Klinck*, DB 2014, 938, 942.

1754 *G. Kahlert*, 2015, Rn. 429 f.; *R. Buchalik / A. Kraus*, ZInsO 2014, 2354, 2355; *W. Sonnleitner / M. Winkelhog*, BB 2015, 88, 96.

1755 Siehe dazu S. 287 sowie insgesamt zur Auflösung einer Kollision ab S. 273.

1756 Dazu bereits ab S. 280.

entsprechend in den Tatbestand hineingelesen werden. Die Steuerzahlung kann dort aber keinerlei positiven Effekt erreichen. Dies mag, wie von *Meyer* thematisiert, allenfalls dort anders sein, wo die Finanzverwaltung über Vollstreckungshandlungen im Eröffnungsverfahren damit droht, wichtige Produktionsmittel stillzulegen.[1757]

Es fehlt damit auch insoweit noch eine umfassende Abwägung.

6. Zusammenfassung

Mithin ergibt sich für diese Phase des Verfahrens eine völlig ungeklärte Haftungssituation. Die Finanzverwaltung versucht, immer wieder, gestützt auf die weitreichende – und wie vorab aufgezeigt[1758] unzutreffende – Rechtsprechung des BFH die Haftung auszuweiten. Gerade die Finanzverwaltung in Nordrhein-Westfalen fällt dabei immer wieder mit besonderem Eifer auf,[1759] was sich auch an den vielen entsprechenden Finanzgerichtsentscheidungen aus Nordrhein-Westfalen zeigt.

IV. Vermeidungsstrategien der Praxis

Die noch immer in vielen Einzelfragen unklare Lage sowie das Interesse des Schuldners am Erhalt seiner Liquidität haben zu verschiedenen Reaktionen geführt, die allesamt das Ziel eint, die Liquidität der Masse möglichst zu erhalten oder schnellstmöglich zurückzuerlangen, ohne dabei eine Haftungsrisiko für die Verantwortlichen zu schaffen.

1. Lösung der Insolvenzgerichte

Die Insolvenzgerichte haben in den vergangenen Jahren verschiedene Ansätze aufgezeigt, wie die drohende steuerliche Haftungsinanspruchnahme durch insolvenzrechtliche Mittel minimiert oder ausgeschlossen werden kann. Über die geringe Zahl der veröffentlichten Beschlüsse hinaus dürfte es eine Vielzahl weiterer Beschlüsse geben, die ähnliche oder auch noch andere Lösungsansätze vertreten.

Vor der Auseinandersetzung mit den Entscheidungen muss in den Blick genommen werden, dass die Tätigkeit der Insolvenzrichter in Teilen nicht dem

---

1757 *A. Meyer*, DStZ 2014, 228, 240.

1758 Siehe zuvor ab S. 238.

1759 So beispielsweise Versuche, den vorläufigen Sachwalter in Haftung zu nehmen *G. Kahlert*, EWiR 2015, 709, 710.

Spruchrichterprivileg des § 839 Abs. 2 S. 1 BGB unterliegen.[1760] So mag sowohl die Entschluss- als auch die Publikationsfreudigkeit mitunter eingeschränkt sein.

a) *Amtsgericht Düsseldorf und Heilbronn*

An erster Stelle sind hier die Entscheidungen der Amtsgerichte Düsseldorf und Heilbronn zu nennen. Ersteres gab 2014 mit einem Beschluss den Auftakt. Danach dürfen Zahlungen auf Steuerverbindlichkeiten sowie von Sozialversicherungsbeiträgen nur mit Zustimmung des vorläufigen Sachwalters geleistet werden.[1761] Durch diese Anordnung an den Schuldner werde die bestehende Pflichtenkollision aufgelöst.[1762] In der Folge wären davon abweichende Verfügungen des Schuldners unwirksam, [1763] ein Haftungsrisiko bestehe dann wegen rechtlicher Unmöglichkeit nicht mehr.

Daran knüpft die Entscheidung des AG Heilbronn aus 2016 an. Diese rechtfertigt die Anordnung zunächst mit der Erkenntnis, dass in einer Situation, in der eine Gläubigerbenachteiligung bereits feststehe und damit auch eine Anfechtbarkeit gegeben sei, eine Zahlung nicht geboten sei.[1764] Das Gleiche ergebe sich aber auch aus einem Vergleich der Situation mit der einer vorläufigen Insolvenzverwaltung mit Zustimmungsvorbehalt. Dort würde durch die Verweigerung der Zustimmung eine Zahlung ebenfalls unmöglich werden und so könne die Masse erfolgreich gesichert werden.[1765] Daher schloss es sich ausdrücklich der vorgenannten Entscheidung des AG Düsseldorf an.[1766] So habe das Gericht auch im vorläufigen Eigenverwaltungsverfahren gemäß § 21 Abs. 1 S. 1 InsO Maßnahmen zu ergreifen, welche notwendig seien, um eine den Gläubigern nachteilige Veränderung der künftigen Insolvenzmasse zu verhindern.[1767]

Dies sei auch ein verhältnismäßiger Eingriff in die Rechte des Schuldners, da insbesondere die vollständige Entziehung der Kassenführung einen

1760 *M. Brinkmann*, DB 2012, 1369, 1371 f.

1761 AG Düsseldorf, Beschluss v. 10.07.2014 – 504 IN 124/14, ZInsO 2014, 2389, 2389 = InsbürO 2015, 114.

1762 AG Düsseldorf, Beschluss v. 10.07.2014 – 504 IN 124/14, ZInsO 2014, 2389, 2389 = InsbürO 2015, 114.

1763 *C. Thole*, DB 2015, 662, 668.

1764 AG Heilbronn, Beschluss v. 23.03.2016 – 12 IN 149/16, NZI 2016, 582, juris-Rn. 4 f.

1765 AG Heilbronn, Beschluss v. 23.03.2016 – 12 IN 149/16, NZI 2016, 582, juris-Rn. 6–8.

1766 AG Heilbronn, Beschluss v. 23.03.2016 – 12 IN 149/16, NZI 2016, 582, juris-Rn. 9.

1767 AG Heilbronn, Beschluss v. 23.03.2016 – 12 IN 149/16, NZI 2016, 582, juris-Rn. 10.

weitreichenderen Eingriff darstellen würde.[1768] Anzumerken ist insoweit, dass die Maßnahme auf schriftliche Anregung der vorläufigen Sachwalterin erfolgte.[1769]

Der von den beiden Gerichten eingeschlagene Weg ist seitens der Literatur auf einige Zustimmung gestoßen.[1770] Demgegenüber wird aber auch angeführt, es fehle für diese Maßnahme an einer Rechtsgrundlage.[1771]

Ebenfalls wird darauf aufmerksam gemacht, dass ein solcher Antrag – sollte er vom Schuldner kommen – seitens der Finanzverwaltung und -gerichtsbarkeit als Anknüpfungstatbestand einer Haftung gemacht werden könnte, da sich der Schuldner quasi selbst der Zahlungsmöglichkeit beraubt habe.[1772] Da es sich gleichwohl im Ausgangspunkt um einen (insolvenzrechtlich) zulässigen und legitimen Antrag handelt, deren rechtliche Zulässigkeit nicht vom Schuldner sondern eben durch Beschluss vom Insolvenzgericht zu beurteilen ist, halte ich einen dahingehenden Schuld- bzw. Haftungsvorwurf gegenüber den antragstellenden Akteuren für untragbar, da keinerlei Schuldvorwurf im Sinne des § 69 AO erkennbar ist. Vielmehr kann schon vorgelagert keine Verletzung einer steuerlichen Pflicht vorliegen. Eine Verpflichtung dergestalt, dass ein Steuerschuldner auf die Inanspruchnahme seiner Rechte oder der hier ebenfalls betroffenen Rechte der Gläubigergemeinschaft verzichten muss, gibt es nicht. Schon gar nicht, um dadurch eine überverhältnismäßige Befriedigung des Fiskus zu erreichen. Zum Vergleich sei darauf hingewiesen, dass der Schuldner das gleiche Ergebnis jederzeit durch eine Aufhebung der Eigenverwaltung hin zum Regelverfahren samt Einsetzung eines starken vorläufigen Verwalters erreichen könnte. In beiden Fällen soll der Fiskus auch nicht schlechter gestellt werden, viel mehr soll gerade dessen ranggerechte Befriedigung in Höhe der Insolvenzquote erreicht werden.

b) Amtsgericht Hannover

Vergleichbar zu den genannten Beschlüssen wurde in einem durch das AG Hannover entschiedenen Verfahren durch den Schuldner im laufenden

---

1768 AG Heilbronn, Beschluss v. 23.03.2016 – 12 IN 149/16, NZI 2016, 582, juris-Rn. 15–17.

1769 AG Heilbronn, Beschluss v. 23.03.2016 – 12 IN 149/16, NZI 2016, 582, juris-Rn. 1.

1770 *R. Buchalik / A. Kraus*, ZInsO 2014, 2354, 2356 f.; *M. Hörmann*, NZI 2016, 582, 584; *D. Wozniak*, JurisPR-InsR 2016, Anm. 2, C.; daran Anknüpfend sogar für ein spezielles Verfügungsverbot *C. Thole*, DB 2015, 662, 668.

1771 *F. Frind*, ZInsO 2015, 22, 24 f.

1772 *M. Enge*, GmbHR 2018, 625, 626 f.

Eröffnungsverfahren ein Beschluss beantragt, dass Zahlungen auf Beiträge der Arbeitnehmer zur Sozialversicherung nur mit Zustimmung des vorläufigen Sachwalters geleistet werden dürfen.[1773] Dieser wurde jedoch als unzulässig abgewiesen.[1774]

Das Gericht betonte, dass es entgegen der Entscheidung des AG Düsseldorf davon ausgehe, dass eine solche Anordnung nicht möglich sei, da dem die Systematik der Insolvenzordnung entgegen stehe.[1775] Es sei wenn nur ein allgemeiner Zustimmungsvorbehalt, nicht aber ein Einzelzustimmungsvorbehalt möglich, da es dazu an einem Verweis von § 270a Abs. 1 S. 2 InsO auf § 277 InsO fehle.[1776] Zudem komme es einem gerichtlichen Zahlungsverbot an bestimmte Gläubiger gleich.[1777]

Dabei macht das Gericht aber zugleich deutlich, dass den Leistungen an die Sozialversicherungsträger keine Gegenleistungen gegenüberstünden, die eine Zahlung rechtfertigen könnten, weshalb eine Zahlung nur aus der Strafandrohung des § 266a StGB angezeigt sei.[1778]

Eine Auslegung des Antrags hin zu einer Übertragung der Kassenführung auf den vorläufigen Sachwalter sei zudem auch nicht möglich gewesen, da dieses Recht allein dem Sachwalter selbst zustehe.[1779]

c) *Amtsgericht Hamburg*

Es verbleibt die von *Frind* geprägte Auffassung des AG Hamburg, welche sich in den vergangenen Jahren gewandelt hat.

Im Ausgangspunkt hält dieser, wie die vorgenannten Gerichte auch, eine Zahlung von Sozialversicherungsbeiträgen und Steuern als bloße

---

1773 AG Hannover, Beschluss v. 08.05.2015 – 909 IN 264/15, 909 IN 264/15-1, ZInsO 2015, 1111, juris-Rn. 1 f.

1774 AG Hannover, Beschluss v. 08.05.2015 – 909 IN 264/15, 909 IN 264/15-1, ZInsO 2015, 1111, juris-Rn. 3.

1775 AG Hannover, Beschluss v. 08.05.2015 – 909 IN 264/15, 909 IN 264/15-1, ZInsO 2015, 1111, juris-Rn. 4–7.

1776 AG Hannover, Beschluss v. 08.05.2015 – 909 IN 264/15, 909 IN 264/15-1, ZInsO 2015, 1111, juris-Rn. 9 f.

1777 AG Hannover, Beschluss v. 08.05.2015 – 909 IN 264/15, 909 IN 264/15-1, ZInsO 2015, 1111, juris-Rn. 11.

1778 AG Hannover, Beschluss v. 08.05.2015 – 909 IN 264/15, 909 IN 264/15-1, ZInsO 2015, 1111, juris-Rn. 11.

1779 AG Hannover, Beschluss v. 08.05.2015 – 909 IN 264/15, 909 IN 264/15-1, ZInsO 2015, 1111, juris-Rn. 13 f.

Insolvenzverbindlichkeiten im Eröffnungsverfahren für „insolvenzzweckwidrig“[1780] und damit nicht zulässig, da sie massegefährdend sei. Die Masseerhaltung habe daher Vorrang,[1781] da den Schuldner mit Einleitung des Verfahrens ein „verändertes Pflichtenprogramm“[1782] treffe. Die Zahlung an die Finanzkassen widerspreche sogar dem gesetzgeberischen Gestaltungsmodell, da § 55 Abs. 4 InsO gerade keine Anwendung finde.[1783]

Beachtlich ist dabei die Feststellung, dass das Interesse der Geschäftsführung an einer Befreiung vor etwaigen persönlichen Haftungsinanspruchnahmen für den Insolvenzschuldner nicht zu berücksichtigen sei.[1784] Anders sei dies mit Blick auf die Rechtsprechung des BGH nur bis zur Verfahrenseröffnung.[1785] Daher verbleibe als mildestes Mittel nur, die Kassenführung auf den Sachwalter zu übertragen.[1786] Diese Lösung ist aber auf vielfache Kritik gestoßen. Am tiefgreifendsten ist dabei der Einwand, dass die Übertragung der Kassenführung als rein internes Instrument keine Auswirkung entfalte, weshalb auf diesem Weg weder die Masse gesichert noch die Haftung der Geschäftsführung beseitigt werde.[1787]

Infolgedessen hat sich die Auffassung Frinds inzwischen dahingehend gewandelt, als dass ein Zustimmungsvorbehalt nun im Einzelfall möglich sei.[1788] Dabei führt das AG Hamburg in einer Entscheidung ausführlich aus, dass die Möglichkeit zunächst von § 21 Abs. 1 S. 1 InsO gedeckt sei.[1789] Die Anordnung stehe aber unter einer zweifachen Voraussetzung. Erforderlich sei sie nur, wenn (i) die Geschäftsleitung andernfalls aufgrund der bestehenden Pflichtenkollision zur Reduzierung eigener Haftungsrisiken gezwungen sei, den in der Praxis üblichen Weg der Zahlung und späteren Anfechtung zu wählen und (ii-a) die Zahlung und spätere Anfechtung die Liquidität der Gesellschaft unverhältnismäßig

1780 AG Hamburg, Beschluss v. 14.07.2014 – 67b IN 196/14, ZIP 2014, 2101, juris-Rn. 1.

1781 AG Hamburg, Beschluss v. 19.06.2017 – 67g IN 173/17, ZIP 2017, 1383, juris-Rn. 15.

1782 AG Hamburg, Beschluss v. 14.07.2014 – 67b IN 196/14, ZIP 2014, 2101, juris-Rn. 4.

1783 AG Hamburg, Beschluss v. 14.07.2014 – 67b IN 196/14, ZIP 2014, 2101, juris-Rn. 5.

1784 AG Hamburg, Beschluss v. 14.07.2014 – 67b IN 196/14, ZIP 2014, 2101, juris-Rn. 3.

1785 AG Hamburg, Beschluss v. 14.07.2014 – 67b IN 196/14, ZIP 2014, 2101, juris-Rn. 4.

1786 AG Hamburg, Beschluss v. 14.07.2014 – 67b IN 196/14, ZIP 2014, 2101, juris-Rn. 8; ausführlich *F. Frind*, ZInsO 2015, 22, 25.

1787 *P.-B. Harder*, NZI 2015, 162, 163; *C. Thole*, DB 2015, 662, 669; *D. Wozniak*, JurisPR-InsR 2016, Anm. 2, C.; *S. Mielke / J. Sedlitz*, ZIP 2017, 1646, 1647 f.

1788 AG Hamburg, Beschluss v. 19.06.2017 – 67g IN 173/17, ZIP 2017, 1383.

1789 AG Hamburg, Beschluss v. 19.06.2017 – 67g IN 173/17, ZIP 2017, 1383, juris-Rn. 5 ff.

belasten würde oder (ii-b) eine spätere Anfechtung keine hinreichende Aussicht auf Erfolg haben würde.[1790]

d) *Zusammenfassung*

Mithin besteht inzwischen unter breiter Zustimmung der Literatur grundsätzliche Einigkeit,[1791] dass durch die Insolvenzgerichte begrenzte Zustimmungsvorbehalte erlassen werden können und diese auch rechtssicher die Haftung der Geschäftsführung vermeiden.[1792] Über die Voraussetzungen im Einzelfall besteht hingegen noch ein verbleibender Diskussionsbedarf.

Darüber hinaus ist in solchen Anträgen durch die Schuldner kein Anknüpfungspunkt für eine steuerliche Haftungsinanspruchnahme zu sehen, da sie, zur Erreichung des Verfahrensziels nur von den ihnen zusehenden Antragsrechten Gebrauch machen.

2. Weitere Hilfsmaßnahmen

Der einfachste, aber selten umsetzbare Tipp lautet, die Steuern und Sozialversicherungsbeiträge stets in voller Höhe zu begleichen.[1793] Dabei werden aber bereits so simple Probleme wie ungünstige Fälligkeitszeitpunkte nicht ausreichend beachtet. Eine zu frühe Zahlung – daher vor Fälligkeit – könnte hier beispielswiese vor dem Hintergrund des § 283c StGB eine Strafbarkeit begründen, soweit bereits die Zahlungsunfähigkeit gegeben ist. Hinzu kommt, dass den meisten Betroffenen mangels ausreichender Liquidität mit diesem Rat wenig geholfen ist, wenn jeder Cent für den Erhalt und die Realisierung der Sanierungschance benötigt wird.

Ebenso wird darauf verwiesen, dass den Beteiligten der Ausweg verbleibe, auf ein Regelverfahren auszuweichen.[1794] Dieser Hinweis dürfte aber kaum zur gewollten Stärkung der Eigenverwaltungsverfahren beitragen können.

1790 AG Hamburg, Beschluss v. 19.06.2017 – 67g IN 173/17, ZIP 2017, 1383, juris-Rn. 25.

1791 Exemplarisch *S. Mielke / J. Sedlitz*, ZIP 2017, 1646, 1650.

1792 FG Münster, Beschluss v. 03.04.2017 – 7 V 492/17 U, ZInsO 2017, 880 zustimmend *R. Buchalik / K. Schröder / M. Rekers*, ZInsO 2017, 862, 862 f.

1793 *W. Sonnleitner / M. Winkelhog*, BB 2015, 88, 96.

1794 *J. Schädlich*, NWB 2016, 1600, 1612.

a) Verbindliche Auskunft

Die teilweise vorgeschlagene Lösung über die Einholung einer verbindlichen Auskunft gemäß § 89 AO beim zuständigen Finanzamt kann nicht überzeugen.[1795] Mag sich die Krise häufig schon eine Weile abzeichnen, werden die betroffenen Berater doch leider allzu häufig erst sehr spät hinzugeholt. Vor der Antragstellung bleibt daher selten viel Zeit. Die Betroffenen als auch die Berater sind mithin regelmäßig überhaupt erst nach der Einreichung des Eröffnungsantrags in der Lage, einen Antrag auf Erteilung einer verbindlichen Auskunft zu stellen. Hinzu kommen die Kosten der Auskunft, die die Liquiditätssituation weiter verschärfen.[1796] Soll dieser überhaupt die Abhilfe schaffende Bindungswirkung entfalten, müssen die Sachverhaltsangaben schließlich entsprechend detailliert gegenüber der Finanzverwaltung offengelegt werden, was aber einen hohen Abstimmungsbedarf auslöst.[1797] Auch wenn die Finanzverwaltung hier mitunter eine hohe Kooperationsbereitschaft aufweist, wird die Beantwortung einige Wochen benötigen, nicht häufig wird eine Antwort erst zum Ende des Eröffnungsverfahrens eingehen. Über rechtlich unklare Konstellationen, wie die hier streitige Abführungspflicht im Eigenverwaltungseröffnungsverfahren, wird man zudem häufig praktisch keine Auskunft erhalten. Hinzu kommt, dass die Verantwortlichen in der Zwischenzeit unverändert vor der ungelösten Haftungsfrage stehen. Mithin ist diese Lösung regelmäßig schlicht unpraktikabel,[1798] wenngleich sie als ergänzendes Instrument genutzt werden kann.

b) Nichtzahlung unter Hinweis auf Insolvenzantrag

Der vom *FG Köln* [1799] vorgeschlagenen Lösung, die Finanzbehörden über die Stellung des Eröffnungsantrags zu informieren, um so direkt auf Zahlungen verzichten zu können, da diese nun anfechtbar wären, kann jedenfalls nach dem Stand der aktuellen Rechtsprechung des BFH nicht gefolgt werden.[1800] Solange dieser fälschlicherweise[1801] die hypothetische Anfechtbarkeit nicht

---

1795 So aber *H. Zipperer*, in: Uhlenbruck-InsO, § 270a InsO Rn. 25 a.E.; *C. Herbst*, in: Buth/Hermanns, § 28 Rn. 156.

1796 *F. Kirchhof*, in: FS Spindler, S. 469 f.

1797 *F. Kirchhof*, in: FS Spindler, S. 469.

1798 *T. Rieger / M. Verken*, NZI 2017, 497.

1799 FG Köln, Urteil v. 06.11.2014 – 13 K 1065/13, ZIP 2015, 743.

1800 Vgl. aber zur Berücksichtigung der hypothetischen Kausalität S. 83 ff.; ebenso *T. Rieger / M. Verken*, NZI 2017, 497, 497.

1801 Siehe hierzu ausführlich ab S. 83.

haftungsreduzierend berücksichtigt, ist dem verantwortlichen Geschäftsführer nicht geholfen.

c) Vorläufige Zahlung mit Anfechtungsmöglichkeit

In den seltenen Fällen, in denen die Liquiditätslage nach der Antragstellung ausreichend ist, kann es sich anbieten, sowohl Steuern als auch Sozialversicherungsbeiträge zunächst abzuführen.[1802] Für diese Zahlungen ab Antragstellung kann dann, soweit die beteiligten Behörden rechtssicher und möglichst sofort über den Antrag (und zweckmäßigerweise auch über den sich anschließenden Eröffnungsbeschluss) informiert wurden, nach § 130 Abs. 1 S. 1 Nr. 2 2. Alt InsO die Anfechtung erklärt werden. Die konkreten Voraussetzungen dieser kongruenten Deckung beschränken sich auf die Zahlung nach Bekanntwerden des Eröffnungsantrags.[1803] Die Anfechtung kann jedoch erst im eröffneten Verfahren durch den Sachwalter erfolgen. Auf Seiten des Schuldners muss man sich bei dieser Variante bewusst sein, dass sich die von der Anfechtung betroffene Finanzbehörde mitunter gegen den Anfechtungsanspruch zu Wehr setzen wird und ein kurzfristiger Mittelrückfluss daher keineswegs sicher ist. Insgesamt kann das Vorgehen aber als erprobt angesehen werden.[1804]

Aus zivilrechtlicher Sicht ist, wie oben aufgezeigt wurde, eine Haftung nach § 64 S. 1 GmbHG (aktuell) ausgeschlossen, da der *BGH* [1805] diese Zahlungen als mit der Sorgfalt eines ordentlichen Geschäftsmanns vereinbar ansieht.[1806]

Deutlich problematischer sind aus der Sicht des Schuldners und dessen Geschäftsführung vereinzelt zu vernehmenden Äußerungen von Insolvenzrichtern, die in einem solchen Verhalten eine Gefährdung des Verfahrens sehen und daher die Eigenverwaltung beenden würden. Auch hier zeigt sich wieder die Vielschichtigkeit der Probleme, der sich die Verantwortlichen unverändert

---

1802 So u.a. auch *R. Eckert / A. Holze*, ZInsO 2018, 2735, 2737 f.; *R. Buchalik / K. Schröder*, ZInsO 2016, 2025, 2025–2027; *C. Thole*, DB 2015, 662, 668; *H. Boecker*, in: H/H/Sp, § 69 AO Rn. 41h, Stand: 232. Lfg. v. 04.2015; *J. Schädlich*, NWB 2016, 1600, 1612 f.; *H.-J. Berner / M. Köster / M. Lambrecht*, NZI 2018, 739, 740; *R. Riggert*, in: Nerlich/Römermann-InsO, § 280 InsO Rn. 7, Stand: 35. Lfg. v. 04.2018; *M. Hofmann*, in: Kübler-HRI (2019), § 7 Rn. 180 - 183.

1803 Exemplarisch *K. Raupach*, in: BeckOK-InsO, § 130 InsO Rn. 29 f.

1804 *H.-J. Berner / M. Köster / M. Lambrecht*, NZI 2018, 739, 740.

1805 BGH, Urteil v. 25.01.2011 – II ZR 196/09, NZG 2011, 303 = DB 2011, 462, vgl. ausführlich S. 220 ff.

1806 So auch *T. Rieger / M. Verken*, NZI 2017, 497.

ausgesetzt sehen und dies allen in einer Phase, die für die Unternehmen und Handelnden ohnehin von höchster Inanspruchnahme gekennzeichnet ist.

d) *Dauerfristverlängerung*

Manch Verantwortlicher wird sich auch mit der Idee anfreunden können, mit den Finanzbehörden eine Dauerfristverlängerung (analog) § 18 Abs. 4 UStG zu vereinbaren[1807] oder eine Stundung seiner Verbindlichkeiten für die Dauer des Eröffnungsverfahrens zu erreichen.[1808] Auf diesem Weg kann manche Fälligkeit aus dem Eröffnungsverfahren in das eröffnete Verfahren verschoben werden. In diesen Varianten könnte die Finanzverwaltung gleichwohl geneigt sein, einen Haftungsansatz zu prüfen, da auf diesem Weg keine Zahlung geleistet wird, da sie im eröffneten Verfahren nicht mehr geleistet werden darf.[1809] Soweit man den Antrag unter Hinweis auf die Insolvenzsituation stellt oder aber die entsprechende Fristverlängerung bereits zuvor gewährt wurde, dürfte aber gleichwohl kein Ansatzpunkt für eine Haftung gegeben sein. Man wird sich in diesem Fall aber auf einen Streit zur Abführungspflicht solcher Zahlungen im eröffneten Verfahren einstellen dürfen, denn in diesem tritt dann nach ständiger Rechtsprechung des BFH automatisch die Fälligkeit der Steuerverbindlichkeiten ein.[1810]

e) *Zahlung unter Zustimmungsvorbehalt*

Eine weitere Variante stellt die bereits zuvor dargestellte Möglichkeit dar, dem Schuldner durch das Insolvenzgericht Auflagen zu erteilen. Dies kann dergestalt passieren, dass er Zahlungen aus dem Steuerschuldverhältnis oder an die Sozialversicherungen nur noch mit der Zustimmung des vorläufigen Sachwalters tätigen darf.[1811] Auf diesem Weg entfällt jedenfalls die Haftung des Geschäftsführers, da er sodann rechtlich nicht mehr zur Steuerzahlung in der Lage ist und

---

1807 So *T. Rieger / M. Verken*, NZI 2017, 497, 497, unter Verweis auf die Analogiefähigkeit laut FG Sachsen-Anhalt, Urteil v. 26.04.2012 – 1 K 1241/10, EFG 2012, 2187.

1808 *J. Schädlich*, NWB 2016, 1600, 1613.

1809 Siehe dazu im Anschluss ab S. 317.

1810 Exemplarisch BFH, Urteil v. 04.05.2004 – VII R 45/03, BStBl. II 2004, 815; ebenso AEAO zu § 251 Ziff. 8.

1811 *T. Rieger / M. Verken*, NZI 2017, 497, 497; *M. Hofmann*, in: Kübler-HRI (2019), § 7 Rn. 193.

ihn folglich auch kein Verschulden mehr treffen kann, da er alles Erdenkliche getan hat.[1812]

f) Treuhandlösung

Es besteht zudem die Möglichkeit die persönliche Inanspruchnahme der Geschäftsführer zu vermeiden, indem die zukünftig fällig werdenden Steuerverbindlichkeiten rechtzeitig auf ein Treuhandkonto transferiert werden. Von diesem Konto kann der Treuhänder zu einem späteren Zeitpunkt, zu dem der Gesellschaft möglicherweise nicht mehr über ausreichende Mittel oder eine Verfügungsbeschränkung verfügt, die Steuer an die Finanzverwaltung überweisen.

In einem entsprechenden Fall, den das FG Münster 2017 entscheiden hat, wurde im Ergebnis jedenfalls das für die Haftung notwendige Verschulden des Geschäftsführers abgelehnt und damit das Ziel der Haftungsbefreiung erreicht.[1813] Im dortigen Verfahren ging es allerdings um eine Pflicht zur rechtlich ohnehin gesondert zu behandelnden Lohnsteuerzahlung und die tatsächliche Abführung der Mittel vom Treuhandkonto scheiterte dort im Verfahrensverlauf.

Soweit – abweichend vom Fall des FG Münster – eine sichere Umsetzung der Treuhand erfolgt und damit eine spätere Zahlung im Fälligkeitszeitpunkt gesichert ist, dürfte jede Haftung entfallen. Die Lösung setzt zunächst aber eine großzügige Liquiditätslage voraus, da die Mittel frühzeitig abfließen und später nicht zur Masse zurückfließen können, da eine Anfechtung nicht mehr in Betracht kommt. Der Mechanismus kommt damit ausschließlich dem andernfalls möglicherweise haftenden Geschäftsführer zugute. Soweit aber – anders daher bei der Lohnsteuer – noch keine Fälligkeit vorliegt, muss der Schuldner diese Mittel nicht über einen Treuhänder zur späteren Abführung bereithalten. Dies würde die steuerlichen Pflichten des Schuldners übermäßig ausdehnen und letztlich einer deutlichen Ausweitung der ohnehin abzulehnenden[1814] Mittelvorsorgepflicht gleichkommen. Denn soweit Fälligkeiten erst nach dem Eröffnungsverfahren entstehen, muss dafür grundsätzlich nicht vorgesorgt werden. Diese sind vielmehr wie andere Insolvenzforderungen nach § 38 InsO nur zur Tabelle anzumelden.

Die Treuhandlösung bietet sich daher nur für Abzugsteuern im Sinne von § 380 AO an.

1812 Vgl. FG Münster, Beschluss v. 03.04.2017 – 7 V 492/17 U, ZInsO 2017, 880, juris-Rn. 22.

1813 FG Münster, Urteil v. 23.06.2017 – 3 K 1539/14 L, EFG 2017, 1329.

1814 Dazu bereits ab S. 73.

g) D&O Versicherungen

In jedem Fall ist den Betroffenen zu raten, sich frühestmöglich um einen umfangreichen Versicherungsschutz zu bemühen. Dass dies aber keinesfalls einen zuverlässigen Rettungsschirm für die Handelnden darstellt, wurde in den letzten Jahren auf verschiedenen Seiten aufgezeigt.[1815] So mag der Schutz je nach Police gewisse Konstellationen nicht berücksichtigen, zu früh enden oder aufgrund abweichender Formulierungen bzw. sich ändernder Rechtsauffassungen zur rechtlichen Konstruktion der Haftungsansprüche diese schlicht gar nicht absichern. Insbesondere die auch hier vertretene Verkürzung des Anwendungsbereichs des § 64 GmbHG dürfte die Situation kurzfristig nicht vereinfachen, da darauf viele Versicherungen noch abstellen. Ähnlich könnte auch die Neufassung der Regelung § 15b InsO-Neu zu einer Gefährdung des Versicherungsschutzes führen, hier empfehlen sich zeitnahe Anpassungen der Policen.

Da es sich hier aber um einen Marktbereich handelt, in dem der Versicherungsnehmer im Regelfall selbst die Versicherungsbedingungen vorgibt und dann für diese eine Versicherung sucht, welche eine Absicherung übernimmt, lassen sich Probleme in diesem Bereich mit ausreichender Vorbereitung weitestgehend minimieren.[1816] Zu beachten ist aber, dass nur grob fahrlässiges Verhalten versicherbar ist, vorsätzliche und wissentliche Pflichtverletzungen scheiden daher in jedem Fall aus.[1817]

Hinzu kommt, dass der Insolvenzverwalter nicht verpflichtet ist, die Versicherung fortzuführen, was ebenfalls zu erheblichen Einschränkungen führen kann.[1818] Etwas anderes kann sich nur dann ergeben, wenn die Fortführung auch im Gläubigerinteresse liegt.[1819]

Die Versicherung kann somit nur eine Hilfestellung für die Betroffenen sein. Eine noch so gute Versicherung kann aber immer nur einen Plan B darstellen, nicht aber das zugrundeliegende Problem der vielfach unklaren Pflichtensituation lösen.

1815 So OLG Düsseldorf, Urteil v. 20.07.2018 – I-4 U 93/16 u. 4 U 93/16, DB 2018, 1913, juris-Rn. 82, wonach es sich bei § 64 GmbHG nicht um einen gesetzlichen Haftungsanspruch handle und daher kein Versicherungsschutz gegben sei, soweit dieser nicht gesondert vereinbart wird; zuletzt Bestätigt v. OLG Düsseldorf, Urteil v. 26.06.2020 – 4 U 134/18, ZIP 2020, 2018; siehe dazu auch *G. Lingen / T. Kuthe*, DB 2020, 1782.

1816 Weitere praktische Hinweise bei *U. Jansen*, NZI 2016, 581, 582.

1817 *J.M. Schmittmann*, 2015, Rn. 868 m.w.N.

1818 BGH, Beschluss v. 14.04.2016 – IX ZR 161/15, DB 2016, 1370, juris-Rn. 16.

1819 *U. Jansen*, NZI 2016, 581, 582.

V. Zusammenfassung

Keine der bisherigen Hilfsmaßnahmen kann überzeugen, da sie allesamt nicht mit dem Ziel des Insolvenzverfahrens in Einklang zu bringen sind.[1820] Zudem ist die Situation auch aus Sicht der Finanzbehörden nicht zufriedenstellend, es werden viele qualifizierte Kräfte mit der Bearbeitung gebunden und mit der Verfahrenseröffnung fließen gleichwohl häufig wieder erhebliche Anteile der Mittel über den Anfechtungsweg zurück in die Insolvenzmasse. Hinzu treten rechtliche Zweifel und mitunter noch ein umfangreiches Haftungsrisiko. Selbst die Anhänger eines pro-fiskalischen Ansatzes sehen dabei die Vorgehensweisen des BFH teilweise als zu formalistisch an.[1821]

In den meisten Einzelfällen geben die entwickelten Maßnahmen den Beratern aber ausreichende Möglichkeiten an die Hand, um eine funktionierende Lösung zu erreichen und das Verfahren im Interesse des Schuldners und der Gläubiger erfolgreich durchzuführen. Gleichwohl wären die Erfolgschancen hier höher, wenn die Beteiligten neben der knappen Liquidität die ebenso knappe Ressource Zeit nicht auf diesen Bereich verschwenden müssten. Ziel aller am Verfahren beteiligten Akteure ist es, stets die verbleibende Liquidität des Unternehmens größtmöglich zu erhalten, um damit überhaupt die sich anschließende Eigenverwaltung zu ermöglichen und im Sinne der Gläubiger erfolgreich zu beenden.[1822] Dies war auch die Motivation des Gesetzgebers, als er zur Verfahrensstärkung das zusätzliche Mittel des Schutzschirmverfahrens bereitstellte.[1823]

Die verschiedenen Ansätze der Beteiligten, die steuer- und sozialversicherungsrechtlichen Zahlungen zunächst – wie möglichst alle anderen Zahlungen – zu suspendieren, stoßen erwartungsgemäß bei der Finanzverwaltung auf die immer gleiche Abwehrreaktion, nämlich neue Ansätze, eine Haftung der handelnden Akteure zu begründen. Dieses stete Gegeneinanderarbeiten ist weder hilfreich noch zielführend, was im Ergebnis allen Beteiligten klar sein dürfte. Da die rückständigen und laufenden Steuerverbindlichkeiten, insbesondere der Umsatzsteuer aber stets zu den größten Einzelpositionen in einem Verfahren gehören, sind Schuldner und Berater gleichsam verpflichtet, die Handlungsoptionen umfassend zu prüfen, um möglichst hohe Beträge möglichst lange zur

1820 *T. Rieger / M. Verken*, NZI 2017, 497, 497 a.E.
1821 *M. Krumm*, in: 100 Jahre FG, S. 113.
1822 So auch *R. Eckert / A. Holze*, ZInsO 2018, 2735, 2736 a.E.
1823 Dazu bereits ab S. 49 und ab S. 150.

Verfügung des Schuldners zu erhalten und damit durch den größeren Liquiditätsspielraum die Sanierungschancen zu maximieren.

Aus dieser misslichen Lage gibt es nur zwei Auswege: entweder eine klare Entscheidung des BFH, idealerweise unter Anerkennung der besonderen Sanierungssituation, oder aber ein klarstellendes Eingreifen des Gesetzgebers.[1824]

Wie eine solch Entscheidung begründet werden kann, soll nachfolgend anhand der erarbeiteten Grundsätze ausgeführt werden.[1825] Im Anschluss findet sich sodann ebenfalls ein Vorschlag zur gesetzgeberischen Klarstellung.[1826]

1824 Zur teilweisen Klarstellung durch das SanInsFog siehe ab S. 333.
1825 Siehe S. 323.
1826 Siehe S. 327.

G. Eröffnete Verfahren in Eigenverwaltung

Trotz des meines Erachtens klarem Ergebnis, ist die Lage im eröffneten Verfahren praktisch nicht ohne Probleme. Aus Sicht der Rechtsprechung ist zunächst nur klar, dass dem Sachwalter auch in dieser Phase keine Stellung als Vermögensverwalter nach § 34 Abs. 3 AO zukommt und er damit auch nicht als Haftungsadressat in Betracht kommt.[1827] Rechtsprechung zu vielen weiteren Einzelfragen fehlt demgegenüber noch.

I. Einfache Steuerverbindlichkeiten

Steuerverbindlichkeiten, die bereits vor der Verfahrenseröffnung entstanden sind, haben nur den Rang einer einfachen Insolvenzverbindlichkeiten nach § 38 InsO inne; dies dürfte – insbesondere mit Blick auf die abgeschlossene Diskussion um die Reichweite des § 55 Abs. 4 InsO – inzwischen ganz einhellige Auffassung sein.[1828]

1. Vergleich Insolvenzverwalter

Für die insoweit vergleichbare Situation des Insolvenzverwalters im eröffneten Regelverfahren besteht Einigkeit, dass dieser solche Verbindlichkeiten nicht befriedigen darf. Seine vorderste Pflicht ist der Erhalt und die Mehrung der Insolvenzmasse.[1829] Die Befriedigung der Insolvenzgläubiger hat (nur) gemeinschaftlich zu erfolgen.[1830] Insoweit ordnet § 187 InsO an, dass mit der Verteilung frühestens nach dem allgemeinen Prüftermin begonnen werden darf. Diese Regelung ist ebenso im Eigenverwaltungsverfahren anzuwenden.[1831]

1827 *H. Boecker*, in: H/H/Sp, § 69 AO Rn. 41i, Stand: 232. Lfg. v. 04.2015.

1828 Dazu bereits S. 124.

1829 *D. Wittkowski / C.-P. Kruth*, in: Nerlich/Römermann-InsO, § 80 InsO Rn. 68, Stand: 27. Lfg. v. 08.2014; *R. Leithaus*, in: Andres/Leithaus-InsO, § 80 InsO Rn. 6; *A. D. Riewe*, in: BeckOK-InsO, § 80 InsO Rn. 13.

1830 *R. Sinz*, in: Uhlenbruck-InsO, § 38 InsO Rn. 1; *M. Jilek*, in: BeckOK-InsO, § 38 InsO Rn. 1; *U. Ehricke / C. Behme*, in: MüKo-InsO, § 38 InsO Rn. 2.

1831 *M. Nicht*, in: BeckOK-InsO, § 187 InsO Rn. 8; *B. Wegener*, in: Uhlenbruck-InsO, § 187 InsO Rn. 2; *C. Meller-Hannich*, in: Jaeger-InsO, § 187 InsO Rn. 6; vgl. *F. Kebekus / F. Schwarzer*, in: MüKo-InsO, § 187 InsO Rn. 23.

Damit verbleibt dem eigenverwaltenden Schuldner rechtlich kein Handlungsrahmen mehr. Genau wie der Insolvenzverwalter ist dieser im eröffneten Verfahren nicht privatrechtlich verpflichtet, sondern als Amtswalter (in eigenen Angelegenheiten) und damit auf Basis einer öffentlich-rechtlichen Verpflichtung tätig.[1832] Mit der Eröffnung des Verfahrens handelt er nun als Vertreter der Insolvenzmasse und ist uneingeschränkt den Interessen der Gesamtheit der Gläubiger unterworfen.[1833] Es ist seine Aufgabe, die Pflichten zu erfüllen, die sonst dem Insolvenzverwalter zukommen würden.[1834] Dies wird auch aus dem Verweis in § 270 Abs. 1 S. 2 InsO deutlich. Die gemeinschaftliche Befriedigung der einfachen Insolvenzgläubiger gehört somit auch für ihn zu einem der letzten Schritte im Laufe des Verfahrens. Eine Vorwegbefriedigung von einfachen Steuerverbindlichkeiten ist demnach ausgeschlossen.

2. Möglicher Anschluss des Bundesfinanzhofs

Der BFH könnte, anders als möglicherweise noch im Eröffnungsverfahren, diese Linie zukünftig uneingeschränkt anerkennen. So hat der V. Senat im Rahmen einer Entscheidung zur Umsatzsteuer bereits 2018 ausgeführt, dass er den Wechsel der Rolle des Schuldners durch die Verfahrenseröffnung grundsätzlich sieht und anerkennt.[1835] Der BFH hat dabei auch ausdrücklich betont, dass der Schuldner auch nicht länger Kraft eigener Privatautonomie tätig wird, sondern „die ihm verbliebenen Befugnisse im Insolvenzverfahren als Amtswalter innerhalb der in den §§ 270 ff. InsO geregelten Rechte und Pflichten aus[übt].“[1836] Entsprechend sei der Schuldner, wie ein Insolvenzverwalter, als Amtswalter tätig, nur eben in eigener Sache.

Nicht minder von Bedeutung dürfte dabei die – aus insolvenzrechtlicher Sicht vielleicht profane – Feststellung sein, dass es auch im Eigenverwaltungsverfahren

---

1832 Dazu bereits eingehend ab S. 130, siehe exemplarisch *M. L. Graf-Schlicker*, in: Graf-Schlicker-InsO, § 270 InsO Rn. 24.

1833 *S. Beck / S. Lebmeier*, in: Beck/Depré, § 44. Rn. 166 f.; *H. Ellers*, in: BeckOK-InsO, § 270 InsO Rn. 69; *C. A. Kern*, in: MüKo-InsO, § 270 InsO Rn. 157 - 159.

1834 *R. Riggert*, in: Nerlich/Römermann-InsO, § 270 InsO Rn. 3 - 14, Stand: 35. Lfg. v. 04.2018; *S.-H. Undritz*, in: Schmidt-InsO, § 270 InsO Rn. 17; *H. Ellers*, in: BeckOK-InsO, § 270 InsO Rn. 78 - 86; *C. A. Kern*, in: MüKo-InsO, § 270 InsO Rn. 142; *C. Meller-Hannich*, in: Jaeger-InsO, § 270 InsO Rn. 3; *C. Brünkmans*, in: HK-InsO, § 270 InsO Rn. 40.

1835 BFH, Urteil v. 27.09.2018 – V R 45/16, BStBl. II 2019, 356, juris-Rn. 29.

1836 BFH, Urteil v. 27.09.2018 – V R 45/16, BStBl. II 2019, 356, juris-Rn. 29 a.E.

zur Bildung einer Insolvenzmasse kommt.[1837] Denn zugleich hat der V. Senat dabei die damit einhergehende Pflicht des Schuldners zur gleichmäßigen und bestmöglichen Gläubigerbefriedigung zugesprochen.

Es bleibt abzuwarten, wie sich die übrigen Senate in der Sache positionieren werden. Aus Sicht der handelnden Akteure in der zunehmenden Zahl von Eigenveraltungsverfahren besteht jedenfalls die deutliche Hoffnung, dass die Haftungsrisiken aufgrund widersprechender Anordnungen der Verwaltungsbehörden in absehbarer Zukunft ausbleiben werden, sollte der BFH den Vorrang in der Eigenverwaltung uneingeschränkt akzeptieren.

II. Nachgeholte Zahlungen

Ein ungeklärtes Problem stellen mögliche Zahlungen auf Verbindlichkeiten dar, die ordnungsgemäß bereits vor der Verfahrenseröffnung hätten durch den Schuldner geleistet werden müssen und für die nun eine persönliche Haftungsinanspruchnahme des Geschäftsführers droht, soweit die Zahlungen nicht nachgeholt werden.

Bezogen auf den Zeitraum der Krise sind solche Zahlungen zur Haftungsfreistellung nach der aktuellen Rechtsprechung des BGH und des BFH gestützt auf § 64 Abs. 2 GmbHG zulässig.[1838] Diese Rechtsprechung dürfte sich, jedenfalls soweit man entgegen der hier vertretenen Position eine weitergehende Anwendung des § 64 GmbHG auch in Eröffnungsverfahren nach den §§ 270a und 270b InsO annimmt, auch auf diese Eröffnungsverfahren übertragen lassen. Dagegen können die herangezogenen Argumente ab der Verfahrenseröffnung keine Anwendung mehr finden. Aufgrund des nun nicht nur geänderten Pflichtenprogramms, sondern auch der geänderten Rechtsposition des Schuldners, hat dieser Eigeninteressen nicht mehr zu berücksichtigen. Eine solche Berücksichtigung kann allenfalls soweit erfolgen, wie sie den Verfahrenszielen nicht entgegenläuft. Der Abfluss von Mitteln zur Begleichung von Verbindlichkeiten, welche andernfalls nur anteilig in der Höhe der Insolvenzquote befriedigt würden, kann aber kaum im Interesse der Gläubigergesamtheit liegen. Mithin ist eine entsprechende Zahlung als insolvenzzweckwidrig einzustufen und damit unzulässig.

Ausnahmen könnte man sich dort vorstellen, wo dem Geschäftsführer bei fortdauernder Nichtzahlung der Beträge zudem eine strafrechtliche Inanspruchnahme droht, da ihm hier ein Festhalten ausschließlich an Drittinteressen kaum

1837 BFH, Urteil v. 27.09.2018 – V R 45/16, BStBl. II 2019, 356, juris-Rn. 30.
1838 Siehe dazu ab S. 220.

zugemutet werden könnte. Zugleich ist aber festzuhalten, dass es in seiner Verantwortung lag, seinen Pflichten zu einem früheren Zeitpunkt nachzukommen. Die Rechtsprechung hat den Zeitraum, in dem er Zahlungen entgegen den Gläubigerinteressen noch nachholen kann, ohnehin bereits zulasten der Insolvenzmasse über Gebühr ausgeweitet. Eine weitere Ausnahme ist mithin strikt abzulehnen. Den Geschäftsführern bliebt mithin nur die Möglichkeit, vorab durch sorgfältiges Handeln vorzusorgen und sich durch den Abschluss einer möglichst umfassenden D&O Versicherung abzusichern.

III. Folgen unzulässiger Zahlungen

Sollte der eigenverwaltende Schuldner gleichwohl einfache Insolvenzgläubiger in voller Höhe befriedigen, würde dies eine Haftung analog §§ 60, 61 InsO auslösen. Die Haftung würde dabei auch den handelnden Geschäftsführer treffen. Er müsste gegenüber der Masse für den entstandenen Schaden eintreten, der regelmäßig in Höhe der Differenz zwischen der geleisteten Zahlung und dem späteren Quotenanspruch des Gläubigers gegeben sein wird.

Zudem wäre darüber nachzudenken, ob sich der die Zahlung im eröffneten Eigenverwaltungsverfahren veranlassende Geschäftsführer zugleich durch diese Zahlung strafbar macht. In Betracht kommt hier sowohl eine Untreue nach § 266 StGB als auch eine Gläubigerbegünstigung nach § 283c StGB. Letztere ist zwar für dieses Verfahrensstadium nicht konzipiert, findet aber ihrem Wortlaut nach Anwendung, soweit die Gesellschaft im Zeitpunkt der Leistung zahlungsunfähig im Sinne von § 17 InsO ist. Soweit ersichtlich, befasst sich die einschlägige strafrechtliche Literatur bislang nicht mit dieser Frage.

IV. Masseverbindlichkeiten

Klar ist hingegen, dass solche Steuerverbindlichkeiten, die den Rang von Masseverbindlichkeiten haben, seien sie nun bereits im Eröffnungsverfahren oder erst im eröffneten Verfahren entstanden, durch den Schuldner ungekürzt zu begleichen sind.

V. Zwischenergebnis

Mithin sind ab der Eröffnung des Insolvenzverfahrens keinerlei Ausnahmen mehr zuzulassen, Zahlungen auf Steuern oder andere gegenleistungslose Verbindlichkeiten im Sinne von § 38 InsO sind nicht mehr zulässig, soweit sie nicht zum Zwecke der gleichmäßigen Gläubigerbefriedigung im Rahmen des Verteilungsverfahrens erfolgen.

H. Anwendung der Grundsätze

Zum Abschluss sollen die in den Abschnitten D. und E. herausgearbeiteten Grundsätze auf die noch offenen Abgrenzungen im Eröffnungsverfahren der Eigenverwaltung nach den §§ 270a und 270b InsO angewendet werden.

Wie bereits zuvor ausgeführt, erscheint die rechtliche Konstruktion über eine sogenannte Kollisionslücke vorzugswürdig. Demnach würden sich die gegenüberstehenden Regelungen, vorliegend somit die (haftungsbewehrte) steuerrechtliche Abführungspflicht auf der einen sowie die (ebenfalls haftungsbewehrte) insolvenzrechtliche Massesicherungspflicht auf der anderen Seite, in einem ersten Schritt gegenseitig durch ihre Kollision auflösen und damit die namensgebende Lücke im Gesetz schaffen.

Für den Normanwender besteht in dem Übergangszeitraum, in dem noch kein Gericht diese Lücke ausgefüllt hat, ein Wahlrecht, welche Pflicht er erfüllen möchte. Bei der Auswahl ist er frei, da gerade kein Vorrang ausgemacht werden konnte.

In einem nächsten Schritt ist sodann das erkennende Gericht dazu berufen, die sich aus der Kollision ergebende Lücke zu schließen. Dabei hat das Gericht zunächst die entfallenen Regelungen als Grenze der Ersatzregelung zu beachten, da sie das jeweils vom Gesetzgeber gewollte Ziel als Maximalposition wiedergeben und zugleich die Grenze des verfassungsrechtlich legitimierten Eingriffs umschreibt. Ferner ist zu berücksichtigen, dass beide Regelungen über die Anknüpfung an außerhalb der Norm liegende Regelungen eine Öffnungsmöglichkeit vorsehen und der Gesetzgeber somit, wenngleich nicht so weitreichend wie von manchen angenommen, bereits eine im Ansatz für den Einzelfall variable Lösung vorgesehen hat. Daher kann auch der neu aufzustellende Rechtssatz eine dahingehende Wechselwirkung zulassen.

In einem zweiten Schritt sind die Systeme der beiden Regelungsgebiete zu analysieren und miteinander ins Verhältnis zu setzen. Auf Seiten des Steuerrechts wird dabei der gleichmäßige Steuervollzug im Vordergrund stehen, nachdem die Pflicht zur Steuerzahlung grundsätzlich für Jedermann und unbedingt vorliegt. Auf Seiten des Insolvenzrechts dominiert hier das in § 1 InsO normierte Verfahrensziel der gleichmäßigen Gläubigerbefriedigung.

Darüber hinaus ist sodann in Anlehnung an das vom BVerfG genutzte Verfahren der praktischen Konkordanz, ergänzend ein Güterabwägung vorzunehmen. Auf der einen Seite steht hier mit der Steuerpflicht ein für den Verfassungsstaat außerordentlich wichtiges Allgemeingut. Auf der anderen Seite dient die

Gläubigergleichbehandlung zunächst nur der demgegenüber deutlich kleineren Gruppe der jeweils betroffenen Gläubiger. Zugleich ist damit aber das Rechtsgewährleistungsprinzip als eine fundamentale Säule des Rechtsstaates betroffen. Würde der Staat kein faires, gleichberechtigtes und insbesondere gemeinschaftliches Befriedigungssystem wie die Insolvenzordnung zur Verfügung stellen, würde sich der Einzelne nicht auf ein solches Verfahren einlassen. Jedem Rechtsgeschäft liegt auch die Kenntnis zugrunde, seine Forderung gesetzlich durchsetzen zu können, sei dies in der Einzel- oder der Gesamtvollstreckung. Damit liegt ein elementarer Baustein des Rechtsfriedens vor. Soweit sich der Staat dann aber gesetzlich keinen Vorrang normiert, muss er sich auf eine Stufe mit allen anderen Gläubigern stellen lassen. Dass er dazu bereit ist und dies auch sein Ziel war bzw. noch immer ist, wurde durch die Abschaffung des Fiskusprivilegs deutlich.

Dabei ist meines Erachtens auch zu berücksichtigen, dass es sich um verschiedenartige Verpflichtungen handelt und gerade die steuerlichen Pflichten den größeren verfassungsrechtlichen Eingriff darstellen. Diese Steuerverpflichtung erfolgt zwar zugunsten der Allgemeinheit, doch hat der Gesetzgeber hier gerade mit Einführung der Insolvenzordnung zu erkennen gegeben, dass ihm dieses Allgemeinziel nicht mehr vorzugswürdiger erscheint, indem er das allgemeine Fiskusvorrecht abgeschafft hat. Der Fiskus soll nur noch in gleicher Höhe befriedigt werden, wie dies auch andere, ungesicherte Gläubiger werden. Hinzu kommt, gerade in den Eigenverwaltungsverfahren, die volkwirtschaftliche Erkenntnis, dass die Gemeinschaft bzw. der Staat mittelfristig mehr Steuereinnahmen erhalten wird, wenn die Sanierung erfolgreich wird, als wenn dieser nun im Insolvenzverfahren einen geringfügig höheren Betrag erhält, das Unternehmen aber aufgrund dessen möglicherweise nicht saniert werden kann.

Nach all dem wird deutlich, dass der gleichmäßige Steuervollzug auch gewährleistet bleibt, wenn der Schuldner die Steuerbehörden in der Situation gleich behandelt wie alle weiteren unbesicherten Gläubiger und Zahlungen nur soweit leistet, wie es sich um für die Masse vorteilhafte Geschäfte handelt oder eben ausnahmsweise eine Masseschuld vorliegt. Ist dies nicht gegeben, hat die spezielle verfahrensschützende Funktion der Massesicherung den Vorrang verdient. Die Steuern dürfen, soweit es sich um einfache Insolvenzverbindlichkeiten handelt, auch bereits im Eröffnungsverfahren der Eigenverwaltung und im Schutzschirmverfahren nicht mehr abgeführt werden.

Das Steueraufkommen ist dadurch, entgegen anders lautender Ausführungen oder Bedenken der Finanzverwaltung, praktisch nicht gefährdet. So muss der Staat bereits aktuell in der weit überwiegenden Zahl der Verfahren die zunächst abgeführten Steuern nach erfolgter Anfechtung zurückzahlen. Er wird somit ohnehin nur mit der späteren Insolvenzquote befriedigt. Würde er sich direkt auf diese quotengerechte Befriedigung einlassen, würde diese voraussichtlich sogar höher ausfallen, da vorab weniger Kosten für deren Durchsetzung aufgebracht werden müssten.

Unter Abwägung aller angesprochenen Gesichtspunkte kann man daher das folgende, zusammenfassende Ergebnis formulieren, welches durch ein zur Entscheidung berufenes Gericht ausgesprochen werden könnte:

Steuerverbindlichkeiten im Range des § 38 InsO sind ab Insolvenzreife nicht mehr zu begleichen und dürfen erst im Verteilungsverfahren in Höhe der Insolvenzquote befriedigt werden.

Es liegt nun an den Gerichten und dem Gesetzgeber, sich mit dem gefundenen Ergebnis auseinanderzusetzen und der Situation angemessen zu begegnen. Nach meiner Auffassung ist jedenfalls eine partielle Änderung der Rechtsprechung unausweichlich. Die hier unterbreiteten Vorschläge können dabei als Orientierung dienen. Dabei sollte das nächste in dieser Sache zu einer Entscheidung berufene Bundesgericht versuchen, die noch immer teilweise divergierenden Auffassungen zu vereinheitlichen. Dies kann dann gegebenenfalls durch eine Vorlage an den Gemeinsamen Senat der obersten Gerichtshöfe des Bundes erreicht werden.

Durch das SanInsFoG,[1839] welches ab zum 01.01.2021 umfangreiche Änderungen an der InsO vornehmen wird, werden die Gerichte ausreichend Anlass haben, das Verhältnis der Gesetze zueinander erneut zu überprüfen und die abweichenden Auffassungen aus der Vergangenheit zu revidieren. Die dort nun noch stärker betonte Ausrichtung auf die Gläubigerinteressen und die klarere Umschreibung der Massesicherungspflicht untermauern das hier gefundenen Ergebnis. Sie führen darüber hinaus bereits zu einem direkten Vorrang der Massesicherungspflicht, soweit die Zahlungsunfähigkeit vorliegt.

1839 Sieh dazu ab S. 331.

I. Gesetzesvorschlag

Wie eine funktionierende Lösung aussehen könnte, zeigen die Insolvenzgerichte bereits seit einigen Jahren.[1840] Mit Eröffnung des Verfahrens muss ein klarer Wechsel der Rolle des Schuldners für jedermann deutlich werden und dem Schutz der Masse ab diesem Zeitpunkt ein klarer Vorrang eingeräumt werden. Die Nützlichkeit einer gesetzlichen Klarstellung über die bereits deutliche Formulierung in § 1 InsO hinaus kann bezweifelt werden, da zugleich auch dessen systematische Abwertung eintreten würde. Möglich wäre aber eine Klarstellung der Rolle des Schuldners in der Eigenverwaltung. Hier hat der Gesetzgeber bislang ohnehin – jedenfalls mit Blick auf die beiden Varianten der Eröffnungsverfahren – nur rudimentäre Grundregelungen erlassen. Es bietet sich daher eine explizite Klarstellung dieser Rolle im Rahmen der Insolvenzordnung an. Soweit man dies unter einem Verweis auf § 1 InsO umsetzt, hat man zugleich eine Klarstellung dahingehend erreicht, dass die mit der Stellung einhergehende Massesicherungspflicht vorrangig ist.

Man könnte, noch anknüpfend an die Gesetzesfassung ohne Berücksichtigung des SanInsFoG[1841], somit einen kurzen Zusatz im Rahmen des § 270 Abs. 1 InsO aufnehmen, sodass sich im Ergebnis die nachfolgende Fassung ergibt:

> § 270 InsO-E*
> (1) [1]Der Schuldner ist berechtigt, unter der Aufsicht eines Sachwalters die Insolvenzmasse zu verwalten und über sie zu verfügen, wenn das Insolvenzgericht in dem Beschluss über die Eröffnung des Insolvenzverfahrens die Eigenverwaltung anordnet. [2]**In Erfüllung der Verfahrensziele des § 1 durch den Schuldner** gelten die allgemeinen Vorschriften, soweit in diesem Teil nichts anderes bestimmt ist. (…)

Im Rahmen der §§ 270a und 270b InsO bietet es sich dann jeweils an, einen Absatz zu ergänzen, der auf die neue Regelung in § 270 Abs. 1 S. 2 InsO-E Bezug nimmt.

> § 270a InsO-E*
> (…)

1840 Siehe dazu bereits ab S. 306.

1841 Siehe zu den Änderungen durch SanInsFoG im Folgekapitel ab S. 331.

* Die **fettgeschriebenen Teile** entsprechen den Änderungsvorschlägen und sind neu eingefügt bzw. angepasst, die übrigen Teile entsprechen dem Gesetzesstand bis einschließlich November 2020.

(3) § 270 Abs. 1 S. 2 findet entsprechend Anwendung.
§ 270b InsO-E*
(…)
(4) § 270 Abs. 1 S. 2 findet entsprechend Anwendung.

Zudem sollte die bereits im Auslegungswege gefundene Einschränkung des § 64 GmbHG zum besseren und insbesondere einfacheren Verständnis im Gesetzeswortlaut fixiert werden.[1842] Die Begründung des SanInsFoG führt zu eben diesem Vorrang aus – dort als Vorrang des § 276a Abs. 3 gegenüber § 15b InsO-E –, allerdings ohne diesen explizit in den Gesetzestext aufzunehmen.[1843]

Demnach ergibt sich folgender Vorschlag:

§ 64 GmbHG-E*
[1]Die Geschäftsführer sind der Gesellschaft zum Ersatz von Zahlungen verpflichtet, die nach Eintritt der Zahlungsunfähigkeit der Gesellschaft oder nach Feststellung ihrer Überschuldung geleistet werden**, soweit nicht bereits ein Eröffnungsverfahren nach den §§ 270a oder 270b InsO angeordnet oder das Insolvenzverfahren über das Vermögen der Gesellschaft eröffnet wurde.** [2]Dies gilt nicht von Zahlungen, die auch nach diesem Zeitpunkt mit der Sorgfalt eines ordentlichen Geschäftsmanns vereinbar sind. (…)

Eine entsprechende Ergänzung des ab den 01.01.2021 geltenden § 15b InsO-Neu[1844] könnte wie folgt lauten:

§ 15b InsO-Neu**
(…)
(9) Die Absätze 1 bis 5 gelten nur bis zur Bestellung eines vorläufigen Insolvenzverwalters oder der Anordnung der vorläufigen Eigenverwaltung.

Eine steuerrechtliche Klarstellung im Rahmen der Abgabenordnung scheint mir im Ergebnis nicht geboten. Aufgrund des weitreichenden Anwendungsbereichs der Abgabenordnung als Mantelgesetz ist eine entsprechende Regelung aufgrund der umfassenden Folgen zunächst schwieriger abzuschätzen, da unerwünschte Nebeneffekte sicher ausgeschlossen werden sollen. Soweit man daher

1842 Siehe dazu ab S. 180

1843 Siehe dazu ab S. 335.

* Die **fettgeschriebenen Teile** entsprechen den Änderungsvorschlägen und sind neu eingefügt bzw. angepasst, die übrigen Teile entsprechen dem Gesetzesstand bis einschließlich November 2020.

1844 Siehe zu den gesonderten Ausführungen ab S. 332.

** Die **fettgeschriebenen Teile** entsprechen den Änderungsvorschlägen und sind neu eingefügt bzw. angepasst, der übrige Teile entsprechen dem Gesetzesstand des SanInsFoG.

kein eigenes Insolvenzsteuerrecht schaffen möchte, was insgesamt zu begrüßen wäre, sollte auf entsprechende Einzeländerungen verzichtet werden. Soweit allerdings auf Seiten des BMF und der Landesfinanzverwaltungen keine Bereitschaft bestehen sollte, im Anschluss an die vorgenannten klarstellenden Änderungen bzw. der nun erfolgten Klarstellung im Rahmen der Insolvenzordnung durch das SanInsFoG einen Vorrang der Massesicherungspflichten zu akzeptieren, wäre darüber nachzudenken, dann auch eine explizite Regelung in der Abgabenordnung aufzunehmen.

J. Sanierungs- und Insolvenzrechtsfortentwicklungsgesetz

Die Bundesregierung hat ab September 2020 im Schnelldurchlauf das neue Sanierungs- und Insolvenzrechtsfortentwicklungsgesetz auf den Weg gebracht, welches nun bereits zum 01.01.2021 in Kraft tritt.[1845] Bereits ausweislich des Regierungsentwurfs[1846] sollte dies eine umfassende Gesetzesänderung werden, die neben Änderungen im Insolvenz-, Handels- und Gesellschaftsrecht mit dem „Unternehmensstabilisierungs- und -restrukturierungsgesetz" – kurz StaRUG – auch ein komplett neues Gesetz einführt. Der Gesetzgebungsprozess wurde dabei durch die Änderung der Richtlinie über Restrukturierung und Insolvenz angestoßen.[1847] Daneben waren ausweislich des BMJV die Evaluation des ESUG[1848] sowie die wirtschaftlichen Folgen der COVID-19-Pandemie die treibenden Ursachen hinter der nun schnellen und umfassenden Überarbeitung der Gesetzeslage. Der ambitionierte Zeitrahmen konnte dabei trotz einiger Kritik, insbesondere aufgrund der weitreichenden Änderungen und der fehlenden Vorbereitungszeit zu deren Umsetzung,[1849] am Ende eingehalten werden.

Mit Blick auf den Gegenstand dieser Arbeit wurden auf diesem Wege einige umfassende Änderungen an den zugrundeliegenden gesetzlichen Regelungen

---

1845 Hier besprochen in der Fassung des Beschlusses des Deutschen Bundestages v. 17.12.2020, BR-Drs. 762/20, zum Zeitpunkt der Einreichung dieser Arbeit stand die zum Inkraftreten des Gesetzes notwendige Unterschrift des Bundespräsidenten noch aus.

1846 Gesetzesentwurf der Bundesregierung, Entwurf eines Gesetzes zur Fortentwicklung des Sanierungs- und Insolvenzrechts v. 14.10.2020, abrufbar über die Homepage des Justizministeriums, http://bit.ly/SanInsFoG [zuletzt abgerufen am: 24.01.2022]; auszugsweise abgedruckt ab S. 347.

1847 Richtlinie (EU) 2019/1023 des Europäischen Parlaments und des Rates v. 20.06.2019 über präventive Restrukturierungsrahmen, über Entschuldung und über Tätigkeitsverbote sowie über Maßnahmen zur Steigerung der Effizienz von Restrukturierungs-, Insolvenz- und Entschuldungsverfahren und zur Änderung der Richtlinie (EU) 2017/1132 (Richtlinie über Restrukturierung und Insolvenz) (ABl. L 172 v. 26.06.2019, S. 18).

1848 Evaluation des Gesetzes zur weiteren Erleichterung der Sanierung von Unternehmen v. 07.12.2011, Bt-Drs. 18/4880 v. 11.10.2018; zusammenfassend *C. Thole*, in: Kübler-HRI (2019), § 58.

1849 Exemplarisch, Empfehlung der Ausschüsse, BR-Drs. 619/1/20, S. 26.

umgesetzt. Auswirkungen haben dabei insbesondere die Änderungen der Insolvenzordnung. So ist eine Konzentration der Zahlungsverbote ebenso umgesetzt worden wie eine Ausweitung des insolvenzrechtlichen Haftungssystems und eine Modifikation der Eigenverwaltungsverfahren samt der Eröffnungsverfahren.

I. Änderungen der Insolvenzordnung

1. Neuregelung der Zahlungsverbote

a) Rechtformneutrale Zusammenfassung

Eine bereits formal weitreichende Umgestaltung stellt die Verschiebung sämtlicher Zahlungsverbote, also der dem Insolvenzverfahren vorgelagerten Massesicherungspflichten, in die nun rechtsformneutrale Fassung des § 15b InsO-Neu[1850] dar, welche bereits als „*Paukenschlag*"[1851] bezeichnet wurde. Der grundsätzliche Anwendungsbereich soll ausweislich der Gesetzesbegründung nicht geändert werden,[1852] auch zukünftig sollen masseschmälernde Zahlungen nach Eintritt der Insolvenzreife verboten bleiben.[1853] Insbesondere der weit zu verstehende Zahlungsbegriff soll nach dem Willen der Gesetzesbegründung erhalten bleiben.[1854]

Dabei wird der bisherige und hier eingangs untersuchte § 64 S. 2 GmbHG nun durch eine eigene Definition im neuen Absatz 2 ergänzt. Weiter wird nun im Absatz 3 fixiert, dass bei verspäteter Antragstellung vermutet wird, dass Zahlungen nicht mehr mit der ordentlichen Sorgfalt vereinbar sind.

Über die nicht abschließend geklärte Rechtsnatur des Anspruchs will das Gesetz hingegen ausdrücklich keine Aussage treffen.[1855]

Die hier herausgearbeitete und ursprünglich auch vom historischen Gesetzgeber gewollte Einschränkung der Regelung des alten Satzes 2 wird dabei nun deutlicher betont. Es wurde ein Zusatz eingefügt, wonach insbesondere solche Zahlungen zulässig sind, die der Aufrechterhaltung des Geschäftsbetriebs

1850 Der gesamte Worlaut der Norm findet sich ab S. 347.

1851 *M. Gehrlein*, DB 2020, 2393, 2393.

1852 Gesetzesentwurf der Bundesregierung zum SanInsFoG v. 09.11.2020, BT-Drs. 19/24181, S. 194.

1853 So auch *M. Gehrlein*, DB 2020, 2393, 2393.

1854 Gesetzesentwurf der Bundesregierung zum SanInsFoG v. 09.11.2020, BT-Drs. 19/24181, S. 194.

1855 Gesetzesentwurf der Bundesregierung zum SanInsFoG v. 09.11.2020, BT-Drs. 19/24181, S. 195.

dienen. Mit dieser Verdeutlichung des Zwecks wird die Abführung von Steuern im Rang von Insolvenzverbindlichkeiten nach § 38 InsO jedenfalls erheblich erschwert, meines Erachtens sogar verboten. So spricht die Entwurfsbegründung insoweit verdeutlichend auch von der „Notgeschäftsführung".[1856] Damit wird umso mehr deutlich, dass nur solche Zahlungen erwünscht sind, die ein Überleben des Unternehmens bis zu einer Entscheidung über das Insolvenzverfahren sicherstellten.

Daneben wird diese Änderung auch als bewusste Abkehr von der bisherigen Rechtsprechung gewertet. So findet sich in dem Gesetzesentwurf auf Seite 195 am Ende des zweiten Absatzes ein Verweis auf die alte Rechtsprechung des 5. Strafsenats des BGH[1857]. Da der Entwurfs- bzw. Gesetzesverfasser nach dem Verständnis von *Bitter*[1858] wieder zu dieser Rechtsprechung zurückwolle, seien die Folgeänderungen der Rechtsprechung damit verworfen und nicht länger anzuwenden. Dies umfasse dann insbesondere die im Anschluss ergangene Rechtsprechung des BFH und der Zivilsenate des BGH. Von einem Vorrang von Steuer- und Sozialversicherungsbeiträgen könne damit nicht mehr ausgegangen werden. Diese Lesart deckt sich mit dem nach den Ausführungen *Bitters* noch eingefügten Absatz 8 der Vorschrift. Entsprechend ist von einem umfangreichen Vorrang der Massesicherung auszugehen.

b) Insolvenzrecht vor Steuerrecht

Dies wird durch die überaus überraschende Ergänzung des § 15b Abs. 8 InsO-Neu bestätigt. Dieser taucht erstmals in der Beschlussempfehlung des Ausschusses für Recht und Verbraucherschutz vom 15.12.2020 auf und wird im Ausschussbericht näher erläutert.[1859]

Der neue ab den 01.01.2021 geltende Absatz hat dabei den folgenden Wortlaut:

> *„(8) Eine Verletzung steuerrechtlicher Zahlungspflichten liegt nicht vor, wenn zwischen dem Eintritt der Zahlungsunfähigkeit nach § 17 oder der Überschuldung nach § 19 und der Entscheidung des Insolvenzgerichts über den Insolvenzantrag Ansprüche aus dem Steuerschuldverhältnis nicht oder nicht rechtzeitig erfüllt werden, sofern die Antragspflichtigen*

1856 Gesetzesentwurf der Bundesregierung zum SanInsFoG v. 09.11.2020, BT-Drs. 19/24181, S. 194 f.

1857 Siehe dazu ab S. 214.

1858 *G. Bitter*, GmbHR 2020, 1157, 1159.

1859 Beschlussempfehlung des Ausschusses für Recht und Verbaucherschutz v. 15.12.2020, BT-Drs. 19/25303, S. 102; Bericht des Ausschusses für Recht und Verbaucherschutz v. 16.12.2020, BT-Drs. 19/25353, S. 11 f.

ihren Verpflichtungen nach § 15a nachkommen. Wird entgegen der Verpflichtung nach § 15a ein Insolvenzantrag verspätet gestellt, gilt dies nur für die nach Bestellung eines vorläufigen Insolvenzverwalters oder Anordnung der vorläufigen Eigenverwaltung fällig werdenden Ansprüche aus dem Steuerschuldverhältnis. Wird das Insolvenzverfahren nicht eröffnet und ist dies auf eine Pflichtverletzung der Antragspflichtigen zurückzuführen, gelten die Sätze 1 und 2 nicht.“

Die Wirkung dieses Absatzes kommt sowohl mit Blick auf die Vorausführungen dieser Arbeit als auch dem zuvor jahrelangen Stillstand des Gesetzgebers einer Revolution gleich. Bereits die Ausschussbegründung stellt auf die Vermeidung der den Geschäftsführern bislang angelasteten Pflichtenkollision ab.[1860] Die Geschäftsleiter, die ihren Verpflichtungen nach § 15a InsO nachkommen sollen entlastet werden. Die Leistung selektiver Zahlungen als Verstoß gegen den Vorrang der Massesicherungspflicht müsse unzulässig sein.[1861]

Bislang habe die Haftung besonders schlecht beratene Schuldner getroffen, gut beratene Geschäftsleiter hätten die Steuern hingegen rechtzeitig geleistet und später angefochten.[1862] Zudem sei die Rechtsprechung, wie bereits ausgeführt, mitunter zu formalistisch geworden, soweit diese auf Seiten des BFH auf ein Hinwirken der Zustimmung des vorläufigen Insolvenzverwalter abgestellt habe, deren Erteilung aber insolvenzrechtlich gar nicht erfolgen dürfe.[1863]

Im Vergleich zur bisherigen Praxis komme es zudem zu keinen nennenswerten Steuerausfällen, vielmehr werde nur eine Gerechtigkeit zwischen den Schuldnern hergestellt.[1864]

Entsprechend ist das hier zuvor gefundene Ergebnis des Vorrangs der Massesicherung vor der Steuerabführung für den Zeitraum ab Insolvenzreife bis zum ersten Beschluss des Insolvenzgerichts über die Einleitung des Eröffnungsverfahrens durch das Gesetz bestätigt worden. Demgegenüber vermeidet der Ausschuss als auch der Gesetzestext eine explizite Aussage zur Situation in der vorläufigen Eigenverwaltung. Die Begründung des Ausschusses lässt gleichwohl

---

1860 Bericht des Ausschusses für Recht und Verbaucherschutz v. 16.12.2020, BT-Drs. 19/25353, S. 11, zu Nummer 9.

1861 Bericht des Ausschusses für Recht und Verbaucherschutz v. 16.12.2020, BT-Drs. 19/25353, S. 11 a.E.

1862 Bericht des Ausschusses für Recht und Verbaucherschutz v. 16.12.2020, BT-Drs. 19/25353, S. 12.

1863 Bericht des Ausschusses für Recht und Verbaucherschutz v. 16.12.2020, BT-Drs. 19/25353, S. 12, erster Absatz.

1864 Bericht des Ausschusses für Recht und Verbaucherschutz v. 16.12.2020, BT-Drs. 19/25353, S. 12, dritter Absatz.

einen Rückschluss in Richtung der hier vertretenen These des auch insoweit geltenden Vorrangs der Massesicherungspflicht gegenüber der steuerlichen Abführungspflicht zu. So spricht die Begründung beispielsweise ausdrücklich davon „jeder vorläufige Insolvenzverwalter mit Zustimmungsvorbehalt aufgrund der insolvenzrechtlichen Massesicherungspflicht eine Zustimmung zur Entrichtung von Steuern nie erteilen darf".[1865] Nichts anderes gilt dann aber auch für den (vorläufig) eigenverwaltenden Schuldner.

Im Ergebnis ist die Neuregelung somit sehr zu begrüßen. Jedenfalls für einen Verfahrensabschnitt werden die Haftungsrisiken erheblich reduziert und die Geschäftsleiter erhalten nach langer Zeit eine klare Handlungsanweisungen, welche zudem noch im Gläubigerinteresse die Sanierungschance verbessert. Die Schuldner können somit Rechtsberatungskosten, Zeitaufwand und einige finanzielle Mittel einsparen.

c) *Wechsel der Senatszuständigkeit*

Der nun gesetzlich stärker zum Ausdruck kommenden Schutz der Insolvenzmasse könnte zudem auch von einer Änderung der Zuständigkeit innerhalb der Senate des BGH profitieren. Bislang war durch die formale Positionierung der Massesicherung unter anderem im GmbHG der für das Gesellschaftsrecht zuständige II. Senat zur Entscheidung berufen. Nunmehr wird die Zuständigkeit auf den IX. Senat wechseln, welcher für das Insolvenzrecht, die Anwaltshaftung und die Steuerberaterhaftung verantwortlich ist.[1866]

2. Modifikation der Haftung und des Gesellschaftereinflusses

Ausweislich der Entwurfsbegründung[1867] wird zudem die bereits im Rahmen dieser Arbeit begründete Anwendung der insolvenzrechtlichen Haftung analog der §§ 60, 61 InsO gesetzlich fixiert. Die Anwendung soll sich für das eröffnete Eigenverwaltungsverfahren zukünftig aus der Anordnung in § 276a Abs. 2 InsO-Neu ergeben, der die Mitglieder des Vertretungsorgans den §§ 60 bis 62 InsO unterwirft. Darüber hinaus ordnet der neue § 276a Abs. 3 InsO-Neu sodann die entsprechende Anwendung auf die Eröffnungsverfahren an. Die

1865 Bericht des Ausschusses für Recht und Verbraucherschutz v. 16.12.2020, BT-Drs. 19/25353, S. 12, erster Absatz.
1866 Geschäftsverteilungsplan des Bundesgerichtshof v. 01.01.2020.
1867 Referentenentwurf des Bundesministeriums der Justiz und für Verbraucherschutz v. 19.09.2020, S. 230.

Entwurfsbegründung spricht dabei sogar von einem expliziten Vorrang gegenüber der neuen Regelung des § 15b InsO-Neu.[1868]

Mit Blick auf die zuvor getroffenen Ausführungen zur Rechtsstellung des Schuldners im Eröffnungsverfahren der Eigenverwaltung könnte zudem die weitere in § 276a Abs. 3 InsO-Neu getroffenen Anordnung von Bedeutung sein. So ordnet dieser eine entsprechende Anwendung des Absatzes 1 an, also den Ausschluss der Mitwirkung der Überwachungsorgane des Schuldners. Diese Entkopplung der Gesellschaft von den Interessen seiner Eigentümer, insbesondere durch die Entmachtung der Gesellschafterversammlung, ist ein wichtiges Argument für die Amtswalterstellung des Schuldners im eröffneten Eigenverwaltungsverfahren. Wird dies nun vorgezogen, spricht dies nach meinem Dafürhalten auch für eine entsprechende Vorverlagerung der Amtswalterstellung bereits mit Beginn des Eröffnungsverfahrens. Gestützt wird dieser Befund durch die nun auch in § 15b Abs. 8 InsO-Neu stärker betonte Ausrichtung am Gläubigerinteresse.

3. Modifikation der Eigenverwaltung und deren Eröffnungsverfahren

Darüber hinaus wurde die Konzeption der Eröffnungsverfahren der Eigenverwaltung modifiziert. Dazu wurden die bisherigen §§ 270 ff. InsO grundlegend umgestaltet. Der neue § 270 InsO-Neu stellt dabei zunächst nur den Grundsatz auf, nach dem der Schuldner berechtigt ist, die Insolvenzmasse unter der Aufsicht eines Sachwalters zu verwalten. Neu ist sodann, dass er seinem Antrag nach § 270a InsO-Neu eine umfassende Planung beifügen muss, die Daten zu seinem Konzept und den Finanzdaten enthalten muss. Zudem muss die Planung die kommenden sechs Monate abdecken. Die Zugangsschwelle zum Verfahren wurde somit ganz erheblich angehoben. Vor dem Hintergrund des nun vorgelagerten, sehr leicht zugänglichen und günstigen vorinsolvenzlichen Restrukturierungsverfahrens nach dem StaRUG erscheint dies aber sachgerecht.

a) Vorläufige Eigenverwaltung

Nach § 270b InsO-Neu kann sodann die vorläufige Eigenverwaltung angeordnet werden, wobei § 270c InsO-Neu nähere Details regelt. In § 270d InsO-Neu findet sich zudem das Schutzschirmverfahren wieder.

1868 Gesetzesentwurf der Bundesregierung zum SanInsFoG v. 09.11.2020, BT-Drs. 19/24181, S. 195, erster Absatz.

b) Aufhebung

§ 270e InsO-Neu fixiert zudem erstmals Aufhebungsgründe für die vorläufige Eigenverwaltung samt der Rechtsfolge der Bestellung eines vorläufigen Insolvenzverwalters. Der Tatbestand stellt jedoch nun die Gläubigerautonomie stärker in den Vordergrund. So wurde bereits bemängelt, dass es an einem alleinigen Antragsrechts des Sachwalters fehle.[1869] Dieses Recht steht ihm nach § 270e Abs. 1 Nr. 4 InsO-Neu nur nach Zustimmung oder Antrag des Gläubigerausschusses zu.

4. Modifikation der Masseverbindlichkeiten

Eine für die vorläufige Eigenverwaltung relevante Änderung wurde ebenfalls wenige Tage vor der Verabschiedung des SanInsFoG wieder in das Gesetz eingebracht. Ursprünglich war eine Ausweitung des Anwendungsbereichs des § 55 Abs. 4 InsO bereits im Referentenentwurf[1870] vorgesehen, im Regierungsentwurf[1871] dann aber wieder entfernt worden. Seitens des Bundesrates wurde sodann eine Erweiterung dergestalt gefordert, dass neben dem Insolvenzverwalter auch explizit der Schuldner nach Bestellung eines vorläufigen Sachwalters aufgenommen werden sollte.[1872] Auf diesem Wege sei eine Gleichstellung von vorläufiger Eigenverwaltung und dem Regeleröffnungsverfahren zu erreichen, da eine Sanierung so nicht mehr auf Kosten des Steuergläubigers erfolgen könne.[1873]

Wohl von diesen Forderungen beeinflusst, wurde vom Bundestag die nachfolgenden Neuformulierung des § 55 Abs. 4 InsO beschlossen:

„(4) Umsatzsteuerverbindlichkeiten des Insolvenzschuldners, die von einem vorläufigen Insolvenzverwalter oder vom Schuldner mit Zustimmung eines vorläufigen Insolvenzverwalters oder vom Schuldner nach Bestellung eines vorläufigen Sachwalters begründet worden sind, gelten nach Eröffnung des Insolvenzverfahrens als Masseverbindlichkeit. Den Umsatzsteuerverbindlichkeiten stehen die folgenden Verbindlichkeiten gleich:
1. sonstige Ein- und Ausfuhrabgaben,
2. bundesgesetzlich geregelte Verbrauchsteuern,
3. die Luftverkehr- und die Kraftfahrzeugsteuer und

1869 *F. Frind*, NZI 2020, 865, 870.
1870 Ref-E des SanInsFoG v. 19.09.2020, S. 61.
1871 Vgl. Gesetzesentwurf der Bundesregierung zum SanInsFoG v. 09.11.2020, BT-Drs. 19/24181, S. 58 f.
1872 Bundesrat – Empfehlung der Ausschüsse, BR-Drs. 619/1/20, S. 23 a.E.; Stellungnahme des Bundesrates v. 27.11.2020, BR-Drs. 619/20, S. 22 f.
1873 Bundesrat – Empfehlung der Ausschüsse, BR-Drs. 619/1/20, S. 24 f.

4. die Lohnsteuer.“

Ausweislich der Ausschussbegründung[1874] sollen falsche Anreize zur Wahl der Eigenverwaltung beseitigt werden und die bisherige Wettbewerbsverzerrung reduziert werden. Bislang habe der Schuldner die betroffenen Steuern zwar in voller Höhe vereinnahmt, diese aber im eröffneten Verfahren nur als Insolvenzverbindlichkeit begleichen müssen. Man habe die Gesetzesänderung daher auch auf solche Steuern begrenzt, die darauf ausgelegt seien, über den Preis auf den Leistungsempfänger abgewälzt zu werden.[1875]

5. Sonstiges

Darüber hinaus enthält das neue Gesetz für die Insolvenzordnung einige weitere punktuelle Regelungen, die auf den Gegenstand dieser Arbeit aber keinen Einfluss haben. [1876] Erwähnung verdient gleichwohl die Einführung einer virtuelle Gläubigerversammlung nach § 4 InsO-Neu.

II. Gesetz über den Stabilisierungs- und Restrukturierungsrahmen für Unternehmen

Das StaRUG stellt den eigentlichen Kern bzw. die zentrale Neuerung des SanInsFoG dar und setzt die maßgeblichen Vorgaben der Umsetzung der Richtlinie über Restrukturierung und Insolvenz um. In nunmehr noch 102 Paragrafen finden sich verschiedene Restrukturierungsinstrumente, die nach einem Baukastensystem vom Schuldner genutzt werden können. Aufgrund der so entstehenden umfassenden Flexibilität dürfte die Bereitschaft auf Seiten der betroffenen Geschäftsleiter zur frühzeitigen und damit häufig aussichtreicheren Sanierung gesteigert werden. Erfasst werden, wie von den bisherigen Massesicherungspflichten bekannt, alle Gesellschaften, bei denen keine natürliche Person unbegrenzt haftet.

Im Gegenzug für das nun einfacher zugängliche Restrukturierungsverfahren des StaRUG wurden aber zugleich auch die Zugangsvoraussetzungen zum Eigenverwaltungsverfahren erschwert.

1874 Bericht des Ausschusses für Recht und Verbaucherschutz v. 16.12.2020, BT-Drs. 19/25353, S. 13.

1875 Bericht des Ausschusses für Recht und Verbaucherschutz v. 16.12.2020, BT-Drs. 19/25353, S. 13.

1876 Siehe zum erst Gesamtüberblick anhand des Referentenentwurfs *F. Frind*, NZI 2020, 865.

Sowohl der Referenten- als auch der Regierungsentwurf sahen ursprünglich in § 2 Abs. 1 S. 1 StaRUG-RegE vor, dass es ab der Erkennung der drohenden Zahlungsunfähigkeit im Sinne von § 18 Abs. 2 S. 2 InsO-RegE zu einem Pflichtenwechsel kommen sollte (*Shift of Fiduciary Duties*). Ab diesem Zeitpunkt wären die Interessen der Gesamtheit der Gläubiger zu wahren gewesen. Demgegenüber wären die Interessen der Eigentümer nach § 2 Abs. 4 StaRUG-RegE nur vorbehaltlich des Absatzes 1 und nach Maßgabe der allgemeinen Bestimmungen zu berücksichtigen gewesen. Mithin hätten die Gläubigerinteressen bereits in diesem sehr frühen Verfahrensstadium einen Vorrang gegenüber den Eigentümerinteressen genossen. Die Regelung wurde jedoch in letzter Minute durch einen Ausschussbeschluss samt der korrespondieren Haftungsregelung aus der Gesetzesvorlage gestrichen.[1877] Dabei ist die Begründung für die Streichung nicht uninteressant. So sei diese in dem Verständnis erfolgt, dass sie keine Haftungslücken hinterließe.[1878] Von einem so weitreichenden, bereits zwei Jahre vor dem Eintritt der Insolvenzreife eintretenden Haftungsanspruch gegenüber den Geschäftsleitern kann aber bislang keine Rede sein. Ebenso wird eine solche Verpflichtung nicht über § 15b InsO-Neu geschaffen.

Aus Sicht dieser Arbeit sind damit im StaRUG keine relevanten Änderungen vorgenommen worden.[1879]

III. Stellungnahmen der Verbände im Gesetzgebungsverfahren

Die ersten Reaktionen sind in ihren Grundaussage überwiegend positiv.[1880] Die sehr kurzfristige Umsetzung stößt aber auch auf Kritik,[1881] Eile dürfe nicht vor Sorgfalt gehen. Man hätte daher jedenfalls die vorhandene Umsetzungsfrist der Richtlinie bis Mitte 2021 auszunutzen oder idealerweise sogar die

1877 Beschlussempfehlung des Ausschusses für Recht und Verbaucherschutz v. 15.12.2020, BT-Drs. 19/25303, S. 15 - 17.

1878 Bericht des Ausschusses für Recht und Verbaucherschutz v. 16.12.2020, BT-Drs. 19/25353, S. 6 a.E.

1879 Ausführlich anhand des Regierungsentwurfs *F. L. Cranshaw / W. Portisch*, ZInsO 2020, 2561 (Teil 1) und *F. L. Cranshaw / W. Portisch*, ZInsO 2020, 2617 (Teil 2).

1880 U.a. Stellungnahme des VID zum Referentenentwurf des SanInsFoG v. 02.10.2020, S. 1; Stellungnahme der NIVD e.V. v. 01.10.2020, S. 1.

1881 U.a. Deutsches Institut für angewandtes Insolvenzrecht e.V., ZInsO, 2368, 2368; Stellungnahme des VID zum Referentenentwurf des SanInsFoG v. 02.10.2020, S. 1 f.; ebenso Bundesrat – Empfehlung der Ausschüsse, BR-Drs. 619/1/20, S. 23 a.E.

Verlängerungsoption der Richtlinie nutzen sollen um dadurch die zur Verfügung stehende Umsetzungsfrist um ein Jahr zu verlängern. So sprach sich beispielsweise das *DIAI* für eine Aufteilung des Gesetzgebungsverfahrens aus. Zunächst hätte nur das StaRUG umgesetzt werden sollen, um die umfassenden Änderungen im Bereich der Insolvenzordnung zunächst ausführlicher beleuchten zu können.[1882]

Dabei ist zudem zu beachten, dass sich die Stellungnahmen noch auf den in einigen Punkten abweichenden Referentenentwurf[1883] beziehen.

Wieso den Verbänden im Rahmen des Verbandsanschreibens vom 18.09.2020 zum Referentenentwurf des Ministeriums für eine solch umfassenden Gesetzesentwurf von 247 Seiten nur eine extrem knappe Stellungnahmefrist von zwei Wochen eingeräumt wurde,[1884] ist in der Tat unverständlich. Zwar mögen die gegenwärtigen wirtschaftlichen Rahmenbedingungen für ein möglichst zügige Umsetzung sprechen, doch übersieht dies bereits, dass sich die Institutionen und Rechtsanwender gleichwohl erst auf die neue Gesetzeslage einstellen müssen. Ein möglicher positiver Effekt wird mithin erst langsam einsetzen. Hinzu kommt, dass der neu geschaffene Restrukturierungsrahmen des StaRUG der Zielsetzung nach in der akuten Unternehmenskrise bereits zu spät kommt, um solchen Unternehmen zu helfen, die COVID-bedingt bereits insolvenzreif sind.

IV. Fazit

Die Änderungen des SanInsFoG sind in ihrer Summe zu begrüßen. Gleichzeitig lässt aber bereits die Gesetzesbegründung eine ausreichende, vertiefte Auseinandersetzung mit den vielfältigen Änderungen sowie Neuregelungen vermissen. Die Kritik an der mitunter überstürzt wirkenden Gesetzesänderung ist daher begründet. Es wird abzuwarten sein, ob die Änderungen bereits ausreichend mit der Finanzverwaltung abgestimmt wurden. Ungeachtet dessen wird es aber erneut einige Jahre in Anspruch nehmen, bis sich für die neuen Regelungen eine erste, klare Rechtsprechungslinie entwickelt haben wird. In der Zwischenzeit sind Schuldner und Berater damit – inmitten einer schweren Krise – mitunter unnötig vor neue Rechtsprobleme gestellt, die man durch ein

---

1882 Deutsches Institut für angewandtes Insolvenzrecht e.V., ZInsO, 2368, 2368; *F. Frind*, NZI 2020, 865, 865.

1883 Referentenentwurf des Bundesministeriums der Justiz und für Verbraucherschutz v. 19.09.2020, abrufbar auf der Website des BMJV unter http://bit.ly/RefE-SanInsFoG [zuletzt abgerufen am: 24.01.2022].

1884 *F. Frind*, NZI 2020, 865, 865.

besser abgestimmtes Vorgehen mit einer Vorlaufzeit von mehr als zwei Wochen zwischen der Verabschiedung des Gesetzes und dessen Inkrafttreten sicher hätte vermeiden können.

Angesicht des nun erstmals klar formulierten Vorrangs der Massesicherungspflicht vor der steuerlichen Abführungspflicht in § 15b Abs. 8 InsO-Neu besteht aber die Hoffnung, dass diese Klarstellung möglicherweise den ersten Auftakt für weitere Änderungen sowie insbesondere Klarstellungen sein könnte.

K. Gesamtergebnis

Wie das insgesamt begrüßenswerte SanInsFoG zeigt, fehlt es dem Gesetzgeber weiter am Willen zu einem umfassenden Sanierungs- oder Insolvenzsteuergesetz.[1885] Gleichwohl macht der Gesetzgeber hier einen großen Schritt hin zu einer weiteren Stärkung der Gläubigergleichbehandlung. Durch die Übertragung und rechtsformneutrale Ausgestaltung des bisherigen § 64 GmbHG sowie dessen Parallelvorschriften in den neuen § 15b InsO wird die Funktion der Vorschrift klarer hervorgehoben und zudem die historisch gewollte Funktion des bisherigen § 64 S. 2 GmbHG im Tatbestand verdeutlicht.

Zudem werden einige der im Rahmen dieser Arbeit herausgearbeiteten Probleme bereits für die Zukunft gelöst und auch einige der aufgestellten Forderungen bereits vor Veröffentlichung dieser Arbeit umgesetzt. Während man dem Gesetzgeber lange vorwerfen konnte der problematische Haftungssituation der Geschäftsleiter nicht nennenswert begegnet zu sein, wurde nun durch die Schaffung des § 15b Abs. 8 InsO-Neu eine äußerst begrüßenswerte Klarstellung getroffen.

Aus Sicht des Fiskus wurde zugleich eine bisherige Begünstigung der Eigenverwaltungsverfahren weitgehend abgeschafft, indem nun auch in deren Eröffnungsverfahren Masseverbindlichkeiten in Bezug auf einige Steuerarten begründet werden.

Weitere Änderungen sind zudem wohl dem zu ambitionierten Zeitplan des Gesetzgebungsverfahrens zum Opfer gefallen. Mit Blick auf die Umsetzungsfrist der Richtlinie wäre noch ausreichend Zeit bis zur Mitte des Jahres 2021 gewesen. Zudem hätten weitere punktuell notwendige Änderungen keine Zustimmungspflicht des Gesetzes begründet. Die Fixierung der Bundesregierung bei der Gesetzesumsetzung auf den Jahreswechsel war daher unbegründet. Die umfassenden Änderungen und insbesondere die Neueinführung des StaRUG hätten von einer ausführlicheren Diskussion profitieren können.

Die gesetzgeberische Aktivität unterstreicht davon losgelöst die vorab dargelegte Notwendigkeit, die verbleibenden Probleme in den Verfahrensarten anzugehen. Es liegt hier nicht bloß ein akademischer Streit vor. Es besteht eine Vielzahl von Problemen, die gerade in einer nun möglicherweise beginnenden Rezession, ausgelöst durch die COVID-19-Krise, noch stärker hervortreten. Die

---

1885 So auch *S. Hörner* / *S. Reuter*, DB 2020, 2098, 2098.

Zahl der betroffenen Unternehmen wird, zum allgemeinen Leidwesen, wohl noch stark ansteigen.[1886] Es besteht damit aber neben der bloßen Notwendigkeit zugleich die konkrete Chance, das Gesetz durch den fortbestehenden Anpassungsdruck zeitnah zu modifizieren, um damit Sanierungserfolge bzw. jedenfalls eine größtmögliche Gläubigerbefriedigung in möglichst vielen Verfahren wahrscheinlicher zu machen.

Bereits jetzt zielen viele Sanierungsmaßnahmen auf eine Verbesserung der Liquiditätssituation eines Unternehmens.[1887] Dass die Finanzverwaltungen von Bund und Ländern kurzfristig mit Krisenbeginn bereits im März 2020 verschiedene Maßnahmen zu eben dieser Liquiditätsverbesserung beschlossen und umgesetzt haben,[1888] bestätigt dies. Gleichwohl passt es da nicht ins Bild, wenn die Verwaltung sowie die Rechtsprechung zugleich am Grundsatz der unbedingten Steuerabführung festhalten und dies auf dem Umweg der Haftung durchsetzen.

Dieses Vorgehen ist rechtlich, wenngleich getragen von der Rechtsprechung von BFH und BGH, in vielen Fällen nicht überzeugend. Die Finanzverwaltungen schaffen sich hier über die persönliche Haftungsandrohung einen Vorteil gegenüber anderen Gläubigern, der vom Gesetz seit der Einführung der Insolvenzordnung nicht mehr gewollt ist. In all jenen Fällen, in denen ein Geschäftsführer aber seiner Massesicherungspflicht nachkommt, darf ihn keine steuerliche Haftung treffen. Dies gilt ab dem Eintritt der Insolvenzreife und bis zu deren Ende. Somit muss ein Geschäftsführer auch während eines von ihm geleiteten Insolvenzeröffnungsverfahrens keine Steuern entrichten, soweit es sich nicht um Masseschulden handelt. Dies wurde nun teilweise durch § 15b Abs. 8 InsO-Neu gesetzlich fixiert. Zusammen mit den deutlichen Aussagen der Gesetzesbegründung dürfte damit der masseschädlichen Rechtsprechung die Grundlage entzogen sein.

Soweit ein Geschäftsleiter seinen sonstigen steuerlichen Pflichten nachkommt, trifft ihn keine Haftung. Der Fiskus muss sich dann im Anschluss, wie alle anderen Gläubiger, im Rahmen des Insolvenzverfahrens mit der Befriedigung in Höhe der Quote für normale Insolvenzgläubiger im Sinne des § 38 InsO begnügen. Ergänzend wird er ebenso auf die Durchsetzung von weiteren

1886 So bspw. auch *C. Keller*, BB 2020, 2435, 2440.

1887 *A. K. Buth / M. Hermanns*, in: Buth/Hermanns, § 35 Rn. 2.

1888 Sog. „Corona-Schutzschild", BMF-Monatsbericht April 2020, abrufbar unter http://bit.ly/Corona_Schutzschild [zuletzt abgrufen am 24.01.2022]; sowie BMF-Schreiben v. 19.03.2020, Steuerliche Maßnahmen zur Berücksichtigung der Auswirkungen des Coronavirus, IV A 3 - S 0336/19/10007:002.

Ansprüchen durch den Insolvenzverwalter oder Sachwalter hoffen können, denn diesen beiden steht die Aufgabe zu, Haftungsansprüche der Masse zugunsten aller Gläubiger durchzusetzen. Der Dreiwochenzeitraum des § 15a InsO hat demnach nur Einfluss auf die Haftung wegen Insolvenzverschleppung, aber nicht auf die steuerliche Haftung nach § 69 AO.

Soweit der Geschäftsführer durch die Nichtleistung von Zahlungen bereits vor Insolvenzreife einen Haftungs- oder Straftatbestand erfüllt hat, rechtfertigt dies meiner Auffassung nach keine Zahlungen mehr, die nach der Eröffnung des Insolvenzverfahrens getätigt werden. Ihn trifft hier selbst das Verschulden, entsprechende Zahlungen nicht rechtzeitig geleistet zu haben.[1889] Im Eröffnungsverfahren ist er hingegen – jedenfalls nach der bis zum 31.12.2020 geltenden Rechtslage – frei, diese Beträge noch abzuführen, da sich die untersuchten Pflichten dort wechselseitig eliminieren und daher kein haftbarer Verstoß vorliegen kann. Dies gilt jedenfalls bis zu einer näheren Ausgestaltung der Kollisionslücke durch die Rechtsprechung. Für die Gesetzeslage ab dem 01.01.2021 spricht vieles dafür, einen Vorrang der Massesicherungspflicht anzunehmen, da das Gesetz nun deutlicher die insolvenzrechtlichen Pflichten hervorhebt.

Wenngleich sich dem Gesetz somit bereits jetzt eine Lösung entnehmen lässt, ist der Forderung aus der ESUG-Evaluation[1890] noch immer zuzustimmen, das Gesetz entsprechend (weiter) zu präzisieren. Gerade mit Blick auf die festgefahrene Rechtsprechung der Bundesgerichte dürfte dies im Interesse aller betroffenen Schuldner sein. Angesichts möglicherweise steigender Insolvenzzahlen wäre eine schnelle Umsetzung ratsam.[1891] Die Chance über die Anpassung im Rahmen des SanInsFoG wurde nun, mit Ausnahme der Klarstellung in § 15b Abs. 8 InsO-Neu vergeben. Größer dürfte hingegen die Chance sein, dass der IX. Senat des BGH den zum 01.01.2021 in Kraft tretenden § 15b InsO-Neu in der Weise interpretiert, die Pflichten der Geschäftsführer dahingehend zu konkretisieren, dass dieser auch eine Steuerzahlung auf all jene Steuern im Eröffnungsverfahren nicht mehr zulässt, die als Insolvenzverbindlichkeit zu qualifizieren sind.

1889 Vgl. insoweit nun auch die Begründung zur Ergänzung des § 15b Abs. 8 InsO-Neu, Beschlussempfehlung des Ausschusses für Recht und Verbaucherschutz v. 15.12.2020, BT-Drs. 19/25303, S. 12, vierter Absatz.

1890 *ESUG-Evaluierung*, S. 54 f., 70 f., 76 ff.; zustimmend u.a. *C. Morgen*, in: SanR, § 270a InsO Rn. 83e.

1891 Die offiziellen Statistiken, vgl. zu den Zahlen bis Anfang 2020 auf S. 360, zeigen sich gegenwärtig noch recht ruhig, was ganz überwiegend auf die vorübergehende Aussetzung der Antragspflicht zurückzuführen ist. Hier dürfte leider spätestens im Verlauf des Jahres 2021 ein erheblicher Anstieg der Insolvenzzahlen zu erwarten sein.

Insgesamt ist somit eine neue rechtliche Ausgangssituation entstanden, die zukünftig eine stärke Orientierung an den Zielen der Insolvenzordnung erhoffen und damit die Sanierungschancen steigen lässt.

J. Anhang

I. Gesetze

Nachfolgend findet sich eine Zusammenstellung der maßgeblichen historischen und aktuellen Fassungen der behandelten Gesetze.

1. Auszüge aus den durch das SanInsFoG geänderten Regelungen

In der Fassung des Gesetzesbeschlusses des Deutschen Bundestages vom 17.12.2020, BR-Drs. 762/20.

§ 15b InsO-Neu - Zahlungen bei Zahlungsunfähigkeit und Überschuldung; Verjährung

(1) Die in § 15a Absatz 1 Satz 1 genannten Mitglieder des Vertretungsorgans und Abwickler einer juristischen Person dürfen nach dem Eintritt der Zahlungsunfähigkeit oder der Überschuldung der juristischen Person keine Zahlungen mehr für diese vornehmen. Dies gilt nicht für Zahlungen, die mit der Sorgfalt eines ordentlichen und gewissenhaften Geschäftsleiters vereinbar sind.

(2) Zahlungen, die im ordnungsgemäßen Geschäftsgang erfolgen, insbesondere solche Zahlungen, die der Aufrechterhaltung des Geschäftsbetriebs dienen, gelten vorbehaltlich des Absatzes 3 als mit der Sorgfalt eines ordentlichen und gewissenhaften Geschäftsleiters vereinbar. Im Rahmen des für eine rechtzeitige Antragstellung maßgeblichen Zeitraums nach § 15a Absatz 1 Satz 1 und 2 gilt dies nur, solange die Antragspflichtigen Maßnahmen zur nachhaltigen Beseitigung der Insolvenzreife oder zur Vorbereitung eines Insolvenzantrags mit der Sorgfalt eines ordentlichen und gewissenhaften Geschäftsleiters betreiben. Zahlungen, die im Zeitraum zwischen der Stellung des Antrags und der Eröffnung des Verfahrens geleistet werden, gelten auch dann als mit der Sorgfalt eines ordentlichen und gewissenhaften Geschäftsleiters vereinbar, wenn diese mit Zustimmung eines vorläufigen Insolvenzverwalters vorgenommen wurden.

(3) Ist der nach § 15a Absatz 1 Satz 1 und 2 für eine rechtzeitige Antragstellung maßgebliche Zeitpunkt verstrichen und hat der Antragspflichtige keinen Antrag gestellt, sind Zahlungen in der Regel nicht mit der Sorgfalt eines ordentlichen und gewissenhaften Geschäftsleiters vereinbar.

(4) Werden entgegen Absatz 1 Zahlungen geleistet, sind die Antragspflichtigen der juristischen Person zur Erstattung verpflichtet. Ist der Gläubigerschaft der juristischen Person ein geringerer Schaden entstanden, beschränkt sich die Ersatzpflicht auf den Ausgleich dieses Schadens. Soweit die Erstattung oder der Ersatz zur Befriedigung der Gläubiger der juristischen Person erforderlich ist, wird die Pflicht nicht dadurch ausgeschlossen, dass dieselben in Befolgung eines Beschlusses eines Organs der juristischen Person gehandelt haben. Ein Verzicht der juristischen Person auf Erstattungs- oder Ersatzansprüche oder ein Vergleich der juristischen Person über diese Ansprüche ist unwirksam. Dies gilt nicht, wenn der Erstattungs- oder Ersatzpflichtige zahlungsunfähig ist und sich zur Abwendung des Insolvenzverfahrens mit seinen Gläubigern vergleicht, wenn die Erstattungs- oder Ersatzpflicht in einem Insolvenzplan geregelt wird oder wenn ein Insolvenzverwalter für die juristische Person handelt.

(5) Absatz 1 Satz 1 und Absatz 4 gelten auch für Zahlungen an Personen, die an der juristischen Person beteiligt sind, soweit diese zur Zahlungsunfähigkeit der juristischen Person führen mussten, es sei denn dies war auch bei Beachtung der in Absatz 1 Satz 2 bezeichneten Sorgfalt nicht erkennbar. Satz 1 ist auf Genossenschaften nicht anwendbar.

(6) Die Absätze 1 bis 5 gelten auch für die nach § 15a Absatz 1 Satz 3 und Absatz 2 zur Stellung des Antrags verpflichteten organschaftlichen Vertreter der zur Vertretung der Gesellschaft ermächtigten Gesellschafter.

(7) Die Ansprüche aufgrund der vorstehenden Bestimmungen verjähren in fünf Jahren. Besteht zum Zeitpunkt der Pflichtverletzung eine Börsennotierung verjähren die Ansprüche in zehn Jahren.

(8) Eine Verletzung steuerrechtlicher Zahlungspflichten liegt nicht vor, wenn zwischen dem Eintritt der Zahlungsunfähigkeit nach § 17 oder der Überschuldung nach § 19 und der Entscheidung des Insolvenzgerichts über den Insolvenzantrag Ansprüche aus dem Steuerschuldverhältnis nicht oder nicht rechtzeitig erfüllt werden, sofern die Antragspflichtigen ihren Verpflichtungen nach § 15a nachkommen. Wird entgegen der Verpflichtung nach § 15a ein Insolvenzantrag verspätet gestellt, gilt dies nur für die nach Bestellung eines vorläufigen Insolvenzverwalters oder Anordnung der vorläufigen Eigenverwaltung fällig werdenden Ansprüche aus dem Steuerschuldverhältnis. Wird das Insolvenzverfahren nicht eröffnet und ist dies auf eine Pflichtverletzung der Antragspflichtigen zurückzuführen, gelten die Sätze 1 und 2 nicht.

§ 55 InsO-Neu - Sonstige Masseverbindlichkeiten

(1) Masseverbindlichkeiten sind weiter die Verbindlichkeiten:
   1. die durch Handlungen des Insolvenzverwalters oder in anderer Weise durch die Verwaltung, Verwertung und Verteilung der Insolvenzmasse begründet werden, ohne zu den Kosten des Insolvenzverfahrens zu gehören;
   2. aus gegenseitigen Verträgen, soweit deren Erfüllung zur Insolvenzmasse verlangt wird oder für die Zeit nach der Eröffnung des Insolvenzverfahrens erfolgen muß;
   3. aus einer ungerechtfertigten Bereicherung der Masse.

(2) Verbindlichkeiten, die von einem vorläufigen Insolvenzverwalter begründet worden sind, auf den die Verfügungsbefugnis über das Vermögen des Schuldners übergegangen ist, gelten nach der Eröffnung des Verfahrens als Masseverbindlichkeiten. Gleiches gilt für Verbindlichkeiten aus einem Dauerschuldverhältnis, soweit der vorläufige Insolvenzverwalter für das von ihm verwaltete Vermögen die Gegenleistung in Anspruch genommen hat.

(3) Gehen nach Absatz 2 begründete Ansprüche auf Arbeitsentgelt nach § 169 des Dritten Buches Sozialgesetzbuch auf die Bundesagentur für Arbeit über, so kann die Bundesagentur diese nur als Insolvenzgläubiger geltend machen. Satz 1 gilt entsprechend für die in § 175 Absatz 1 des Dritten Buches Sozialgesetzbuch bezeichneten Ansprüche, soweit diese gegenüber dem Schuldner bestehen bleiben.

(4) Umsatzsteuerverbindlichkeiten des Insolvenzschuldners, die von einem vorläufigen Insolvenzverwalter oder vom Schuldner mit Zustimmung eines vorläufigen Insolvenzverwalters oder vom Schuldner nach Bestellung eines vorläufigen Sachwalters begründet worden sind, gelten nach Eröffnung des Insolvenzverfahrens als Masseverbindlichkeit. Den Umsatzsteuerverbindlichkeiten stehen die folgenden Verbindlichkeiten gleich:
   1. sonstige Ein- und Ausfuhrabgaben,
   2. bundesgesetzlich geregelte Verbrauchsteuern,
   3. die Luftverkehr- und die Kraftfahrzeugsteuer und
   4. die Lohnsteuer.

§ 276a InsO-Neu

(1) Ist der Schuldner eine juristische Person oder eine Gesellschaft ohne Rechtspersönlichkeit, so haben der Aufsichtsrat, die Gesellschafterversammlung oder entsprechende Organe keinen Einfluss auf die Geschäftsführung des Schuldners. Die Abberufung und Neubestellung von Mitgliedern der

Geschäftsleitung ist nur wirksam, wenn der Sachwalter zustimmt. Die Zustimmung ist zu erteilen, wenn die Maßnahme nicht zu Nachteilen für die Gläubiger führt.

(2) Ist der Schuldner als juristische Person verfasst, so haften auch die Mitglieder des Vertretungsorgans nach Maßgabe der §§ 60 bis 62. Bei einer Gesellschaft ohne Rechtspersönlichkeit gilt dies für die zur Vertretung der Gesellschaft ermächtigten Gesellschafter. Ist kein zur Vertretung der Gesellschaft ermächtigter Gesellschafter eine natürliche Person, gilt dies für die organschaftlichen Vertreter der zur Vertretung ermächtigten Gesellschafter. Satz 3 gilt sinngemäß, wenn es sich bei den organschaftlichen Vertretern um Gesellschaften ohne Rechtspersönlichkeit handelt, bei denen keine natürliche Person zur organschaftlichen Vertretung ermächtigt ist, oder wenn sich die Verbindung von Gesellschaften in dieser Art fortsetzt.

(3) Die Absätze 1 und 2 finden im Zeitraum zwischen der Anordnung der vorläufigen Eigenverwaltung oder der Anordnung vorläufiger Maßnahmen nach § 270c Absatz 3 und der Verfahrenseröffnung entsprechende Anwendung.

2. Auszüge der Reichsabgabenordnung 1919

Auszug aus der RAO 1919 in der Fassung des Reichsgesetzblatt Jahrgang 1919, Nr. 242, S. 1993, 2012 ff.:

§ 83 RAO

Für die Geschäftsfähigkeit von Privatpersonen gelten in Steuersachen die Vorschriften des bürgerlichen Rechtes.

Das gleiche gilt von der Vertretung und Vollmacht, soweit in den §§ 84 bis 92 nichts anderes angeordnet ist.

§ 84 RAO

Die gesetzlichen Vertreter juristischer Personen und solcher Personen, die geschäftsunfähig oder in der Geschäftsfähigkeit beschränkt sind, haben alle Pflichten zu erfüllen, die den Personen, die sie vertreten, obliegen; insbesondere haben sie dafür zu sorgen, daß die Steuern aus den Mitteln, die sie verwalten, entrichtet werden. Für Zwangsgeldstrafen und Sicherungsgelder, die gegen sie erkannt, und für Kosten von Zwangsmitteln, die gegen sie festgesetzt werden, haften neben ihnen die von ihnen vertretenen Personen.

§ 85 RAO

Steht eine Vermögensverwaltung nach Gesetz, Anordnung der Behörde oder letztwilliger Verfügung anderen Personen zu als den Eigentümern oder deren gesetzlichen Vertretern, so haben sie, soweit ihre Verwaltung reicht, die gleiche Pflicht (§ 84).

§ 90 RAO

Die Vertreter und die übrigen in den §§ 84 bis 89 bezeichneten Personen haften insoweit persönlich neben dem Steuerpflichtigen, als durch schuldhafte Verletzung der ihnen in den §§ 84 bis 89 auferlegten Pflichten Steueransprüche verkürzt oder Erstattungen oder Vergütungen zu Unrecht gewährt worden sind. Zur Geltendmachung dieser Ersatzansprüche bedarf es der Zustimmung des Landesfinanzamts.
Rechtsanwälte sind wegen Handlungen, die sie in Ausübung ihres Berufs bei der Beratung in Steuersachen vorgenommen haben, dem Reiche gegenüber nur dann schadensersatzpflichtig, wenn diese Handlungen eine Verletzung ihrer Berufspflicht enthalten, ob eine solche Verletzung der Berufspflicht vorliegt, ist auf Antrag des Landesfinanzamts im ehrengerichtlichen Verfahren entschieden.

§ 91 RAO

Das Erlöschen der Vertretungsmacht oder der Vollmacht läßt die Pflichten der Vertreter und Bevollmächtigten unberührt, soweit es sich um die vorangegangene Zeit handelt.

3. Auszüge der Reichsabgabenordnung 1931

Auszug aus der RAO 1931 in der Fassung des Reichsgesetzblatt Jahrgang 1931, S. 1993, 2012 ff.:

§ 109 RAO

(1) Die Vertreter und die übrigen in den §§ 103 bis 108 bezeichneten Personen haften insoweit persönlich neben dem Steuerpflichtigen, als durch schuldhafte Verletzung der ihnen in den §§ 103 bis 108 auferlegten Pflichten

Steueransprüche verkürzt oder Erstattungen oder Vergütungen zu Unrecht gewahrt worden sind.

(2) Rechtsanwälte sind wegen Handlungen, die sie in Ausübung ihres Berufs bei der Beratung in Steuersachen vorgenommen haben, dem Reich gegenüber nur dann schadenersatzpflichtig, wenn diese Handlungen eine Verletzung ihrer Berufspflicht enthalten. Ob eine solche Verletzung der Berufspflicht vorliegt, wird auf Antrag der Oberfinanzdirektion im ehrengerichtlichen Verfahren entschieden.

4. Auszüge der Abgabenordnung 1977

Auszug aus der AO 77 in der Fassung des Bundesgesetzblatt 1976, Nr. 29, S. 613 ff.:

§ 34 AO – Pflichten der gesetzlichen Vertreter und der Vermögensverwalter

(1) Die gesetzlichen Vertreter natürlicher und juristischer Personen und die Geschäftsführer von nichtrechtsfähigen Personenvereinigungen und Vermögensmassen haben deren steuerliche Pflichten zu erfüllen. Sie haben insbesondere dafür zu sorgen, daß die Steuern aus den Mitteln entrichtet werden, die sie verwalten.

(2) Soweit nichtrechtsfähige Personenvereinigungen ohne Geschäftsführer sind, haben die Mitglieder oder Gesellschafter die Pflichten im Sinne des Absatzes 1 zu erfüllen. Die Finanzbehörde kann sich an jedes Mitglied oder jeden Gesellschafter halten. Für nichtrechtfähige Vermögensmassen gelten die Sätze 1 und 2 mit der Maßgabe, daß diejenigen, denen das Vermögen zusteht, die steuerlichen Pflichten zu erfüllen haben.

(3) Steht eine Vermögensverwaltung anderen Personen als den Eigentümern des Vermögens oder deren gesetzlichen Vertretern zu, so haben die Vermögensverwalter die in Absatz 1 bezeichneten Pflichten, soweit ihre Verwaltung reicht.

§ 35 AO – Pflichten des Verfügungsberechtigten

Wer als Verfügungsberechtigter im eigenen oder fremden Namen auftritt, hat die Pflichten eines gesetzlichen Vertreters (§ 34 Abs. 1), soweit er sie rechtlich und tatsächlich erfüllen kann.

§ 36 AO – Erlöschen der Vertretungsmacht

Das Erlöschen der Vertretungsmacht oder der Verfügungsmacht läßt die nach den §§ 34 und 35 entstandenen Pflichten unberührt, soweit diese den Zeitraum betreffen, on dem die Vertretungsmacht oder Verfügungsmacht bestanden hat und soweit der Verpflichtete sie erfüllen kann.

§ 69 AO – Haftung der Vertreter

Die in den §§ 34 und 35 bezeichneten Personen haften, soweit Ansprüche aus dem Steuerschuldverhältnis (§ 37) infolge vorsätzlicher oder grob fahrlässiger Verletzung der ihnen auferlegten Pflichten nicht oder nicht rechtzeitig festgesetzt oder erfüllt werden. Die Haftung umfaßt auch die infolge der Pflichtverletzung zu zahlenden Säumniszuschläge.

5. Auszüge des ADHGB vom 11.06.1870

Art. 240.

Ergibt sich aus der letzten Bilanz, daß sich das Grundkapital um die Hälfte vermindert hat, so muß der Vorstand unverzüglich eine Generalversammlung berufen und dieser davon Anzeige machen.

Ergibt sich, daß das Vermögen der Gesellschaft nicht mehr die Schulden deckt, so muß der Vorstand hiervon dem Gericht Behufs der Eröffnung des Konkurses Anzeige machen.

Art. 241.

Die Mitglieder des Vorstandes sind aus den von ihnen im Namen der Gesellschaft vorgenommenen Rechtshandlungen Dritten gegenüber für die Verbindlichkeiten der Gesellschaft persönlich nicht verpflichtet.

Mitglieder des Vorstandes, welche außer den Grenzen ihres Auftrages, oder den Vorschriften des dieses Titels oder des Gesellschaftsvertrages entgegen handeln, haften persönlich und solidarisch für den dadurch entstandenen Schaden. Dies gilt insbesondere, wenn sie der Bestimmung des Artikel 217 entgegen an die Aktionäre Dividenden oder Zinsen zahlen, oder wenn sie zu einer Zeit noch Zahlungen leisten, in welcher ihnen die Zahlungsfähigkeit der Gesellschaft hätte bekannt sein müssen.

6. Auszüge des GmbHG

§ 64 GmbHG in der Fassung des EGInsO, Bundesgesetzblatt 1994, Nr. 70, S. 2911, 2933:

(1) Wird die Gesellschaft zahlungsunfähig, so haben die Geschäftsführer ohne schuldhaftes Zögern, spätestens aber drei Wochen nach Eintritt der

Zahlungsunfähigkeit, die Eröffnung des Insolvenzverfahrens zu beantragen. Dies gilt sinngemäß, wenn sich eine Überschuldung der Gesellschaft ergibt.

(2) Die Geschäftsführer sind der Gesellschaft zum Ersatz von Zahlungen verpflichtet, die nach Eintritt der Zahlungsunfähigkeit der Gesellschaft oder nach Feststellung ihrer Überschuldung geleistet werden. Dies gilt nicht von Zahlungen, die auch nach diesem Zeitpunkt mit der Sorgfalt eines ordentlichen Geschäftsmanns vereinbar sind. Auf den Ersatzanspruch finden die Bestimmungen in § 43 Abs. 3 und 4 entsprechende Anwendung.

§ 64 GmbHG in der durch das MoMiG einführten Fassung, Bundesgesetzblatt 2008, Nr. 48, S. 2026, 2031:

Haftung für Zahlungen nach Zahlungsunfähigkeit oder Überschuldung

Die Geschäftsführer sind der Gesellschaft zum Ersatz von Zahlungen verpflichtet, die nach Eintritt der Zahlungsunfähigkeit der Gesellschaft oder nach Feststellung ihrer Überschuldung geleistet werden. Dies gilt nicht von Zahlungen, die auch nach diesem Zeitpunkt mit der Sorgfalt eines ordentlichen Geschäftsmanns vereinbar sind. Die gleiche Verpflichtung trifft die Geschäftsführer für Zahlungen an Gesellschafter, soweit diese zur Zahlungsunfähigkeit der Gesellschaft führen mussten, es sei denn, dies war auch bei Beachtung der in Satz 2 bezeichneten Sorgfalt nicht erkennbar. Auf den Ersatzanspruch finden die Bestimmungen in § 43 Abs. 3 und 4 entsprechende Anwendung.

7. Auszug des HGB

In der Fassung der Aktienrechtsnovelle 2016, Bundesgesetzblatt 2015, Nr. 55, S. 2565, 2567:

§ 130a [Zahlungsunfähigkeit und Überschuldung der Gesellschaft]

(1) Nachdem bei einer Gesellschaft, bei der kein Gesellschafter eine natürliche Person ist, die Zahlungsunfähigkeit eingetreten ist oder sich ihre Überschuldung ergeben hat, dürfen die organschaftlichen Vertreter der zur Vertretung der Gesellschaft ermächtigten Gesellschafter und die Liquidatoren für die Gesellschaft keine Zahlungen leisten. Dies gilt nicht von Zahlungen, die auch nach diesem Zeitpunkt mit der Sorgfalt eines ordentlichen und gewissenhaften Geschäftsleiters vereinbar sind. Entsprechendes gilt für Zahlungen an Gesellschafter, soweit diese zur Zahlungsunfähigkeit der Gesellschaft führen mussten, es sei denn, dies war auch bei Beachtung der in Satz 2 bezeichneten Sorgfalt nicht erkennbar. Die Sätze 1 bis 3 gelten nicht,

wenn zu den Gesellschaftern der offenen Handelsgesellschaft eine andere offene Handelsgesellschaft oder Kommanditgesellschaft gehört, bei der ein persönlich haftender Gesellschafter eine natürliche Person ist.

(2) Wird entgegen § 15a Abs. 1 der Insolvenzordnung die Eröffnung des Insolvenzverfahrens nicht oder nicht rechtzeitig beantragt oder werden entgegen Absatz 1 Zahlungen geleistet, so sind die organschaftlichen Vertreter der zur Vertretung der Gesellschaft ermächtigten Gesellschafter und die Liquidatoren der Gesellschaft gegenüber zum Ersatz des daraus entstehenden Schadens als Gesamtschuldner verpflichtet. Ist dabei streitig, ob sie die Sorgfalt eines ordentlichen und gewissenhaften Geschäftsleiters angewandt haben, so trifft sie die Beweislast. Die Ersatzpflicht kann durch Vereinbarung mit den Gesellschaftern weder eingeschränkt noch ausgeschlossen werden. Soweit der Ersatz zur Befriedigung der Gläubiger der Gesellschaft erforderlich ist, wird die Ersatzpflicht weder durch einen Verzicht oder Vergleich der Gesellschaft noch dadurch aufgehoben, daß die Handlung auf einem Beschluß der Gesellschafter beruht. Satz 4 gilt nicht, wenn der Ersatzpflichtige zahlungsunfähig ist und sich zur Abwendung des Insolvenzverfahrens mit seinen Gläubigern vergleicht oder wenn die Ersatzpflicht in einem Insolvenzplan geregelt wird. Die Ansprüche aus diesen Vorschriften verjähren in fünf Jahren.

(3) Diese Vorschriften gelten sinngemäß, wenn die in den Absätzen 1 und 2 genannten organschaftlichen Vertreter ihrerseits Gesellschaften sind, bei denen kein Gesellschafter eine natürliche Person ist, oder sich die Verbindung von Gesellschaften in dieser Art fortsetzt.

8. Auszüge der Insolvenzordnung

Auszüge aus der Insolvenzordnung ohne Berücksichtigung der Änderungen durch das SanInsFoG, daher in Gesetzfassung vom 20.11.2015, Bundesgesetzblatt 2015, Nr. 46, S. 2010, 2012:

§ 15a Antragspflicht bei juristischen Personen und Gesellschaften ohne Rechtspersönlichkeit

(1) Wird eine juristische Person zahlungsunfähig oder überschuldet, haben die Mitglieder des Vertretungsorgans oder die Abwickler ohne schuldhaftes Zögern, spätestens aber drei Wochen nach Eintritt der Zahlungsunfähigkeit oder Überschuldung, einen Eröffnungsantrag zu stellen. Das Gleiche gilt für die organschaftlichen Vertreter der zur Vertretung der Gesellschaft

ermächtigten Gesellschafter oder die Abwickler bei einer Gesellschaft ohne Rechtspersönlichkeit, bei der kein persönlich haftender Gesellschafter eine natürliche Person ist; dies gilt nicht, wenn zu den persönlich haftenden Gesellschaftern eine andere Gesellschaft gehört, bei der ein persönlich haftender Gesellschafter eine natürliche Person ist.

(2) Bei einer Gesellschaft im Sinne des Absatzes 1 Satz 2 gilt Absatz 1 sinngemäß, wenn die organschaftlichen Vertreter der zur Vertretung der Gesellschaft ermächtigten Gesellschafter ihrerseits Gesellschaften sind, bei denen kein persönlich haftender Gesellschafter eine natürliche Person ist, oder sich die Verbindung von Gesellschaften in dieser Art fortsetzt.

(3) Im Fall der Führungslosigkeit einer Gesellschaft mit beschränkter Haftung ist auch jeder Gesellschafter, im Fall der Führungslosigkeit einer Aktiengesellschaft oder einer Genossenschaft ist auch jedes Mitglied des Aufsichtsrats zur Stellung des Antrags verpflichtet, es sei denn, diese Person hat von der Zahlungsunfähigkeit und der Überschuldung oder der Führungslosigkeit keine Kenntnis.

(4) Mit Freiheitsstrafe bis zu drei Jahren oder mit Geldstrafe wird bestraft, wer entgegen Absatz 1 Satz 1, auch in Verbindung mit Satz 2 oder Absatz 2 oder Absatz 3, einen Eröffnungsantrag nicht, nicht richtig oder nicht rechtzeitig stellt.

(5) Handelt der Täter in den Fällen des Absatzes 4 fahrlässig, ist die Strafe Freiheitsstrafe bis zu einem Jahr oder Geldstrafe.

(6) Auf Vereine und Stiftungen, für die § 42 Absatz 2 des Bürgerlichen Gesetzbuchs gilt, sind die Absätze 1 bis 5 nicht anzuwenden.

§ 270a Eröffnungsverfahren

(1) Ist der Antrag des Schuldners auf Eigenverwaltung nicht offensichtlich aussichtslos, so soll das Gericht im Eröffnungsverfahren davon absehen,
   1. dem Schuldner ein allgemeines Verfügungsverbot aufzuerlegen oder
   2. anzuordnen, dass alle Verfügungen des Schuldners nur mit Zustimmung eines vorläufigen Insolvenzverwalters wirksam sind.

Anstelle des vorläufigen Insolvenzverwalters wird in diesem Fall ein vorläufiger Sachwalter bestellt, auf den die §§ 274 und 275 entsprechend anzuwenden sind.

(2) Hat der Schuldner den Eröffnungsantrag bei drohender Zahlungsunfähigkeit gestellt und die Eigenverwaltung beantragt, sieht das Gericht jedoch die Voraussetzungen der Eigenverwaltung als nicht gegeben an, so hat es

seine Bedenken dem Schuldner mitzuteilen und diesem Gelegenheit zu geben, den Eröffnungsantrag vor der Entscheidung über die Eröffnung zurückzunehmen.

§ 270b Vorbereitung einer Sanierung

(1) Hat der Schuldner den Eröffnungsantrag bei drohender Zahlungsunfähigkeit oder Überschuldung gestellt und die Eigenverwaltung beantragt und ist die angestrebte Sanierung nicht offensichtlich aussichtslos, so bestimmt das Insolvenzgericht auf Antrag des Schuldners eine Frist zur Vorlage eines Insolvenzplans. Die Frist darf höchstens drei Monate betragen. Der Schuldner hat mit dem Antrag eine mit Gründen versehene Bescheinigung eines in Insolvenzsachen erfahrenen Steuerberaters, Wirtschaftsprüfers oder Rechtsanwalts oder einer Person mit vergleichbarer Qualifikation vorzulegen, aus der sich ergibt, dass drohende Zahlungsunfähigkeit oder Überschuldung, aber keine Zahlungsunfähigkeit vorliegt und die angestrebte Sanierung nicht offensichtlich aussichtslos ist.
(2) In dem Beschluss nach Absatz 1 bestellt das Gericht einen vorläufigen Sachwalter nach § 270a Absatz 1, der personenverschieden von dem Aussteller der Bescheinigung nach Absatz 1 zu sein hat. Das Gericht kann von dem Vorschlag des Schuldners nur abweichen, wenn die vorgeschlagene Person offensichtlich für die Übernahme des Amtes nicht geeignet ist; dies ist vom Gericht zu begründen. Das Gericht kann vorläufige Maßnahmen nach § 21 Absatz 1 und 2 Nummer 1a, 3 bis 5 anordnen; es hat Maßnahmen nach § 21 Absatz 2 Nummer 3 anzuordnen, wenn der Schuldner dies beantragt.
(3) Auf Antrag des Schuldners hat das Gericht anzuordnen, dass der Schuldner Masseverbindlichkeiten begründet. § 55 Absatz 2 gilt entsprechend.
(4) Das Gericht hebt die Anordnung nach Absatz 1 vor Ablauf der Frist auf, wenn
   1. die angestrebte Sanierung aussichtslos geworden ist;
   2. der vorläufige Gläubigerausschuss die Aufhebung beantragt oder
   3. ein absonderungsberechtigter Gläubiger oder ein Insolvenzgläubiger die Aufhebung beantragt und Umstände bekannt werden, die erwarten lassen, dass die Anordnung zu Nachteilen für die Gläubiger führen wird; der Antrag ist nur zulässig, wenn kein vorläufiger Gläubigerausschuss bestellt ist und die Umstände vom Antragsteller glaubhaft gemacht werden.

   Der Schuldner oder der vorläufige Sachwalter haben dem Gericht den Eintritt der Zahlungsunfähigkeit unverzüglich anzuzeigen. 3Nach

Aufhebung der Anordnung oder nach Ablauf der Frist entscheidet das Gericht über die Eröffnung des Insolvenzverfahrens.

9. Auszüge des Strafgesetzbuchs

Jeweils in der Fassung vom 13.11.1998:

§ 283 Bankrott

(1) Mit Freiheitsstrafe bis zu fünf Jahren oder mit Geldstrafe wird bestraft, wer bei Überschuldung oder bei drohender oder eingetretener Zahlungsunfähigkeit

1. Bestandteile seines Vermögens, die im Falle der Eröffnung des Insolvenzverfahrens zur Insolvenzmasse gehören, beiseite schafft oder verheimlicht oder in einer den Anforderungen einer ordnungsgemäßen Wirtschaft widersprechenden Weise zerstört, beschädigt oder unbrauchbar macht,
2. in einer den Anforderungen einer ordnungsgemäßen Wirtschaft widersprechenden Weise Verlust- oder Spekulationsgeschäfte oder Differenzgeschäfte mit Waren oder Wertpapieren eingeht oder durch unwirtschaftliche Ausgaben, Spiel oder Wette übermäßige Beträge verbraucht oder schuldig wird,
3. Waren oder Wertpapiere auf Kredit beschafft und sie oder die aus diesen Waren hergestellten Sachen erheblich unter ihrem Wert in einer den Anforderungen einer ordnungsgemäßen Wirtschaft widersprechenden Weise veräußert oder sonst abgibt,
4. Rechte anderer vortäuscht oder erdichtete Rechte anerkennt,
5. Handelsbücher, zu deren Führung er gesetzlich verpflichtet ist, zu führen unterläßt oder so führt oder verändert, daß die Übersicht über seinen Vermögensstand erschwert wird,
6. Handelsbücher oder sonstige Unterlagen, zu deren Aufbewahrung ein Kaufmann nach Handelsrecht verpflichtet ist, vor Ablauf der für Buchführungspflichtige bestehenden Aufbewahrungsfristen beiseite schafft, verheimlicht, zerstört oder beschädigt und dadurch die Übersicht über seinen Vermögensstand erschwert,
7. entgegen dem Handelsrecht
   a) Bilanzen so aufstellt, daß die Übersicht über seinen Vermögensstand erschwert wird, oder
   b) es unterläßt, die Bilanz seines Vermögens oder das Inventar in der vorgeschriebenen Zeit aufzustellen, oder

8. in einer anderen, den Anforderungen einer ordnungsgemäßen Wirtschaft grob widersprechenden Weise seinen Vermögensstand verringert oder seine wirklichen geschäftlichen Verhältnisse verheimlicht oder verschleiert.

(2) Ebenso wird bestraft, wer durch eine der in Absatz 1 bezeichneten Handlungen seine Überschuldung oder Zahlungsunfähigkeit herbeiführt.

(3) Der Versuch ist strafbar.

(4) Wer in den Fällen

1. des Absatzes 1 die Überschuldung oder die drohende oder eingetretene Zahlungsunfähigkeit fahrlässig nicht kennt oder
2. des Absatzes 2 die Überschuldung oder Zahlungsunfähigkeit leichtfertig verursacht, wird mit Freiheitsstrafe bis zu zwei Jahren oder mit Geldstrafe bestraft.

(5) Wer in den Fällen

1. des Absatzes 1 Nr. 2, 5 oder 7 fahrlässig handelt und die Überschuldung oder die drohende oder eingetretene Zahlungsunfähigkeit wenigstens fahrlässig nicht kenntoder
2. des Absatzes 2 in Verbindung mit Absatz 1 Nr. 2, 5 oder 7 fahrlässig handelt und die Überschuldung oder Zahlungsunfähigkeit wenigstens leichtfertig verursacht, wird mit Freiheitsstrafe bis zu zwei Jahren oder mit Geldstrafe bestraft.

(6) Die Tat ist nur dann strafbar, wenn der Täter seine Zahlungen eingestellt hat oder über sein Vermögen das Insolvenzverfahren eröffnet oder der Eröffnungsantrag mangels Masse abgewiesen worden ist.

§ 283c Gläubigerbegünstigung

(1) Wer in Kenntnis seiner Zahlungsunfähigkeit einem Gläubiger eine Sicherheit oder Befriedigung gewährt, die dieser nicht oder nicht in der Art oder nicht zu der Zeit zu beanspruchen hat, und ihn dadurch absichtlich oder wissentlich vor den übrigen Gläubigern begünstigt, wird mit Freiheitsstrafe bis zu zwei Jahren oder mit Geldstrafe bestraft.

(2) Der Versuch ist strafbar.

(3) § 283 Abs. 6 gilt entsprechend.

II. Statistik Insolvenzzahlen

Anzahl der eröffneten Insolvenzverfahren[1892]

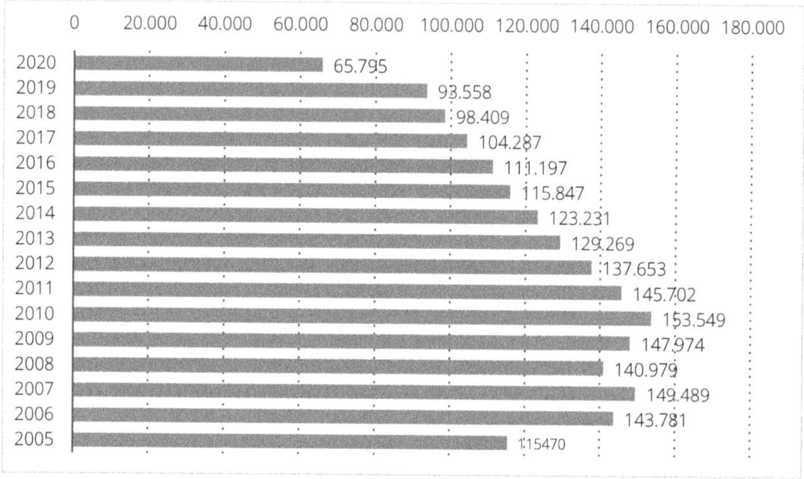

1892 Statistisches Bundesamt, Anzahl eröffneter Insolvenzverfahren in Deutschland von 1950 bis 2020, Statista, https://de.statista.com/statistik/daten/studie/4896/umfrage/entwicklung-der-anzahl-eroeffneter-insolvenzverfahren/ [zuletzt überprüft am 24.01.2022].

Anzahl der Unternehmensinsolvenzen in Deutschland[1893]

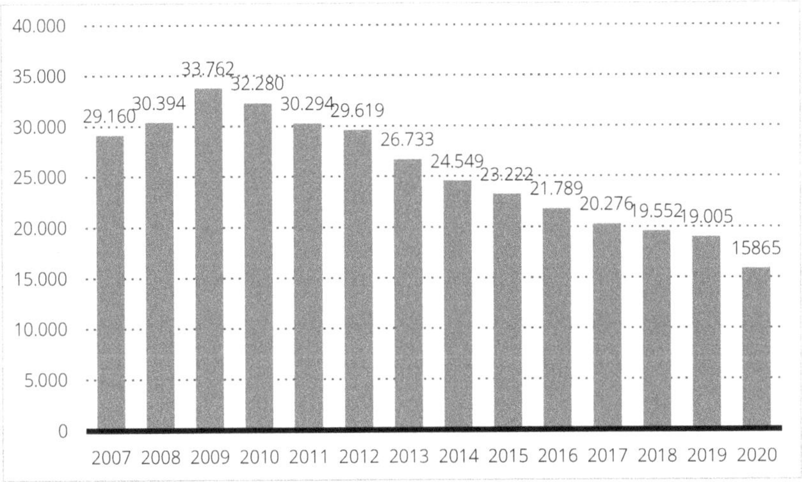

1893 CRIF Bürgel GmbH, Anzahl der Firmeninsolvenzen in Deutschland von 2007 bis 2020, Statista, https://de.statista.com/statistik/daten/studie/75215/umfrage/unternehmensinsolvenzen-in-deutschland-seit-2000/ [zuletzt überprüft am 24.01.2022].

K. Literaturverzeichnis

Ahrens, Martin / Gehrlein, Markus / Ringstmeier, Andreas (Hrsg.): Insolvenzrecht, 4. Auflage 2020, Köln (zitiert: *Bearbeiter*, in: A/G/R-InsO)

Altmeppen, Holger: Keine Schadensersatzpflicht des Geschäftsleiters wegen Abführung von Sozialversicherungsbeiträgen bei insolvenzreifer Gesellschaft - Urteilsanmerkung, NJW 2007, S. 2121

ders.: Gegen „Fiskus-" und „Sozialversicherungsprivileg" bei Insolvenzreife, in: Goette, Wulf/Habersack, Mathias/Hommelhoff, Peter (Hrsg.), Festschrift für Wulf Goette zum 65. Geburtstag, 2011, München, S. 1–14

ders.: Masseschmälernde Zahlungen, NZG 2016, S. 521–527

Altmeppen, Holger / Roth, Günter H. (Hrsg.): Gesetz betreffend die Gesellschaften mit beschränkter Haftung (GmbHG) - Kommentar, 8. Auflage 2015, München (zitiert: *Bearbeiter*, in: Roth/Altmeppen-GmbHG)

Altmeppen, Holger (Hrsg.): Gesetz betreffend die Gesellschaften mit beschränkter Haftung (GmbHG) - Kommentar, 9. Auflage 2019, München (zitiert: *Bearbeiter*, in: Altmeppen-GmbHG)

Altmeppen, Holger / Wilhelm, Jan: Quotenschaden, Individualschaden und Klagebefugnis bei der Verschleppung des Insolvenzverfahrens über das Vermögen der GmbH, NJW 1999, S. 673–681

Andres, Dirk / Leithaus, Rolf / Dahl, Michael (Hrsg.): Insolvenzordnung (InsO), 4. Auflage 2018, München (zitiert: *Bearbeiter*, in: Andres/Leithaus-InsO)

Bachmann, Gregor: Organhaftung in der Eigenverwaltung, ZIP 2015, S. 101–109

Bachmann, Gregor / Becker, Udo: Haftung des Insolvenz-Geschäftsführers in der Eigenverwaltung, NJW 2018, S. 2235–2238

Baldus, Manfred: Die Einheit der Rechtsordnung (Diss.), 1995, Berlin

Bamberger, Heinz Georg / Roth, Herbert (Hrsg.): Beck'scher Online-Kommentar BGB, 41. Auflage 2016, München (zitiert: *Bearbeiter*, in: BeckOK-BGB)

Bank, Stefan / Schimmer, Dieter / Simon-Widmann, Michael / Patzina, Reinhard (Hrsg.): Haftung von Unternehmensorganen, 2010, München / München (zitiert: *Bearbeiter*, in: Bank/Schimmer)

Barczak, Tristan: Normenkonkurrenz und Normenkollision, JuS 2015, S. 969–976

Barwitz, Werner: Verschulden im Steuerrecht (Diss.), 1987, Berlin

Bauer, Joachim: Insolvenzgläubiger als Einnahmequelle des Fiskus und der Sozialversicherungen?, ZInsO 2010, S. 1917–1921

Baumbach, Adolf / Hopt, Klaus J. (Begr.): Handelsgesetzbuch, 39. Auflage 2020, München (zitiert: *Bearbeiter*, in: Baumbach/Hopt-HGB)

Baumbach, Adolf / Hueck, Alfred (Begr.): GmbHG, 20. Auflage 2013, München (zitiert: *Bearbeiter*, in: Baumbach/Hueck-GmbHG [2013])

Baumbach, Adolf / Hueck, Alfred (Begr.): GmbHG, 22. Auflage 2019, München (zitiert: *Bearbeiter*, in: Baumbach/Hueck-GmbHG)

Bax, Eckhard: Die Haftung nach allgemeinem Abgabenrecht aus steuer- und verfassungsrechtlicher Sicht (Diss.), 1992, Baden-Baden

Beck, Siegfried / Depré, Peter (Hrsg.): Praxis der Insolvenz, 2017 (zitiert: *Bearbeiter*, in: Beck/Depré)

Becker, Enno: Die Reichsabgabenordnung, 5. Auflage 1926, Berlin (zitiert: Becker RAO 1926)

Becker, Enno / Koch, Carl / Riewald, Alfred (Begr.): Reichsabgabenordnung: mit Nebengesetzen - Band 1, 9. Auflage 1963, Köln u.a. (zitiert: *Bearbeiter*, in: Becker-RAO 1963)

Becker-Eberhard, Ekkehard / Gaul, Hans Friedhelm / Haertlein, Lutz / Meller-Hannich, Caroline (Hrsg.): Rechtslage, Rechtserkenntnis, Rechtsdurchsetzung, 2015, München (zitiert: *Bearbeiter*, in: FS Schilken)

Beermann, Albert: „Geschäftsführerhaftung" nach § 69 Abgabenordnung 1977: eine Hypertrophieerscheinung?, in: Lansky, Ralph / Walter, Raimund-Ekkehard (Hrsg.), Im Dienste des Rechts und der Rechtsliteratur (In the Service of Law and Legal Literature): Festschrift für Helmut Dau zum 65. Geburtstag am 30. September 1991, 1992, Berlin, S. 15–28

ders.: AO–Geschäftsführerhaftung und ihre Grenzen nach der Rechtsprechung des BFH, DStR 1994, S. 805–812

Berner, Hans-Joachim / Köster, Malte / Lambrecht, Martin: Steuerliche Haftung des Geschäftsführers bei Widerspruch des vorläufigen Sachwalters, NZI 2018, S. 739–740

Berninghaus, Holger: Der Geschäftsführer-Haftungsbescheid nach § 69 AO im finanzgerichtlichen Verfahren Ermittlungspflichten des Finanzamts und Mitwirkungspflichten des Geschäftsführers bei der Haftungsinanspruchnahme für rückständige Umsatz und Körperschaftsteuer der GmbH, DStR 2012, S. 1001–1007

Bernsau, Georg: Steuerrechtliche Fragen in der vorläufigen Eigenverwaltung, BB 2019, S. 2393–2401

Bitter, Georg: Zur Haftung des Geschäftsführers aus § 64 Abs. 2 GmbHG für „Zahlungen" nach Insolvenzreife - Konzeptionelle Überlegungen aus Anlass der BGH-Urteile vom 29. November 1999 = WM 2000, 242 und vom 11. September 2000 = WM 2000, 2158, WM 2001, S. 666–672

ders.: Haftung von Gesellschaftern und Geschäftsführern in der Insolvenz ihrer GmbH - Teil 2, ZInsO 2010, S. 1561–1582

ders.: BGH, Urteil vom 26.04.2018 - IX ZR 238/17: Anmerkung, ZIP 2018, S. 986–988

ders.: Aussetzung der Insolvenzantragspflicht und Einschränkung der Organhaftung – Eine Zwischenbilanz nach vier Monaten COVInsAG, GmbHR 2020, S. 797–807

ders.: Neues Zahlungsverbot in § 15b InsO -E und Streichung des § 64 GmbHG - Überraschender Fortschritt im Regierungsentwurf eines SanInsFoG, GmbHR 2020, S. 1157–1160

Bitter, Georg / Baschnagel, Markus: Haftung von Geschäftsführern und Gesellschaftern in der Insolvenz ihrer GmbH – Teil 1, ZInsO 2018, S. 557–597

Bittermann, Folker: Beitragsvorenthaltung, Geschäftsführerhaftung und Einheit der Rechtsordnung, wistra 2007, S. 406–407

Blank, Michael J. W.: Vorenthalten von Arbeitnehmeranteilen zur Sozialversicherung bei Insolvenzreife der GmbH - Zum Verhältnis von Zahlungsverbot (§64 Satz 1 GmbHG) und Zahlungsgebot (§266a Abs. 1 StGB), ZInsO 2013, S. 461–470

Blersch, Jürgen / Goetsch, Hans W. / Haas, Ulrich (Hrsg.): Berliner Kommentar Insolvenzrecht, 70. Lfg. 07.2019, Köln (zitiert: *Bearbeiter*, in: BK-InsO)

Böckel, Markus: Instrumente der Einpassung neuen Rechts in die Rechtsordnung (Diss.), 1993, Berlin

Bork, Reinhard: Einführung in das Insolvenzrecht, 7. Auflage 2017, Tübingen

Bork, Reinhard / Hölzle, Gerrit (Hrsg.): Handbuch Insolvenzrecht, 2. Auflage 2019, Köln (zitiert: *Bearbeiter*, in: Hdb-InsR)

Bork, Reinhard / Schäfer, Carsten (Hrsg.): GmbHG, 4. Auflage 2019, Köln (zitiert: *Bearbeiter*, in: Bork/Schäfer-GmbHG)

Bosse, Christian: Steuer- und Sozialversicherungsrechtliche Pflichten in der Krise erfüllen, NWB 2018, S. 1618–1624

Brand, Christian: „Weißt du wie das wird?" – Zum Verhältnis von § 266a StGB und § 64 S. 1 GmbHG, GmbHR 2010, S. 237–244

Brandt, Jürgen (Hrsg.): 15. Deutscher Finanzgerichtstag 2018, 2018, Stuttgart (zitiert: *Bearbeiter*, in: 100 Jahre FG)

Braun, Eberhard (Hrsg.): Insolvenzordnung, 8. Auflage 2020, München (zitiert: *Bearbeiter*, in: Braun-InsO)

Brinkmann, Moritz: Haftungsrisiken im Schutzschirmverfahren und in der Eigenverwaltung (Teil 2), DB 2012, S. 1369–1372

ders.: Von COMI, forum shopping und Insolvenztourismus – Ein kurzer Rundgang durch das internationale Insolvenzrecht, BRJ 2013, S. 5–12, abrufbar unter: http://www.bonner-rechtsjournal.de/fileadmin/pdf/Artikel/2013_01/BRJ_005_2013_Brinkmann.pdf

ders.: Drahtseilakt ohne Sicherung?: Die Haftung aus den Zahlungsverboten nach §§ 64 S. 1 GmbHG, 92 Abs. 2 AktG und die Deckung durch die D&O Versicherung, in: Dreher, Meinrad / Mülbert, Peter O. / Verse, Dirk A. / Drescher, Ingo (Hrsg.), Festschrift für Alfred Bergmann zum 65. Geburtstag am 13. Juli 2018, 2018, Berlin u.a., S. 93–110

Brinkmann, Moritz / Denkhaus, Stefan Ulrich / Horstkotte, Martin / Schmidt, Andreas / Westpfahl, Lars / Wierzbinski, Tim / Ziegenhagen, Andreas: Evaluierung des ESUG – Sanierungskultur im Jahr 2017 – Zwischenbilanz und Ausblick, ZIP 2017, S. 2430–2432

Bruns, Alexander / Kern, Christoph A. / Münch, Joachim / Piekenbrock, Andreas / Stadler, Astrid / Tsikrikas, Dimirios (Hrsg.): Festschrift für Rolf Stürner zum 70. Geburtstag, 2013, Tübingen (zitiert: *Bearbeiter*, in: FS Stürner)

Buchalik, Robert: Anmerkung zu AG Hamburg, Beschluss vom 19.06.2017 - 67g IN 173/17, ZInsO 2017, S. 1743–1746

Buchalik, Robert / Brömmekamp, Utz / Rekers, Martin: Rechtssichere Begründung von Masseverbindlichkeiten in der vorläufigen Eigenverwaltung, ZInsO 2019, S. 141–142

Buchalik, Robert / Hiebert, Olaf: § 280 InsO: Insolvenzanfechtung und Eigenverwaltung - wer verwaltet und verfügt über die Erlöse?, ZInsO 2015, S. 1953–1956

Buchalik, Robert / Kraus, Alfred: Die Abführung von Sozialversicherungsbeiträgen im Eigenverwaltungsverfahren, ZInsO 2014, S. 2354–2358

Buchalik, Robert / Schröder, Katrin: Steuerverbindlichkeiten in der vorläufigen Eigenverwaltung sind keine Masseverbindlichkeiten, ZInsO 2016, S. 2025–2027

Buchalik, Robert / Schröder, Katrin / Rekers, Martin: Finanzgericht bestätigt insolvenzrechtliche Beachtlichkeit der sog. „Zustimmungslösung", ZInsO 2017, S. 862–863

dies.: Rechte und Haftungsrisiken des Geschäftsführers und des vorläufigen Sachwalters für Umsatzsteuerverbindlichkeiten im vorläufigen Eigenverwaltungsverfahren, ZInsO 2017, S. 905–914

Bundesministerium der Finanzen: Reform der Reichsabgabenordnung: Bericht des Arbeitskreises für die Reform der Reichsabgabenordnung und ihrer Nebengesetze über seine Tätigkeit, 1970, Bonn

Buntscheck, Martin: Der Anspruch auf Anschluss an die Energieversorgungsnetze nach § 17 EnWG, WuW 2006, S. 30–39

Bürger, Hans: Die Rechtsfigur des Steuerschuldners, VJSchrStuFR 1928, S. 75–172

Buth, Andrea K. / Hermanns, Michael / Bächstädt, Christian Nicolas (Hrsg.): Restrukturierung, Sanierung, Insolvenz, 4. Auflage 2014, München (zitiert: *Bearbeiter*, in: Buth/Hermanns)

Bydlinski, Franz: Fundamentale Rechtsgrundsätze, 1988, Wien

ders.: Juristische Methodenlehre und Rechtsbegriff, 2. Auflage 1991, Wien

Canaris, Claus-Wilhelm: Die Feststellung von Lücken im Gesetz, 2. Auflage 1983, Berlin

ders.: Systemdenken und Systembegriff in der Jurisprudenz, 2. Auflage 1983, Berlin

Canaris, Claus-Wilhelm / Diederichsen, Uwe (Hrsg.): Festschrift für Karl Larenz zum 80. Geburtstag am 23. April 1983, 1983, München (zitiert: *Bearbeiter*, in: FS Larenz)

Christensen, Ralph / Kudlich, Hans: Die Lücken-Lüge, JZ 2009, S. 943–949

Commandeur, Anja / Utsch, Guido: Die Begründung von Masseverbindlichkeiten durch den Schuldner im vorläufigen Eigenverwaltungsverfahren nach § 270 a InsO, NZG 2019, S. 102–104

Cranshaw, Friedrich L. / Portisch, Wolfgang: Paradigmen des Unternehmensstabilisierungs- und -restrukturierungsgesetzes (StaRUG) nach dem Regierungsentwurf aus Gläubigersicht – Teil 1, ZInsO 2020, S. 2561–2579

dies.: Paradigmen des Unternehmensstabilisierungs- und -restrukturierungsgesetzes (StaRUG) nach dem Regierungsentwurf aus Gläubigersicht – Teil 2, ZInsO 2020, S. 2617–2630

Creditreform Wirtschaftsforschung: Insolvenzen in Deutschland (Jahr 2015), abrufbar unter https://www.creditreform.com/fileadmin/user_upload/crefo/download_de/news_termine/wirtschaftsforschung/insolvenzen-deutschland/Analyse_Insolvenzen_in_Deutschland__Jahr_2015.pdf, 2015, Neuss

Crezelius, Georg: Analogieanweisungen in Steuergesetzen, FR 2008, S. 889–897

Cyrus, Rolf: Neue Entwicklungen in der D&O-Versicherung, NZG 2018, S. 7–14

Dahl, Michael / Schmitz, Daniel: Zahlungen nach Insolvenzreife gem. § 64 GmbHG in der Eigenverwaltung, NJW-Spezial 2019, S. 21–22

Dahm, Georg / Delbrück, Jost / Wolfrum, Rüdiger: Völkerrecht Band I/1, 2. Auflage 2012, Berlin

Deutsches Institut für angewandtes Insolvenzrecht e.V.: Stellungnahme des Deutschen Instituts für angewandtes Insolvenzrecht (DIAI) e.V. zum Referentenentwurf des Bundesministeriums der Justiz und für Verbraucherschutz: Sanierungsrechtsfortentwicklungsgesetz - SanInsFoG, ZInsO, S. 2368–2372

Dreher, Meinrad / Mülbert, Peter O. / Verse, Dirk A. / Drescher, Ingo (Hrsg.): Festschrift für Alfred Bergmann zum 65. Geburtstag am 13. Juli 2018, 2018, Berlin u.a. (zitiert: *Bearbeiter*, in: FS Bergmann)

Dreier, Horst (Hrsg.): Grundgesetz Kommentar, Band 3 (Artikel 83-146), 3. Auflage 2018, Tübingen (zitiert: *Bearbeiter*, in: Dreier-GG)

Drüen, Klaus-Dieter: Über konsistente Rechtsfortbildung – Rechtsmethodische und verfassungsrechtliche Vorgaben am Beispiel des richterrechtlichen Instituts der Betriebsaufspaltung, GmbHR 2005, S. 69–81

ders.: Die Indienstnahme Privater für den Vollzug von Steuergesetzen (Habil.), 2012, Tübingen

Eckert, Rainer / Holze, Alina: Zum noch immer ungeklärten Verhältnis von Steuerrecht und Insolvenzrecht nach dem Urteil des FG Münster vom 16.5.2018 – 7 K 783/17, ZInsO 2018, 2320, ZInsO 2018, S. 2735–2742

Eichner, Christian / Haßler, Thyl N.: Zur Haftung des Sanierungs-Geschäftsführers für Zahlungen nach Insolvenzreife, EWiR 2016, S. 493–494

Eilers, Stephan / Walter-Yadegardjam, Tanja: Die wirtschaftlichen Folgen der COVID-19 Pandemie: Eine Bewährungsprobe für das deutsche Sanierungssteuerrecht, FR 2020, S. 481–485

Enge, Matthias: Die Geschäftsführerhaftung aus § 69 AO in der Insolvenz, GmbHR 2018, S. 625–632

Engisch, Karl: Die Einheit der Rechtsordnung, Unveränderter reprographischer Nachdruck 1987 (Neudruck des Werks von 1935), Heidelberg (zitiert: K. Engisch 1935)

Engisch, Karl / Würtenberger, Thomas / Otto, Dirk: Einführung in das juristische Denken, 11. Auflage 2010, Stuttgart (zitiert: K. Engisch - juristisches Denken)

Epping, Volker / Hillgruber, Christian (Hrsg.): BeckOK Grundgesetz, 44. Auflage 08.2020 (zitiert: *Bearbeiter*, in: BeckOK-GG)

Esser, Robert / Rübenstahl, Markus / Salinger, Frank / Tsambikakis, Michael (Hrsg.): Wirtschaftsstrafrecht, 2017, Köln (zitiert: *Bearbeiter*, in: Esser/Rübenstahl/Saliger/Tsambikakis)

Exner, Joachim / Paulus, Christoph G. (Hrsg.): Festschrift für Siegfried Beck zum 70. Geburtstag, 2016, München (zitiert: *Bearbeiter*, in: FS Beck)

Felix, Dagmar: Einheit der Rechtsordnung (Habil.), 1998, Tübingen

Fischer, Christian: Die tarifwidrigen Betriebsvereinbarungen (Diss.), 1998, München

Fischer, Thomas: Strafgesetzbuch mit Nebengesetzen, 66. Auflage 2019, München

Fleischer, Holger / Goette, Wulf (Hrsg.): Münchener Kommentar zum Gesetz betreffend die Gesellschaften mit beschränkter Haftung: GmbHG, Band 3, 3. Auflage 2018, München (zitiert: *Bearbeiter*, in: MüKo-GmbHG)

Fleischer, Holger / Goette, Wulf (Hrsg.): Münchener Kommentar zum Gesetz betreffend die Gesellschaften mit beschränkter Haftung: GmbHG, Band 2, 3. Auflage 2019, München (zitiert: *Bearbeiter*, in: MüKo-GmbHG)

Flore, Ingo / Tsambikakis, Michael (Hrsg.): Steuerstrafrecht, 2. Auflage 2016, Köln (zitiert: *Bearbeiter*, in: Flore/Tsambikakis)

Flume, Werner: Die Haftung des GmbH-Geschäftsführers bei Geschäften nach Konkursreife der GmbH, ZIP 1994, S. 337–342

Frege, Michael C. / Keller, Ulrich / Riedel, Ernst: Insolvenzrecht, 8. Auflage 2015, München

Frenz, Walter: Das Prinzip widerspruchsfreier Normgebung und seiner Folgen, DÖV 1999, S. 41–50

Friauf, Karl Heinrich: Möglichkeiten und Grenzen der Rechtsfortbildung im Steuerrecht, in: Tipke, Klaus (Hrsg.), Grenzen der Rechtsfortbildung durch Rechtsprechung und Verwaltungsvorschriften im Steuerrecht, 1982, Köln, S. 53–69

Friauf, Karl Heinrich (Hrsg.), Herausgegeben im Auftrag der Deutschen Steuerjuristischen Gesellschaft e.V.: Steuerrecht und Verfassungsrecht, 1989, Köln (zitiert: *Bearbeiter*, in: DStJG 12 (1989))

Fridgen, Alexander / Geiwitz, Arndt / Göpfert, Burkard (Hrsg.): BeckOK InsO, 20. Auflage 07.2020, München (zitiert: *Bearbeiter*, in: BeckOK-InsO)

Friedl, Helmut: Das Verschulden – Stiefkind von Steuerrechtswissenschaft und Steuerrechtsprechung, DStR 1991, S. 1616–1619

Frind, Frank: Aktuelle Anwendungsprobleme beim „ESUG" - Teil II, ZInsO 2013, S. 279–288

ders.: Insolvenzrechtliche Eigenverwaltung und öffentlich-rechtliche Forderung: Zahlen oder nicht?, GmbHR 2015, S. 128–132

ders.: Umgang mit sanktionsbewehrten öffentlich-rechtlichen Forderungen in der vorläufigen Eigenverwaltung, ZInsO 2015, S. 22–26

ders.: Insolvenzordnung 2021: Überzeugendes Sanierungsrecht oder Stückwerk? Zu den insolvenzgesetzlichen Änderungsvorschlägen im RefE eines SanInsFoG, NZI 2020, S. 865–871

Frotscher, Gerrit: Umsatzsteuer im Konkurs, in: Woerner, Lothar (Hrsg.), DStJG Band 13: Umsatzsteuer in nationaler und europäischer Sicht, 1990, Köln, S. 213–246

ders.: Besteuerung bei Insolvenz, 8. Auflage 2013, Frankfurt am Main

Frystatzki, Christian: Haftung der Geschäftsleitung in der Eigenverwaltung, GmbH-StB 2018, S. 209–210

Fuchs, Felix: Die Haftung des organschaftlichen Vertreters für Steuerverbindlichkeiten nach § 69 AO, NZI 2018, S. 97–100

Gehm, Matthias: Geschäftsführerhaftung nach § 69 AO i.V.m. § 34 Abs. 1 AO in der Insolvenz, ZHW 2017, S. 28–29

Gehrlein, Markus: Haftung von Geschäftsführern und Gesellschaftern im Rahmen der Eigenverwaltung, ZInsO 2017, S. 849–861

ders.: Haftung des Insolvenzverwalters und eigenverwaltender Organe, ZInsO 2018, S. 2234–2241

ders.: Überblick über wichtige Entscheidungen aus der neueren BGH-Rechtsprechung zur Unternehmensinsolvenz, DB 2019, S. 351–358

ders.: Neuregelung und Konzentration der Zahlungsverbote in § 15b InsO-E, DB 2020, S. 2393–2399

Gehrlein, Markus / Born, Manfred / Simon, Stefan (Hrsg.): GmbHG, 4. Auflage 2019, Köln (zitiert: *Bearbeiter*, in: Gehrlein/Born/Simon-GmbHG)

Geiwitz, Arndt: Insolvenzsteuerrecht im Spannungsverhältnis, in: Exner, Joachim/Paulus, Christoph G. (Hrsg.), Festschrift für Siegfried Beck zum 70. Geburtstag, 2016, München, S. 179–189

Germann, Oskar Adolf: Probleme und Methoden der Rechtsfindung, 2. Auflage 1967, Bern

Goette, Wulf: Zur systematischen Einordnung des § 64 Abs. 2 GmbHG, ZInsO 2005, S. 1–5

ders.: Zur Frage, welche Anforderungen an die Geschäftsleitung und ihre Berater bei der Fertigung einer Fortführungsprognose zu stellen sind (Teil II), DStR 2016, S. 1752–1761

Goette, Wulf / Habersack, Mathias (Hrsg.): Münchener Kommentar zum Aktiengesetz - Band 2, 5. Auflage 2019, München (zitiert: *Bearbeiter*, in: MüKo-AktG)

Gortan, Markus: Anordnung eines Zustimmungsvorbehalts bestimmter Rechtsgeschäfte zur Vermeidung der Zahlung von Steuer- und Sozialabgaben in der vorläufigen Eigenverwaltung, NZI 2016, S. 982–986

Gosch, Dietmar / Hoyer, Andreas (Hrsg.): Abgabenordnung, Finanzgerichtsordnung, 2019, Bonn (zitiert: *Bearbeiter*, in: Gosch)

Gottwald, Peter (Hrsg.): Insolvenzrechts-Handbuch, 6. Auflage 2020, München (zitiert: *Bearbeiter*, in: Gottwald)

Goutier, Klaus E.: Die Haftung im Steuerrecht, 1978, Herne u.a.

Graf, Jürgen-Peter (Hrsg.): BeckOK GVG, 6. Auflage 02.2020, München (zitiert: *Bearbeiter*, in: BeckOK-GVG)

Graf-Schlicker, Marie Luise (Hrsg.): InsO, 5. Auflage 2020, Köln (zitiert: *Bearbeiter*, in: Graf-Schlicker-InsO)

Graf-Schlicker, Marie Luise / Prütting, Hanns / Uhlenbruck, Wilhelm (Hrsg.): Festschrift für Heinz Vallender zum 65. Geburtstag, 2015, Köln (zitiert: *Bearbeiter*, in: FS Vallender)

Grigoleit, Hans Christoph (Hrsg.): Aktiengesetz - Kommentar, 2013, München (zitiert: *Bearbeiter*, in: Grigoleit-AktG)

Griller, Stefan / Rill, Heinz Peter (Hrsg.): Rechtstheorie: Rechtsbegriff - Dynamik - Auslegung, 2011, Wien (zitiert: *Bearbeiter*, in: Griller/Rill)

Haas, Ingeborg: Die steuerliche Haftung des GmbH-Geschäftsführers (Diss.), 2011, Wiesbaden

Haas, Ulrich: Der Erstattungsanspruch nach § 64 II GmbHG, NZG 2004, S. 737–745

ders.: ESUG und das Gesellschaftsinsolvenzrecht, in: Bruns, Alexander/Kern, Christoph A./Münch, Joachim/Piekenbrock, Andreas/Stadler, Astrid/Tsikrikas, Dimirios (Hrsg.), Festschrift für Rolf Stürner zum 70. Geburtstag: Band 1, 2013, Tübingen, S. 749–767

ders.: § 64 S. 1 GmbHG im (vorläufigen) Eigenverwaltungs- und Schutzschirmverfahren, ZHR 2014, S. 603–627

Habersack, Mathias / Foerster, Max: Austauschgeschäfte der insolvenzreifen Gesellschaft, ZHR 2014, S. 387–418

Halaczinsky, Raymond: Die Haftung im Steuerrecht, 2013, Herne

Hammes, Dirk: Keine Eigenverwaltung ohne Berater?, NZI 2017, S. 233–241

Harder, Phillip-Boie: Haftung des Geschäftsführers für nicht abgeführte Lohnsteuer – Anmerkung zu FG Köln, Urteil vom 25.2.2014, NZI 2014, S. 595–596

ders.: Steuerzahlung im vorläufigen Insolvenzverfahren in Eigenverwaltung, NZI 2015, S. 162–163

Häsemeyer, Ludwig: Seriositätskriterien für Schuldnerrechte und -pflichten im Eigenverwaltungs- und Schutzschirmverfahren, in: Becker-Eberhard, Ekkehard/Gaul, Hans Friedhelm/Haertlein, Lutz/Meller-Hannich, Caroline (Hrsg.), Rechtslage, Rechtserkenntnis, Rechtsdurchsetzung: Festschrift für Eberhard Schilken zum 70. Geburtstag, 2015, München, S. 693–704

Hauschka, Christoph E. / Moosmayer, Klaus / Lösler, Thomas (Hrsg.): Corporate Compliance: Handbuch der Haftungsvermeidung im Unternehmen, 2016, München (zitiert: *Bearbeiter*, in: H/H/L, Corporate Compliance)

Heeg, Volker: Der GmbH-Geschäftsführer in der Vor-Insolvenz – Höchstrichterlich geklärt?, DStR 2007, S. 2134–2140

Heinmüller, Julia: BFH: Umfang der Haftung nach § 69 AO i. V. m. § 34 Abs. 1 AO - Urteilsanmerkung, BB 2016, S. 1119–1121

Henssler, Martin / Strohn, Lutz (Hrsg.): Gesellschaftsrecht, 4. Auflage 2019, München (zitiert: *Bearbeiter*, in: Henssler/Strohn)

Hesse, Konrad: Grundzüge des Verfassungsrechts der Bundesrepublik Deutschland, 20. Auflage 1999 (Neudruck)

Hey, Johanna: Steuerplanungssicherheit als Rechtsproblem (Habil.), 2002, Köln

Hiebert, Olaf: Die Insolvenzanfechtung als notwendiges Korrektiv des faktischen Fiskus- und Krankenkassenprivilegs im Rahmen der Eigenverwaltung, ZInsO 2015, S. 1242–1250

Hobelsberger, Alexander: Umsatzsteuerpflicht und -haftung in der vorläufigen Eigenverwaltung, DStR 2013, S. 2545–2550

Hoffmann-Riem, Wolfgang / Schmidt-Aßmann, Eberhard / Voßkuhle, Andreas (Hrsg.): Grundlagen des Verwaltungsrechts, Band 1, 2. Auflage 2012, München (zitiert: *Bearbeiter*, in: Grundlagen des Verwaltungsrechts)

Hofmann, Matthias: Zur Anordnung eines Zustimmungsvorbehalts des vorläufigen Sachwalters für Zahlungen des Schuldners auf Arbeitnehmerbeiträge zur Sozialversicherung („Rickmers Holding") - Kurzkommentar, EWiR 2017, S. 537–538

ders.: Die Haftung der Geschäftsleiter in der Eigenverwaltung der Gesellschaft, ZIP 2018, S. 1429–1435

Holzer, Johannes: Der Gläubigerbeirat im Insolvenzverfahren, in: Exner, Joachim/Paulus, Christoph G. (Hrsg.), Festschrift für Siegfried Beck zum 70. Geburtstag, 2016, München, S. 271–284

Hölzle, Gerrit: Die „erleichterte Sanierung von Unternehmen" in der Nomenklatur der InsO – ein hehres Regelungsziel des RefE-ESUG, NZI 2011, S. 124–131

ders.: Gesellschaftsrechtliche Veränderungssperre im Schutzschirmverfahren, ZIP 2012, 2427-2431

ders.: Konkurrenz von Steuerrecht und Insolvenzrecht, BB 2012, S. 1571–1579

ders.: Folgen der „faktischen Verwalterhaftung" für die Grundsätze ordnungsmäßiger Eigenverwaltung und den Nachteilsbegriff i.S.d. § 270 Abs. 2 Nr. 2 InsO, ZIP 2018, S. 1669–1675

Hommelhoff, Peter / Lutter, Marcus (Hrsg.): GmbH-Gesetz, 20. Auflage 2020, Köln (zitiert: *Bearbeiter*, in: Lutter/Hommelhoff-GmbHG)

Hörmann, Martin: Knüpfung der Wirksamkeit von Zahlungen des Schuldners in Eigenverwaltung an Zustimmung des vorläufigen Sachwalters - Urteilsanmerkung, NZI 2016, S. 582–584

Hörner, Steffen / Reuter, Svenja: Der RefE zur Umsetzung der Restrukturierungsrichtlinie - erste Einschätzung aus steuerlicher Sicht, DB 2020, S. 2098–2099

Horstkotte, Martin: Öffentliche Bekanntmachung der vorläufigen Sachwalterschaft nach ESUG durch das Insolvenzgericht?, ZInsO 2012, S. 1161–1164

ders.: Was ist eigentlich ein "Geschäftsleiter"?, Anmerkung zu BGH, Beschluss vom 26.4.2018 - IX ZR 238/17, ZInsO 2018, 1200 und Gehrlein, Haftung des Insolvenzverwalters und eigenverwaltender Organe (ZInsO 2018, 2234) aus Praktikersicht, ZInsO 2018, S. 2329–2332

Hoyer, Andreas: Strafbares Vorenthalten von Arbeitnehmerbeiträgen in der Unternehmenskrise, in: Martinek, Michael (Hrsg.), Festschrift für Dieter Reuter zum 70. Geburtstag, 2010, Berlin u.a., S. 541–554

Hruschka, Joachim: Zwei Axiome des Rechtsdenkens, in: Reimers, Walter/ Ackermann, Heinrich/Albers, Jan/Bettermann, Karl August (Hrsg.), Aus dem Hamburger Rechtsleben: Walter Reimers zum 65. Geburtstag, 1979, Berlin, S. 459–475

ders.: Pflichtenkollisionen und Pflichtenkonkurrenzen, in: Canaris, Claus-Wilhelm/Diederichsen, Uwe (Hrsg.), Festschrift für Karl Larenz zum 80. Geburtstag am 23. April 1983, 1983, München, S. 257–290

Huber, Michael / Voßkuhle, Andreas (Hrsg.): Kommentar zum Grundgesetz, Band 1: Artikel 1 bis 19, 7. Auflage 2018, München (zitiert: *Bearbeiter*, in: Mangoldt/Klein/Stark-GG)

Huber, Michael / Voßkuhle, Andreas (Hrsg.): Kommentar zum Grundgesetz, Band 2: Artikel 20 bis 82, 7. Auflage 2018, München (zitiert: *Bearbeiter*, in: Mangoldt/Klein/Stark-GG)

Huber, Michael / Voßkuhle, Andreas (Hrsg.): Kommentar zum Grundgesetz, Band 3: Artikel 83 bis 146, 7. Auflage 2018, München (zitiert: *Bearbeiter*, in: Mangoldt/Klein/Stark-GG)

Hübschmann, Walter / Hepp, Ernst / Spitaler, Armin (Begr.): Abgabenordnung, Finanzgerichtsordnung, 256. Lfg. 02.2020, Köln (zitiert: *Bearbeiter*, in: H/H/Sp)

Hüffer, Uwe (Begr.): Aktiengesetz, 13. Auflage 2018, München (zitiert: *Bearbeiter*, in: Hüffer/Koch-AktG)

Hunsalzer, Thorsten: Haftung für Sozialversicherungsbeiträge und deren Insolvenzanfechtung im Schutzschirmverfahren gem. § 270b InsO, ZInsO 2014, S. 1748–1753

Ischebeck, Lars: Vorenthalten von Sozialversicherungsbeiträgen i.S.v. § 266a Abs. 1 StGB während der materiellen Insolvenz der GmbH (Diss.), 2009, Baden-Baden

Isensee, Josef / Kirchhof, Paul (Hrsg.): Handbuch des Staatsrechts, Band V, 3. Auflage 2007, Heidelberg (zitiert: *Bearbeiter*, in: HStR V)

Isensee, Josef / Kirchhof, Paul (Hrsg.): Handbuch des Staatsrechts, Band VIII, 3. Auflage 2010, Heidelberg (zitiert: *Bearbeiter*, in: HStR VIII)

Isensee, Josef / Kirchhof, Paul (Hrsg.): Handbuch des Staatsrechts, Band X, 3. Auflage 2012, Heidelberg (zitiert: *Bearbeiter*, in: HStR X)

Jacoby, Florian / Madus, Stephan / Sack, Detlef / Schmidt, Heinz / Thole, Christoph: ESUG-Evaluierung, 2019, Köln (zitiert: ESUG-Evaluierung)

Jaeger, Ernst (Begr.): Insolvenzordnung - Band 1, 2004, Berlin (zitiert: *Bearbeiter*, in: Jaeger-InsO)

Jaeger, Ernst (Begr.): Insolvenzordnung - Band 2, 2007, Berlin (zitiert: *Bearbeiter*, in: Jaeger-InsO)

Jaeger, Ernst (Begr.): Insolvenzordnung - Band 6, 2011, Berlin (zitiert: *Bearbeiter*, in: Jaeger-InsO)

Jaeger, Ernst (Begr.): Insolvenzordnung - Band 5.1, 2016, Berlin (zitiert: *Bearbeiter*, in: Jaeger-InsO)

Jaeger, Ernst (Begr.): Insolvenzordnung - Band 7, 2019, Berlin (zitiert: *Bearbeiter*, in: Jaeger-InsO)

Jansen, Ulrike: Anspruch des Geschäftsführers der Insolvenzschuldnerin auf Aufrechterhaltung einer zu seinen Gunsten genommenen Haftpflichtversicherung - Urteilsanmerkung, NZI 2016, S. 581–582

Joecks, Wolfgang / Miebach, Klaus (Hrsg.): Münchener Kommentar zum Strafgesetzbuch - Band 5, 2. Auflage 2014, München (zitiert: *Bearbeiter*, in: MüKo-StGB)

Joecks, Wolfgang / Miebach, Klaus (Hrsg.): Münchener Kommentar zum Strafgesetzbuch - Band 7, 2. Auflage 2015, München (zitiert: *Bearbeiter*, in: MüKo-StGB)

Joecks, Wolfgang / Miebach, Klaus (Hrsg.): Münchener Kommentar zum Strafgesetzbuch - Band 1, 3. Auflage 2017, München (zitiert: *Bearbeiter*, in: MüKo-StGB)

Jungmann, Carsten: Anmerkung zu BGH, Urteil vom 26.04.2018: Eigenverwaltung; Maßstab für die Haftung der Organe des Schuldners; mehrseitige Fremdbestimmtheit der Organe in der Insolvenz, WuB 2018, S. 469

Kahl, Wolfgang / Waldhoff, Christian / Walter, Christian (Hrsg.): Bonner Kommentar zum Grundgesetz, 198. Lfg. 2019, Heidelberg (zitiert: *Bearbeiter*, in: Bonner Kommentar)

Kahlert, Günter: Vertreterhaftung für Steuerschulden, insbesondere in der Unternehmenskrise, ZIP 2009, S. 2368–2376

ders.: Steuerzahlungspflicht im Eröffnungsverfahren der Eigenverwaltung, ZIP 2012, S. 2089–2092

ders.: Umsatzsteuerrechtliche Organschaft und (vorläufige) Eigenverwaltung, ZIP 2013, S. 2348–2352

ders.: Insolvenzrecht und Steuerrecht - Gemeinsam für ein wettbewerbsfähiges Insolvenzrecht, ZIP 2014, S. 1101–1112

ders.: Begründung von Masseverbindlichkeiten (Steuerschulden) durch den Schuldner im vorläufigen Eigenverwaltungsverfahren („Laborchemie Apolda GmbH"), EWiR 2015, S. 709–710

ders.: Steuerliche Aspekte der GmbH-Sanierung, 2015, Köln

ders.: Bindungswirkung der Eintragung einer Steuerforderung in die Insolvenztabelle für das Steuerhaftungsverfahren - Anmerkung zu BFH v. 17.09.2019, VII R 5/18, EWiR 2020, S. 243–244

Kahlert, Günter / Rühland, Bernd (Hrsg.): Sanierungs- und Insolvenzsteuerrecht, 2. Auflage 2011, Köln (zitiert: *Bearbeiter*, in: Kahlert/Rühland)

Kallfass, Wilfried: Die Tübinger Schule der Interessenjurisprudenz (Diss.), 1972, Frankfurt (am Main)

Kayser, Godehard / Thole, Christoph (Hrsg.): Insolvenzordnung, 9. Auflage 2018, Heidelberg (zitiert: *Bearbeiter*, in: HK-InsO)

Keller, Christoph: Der Gesellschafter im Insolvenzplanverfahren, BB 2020, S. 2435–2440

Keller, Ulrich: Bedarf die Bestellung eines vorläufigen Sachwalters im Schutzschirmverfahren nach § 270b InsO der öffentlichen Bekanntmachung?, ZIP 2012, S. 1895–1901

Kelsen, Hans: Reine Rechtslehre, 2. Auflage 1960, Wien

ders.: Allgemeine Theorie der Normen, 1979, Wien

Kindhäuser, Urs / Neumann, Ulfrid / Paeffgen, Hans-Ullrich (Hrsg.): Strafgesetzbuch, 5. Auflage 2017, Baden-Baden (zitiert: *Bearbeiter*, in: NK-StGB)

Kirchhof, Ferdinand: Die Methoden zur Sicherung des zukünftigen Verwaltungsverhaltens, in: Mellinghoff, Rudolf (Hrsg.), Festschrift für Wolfgang Spindler zum 65. Geburtstag: Steuerrecht im Rechtsstaat, 2011, Köln, S. 463–471

Kirchhof, Hans-Peter / Stürner, Rolf / Eidenmüller, Horst (Hrsg.): Münchener Kommentar zur Insolvenzordnung - Band 1, 4. Auflage 2019, München (zitiert: *Bearbeiter*, in: MüKo-InsO)

Kirchhof, Hans-Peter / Stürner, Rolf / Eidenmüller, Horst (Hrsg.): Münchener Kommentar zur Insolvenzordnung - Band 2, 4. Auflage 2019, München (zitiert: *Bearbeiter*, in: MüKo-InsO)

Kirchhof, Paul: Die Widerspruchsfreiheit im Steuerrecht als Verfassungspflicht, StuW 2000, S. 316–327

Klein, Franz (Begr.): Abgabenordnung, 15. Auflage 2020, München (zitiert: *Bearbeiter*, in: Klein-AO)

Klein, Maximilian: Untreue durch Verstoß gegen die Zahlungsverbote gemäß § 64 S. 1 und § 64 S. 3 GmbHG, BLJ 2014, S. 30–36

Kleindiek, Detlef: Geschäftsführerhaftung in der Krise, in: Burgard, Ulrich (Hrsg.), Festschrift für Uwe H. Schneider zum 70. Geburtstag, 2011, Köln, S. 617–631

Klinck, Fabian: Die Begründung von Masseverbindlichkeiten durch den Schuldner im Eigenverwaltungs-Eröffnungsverfahren, ZIP 2013, S. 853–862

ders.: Die Geschäftsführerhaftung nach § 64 Satz 1 GmbHG im Eigenverwaltungs(eröffnungs)verfahren, DB 2014, S. 938–942

Klöhn, Lars: Gesellschaftsrecht in der Eigenverwaltung: Die Grenzen des Einflusses auf die Geschäftsführung gemäß § 276 a Satz 1 InsO, NZG 2013, S. 81–87

Knauer, Christoph (Hrsg.): Münchener Kommentar zur Strafprozessordnung, Band 3/2, 1. Auflage 2018 (zitiert: *Bearbeiter*, in: Knauer-StPO)

Knittel, Christian / Schwall, Anne: Plädoyer für eine praktische Handhabung des § 64 S. 1 GmbHG, NZI 2013, S. 782–786

Knobbe-Keuk, Brigitte: Das Steuerrecht - eine unerwünschte Rechtsquelle des Gesellschaftsrechts?, 1986, Köln

Koch, Jens: Die Legal Judgment Rule: ein Fall für die Wolfsschlucht, in: Dreher, Meinrad/Mülbert, Peter O./Verse, Dirk A./Drescher, Ingo (Hrsg.), Festschrift für Alfred Bergmann zum 65. Geburtstag am 13. Juli 2018, 2018, Berlin u.a.

Koenig, Ulrich (Begr.): Abgabenordnung, 3. Auflage 2014, München (zitiert: *Bearbeiter*, in: Koenig-AO)

Köllner, Rolf E.: Anmerkung zu AG Hamburg, Beschluss vom 19.06.2017 – 67 g IN 173/17, NZI 2018, S. 96

König, Dominik: Die Haftung bei der Eigenverwaltung (Diss.), 2015, Tübingen

Krause, Nils / Matzen, Friedrich-Asmus: Die strafrechtliche Haftung für die unterlassene Abführung des Arbeitnehmeranteils (§ 266a Abs. 1 StGB) im vorläufigen Eigenverwaltungsverfahren, ZVI 2018, S. 45–55

Krüger, Stefan: Reform des Insolvenzanfechtungsrechts und Auswirkungen auf Factoring und Leasing, FLF 2017, S. 131–135

Krüger, Wolfgang (Hrsg.): Münchener Kommentar zum Bürgerlichen Gesetzbuch, Band 2, 7. Auflage 2016, München (zitiert: *Bearbeiter*, in: MüKo-BGB)

Krüger, Wolfgang / Rauscher, Thomas (Hrsg.): Münchener Kommentar zur Zivilprozessordnung - Band 3, 5. Auflage 2017, München (zitiert: *Bearbeiter*, in: MüKo-ZPO)

Krumm, Marcel: Steuervollzug und formelle Insolvenz (Diss.), 2009, Frankfurt am Main / New York

ders.: Einkommensteuerrechtliche Wertzuwachsbesteuerung bei grenzüberschreitender Vererbung von Kapitalgesellschaftsanteilen des Privatvermögens (Teil I), FR 2012, S. 509–520

ders.: Aktuelle Streitfragen im Spannungsverhältnis von Steuer- und Insolvenzrecht: Steuervollzugsdefizite in der Eigenverwaltung, in: Brandt, Jürgen (Hrsg.), 15. Deutscher Finanzgerichtstag 2018: 100 Jahre deutsche Finanzgerichtsbarkeit: das Steuerrecht im Spannungsverhältnis von Gesetzgebung, Verwaltung und Rechtsprechung, 2018, Stuttgart, S. 109–123

Kruse, Heinrich Wilhelm: Steuerspezifische Gründe und Grenzen der Gesetzesbindung, in: Tipke, Klaus (Hrsg.), Grenzen der Rechtsfortbildung durch Rechtsprechung und Verwaltungsvorschriften im Steuerrecht, 1982, Köln, 71-83

Kruth, Claus-Peter / Jakobs, Carsten: Geschäftsführung von Krisenunternehmen – Haftungsrisiken vor und nach Insolvenzantragstellung auf Basis aktueller Rechtsprechung, DStR 2019, S. 999–1006

Kübler, Bruno M. (Hrsg.): Handbuch Restrukturierung in der Insolvenz: Eigenverwaltung und Insolvenzplan, 2. Auflage 2015, Köln (zitiert: *Bearbeiter*, in: Kübler-HRI (2015))

Kübler, Bruno M. (Hrsg.): Handbuch Restrukturierung in der Insolvenz: Eigenverwaltung und Insolvenzplan, 3. Auflage 2019, Köln (zitiert: *Bearbeiter*, in: Kübler-HRI (2019))

Kübler, Bruno M. / Prütting, Hanns / Bork, Reinhard (Hrsg.): InsO, 82. Lfg. 10.2019, Köln (zitiert: *Bearbeiter*, in: K/P/B-InsO)

Larenz, Karl: Methodenlehre der Rechtswissenschaft, 3. Auflage 1975, Berlin / New York

ders.: Methodenlehre der Rechtswissenschaft, 6. Auflage 1991, Berlin

Larenz, Karl / Canaris, Claus-Wilhelm: Methodenlehre der Rechtswissenschaft, 3. Auflage 1995, Berlin u.a.

Larenz, Karl / Wolf, Manfred: Allgemeiner Teil des Bürgerlichen Rechts, 9. Auflage 2004, München

Laroche, Peter / Wollenweber, Marc: Strafbarkeit von Geschäftsführer und vorläufigem Insolvenzverwalter nach § 266a StGB im Eröffnungsverfahren und ihre Vermeidung, ZInsO 2016, S. 2225–2231

Lau, Bero-Alexander: Das Eröffnungsverfahren (§270a InsO) mit anschließender Eigenverwaltung aus der Sicht eines (vorläufigen) Sachwalters, DB 2014, S. 1417–1423

Laufhütte, Heinrich Wilhelm / Rissing-van Saan, Ruth / Tiedemann, Klaus (Hrsg.): Leipziger Kommentar StGB, 9. Band, 2. Teilband, 12. Auflage 2011, Berlin (zitiert: *Bearbeiter*, in: LK-StGB)

Leipold, Klaus / Tsambikakis, Michael / Zöller, Mark Alexander (Hrsg.): AnwaltKommentar StGB, 3. Auflage 2020, Karlsruhe (zitiert: *Bearbeiter*, in: Leipold/Tsambikakis/Zöller)

Leisner-Egensperger, Anna: Kontinuität als Verfassungsprinzip - unter besonderer Berücksichtigung des Steuerrechts (Habil.), 2002, Heidelberg

dies.: Die Folgerichtigkeit, DÖV 2013, S. 533–539

Leitner, Werner / Rosenau, Henning (Hrsg.): Wirtschafts- und Steuerstrafrecht, 2017, München (zitiert: *Bearbeiter*, in: Leitner/Rosenau)

Lenger, Norman / Khanian, Linette Mirza: Beendigung der umsatzsteuerlichen Organschaft in der vorläufigen Eigenverwaltung, NZI 2014, S. 385–389

Lenski, Edgar / Steinberg, Wilhelm (Begr.): Gewerbesteuergesetz Kommentar, 9. Auflage (zitiert: *Bearbeiter*, in: Lenski/Steinberg-GewStG)

Liebsch, Arnold: Materielles Steuerrecht und Konkurs, VJSchrStuFR 1929, 212-263

Lind, Thorsten Patric: Neues zur Geschäftsführerhaftung nach § 64 GmbHG, DB 2018, S. 1003–1008

Lingen, Gero / Kuthe, Torsten: Keine Deckung von Erstattungsansprüchen wegen Zahlungen nach Insolvenzreife durch D&O Versicherung, DB 2020, S. 1782

Lippross, Otto-Gerd / Seibel, Wolfgang (Hrsg.): Basiskommentar Steuerrecht, 112. Lieferung 03.2019, Köln (zitiert: *Bearbeiter*, in: Lippross/Seibel)

Mankowski, Peter: Insolvenzrecht gegen Gesellschaftsrecht 2:0 im europäischen Spiel um § 64 GmbHG, NZG 2016, S. 281–286

Marotzke, Wolfgang: Dingliche Wirkungen der Gläubiger- und Konkursanfechtung, KTS 1987, S. 1–25

März, Wolfgang: Bundesrecht bricht Landesrecht (Diss.), 1989, Berlin

Maschlanka, Lutz: Steuern in der vorläufigen Eigenverwaltung sind keine Masseverbindlichkeiten, GWR 2019, S. 32

Maunz, Theodor (Begr.): Bundesverfassungsgerichtsgesetz, 57. Lfg. 06.2019, München (zitiert: *Bearbeiter*, in: Maunz/Schmidt-Bleibtreu/Klein/Bethge-BVerfGG).

Maunz, Theodor / Dürig, Günter (Begr.): Grundgesetz-Kommentar, 91. Lfg. 04.2020, München (zitiert: *Bearbeiter*, in: Maunz/Dürig-GG)

Maurer, Frank / Wolf, Thomas: Zur Strafbarkeit der Rückzahlung von Gesellschafterdarlehen in und außerhalb der insolvenzrechtlichen „Krise" einer GmbH, wistra 2011, S. 327–334

Medicus, Dieter / Lorenz, Stephan: Schuldrecht II, Besonderer Teil, 17. Auflage 2014, München

Meixner, Rafael: Haftung des GmbH-Geschäftsführers und des Steuerberaters für Insolvenzverschleppungsschäden (Teil I), DStR 2019, S. 966–972

Merkl, Adolf Julius: Allgemeines Verwaltungsrecht, 1927, Wien u.a.

Meyer, André: Die Geschäftsführerhaftung für nicht entrichtete Steuern (§§ 69, 35 Abs. 1 AO) in Krise und Insolvenz der Kapitalgesellschaft, DStZ 2014, S. 228–250

Meyer-Löwy, Bernd / Pickerill, Carl N.: Versperrt das Gesellschaftsrecht den rechtzeitigen Weg in die Sanierung?, GmbHR 2013, S. 1065–1075

Michalski, Lutz / Heidinger, Andreas / Leible, Stefan / Schmidt, Jessica (Hrsg.): Kommentar zum Gesetz betreffend die Gesellschaften mit beschränkter Haftung (GmbH-Gesetz), 3. Auflage 2017, München (zitiert: *Bearbeiter*, in: MHLS-GmbHG)

Mielke, Sebastian / Sedlitz, Jochen: Die Aporie des Geschäftsführers in der vorläufigen Eigenverwaltung wegen (nicht) abzuführender Steuerverbindlichkeiten, ZIP 2017, S. 1646–1650

Mitsch, Wolfgang (Hrsg.): Karlsruher Kommentar zum Gesetz über Ordnungswidrigkeiten, 5. Auflage 2018, München (zitiert: *Bearbeiter*, in: KK-OWiG)

Müller, Hans-Friedrich: Massekürzung und Massezufluss im Regime der Zahlungsverbote, DB 2015, S. 723–728

Münch, Ingo von / Kunig, Philip (Begr.): Grundgesetz-Kommentar, 6. Auflage 2012, München (zitiert: *Bearbeiter*, in: Münch/Kunig-GG)

Nacke, Alois: Die Haftung für Steuerschulden, 4. Auflage 2017, Köln

Nentwig, Martin: Erstattungspflicht für während der Insolvenzantragspflicht geleistete Sozialversicherungsbeiträge?, GmbHR 2011, S. 346–350

Nerlich, Jörg / Kreplin, Georg F. (Hrsg.): Münchener Anwalts-Handbuch Insolvenz und Sanierung, 3. Auflage 2019, München (zitiert: *Bearbeiter*, in: MAH-Insolvenz)

Nerlich, Jörg / Römermann, Volker (Begr.): Insolvenzordnung, 41. Lfg. 04.2020, München (zitiert: *Bearbeiter*, in: Nerlich/Römermann-InsO)

Ossenbühl, Fritz: Richterrecht im demokratischen Rechtsstaat, 1988, Bonn

Palandt, Otto (Begr.): Bürgerliches Gesetzbuch, 80. Auflage 2021, München (zitiert: *Bearbeiter*, in: Palandt)

Petraschek, Karl: System der Rechtsphilosophie, 1932, Freiburg im Breisgau

Poertzgen, Christoph: Organhaftung wegen Insolvenzverschleppung (Diss.), 2006, Baden-Baden

ders.: Anmerkung zu OLG Jena, Schlussurteil vom 17.07.2013 – 2 U 815/12, NZI 2013, S. 809–810

ders.: Die Haftung von Geschäftsführern in Eigenverwaltungsverfahren, ZInsO 2019, S. 2352–2358

Priebe, Klaus: GmbH-Geschäftsführer - Grundlagen der organschaftlichen Vertretung vor und in der insolvenzrechtlichen Krise - Teil 2, InsbürO 2014, S. 386–390

Prinz, Ulrich / Winkeljohann, Norbert (Hrsg.): Beck'sches Handbuch der GmbH, 2014, München (zitiert: *Bearbeiter*, in: Beck'sches Hdb. der GmbH)

Quaritsch, Helmut: Das parlamentslose Parlamentsgesetz, 2. Auflage 1961, Hamburg

Reus, Alexander / Höfer, Silvio / Harig, Florian: Voraussetzungen und Ablauf eines Eigenverwaltungsverfahrens, NZI 2019, S. 57–60

Richter, Frank / Schüler, Andreas / Schwetzler, Bernhard (Hrsg.): Kapitalgeberansprüche, Marktwertorientierung und Unternehmenswert, 2003, München (zitiert: *Bearbeiter*, in: FS Drukarczyk)

Rieger, Thomas / Verken, Michael: Keine Geschäftsführerhaftung für Steuerschulden bei ausdrücklich fehlender Zustimmung des vorläufigen Sachwalters, NZI 2017, S. 497

Römermann, Volker (Hrsg.): Münchener Anwaltshandbuch GmbH-Recht, 4. Auflage 2018, München (zitiert: *Bearbeiter*, in: MAH GmbH-Recht)

Rönnau, Thomas: Anmerkung, JZ 2008, S. 46–50

Roth, Jan: Insolvenz Steuerrecht, 2. Auflage 2016, Köln

Rüthers, Bernd / Fischer, Christian / Birk, Axel: Rechtstheorie, 8. Auflage 2015, München

Sachs, Michael (Begr.): Grundgesetz, 8. Auflage 2018, München (zitiert: *Bearbeiter*, in: Sachs-GG)

Säcker, Franz Jürgen (Hrsg.): Münchener Kommentar zum Bürgerlichen Gesetzbuch - Band 6, 7. Auflage 2016, München (zitiert: *Bearbeiter*, in: MüKo-BGB)

Saenger, Ingo / Inhester, Michael (Hrsg.): GmbHG, 3. Auflage 2016, Baden-Baden (zitiert: *Bearbeiter*, in: HK-GmbHG)

Sander, Volker: Die Entwicklung der Rechtsprechung zum Zahlungsverbot, in: Dreher, Meinrad / Mülbert, Peter O. / Verse, Dirk A. / Drescher, Ingo (Hrsg.), Festschrift für Alfred Bergmann zum 65. Geburtstag am 13. Juli 2018, 2018, Berlin u.a., S. 583–602

Sauer, Heiko: Jurisdiktionskonflikte in Mehrebenensystemen (Diss.), 2008, Berlin u.a.

Schaal, Friederike: Die Haftung der Geschäftsführungsorgane einer insolvenz rechtlich eigenverwaltenden GmbH oder AG (Diss.), 2017, Tübingen

Schädlich, Jörg: Vertreterhaftung in der vorläufigen Eigenverwaltung - Umsatzsteuer im Eröffnungsverfahren – bezahlen oder nicht?, NWB 2016, S. 1600–1613

Schäfer, Carsten: Kompetenzabgrenzung und Organhaftung bei der Eigenverwaltung (unter Berücksichtigung der GmbH & Co. KG), ZRI 2020, S. 20–28

Scharf, Sarah / Bothe, Calvin: Zur Haftung gem. § 64 GmbHG bei Ressortverteilung zwischen mehreren Geschäftsführern, DB 2019, S. 599

Schelo, Sven: Der neue § 270b InsO – Wie stabil ist das Schutzschirmverfahren in der Praxis? Oder: Schutzschirmverfahren versus vorläufige Eigenverwaltung, ZIP 2012, S. 712–715

Schlaich, Klaus / Korioth, Stefan: Das Bundesverfassungsgericht, 11. Auflage 2018, München (zitiert: Schlaich/Korioth)

Schlering, Daniel: Organverantwortlichkeit für die Steuerentrichtung nach Insolvenzreife (Diss.), 2017, Köln

Schmidt, Andreas: Arbeitnehmerbeiträge zur Sozialversicherung im Insolvenzeröffnungsverfahren, ZIP 2017, S. 1357–1361

ders. (Hrsg.): Hamburger Kommentar zum Insolvenzrecht, 7. Auflage 2019, Köln (zitiert: *Bearbeiter*, in: HambK-InsO)

ders. (Hrsg.): Sanierungsrecht, 2. Auflage 2019, Köln (zitiert: *Bearbeiter*, in: SanR)

Schmidt, Andreas / Poertzgen, Christoph: Geschäftsführerhaftung (§ 64 S. 1 GmbHG) in Zeiten des ESUG, NZI 2013, S. 369–377

Schmidt, Anke: Richterliche Rechtsfortbildung in Deutschland und der Schweiz (Diss.), 2016, Berlin

Schmidt, Karsten: Organverantwortlichkeit und Sanierung im Insolvenzrecht der Unternehmen, ZIP 1980, S. 328–337

ders.: Einheit der Rechtsordnung - Realität? Aufgabe? Illusion?, in: Schmidt, Karsten (Hrsg.), Vielfalt des Rechts - Einheit der Rechtsordnung?: Hamburger Ringvorlesung, im Auftrage des Fachbereichs, 1994, Berlin, S. 9–29

ders.: Gesellschaftsrecht, 4. Auflage 2002, Köln

ders.: in: Schmidt, Karsten / Uhlenbruck, Wilhelm (Hrsg.), Die GmbH in Krise, Sanierung und Insolvenz, 2009, Köln, 11

ders.: Weg mit den „Zahlungsverboten" in Insolvenzverschleppungsfällen!, ZHR 2011, S. 433–443

ders.: Ersatzpflicht bei „verbotenen Zahlungen" aus insolventen Gesellschaften: Ist der haftungsrechtliche Kampfhund zähmbar?, NZG 2015, S. 129–133

Schmidt, Karsten (Begr.): Insolvenzordnung, 19. Auflage 2016, München (zitiert: *Bearbeiter*, in: Schmidt-InsO)

Schmidt, Karsten / Lutter, Marcus (Hrsg.): Aktiengesetz, 3. Auflage 2015, Köln (zitiert: *Bearbeiter*, in: Schmidt/Lutter-AktG)

Schmidt, Karsten / Uhlenbruck, Wilhelm (Hrsg.): Die GmbH in Krise, Sanierung und Insolvenz, 4. Auflage 2009, Köln (zitiert: *Bearbeiter*, in: Schmidt/Uhlenbruck [2009])

Schmidt, Karsten / Uhlenbruck, Wilhelm (Hrsg.): Die GmbH in Krise, Sanierung und Insolvenz, 5. Auflage 2016, Köln (zitiert: *Bearbeiter*, in: Schmidt/Uhlenbruck)

Schmidt-Bleibtreu, Bruno / Hofmann, Hans / Henneke, Hans-Günter (Hrsg.): GG – Kommentar zum Grundgesetz, 13. Auflage 2014, Köln (zitiert: *Bearbeiter*, in: Schmidt/Bleibtreu-GG)

Schmidt-Leithoff, Christian (Hrsg.): Gesetz betreffend die Gesellschaften mit beschränkter Haftung, 6. Auflage 2017, München (zitiert: *Bearbeiter*, in: Rowedder/Schmidt-Leithoff-GmbHG)

Schmittmann, Jens M.: Steuerrechtliche Folgen einer Insolvenzanfechtung, NZI 2014, S. 638–641

ders.: Haftung von Organen in Krise und Insolvenz, 2015, Köln

Schmittmann, Jens M. / Dannemann, Dirk: Massesicherung versus Steuerzahlungspflicht im Schutzschirmverfahren nach § 270b InsO - Einen Tod muss der Geschäftsführer sterben?!, ZIP 2014, S. 1405–1414

Scholz, Franz (Hrsg.): GmbHG - Band III, 11. Auflage 2015, Köln / Saarbrücken (zitiert: *Bearbeiter*, in: Scholz-GmbHG [11. Auflage])

Scholz, Franz (Hrsg.): GmbHG - Band III, 12. Auflage 2021, Köln / Saarbrücken (zitiert: *Bearbeiter*, in: Scholz-GmbHG)

Schön, Wolfgang: GmbH-Geschäftsführerhaftung für Steuerschulden – zur Konkurrenz zwischen dem Fiskus und den privatrechtlichen Gläubigern einer GmbH, in: Aderhold, Lutz (Hrsg.), Festschrift für Harm Peter Westermann zum 70. Geburtstag, 2008, Köln, S. 1469–1486

Schönke, Adolf / Schröder, Horst (Begr.): Strafgesetzbuch, 29. Auflage 2014, München (zitiert: *Bearbeiter*, in: Schönke/Schröder-StGB)

Schuhmann, Helmut: Die Haftung des GmbH-Geschäftsführers nach GmbH-Gesetz und nach Steuerrecht, StBp 1992, S. 7–15

Schulte-Kaubrügger, Christoph: Die Haftung der Beteiligten in der Eigenverwaltung, ZIP 2019, S. 345–353

Schulz, Benedikt: Sanierungsgeschäftsführung in Krise und Eigenverwaltung: Kompetenzen und Haftung der GmbH-Geschäftsführung nach dem ESUG (Diss.), 2017, Baden-Baden

Schulze, Reiner (Hrsg.): Bürgerliches Gesetzbuch, 10. Auflage 2019, Baden-Baden (zitiert: *Bearbeiter*, in: NK-BGB)

Schwartz, Daniel: Haftung der Geschäftsführung in der Eigenverwaltung analog §§ 60, 61 InsO, NZG 2018, S. 1013–1016

Schwarz, Bernhard / Pahlke, Armin (Hrsg.): AO-, FGO-Kommentar, 192. Lfg. 01.2020, Freiburg (zitiert: *Bearbeiter*, in: Schwarz/Pahlke-AO)

Seer, Roman: Insolvenz, Sanierung und Ertragsteuern – verfassungs- und europarechtliche Überlegungen, FR 2014, S. 721–731

Selmer, Peter: Die Rechtsprechung des Bundesverfassungsgerichts in Finanz- und Steuersachen (Fortsetzung), AöR 1976, S. 399–462

Sieber, Ulrich / Satzger, Helmut / Heintschel-Heinegg, Bernd von (Hrsg.): Europäisches Strafrecht, 2. Auflage 2014, Baden-Baden (zitiert: *Bearbeiter*, in: EuropStrafR)

Siemon, Klaus / Klein, Christian: Haftung des (Sanierungs-)Geschäftsführers gem. § 64 GmbHG im Schutzschirmverfahren nach § 270b InsO, ZInsO 2012, 2009-2019

Skauradszun, Dominik / Spahlinger, Andreas: Die Haftung des Geschäftsführers in der Eigenverwaltung - Meinungsstand, Praxisbeispiele und Handlungsempfehlungen -, DB 2015, S. 2559

Smid, Stefan: Handbuch Insolvenzrecht, 7. Auflage 2018, Berlin

Sölch / Ringleb (Begr.): Umsatzsteuergesetz, 89. Lfg. 06.2020, München (zitiert: *Bearbeiter*, in: Sölch/Ringleb-UStG)

Sonnleitner, Wolfgang / Winkelhog, Michael: Unternehmen saniert, Geschäftsführer pleite?, BB 2015, S. 88–97

Späth, Wolfgang: Der Gemeinsame Senat der obersten Gerichtshöfe des Bundes, BB 1977, S. 153–157

Spliedt, Jürgen D.: Herrschaft und Haftung in der eigenverwaltenden GmbH, in: Graf-Schlicker, Marie Luise / Prütting, Hanns / Uhlenbruck, Wilhelm (Hrsg.), Festschrift für Heinz Vallender zum 65. Geburtstag, 2015, Köln, S. 613–638

Spriegel, Helmut: Die steuerrechtliche Haftung des GmbH-Geschäftsführers und der Grundsatz der anteiligen Tilgung, DStR 1990, S. 433–438

Stahlschmidt, Michael / Laws, Ralf: Zur Frage der Berücksichtigung hypothetischer Kausalverläufe im Rahmen der Schadenszurechnung bei der Lohnsteuerhaftung, GmbHR 2007, S. 1117–1119

Staudinger, Julius von (Begr.): Kommentar zum Bürgerlichen Gesetzbuch - Buch 1, Allgemeiner Teil, §§ 139-163, 2015, Berlin (zitiert: *Bearbeiter*, in: Staudinger (2015))

ders. (Begr.): Kommentar zum Bürgerlichen Gesetzbuch - Buch 2, Recht der Schuldverhältnisse, § 823 A – D, 2017, Berlin (zitiert: *Bearbeiter*, in: Staudinger (2017))

ders. (Begr.): Kommentar zum Bürgerlichen Gesetzbuch - Buch 2, Recht der Schuldverhältnisse, §§ 823 E-I, 824, 825, 2017, Berlin (zitiert: *Bearbeiter*, in: Staudinger (2017))

ders. (Begr.): Kommentar zum Bürgerlichen Gesetzbuch - Buch. 7, Schadensersatzrecht, §§ 249-254 BGB, 2017 (zitiert: *Bearbeiter*, in: Staudinger (2017))

Steeger, Thomas: Die steuerliche Haftung des Geschäftsführers (Diss.), 1998, Köln

Sterzinger, Christian: Anfechtung von Steuerzahlungen in vorläufiger Eigenverwaltung - Urteilsanmerkung, NZI 2016, S. 784–786

Streit, Georg / Bürk, Fabian: Keine Entwarnung bei der Geschäftsführerhaftung im Insolvenzfall, DB 2008, S. 742–750

Ströhmann, Martin G. / Längsfeld, Alexander M. H.: Die Geschäftsführungsbefugnis in der GmbH im Rahmen der Eigenverwaltung, NZI 2013, S. 271–278

Strohn, Lutz: Organhaftung im Vorfeld der Insolvenz, NZG 2011, 1161-1169

Stürner, Rolf / Eidenmüller, Horst / Schoppmeyer, Heinrich (Hrsg.): Münchener Kommentar zur Insolvenzordnung - Band 3: §§ 217-359 InsO, 4. Auflage 2020, München (zitiert: *Bearbeiter*, in: MüKo-InsO)

Swierczok, Artur M. / Baron von Hahn, Eduard: BGH: Haftung von Geschäftsführern im Eigenverwaltungsverfahren analog §§ 60, 61 InsO - Urteilsanmerkung, BB 2018, S. 1350–1359

Teichmann, Christoph: Reform des Gläubigerschutzes im Kapitalgesellschaftsrecht, NJW 2006, S. 2444–2451

The Boston Consulting Group (Hrsg.): Sechs Jahre ESUG - Durchbruch erreicht, 2018

Theiselmann, Rüdiger: M&A in Krisensituationen: Die übertragende Sanierung, GmbH-StB 2012, S. 309–313

Thole, Christoph: Gläubigerschutz durch Insolvenzrecht (Habil.), 2010, Tübingen

ders.: Der Konflikt zwischen Steuerpflicht und Massesicherung in der vorläufigen Eigenverwaltung, DB 2015, S. 662–670

Thole, Christoph / Brünkmans, Christian: Die Haftung des Eigenverwalters und seiner Organe, ZIP 2013, S. 1097–1107

Thole, Christoph / Poelzig, Dörte: Kollidierende Geschäftsführerpflichten, ZGR 2010, S. 836–867

Thüsing, Gregor: Das Schadensrecht zwischen Beständigkeit und Wandel - 5 Thesen zur Fortentwicklung der §§ 249ff. BGB, ZRP 2001, S. 126–130

Tiedtke, Klaus / Peterek, Jörg: Zu den Pflichten des organschaftlichen Vertreters einer Kapitalgesellschaft, trotz Insolvenzreife der Gesellschaft Sozialabgaben und Lohnsteuer abzuführen, GmbHR 2008, S. 617–626

Tipke, Klaus (Hrsg.), Herausgegeben im Auftrag der Deutschen Steuerjuristischen Gesellschaft e.V.: Grenzen der Rechtsfortbildung durch Rechtsprechung und Verwaltungsvorschriften im Steuerrecht, 1982, Köln (zitiert: *Bearbeiter*, in: DStJG 5 (1982))

Tipke, Klaus / Kruse, Heinrich Wilhelm (Hrsg.): Abgabenordnung, Finanzgerichtsordnung, 163. Lfg. 10.2020, Köln (zitiert: *Bearbeiter*, in: Tipke/Kruse)

Tipke, Klaus / Lang, Joachim (Hrsg.): Steuerrecht, 23. Auflage 2018, Köln (zitiert: *Bearbeiter*, in: Tipke/Lang)

Tsambikakis, Michael: Aktuelles zum Insolvenzstrafrecht bei GmbH und GmbH & Co, GmbHR 2005, S. 838–843

Uhländer, Christoph: Die Krise des Insolvenzsteuerrechts, DB 2017, 923-934

Uhlenbruck, Wilhelm: Zur fehlenden Akzeptanz des Insolvenzauslösers „drohende Zahlungsunfähigkeit“, in: Richter, Frank/Schüler, Andreas/Schwetzler, Bernhard (Hrsg.), Kapitalgeberansprüche, Marktwertorientierung und Unternehmenswert: Festschrift für Prof. Dr. Dr. h.c. Jochen Drukarczyk zum 65. Geburtstag, 2003, München, S. 441–454

Uhlenbruck, Wilhelm / Mentzel, Franz / Kuhn, Georg (Hrsg.): Insolvenzordnung Kommentar, 15. Auflage 2019, München (zitiert: *Bearbeiter*, in: Uhlenbruck-InsO)

Ulmer, Peter / Habersack, Mathias / Löbbe, Marc (Hrsg.): GmbHG Großkommentar - Band II, 2. Auflage 2014, Tübingen (zitiert: *Bearbeiter*, in: U/H/L-GmbHG)

Ulmer, Peter / Habersack, Mathias / Löbbe, Marc (Hrsg.): GmbHG Großkommentar - Band III, 2. Auflage 2016, Tübingen (zitiert: *Bearbeiter*, in: U/H/L-GmbHG)

Undritz, Sven-Holger: Ermächtigung und Kompetenz zur Begründung von Masseverbindlichkeiten beim Antrag des Schuldners auf Eigenverwaltung, BB 2012, S. 1551–1556

Undritz, Sven-Holger / Schur, Wolfgang: Das Recht des (vorläufigen) Sachwalters zur Kassenführung, ZIP 2016, S. 549–558

Vallender, Heinz: Gerichtliche Erfahrungen mit Eigenverwaltung und Schutzschirmverfahren, DB 2015, S. 231–239

Wagner, Johann / Fuchs, Nico: Umsatzsteuerliche Organschaft: Zwingendes Ende der finanziellen Eingliederung durch Insolvenz einer Gesellschaft?, BB 2017, S. 2202–2209

Walter, Christian / Grünewald, Benedikt (Hrsg.): BeckOK BVerfGG, 7. Auflage 06.2019, München (zitiert: *Bearbeiter*, in: BeckOK-BVerfGG)

Wank, Rolf: Die Auslegung von Gesetzen, 6. Auflage 2015, München

Waza, Thomas / Uhländer, Christoph / Schmittmann, Jens M. (Hrsg.): Insolvenzen und Steuern, 11. Auflage 2015, Herne (zitiert: *Bearbeiter*, in: IuS 2015)

Waza, Thomas / Uhländer, Christoph / Schmittmann, Jens M. (Hrsg.): Insolvenzen und Steuern, 12. Auflage 2019, Herne (zitiert: *Bearbeiter*, in: IuS 2019)

Weber, Lutz Florian / Knaebel, Claudia Christina: Vorläufige Eigenverwaltung: Keine Begründung von Masseverbindlichkeiten durch den eigenverwaltenden Schuldner im Eröffnungsverfahren, DStR 2020, S. 2229–2233

Weber, Nikolai: Keine Unterscheidung zwischen vorläufiger Eigenverwaltung und Regelinsolvenzverfahren mit vorläufigem Insolvenzverwalter bei § 55 Abs. 4 InsO, ZInsO 2017, S. 67–73

Wedelstädt, Alexander von / Kühn, Rolf (Hrsg.): Abgabenordnung und Finanzgerichtsordnung, 22. Auflage 2018, Stuttgart (zitiert: *Bearbeiter*, in: Kühn/Wedelstädt)

Weiß, André Torsten: Insolvenzspezifische Geschäftsführerhaftung (Diss.), 2016, Köln

Wicke, Hartmut: Gesetz betreffend die Gesellschaften mit beschränkter Haftung (GmbHG), 4. Auflage 2020, München

Wienbracke, Mike: Begriffliche und verfassungsrechtliche Grundlagen des Steuerrechts, JuS 2019, S. 673–677

Wilhelm, Jan: Verbot der Zahlung, aber Strafdrohung bei Nichtzahlung gegen den Geschäftsführer einer insolvenzreifen GmbH?, ZIP 2007, S. 1781–1786

Wimmer, Klaus (Hrsg.): Frankfurter Kommentar zur Insolvenzordnung, 2018, München (zitiert: *Bearbeiter*, in: FK-InsO)

Wimmer-Amend, Angelika: Die Haftung nach §§ 60, 61 InsO in der Eigenverwaltung, in: Exner, Joachim/Paulus, Christoph G. (Hrsg.), Festschrift für Siegfried Beck zum 70. Geburtstag, 2016, München, S. 571–585

Wipperfürth, Sylvia: Unterhalt des selbstständigen Schuldners in der Eigenverwaltung, ZInsO 2015, S. 1127–1132

Woerner, Lothar: Die Steuerrechtsprechung zwischen Gesetzeskonkretisierung, Gesetzesfortbildung und Gesetzeskorrektur, in: Tipke, Klaus (Hrsg.), Grenzen der Rechtsfortbildung durch Rechtsprechung und Verwaltungsvorschriften im Steuerrecht, 1982, Köln, S. 23–51

Wolff, Christian Freiherr von: Philosophia Practica Universalis, Methodo Scientifica Pertractata, 1738, Frankfurt, Leipzig, Braunschweig, Halle

Wozniak, Daniel: Zustimmungsvorbehalt für Zahlungspflichten, deren Nichterfüllung für den eigenverwaltenden Schuldner strafbewehrt ist, JurisPR-InsR 2016, Anm. 2

Ziemons, Hildegard: Geschäftsleiterhaftung in der Eigenverwaltung, in: Dreher, Meinrad / Mülbert, Peter O. / Verse, Dirk A. / Drescher, Ingo (Hrsg.), Festschrift für Alfred Bergmann zum 65. Geburtstag am 13. Juli 2018, 2018, Berlin u.a., S. 923–936

Ziemons, Hildegard / Jaeger, Carsten (Hrsg.): Beck'scher Online-Kommentar GmbHG, 45. Auflage 2020, München (zitiert: *Bearbeiter*, in: BeckOK-GmbHG)

Zippelius, Reinhold: Juristische Methodenlehre, 11. Auflage 2012, München

Zipperer, Helmut: Die Einflussnahme der Aufsichtsorgane auf die Geschäftsleitung in der Eigenverwaltung - eine Chimäre vom Gesetzgeber, Trugbild oder Mischwesen?, ZIP 2012, S. 1492–1496

Zuck, Rüdiger: Das Recht der Verfassungsbeschwerde, 5. Auflage 2017, München

Hinweis:

Soweit es sich um Loseblattwerke handelt, ist der aktuelle Werkstand jeweils im Literaturverzeichnis angegeben, der Beleg in der Fußnote nennt den Bearbeitungsstand des jeweiligen Abschnitts.

L. Stichwortverzeichnis

www.ingramcontent.com/pod-product-compliance
Ingram Content Group UK Ltd.
Pitfield, Milton Keynes, MK11 3LW, UK
UKHW021925290926
8980IPUK00016B/1465

9 783631 876022